KB003339

논증의 탄생

논증의 탄생
21세기 민주시민을 위한 비판적 사고, 토론, 글쓰기 매뉴얼

● 개정판 4쇄 인쇄 2024년 7월 29일 ● 개정판 1쇄 발행 2021년 10월 10일
● 지은이 조셉 윌리엄스, 그레고리 콜럼 ● 옮긴이 윤영삼 ● 감수자 라성일 ● 꾸민이 김정환 ● 펴낸이 김성순
● 읽기자료 번역 오난영, 양은정, 신진수, 채재용, 이정희, 장새봄, 김경민, 김정, 김주영, 원주신, 남궁현주, 김연유
● 프루프리딩 진세훈, 강인선, 임정수, 이정희, 김주영, 최희빈, 임수진, 채재용, 신진수
● 펴낸곳 크레센도 ● 주소 서울 강서구 마곡서1로 132, 301-516 ● 전화 070-8688-6616
● 팩스 0303-3441-6616 ● 이메일 editor@xcendo.net ● 홈페이지 xcendo.net ● 트위터 twitter.com/xcendo
● 페이스북 facebook.com/bookbeez

ISBN 979-11-88392-06-3(03170)

논증의 탄생

21세기 민주시민을 위한 비판적 사고, 토론, 글쓰기 매뉴얼

크레센도

이 책을 자신있게
추천합니다

내외 학술지에 제출된 논문을 심사하거나 논문초안을 검토할 때마다 글쓰기훈련이 얼마나 중요한지 절감한다. 문법오류와 오탈자는 쉽게 고칠 수 있겠지만, 논증이 탄탄하지 않은 논문은 우수 학술지에 게재하기 어렵다. 《논증의 탄생》은 단순히 문장을 교정하는 기술이 아니라 논증을 어떻게 설계하고 전개해나가야 하는지 명확한 지침과 다양한 예시를 통해 자세히 설명한다. 특히 글쓰기훈련이 절대적으로 부족할 뿐만 아니라, 독자를 고려하는 소통이라는 글쓰기의 본질을 간과하기 쉬운 이공계 학생들에게 더욱 추천하고 싶은 책이다.

최성득. UNIST울산과학기술원 **도시환경공학과 교수장**

쓰기는 어렵다. 논리를 세우는 것은 더욱 어렵다. 남을 설득하는 것은 더더욱 어렵다. 그러니, 남을 설득할 수 있는 논리적인 글을 쓴다는 것은 얼마나 어려운 일이겠는가? 하지만 이 모든 것을 여러분들은 《논증의 탄생》 한 권으로 쉽게 해낼 수 있을 것이다. 세상의 어떠한 글쓰기/논술지도의 고수라고 해도 이 책에서 말하는 내용 이상을 말할 수는 없을 것이다.

임재춘, 전 청와대 과학기술비서관, 《한국의 이공계는 글쓰기가 두렵다》 저자

서상에서 가장 탁월한 글쓰기프로그램을 남기고 떠난 글쓰기의 명장 조셉 윌리엄스 시카고대학교수의 가르침을 책으로나마 배울 수 있다는 것은 우리에게 크나큰 행운이다. "글은 언제나 명확하게 써야 하며, 이러한 글은 누구나 쓸 수 있다."는 그의 신념은 글을 쓰는 사람이라면 누구나 깊이 새겨야 할, 글 잘 쓰는 방법에 대한 유일한 지침이라 할 수 있다. 글쓰기란 90%의 생각과 10%의 잉크로 쓰여 진다. 글쓰기를 전후한 생각하는 기술, 생각을 글로 표현하는 기술을 구체적이고 체계적으로 설명하는 《논증의 탄생》을 늘 곁에 두고 글을 쓰고 고치는 훈련을 한다면 글쓰기에 대한 고민은 더 이상 없을 것이다.

송숙희, 글쓰기코치, 《150년 하버드 글쓰기 비법》 저자

다른 사람의 생각에 영향을 미치는 글을 쓰고 싶은가? '사고의 논리적 전개'가 마음처럼 쉽게 풀리지 않아 답답한가? 그렇다면 《논증의 탄생》이 그 목마름을 시원하게 풀어줄 것이다. 단언컨대, 논증은 민주사회의 초석이자, 법률가의 심장이다. 사법연수원을 수료한 해 우연히 만났던 이 책은 나를 진정한 법률가로서 올바른 길을 걷도록 인도했다고 해도 과언이 아니다. 그때 만난 책이 더욱 새롭고 알찬 내용으로 업그레이드된 개정판에 내가 추천사를 직접 쓰게 되었다니 감개무량할 따름이다. 14년 전 이 책을 처음 만났을 때와 마찬가지로 나는 또한번 동료변호사들과 함께 이 '논증의 교과서'를 함께 공부하고 실천할 것이다.

이승우, 법무법인 법승 대표변호사, 형사법 전문변호사, 변리사

나는 《논증의 탄생》을 읽어가면서 수도 없이 무릎을 쳤다. 내가 학생들이 제출하는 과제물에서 보고 싶어하는 논증의 모든 요소들이 이 책속에 설명되어 있다.

캐서린 윌스Katherine V. Wills, 루이스빌대학University of Louisville 교수

법학전문대학원 입학시험을 준비하는 학생들에게 논증적으로 글을 읽고 쓰는 훈련을 할 수 있도록 도움을 주는 책을 꼽는다면 주저없이 나는 《논증의 탄생》을 추천한다. 내용을 담는 그릇인 구조가 탄탄해야 글이 쉽게 읽히는데, 이 책은 어떻게 해야 견고한 구조를 만들어낼 수 있는지 자세하게 설명하고, 다양한 상황에 쉽게 적용할 수 있는 사례들을 풍부하게 보여주며 더 나아가 구체적인 훈련법을 제시한다. 기본기가 부족하면 높은 점수를 받기 어려운 법학적성시험을 준비하는 학생들에게 기본기를 쌓을 수 있도록 도움을 주는 책이다.

문덕윤, LEET법학적성시험 **언어이해 강사**

법치와 평등이라는 민주주의의 원칙을 수호하기 위해 공적 업무를 수행하는 사람이라면 자신의 결정이 정당하다는 것을 뒷받침하는 이유와 근거를 제시할 줄 알아야 한다. 특히 법률을 집행하는 검사에게 논증적 글쓰기는 매우 중요한 업무다. 지금까지 검사들은 대개 선배 검사의 지도를 통해 글쓰기 훈련을 받았다. 신임검사들을 연수하는 임무를 맡게 된 뒤 나는, 논증을 펼치고 글을 쓰는 역량을 강화하는 데 도움이 될 만한 이론적 토대와 체계적 교육방법이 없을까 고민하던 중 우연히 《논증의 탄생》을 만나 큰 도움을 받았다. 논증적 글쓰기가 업무활동에서 중요한 부분을 차지하는 사람이라면 꼭 읽어봐야 할 책이라고 생각된다.

박철완, 법무연수원 용인분원장

툴민의 논증구조를 새롭게 수정해낸 《논증의 탄생》을 나는 정말 사랑한다. 툴민의 논증구조를 이용해 작문수업을 할 때마다 우리는 윌리엄스와 콜럼이 지적하고 수정한 바로 그 부분에서 늘 수렁에 빠져 허우적거렸기 때문이다.

메간 오닐 Megan O'Neill, **스테슨대학**Stetson University **교수**

대학생이라면 누구라도, 대학원생이라면 무조건, 직장인이라면 반드시, 조직을 이끄는 리더라면 반복해서 《논증의 탄생》을 읽기 바란다. 첫 대면은 좀 낯설 수도 있지만 한 챕터를 읽으면 가슴이 뻥 뚫리고 머리는 개운해진다. 이 책을 뒤적이는 동안 우악스럽게 날뛰던 사나운 생각이 사려깊은 탄탄한 논증으로 거듭나는 경험을 할 수 있다. 이 책을 국내에 처음 소개한 라성일 선생과 저자의 말을 정교하면서도 자연스럽게 옮긴 윤영삼 번역가에게 고마울 따름이다. 늦지 않았다. 지금부터 천천히 읽길 바란다. 내일은 늘 오늘보다 늦다. 무엇 때문에 주춤거리시나?

장석진, KTCA한국 테크니컬 커뮤니케이션 협회 **회장, 공학박사**

"깡통을 흔들면 왜 가장 큰 땅콩이 맨 위로 올라갈까?" 이 개념은 "운송회사에서 알갱이로 된 물건을 효율적으로 포장하는 법을 연구하는 데 실마리가 된다." 어떤가? 일상에서 찾아내는 보석 같은 논증의 기술! 지금 이 순간 중·고등학교 선생님들과 학생들에게 논술과 글쓰기에 관한 한 최고의 책 《논증의 탄생》을 추천하는 이유다.

이도희, 라온중학교 수석교사, 《한 단락으로 독서논술을 잡아라》 **저자**

수준 높은 내용을 이렇게 쉬운 글로 써낸 책은 아마도 어디에서도 찾기 힘들 것이다. 마치 학생들을 마주보고 말로 설명하는 내용을 그대로 써 놓은 것처럼 《논증의 탄생》은 술술 읽힌다.

미리엄 올리버 Miriam L. Oliver, **퍼듀대학**Purdue University **교수**

Part II 논증을 전개하는 기술

Part III 논증의 한계

Part IV 논증의 언어

Part V 글쓰기전략

Appendix 부록

논증요소별 글쓰기전략 찾아보기

우리는 누구나
논증의 달인이다

우리가 이 책을 쓴 목적은, 생각하고 논증하고 토론하고 글 쓰는 기술이 모두 하나의 통합적인 지식이라는 사실을 일깨워주기 위한 것이다. 이 모든 기술은 제각각 개별적인 기술처럼 보일 수도 있지만, 매우 긴밀하게 연관되어 있다. 거꾸로 말해서, 이러한 능력들을 갖춰야만 명확하고 타당하고 설득력있는 글을 쓸 수 있다는 뜻이기도 하다.

아리스토텔레스가 《수사학Rhetoric》이라는 책을 썼을 만큼, 서양문명에서 수사학의 전통은 매우 깊다. 이 책 역시 이러한 수사학적 전통을 이어받고 있지만, 단순히 전통에만 의존하지 않는다. 논증의 본질에 대한 이해는 물론, 추론하고 결론을 이끌어내는 방법, 책임과 인과관계와 같은 문제에 대한 접근방식, 주장이 담긴 글을 비판적으로 읽고 반론을 제기하는 방법 등무수한 새로운 통찰을 이 책 속에 담았다. 이 중 많은 것들이 기존 수사학의한계를 넘어서는 의미있는 성과라고 확신한다.

우리는 최근의 연구성과와 통찰을 체계적으로 결합함으로써 학생들이글쓰기의 원리를 최대한 쉽게 이해할 수 있도록 만들었으며, 또한 전문분야에 대한 지식이 없더라도 학생들에게 쉽게 글쓰기를 가르칠 수 있도록 내용을 구성하였다.

우리는 이 책이 논증글을 잘 쓰는 법을 알려주는 단순한 참고서가 아니라, 여러분들에게 더 큰 세상의 지혜를 일깨워주는 길잡이가 되기를 바란다. 또한 논증교육의 중요성을 일깨우는 데 이 책이 이바지하기를 바란다. 학교, 직장, 시민사회 등 어떤 상황에서나 사람들이 반드시 갖춰야 할 기본적이면서도 핵심적인 지혜가 바로 논증이라는 사실을 이 책을 통해 많은 사람들이 깨닫기를 바란다.

논증은 단순히 '합리적인 개인'을 만드는 것에서 멈추지 않고 사회적으로 '합리적인 시민'을 만드는 데 이바지한다. 비합리적인 논리와 억지가 판치는 세상에서 합리적으로 분석하고 판단하고 주장을 내세울 줄 아는 사람은 더욱 빛나는 법이다. 비판적 판단능력은 오늘날 혼돈의 세상을 살아가는 현대인들이 갖춰야 할 가장 중요한 덕목이자, 흔들리는 민주주의를 굳건하게 지키는 최고의 덕목이다.

논증에 대해서 본격적으로 이야기하기 전에 이 책을 효과적으로 활용하는 법을 소개하고, 또 이 책이 전통적인 수사학과 어떤 부분에서 다른지, 또다른 글쓰기책과 어떻게 다른지 잠깐 설명한다.

논증이란 무엇일까?

논증에 대해 한 번도 배운 적이 없다고 해도 여러분은 이미 논증에 대해 많은 것을 알고 있다. 다른 사람과 합리적으로 소통하고 상호작용할 수 있다면 이미 뛰어난 논증실력을 가지고 있다는 뜻이다. 따라서 이 책에서 이야기하는 것들을 최대한 자신이 이미 가지고 있는 자원들, 즉 경험과 직관에 연관지어서 이해한다면, 훨씬 좋은 성과를 얻을 수 있을 것이다.

우리의 목표는 일상적인 대화에서 우리가 늘 하고 있는 것을 글에서도 적용할 수 있도록 도와주는 것이다. 그것은 바로, 상대방에게 어떤 생각을 하도록 또는 어떤 행동을 하도록 설득하기 위해 그럴듯한 이유를 제공하는 것이다.

나: 빈 디젤이 나오는 영화 보러 갈래? 정말 재미있다던데.

친구: 제니가 집에서 파티를 한다던데, 거기 가자.

나: 걔네 파티는 맨날 주민 신고로 경찰이 들이닥치는 것으로 끝나잖아.

친구: 갔다가 금방 나오지 뭐. 그리고, 그런 일은 두 번밖에 일어나지 않았어.

나: 아니, 너도 빈 디젤의 새 영화가 보고 싶다고 말했잖아.

친구: 그건 내일 보면 안 돼?

나: 내일은 알바 가야 해.

친구: 그러면 어쩔 수 없네. 제니네 파티는 다음에 가지 뭐.

물론 일상적인 대화라고 해서 이렇게 사소한 주제만 가지고 논쟁을 하는 것은 아니다.

친구: 정부가 검색엔진공급자들에게 사람들이 무엇을 검색했는지, 또 어떤 웹사이트를 방문했는지 기록한 데이터를 제출하라고 압박하고 있대. 이건 완전히 프라이버시를 침해하는 거라고.

나: 그건 뭐… 테러리스트와 포르노 동영상 파는 놈들을 잡기 위한 거라던데.

친구: 그래. 하지만 정부가 요구하는 수백만 개의 데이터는, 대부분 평범한 사람들의 기록이야. 그걸 가지고 정부가 무슨 일을 할지 어떻게 알아? 정부가 네 프라이버시를 침해하지 않을 거라고 확신해?

나: 그래 맞아. 하지만 정부는 어차피 선거 때마다 바뀌는 데 뭐?

친구: 하지만 데이터를 어떻게 폐기할 것인지에 대해서는 아무런 이야기도 하지 않아. 더욱이 정보가 곧 권력인 시대인데, 자신의 권력을 유지하기 위해서 개인정보를 남용하지 않을 거라고 어떻게 장담해?

나: 권력을 유지하기 위해 평범한 시민들의 프라이버시를 침해한다면, 그

런 정권이 유지될 수 있을까? 투표를 통해 금방 쫓겨날거야.

친구: 하지만 정작 데이터를 이용해 우리를 엿보는 사람들은 선거로 뽑힌 사람들이 아니라, 누군지도 모르는 관료들이라고. 권력을 바꾼다고 해도 아무 소용없다고.

나: 그럴지도 모르지.

오늘 무슨 옷을 입을까 고민하는 사소한 문제부터, 어떤 종교를 믿을 것인지 결정하는 심오한 문제까지 우리는 이렇게 대화를 주고받는다. 사업을 하거나, 공공정책을 결정하거나, 어떤 주장을 사실로 받아들일지 판단하거나, 갈등을 봉합할 시민적 해법을 찾는 토론을 할 때에도 이러한 대화는 핵심적인 수단이 된다. 이처럼 자신의 주장을 내세우고 방어하고 설득하는 기술은 사적인 상황은 물론 사회적, 직업적 상황에서도 중요한 역할을 한다.

우리는 이러한 보편적인 행동을 '논증'이라고 부른다. 논증이라고 하면 '말싸움'을 떠올리는 사람도 있겠지만, 논증이라고 해서 반드시 적대적인 것은 아니다. 평온하고 친근한 논증은 우리가 무엇을 믿어야 하는지, 그것을 왜 믿어야 하는지 이해할 수 있도록 도움을 줄 뿐만 아니라 사회적인 관계를 더 튼튼하게 해준다.

친근하게 흘러가든 호전적으로 맞부딪치든, 논증에는 다음과 같은 특징이 있다.

- 논증은 주장과 이를 뒷받침하는 요소들로 이루어진다.
- 논증의 목적은 자신의 주장을 받아들이려고 하지 않는 사람을 설득하는 것이다.
- 논증의 목표는 논증을 하게끔 동기를 부여한 문제를 해결하는 것이다.

변증 dialectics

아리스토텔레스는《수사학》에서, '수사'는 주장을 제시하는 기술이고 '변증'은 그 주장을 검토하는 방법이라고 소개하면서, 수사와 변증은 궁극적으로 '설득의 기술'이라는 동전의 양면과 같다고 말했다. dialectics는 '둘 사이에^{dia-: between} 이야기하다^{lect: speak}'라는 말이고, 변증은 '질문과 대답을 주고받음으로써辨 진실을 밝히다證'라는 말이다(오늘날 이러한 진리탐구법은 화용변증법^{pragma-dialectics}이라는 학문에서 연구한다). 변증은 논리학, 언어철학, 논증, 변증법과 같은 수많은 학문들의 초석이 되었으나, 정작 변증 그 자체는 20세기 후반에 와서야 스티븐 툴민^{Stephen Toulmin}에 의해서 학문으로 정립되었다.

수사 rhetoric

수사학을 그리스전통에 따라 간단히 정의하자면 '사람들 앞에서 말을 잘하는 기술'이다(수사는 '말辭을 꾸미는修 법'이라는 뜻이다). 아리스토텔레스는 수사를 '실용적인 설득의 기술'이라고 정의하며 수사의 핵심요소로 로고스, 파토스, 에토스를 꼽는다. 남을 설득하는 궁극적인 소통기술을 발휘하기 위해서는 이성적인 논리^{logos}뿐만 아니라, 청자의 감정과 욕망^{pathos}, 화자의 인격과 윤리성^{ethos}까지 고려해야 한다는 뜻이다.

2,000년 가까이 화술과 웅변술의 비법으로 전해 내려오던 수사학은 19세기 중반, 글에 본격적으로 적용되기 시작하였다. 하버드대학 수사학과 학과장 윌리엄 채닝^{William E. Channing}이 작문을 수사학의 정식 과목으로 편입시키면서 문장, 단락구조, 문체 등을 수사학적 관점에서 체계화하기 시작하였고, 그 결실은 오늘날 글쓰기의 주요한 원칙으로 통용되고 있다.

글쓰기의 부분동작부터
마스터하자

논증은 결국 글로 작성되어야 한다. 글을 잘 쓰는 사람들은 논증에 대해 무엇을 알고 있을까? 또 그들은 글을 어떻게 쓸까? 그들이 알고 있는 몇 가지 정보를 나열해보자.

- 논증은 다른 사람의 동의를 이끌어냄으로써 해결할 수 있는 문제를 다룬다.
- 강압이나 협박을 통해 동의를 이끌어내는 것이 아니라, 그들의 의심과 반대의견을 떠올리고 그에 대해 객관적이고 공정하게 대응함으로써 설득한다. 독자의 관점에서 질문을 던져줄 사람이 곁에 있으면 좋겠지만, 대부분 그러한 독자의 생각을 혼자 상상해내야 한다.
- 논증과 글쓰기는 함께 발전한다. 논리적으로 글을 전개하는 방법과 글에서 다루고자 하는 내용에 대한 이해가 깊을수록 글을 훨씬 잘 쓸 수 있다. 또한 거꾸로, 글을 쓰는 데 더 많은 공을 들일수록 논리와 내용에 대한 이해가 깊어진다.
- 논증형식은 글을 쓸 때마다 새롭게 만들 필요가 없다. 독자들도 익숙한 논증형식을 기대하고 선호한다. 따라서 논증형식을 알면 논증을 한결 수월하게 구상할 수 있고, 다른 사람의 글을 읽고 참조할 때에도 빠르게 정보를 찾을 수 있다.
- 마지막으로, 논증은 '이기는' 것이 전부가 아니다. 논증이 실패했다고 해서 모두 헛수고가 되는 것은 아니다. 상대방을 설득하지 못했다고 해도 타당하고 사려깊어 보이는 논증을 펼친 사람은 상당한 명성을 얻을 수 있다. 명성은, 그가 앞으로 펼칠 논증을 독자들이 더욱 진지하게 받아들이게 해준다.

우리는 이 책에서 글을 많이 써본 사람들이 논증을 어떻게 짜는지 자세하게 설명할 것이다. 좀더 체계적이고 효과적으로 논증모형을 설명하기 위해서 우리는 최대한 그림을 활용한다. 또한 그러한 논증모형이 어떤 사고의 흐름에서 나왔는지 자세히 설명할 것이다. 글을 아무리 많이 써본 사람도, 글을 아무리 잘 쓰는 사람도 이 모형을 벗어나는 경우는 거의 없다.

물론 논증모형에 맞춰서 글을 쓰면 된다고 말하면 거부감을 느끼는 사람도 있을 것이다.

내 글은 내가 쓰는 것인데, 이런 논증모형에 꼭 맞춰서 써야 하나? 글쓰기가 무슨 공장에서 기계를 돌리는 작업이야? 이딴 글쓰기모형은 창조성을 억압하는 쓰레기에 불과해.

거꾸로 정반대 반응을 보이는 사람들도 있을 것이다.

오! 시키는 대로 따라 쓰기만 하면 된다고? 말만 해. 그대로 할께.

미리 말하지만, 우리가 이 책에서 제시할 논증모형과 글쓰기조언은 절대 창조성을 억압하지 않는다. 오히려 여러분의 숨은 창조성을 마음껏 발현할 수 있도록 도와준다. 그리고 몇 페이지만 읽어보면, 아무 생각없이 따라 쓰기만 한다고 저절로 글이 완성되지 않는다는 것도 금방 깨닫게 될 것이다.

우리가 제시하는 논증모형은 '논증'이라는 개념을 처음 배우는 이들에게 쉽게 설명하기 위한 방편에 불과하다. 완전히 이해하고 나면, 더 이상 쳐다볼 필요가 없는 것이다. 골프나 태권도 같은 것을 배워본 적 있는가? 완벽한 기술을 한 번에 배우는 것은 불가능하지만, 잘게 쪼갠 부분동작은 쉽게 따라할 수 있다. 이렇게 발을 놓고, 손을 뻗고, 움직여라. 이렇게 하나하나 익힌 부분동작을 연결해서 완전한 동작을 만들어낼 때, 어떤 느낌이 드는가? 그것이 창조적이라고 느껴지는가? 구령에 맞춰 부분동작을 정확하게 따라할 때는 그저 어색한 느낌만 든다. 하지만 부분동작을 완벽히 익혀서 자연스럽게 연결할 수 있게 되면, 부분동작은 머릿속에서 지워진다. 물 흐르듯 자연스러운 동작이 나오면서 몰입할 수 있는 창조적인 순간이 비로소 찾아온다.

이 책을 통해 논증을 배우는 과정도 마찬가지다. 논증모형에 맞춰 글을 계획하는 단계에서는, 마치 구령에 맞춰 부분동작을 하는 느낌이 들 것이다. 하지만 이렇게 부분동작을 완전히 마무리하고 그것을 글로 엮는 과정에 들어가면 그 어색함이 서서히 사라진다. 상상 속 독자와 나누는 대화에 집중하면서 글을 고치는 단계에 들어가면 논증모형은 완전히 잊혀지고 물 흐르듯 자연스럽고 유기적인 작업을 하고 있다는 느낌을 받을 것이다. 이제 당신의 창조성을 원하는 만큼 발휘할 수 있다.

인류 역사에서 가장 창조적이라고 평가받는 사람들도 거의 예외없이, 상당한 제약과 틀 속에서 기본을 익히고 완전히 마스터한 다음에 그것을 의도적으로 변형하거나 더 나아가 파괴했다. 영어권 세계에서 가장 창조적인 작가라 할 수 있는 셰익스피어 역시 당대의 드라마와 시의 관습적인 틀 속에서 작품활동을 시작했다. 기본을 완벽하게 마스터하지 못한 사람에게는 파괴할 틀도 없고, 따라서 폭발할 창조성도 없다.

우리는 여러분이 이 책에서 제시하는 논증모형을 완벽히 익혀 창조적으로 파괴할 수 있는 수준에 도달하기를 바란다. 또 그러한 수준에 도달했다고 하더라도, 마감시간이 너무 촉박하거나 글의 주제가 너무 어려워 갈피를 잡기 힘들 때 언제든 이 책을 펼쳐 논증모형을 되새기면 상당한 영감을 받을 수 있을 것이다. 길을 잃고 방황할 때 기본으로 돌아가는 것은 언제나 좋은 전략이다. 논증의 부분동작부터 다시 시작하여 그것들을 하나씩 조립해보면 최선의 해법이 떠오를지도 모른다.

대학에서 요구하는
글쓰기는 어떻게 다를까?

대학에 들어와 작문과제에 대한 피드백을 처음 받았을 때 많은 학생들이 당황스러운 경험을 한다. 자신의 과제물에 적힌 교수의 코멘트를 보고 놀라기도 하고, 기대보다 낮은 점수를 받고 실망하기도 한다. 대학에서 요구하는 글쓰기는 고등학교에서 요구하는 글쓰기와 완전히 다르기 때문이다. 그 차이의 핵심은 바로 '논증'에 있다.

지금까지 대학에서 수 천명에 달하는 학생들을 가르쳐본 경험을 토대로 우리는, 자신있게 말할 수 있다. 물론 논증이 무엇인지 잘 몰라도 학술논증이나 보고서를 쓸 수 있다. 하지만 글 속에서 논증이 어떤 역할을 하는지 정확하게 이해하지 못하면 매번 글을 쓸 때마다 고통스러운 경험을 해야 한다. 논증과 글쓰기가 어떻게 유기적으로 결합되어 있는지 이해하지 못하면, 글의 목적에 따라 어떤 부분을 어떻게 다르게 써야 하는지 알지 못해 늘 허우적거릴 것이다.

고등학교 수준까지는 대부분 어떤 내용을 요약하거나 자신의 의견을 밝히는 글을 써오라고 요구한다. 논증과 어떻게 다른지 살펴보자.

요약

남이 쓴 글에 대해 보고하는 것으로, 자신의 생각을 덧붙이지 않고 내용을 전달하는 것이 핵심이다. 책에서 읽은 것이나 수업에서 배운 것을 보고하는 것으로 '아는 것 풀어쓰기'라고 말할 수 있다. 고등학교까지 내주는 글쓰기 과제는 대부분 '요약'이다. 그래서 대학에 갓 입학한 신입생들은—주제가 좀더 복잡해지고 글의 길이가 늘어나기는 했지만—고등학교 때처럼 요약만 잘 하면 될 것이라고 생각한다.

하지만 대학은 그런 것을 기대하지 않는다. 내가 배운 것을 반복하기만 해서는 좋은 점수를 받을 수 없다. 가르쳐준 것 말고 자신의 생각을 쓰라고 한다. 내 주장을 말하고, 그렇게 주장하는 이유를 제시하고, 남들도 거기에 동조해야 하는 이유를 대라고 요구한다. 이유와 근거를 더 많이 제시하라고 요구한다.

대학에서 눈여겨보는 것은 주장의 독창성이 아니다. 자신의 주장을 타당한 이유와 근거로 뒷받침할 줄 아는지, 다른 사람들의 관점을 충분히 고려하고 그에 대해 반박을 할 줄 아는지, 문제를 제기하는 것부터 결론에 다다를 때까지 논의를 합리적으로 전개해나갈 줄 아는지 눈여겨본다.

물론 논증을 하기 위해 다른 사람의 아이디어를 요약해야 할 수도 있다. 하지만 그것은 단순히 흉내내기 위한 것이 아니라 자신의 주장을 전개해 나가기 위한 것이어야 한다.

개인의 의견

내 생각을 보고하는 것이다. 논증과 다른 점은, 남들도 그렇게 생각해야 한다고 설득하는 것을 목적으로 하지 않는다는 것이다. 어떤 주제에 대한 자신의 생각을 써오라고 하면, 대학신입생들은 대부분 이런 글을 써온다. 이런 글을 쓰는 기본적인 마음가짐은 다음과 같다.

> 이건 내 생각이고, 그렇게 생각하는 것은 내 자유야. 내가 그렇게 생각한다는데, 그걸 굳이 옹호하고 방어해야 돼? 나는 내 생각대로 살고 너는 네 생각대로 살면 되는 거지. 그걸로 충분한 거 아냐?

어떤 면에서는 맞는 말이다. 누구나 자기가 원하는 대로 생각하며 살아갈 수 있다. 그것은 누구나 누릴 수 있는 자유다. 어떤 주제에 대해서 어떻게 생각을 하든 내 마음이다. 그렇게 생각하는 이유가 무엇이든, 아니 이유가 있든 없든, 남들이 무슨 상관인가?

하지만 대학이라는 학문공동체에 들어서는 순간, 개인의 생각은 더 이상 자유로운 권리의 대상이 아니라 질문하고 따지고 검증해야 하는 주장이 된다. 이것이 바로 이전의 교육과 대학교육의 핵심적 차이다. 남들의 까다로운 질문공세에 답하고 방어해야 한다. 궁극적으로는 자신의 생각에 대해 스스로 질문할 줄 아는 능력을 갖춰야 한다.

무엇을 전공하든 대학교육이 학생들에게 가장 기본적으로 요구하는 덕목은 끊임없이 질문하고 토론하고 논증하라는 것이다. 이것은 반대를 위한 반대를 가르치기 위한 것이 아니라, 복잡하고 어려운 문제에 대한 바람직한 해법을 함께 찾아가는 시민적 의심과 합리성을 가르치기 위한 것이다. 바로 이러한 시민정신의 토대 위에서 학문공동체가 작동하고, 졸업 후 경험할 기업이나 사회조직들이 작동하고, 건강한 민주주의가 작동한다.

대학에서 좋은 학점을 받고 싶다면

대학에서 요구하는 글쓰기의 주제 역시 신입생들에게는 다소 생소하게 여겨질 수 있다. 장학생을 공정하게 선발하는 방법 또는 도서관의 자리부족을 해소할 방법처럼 실용적이고 현실적인 문제에 대한 해법을 제시하고 그것을 뒷받침하라는 글쓰기과제도 있겠지만 대학에서는 대부분, 사람들의 인식을 바꾸거나 어떤 주제에 대해서 좀더 깊이있게 이해할 수 있도록 도와주는 논증을 하라는 과제를 준다. 이러한 논증은 자신이 알고 있는 것을 진술하는 '요약'과는 차원이 다르다.

안타까운 사실은, 많은 학생들이 대학에서 제시하는 이러한 문제를 현실과 무관한 단순한 지적인 놀이처럼 생각한다는 것이다.

침팬지는 셈을 할 수 있을까?

직조기술은 고대문명의 어느 지역에서 처음 발생했을까?

미국남부의 사회구조는 남북전쟁이 발발하는 데 어떤 영향을 미쳤을까?

물론 대학에서 이런 문제에 대해 글을 써오라는 것은 자신의 망상을 늘어놓으라는 뜻이 아니다. 어떤 문제든 '학문적으로' 접근할 수 있는 능력을 보여달라는 뜻이다. 우리는 이런 질문을 '개념문제'라고 부르는데, 대학에 몸을 담고 있는 동안에는 이러한 개념문제를 끊임없이 해결해야 한다.

대학은 왜 이런 문제를 중요하게 생각하는 것일까? 이런 문제에 대해 해답을 찾고 이유와 근거로 뒷받침하기를 원하는 이유는 무엇일까? 학문적 논쟁이 작동하는 방식을 이해하지 못하면 학문의 세계가 어떻게 돌아가는지 이해할 수 없다. 그래서 이 책은 실용문제 못지않게 개념문제를 다루는 방법에 대해서도 자세하게 설명한다.

물론 개념문제에 대한 설명이 단순히 대학생들에게만 도움이 되는 것은 아니다. 대학생활과 무관하게 일상적으로 글을 쓰고 읽는 것을 더욱 효과적으로 수행하기 위해서, 반드시 알아야 하는 중요한 문제에 대한 답을 제공한다.

- 분야마다 글을 쓰는 방식은 왜 달라지는 것일까? 또 어떻게 다를까?
- 다른 사람이 쓴 글을 좀더 깊이있게 읽고 이해하는 방법은 무엇일까?
- 글을 써서 먹고 살 수 있을까? 작가나 칼럼니스트로서 명성은 어떻게 쌓을 수 있을까?

우리는 이처럼 단순히 글쓰기에 대한 기술적인 조언만 제공하기 위해 이 책을 쓴 것이 아니다. 대학 신입생에게 이 책은 대학생활을 값지게 만들어줄 가장 훌륭한 교양입문서로도 손색이 없다고 우리는 자신한다.

대학교육에서 질문하고 답하기

고등학교와 대학은 수업 중에 질문하고 답하는 것에 대한 인식도 크게 다르다. 고등학교까지는 선생의 질문에 대해 자신이 배운 사실을 정확하게 기억해서 말하는 것을 최선의 목표로 삼는다. 다시 말해 정답을 말해야 한다. 하지만 대학교수들은 대부분 그런 정답을 원하지 않는다. 오히려 학생들이 더 많은 질문을 하기를 원한다. 자신이 읽고 들은 것에 대해 비판적으로 사고하고, 주장에 어긋나는 이유나 근거를 찾아내 반론을 제기하는 학생을 좋아한다. 다음 진술을 읽고 동의하는지 체크해보자.

- 어떤 사실에 관한 질문에는 한 가지 정답만 존재한다.
- 가장 이상적인 과학은, 어떤 문제에 대해 한 가지 정답만 갖는 것이다.
- 깔끔하게 정답이 떨어지지 않는 문제에 골몰하는 것은 시간낭비다.
- 강의든 토론이든, 교수가 알아서 가장 효과적인 교수법을 선택해 가르쳐야 한다.
- 좋은 선생은 학생들이 정해진 트랙에서 벗어나 헤매지 않도록 인도해야 한다.
- 교수들이 허황된 이론에 대해 덜 이야기하고 구체적인 사실에 초점을 맞춰 가르친다면 대학에서 훨씬 많은 것을 배울 수 있을 것이다.

이러한 진술에 대부분 동의한다면, 아마도 당신의 대학생활은 그다지 즐겁지 않을 것이다. 대학교수들이 추구하는 교육적 가치와 계속 충돌할 것이고, 질문만 퍼붓고 정답은 별로 제시하지 않는 수업이 불만스럽기만 할 것이다. 교수들이 질문을 쏟아내는 것은 학생들에게 확정된 사실이 아닌 열린 진실, 기계적으로 외울 수 있는 지식이 아닌 회의적인 탐구를 향한 열정을 일깨워주기 위한 것이다. 대학은 비판적인 사고를 하는 건강한 시민과 전문가를 양성하는 교육기관이다.

● M. P. Ryan. "Monitoring Text Comprehension: Individual Differences in Epistemological Standards." *Journal of Educational Psychology* 76 (1984): 250.

논증과 글쓰기에 관한 책은 많지만
이 책은 다르다

일방향이 아닌 쌍방향 논증!

이 책은 기존의 책들과 여러 차원에서 다르다. 무엇보다도 우리는, 논증을 독자를 설득하기 위한 수단으로만 보지 않고 문제를 해결하는 과정에 독자를 참여시키는 수단이라고 정의한다. '독자의 관점에서' 문제를 파악하고 문제의 틀을 짜고 문제를 해결하는 작업을, 논증글을 계획하고 작성하고 수정하는 과정의 중심에 놓는다. 그래야만 독자가 진지하게 관심을 가질 만한 논증을 만들 수 있다. 우리가 아는 한, 지금까지 이러한 방식으로 논증에 접근한 책은 존재하지 않았다.

독자의 입장에서 문제를 바라보고 제시하는 기술!

해결하고자 하는 문제에 따라 독자에게 끌어내고자 하는 동의의 종류가 달라지고, 그에 따라 전개하는 논증의 유형도 달라진다. 우리는 세상의 모든 문제를, 많은 이들에게 익숙한 '실용문제'와 약간은 생소한 '개념문제'로 구분한다. 이 두 가지 문제가 어떻게 다른지 알아야 한다. 많은 사람들이 낯설어하는 학술적인 논증은 대부분 개념문제에 속한다. 반면 진학이나 취업과 같은 현실적인 욕구를 해결하기 위한 논증은 실용문제에 속한다.

현실과 동떨어져 보이는 학술적인 문제들은 그저 '추상적인 이론'일 뿐이라고 폄하되는 경우가 많다. 하지만 대학수업에서는 대부분 실용문제보다는 개념문제를 다루는 글을 써오라고 요구한다. 우리는 학생들을 위해서 실용문제 못지않게, 개념문제에 대해서도 깊이 다룬다. 개념문제를 어떻게 풀어 나가야 하는지, 또 독자의 관심은 어떻게 이끌어내야 하는지 쉽고 자세하게 설명한다.

단순한 기교보다 훨씬 가치 있는 정직한 글쓰기!

우리는 책 전반에 걸쳐 글쓴이의 '에토스'를 강조한다. 에토스란 간단히 말해서, 글을 통해 비춰지는 저자의 품성과 마음가짐을 말한다. 글쓴이의 에토스는 글에서 다양한 요소를 통해 투영된다. 명확하게 글을 쓰는가? 에두르지 않고 분명하게 주장을 내세우는가? 근거를 바탕으로 주장을 완벽하게 뒷받침하는가? 자신의 주장에 대한 반론을 솔직하게 인정하고 이에 대해 정당하게 대응하는가?

독자들이 글을 읽고 나서 글쓴이의 주장에 동의하지 않더라도 타당하고 사려깊고 공정하게 주장을 펼치는 글이라고 인정한다면, 우리는 성공한 논증이라고 말한다. 논증에서 스며나오는 저자의 에토스는 독자에게 깊은 인상을 심어주고, 이러한 인상이 하나둘 쌓이면서 저자의 명성은 올라간다. 오랜 시간 구축된 에토스, 즉 명성은 그 자체로 강력한 설득력을 발휘한다.

비판적 사고-논증-글쓰기의 통일!

따분하고 어려운 형식논리학에 기반하여 논증을 설명하기보다, 우리는 일상에서 쉽게 접할 수 있는 훨씬 익숙하고 친근한 비형식논리학에 기반하여 논증을 설명한다. 논리적 사고를 설명하기 위해 논리학 책들은 대부분 '논리적 오류'를 소개하는 데 초점을 맞추지만, 우리는 비판적 사고와 논증과 글쓰기를 하나로 통합함으로써 생산적인 관점에서 논리적 사고를 소개하는 데 초점을 맞춘다.

비판적 사고와 논증과 글쓰기를 하나로 엮어 설명하는 이유는 우리가 오랜 시간 학생들을 가르치며 깨달은 통찰에서 기인한다. 글을 잘 쓰게 될 수록 추론능력도 높아지고, 추론능력이 높아질수록 글도 잘 쓰는 것을 우리는 무수히 목격했다. 그래서 우리는 논증을 소개하는 것 못지않게 글쓰기전략을 소개하는 데에도 상당한 공을 들였다.

글을 계획하고 구상하는 단계부터 드래프팅-리바이징으로 이어지는 작성단계까지 글쓰기에 관해 우리가 알고 있는 모든 요령을 이 책에 담기 위해 노력했다. 글쓰기는 논증을 배우는 데 상당히 중요한 역할을 한다. 글을 쓰는 작업을 통해 논증을 세우는 과정을 직접 체험하고 체득할 수 있으며, 자신이 전달하고자 하는 생각을 자신이 쓴 글이 제대로 담고 있는지 비판적인 시선으로 검토하는 방법도 터득할 수 있다.

일상의 대화에서 찾아내는 보석 같은 논증의 기술!

논증은 진실을 찾아내는 방법을 일컫는 '변증'과 그것을 설득하는 방법을 일컫는 '수사'로 이루어져있다고 흔히들 말한다. 지금까지 나온 책들은 대부분 변증과 수사를 구분하여 설명했는데, 우리는 이것을 구분하지 않는다. 변증과 수사는 하나의 작업을 다른 측면에서 바라본 두 가지 개념에 불과할 뿐이다.

실제로 우리는 다른 사람과 대화하는(수사) 과정에서 아이디어를 떠올리는(변증) 경험을 자주 한다. 질문하고 대답하는 과정에서 자신도 미처 깨닫지 못하고 있던 가치있는 주장을 발견하기도 하고, 주장을 뒷받침하는 이유와 근거를 즉흥적으로 떠올리기도 한다. 관심 있는 주제를 놓고 대화하다 보면 누구나 경험할 수 있는 일이다.

더 나아가 글을 쓸 때도 똑같은 일이 벌어진다. 내가 깨달은 것을 글로 쓰는 것이 아니라, 글을 씀으로써 깨닫는 것이다. 이것은 일상의 평범한 대화 속에서 작동하는 논증기술이 글을 쓰는 과정에서도 그대로 작동한다는 증거다. 실제로 글을 쓴다는 것은—바흐찐의 주장처럼—머릿속에 떠올린 가상독자와 끝없이 질문과 대답을 주고받는 작업이다.

독자의 편향성을 고려한 논증 설계!

20세기 말 인간의 '인지적 편향'에 관한 연구가 눈부시게 발전했다. 인지적 편향이란 합리적인 사고를 체계적으로 훼손하는 인간의 습관적인 잘못된 사고방식을 말한다. 물론 우리는 비판적 사고와 논증을 배우고 훈련함으로써 인지적 편향을 극복할 수 있으며, 또 극복해야 한다. 하지만 글을 쓰는 사람이라면, 자신의 생각을 관리하고 개선하는 것으로 만족해서는 안 된다.

아무리 내가 합리적인 주장을 내세운다고 하더라도, 글을 읽는 독자들이 어떤 편향을 가지고 있다면 설득력을 발휘하기 힘들다. 따라서 자신의 주장을 설득력있게 전달하고 싶다면, 독자들이 어떤 편향을 가지고 있는지 예상하고 그에 맞춰 논증을 설계해야 한다. 독자의 잘못된 관념까지 고려하여 논증을 설계하라고 조언하는 책은 지금까지 존재하지 않았다.

인지심리학에서 얻는 통찰!

최근 발전한 인지과학은 우리가 어떤 경험에 이름을 붙이고 범주화하는 법, 원인-결과에 대해 추론하는 법에 대해 깊은 이해를 제공한다. 우리는 인지과학의 중요한 통찰을 적극적으로 도입하여, 의미와 인과를 놓고 벌이는 논증을 좀더 깊이있게 실용적으로 접근한다. 논증에 매우 중요한 통찰을 제공하는 다양한 학문적 발견들을 제대로 반영하여 논증과 글쓰기를 설명하는 책은 아마 이 책이 유일할 것이다.

물론 이러한 새로운 발견을 이해하고 논증에 반영하기 위해서 특별히 더 많은 공부를 해야 하는 것은 아니다. 이 책에 담긴 설명을 따라오기만 한다면, 훨씬 체계적이고 깊이있는 시선으로 논증과 글쓰기를 이해할 수 있고, 또 학생들을 가르칠 수 있다.

대화론 dialogism

20세기 후반 철학, 심리학, 언어학, 문학, 미학 등 다양한 학문에 방대한 영향을 미친 러시아의 문예이론가 미하일 바흐찐Mikhail Bakhtin은 '대화론'이라고 하는 독창적인 문예론을 주창했다. 바흐찐에 따르면 대화는 화자와 청자가 안정된 합의에 이르기 위한 단일한 소통창구가 아니다. 대화란 청자와 화자의 역할이 상호침투하면서 대화참여자들의 정체성이 허상으로 드러나고, 결국 당사자들이 애초에 견지했던 의미가 지워지거나 수정되는 '충돌과 생성의 공간'이자 '새로운 관계짓기의 무대'다.

　이러한 대화는 말뿐만 아니라 글로도 이뤄진다. 작가와 독자는 '대화적 관계dialogic relations'를 맺기 때문에 작가는 자신의 텍스트에 의미를 고정시킬 수 있는 권위를 상실하고, 반면에 독자는 텍스트에 담긴 원초적인 의도를 주체적으로 해석할 수 있는 자격을 얻게 된다. 결국 텍스트는 저자와 독자, 주체와 객체가 하나가 되어 상호작용하는 대화의 장이 된다.

비형식논리학 informal logic

영국의 논리학자 스티븐 툴민Stephen Toulmin은, 3단논법을 중심으로 하는 전통적인 형식논리학formal/mathematical logic은 현실세계의 복잡한 문제를 해결하거나 의사결정 과정에 적용하는 데 한계가 있다고 지적하면서, 그 대안으로 비형식논리학을 주창하고 체계화하였다. 비형식논리는 형식이 없는 논리라는 뜻이 아니라, 형식논리학에서 고려하지 않는 '의미'까지 중요한 논리적 요소로 다룬다는 뜻이다. 툴민은 일상의 모든 논증을 분석할 수 있는 논증모형을 제시하였다. 툴민의 논증모형에 대한 해설과 한계에 대해서는 부록 '수사학의 전통에서 본 이 책의 의미'에서 자세하게 설명한다.

이 책을
어떻게 활용할 수 있는가?

우리는 이 책을 다양한 작문교실에서 교재로 사용할 수 있도록 세심하게 배려하여 설계했다. 학문적인 논증을 중시하는 대학의 작문수업은 물론, 일반시민들을 위한 글쓰기교실에서도 이 책을 쉽게 활용할 수 있다. 단순히 비판적 사고, 논증, 독서를 가르치는 수업은 물론 학술논문을 작성하는 방법을 가르치는 전문적인 워크숍에서도 상당한 도움이 될 것이다.

우리는 이 책에서 논증과 비판적 사고에 익숙해질 수 있는 다양한 접근방식을 제시하기 위해 노력했다. 이 책은 5부로 구성되어 있다.

- 1부. 논증이란 무엇인가: 논증의 본질에 대한 전반적인 개요를 살펴본다. 1부는 최대한 빨리 읽는 것이 좋다. 이것만 제대로 읽어도 논증을 구성하고 글을 쓰는 데 필요한 '감'을 잡을 수 있을 것이다.
- 2부. 논증을 전개하는 기술: 논증을 구성하는 다섯 가지 요소를 자세히 살펴본다. 물론 순서대로 읽어 나가는 것이 가장 좋지만, 글을 쓰다가 막히는 부분이 있다면 그 부분만 먼저 찾아서 읽어도 좋다.
- 3부. 논증의 한계: 논증을 하다 보면 단어의 의미나 인과관계를 따져야 할 때가 많다. 사실, 의미와 인과관계를 따지는 작업은 생각보다 쉽지 않다. 이 책에서 가장 난해한 부분이 될 것이다.
- 4부. 논증의 언어: 설득은 어쨌든 언어를 통해 이뤄진다. 설득의 힘을 제대로 발

휘하기 위해서는 언어를 효과적으로 사용할 줄 알아야 한다. 명확하고 생생하게 쓰는 법을 설명한다.

- 5부. 글쓰기전략: 논증의 본질을 이해하고 논증모형을 배우는 것은 실제 논증을 분석하는 데 도움이 되지만, 논증글을 쓰는 데 곧바로 적용할 수 있는 것은 아니다. 앞에서 배운 지식을 글을 쓰는 데 적용하고자 할 때 알아야 하는 실질적인 조언을 글쓰기프로세스에 맞춰 소개한다.
- 부록: 글을 쓸 때 늘 참고하고 활용할 수 있는 유용한 도구와 체크리스트를 소개한다. 또한 이 책이 수사학의 역사에 있어 어떤 의미를 갖는지 소개한다.

1부만 읽어도 논증에 대한 전반적인 그림이 그려질 것이다. 바쁘고 시간이 없다면, 또는 논증에 그다지 흥미를 느끼지 못한다면, 뒷부분은 자신의 관심사나 필요에 따라 유연하게 읽어도 좋다. 어떤 페이지를 펼치든 흥미롭고 유용한 정보와 조언과 아이디어를 발견할 수 있을 것이다.

논증에 대해 설명할 때 우리는 늘 상반된 두 가지 관점에서 접근한다. 논증이란 기본적으로 상대방의 질문을 예상하고 그에 대해 답하는 것이기에 논증을 배우기 위해서는 나의 관점만 내세우는 것이 아니라 다른 사람의 관점도 인정할 줄 알아야 한다. 실제로 내 생각의 흐름에서 한 걸음 물러나 독자의 눈으로 바라볼 때 가장 좋은 글이 나온다. 브레인스토밍을 시작할 때부터 글을 계획하고 구상하고 윤곽을 잡을 때, 자신이 작성한 초고를 분석하고 검증하고 리바이징할 때까지 글을 쓰는 전체과정에서 '독자의 질문'을 예상할 줄 아는 능력은 가장 훌륭한 길잡이 역할을 한다.

따라서 4부까지만 읽고 논증에 대해서 이해했다고 생각해서는 안 된다. 5부를 반드시 읽어야 한다. 오랜 세월 수많은 학생들을 가르쳐본 경험에 비춰볼 때, 논증모형만 설명하고 끝나는 것보다 논증과 글쓰기를 긴밀하게 연관지어 설명할 때 또 글쓰기와 대화를 연관지어 설명할 때 학생들은 논증을 훨씬 제대로 이해했으며 글도 훨씬 잘 썼다.

또한 이 책을 제대로 이해하고 활용할 수 있도록 우리는 다양한 PDF자료를 제공한다. 온라인 웹사이트에서 다운로드받을 수 있다.

- 읽기자료: 논증이 실제 글 속에서 어떻게 작동하는지 분석해볼 수 있는 글을 제공한다. 영어 원문과 한국어 번역문이 모두 수록되어있다.
- 탐구문제: 이 책을 글쓰기수업 교재로 사용하는 강사들을 위한 풍부한 수업자료, 토론주제, 글쓰기주제를 제공한다.
- 원문자료: 유학을 준비하거나 영어로 읽기/글쓰기 공부를 하는 분들을 위해 이 책에서 제시하는 주요 예문들을 원문으로 제공한다. 한국어로 번역하는 과정에서 변형된 부분도 있기 때문에 영어읽기/글쓰기를 공부하는 분들은 원문자료를 참고하기 바란다.

우리는 이 책이 대학이라는 울타리 안에서 보고서나 학술논문을 쓰는 방법을 알려주는 교재로만 여겨지지 않기를 바란다. 논증은 단순히 글을 쓰기 위한 기술이 아니다. 논증은 대학을 넘어서, 다른 이들과 함께 협력하며 일해야 하는 직장, 더 나아가 평생 함께 살아가야 할 이웃공동체, 건강하고 민주적인 시민사회에서 주체적이고 합리적인 개인으로 살아가기 위해 반드시 갖춰야 하는 현대인의 필수적인 핵심기술이다.

논증은 공적인 경험세계의 심장을 뛰게 만드는 힘이다. 논증을 배우는 것은 단순히 합리적인 개인이 되는 것을 넘어서, 합리적인 시민이 되는 것이고, 이는 곧 합리적인 사회를 만드는 힘이다. 논증이 살아 숨쉬는 사회에서는, 다시 말해 비판적 사고가 작동하는 세상에서는, 한 순간에 사회를 무너뜨릴 수 있는 가짜뉴스와 비합리적인 주장들이 힘을 발휘하지 못한다.

오늘날 논증과 비판적 사고를 가르치는 사람들은 민주주의를 지키는 영웅이다. 민주시민이 겸비해야 하는 가장 고귀한 자질을 양성해내는 막중한 임무를 수행하고 있는 여러분에게 박수를 보낸다.

Joseph M. Williams
"Il miglior fabbro"
1933-2008

2008년 2월 22일 세상은 위대한 학자이자 스승을 잃었고, 나는 소중한 친구를 잃었다. 거의 30년 동안 조셉 윌리엄스와 나는 함께 가르치고, 함께 연구하고, 함께 글을 쓰고, 함께 술을 마시고, 함께 여행하고, 함께 논쟁했다. 논쟁에서 의견이 맞지 않을 때도 있었지만 그는 '우리의 무절제한 외침은 죽이 잘 맞는다'라는 한 마디로 갈등을 정리하며 우리 관계는 금방 회복되었고 또다시 함께 연구에 매진했다. 물론 그에게 결점이 없었던 것은 아니지만, 그럼에도 그는 내가 아는 최고의 위인이었다.

윌리엄스를 기리는 말로 나는 il miglior fabbro최고의 장인라는 단어를 헌사한다. 이 말은 단테가 12세기 음유시인 아르노 다니엘Arnaud Daniel을 찬미하며 처음 사용한 말이다. 후대에 T.S. 엘리옷은 에즈라 파운드를 향해 이 말을 헌사했다. 물론 이 시인들에게 이 말을 헌사한 것은 명확성과 우아함 때문이 아니라 깊이와 난해함 때문이었지만, 어쨌든 그들은 자신의 분야에서 최고의 경지에 오른 사람들이었다. 윌리엄스 역시 그들에 비해 전혀 모자람이 없는, 최고의 경지에 오른 위인이었다.

여기서 한발 더 나아가 윌리엄스는 세상을 변화시켰다. 그가 발명해낸 글쓰기의 원칙들은 수천 배 수만 배 복제되어 일상 속으로 퍼져 나갔고, 그 원칙에 기반하여 독자를 좀더 배려하는 무수한 논문, 보고서, 문서, 책이 지금도 쏟아져나오고 있다.

—그레고리 콜럼

이 책에서 사용하는 아이콘

책을 읽어가면서 유용한 정보를 쉽게 찾을 수 있도록 아이콘을 사용한다.

이 책에서 설명하는 논증과 글쓰기의 원리가
실제 상황이나 글 속에서 어떻게 활용되는지 예시를 통해 보여준다.

이 책을 읽고 이해하는 데 도움이 되는 지식과 정보를 소개하고
실제 글쓰기에 바로 적용할 수 있는 유용한 요령을 소개한다.

논증을 전개해나가는 과정에서 쉽게 저지를 수 있는 실수나
조심해야 하는 위험요소들을 알려준다.

주요내용을 다시 한번 복습할 수 있도록 간략하게 정리해준다.
챕터가 끝날 때마다 핵심내용을 요약해준다.

이 책에서 설명하는 논증의 원리를 실제 발표된 글에 적용하여 분석해보거나
수정해볼 수 있는 읽기과제를 제공한다.

함께 고민해보고 토론할 수 있는 흥미로운 화제를 제공한다.
토론이나 글쓰기 수업에서 유용한 학습자료로 활용할 수 있다.

이 책을 번역하는 과정에서 발생한
의미의 변형이나 용어의 선택에 대해서 설명한다.

읽기자료(Analysis), 탐구문제(Inquiry), 글쓰기프로젝트(Writing Project),
영어원문(English Source), 인용표기가이드(Citation Guide) 등은 모두 아래
링크에서 다운로드받을 수 있다.

https://xcendo.net/argument/

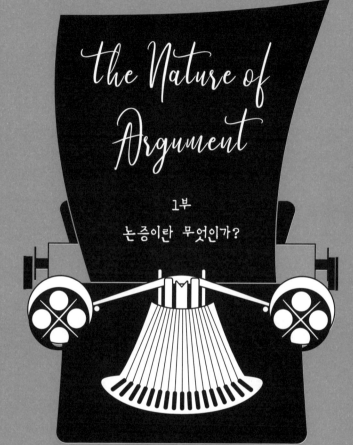

the Nature of Argument

1부

논증이란 무엇인가?

1부
논증이란 무엇인가?

1부에서는 논증이 무엇인지, 무엇을 하는지 이야기한다. 또한 설득력있는 논증을 만들어내기 위해서는 어떤 식으로 사고해야 하는지, 그런 사고를 하기 위해서는 상대방과 어떠한 관계를 맺어야 하는지 살펴본다.

- 1장: 논증은 왜 필요할까? 논증은 사람들 사이에서도, 전문분야에서도, 시민공동체에서도 중요하지만, 무엇보다 자신의 생각을 다듬어 나가는 과정에서 매우 중요하다. 스스로 논증을 펼칠 줄 알고, 다른 사람의 주장이나 구상 그리고 자신의 주장이나 구상을 비판적으로 바라볼 줄 아는 능력은 세상을 살아가는 데 상당한 힘이 된다. 흔히들 상대방의 주장을 꺾고 굴복시키는 것을 논증의 목적이라고 생각하는 경우도 있지만, 진실은 그보다 훨씬 깊은 곳에 있다. 논증은 공동의 문제에 대한 공동의 해법을 이끌어내는 가장 핵심적인 도구다. 그래서 좋은 논증과 비판적 사고는 갈등이 아닌 협력을 이끌어내는 최선의 도구가 되는 것이고, 올바른 시민이라면 반드시 갖춰야 할 최고의 미덕이 되는 것이다.
- 2장: 효과적으로 주장을 펼치기 위해서는 무엇이 필요할까? 논증의 뼈대를 형성하는 5가지 질문에 대해 살펴본다. 이 5가지 질문은, 의견이 다른 사람과 대화할 때 상대방이 던질 수 있는 질문으로, 상대방을 설득하고자 한다면 이 질문에 대답을 해야 한다. 이 5가지 질문은 논증글의 뼈대가 되며, 또한 다른 사람의 논증을 평가할 때도 매우 유용한 기준이 된다.
- 3장: 사람들은 논증을 하는 이유는 무엇일까? 공을 들여 논증글을 작성할 만큼 사람들이 중요하게 생각하는 문제는 크게 2가지 유형으로 나눌 수 있다. 하나는 실용문제로, 사람들에게서 어떤 행동을 이끌어냄으로써, 적어도 그런 행동에 대한 지지를 이끌어냄으로써 해결할 수 있는 문제다. 다른 하나는 개념문제로, 사람들에게 어떤 것에 대한 이해도를 높임으로써 해결할 수 있는 문제다. 문제를 이렇게 구분하는 해야 하는 이유는, 문제유형에 따라 논증을 전개해 나가는 방식이 달라지기 때문이다. 문제에 따라 논증의 전개방식을 다르게 설계해야 하는 이유는, 기대하는 해법에 따라 독자들이 호기심을 느끼는 지점이 다르기 때문이다.

01

The Craft of Argument

21세기를 이끄는 힘
논증과 비판적 사고

Argument, Critical Thinking, and Rationality

비판적 사고는 모든 문제해결의 열쇠라고 해도 과언이 아니다. 어떤 문제에 대해 어떻게 대처할지 전략을 짜고 해법을 찾아낼 수 있는 것은 우리가 비판적으로 사고할 수 있기 때문이다. 하지만 안타깝게도, 우리가 할 일은 여기서 끝나지 않는다. 자신이 찾아낸 해법을 다른 사람에게 설명하고 설득할 수 있어야 한다. 결국 모든 문제해결은 나의 관점을 주장하고 옹호하는 논증으로 끝난다.

논증이란
무엇인가?

오늘날 우리는 실로 논증 전성시대에 살고 있다 해도 과언이 아니다. 논증은 우리가 인식하는 것보다 훨씬 자주 일상 곳곳에서 벌어지고 있다.

예컨대 무수한 TV채널들이 정치토크쇼를 내보내고 있다. 정치토론은 가장 대표적인 논증의 한 형태라고 할 수 있다. 하지만 대부분 말도 되지 않는 사소한 꼬투리를 잡아 목청을 높이면서 상대방을 공격하고 헐뜯는 이야기를 마치 정당한 논쟁인 양 중계하는 데 그치는 것이 현실이다. 이러한 토론 프로그램은 건강한 시민의식을 고양하기는커녕 오히려 진실을 가리고 여론을 호도하는 기능을 수행할 뿐이다.

여기저기 쏟아져 나오는 광고 역시 논증이다. "이걸 사!"라는 궁극적인 주장을 뒷받침하기 위해 우리 감정을 자극하며 온갖 과장된 주장들을 쏟아낸다. 사나운 목소리로 상대방을 공격하는 논증이든, 알랑거리며 상대방을 유혹하는 논증이든, 결국 똑같은 결과를 야기한다. 사려깊은 사람들이 논증에 뛰어드는 것을 머뭇거리게 만드는 것이다.

하지만 이러한 논증들을 논증의 본 모습이라고 생각해서는 안 된다. 논증이 최악의 형태로 타락한 모습일 뿐이다. 거짓이 판치는 세상이 되어갈수록 진실의 힘은 더욱 커지듯, 나쁜 논증이 판을 치는 세상일수록 좋은 논증은 더욱 빛이 나는 법이다.

민주주의가 고도화되면서 단순히 어떤 주장에 대해서 비판적으로 평가하는 능력을 넘어서, 주장을 뒷받침하는 근거들의 정당성과 정합성까지 평가할 줄 아는 능력을 갖춘 인재들에 대한 수요는 점점 높아지고 있다. 시민사회에서는 그러한 인재들이 공공영역에 더 많이 필요하다고 말한다. 노동현장에서도 마찬가지다. 사측의 주장을 비판적으로 평가하고 이에 대해 제대로 반박할 수 있는 탁월한 사고력을 갖춘 사람, 무엇보다도 그렇게 얻은 결론을 명확하고 설득력있게 전달할 수 있는 사람을 찾기가 점점 어려워지고 있다고 말한다.

그래서 오늘날 많은 선진국들은 대학들에게 비판적 사고능력을 갖춘 인재를 키워내는 것을 핵심적인 교육목표로 삼도록 요구하고 있다. 다른 이들의 논증을 분석하는 것을 넘어서 자기 스스로 합리적인 논증을 만들어낼 수 있는 능력은 갈수록 귀한 경쟁력이 되고 있다.

논증이 최선의 형태로 발현될 때, 논증은 시민들이 힘을 모아 합리적인 결과에 도달하는 수단이 된다. 물론 논증을 하다 보면 치열하게 달아오를 수도 있지만, 어쨌든 좋은 논증이라면 그 과정과 결과 측면에서 다른 형태의 설득과는 전혀 다른 결과를 만들어낸다. 상대방을 강압하거나 회유해서 마음에도 없는 결론에 동의하도록 만드는 것이 아니라, 논증에 참여한다는 것은 기본적으로 서로 협력한다는 뜻이고, 머리를 맞대고 공동의 문제를 해결하기 위한 가장 합리적이고 효과적인 해법을 찾는다는 의미이기 때문이다. 논증은 상대방을 공격하지도 않고 유혹하지도 않는다. 다만 주장과 이를 뒷받침하는 이유와 근거를 서로 주고받으며 검증해나갈 뿐이다.

이런 측면에서 논증은 '국가권력기관 혁신'처럼 거대한 이슈에만 적용되는 것이 아니다. 우리는 일상적인 사소한 상황에서도 무수한 논증을 이어나간다.

- 친구가 오늘 낮에 수제비를 먹어서 저녁에 또 칼국수를 먹고 싶지 않다고 한다. 하지만 나는 밀가루음식을 먹고 싶다. 그래서 무엇을 먹을지 이야기한 끝에 파

스타를 먹기로 했다.
- 원숭이가 수를 셀 줄 안다고 나는 주장했지만, 선생님은 내가 제시한 근거 데이터에 오류가 있다는 이유로 내 주장을 받아들이지 않았다.
- 회사에서 새로 도입한 소프트웨어가 최신 매출액보고서를 생성해내지 못한다는 것을 발견하고 상사에게 불평을 했다.
- 온라인에서 복사해서 만들어낸 보고서를 인정한다면 혼자 힘으로 보고서를 써 낸 다른 학생들에게 불이익을 주는 것과 같다고 친구에게 말했다.

하루 종일 혼자서 책을 읽는다고 하더라도 논증은 쉬지 않고 작동한다. 예컨대 책에서 "TV는 대중을 바보로 만든다"라는 문장을 읽었다면 이런 생각이 떠오를 수 있다.

"잠깐만… 그러면 EBS는? 세상 소식을 전해주는 뉴스나 시사교양프로그램은? 그런 것에도 이러한 주장이 적용될 수 있을까?"

이것은 글을 쓴 사람과 논증을 하는 것이라고 말할 수 있지만, 우리는 자기 자신과도 논증을 한다. 머릿속을 떠나지 않는 골치 아픈 개인적인 문제와 씨름할 때 우리는 이렇게 생각한다.

"그렇다면 화학수업은 어떻게 하지? 최소한 B학점을 받지 못하면 의과대학에 응시할 기회도 얻지 못할 텐데. 음… 내가 정말 할 수 있을까? B학점을 받으려면 나머지 학기 동안 아무것도 하지 못하고 공부만 해야 하는데. 아니, 내가 정말 의사가 되고 싶은 거 맞나?…"

따라서 논증에 대해 이야기할 때, 적어도 이 책을 읽는 동안은 정치인들의 저질스러운 공방, 과장하고 감정을 자극하는 광고 같은 것은 제쳐두기를 바란다. 맞고함을 질러 상대방의 입을 다물게 하는데 온 힘을 기울이는 토론이 아니라, 뜻을 같이 하는 동지와 공동의 문제에 대해 최선의 해법을 이끌어내기 위해 토론을 하는 모습을 떠올리기 바란다.

다시 한번 말하지만, 논증은 여러 사람들과 협력하여 까다로운 문제에 대한 올바른 해법을 찾는 가장 합리적인 방법이다. 한 마디로 논증은 '비판적 사고의 협력' 또는 '집단적 비판적 사고'라고 할 수 있다. 물론 논증이 합의를 끌어내지 못하는 경우도 많지만, 그럼에도 논증은 서로 차이점을 깨닫고 이해하고 존중할 수 있는 기회를 제공한다. 그것만으로도 논증은 충분히 의미있는 성공을 안겨준다고 할 수 있다.

Argument

argument의 어근이 되는 라틴어 arguere는 '명확하게 하다make clear'라는 뜻이다. 이 어근에서 나온 라틴어 argentum은 '은silver'을 의미하고, 여기서 나온 아르헨티나Argentina는 '은빛으로 반짝이는'이라는 뜻이다. 명확한 것은 대개 반짝이기 마련이다.

영어의 argument는 우리말에서 토론, 논쟁, 논증, 논술 등 다양하게 번역된다. 책冊을 집入 안에 모아놓고 읽고 생각하여 정리하는 일을 륜侖이라고 하고 이렇게 정리한 생각을 서로 주고받으며 옳고 그름을 따지는 일을 론論이라고 한다. 토론討論이라는 말은 '상대방의 견해를 공격한다'는 뜻이고 논쟁論爭이란 말 역시 서로 '견해를 다투다'라는 뜻이다. 이러한 어휘들은 견해를 주고받는 일을 전쟁에 비유함으로써 부정적인 이미지를 떠올리게 만든다. 반면 논증論證은 '견해를 밝히다/드러내 보이다'라는 뜻이다. 이 책에서 argument는 대부분 논증으로 번역했으나 맥락에서 따라서 가끔 토론이나 논쟁으로 번역한 곳도 있다.

논증으로
무엇을 할 수 있는가?

人｜실, 생각을 한다는 것 자체가 자신과 논증을 한다는 뜻이기 때문에,
논증의 용도를 굳이 나열하는 것은 의미가 없을지 모른다. 그럼에도
논증의 가장 중요하고 실질적인 용도는 다음 두 가지로 설명할 수 있다.

- 다른 사람의 행동이나 생각을 바꿀 수 있다.
- 우리 스스로 어떻게 행동하거나 생각해야 하는지 결정할 수 있다.

우리는 대개 논증을, 다른 사람을 설득하는 주요한 방법이라고 생각하지만
가장 뛰어난 비판적 사고를 하는 사람들은 자신의 사고를 검증하고 다듬는
데 논증을 사용한다. 논증을 활용하여 우리는 다른 사람의 생각을 평가하고
판단할 수 있을 뿐만 아니라, 자신의 생각에 대해 마치 다른 사람이 묻는 것
처럼 질문함으로써 자신의 경험과 믿음을 되돌아 볼 수 있다.

논증은 우리를 합리적으로 만든다

철학자들은 오랫동안 '합리적인 사고'를 인간이 달성한 최고의 업적이라고
찬미했다. 다른 동물과 인간을 구별해주는 가장 큰 특징이기 때문이다. 그렇
다면 여기서 '합리적'이라는 것은 무엇을 의미할까?

사실 '합리적인 것'이 무엇인지 말하는 것보다 '합리적이지 않은 것'이 무엇인지 말하는 것이 훨씬 쉽다. 합리성은 어떤 것에 대한 정보를 많이 아는 것을 의미하지 않는다. 논리법칙을 많이 아는 것도 아니다. 공식적인 교육을 받아야만 획득할 수 있는 것도 아니다. 합리성은 사실, 진실이나 진리와 무관하다. 나중에 거짓으로 밝혀지는 것도 우리는 충분히 '합리적으로' 믿을 수 있기 때문이다. 수천 년 동안 우리는 지구가 평평하다고 합리적으로 믿어왔다. 우리가 감각을 통해 수집할 수 있는 증거들이 그렇게 말했기 때문이다. 더 많은 사실들을 습득하고 그런 사실들을 하나로 엮어낼 수 있는 더 큰 관점을 습득한 뒤에야 우리 생각이 틀렸다는 것을 알 수 있었다.

합리적인 사고는 우리가 태어나는 순간부터, 좀더 정확히 말해서 다른 사람들과 상호작용을 시작하는 순간부터 시작된다. 말을 시작하면서 아이들은 왜 어른들이 시키는 대로 생각하고 행동해야 하는지 묻기도 하고, 또 자신이 원하는 것에 대한 이유를 대기 시작한다. 가르쳐주지 않아도, 다른 사람이 제시하는 주장이나 이유를 맹목적으로 받아들이기보다는 자신의 경험과 믿음에 비추어 질문을 하기 시작한다. 어느 정도 지적으로 성숙한 뒤에는 이제 자신의 생각, 자신의 믿음을 뒷받침하는 이유에 대해서도 의심하기 시작한다.

그러한 성숙한 판단을 하기 위해서는 우리가 믿고자 하는 것에 질문하는 지적인 자세, 우리가 원하는 결론으로 도약하기 전에 잠시 숙고해보는 비판적 사고를 익혀야 한다. 우리 믿음을 뒷받침하는 이유를 점검해보고, 또 이유를 뒷받침하는 타당한 근거가 있는지 탐구할 수 있는 시간을 가져야 한다. 이러한 자기절제를 통해 우리는 다음과 같은 혜택을 얻을 수 있다.

- 그동안 쌓아온 경험·관찰·연구에 비춰보며 정보를 수집하는 인내력
- 정보를 액면 그대로 받아들이는 것이 아니라 그것이 진짜 사실일까 의심할 줄 아는 능력
- 그러한 사실들을 근거로 활용하여 차근차근 결론으로 나아가는 추론능력

하지만 이것만으로 합리성을 제대로 발휘할 수 있다고 장담할 수 없다. 진정으로 합리적인 사고를 하고자 한다면 결론을 뒷받침하는 내용뿐만 아니라 그러한 추론 자체가 타당한 것인지 스스로 되짚어보고 검토할 줄 알아야 한다. 그러기 위해서는 다음과 같은 작업이 필요하다.

- 자신의 결론과 모순되는 사실을 찾는다.
- 우리 믿음을 거스르는 사실을 발견했을 때 생각을 바꾼다.
- 우리가 떠올린 문제·사실·결론에 대해 또다른 접근방식을 떠올린다.
- 자신의 추론을 따져보면서 가정·불일치·모순을 인식하고 의심한다.

특히 우리가 어떤 결론에 도달하고자 하는 마음이 간절할수록, 이러한 과정을 반드시 거쳐야 한다. 이러한 건강한 논증이 습관화되어야만 비로소 사려깊은 사람이 될 수 있다.

논증은 다문화 공동체를 지탱한다

합리적 사고는 본질적으로 사회적인 속성이다. 서로 다른 생각과 관점을 조율하며 함께 어울려 살아가기 위해서는 자신의 생각과 구상에 대해 비판적으로 생각할 줄 알아야 할 뿐만 아니라 자신의 생각을 남들에게 설명할 줄 알아야 한다. 비판적 사고를 하는 공동체의 일원이 되고 싶다면 합의에 도달하지 못한다고 하더라도, 자신의 생각이 채택되지 않는다고 하더라도, 자신의 생각이 고려할 가치가 있다는 것을 충분히 일깨워줄 수 있어야 한다. 그래야 다른 이들에게서 존중을 받을 수 있다. 사실, 협력하는 논증이 가장 빛을 발하는 순간은, 이처럼 의견이 다를 때다. 다른 의견을 무시해 버리거나 말도 되지 않는 것으로 치부해 버리는 것이 아니라 왜 그렇게 생각하는지 이해시킬 수 있어야 한다.

다양한 문화적 배경을 지닌 사람들이 어울려 사는 사회에서 합리적 논증은 한층 어려울 수 있지만, 그럴수록 논증은 더더욱 중요하다. 같은 문화적 배경을 지닌 사람들 사이에서는 타당한 것으로 받아들여지는 주장과 이유도 다른 문화적 배경을 지닌 사람들에게는 전혀 타당하지 않은 것으로 보일 수 있다. 우선하는 가치와 추론원리가 다를 수 있기 때문이다. 근본적인 가치에 대해 서로 동의하지 못하는 상황에서, 사람들은 교조적이고 독단적인 주장으로 미끄러져 들어가기 쉽다. 교조적 주장을 앞세우는 논쟁은 합리적 사고가 아무런 힘을 발휘하지 못하는 비이성적 투쟁의 장으로 변질될 수밖에 없다.

그렇다면 문화가 다른 사람들은 절대 합의에 다다를 수 없다는 뜻일까? 물론 어떤 이슈에 관해서는 그럴 수 있다. 한 문화가 공유하는 가치가 너무 깊이 파묻혀있어서 그것이 무엇인지 파악하기 어렵고 제대로 이해하기도 어려울 때 이런 난관에 봉착할 수 있다. 276쪽 참조 하지만 그러한 이슈를 해결하는 데 실패한다고 하더라도, 협력하고자 하는 논증은 상대방의 생각을 이해할 수 있는 계기를 제공한다. 오늘날 다양한 가치가 공존하는 복잡한 사회가 유지되고 번영하기 위해서는 '선의'와 '관용'에만 의존해서는 한계에 봉착할 수밖에 없다. 자신이 추구하는 가치를 차분하고 친근하게 설명할 줄 아는 '합리적인 시민의식'이 필요하다. 타인의 가치를 서로 이해하고 존중할 수 있어야 한다. 다양한 문화가 공존하는 사회의 성공의 열쇠는 결국, 논증이다.

은유로 이루어진 세상

논증을 전쟁이 아닌 다른 것에 비유하여 설명할 수 있을까? 예컨대, 게임, 탐험, 이성관계에 빗대어 묘사해보자. 은유체계가 달라지면 논증이 작동하는 방식도 달라지는가? 논증을 새로운 은유체계로 묘사할 때, 논증과 논증의 작동방식에 대한 이해도 달라지는가? 논증을 전쟁에 비유하는 전통에는 어떤 장점이 있는가?

우리 삶 속의 논증

'논증'이 이처럼 실생활에서 많이 발생한다는 우리의 글을 읽고 논증수업에 참여한 한 학부생이 믿기지 않는다는 투로 이런 질문을 했다.

> "저는 건축을 전공하고 있고, 또 졸업하면 건축가가 될 생각입니다. 그저 클라이언트가 요구하는 대로 건물을 지어주면 되지 않나 생각하는데, 이런 논증이 나하고 무슨 상관이 있을지 모르겠습니다. 저는 클라이언트와 논쟁을 하고 싶지 않아요."

마침 콜럼의 동생이 실제로 건축가로 일을 하고 있었다. 학생의 질문에 대한 현업건축가의 경험을 들려주기 위해 그에게 건축일을 하는 데 논증이 얼마나 필요한지 물었다. 그는 20대 초 건축가로서 갓 데뷔했을 때 이야기를 들려주었다. 시카고의 오래된 다리를 복원하는 프로젝트에 참여했는데, 그때 사실상 하는 일의 거의 전부가 '논증'이었다고 말했다. 그러한 논증에서 글을 쓰는 것은 얼마나 비중을 차지했는지 물었다.

> "어휴, 그때 내가 작성했던 제안서랑 보고서랑 온갖 문서와 서류만 해도 두께가 5센티미터가 넘었어요. 모두 글로 써야 하는 것이었죠."

논증은 학계와 전문가집단의 핵심기술이다

논증, 특히 논증을 글로 풀어내는 기술은 학계와 전문가집단에서 살아남기 위한 핵심기술이다. 과학자, 엔지니어, 대학교수, 그 밖의 무수한 사람들이 모두 자기 분야에서 마주치는 문제에 대한 해법을 찾고 이를 뒷받침하기 위해 논증을 펼쳐야 한다. 마음속으로 먼저 논증체계를 구성하고, 동료와 대화하면서 논증을 다듬고, 좀더 폭넓은 공동체 구성원들을 위해 글로 정리한다.

전문가집단은 대개 '누군가 어떤 것을 행동으로 옮길 때에만' 해결되는 문제를 다룬다.

> 문제: 대학의 빈지드링킹 문화가 학생들의 건강을 위협하고 있다.
> 해결: 입학오리엔테이션 기간 중에 빈지드링킹의 위험성을 알리고 토론하는 시간을 마련해야 한다.

이러한 문제를 '실용문제pragmatic problem'라고 한다. 과도한 양의 술을 한 번에 들이키는 학생들의 음주문화를 해결하지 못하면 실질적 손실이 발생할 것이다. 그러한 손실이 발생하지 않도록 우리는 어떤 '행동'을 하도록 제안해야 한다.

이와는 반대로 학자들은 실용적인 해결책을 찾기보다는 독자들이 특정 주제에 대해 더 깊이 '이해할 수 있도록' 도와주는 문제를 파고든다.

> 문제: 대학생들 사이에 빈지드링킹이 유행하는 특별한 심리적 요인이 존재할지 모른다.
> 해답: 그러한 심리적인 요인은 바로 위험한 행동으로 끌리는 성향이다.

이러한 문제를 '개념문제conceptual problem'라고 한다. 개념문제의 또다른 예로는 다음과 같은 질문을 들 수 있다.

> "우주는 얼마나 클까?"
> "새들은 정말 공룡에서 진화했을까?"

이 질문들은 세상을 어떻게 개선할 수 있는지 묻지 않고, 세상을 어떻게 더 잘 이해할 수 있는지 묻는다. 학자들은 우리가 세상에 대해서 많이 알수록 세상의 문제를 더 제대로 풀 수 있다고 믿는다. 그래서 눈앞에 어떤 행동을 직접 제안하는 것보다는 더 깊이 이해하는 것을 목표로 한다. 이런 문제를 고민하는 학문분야를 '순수학문pure research'이라고 부른다.

실용문제든 개념문제든 해법을 제시할 때에는 그 해법을 뒷받침할 수 있는 논증을 적절하게 제시하여야 한다. 그렇게 논증을 하여야만 비로소 같은 집단에 속하는 사람들이 깊이 고민하고 검증할 수 있고, 거기에 동의하든 거부하든 해법을 선택할 수 있다. 이 모든 과정은 탁월한 비판적 사고라는 토대 위에서 가능한 일이다. (구체적인 논증방법은 3장에서 설명한다.)

논증이 없으면 민주주의도 없다

비판적 사고와 좋은 논증은 또한 우리가 '민주주의'라고 부르는, 우리 스스로 통제하고 관리하는 혼란스러운 지배체제를 유지하는 핵심기술이기도 하다. 독재자는 논증할 필요가 없다. 아무도 자신의 결정에 대해 토를 달지 않을 것이며 억지를 부려도 이의를 제기하는 사람이 없기 때문이다. 하지만 민주주의 체제에서 통치자는, 적어도 이론적으로는, 우리가 던지는 질문에 대답해야 할 의무가 있다.

사실 우리가 대표자를 뽑는 것은, 우리를 대신해 상대방의 주장을 파고들어 문제를 제기하고, 논쟁해줄 사람을 뽑는 것이다. 언론이나 정치평론가들은 권력을 가진 사람의 논증이 타당한지, 또 그들이 그러한 논증에서 도출한 해법에 걸맞은 행동을 하고 있는지, 대신 관찰하고 평가하는 역할을 함으로써 존립의 정당성을 확보한다. 민주주의는 권력을 가진 사람들에게 끊임없이 질문하고 이에 대해 그들이 대답할 때 제대로 작동한다. 하지만 제대로 질문하지 않거나, 심지어 어떤 질문을 해야 하는지조차 모르는 사람을 대표자로 뽑았을 때 민주주의는 위기에 처한다. 권력을 가진 사람들이 어떠한 타당한 이유도 제시하지 않고 자기 마음대로 정책을 결정할 수 있도록 내버려두는 순간 민주주의사회는 나락으로 떨어진다.

물론 아무리 완벽한 논증이라고 해도 반드시 성공하는 것은 아니다. 특히 강력한 권력을 지닌 집단의 이익에 반하는 주장을 내세우는 경우, 더더욱 성공하기 힘들다. 그래서 정치의 세계에서 결국 힘을 발휘하는 것은 논리나 근거가 아닌 권력과 세력이며, 따라서 합리적인 논증이나 토론은 모두 부질없는 짓일 뿐이라고 생각하는 사람도 많다.

하지만 그러한 생각은 논증하고 토론하는 문화가 널리 퍼졌을 때 세상이 훨씬 합리적으로 발전해 나갈 수 있다는 엄연한 진실에 눈을 감는 것이다. 그러한 생각은 자기 마음대로 권력을 남용하는 사람들을 옹호하고 그들에게 빌붙어 이익을 누리고자 하는 사람들의 변명에 불과하다. 단기적으로는 권력을 가진 사람들이 자신들의 주장을 막무가내로 밀어붙이는 데 성공할 수 있겠지만, 그들의 허약한 논증은 비판적인 사고를 하는 대중에 의해 결국 실패를 맞이하고 말 것이며, 역사적으로도 정당성을 인정받지 못할 것이다.

빈지드링킹 binge drinking

다량의 술을 짧은 시간 안에 마시는 행위. 안주를 곁들이는 한국의 술문화와 달리 술만 연거푸 들이키기 때문에, 몸이 받아들일 수 있는 수준 이상으로 알코올을 섭취하여 급성 알코올중독을 유발하는 경우가 많다. '폭음'이라고 번역할 수 있으나, 한국의 음주문화와 다소 차이가 있다는 것을 표현하기 위해 '빈지드링킹'으로 번역하였다.

논증은 어떻게
비판적 사고를 뒷받침하는가?

비판적 사고를 뒷받침하기 위한 수단으로 논증을 활용할 때, 세 단계에 걸쳐 질문을 던져야 한다. 주장이 무엇인지 묻는 단순한 질문에서 그런 생각을 하게 된 '토대'에 대해서 묻는 까다로운 질문까지 나아간다. 일반적으로 자신보다는 남에게 질문할 때 좀더 비판적인 태도를 취한다는 점에서, 여기서는 먼저 남에게 묻는 질문을 가정한다.

1단계. 주장-이유-근거
당신의 생각이나 구상은 어떻게 뒷받침할 수 있는가? 막연한 느낌, 직감, 통찰, 반응에 불과한 것 아닌가? 주장을 제대로 뒷받침할 수 있는 이유와 근거가 있는가?

2단계. 반론수용과 반박
당신의 생각이나 구상에 깔린 믿음은 방어할 수 있는 것인가? 그러한 믿음을 다른 사람들은 합리적이라고 생각하겠는가? 이유와 근거는 다른 사람들이 물고 늘어지더라도 흔들림없이 밀고 나갈 수 있을 만큼 튼튼한가? 사람들이 떠올릴 수 있는 반론이나 대안을 모두 고려해보았는가? 그러한 반론에 대해 제대로 반박할 수 있겠는가?

3단계. 전제

당신의 생각이나 구상은 논리적인가? 추론의 원리는 타당한가? 이유와 근거가 주장을 '어떻게' 뒷받침하는지 설명할 수 있는가?

이러한 질문들은 자신의 논증을 남들 앞에 내보이기 전에 스스로 물어야 하는 것이기도 하다. 물론 자신의 생각을 검증하는 것은 남의 생각을 검증하는 것보다 훨씬 어렵다.

- 1단계: 나의 주장을 이유와 근거로 뒷받침할 수 있는가?
- 2단계: 내 주장과 이유에 대한 다른 관점과 대안들을 모두 고려했는가?
- 3단계: 내가 선택한 추론의 원리를 설명할 수 있는가?

이러한 질문을 하다 보면 자신의 생각의 허점이 드러나 생각을 바꿔야 하거나, 익숙한 사고방식을 뒤집어야 하거나, 진실이기를 '바라는' 내 생각을 허물어야 하는 곤란한 상황에 빠질 수 있다.

하지만 좋은 논증을 세우는 법을 배우는 과정은, 언제든 새로운 주장에 귀 기울이고 생각지 못한 질문을 상상하는 열린 마음가짐을 갖게 만들어 준다. 혼란스러운 마음속에서 내 주장과 이유가 무엇인지 분리해내고, 또 그것을 나의 바람과 믿음에서 분리해내고, 또 그것을 명확하게 진술할 수 있도록 도와준다. 따라서 누군가 나에게 그런 질문을 하지 않는다고 하더라도, 나 스스로 그러한 질문을 떠올려 자신에게 질문하는 내면의 목소리를 상상해내야 한다.

"그런데 잠깐, 나의 이유를 뒷받침하는 근거는 얼마나 타당할까? 이 근거는 신뢰할 수 있는 출처에서 나온 것인가? 이 결론은 내가 원하는 것인가, 아니면 타당한 추론의 결과인가? (이러저러한) 이야기를 하는 사람에게는 뭐라고 대답해야 할까?"

스스로 이런 질문을 하고 자신의 생각을 비판적으로 검토하는 법을 터득하고 나면, 무슨 질문이 들어오든 전혀 위축되지 않을 것이고 오히려 그런 질문이 반갑게 느껴질 것이다.

비판적으로 사고하는 사람은 얼마나 많을까?

자신의 신념을 비판적으로 되짚어 볼 수 있는 사람은 실제로 얼마나 될까? 안타깝게도 많지 않다. 한 연구자가 실제로 실험을 하였다. 사람들에게 주요사회문제가 되고 있는 '실업'이나 '고등학교 중퇴'와 같은 주제에 대해 어떻게 생각하는지 물었다. 중학교 3학년부터 대학생, 또 그 분야의 전문가들에 이르기까지 다양한 사람을 선정하여 160명에게 질문했다. 사람들이 자신의 견해를 제시할 때마다, 실험자는 다음과 같은 질문을 던졌다.

- 어떻게 그런 생각을 하게 되었습니까? 어떤 근거를 제시할 수 있습니까?
- 당신의 의견에 반대하는 사람은 어떤 이야기를 할까요? 어떤 근거를 제시할까요?
- 그 사람이 틀렸다는 것을 증명하기 위해서 어떤 이야기를 하겠습니까?
- 어떤 근거가 나오면 당신의 관점이 틀렸다고 인정하겠습니까?
- 오로지 그 관점만 적당한 해법일까요? 다른 관점도 타당할 수 있지 않을까요?

자신의 견해를 뒷받침하는 근거를 하나라도 제시한 사람은 절반도 되지 않았다. 3분의 2가 자신의 견해에 반대되는 견해를 생각해 냈지만, 그러한 반론을 뒷받침하는 논증까지 생각해낸 사람은 절반도 되지 않았다. 자신의 견해에 대한 반론을 제시한 경우에도, 그에 맞서 제대로 반박한 사람은 절반도 되지 않았다. 한마디로, 사람들은 대부분 논리적인 추론에 기초하여 다른 견해를 떠올리지 못하거나, 자신의 견해를 뒷받침하는 타당한 근거도 떠올리지 못했다! 대학을 졸업한 사람들도 예외가 아니었다.

● Deanna Kuhn. *The Skills of Argument*, New York: Cambridge University Press, 1991.

Critical Thinking

'비판적 사고'라는 말에 왠지 모르게 움츠리는 사람들이 많다. 무엇보다도 '비판'이라는 말이 썩 내키지 않기 때문이다. 어떤 학생은 이렇게 말하기도 했다.

> "처음에는 논증은 적대하는 것이 아니고 협력하는 것이라고 말하며 안심시켜 놓고는 비판적이 되라고 하는 것은 무슨 소리입니까? 협력과 비판이 어떻게 함께 어울릴 수 있습니까?"

하지만 이는 잘못된 편견일 뿐이다. 논증을 오용하는 사람들이 논증의 의미를 더럽히는 것처럼, 비판 역시 그것을 부정적으로만 쓰는 사람들에 의해서 더럽혀졌을 뿐이다.

critic이라는 말은 그리스어 krinein에서 온 말로 '자르다, 나누다'라는 뜻이다. 주장과 이유와 근거를 나누는 것뿐만 아니라, 객관적 사실과 우리의 감정·바람·이해관계도 구분할 줄 알아야 올바른 결정을 내릴 수 있다. 이렇게 자르는 것이 훌륭한 결정으로 이어진다는 의미는 decide(de: off +cid: cut)라는 단어에서도 그대로 나타난다.

그런 점에서 비판적 사고의 가장 중요한 도구는 질문이다. 논증을 구성하는 기본 뼈대는 다섯 가지 질문으로 이루어진다. 물론 자신의 의도를 드러내고 싶어하지 않거나, 남에게 검증받고 싶어하지 않는 사람은 이러한 질문이 불편하게 느낄 것이다. 당연히 권력을 가진 사람들은 짜증을 낼 것이다. 권력자들이 대답하고 싶어하지 않는 질문을 계속 던진 소크라테스가 어떻게 생을 마감했는지 우리는 잘 알고 있다.

하지만 세상은 바뀌었고, 우리는 질문하고 스스로 판단할 수 있는 권리를 갖게 되었다. 아니, 이제 민주사회의 시민으로서 그런 질문을 하는 것은 우리의 의무가 되었다. 물론 다른 사람들에게 비판적 질문을 쏟아내는 것으로 그치는 것이 아니라, 그들의 질문에 우리도 대답해야 한다. 그것이 여전히 어렵게 느껴진다면, 건전한 시민으로서 친근하고 건설적으로 질문하고 대답하는 법을 지금부터라도 배워야 한다. 다시 말하지만 이 모든 과정은 누구나 동의할 수 있는 대답을 찾아가는 협력의 여정이다.

논증이 아닌 것은
논증과 어떻게 다를까?

논증을 설득과 동의어로 착각하는 사람들이 많다. 특히 어떤 수단을 써서라도 논쟁에서 이기는 것을 최선이라고 생각하는 이들은 논증과 설득을 같은 것이라고 간주한다. 하지만 논증과 설득은 완전히 같은 것이 아니다. 독자를 온전히 설득하지 못하는 탁월한 논증도 존재할 수 있으며, 논증이 아닌 것으로도 상대방을 설득할 수 있기 때문이다. 생긴 것은 논증과 비슷하지만 논증에 꼭 필요한 요소를 갖추지 못한 세 가지 설득유형을 살펴보자.

논증처럼 보이지만 논증이 아닌 설득의 세 가지 유형

협상 negotiation

자동차 가격을 놓고 서로 흥정을 할 때에도 주장과 이유를 서로 교환하기 때문에 마치 논증을 주고받는 것처럼 보인다. 하지만 협상에서는 쌍방이 수긍할 수 있는 결과에 도달할 수 있다면 어떠한 이유를 제시해도 상관없다. 심지어 자신도 받아들이지 못하는 이유를 제시하기도 한다. 물론 원칙적으로는 거짓말을 해서는 안 되지만, 반드시 솔직해야 할 필요도 없다. 기꺼이 지불할 수 있는 금액을 숨긴다고 해도 윤리적으로 문제가 되지 않는다. 하지만 논증에서는 솔직해야 할 뿐만 아니라 정보를 숨겨서는 안 된다. 자신의 주장과 연관된 정보를 생략하거나 의심스러운 이유를 제시해서는 안 된다.

선전 propaganda

주장과 이유를 제시한다는 면에서 논증과 비슷하지만 그 이유의 타당성에 대해서는 전혀 신경 쓰지 않는다. 상대방의 감정을 자극할 수만 있다면 어떤 것이든 가져다 쓴다. 건전한 상식은 전혀 고려하지 않으며, 타겟으로 삼은 사람들의 특정한 생각을 꺾을 수만 있다면 수단과 방법을 가리지 않는다. 상대방의 의견이나 관점을 받아들이는 데에는 전혀 관심이 없다. 정직한 논증은 타당한 이유를 제시하고 다른 이들의 반론에 귀 기울이고 그에 대해 반박하면서 더 나아가 자신의 생각조차 바꿀 수 있어야 한다.

강압 coercion

자신의 주장을 거부했을 때 고통을 치러야 한다고 협박함으로써 문제를 해결한다. "내 뜻을 순순히 받아들이지 않으면 험한 꼴을 당할 것이다!" 이러한 채찍뿐만 아니라 당근 역시 강압의 또다른 형태라 할 수 있다. "내 뜻을 순순히 받아들이면 보상이 있을 것이다!" 자신의 권위를 논증에 이용하는 것도 역시 강압이다. "내가 해봐서 아니까 내 말만 따르면 돼!" 상대방에게 창피를 줘서 동의하도록 만드는 것도 강압이다. 《스타워즈》에서 레아공주는 이렇게 말한다. "도와줘요. 오비완 케노비, 당신만이 나의 유일한 희망이에요." 이처럼 상대방의 동정심을 자극하거나 자신을 도와주지 않으면 고귀한 가치를 배신하는 것이라고 압박하는 것 역시 강압이다.

물론 협상, 선전, 강압이 늘 비합리적이거나 비윤리적이라는 말은 아니다. 어른들은 아이들에게 늘 강압하고, 선전하고, 협상한다. 하지만 우리는 이런 행동을 '양육'이라고 부른다. 학생들로 가득한 통학버스를 인질로 잡은 테러리스트를 위협하거나 그와 협상하는 것도 비합리적이거나 비윤리적인 일이라고 하지 않는다. 공정한 시민공동체를 유지하기 위해 상황에 따라 어떤 대화 형식이 가장 적합한지 우리 스스로 판단하고 선택할 줄 알아야 한다.

논증과 설득의 차이

콜럼이 어릴 적 다니던 학교의 교감선생님은 'The Persuader'라는 단어가 새겨진 목봉을 들고 다니면서 떠들거나 뛰는 아이들을 한 대씩 때리면서 훈육을 했다. 물론 목봉을 한 대 맞은 아이들은 곧바로 입을 다물고 얌전하게 행동을 하도록 '설득'당했지만, 거기에는 어떠한 이유나 근거도 따라붙지 않았다.

논증과 설명

주장과 이를 뒷받침하는 이유가 존재한다고 해서 무조건 논증이라고 생각해서는 안 된다. 겉으로는 논증처럼 보이지만 실제로 그렇지 않은 경우도 있기 때문이다.

> 타냐: 집에 가야겠어.주장 너무 피곤해서 실수를 해.이유

타냐는 첫 문장에서 주장을 제시하고 두 번째 문장에서 이유를 제시한다. 하지만 우리는 그녀의 의도를 알기 전까지는 이것이 논증인지 아닌지 알 수 없다.

> 론: 갈거니? 시간이 됐는데. 몇 시간째 일을 했잖아.
> 타냐: 집에 가야겠어.주장 너무 피곤해서 실수를 해.이유

타냐는 론에게 자신이 집에 가야 한다고 '설득'하는 것이 아니라 (론도 타냐가 갈 때가 되었다고 생각하는 것으로 보인다.) 왜 가야 하는지 '설명'한다. 다음 예와 비교해 보라.

론: 집에 가면 안 돼! 우린 네가 필요해!

타냐: 집에 가야겠어.주장 너무 피곤해서 실수를 해.이유

타냐는 똑같은 주장과 이유를 제시한다. 하지만 여기서는 주장만 제시해서는 론이 수긍하지 않을 것이라고 생각하여 이유를 제시함으로써 '설득'하고 자 한다. 따라서 이것은 설명이 아니라, 문제에 대한 해법을 제시하고 이를 뒷받침하는 논증이다.

결론적으로, 어떤 진술이 논증이 되려면 다음 두 기준을 충족시켜야 한다.

1. 형식: 논증이 성립하기 위해선 주장(상대방의 이해나 행동을 요구하는 진술)과 이를 뒷받침하는 하나 이상의 이유(상대방의 동의를 이끌어낼 수 있는 구실이 되는 진술) 가 존재해야 한다.
2. 대화참여자의 의도: 논증이 성립하기 위해선 타당한 이유를 제시할 '때에만' 상 대방이 자신의 주장을 받아들일 것이라고 생각해야 한다.

하지만 어떠한 진술이 '사려깊은' 논증이 되기 위해서는 자신만 이유를 내 세워서는 안 된다.

• 자기 의견에 반대되는 관점을 미리 고려하고 이에 대해 반박할 때 비로소 타당하 고 공정한 논증이 완성되는 것이다. 론이 "하지만 일이 끝날 때까지 같이 있기로 약속했잖아!"라고 말한다면 타냐는 이에 대하여 타당한 이유를 제시해야 한다.

설명과 논증은 목적이 다르다. 하지만 복잡한 쟁점을 놓고 논증할 때는 설명 과 논증을 함께 수행해야 한다. 예컨대 학교 내에서 제3세계에서 만든 티셔 츠를 팔면 안 된다는 캠페인을 하고 싶다면, 제3세계의 노동환경이 어떠한 지 설명해야 할 것이다.

논증과 이야기

논증보다 오랜 역사를 지니고 있을 것으로 여겨지는 이야기는 논증 못지않게 설득력을 발휘하기도 한다. 하지만 이야기의 접근방식은 논증과 전혀 다르다. 이야기에는 비판적 사고가 전혀 통하지 않을 때도 많다.

- 흥미진진한 이야기는 듣는 사람에게 위압, 공포, 기쁨, 혐오와 같은 감정을 자아낸다. 논리 정연한 논증도 지적인 희열을 선사할 수 있지만 본능에서 우러나오는 공포나 기쁨만큼 강렬할 수는 없다.
- 생생한 이야기는 '진짜 현장에서' 체험하듯 상황을 묘사함으로써, 듣는 사람에게 마음의 눈으로 직접 보는 듯한 느낌을 선사한다. 추상적인 이유와 근거를 바탕으로 신뢰할 수 있는 진실을 이끌어내는 논증은 아무래도 이야기만큼 생생함을 전하지 못한다.
- 이야기를 할 때는 듣는 사람이 적어도 잠깐 동안은 비판적인 사고를 보류해주기를 바란다. "잠깐만, 그건 말도 안 돼!"라는 생각보다는 "그 다음엔 어떻게 되었어?"라고 생각해주기를 바란다. 실제로, 직접 경험한 이야기를 들려줄 때 듣는 사람이 이야기의 진위에 대해 의심을 품으면 갈등이 발생하기도 한다. 이는 곧 이야기하는 사람의 진실성을 의심하는 것이기 때문이다. 반면, 논증을 할 때에는 자신이 제시하는 이유, 근거, 논리, 심지어 논증을 하는 필요성까지 모든 것을 독자가 의심할 것이라고 '가정'한다. 독자의 의심이 오히려 고마울 때도 있다.

이야기를 할 때는 독자들이 불신을 잠시 접어두고 우리가 하는 말을 '느껴보기를' 바란다. 반면 논증을 할 때는 독자들이 의심하기를 기대하며 우리가 하는 말을 '곱씹어보기를' 바란다.

　글을 별로 써보지 않은 사람들 중에는 '좋은 이야기가 곧 좋은 논증'이 될 수 있다고 생각하는 이들도 있다. 실제로 훌륭한 이야기 중에는 핵심이 명확하게 드러나 작가의 의도를 독자가 쉽게 알아듣고 이해하는 경우도 있겠지만 이야기만으로는 주장이나 이유를 명확하게 전달할 수 없다. 그래서 이야기를 통해 도덕적 교훈을 전하고자 하는 경우에는 "분수에 넘치는 것은 욕심내지 말라"와 같은 분명한 메시지를 이야기 끝에 붙여주어야 한다. 이러한 문구를 첨가하지 않으면 독자는 자신이 읽은 이야기가 무슨 메시지를 전달하려고 하는 것인지 확신하지 못한다. 물론 적절한 이야기를 근거로 활용하여 주장과 이유를 뒷받침하면 좋은 경우도 있다.

논증과 이미지

논증은 기본적으로 말로 이루어져 있지만, 근거를 말이 아닌 이미지로 제시할 수도 있다. 새로운 디지털도구들이 쏟아져 나오면서 이미지를 만들어내는 것은 그 어느 때보다 쉬워졌으며, 따라서 논증을 독자들에게 좀더 생생하게 전달할 수 있게 되었다. 더 나아가 동영상까지 활용하면 이야기가 선사하는 생생함과 감정적 반응까지 활용할 수 있어 논증의 설득력을 증폭시킬 수 있다.(시각적 근거제시에 대해서는 6장에서 자세히 설명한다.)

　　하지만 이야기 혼자서 논증이 되지 못하듯이, 시각적 이미지 역시 혼자서는 논증이 되지 못한다. 논증에서 말을 최대한 빼낸다고 하더라도 주장과 이를 뒷받침하는 이유를 진술하는 말은 있어야 한다. 예컨대 굶주리는 아이들의 모습을 보여주는 사진이나 영상을 보면 너무나 마음이 아프다. 그런 이미지는 우리에게 무언가 해주기를 바라며 울부짖는 듯하다. 하지만 무엇을 해야 할까? 평화봉사단에 가입하라고? 제3세계의 부채를 탕감하라고 의회에 청원을 하라고? 세계화를 멈추라고? 돈을 보내라고? 누구에게 보내라고? 글이나 말로 명시하지 않으면 이 이미지가 무엇을 해달라고 하는 것인지 전혀 알 수 없다.

"우리 단체에 돈을 보내주세요.주장 단돈 몇 백 원으로 아이의 하루 끼니를
해결할 수 있습니다.이유"

논리와 감정, 그리고 인간성

지금까지 글을 읽으면서 깨달은 독자도 있겠지만, 우리는 합리적인 논증을 결코 차가운 논리수행으로 정의하지 않는다. 견고한 추론을 하기 위해서는 감정을 배제해야 한다고 말하는 철학자도 있지만, 감정은 인간이 지닌 합리성에서 매우 중요한 역할을 한다고 인지과학의 연구결과는 알려준다.

아무리 합리적인 인간이라고 해도 홀로코스트나 노예제도에 대해 논증하면서 감정적으로 태연할 수 없을 것이다. 아무리 논리적인 결론이라고 하더라도 정서적으로 옳지 않다고 느껴지는 해법을 실행에 옮기는 것은 결국 자신의 감정을 무시한 것에 대한 후회를 안겨줄 것이다.

하지만 우리는 감정적인 이유만으로 어떤 주장을 뒷받침할 수 있을까? 느낌이나 감정만으로는 어떠한 주장도 정당화할 수 없다. 우리 주장을, 그리고 우리 감정을 합리적으로 보이는 방식으로 설명해야 한다. 주장을 뒷받침하는 이유와 근거도 마찬가지다.

논증에 대해서 이야기할 때 사람들은, 그 속에 세 가지 힘이 존재한다고 말한다.

- 로고스logos: 독자의 논리성에 호소하는 힘. 이 책에서 가장 초점을 맞춰 설명하는 주제다.
- 파토스pathos: 독자의 연민, 화, 두려움과 같은 감정에 직접 호소하는 힘. 4부에서 주로 다룬다.
- 에토스ethos: 공정하고 신뢰할 수 있는 저자의 성품을 드러냄으로써 독자에게 호소하는 힘. 이 책 전반에 걸쳐 이야기한다.

파토스와 에토스는 독자의 감정에 호소한다. 이론상으로는 이러한 요소를 구분할 수 있다고 말하지만 실제 논증에서는 이 세 요소가 뒤엉켜있기 때문에 하나하나 분리해내는 일은 그다지 의미가 없다.

논증과 비판적 사고

날카로운 목소리와 호전적인 태도로 자신의 주장을 받아들이도록 청중을 압박하는 욕망을 우리는 논증이라고 정의하지 않는다. 논증은 다음 두 기준으로 정의한다.

- 해결방식에 서로 동의하지 않는 문제를 둘 이상의 사람들이 함께 풀려고 하는 것.
- 해법을 뒷받침한다고 여겨지는 이유와 근거를 서로 교환하고, 상대방이 제시하는 질문, 반론, 대안에 대해 응답하고 반박하는 것.

논증은 단지 의견의 불일치를 해소하기 위한 수단이 아니다. 좋은 논증은 문제를 깊이 탐구하도록 도와주고, 자신의 믿음을 설명하도록 도와준다. 합의에 이르지 못하더라도 상대방을 이해할 수 있는 좋은 기회를 제공한다.

02

The Craft of Argument

독자의 눈으로 질문하고 대답하라
대화에서 이끌어내는 논증의 원리

논증에 대해 한 번도 배운 적이 없다고 해도 우리는 이미 논증에 대해 많은 것을 알고 있다. 우리가 일상적인 대화에서 묻는 다섯 가지 질문을 이용하여 자신과 대화하고 거기서 얻은 대답으로 논증을 세울 수 있다. 또한 이러한 논증을 토대로 작성한 글을 독자들은 사려깊고 설득력 있다고 판단한다.

다섯 가지 질문으로 만드는
논증의 뼈대

논증을 자주 하더라도 논증을 하는 방법에 대해서는 대부분 생각해보지 않을 것이다. 하지만 스스로 타당하다고 생각하는 논증을 세우고 다른 사람이 수긍할 수 있도록 설명하는 데에는 어떤 패턴이 작동한다.

성공적인 논증글을 쓰기 위해서는 적어도 다음 세 가지 작업을 해야한다.

- 주장을 뒷받침하기 위해 사려깊은 독자들이 기대하는 이유와 근거를 제시한다.
- 납득할 수 있는 수준의 비판적 사고를 보여줌으로써 독자의 신뢰를 얻는다.
- 독자들이 제기할 수 있는 의심과 반론을 상상해내고 그것들을 적절하게 반박함으로써 독자들의 시각을 논증 안으로 끌어들인다.

글을 쓸 때보다 직접 대화를 할 때 상대방의 신뢰를 얻기 쉬운 이유는, 어떤 질문에 대답해야 하는지 혼자 추측할 필요가 없기 때문이다. 상대방은 그 자리에서 바로 궁금한 점을 묻거나 다른 의견을 말한다. 하지만 컴퓨터화면이나 종이 위에 글로 써서 '대화할 때' 상대방의 신뢰를 얻는 것은 쉽지 않다. 상대방이 떠올릴 수 있는 질문을 오로지 혼자서 상상해내고 거기에 답해야 하기 때문이다. 이는 결코 습득하기 쉽지 않은 기술이다.

그나마 다행스러운 것은, 우리가 상상해내야 할 독자의 질문이 다섯 가지밖에 되지 않는다는 것이다. 그 중에서 처음 두 가지 질문은 가장 기초적인 것으로 이에 대해 대답하는 것은 전혀 어렵지 않다.

1. 핵심요점이 무엇인가? 뭘 주장하고자 하는가? 나에게 어떤 행동/각성을 촉구하는 것인가?
2. 내가 그 주장에 동의해야 하는 이유는 무엇인가? 주장을 뒷받침하기 위해 어떤 이유를 제시할 수 있는가?

세 번째 질문은 다소 까다롭다. 이런 질문을 하는 것은 내 주장을 의심한다는 뜻이기 때문이다.

3. 그 이유들이 타당하다는 것은 어떻게 알 수 있는가? 어떠한 사실에 기반한 것인가? 어떤 근거가 그런 이유를 뒷받침하는가?

여기까지 세 가지 질문에 대답할 수 있으면 이제 논증의 뼈대가 되는 '주장-이유-근거'가 완성된 것이다. 다음 질문은 좀더 어렵다. 비판적으로 사고하는 사람들이 나의 논증을 읽고 어떤 질문을 할지 혼자서 상상해내야 하기 때문이다.

4. 그런데 …한 경우는 생각을 해보았는가? …라고 말하는/주장하는/반대하는/설득하는 사람에게는 뭐라고 할 것인가? 내 주장에 대한 다른 견해나 반론을 알고 있는가? 이에 대해 어떻게 대응하고 반박할 것인가?

이러한 질문을 수용하고 이에 대해 반박하는 것은 독자들과 새로운 수준의 대화의 장을 만들어낸다. 앞에서 본 세 가지 질문과 달리 네 번째 질문은 독자들의 관점과 목소리를 명시적으로 수용하고 그에 대해 대답함으로써 독자들과 대화를 촉발한다. 물론 이러한 질문에 대답하는 것은 성가시고 골치 아픈 일이다. 스스로 틀릴 수 있는 가능성을 높이는 일을 자발적으로 하고 싶어하는 사람은 없을 것이다.

하지만 이러한 질문들이 부담스럽게 느껴지더라도 질문하고 대답하기 위해 최소한의 노력은 해야 한다. 공정하고 사려깊게 주장을 내세우는 것 못지않게, 독자의 질문에 적절한 답을 제시하기 위해 헌신하는 모습을 보여줄 때에만 저자로서 명성을 쌓을 수 있다. 이러한 질문들을 제대로 묻고 대답하는 것을 보여주는 것은 비판적 사고를 할 줄 안다는 것을 가장 손쉽게 입증하는 방법이다.

마지막 질문은 논증에서 가장 어려운 질문이다. 논증의 논리적 타당성을 보여달라고 요구한다.

5. 이러한 주장의 논리는 무엇인가? 당신이 제시한 이유가 주장을 뒷받침하는 것은 어떤 가치관/신념/원리/이데올로기 위에서 작동하는 것인가? (이러한 가치를 이 책에서는 전제라고 부른다.)

이 질문에 답을 함으로써, 논증의 '논리적 구성'을 명확하게 드러낼 수 있다. 논증이 논리적이어야 한다는 말은 당연한 것처럼 보이지만, 논리는 대부분 암묵적으로 작동한다. 논리적 전개과정을 명시적으로 설명하면, 독자들은 지루해 할 것이고, 주장하고자 하는 내용을 제대로 읽기도 전에 압도당할 수 있다. 그래서 논증 아래 작동하는 논리는 독자들이 궁금해 하거나 설명하라고 요구할 것이라고 여겨질 때에만 이야기해야 한다.

다섯 번째 질문에 대답하기 어려운 이유는 크게 두 가지를 들 수 있다. 첫 번째, 우리는 논증이 작동하는 논리에 대해 독자들이 질문하지 않기를 바란다. 그래서 "네 주장의 논리가 무엇이냐?"는 질문에 많은 사람이 상처받고 화를 내는 것이다. 두 번째, 독자가 어느 부분에서 논리에 대해 언제 질문할지 알아내기 어렵다는 것이다. 주장을 펼치는 사람에게 주장의 논리는 너무나도 명확해 보이기 때문이다.

마지막 질문에 답하는 것은 지루한 논리학 입문시간처럼 느껴질 수도 있다. 그럼에도 이 모든 과정은 피가 되고 살이 된다. 숨은 논리구조를 따질 줄 아는 능력은 가장 뛰어난 비판적 사고를 하는 사람들의 핵심무기이기 때문이다. 특히 관점, 경험, 문화가 다른 사람들을 상대로 주장을 펼치고자 할 때 이러한 논리적 통찰은 빛을 발할 것이다.

이 다섯 가지 질문을 묻고 대답할 수 있다면 이제, 타당한 논증을 구성하는 데 필요한 다섯 가지 요소들을 생성해낼 수 있다.

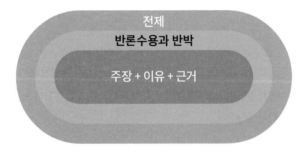

2장에서는 먼저 실제대화 속에서 이러한 질문과 대답이 어떻게 오고 가는지 살펴본다. 그 다음에, 이러한 대화내용을 정리하고 조합하여 독자들이 사려 깊고 공정하고 합리적이라고 생각할 만한 논증글을 만들어내는 법을 설명한다.

일상적인 대화에서 찾는
논증의 원리

슈와 라지는 한 동네에서 고등학교를 함께 다닌 친구지만 지금은 각각 다른 대학에 진학하여 집을 떠나있다. 봄방학을 맞아 고향을 찾은 이들은 고등학교에서 자신들을 가르쳤던 앤 선생님과 함께 이야기를 나누고 있다. 라지의 학교생활에 대한 이야기를 듣고 나서 앤은 슈의 학교생활에 대해 묻는다.

앤: 학교생활은 어떠니?

슈: 학생회에서 '학생권리헌장'이라고 하는 것을 만드는 일에 참여하느라 정말 바쁘게 지냈어요.

앤: 그게 뭔데?

슈: 뭐… 학교 안에서, 강의실 안에서 학생들의 삶을 개선하자는 것이죠.

앤: 문제가 뭐지?

슈: 우리는 좋은 교육을 받을 권리가 있는데, 학교는 학생들에게 마땅히 제공해야 할 서비스에 전혀 신경 쓰지 않아요.

라지: 그래서 어떻게 하자고?

슈: 학교가 우릴 학생으로만 생각하지 말고 고객처럼 대우해줘야 한다고 생각해.

앤: 고객이라… 왜 그런 결론이 나온거지?

슈: 음… 우린 교육을 받기 위해 상당히 많은 돈을 내지만 비슷한 돈을 내

는 고객들에 비하면 우리가 받는 관심수준은 한참 떨어지죠.

라지: 어떻게 떨어져?

슈: 하나 예를 들자면 수업시간 외에는 교수님들을 보기 힘들죠. 지난 주에 나는 예술과학관 1층에 있는 교수실 문 앞에 걸려있는 근무시간표를 둘러봤어요. [가방에서 종이쪽지 하나를 꺼낸다.] 평균 근무시간표가 일주일에 채 한 시간도 되지 않더군요.

앤: 좀 볼까?

슈: 네. [종이를 건네준다.]

앤: [읽으면서] 음, 네 말이 맞구나. 하지만 그 건물 1층뿐만 아니라 다른 곳도 좀더 알아보면 어떨까? 어쩌면 다른 결과가 나올지도 모르잖아.

라지: 맞아. 우리 학교도 그래. 교수님들 근무시간이 너무 짧기는 하더라. 그런데 아까 네가 등록금을 내니까 우리는 고객이 되는 거라고 했잖아. 잘 이해가 안 가는데… 학비를 내는 것과 고객이 되는 것은 무슨 관련이 있는 거지?

슈: 어떤 서비스든 돈을 내야 살 수 있지? 무언가 돈을 내고 산다는 것은 곧 우리가 고객이 된다는 뜻이야. 우리도 교육을 받기 위해 등록금을 내잖아. 그러니까 학생도 고객이고, 고객처럼 대우받아야 해.

앤: 하지만 교육은 서비스가 아니야. 적어도 배관공을 고용하는 것하고는 다르지. 의사는 서비스를 대가로 돈을 받지만 응급실에 실려 온 환자를 고객이라고 생각하지 않잖아.

라지: 학생이 고객이라면 우리는 그냥 돈을 내고 학위를 산다는 뜻이 되네. 그러면 말이야 "고객이 왕이다." "고객이 무조건 옳다" 같은 말은 어떻게 되는 거지? 내가 시험문제에 쓰는 답이 늘 옳은 것은 아니던데.

슈: 나는 모든 측면에서 우리가 고객과 똑같다고 말하는 것은 아니야. 다만 좀더 정당한 대우를 받고 싶다는 것이지. 캠퍼스와 기숙사를 오가는 버스운영방식을 좀더 개선해주거나 밤늦게까지 공부할 수 있도록

도서관 운영시간을 늘려달라는 거지. 무엇보다도 교수님들을 좀더 쉽게 만날 수 있으면 좋겠어. 수업이 끝나고도 우리는 공부할 게 많거든. 교수님에게 물어보고 싶은 게 있어도 물어볼 수가 없잖아.

라지: 교수님을 뵙기 힘든 건 맞아. 나도 심리학 교수님을 한번 뵈려고 엄청 고생 했거든.

앤: 학생을 고객이 아니라 의뢰인으로 보는 건 어떠니? 변호사와 상담을 할 때 돈을 낸다는 이유만으로 듣고 싶은 말만 해주지 않잖아. 물론 좋은 변호사는 의뢰인의 감정까지 배려해서 이야기하지. 대학도 마찬가지 아닐까? "학교는 학생을 의뢰인으로 대해야 한다." 어때?

슈: "학생은 의뢰인이다." 음, "학생은 고객이다"처럼 머리에 쏙 들어오지 않네요. 하지만 생각해 볼 만 해요. 한 번 이야기 해 볼게요. 좋은 아이디어 주셔서 감사합니다.

슈, 라지, 앤은 대화를 통해 문제를 완벽하게 해결하지 못했다. 누구도 자신의 생각을 바꾸지 않았기 때문이다. 하지만 상대방의 관점을 더 잘 이해하고 이 문제에 대해 각자 어떤 생각을 하는지 더 명확하게 생각할 수 있게 되었다. 슈는 학생을 고객처럼 대우해야 한다는 자신의 주장을 제기했고, 라지와 앤은 끝없이 질문을 해서 그 주장을 검증하고 발전시키도록 도왔다. 이들이 제기한 질문은 5가지 논증질문과 꼭 들어맞는다. 논증의 전개과정에 따라 대화를 차근차근 분석해보자.

논증의 핵심파트: 주장의 골자가 무엇인지 질문하다

학교에 무슨 일이 있는지 묻는 앤의 질문에 슈는 이후 대화를 이끌어갈 동기가 되는 문제를 제기한다.

앤: 학교생활은 어떠니?

슈: 학생회에서 '학생권리헌장'이라고 하는 것을 만드는 일에 참여하느라 정말 바쁘게 지냈어요.

앤: 그게 뭔데?

슈: 뭐… 학교 안에서, 강의실 안에서 학생들의 삶을 개선하자는 것이죠.

앤: 문제가 뭐지?

슈: 우리는 좋은 교육을 받을 권리가 있는데, 학교는 마땅히 학교로서 해야 할 서비스를 제공하는 데 전혀 신경 쓰지 않아요.

앤과 라지는 이제 슈의 주장의 핵심을 꾀어내는 두 가지 질문을 한다.

질문 1 주장은 무엇인가?

라지: 그래서 어떻게 하자고?

슈: 학교가 우릴 학생으로만 생각하지 말고 고객처럼 대우해줘야 한다고 생각해.주장/해법

누군가 이런 질문을 던질 때 사람들은 대부분 반가워한다. 내 생각을 표현할 수 있는 기회를 제공하기 때문이다. 그 뒤를 이어 앤이 질문을 하는데, 이 역시 반가운 질문이다. 왜 그렇게 생각하는지 설명함으로써 자신의 생각을 펼칠 수 있는 기회를 제공하기 때문이다.

질문 2 그렇게 생각하는 이유는 무엇인가?

앤: 고객이라… 왜 그런 결론이 나온거지?

슈: 음… 우린 교육을 받기 위해 상당히 많은 돈을 내지만 비슷한 돈을 내는 고객들에 비하면 우리가 받는 관심수준은 한참 떨어지죠.이유

이 지점에서 앤과 라지가 슈의 의견에 동의한다면 이 문제에 대해서 더 이상 이야기하지 않고 다음 화제로 넘어갈 것이다. 반대로 슈의 의견을 말도 되지 않는 것이라고 생각한다면 "뚱딴지같은 소리를 하고 있구나!"하고 방어적으로 묵살해 버릴 것이다. 하지만 이런 반응은 친근하지도 않고 사려깊지도 않다.

앤은 슈의 생각이 들어볼 만한 가치가 있다고 생각한다. 하지만 슈가 제시하는 주장과 이유만으로는 수긍할 수 없다. 그래서 이를 뒷받침하는 객관적 사실이 있는지 묻는다. 앞의 두 질문에 비해서 대답하기가 다소 까다로운 질문이지만 슈의 생각이 잘못되었다는 것을 입증하려는 것이 아니라, 슈가 왜 그런 생각을 하는지 알아보고 자신도 동의할 수 있는 생각인지 가늠해보기 위한 것이다.

질문 3   이유를 뒷받침하는 근거는 무엇인가?

> 슈: 음… 우린 교육을 받기 위해 상당히 많은 돈을 내지만 비슷한 돈을 내는 고객들에 비하면 우리가 받는 관심수준은 한참 떨어지죠.이유
>
> 라지: 어떻게 떨어져? [충분한 관심을 받지 못하고 있다는 것을 보여주는 구체적인 사실이 있는가?]
>
> 슈: 하나 예를 들자면 수업시간 외에는 교수님들을 보기 힘들죠. 지난 주에 나는 예술과학관 1층에 있는 교수실 문 앞에 걸려있는 근무시간표를 둘러봤어요. [가방에서 종이쪽지 하나를 꺼낸다.] 평균 근무시간표가 일주일에 채 한 시간도 되지 않더군요.근거보고

앤은 슈가 간략하게 제시한 근거보고에 대해 반박하지 않았지만, 좀더 신뢰할 수 있는, 실제 증거와 좀더 가까운 어떤 것을 보고 싶어한다. 그래서 앤이 메모한 것을 보여 달라는 또다른 검증질문을 한다.

앤: 좀 볼까? [객관적 증거에 좀더 가까운 것을 보여주겠니?]

메모지를 보자고 하는 것은 사실, 슈의 신뢰성에 대해 의문을 제기하는 것이다. 하지만 여기서 앤은 슈가 제시한 근거를 기각하지 않고 슈가 정당한 근거를 가지고 있다는 것을 확인하는 수준에서 멈춘다. 슈는 앤에게 자신이 확보한 데이터를 직접 보여준다. 앤이 직접 근무시간을 확인하러 가지 않는 한, 슈가 보고하는 근거를 믿을 수밖에 없다.

지금까지 앤과 라지의 질문은 슈가 비판적 사고의 첫 단계를 완성할 수 있도록 도와주는 역할을 하였다. 슈의 기분을 상하게 하거나 분위기를 망치고 싶지 않아서 그녀의 생각을 무작정 편들어 준 것이 아니라, 그녀의 생각을 존중하며 잠시 시간을 두고 그런 생각을 하게 된 이유와 이를 뒷받침하는 사실이 무엇인지 물었다.

이러한 질문에 대한 대답을 통해 슈는 이제 논증의 세 가지 핵심요소—주장, 이유, 근거—를 확립했다. 이 논증의 핵심요소는 다음과 같이 그릴 수 있다. 주장은 이유에 기반하고 이유는 근거에 기반한다. 근거는 이유보다 많고 이유는 주장보다 많기 때문에 피라미드 형태가 된다.

앤과 라지는 비판적인 질문을 퍼부어 슈를 곤란하게 만들었지만, 그것은 그녀를 공격한 것이 아니며 또한 그녀의 주장에 전혀 동의하지 않는다는 뜻도 아니다. 오히려 질문을 통해 슈는 자신의 생각을 좀더 깊이 이해하고 점검할 수 있는 계기를 갖게 되었다. 이러한 과정에서 슈의 생각은 더욱 정교해질 수 있었다. 실제로 앤과 라지가 곁에서 그런 질문들을 해주지 않았다면 슈는 그러한 질문들을 혼자서 상상해내야 했을 것이다.

논증의 문답파트: 주장에 대한 궁금증과 이견에 대해 질문하다

앞에서 본 세 가지 질문에 대한 대답은 슈의 논증의 핵심, 즉 주장-이유-근거를 구축하는 데 도움을 주었을 뿐이다. 이러한 질문은 슈의 생각이 무엇인지 드러낼 수 있는 자리만 깔아준 것이다. 하지만 이것만으로 앤과 라지는 슈의 생각에 동의하지 못한다. 슈의 논증이 제대로 완성되고 설득력을 갖기 위해서는, 자신의 생각에 동의하지 않는 이들의 의구심에 대해서도 답을 해야 한다. 앤과 라지는 이제 새로운 유형의 질문을 던진다.

질문 4   복잡한 상황/근거/원칙/관점 등에 대해서 무엇이라고 말할 것인가?
이 질문은 대화 중 여러 차례 나온다. 먼저 앤은 슈가 제시한 근거가 신뢰할 수 있는 것인지 의심한다.

> 앤: 음, 네 말이 맞구나. 하지만 그 건물 1층뿐만 아니라 다른 곳도 좀더 알아보면 어떨까? 어쩌면 다른 결과가 나올지도 모르잖아.

라지는 슈의 주장을 받아들일 때 지금 문제로 인해 치르는 손실보다 더 큰 손실이 발생할 수 있다고 지적한다.

라지: 학생이 고객이라면 우리는 그냥 돈을 내고 학위를 산다는 뜻이 되네. 그러면 말이야 "고객이 왕이다." "고객이 무조건 옳다" 같은 말은 어떻게 되는 거지? 내가 시험문제에 쓰는 답이 늘 옳은 것은 아니던데.

앤은 슈가 제시한 주장과는 다른 해법을 받아들일 수 없는지 묻는다.

앤: 학생을 고객이 아니라 의뢰인으로 보는 건 어떠니? 변호사와 상담을 할 때 돈을 낸다는 이유만으로 듣고 싶은 말만 해주지 않잖아.

하지만 슈는 이러한 질문에 대해서 전혀 대답하지 않는다. 물론 앤과 라지는 이밖에도 슈에게 더 많은 질문을 할 수 있다.

1. '충분한' 근무시간이란 어느 정도 시간을 말하는 것인가?
2. 학생이 제대로 대우받지 못한다고 생각하는 또다른 이유가 있는가?
3. 그런 주장에 대해 교수들은 뭐라고 할지, 또 학부모나 입법의원들은 뭐라고 할지 생각해봤는가?
4. 그런 주장을 한다고 실제로 학교가 정책을 수정할 것이라고 생각하는가?

이러한 질문들은 다음 세 가지 형태의 질문으로 환원할 수 있다.

1. …는 무엇을 말하는 것인가?/무슨 의미인가?: 주장/이유/근거를 좀더 분명하게 진술하라는 요구.
2. …또다른 이유/근거는 없는가?: 논증을 뒷받침하는 이유/근거를 더 제시하라는 요구.
3. 4. …은 뭐라고 하겠는가?/어떤 반응을 보이겠는가?: 또다른 반대의견 제시.

이러한 질문들은 단순히 슈의 생각을 드러내도록 도와주는 것이 아니라, 슈의 주장에 대한 자신의 생각을 질문함으로써 다른 사람과 상호작용하도록 유도한다. 다른 관점, 다른 사고방식에서 던지는 질문에 대답함으로써 슈는 독자들의 생각을 인지하고 이에 반박할 수 있는 기회를 갖는다. 이처럼 질문과 답을 주고받는 논증의 두 번째 부분을 '문답파트'라고 한다.

논증의 문답파트는 앤과 라지처럼 의구심이나 궁금증이나 대안을 제시해주는 좋은 친구가 있다면 훨씬 쉽게 만들어낼 수 있겠지만, 그런 도움을 줄 사람이 없다면 혼자서 모두 상상해내야 한다. 결국 자신의 생각을 의심하고 반대하고 질문하는 목소리를 마음 한편에 늘 가지고 있어야 한다.

"이런 경우에는 어떻게 작동할 수 있을까?"
"이렇게 주장하는 사람한테는 뭐라고 말하지?"

이런 질문들을 떠올리지 못한다면, 자신의 생각을 비판적으로 검증할 의지가 없거나 능력이 없는 것으로 보일 것이고, 당신의 지적 능력과 인품도 그 수준에 맞게 평가될 것이다. 역설처럼 보이지만, 자신의 논증에 반하는 의견을 많이 수용하는 논증을 독자들은 더욱 신뢰한다.

사실, 다른 사람의 아이디어를 수용하지 못하는 것은 저자의 에토스만 약화시키는 것이 아니라 논증도 약화시킨다. 자신의 아이디어만 고려하는 사람은 최선의 해법을 찾아내지 못한다. 특히 중요한 문제에 대한 해법을 찾는다면 자신이 선호하는 해법과 거리를 둘 줄 알아야 한다. 자신이 내세우고자 하는 논증의 핵심요소(주장, 이유, 근거)와 어긋나는 것처럼 보이는 시선을 수용하지 않는다면 논증을 방어할 수도 없고 개선할 수도 없다. 그래서 논증의 문답파트는 가장 수준 높은 비판적 사고가 요구된다. 주장은 물론, 그것을 뒷받침하는 이유와 근거들에 대한 온갖 반론과 모순되는 정보들을 하나하나 점검하고 평가할 줄 알아야한다.

논증의 논리파트: 주장을 구성하는 논리에 대해 질문하다

모든 논증은 두 가지 닻을 내리고 있어야 존립할 수 있다. 우선 독자가 사실이라고 납득하는 근거에 닻을 내려야 하고, 또한 논리에 닻을 내려야 한다. 논증에 들어있는 요소는 모두 논리적이어야 하겠지만, 그러한 논리를 명시적으로 드러내는 경우는 많지 않다. 그런 것 없이도 독자들이 주장-이유-근거 사이에 연결고리를 잘 따라올 것이라고 가정하기 때문이다. 물론 그런 판단은 대부분 옳다. 하지만 이러한 연결고리에 대해 독자가 의심을 품을 수 있다고 여겨질 때는 그것을 명시적으로 진술해야 한다.

질문 5   이것이 주장을 뒷받침하는 이유가 되고, 이것이 이유를 뒷받침하는 근거가 되는 원리는 무엇인가?

> 라지: 맞아. 우리 학교도 그래. 교수님들 근무시간이 너무 짧기는 하더라. 그런데 아까 네가 등록금을 내니까 우리는 고객이 되는 거라고 했잖아. 잘 이해가 안 가는데… 학비를 내는 것과 고객이 되는 것은 무슨 관련이 있는 거지?

슈가 제시한 사실은 거짓이 아니다. 학생들은 교육을 받기 위해 '상당히 많은 돈'을 지불한다. 하지만 라지는 그 사실이 '학생은 고객'이라는 주장과 어떻게 연관되는지 이해하지 못한다. 이 두 진술 사이의 '논리적 연관성'을 납득하지 못하는 것이다.

　　슈가 제시한 이유가 주장을 어떻게 뒷받침하는지 묻는 라지의 질문은 근거의 신뢰성에 대해서 묻는 앤의 질문보다 훨씬 난해하고, 날카롭게 논증의 허점을 파고드는 것처럼 보인다. 이 질문은 훨씬 근본적이며, 대답하기도 훨씬 까다롭다. 이처럼 추론 뒤에 깔려있는 논리가 무엇인지 따지는 질문에 답하기 위해서는 자신의 사고과정을 객관적으로 분석해야 한다. 자신이 떠올린 이유가 주장을 뒷받침한다고 생각한 이유를 설명해야 하는 것이다. 슈는 이렇게 대답함으로써 난관을 극복한다.

> 슈: 어떤 서비스든 돈을 내야 살 수 있지? 무언가 돈을 내고 산다는 것은 곧 우리가 고객이 된다는 뜻이야.보편적인 원리 우리도 교육을 받기 위해 등록 금을 내잖아.이유 그러니까 학생도 고객이고, 고객처럼 대우받아야 해.주장

이유와 주장을 이어주는 이러한 보편적인 원리를 우리는 전제warrant라고 부른다. 전제는 두 가지 요소로 이루어진다.

1. **보편적인 상황**
2. **보편적인 결론**

전제를 그림으로 표현하면 다음과 같다.

보편적인 상황	➡	보편적인 결론

슈가 제시한 전제는 다음과 같다.

전제를 구성하는 두 요소는 주장-이유와 상응하는 구조로 되어있다. 앤과 라지가 이러한 전제에 동의한다면, 슈는 자신의 구체적인 상황에 이 전제를 적용하여 자신의 주장을 정당화할 수 있다.

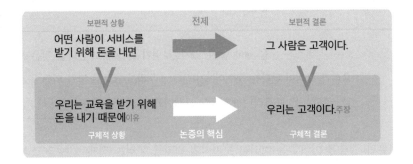

여기서 전제는 이유와 주장을 연결해준다. 전제는 추론의 모든 단계를 세부적으로 파고들기보다는 추론을 이끄는 보편적인 원칙을 보여줌으로써 논리적 연결성을 설명한다.

한 가지 고백하자면, 전제는 어렵다. 논증에서 전제를 찾아내는 것은 쉬운 일이 아니다. 지금 이 책을 쓰고 있는 우리 둘도 예외가 아니다. 논증의 세 번째 부분인 논리파트는 비판적 사고에서 가장 어려운 단계라고 할 수 있다. 알지 못하는 근거나 남들의 관점을 고려해야 하는 것(문답파트)도 물론 어려운 일이지만, 누군가 추론의 원리를 의심할 수 있는 곳을 찾아내 이것을 자연스럽게 설명할 수 있을 정도로 비판적 사고의 힘을 계발하는 것은 훨씬 어려운 일이다. 전제에 대해서는 뒤에서 더 자세히 설명한다.

Warrant

주장과 자료를 연결짓는 논리적 구성물을 형식논리학에서는 premise라고 부르는 반면, 비형식논리학에서는 warrant라고 부른다. 그리고 이들을 통칭하는 일상적인 용어는 assumption이다. 이 세 가지 단어 모두 '전제'라고 번역할 수 있지만, 이 책에 등장하는 '전제'는 모두 warrant를 번역한 것이다.

민주주의가 발달할수록 논증은 늘어난다

태국의 민주주의에 관한 기사를 보자. 논증을 전쟁에 비유한 표현을 눈여겨보라.

수말리 림파오바트는 자기 아이의 권리를 지키기 위해 일어선 평범한 엄마였다. 하지만 그녀는 어느새 태국과 동남아시아 지역에 몰아치고 있는 민주적인 사회의 투명성을 높이는 투쟁의 최전선에 선 전사가 되어 있었다. 수말리의 여섯 살짜리 딸은 올해 초 정부가 폐쇄적으로 운영하는 명문학교에 입학지원서를 냈다가 떨어졌다. 하지만 그녀는 그 결과를 순순히 받아들일 수 없었다.

수말리는 새로 제정된 정보공유법을 활용하여 아이들의 입학시험점수를 공개하도록 요구했다. 수말리는 몇 년 전까지만 해도 자신이 정부의 결정에 도전할 것이라고는 꿈에도 생각하지 못했다. 마침내 정보가 공개되면서 수말리의 의구심은 사실로 밝혀졌다. 실제로 그 학교에 합격한 아이들의 3분의 1이 합격선보다 시험점수가 훨씬 낮았던 것이다. 모두 가문의 지위를 이용하거나 학교에 기부를 한 대가로 특혜 입학한 아이들이었다.

최근 태국에선 교육수준이 높은 용감한 중산층들이 과거의 가부장제에 맞서 일어나기 시작하면서 날카로운 소규모 전투들이 수없이 여기저기서 벌어지고 있다. 이 사건도 그중 하나다. 그러한 과정에서 화합과 순응에 길들여졌던 사회는 점차 논쟁과 대립이 격화되면서 시끄러워지고 있다.

   ● *New York Times.* August 10, 1999.

역사학자 로버트 콩퀘스트는 거시적인 측면에서 이와 비슷한 지적을 한다. 20세기를 거쳐 간 전체주의적인 세 지배체제—파시즘, 나치즘, 공산주의—가 비판적 사고를 억압하는 상황을 다음과 같이 묘사한다.

온갖 토론과 논쟁으로 소란스러운 시민사회국가에 비해… 체계적이고 질서정연한 '과학적' 전체주의는 언뜻 훨씬 합리적인 사회처럼 보인다… 하지만 전체주의국가는 본질적으로 가장 극단적인 비합리적 요소를 품고 있다. 진정한 토론이나 비판을 허용하지 않는다는 것이다.

   ● Robert Conquest, *Reflections on a Ravaged Century.* New York: Norton, 2001: 83-84.

어디에나 적용할 수 있는 논증모형

O 제 다섯 가지 질문에 대한 답이 어떻게 하나의 틀로 엮여서 완벽한 논증을 만드는지 살펴보자. 이들은 마치 원소들이 모여 하나의 분자로 결합하듯이 하나의 틀 속에 자연스럽게 녹아든다. 논증요소들의 움직임을 좀더 쉽게 설명하기 위해서 그림과 도표를 최대한 활용한다.

논증의 핵심파트: 주장+이유+근거

주장과 이를 뒷받침하는 이유만 있으면 가장 단순한 형식의 논증을 만들 수 있다.

> **1a.** 오늘날 대학스포츠는 부패한 돈벌이 수단으로 변질되어 고등교육의 진정한 사명을 좀먹고 있다.이유 따라서 개혁해야 한다.주장

우리는 주장과 이를 뒷받침하는 요소 사이의 관계를 다음과 같이 나타낼 수 있다.

이 두 요소에 특별한 순서가 있는 것은 아니다. 다음과 같이 바꿔 쓸 수도 있다.

> 1b. 오늘날 대학스포츠는 개혁해야 한다.주장 부패한 돈벌이 수단으로 변질되어 고등교육의 진정한 사명을 좀먹고 있기 때문이다.이유

이처럼 어떤 것이 먼저 나와도 상관은 없지만, 설명을 간단하게 하기 위해서 이 책에서는 주로 이유를 앞에 놓고 주장을 뒤에 놓을 것이다. 실제 논증에서는 물론 순서가 정해져 있지 않다.

주장과 이유 구분하기

처음에는 주장과 이유를 구분하기 어려울 수 있다. 실제로 주장처럼 보이는 이유도 있다. 사실, 우리가 쓰는 문장은 모두 어떤 의미에서 주장을 담고 있다. 또한 주장/이유라는 용어 자체가 혼란스럽게 느껴질 수도 있다. 하지만 논증요소를 뚜렷하게 구분짓기 위해서 우리는 주장과 이유라는 말을 일상적인 느슨한 어휘가 아닌 다음과 같이 구체적이고 명확한 의미로 사용한다.

- 주장claim: 전체 논증이 다루는 문제에 대한 해법을 진술하는 문장. 논증의 핵심이며, 논증의 나머지 부분은 이 진술을 뒷받침하기 위해 존재한다. (claim 대신에 thesis라는 말을 쓰는 경우도 있다. 이 글의 논제/주제가 무엇이냐고 묻는 것은 곧 주장이 무엇이냐고 묻는 것이다.)
- 이유reason: 주장을 뒷받침하는 진술.

이러한 용어사용이 다소 혼란을 유발할 수도 있는데, 사실 이유 역시 또다른 주장이기 때문이다. 정확하게 설명하자면 주장은 다음 두 가지 형태로 구분할 수 있다.

- **주요주장**main claim: 전체 논증의 결론이자 핵심진술. 이 책에서는 설명을 쉽게 하기 위해 주요주장을 '주장'이라고 부른다.
- **하위주장**subordinate claim: 주요주장이 아닌 주장은 모두 하위주장이다. 주요주장을 뒷받침하거나 다른 하위주장을 뒷받침한다. 이 책에서는 하위주장을 '이유'라고 부른다.

결국 어떤 진술이 주장인지 이유인지 판단하기 위해서는 그 진술이 어떤 목적으로 사용되는지 알아야 한다. 다음 두 논증을 비교해보자.

2a. 폭력적인 오락물을 많이 보며 자라는 아이들은 폭력적인 어른이 될 확률이 높다.주장 현실과 허구를 구분하는 능력이 약화되기 때문이다.이유
2b. TV프로그램과 비디오게임의 폭력성을 완화해야 한다.주장 폭력적인 오락물을 많이 보며 자라는 아이들은 폭력적인 어른이 될 확률이 높다.이유

2a에서 주장으로 사용된 진술이 **2b**에서는 이유로 사용되고 있다. 이처럼 똑같은 진술이라도 맥락에 따라 주장이 되기도 하고 이유가 되기도 한다. 하지만 이것이 끝이 아니다. 하나의 진술이 이유가 되기도 하면서 '동시에' 주장이 되는 경우가 있다. 자신보다 큰 주장을 뒷받침하는 이유를 다른 이유가 또다시 뒷받침하는 것이다. 그러한 진술을 보자.

2c. TV프로그램과 비디오게임의 폭력성을 완화해야 한다.주장1 폭력적인

오락물을 많이 보며 자라는 아이들은 폭력적인 어른이 될 확률이 높기 때문이다.주장1을 뒷받침하는 이유1/ 이유2가 뒷받침하는 주장2 무심결에 폭력적인 영상에 익숙해지다 보면 폭력을 일상적인 삶의 일부로 받아들일 수 있다.이유2

논증을 이렇게 잘게 쪼개 분석하면 매우 복잡한 것처럼 보이지만 직접 논증을 펼쳐나갈 때는 그렇게 복잡하지 않다. 주장은 이유로 뒷받침해야 한다는 사실 하나만 기억하면 된다. 이 모든 것을 종합하여 그림으로 나타내면 다음과 같이 된다.

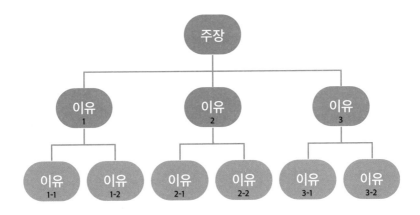

근거에 닻 내리기
일상적인 대화에서는 단순한 이유 하나만으로 주장을 뒷받침하기도 한다.

래리: 여기서 기름을 넣고 가는 게 좋겠군.주장

컬리: 무슨 이유라도 있어?

모어: 거의 바닥났거든.이유

이 다음에 컬리는 뭐라고 말할 수 있을까?

"바닥이 났다는 건 어떻게 알지?"
"어떤 근거로 그 이유를 뒷받침할 수 있지?"

물론 이렇게 묻는 사람은 없을 것이다. 너무 사소한 문제이기 때문이다. 하지만 중요한 이슈에 대한 논증에서 이유가 명확하지 않을 때, 독자들은 그 이유를 왜 진실이라고 생각하는지 궁금해 한다. 무엇으로 이유를 뒷받침할 수 있을까? 바로 '근거'다.

실제 논증에서 이유가 명확하지 않은 경우를 살펴보자. 이럴 때 독자는 이유를 뒷받침하는 근거가 무엇인지 궁금해 한다.

> 3a. 학부생교육을 우리만큼 최우선으로 삼는 대학은 없을 것이다.주장 최고의 연구자들에게 1학년 강의를 맡기고 있기 때문이다.이유 예컨대 최근 노벨물리학상을 탄 키나한교수도 지금까지 15년 이상 물리학개론을 가르치고 있다.근거

이유와 근거가 이름만 다를 뿐, 같은 것 아닌가 생각하는 사람도 있을 것이다. 하지만 이 둘은 전혀 다르다. 일단 위 그림에서 볼 수 있듯이 논증에서 등장하는 순서가 다르다. 또, 논리적인 관계를 고려하면 다음과 같이 그릴 수 있다.

논증을 구체적인 사실에 닻 내리도록 잡아주는 역할을 하는 것이 바로 근거다.

- 이유는 우리가 생각해낸다.
- 근거는 우리가 생각해내지 않는다. '바깥세상'에서 끌어 온 것이다. 독자들이 직접 '눈으로' 볼 수 있는 것이다.

예컨대 '돈벌이 수단으로 변질되고 있는 대학스포츠'는 눈으로 확인할 수 없지만 '돈을 받은 운동선수'나 '학업요건을 면제받은 사람'은 누구나 볼 수 있다. (이유와 근거의 차이에 대해서는 5장과 6장에서 더 자세하게 논의한다.)

Reason과 Evidence

reason(이유/이성)은 rational(이성적인/합리적인)과 마찬가지로, '계산하다/생각하다'를 의미하는 라틴어 ratio에서 나왔다. 이유든 이성이든 모두 우리 마음속에서 만들어낸 것이다.

evidence(근거/증거)는 vision과 관련이 있다. 라틴어 ex(out)+videre(see)가 결합하여 만들어진 evidence는 눈에 보이는 바깥세상을 의미한다. evident는 두 눈에 분명히 보인다는 뜻이고, self-evident는 너무나 자명하여 검증이나 설명이 필요없다는 뜻이다.

논증의 문답파트: 반론수용과 반박

논증의 핵심파트를 읽으면서 독자는 논증에서 해결하고자 하는 문제에 대한 해법을 파악한다. 하지만 사려깊은 독자는 그러한 해법에 대해 다른 생각이나 관점을 가지고 있을 확률이 높다. 이제 다른 사람들의 관점까지 포괄하면서 그들의 질문이나 이견에 대해 포괄하고 이에 대해 응답하는 문답파트가 필요하다. 여기서는 자신과 다르게 생각하는 사람들이 던질 수 있는 질문을 최대한 많이 떠올릴 수 있어야 한다.

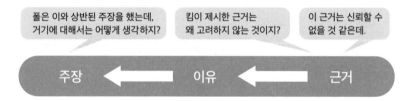

이렇게 떠올린 사람들의 질문을 글 속에서 언급하고 그에 대해 반박해야 한다. 예컨대, 앞에서 본 논증에 대해서는 "유명한 학자라고 해서 반드시 잘 가르치는 것은 아니"라고 반박하는 사람도 있을 것이다. 글을 쓰려면 이 정도 반박은 충분히 예상할 수 있어야 한다.

3b. 학부생교육을 우리만큼 최우선으로 삼는 대학은 없을 것이다.주장 최고의 연구자들에게 1학년 강의를 맡기고 있기 때문이다.이유 예컨대 최근 노벨물리학상을 탄 키나한교수도 지금까지 15년 이상 물리학개론을 가르치고 있다.근거 물론, 뛰어난 학자라 해서 잘 가르치는 것은 아니다.반론수용 하지만 최근 교수평가 결과, 키나한과 같은 교수들이 학생들에게 매우 존경받고 있는 것으로 나타났다.반박 최근 대학교육상을 받은

20명 중 16명이 탁월한 연구업적을 가진 전임교수들이 있다._{반박을 뒷받}

침하는 또다른 근거

물론 논증의 모든 요소마다 질문을 상상해낼 필요는 없다. 독자들이 제기할 수 있는 질문이 논증에서 언급할 만큼 가치있고 중요하다고 여겨지는 곳에만 반론수용과 반박을 삽입하면 된다.

논증의 핵심파트는 자신의 주장을 제시하고 설명하는 쇼케이스라면, 논증의 문답파트는 독자들의 질문을 받고 답하는 Q&A시간이라 할 수 있다. 이것을 그림으로 그리면 다음과 같다.

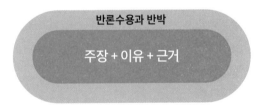

논증의 논리파트: 전제

주장-이유-근거를 개별적으로 신뢰할 수 있다고 인정하더라도 그 이유가 주장을 뒷받침한다는 것을 '논리적으로' 인정하지 못하는 독자가 있을 수 있다. 아무리 그럴 듯한 이유라고 해도 그것이 어떻게 주장과 관련되는지 납득하지 못하는 것이다. 그럴 경우, 이유는 이유로서 기능하지 못한다.

"최고의 연구자들 중 몇몇이 좋은 선생일 수 있다는 것은 인정할게. 하지만 그러한 사실이 대학이 학부생교육을 최우선으로 삼는 것과 무슨 상관이야? 어떻게 이러한 주장을 뒷받침하는 이유가 되지?"

독자가 이런 질문을 던지면, 이유와 주장을 연결해주는 '추론의 원리'를 진술해야 한다. 이러한 추론의 원리를 우리는 '전제'라고 부른다. 아래 글에서 첫 번째 문장이 바로 이유를 주장에 연결해주는 보편적 추론의 원리, 전제다.

3c. 어떤 교육기관이 가장 뛰어난 교수진에게 1학년을 가르치도록 한다면, 교육적인 사명을 최우선으로 하는 학교라고 말할 수 있을 것이다.전제 학부생교육을 우리만큼 최우선으로 삼는 대학은 없을 것이다.주장 최고의 연구자들에게 1학년 강의를 맡기고 있기 때문이다.이유 예컨대 최근 노벨물리학상을 탄 키나한교수도 지금까지 15년 이상 물리학개론을 가르치고 있다.근거 물론, 뛰어난 학자라 해서 잘 가르치는 것은 아니다.반론수용 하지만 최근 교수평가 결과, 키나한과 같은 교수들이 학생들에게 매우 존경받고 있는 것으로 나타났다.반박 최근 대학교육상을 받은 20명 중 16명이 탁월한 연구업적을 가진 전임교수들이 있다.반박을 뒷받침하는 또다른 근거

그렇다면 주장과 이유를 이어주는 전제가 적절한지 어떻게 판단할 수 있을까? 먼저 전제를 두 부분으로 나눠야 한다. 앞부분은 보편적 상황을 진술하고 뒷부분은 보편적 결론을 진술한다. (앞부분에는 '-한다면 언제나'를 넣고 뒷부분에는 '-라고 말할 수 있다'를 넣어서 읽어보면 된다.) 이렇게 만든 '행렬' 안에 이유와 주장을 넣어본다. 이유와 주장이 이 행렬 안에서 잘 맞으면 전제가 제대로 작동하는 것이다.

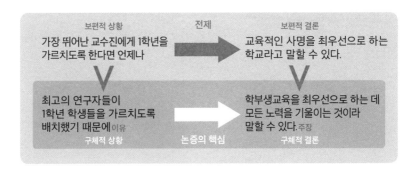

근거가 논증을 현실세계에 닻 내리는 역할을 하듯이, 전제는 논리에 닻을 내리는 역할을 한다. 반론수용과 반박과 마찬가지로, 전제 역시 논증이 독자들이 공유하는 상식에 기반하고 있다는 것을 보여준다. 전제는 논리가 저자 혼자만의 생각이 아닌, 공동체 구성원이 모두 진실로 받아들이는 '보편적인 원리'에 기반하고 있다는 것을 보여준다. 지금까지 살펴본 논증모형을 그림으로 그리면 다음과 같다.

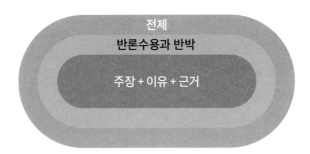

논증모형을 활용한
논증글 설계

상대화 속에서 논증을 구성하는 다섯 가지 질문에 답한다고 하더라도, 그것은 글처럼 정돈되어서 나오지 않는다. 대화할 때는 상대방과 상호작용하면서 앞뒤로 왔다갔다 하면서 핵심을 분명히 하거나, 어려운 개념을 다듬거나, 주장을 더욱 그럴듯하게 뒷받침하는 등 다양한 방법을 모색하면서 그 나름대로 올바른 방향으로 밀고 나갈 수 있다. 하지만 글을 쓸 때는, 무엇을 먼저 이야기할지, 어떤 순서로 이야기할지 혼자서 결정해야 한다. 그리고 일단 한번 써서 발표하고 나면 고칠 기회가 없다.

따라서 글을 쓰려면 논증요소를 처음부터 효과적으로 배치할 줄 알아야 한다. 다양한 방식으로 배치할 수 있겠지만 표준으로 삼을 수 있는 몇 가지 순서가 있다. 가장 기본적인 순서는 [주장+이유+근거]다. 다소 무거운 주장을 할 때는 이유가 더 많이 필요하기 때문에 [이유+근거]를 필요한 만큼 덧붙여야 한다. 이렇게 완성한 글은 본론이 된다. 이것을 문제를 제기하고 그 해법을 제시하는 서론과 그 해법/주장을 다시 한번 풀어쓰는 결론 사이에 끼워 넣으면 된다.

논증의 핵심파트를 구성하는 글의 기본설계도

서론　A:문제　어떤 문제 때문에 이 논증을 쓰게 되었는가?

본론
이유1:　주장을 뒷받침하는 이유는 무엇인가?
근거1:　이유를 뒷받침하는 근거는 무엇인가?
이유2:　주장을 뒷받침하는 이유는 무엇인가?
근거2:　이유를 뒷받침하는 근거는 무엇인가?
[필요한 만큼 이유+근거 추가]

결론　다시 진술:　문제와 해법은 무엇인가?

이 그림에는 전제와 반론수용과 반박이 없다. 이런 것들은 어디에 넣어야 할까? 정확하게 말할 수는 없다. 다만 독자들이 그것을 요구할 것이라고 여겨지는 곳에 놓아야 한다고 이야기할 수 있을 뿐이다.

- 반론수용과 반박은 독자들이 동의하지 않거나 의심할 것이라고 생각되는 곳에 넣는다. 또는 논증의 핵심파트를 모두 진술한 다음에 넣을 수도 있다.
- 전제는 그것을 필요로 하는 주장 바로 앞이나 뒤에 놓는다. 그래야만 독자들이 이유와 주장이 어떻게 연결되는지 알 수 있다. (전제가 아직 애매하게 느껴지더라도 조금만 참기 바란다. 점차 선명해질 것이다.)

이 두 가지 요소를 기본설계도에 삽입하면 다음과 같아질 것이다.

완벽한 논증을 위한 기본설계도

서론	A:문제	어떤 문제 때문에 이 논증을 쓰게 되었는가?
본론	전제1: 이유1: 근거1: 이유 X: 근거 X: 반론수용과 반박 X: 전반적인 반론수용과 반박:	논리적 연결을 정당화하는 원리는 무엇인가? 주장을 뒷받침하는 이유는 무엇인가? 이유를 뒷받침하는 근거는 무엇인가? [필요한 만큼 이유+근거 추가] 주장을 뒷받침하는 이유는 무엇인가? 이유를 뒷받침하는 근거는 무엇인가? 이 근거에 대한 이러한 해석방식에 대해서 어떻게 생각하는가? 이러한 또다른 근거에 대해서는 어떻게 생각하는가?
결론	다시 진술:	문제와 해법은 무엇인가?

이러한 설계도에 맞춰서 슈의 논증을 글로 구성해보자. 문제와 해법을 서술하는 한 문단짜리 도입부를 다음과 같이 만들었다.

최근, 미드웨스트대학 학생회는 학교생활에 대한 학생들의 불만을 조사했다. 장학과가 오후 2시에 문을 닫는 것과 같은 문제에 대해서 불만을 제기한 학생은 얼마 되지 않았다. 하지만 교수들이 학교에 머무는 시간이 너무 적다고 불평하는 학생들은 매우 많았다. 이러한 문제는 대학이 학생의 요구에 거의 신경 쓰지 않기 때문에 생기는 것이다. 학생을 아주 우습게 생각하는 것이 분명하다. "학교에 다니려면 돈을 내라. 그밖에 다른 것은 신경 쓰지 말라."는 태도라 할 수 있다. 이러한 상황을 모른 체 그냥 넘기면 우리 학교는 '학생에게 친화적이지 않은' 대학으로 인식될 것이다. 이로써 우리 명성은 점점 떨어질 것이며 궁극적으로 교육의 질도 떨어질 것이다.문제 대학은 우리를 단순히 학생으로 대해서는 안 된다. 좋은 학교로 성공하려면 우리를 고객으로 대해야 한다.해결/주장

그런 다음 논증의 본문을 이렇게 썼다. 우선 전제로 시작한다.

서비스를 받기 위해 돈을 내는 사람은, 당연히 기업이 고객을 대하듯이 대우 받을 자격이 있다.전제 학생은 교수의 서비스를 받기 위해 돈을 낸다.이유1 학교이사회에 따르면 등록금의 60퍼센트 이상이 교원급여로 사용된다고 한다.근거보고 하지만 우리는 다른 고객들처럼 충분한 대우받지 못하고 있다.이유2 예를 하나 들자면, 많은 교수진들이 근무시간을 충분히 지키지 않는다.이유2를 뒷받침하는 이유2-1 예술과학관 1층에 있는 교수실을 조사해본 결과 일주일 평균 근무시간이 한 시간도 채 되지 않는다.근거보고 고객을 그렇게 대한다면 어떠한 기업도 살아남지 못할 것이다.이유3/근거를 제시하지 않음 물론 이것은 사소한 예에 지나지 않는다.예상되는 반론수용 하지만 이는 빙산의 일각일 뿐이다.반박

물론 대학이 모든 측면에서, 특히 수업시간에도 우리를 고객처럼 대한다면 제대로 교육할 수 없을 것이다. 따라서 이러한 비유를 끝까지 밀고 나갈 수는 없을 것이다.이견의 수용 그럼에도 학생을 고객처럼 대하는 것이 대학생활을 더 생산적으로 만들어준다면 '고객으로서 학생'이라는 원칙을 고려해볼 만한 가치가 있지 않을까.반박/주장재진술

이 글의 문장들은 모두 논증을 구성하는 다섯 가지 질문에 대한 대답으로 이루어져 있다. 하지만 꼭 그럴 필요는 없다. 복잡한 주제에 관해 논증을 할 때는 무엇인가 설명해야 하는 경우도 많다. 예컨대 휘발유첨가제가 환경에 미치는 혜택보다 그로 인해 들어가는 비용이 더 많다고 주장하려면 탄소물

질의 연소과정을 화학적으로 설명해야 한다. 하지만 이러한 설명은 논증에서 꼭 필요한 경우에만 삽입해야 한다. 배경지식을 모조리 설명하고 논증에 들어가면 속 시원하겠지만, 그러한 글쓰기전략은 대단히 위험하다. 일단, 앞에서 설명한 내용이 논증에서 나올 때까지 독자들은 그것을 기억하지 못한다. 그리고 처음부터 설명글만 이어지면 논증에서 도대체 무슨 말을 하려고 하는지 감을 잡을 수 없고, 이로 인해 많은 독자들이 논증이 시작되기도 전에 글을 덮어 버릴지 모른다.

논증을 탄탄하게 다지기

이제 글을 발표할 차례다. 하지만 이렇게 짤막한 글 하나로 과연 대학의 태도는 바뀔까? 복잡한 문제일수록 이렇게 짧은 글로는 사람들의 동의를 얻을 수는 없을 것이다. 독자들은 이처럼 '얄팍하고' '허술한' 논증, 최악의 경우 '극단적으로 단순한' 논증을 거부한다. 독자들이 이러한 판단을 내리는 것은, 은연중에 다음과 같이 생각하기 때문이다.

- 학생을 고객처럼 대하라는 이유가 겨우 하나밖에 없다. 이유가 더 필요하다.
- 근거를 몇 개 제시했지만 부족하다. 더욱이 그러한 근거가 타당한지 확신할 수 없다. 교수들의 근무시간이 너무 짧다고 말하지만 그것은 겨우 건물 하나, 겨우 한 층만 조사한 것일 뿐이다.
- 전제를 제시했지만 그것도 옳지 않을 수 있다. 전제에 대한 논증이 필요하다. 어떤 것에 대해 돈을 내기만 하면 무조건 고객이 되는 것일까? 동의할 수 없다.
- 근무시간에 대한 근거가 빈약하다고 인정하면서도 그것이 여전히 문제를 입증한다고 주장한다. 그 주장을 받아들일 수 있게끔 논증을 하라.

다섯 가지 질문에 대한 대답으로 논증의 핵심을 만들어낼 수 있지만 실제로 이유, 전제, 반박에 해당하는 진술들은 대부분 그 자체로 하나의 주장으로 취급받는다. 다시 말해 이를 뒷받침하는 이유, 근거, 전제, 반박과 같은 자체적인 논증구조를 품고 있어야 한다. 이러한 하위논증이 튼튼해야 주요논증은 비로소 '탄탄하고, 폭넓고, 깊이있는' 논증이 된다. 이처럼 복잡한 논증구조를 조립해냈을 때 독자들은 논증이 더 온전하다고 판단할 것이고, 저자가 더 깊고 철저하게 고민하며 글을 썼다고 판단할 것이다.

　이러한 논증요소들은 2부에서 하나씩 자세히 살펴본다.

정치인과 대화하기

공적인 인물이 누군가에게 질문을 받았을 때 그것에 대답하지 않고 회피하는 상황을 수집해보자. 대답을 회피하기 위해 그들은 어떤 행동을 하는가? 가장 일반적인 대처방식은 무엇인가?

　예컨대 많은 정치인들이 난처한 질문을 받았을 때 대답을 회피하기 위해 의도적으로 대화의 맥락에서 벗어나는 말을 한다. 다음 대화는 그러한 사례 중 하나다. 이러한 대화의 작동방식이 무엇인지 분석해보자.

> 기자: 귀하께서는 당선이 된다면, 낭비되는 비용을 삭감함으로써 예산의 균형을 회복할 것이라고 말했습니다. 구체적으로 어떤 비용을 삭감할 것인지 말씀해주시겠습니까?
>
> 정치인: 결단력을 가지고 과감한 조치를 취하지 않는다면, 국가재정은 5년 내에 파타날 겁니다. 우리는 계속 이렇게 지출, 지출, 지출할 여력이 있는 나라가 아닙니다. 어딘가에서는 멈춰야만 합니다.

대화에서 이끌어내는 논증의 원리

일상적인 대화 속 다섯 가지 질문에 대한 답으로 논증을 만들어 낼 수 있다.

- 주장은 무엇인가?
- 주장을 믿어야 하는 이유는 무엇인가?
- 이유를 뒷받침하는 근거는 무엇인가?
- 그러면 —인 경우에는 어떻게 할 것인가?.
- 이유와 주장을 연결시켜주는 원칙은 무엇인가?

대화를 할 때는 상대방이 이러한 질문을 하지만 글을 쓸 때에는 혼자서 독자의 자리에 서서 이러한 질문을 상상해내야 한다.

논증이 흔들리지 않기 위해서는 두 개의 닻을 내려야 한다. 하나는 근거, 하나는 전제에 내리는 닻이다. 하지만 그렇게 닻을 내린 근거와 전제에 독자가 납득하지 않으면 논증은 성공할 수 없다. 근거는 분명하게 제시해야 한다. 독자들이 이미 공유하는 전제는 굳이 이야기할 필요없지만, 논쟁적인 주제를 다룰 때에는 전제에 대해 진술해야 한다. 실제독자들의 생각은 자신과 상당히 다를 수 있다는 점을 명심하라. 과하다 싶을 정도로 명확하게 진술하는 것이 현명한 전략이다.

이 다섯 가지 질문에 대한 답은 논증의 가장 기본이 되는 핵심요소를 구성한다. 또한 주요주장에만 이유, 전제, 반론수용과 반박이 필요한 것이 아니라 개별적인 요소들 역시 별도의 논증이 필요한 독립된 하위주장으로 간주해야 한다. 이러한 태도는 논증을 더 '촘촘하게' 만들어준다.

03

The Craft of Argument

독자의 관심을 어떻게 끌 것인가?
서론과 결론 쓰기

Motivating Your Argument

어떻게 독자들을 논증에 좀더 진지하게 끌어들일 수 있을까? 무엇보다도 독자들이 관심을 갖도록 문제를 제기하는 방법을 알아야 한다. 문제를 제대로 정의하면 서론의 핵심은 이미 완성한 것이다. 이제 논증의 '틀'을 짜고 서론과 결론을 쓰면 된다.

글쓰기는
논증에 어떻게 도움이 될까?

글을 쓸 시간이 없거나 직접 만나서 이야기해야 할 때는 얼굴을 마주 보며 논증을 할 수 있을 것이다. 하지만 설득하고자 하는 상대를 직접 만날 수 없을 때, 논증을 펼치기 위해 먼저 설계하고 검토할 시간이 필요할 때, 상대방이 논증을 검토할 시간을 요구할 때는 글로써 논증해야 한다.

하지만 논증을 글로 쓰는 것이 제공하는 효용은 이보다 훨씬 크다. 논증글을 쓰는 것은 비판적 사고를 습관화하고 논증을 익히는데 가장 효과적인 방법이다. 글을 쓰는 것이 구체적으로 비판적 사고에 어떻게 도움이 되는지 살펴보자.

글을 쓰는 데에는 시간이 걸린다

문득 떠오른 생각을 말로 내뱉는 데에는 시간이 걸리지 않지만, 그것을 글로 써서 전달하려면 시간이 걸린다. 머릿속에서 분명하게 느껴지는 강렬한 느낌들은 대개 음침하고 모호하기 마련인데, 글을 쓰는 과정에서 자신의 생각에 대해 생각하고 또 생각해 볼 수 있는 기회를 가질 수 있다.

무엇을 고려해야 하는지 구체적인 체크리스트를 제공한다

논증요소들을 글로 쓰다 보면 자신의 생각에 대한 의문이 떠오르기 마련이다. 내가 떠올린 이유를 어떤 사실로 뒷받침할 수 있을까? 이에 모순되는 사실은 없을까? 나의 논리는 타당할까?

남들의 시선에서 바라볼 수 있는 기회를 제공한다

두 사람이 머리를 맞댄다고 해서 반드시 혼자 궁리하는 것보다 더 나은 결과가 나오는 것은 아니지만, 내 생각뿐만 아니라 가능한 한 많은 생각을 고려할 때 더 나은 사고를 할 수 있는 것은 분명하다. 혼자서 궁리를 할 때도, 다른 이들의 동의를 얻기 위해 더 많은 이유를 제시하고 근거를 찾듯이 논증하다 보면 자연스럽게 비판적인 사고가 발달한다. 다른 이들의 시선에서 질문을 던짐으로써 나의 사실, 이유, 믿음, 관점을 좀더 세심하게 조율하고 정리할 수 있는 기회를 제공한다.

이 모든 것이 글을 쓰면서 명시적으로 논증을 세우고 전개하는 훈련을 통해서 얻을 수 있는 능력이다.

이처럼 글로 논증할 때 더 탄탄하고 치밀하게 논증할 수 있는 것은 분명하지만, 글에는 본질적인 불리함이 있다. 글로 논증할 때는 설득하고자 하는 상대방이 어떤 사람일지 대개 알지 못한다. 협력적인 사람인지, 꼬치꼬치 캐묻는 사람인지, 관대한 사람인지, 까다로운 사람인지 알 수 없다. 누가 읽을지 알지 못하면 어떤 어조로 논증을 전개해야 하는지도 알 수 없다.

독자가 무슨 생각을 하는지 알지 못하면 독자의 오해도 바로잡아줄 수 없고 의외의 질문이나 반론에도 답할 수 없다. 우리는 다만 독자를 예측하고, 그러한 예측이 빗나가지 않기만을 바랄 뿐이다. 독자를 좀더 비판적으로 또 체계적으로 예측하는 데에는 앞에서 설명한 논증을 구성하는 5가지 질문이 큰 도움을 줄 것이다. 독자들의 질문을 어느 정도 예상할 수 있고 거기에 대한 답도 준비할 수 있다.

하지만 글이 지닌 치명적인 불리함은 따로 있다. 얼굴을 맞대고 대화를 할 때는 상대방에게서 문제에 대한 공감을 이끌어내는 것이 훨씬 쉽다. 표정, 목소리, 몸짓을 이용해 상대방을 논증 속으로 끌어들일 수 있다. 예컨대 건강검진센터에서 불편을 겪고 나서 바로 학생과장에게 달려가 서비스에 대한 불만을 토로하는 상황을 상상해보자. 잔뜩 화가 난 표정과 떨리는 목소리로 자신의 감정을 '고스란히' 전달할 수 있다. 학생과장 역시 불만을 적어놓은 편지를 읽을 때보다 적극적으로 반응할 것이다. 인간의 존재감은 종이위에 쓴 글로써는 도저히 따라잡을 수 없는 관심을 이끌어낸다.

글로 논증할 때는, 이러한 존재감의 부재로 인한 불리한 조건을 극복해낼 수 있어야 한다. 아무리 타당한 이유를 내세운다고 하더라도 독자를 논증으로 끌어들일 수 있는 것은 아니다. 독자가 내 글을 '덮어 버리지 않고' 계속 읽어야 할 타당한 이유를 제시해야 한다. 글에 대한 독자의 가장 치명적인 반응은 '동의할 수 없어!'가 아니라 '관심없어!'라는 사실을 명심하라.

어떻게 하면 내가 논증하고자 하는 문제에 대해 독자가 관심을 갖게 만들 수 있을까? 독자가 이 문제에 관심을 가질 이유는 무엇일까? 문제를 해결하기 위한 논증을 잘 짜는 것도 중요하지만, 그 문제가 나뿐만 아니라 '독자들'에게도 상당한 영향을 미치는 문제라는 것을 일깨워줘야 한다. 여기에서도 비판적 사고는 강력한 힘을 발휘한다.

이성적인 존재란 무엇일까

다음 진술에 대해 어떻게 생각하는가? 자신의 입장을 뒷받침하는 이유를 떠올려보라.

- 컴퓨터는 우리가 '비이성적'이라고 부를 수 있는 방식으로는 절대 작동하지 않는다. 그렇다면 우리는 컴퓨터를 '이성적'이라고 말할 수 있을까?
- 동물은 어떤가? 개는 이성적이라고 할 수 있을까? 비이성적이라고 할 수 있을까? 그렇게 간주하는 이유는 무엇인가? 침팬지는? 거미는 어떤가?

합리성의 기원

합리성은 어떻게 진화해 왔을까? 물론 정확히 알 수는 없다. 그런 진화가 왜 시작되었는지는 더더욱 알 수 없다. 합리성이 탄생하는 과정을 상상하여 만들어낸 이야기를 읽어보자.

> 우리 선조들은 어떤 돌멩이를 서로 차지하기 위해서 소리지르고 몸싸움을 하였고 결국 가장 힘센 사람이 돌멩이를 차지하였다. 이러한 분쟁을 해결하는 기술의 첫 번째 진화는 몽둥이의 발견이었다. 몽둥이로 다른 사람을 내려침으로써, 또는 그냥 휘두름으로써, 돌멩이를 훨씬 손쉽게 효과적으로 차지할 수 있었다. 이는 매우 중요한 발전이었다. 몸집의 크기, 힘의 세기가 더 이상 설득의 유일한 수단이 되지 못하는 상황이 펼쳐진 것이다.
>
> 인류는 지능을 계속 계발하여 도구, 특히 무기라고 부르는 도구를 만들어냈다. 하지만 설득하는 방법의 가장 큰 진화는 우리 조상이 '몽둥이'를 '말'로 바꾸는 순간 나타났다.
>
> 한번 상상해보자. 우리 선조 중 한 사람이 '이 돌멩이는 누구의 것인가?'라고 묻자 누군가 '내 거!'라고 대답했다. 하지만 그 돌멩이가 자기 것이라고 생각하는 또다른 사람이 있었다. 그가 달려들어 상대방을 몽둥이로 내려칠 수도 있었지만 놀랍게도 '왜?'라고 묻는다. 물리적인 맞대응을 말로 바꾼 것이다. 더 놀라운 사실은 처음에 자기 돌이라고 주장했던 사람 역시 '내가 찾아낸 거야'라고 이유를 제시한다. 상대방의 질문을 무시하고 모른 척하거나 그 돌멩이를 들어 상대방을 내려찍지 않은 것이다.
>
> 하지만 여기서 무엇보다도 가장 놀라운 순간은 상대방의 주장에 수긍할 때다. "좋아. 너 가져." 한대 후려갈겨서 문제를 해결하지 않고 타당한 이유로 문제를 해결한 그 순간이 바로 우리가 '논증'이라고 이름 붙일 수 있는 대화가 만들어지고 합리성을 공유한 최초의 인류가 탄생한 순간이다. 상대방도 동의할 것이라는 바람으로 공통적인 믿음과 논리를 간직하고 공유하는 능력을 비로소 갖게 된 것이다.

이 짧은 이야기는 우리 인류가 '폭력을 피하기 위해서' 주장을 내세우고 이를 뒷받침하는 이유를 주고받기 시작했다고 말한다. 이 이야기에서 상상한 논증의 '기원'에 여러분은 어느 정도 수긍할 수 있는가? 논증을 전쟁의 이미지에 비유하는 우리의 표현방식이 이 이야기를 더 그럴듯하게 만들어주는가?

어떤 문제를
해결하고자 하는가?

1장에서 말했듯이 모든 문제는 두 가지 유형으로 구분할 수 있다. 이 두 가지 문제는 해법이 다르다.

실용문제|pragmatic problems
독자가 어떤 행동을 하거나, 또는 그런 행동을 지지할 때에만 해결되는 문제를 우리는 실용문제라고 부른다.

　　실용문제는 에이즈, 대량학살, 이윤감소, 학비인상, 열악한 노동환경과 같이 우리가 해결하고 싶어하는 상황을 다룬다. 사람들을 화나고 슬프고 불쾌하고 무섭고 고통스럽고 부끄럽고 떳떳하지 못하게 만들고, 의욕을 꺾고 심지어 귀찮게 구는 모든 상황이 실용문제가 될 수 있다.

　　실용문제는 나를 불행하게 만드는, 아니 무엇보다도 독자를 불행하게 만드는 원인-결과의 사슬을 끊기 위해 누군가 '어떤 일을 하도록' 설득할 때에만 해결된다. (물론, 에너지절약과 같이 '어떤 일을 하지 않도록' 함으로써 해결되는 문제도 실용문제에 속한다.)

개념문제|conceptual problems

독자가 현재 가지고 있는 생각이나 이해를 바꾸는 것만으로도 해결되는 문제를 우리는 개념문제라고 부른다.

개념문제는 일반적인 질문형태를 띤다. "우주의 나이는 얼마나 되었을까?" "인간과 달리 침팬지는 왜 울지 않을까?" "토머스 제퍼슨은 노예제에 대해 어떻게 생각했을까?" 이러한 질문이 곧 개념문제가 될 수 있으며, 이에 대한 대답이 해법이 된다.

개념문제를 풀지 못했다고 해서 슬프거나 아프거나 화가 나지는 않는다. 다만 세상에 대해서 더 많은 것을 알고 싶어하는 인간의 욕망에 좌절감을 안겨줄 뿐이다. 개념문제는 세상에 대한 이해를 개선하거나 '새로운 믿음을 갖도록' 설득할 때에만 해결된다. (물론 AIDS가 CIA가 퍼트린 질병이라는 음모론을 '믿지 않도록' 함으로써 해결되는 문제도 개념문제에 속한다.)

실용문제와 개념문제는 문제를 진술하는 방식도 다르고, 풀어가는 방식도 다르다.

실용문제의 구조

누구나 상상할 수 있는 문제를 예로 들어 설명해보자. 지금, 기말시험을 보기 위해 학교에 간다고 상상해보라. 졸업을 하려면 반드시 이 시험에 통과해야 한다. 하지만 어젯밤 늦게까지 파티를 하느라 늦잠을 잤다. 늦을지도 모른다. 시간에 맞춰 도착한다고 해도 시험을 통과하지 못할 수 있다. 공부를 하지 않았기 때문이다.

마침 차가 몹시 막힌다. 이제 시험시간까지 학교에 도착하기는 불가능하다. 문제는 무엇인가? 지금 내가 처한 상황이 곧 문제인 듯하다. 이대로 가면 매우 불행한 상황에 처하고 말 것이기 때문이다.

그런데 바로 그 순간, 옆에 지나가는 차에 타고 있는 사람이 시험감독관 아닌가? 푹 주저앉아 몸을 숨기면서 안도의 한숨을 내쉰다. 지독한 교통정체 가 바로 내가 겪는 문제의 '해결책'이었던 것이다. 기말시험은 연기될 것이고 더 나아가 공부할 시간까지 생긴 것이다.

이제 손실은 사라지고 오로지 혜택만 남았다. 문제도 사라졌다. 여기 핵심이 있다. 모든 실용문제는 다음 두 부분으로 이루어진다.

> **불안정조건**destabilizing condition: 기존에 안정되어 있던 상황을 불안하게 만드는 어떤 사건이나 조건이나 상황.

대개 불안정조건은 문제의 '이름'이 된다. 흔히 인종차별, 암, 에이즈과 같은 문제들은 모두 문제의 불안정조건이다. 하지만 이러한 조건이 아무런 손실이 나 비용, 고통을 일으키지 않는다면 문제라고 할 수 없을 것이다.

> **손실**cost: 불안정조건으로 인해 자신이나 다른 사람들에게 초래될 수 있는 기분 나쁜 상태.

불안정조건이 아무리 나쁜 문제처럼 보인다고 하더라도 그것이 아무런 손 실도 초래하지 않는다면 그것은 실용문제가 될 수 없다. 예컨대 내일 무조건 죽는 병에 걸렸다고 하더라도 오늘은 아무런 고통을 주지 않는다면 또한, 오 늘 밤 지구와 행성이 충돌하여 인류가 멸망한다면, 이 병은 아무런 손실도 유발하지 않는다. 이런 것은 실용문제가 되지 못한다.

독자들이 실용문제에 대한 해법에 관심을 갖는 이유는 거의 예외없이, 손실에서 정의하는 나쁜 상태를 맞이하고 싶지 않기 때문이다. 따라서 실용문제를 논증할 때 '조건과 손실'이라는 문제의 구조를 독자들에게 명확하게 보여줘야 한다. 특히 이 문제가 해결되지 않으면 '내가' 어떤 손실을 겪을 수 있는지 분명히 일깨워줘야 한다. 저자의 눈에 그 손실이 아무리 나빠 보인다고 해도, 독자들이 그렇게 느끼지 않으면 관심을 갖지 않을 것이다. 따라서 문제를 독자의 시선에서 바라볼 줄 알아야 한다.

물론, 문제가 초래하는 손실이 너무나 명백할 때는 굳이 손실을 언급하지 않아도 된다. 예컨대 AIDS, 홈리스, 인종학살과 같은 문제는 이로 인해 어떤 손실이 일어나는지 우리 모두 잘 알고 있다. 하지만 이러한 특별한 몇몇 문제를 제외하면 독자들은 대부분 손실을 제대로 인식하지 못한다. 예컨대, 학교보건소의 대기실을 남자여자 따로 분리해야 한다고 주장하는 글을 학교게시판에 쓴다고 생각해보라. 보건소 대기실을 남녀공용으로 쓰는 것이 어떤 손실을 초래한다고 행정실 직원들도 생각할까? 그것이 왜 문제인지 지적하기 전까지는 그것이 문제인지도 인식하지 못할 확률이 높다. 따라서 이것이 왜 손실인지 명확하게 진술해야 한다.

개념문제의 구조

개념문제에도 불안정조건과 그로 인한 손실이 있지만 실용문제와는 성격이 다르다. 실용문제의 불안정조건은 '참을 수 없는 상황'인 반면, 개념문제에서 불안정조건은 '참을 수 없는 궁금증'이다.

불안정조건destabilizing condition: 알고 싶지만 알지 못하는 것, 이해하고 싶지만 이해할 수 없는 것.

개념문제의 불안정조건은 불명확하고 혼란스러운 문제, 단순한 호기심 때문이라도 해결하고 싶은 문제를 해결하지 못하는 상황이다. 이해하기 어려운 문제, 이해방식의 차이, 새로운 사실과 오래된 사실 간의 차이나 모순이 불안정조건이 될 수 있다. 그래서 개념문제의 불안정조건은 대개 질문으로 표현할 수 있다. 질문이란 그 자체로 내가 알지 못하는 것을 진술하는 것이기 때문이다.

> "하늘에 별은 얼마나 많을까?"
> "TV프로그램 사이에 끼어드는 광고는 아이들에게 어떤 영향을 미칠까?"

따라서 개념문제의 손실은 실용문제와 다르다.

- **실용문제의 손실은 어떤 현실적인 불행이나 고통이다.**
- **개념문제의 손실은 지식이나 이해의 또다른 '틈'이다.**

이처럼 개념문제의 손실은 직접적인 손해를 초래하는 것이 아니기 때문에 우리는 이것을 '결과'라고 부른다.

> **결과**consequence: 원래 질문보다 '훨씬 중요한 질문'에 대해 대답할 수 없는 상태.

언뜻 보기에는 이러한 결과가 복잡해 보일 수도 있다. 개념문제에서는 대답해야 하는 질문이 하나가 아니라 두 개처럼 보이기도 한다. 하지만 알고 보면 간단하다. 개념문제의 구조를 좀더 자세하게 살펴보자.

- 개념문제의 첫 번째 부분, 즉 불안정조건에서는 우리가 알지 못하지만 알아야 하는 것을 제시한다. "하늘에 별은 얼마나 많을까?"와 같은 질문으로 표현할 수 있다.
- 개념문제의 결과에서는 불안정조건에서 던진 질문을 풀고 싶은 이유를 말한다. 그 이유는 역시 질문으로 표현할 수 있다.

"하늘에 별이 얼마나 많을까" 하는 질문에 대답하지 못하면불안정 조건/첫 번째 질문 "전체 우주의 질량이 우주를 하나의 덩어리로 붙잡아 줄 만큼 큰 중력을 만들어 낼 수 있는가?"라는 더 중요한 질문에 대답할 수 없다.결과/더 큰 질문

'그래서 어쩌라고?': 독자의 관심을 유발하는 손실/결과 찾아내기

독자는 문제를 풀지 않았을 때 자신에게 얼마나 큰 손실이 미치는지 판단한 뒤 글을 읽을 것인지 말 것인지 결정한다. 따라서 글에서 다루고자 하는 문제는 언제든 독자의 관점에서 풀어 나가야 한다. 독자의 관점을 잃지 않으려면 독자가 계속해서 "그래서 어쩌라고?"라고 따져 묻는다고 상상하라. 마침내 독자의 입에서 "오, 안 돼! 그럼 우린 이제 어떻게 해야 하지?"라는 말이 나올 때까지 "그래서?"라는 질문을 반복한다. 그때 비로소 독자는 문제에 대한 해법과 이를 뒷받침하는 논증에 대해서 궁금해 하는 것이다.

실용문제의 손실 찾기

실용문제는 손에 잡히는 손실을 초래하기 때문에 일반적으로 손실을 찾기 어렵지 않다. 예를 보자.

오늘날 수많은 공장들이 온실가스를 방출한다.

"그래서 어쩌라고?"

온실가스는 대기 상층부의 오존층에 구멍을 낸다.

"그런데 뭐?"

오존층이 줄어들수록 지표면에 자외선이 더 많이 내려 쬔다.

"그게 나하고 무슨 상관인데?"

자외선에 너무 많이 노출되면 피부암에 걸리기 쉽다.

여기서 독자가 또 "그래서?"라고 물을 수도 있다. 물론 그런 사람이 있다면 도덕성이 의심스럽기는 하지만, 그럼에도 그런 사람까지 관심을 갖도록 하고 싶다면 더 인내하고 노력해야 한다.

피부암이 늘어나면 건강관리비용이 치솟고 죽는 사람도 늘어난다.

물론 드물기는 하겠지만, 여기서 또 "그래서?"라고 묻는 사람이 있을지도 모른다. 이쯤 되면 상대방에게 이 문제를 자신의 문제로 인식하게끔 진술하는 데 실패한 것이다. 상대방의 낯선 가치관에 당황스러워하며 어깨를 으쓱하며 돌아서야 할지도 모른다. 어쨌든 상대방 입에서 "그러면 어떻게 해야 하지?"라는 말이 나올 때 우리는 비로소 상대방이 관심을 갖는 손실을 찾아내는 데 성공한 것이다. 그럴 때에만 독자는 이 문제에 대한 해결책을 궁금해 한다.

개념문제의 결과 찾기

개념문제의 결과는 좀더 거창한 어떤 질문이기 때문에 즉각 손에 잡히는 손실에 비해 찾는 것이 쉽지 않은 경우가 많다. 그럼에도 독자의 관심을 촉발하는 질문을 찾아내야 하는 방법은 실용문제와 똑같다. 예를 보자.

하늘에 별이 얼마나 많은지 우리는 알지 못한다.

"그거 알아서 뭐하려고?"

그러면 더 중요한 질문에 대해서 대답할 수 없다. 우주 전체를 하나로 붙잡아줄 수 있는 중력을 만들어낼 만한 질량이 얼마인지 알 수 없다.

독자들이 이 두 번째 질문에 대한 답을 알고 싶어한다면, 첫 번째 질문이 가치가 있다고 생각하게 만드는 데 성공한 것이다. 독자들은 그 해답과 이를 뒷받침하는 논증에 대해 관심을 가질 것이다.

하지만 독자들이 또다시 "그래서 어쩌라고?" 물으면 어떻게 해야 할까?

우주 전체를 하나로 붙잡아 줄 수 있는 중력을 만들어낼 만한 질량이 얼마인지 대답하지 못한다고 해서 무슨 일이 생기는가?

이럴 때에는 독자들이 훨씬 중요하다고 생각하는 더 큰 질문을 던져야 한다.

우주 전체를 하나로 붙잡아 줄 수 있는 중력을 만들어 낼 만한 질량이 얼마인지 대답하지 못한다면, 두 번째 질문 이보다 더 중요한 질문, 즉 "이 우주는 언제 사라질 것인가?"라는 질문에 대답할 수 없다. 결과/더 큰 질문

이렇게 물었는데도 또 "그래서 뭐?"라고 묻는다면 논증상대를 잘못 고른 것이다. 그런 사람은 더 이상 논증에 끌어들일 수 없다. 그냥 어깨를 으쓱하고 돌아서라.

교수들처럼 경험이 많은 연구자들은 그 분야 학자들의 관심을 끄는 거대한 질문이 무엇인지 잘 안다. 또한 학생들이 대답하고자 하는 구체적인 질문 불안정조건과, 독자를 끌어들이기 위해 '결과'로써 던지는 거대한 질문 사이

에 적절한 연관성이 있는지 금방 알아본다. 하지만 순수학문에 이제 갓 발을 들여놓은 사람들은 대부분, '결과'를 찾는데 상당한 애를 먹는다. 따라서 어떤 질문을 던져야 제대로 논증을 전개해나갈 수 있는지 알고 싶다면, 수많은 책을 읽어야 할 뿐만 아니라 교수와 선배들에게 자문을 구해야 한다.

사실, 초보자들에게는 해결하고자 하는 질문을 찾는 것도 상당히 버거운 일이다. 이렇게 찾은 문제는 불안정조건에 불과하다는 것을 명심하라. 자신이 좇고자 하는 질문을 찾았다고 하더라도 계속해서 "이 질문에 대답을 하면 뭐가 좋은지" 물어야 한다.

때로는 이러한 질문에 대답을 찾지 못할 때도 있다. 특히 오랜 시간 진행되는 연구프로젝트의 경우에는 연구가 끝날 무렵까지도 최선의 해답은커녕 그럴듯한 해답조차 찾지 못하는 때가 있다. 그렇다고 좌절할 필요는 없다. 누구에게나 그런 일은 일어나기 때문이다. 하지만 그렇다고 해서 "그래서?"라는 물음을 던지는 것을 멈춰서는 안 된다. 논증에서 풀고자 하는 구체적인 질문의 답이 어떤 '더 큰 질문'을 해결하는데 도움이 되는지 빨리 찾아낼수록, 문제를 더 잘 이해할 수 있고 해답을 더 쉽게 찾을 수 있다.

실용적 손실 vs 개념적 결과

많은 대학생들은 또다른 이유로 개념문제와 씨름한다. 대학에서 제공하는 교육이 현실적으로 어떤 실용성을 갖는지 궁금해 하는 학생들이 많다.

> "고대 그리스에 대해 더 안다고 해서 내가 더 나은 엔지니어/회계사가 되는 데 무슨 도움이 되는가?"

물론 우리는 역사를 알면 다른 이들보다 훨씬 전문적인 지식을 쌓을 수 있다는 고리타분한 '결과(혜택)'를 제시할 수 있지만, 현업에 종사하는 엔지니어/회계사의 실제 생각을 들려주는 것이 독자(학생)들에게 훨씬 효과적일 것이다. 실제로 대학을 졸업하고 삶의 현장을 누비는 전문직 종사자들이 자신이 받은 대학교육에 대해서 말하는 내용은 크게 다르지 않다.

> "역사, 문화, 커뮤니케이션, 심리학, 철학 등 우리가 살아가는 세상을 더 깊이 이해할 수 있는 과목들을 대학시절 왜 더 열심히 공부하지 않았을까 후회합니다. 대학을 졸업하고 나면 눈앞에 닥친 문제를 해결해 나가는 것만으로도 바쁘거든요."

실용적인 사고를 하는 사람들, 특히 정치인들은 이런 문제를 연구하는 것을 쓸데없다고 생각한다. 그들은 이렇게 묻는다.

> "땅콩이 가득 담긴 깡통을 흔들면 큰 땅콩이 맨 위로 올라가는 이유를 연구한다고?"
> "그거 알아낸다고 해서 세상에 무슨 도움이라도 되는가?"
> "그런 거 연구하는 데 국민이 낸 세금을 왜 지원해야 하는가?"

이에 맞서 많은 학자들은 자신들의 '순수한' 연구를 옹호하기 위해 '세상에 쓸모없는 지식은 없다'는 뻔한 결과(혜택)를 내세운다. 깡통을 흔들면 큰 땅콩들이 위로 올라오는 현상에 호기심을 느껴 이 문제를 해명하는 데 엄청난 시간을 투자한 시카고대학 교수도 그렇게 자신의 연구를 옹호했다.

하지만 그가 찾아낸 해답은 실제로 다양한 분야에서 '실용적으로' 활용되었다. 운송회사에서는 알갱이로 된 물건을 효율적으로 포장하는 법, 건설회사에서는 길을 튼튼하게 다지는 법, 제약회사에서는 알약을 더 효율적으로 만드는 법의 실마리를 제공했다.

순수학문과 더 큰 질문

'순수한' 역사적 질문은 세상을 바꾸지는 못하지만 역사의 어떤 측면을 더 깊이 이해하도록 도와주기도 한다. 다음 질문을 예로 들어보자.

> "토마스 제퍼슨은 자신의 흑인노예 샐리 헤밍스와 사이에서 아이를 낳았을까?"

현재 밝혀진 DNA 증거로는 실제로 아이를 낳았을 확률이 높다. 하지만 200년이나 지난 지금, 이 문제를 꼭 밝혀내야 할 필요가 있을까? 역사학자들은 이렇게 대답한다.

> "이 문제를 풀어야만 '더 큰 질문' 즉, 제퍼슨의 도덕적 가치에 대해서 평가할 수 있다. 도덕성 과 평등에 대한 제퍼슨의 주장과 그의 행동이 일치하는지 모순되는지 알 수 있다."
> "그거 알아서 뭐하려고?"
> "그것을 알지 못하면 그의 도덕적 가치를 평가할 수 없다."
> "평가해서 뭐하려고?"
> "그것을 평가하지 못하면 미국의 중요한 정치적 원리를 세운 인물을 제대로 이해할 수 없다."

여전히 "그래서 어쩌라고?" "그게 무슨 상관이야?"라고 묻는 사람이 있을 것이다. 그럼에 도 많은 역사학자들이 이러한 개념문제에 관심을 갖는다. 더욱이 이 문제의 해답은 어떤 이들에게 실용문제를 해결하는 열쇠가 되기도 한다. 바로 샐리 헤밍스의 후손들이다. 제 퍼슨의 백인 후손들은 대대로 몬티첼로에 있는 가족묘지에 안장되어 왔는데, 헤밍스의 후 손들도 자신들이 이 묘지에 안장될 권리가 있다고 주장하고 있다. (제퍼슨의 백인후손들은 흑인후손들의 요구를 어떻게 받아들일 것인지 논의했는데 결국, 이들을 위한 묘지를 따로 만들 어 주기로 했다고 한다.)

개념문제가 고려해야 하는 해법의 일관성

순수학문분야에 처음 발을 들여놓은 사람들은 개념문제와 관련하여 또다른 어려움과 마주친다. 자신이 선택한 질문에 대한 해답을 찾는 것도 중요하지만, 그러한 해답을 그 분야 사람들의 보편적인 이해나 믿음과 일치시켜야한다. 기본적인 사실논증방법은 물론 정치적, 이데올로기적 가치에 이르기까지 모든 부분에서 자신이 속한 학계와 '코드'를 맞춰야 한다. 개념문제에 대한 해답은 그 분야의 전반적인 심리적 풍경, 즉 학풍에 어울리는 경우에만 받아들여진다. 예컨대 다음과 같은 질문을 생각해보자.

> "11만 2,000년 전쯤 북아메리카에서 매머드, 낙타와 같은 대형 포유류들이
> 사라진 이유는 무엇일까?"

이 질문에 해답을 찾기 위해서는 고대자연사에 대한 지식만 있으면 충분히 해결할 수 있을 것처럼 보인다. 하지만 그렇지 않다. 이렇게 '순수해' 보이는 질문이라도 거대한 이데올로기의 틀을 벗어나는 대답을 내놓는 경우에는 뜨거운 논란에 휩싸일 수 있다. 실제로 그 동안 수많은 학자들이 질병이나 기후변화 때문에 이들이 멸종했을 것이라고 생각했다. 하지만 최근 등장한 몇몇 학자들은 초기 아메리카 원주민들의 막무가내 사냥으로 인해 이들이 멸종했다고 주장한다.

이러한 주장은 초기인간이 자연과 조화롭게 공존하며 살았기 때문에 다른 종을 완전히 휩쓸어 버렸을 리 없다는 기존 연구자들의 믿음을 정면으로 뒤집는다. 그런 만행은 아메리카대륙의 들소를 싹쓸이한 유럽인들이나 하는 짓이라고 생각하는 것이다. 실제로 인간이 이들을 사냥한 증거가 나왔음에도 그 생명체들을 죽인 것은 기후나 질병'이어야 한다'고 주류학자들은 여전히 생각한다. 자신들이 진실이라고 받아들였던 것과 지나치게 모순되는 해답을 이데올로기적인 이유로 받아들이지 못하는 것이다. 제퍼슨이 흑인노

예와 섹스를 했다는 주장을 몇몇 역사학자들이 인정하지 않는 이유도 마찬가지다. 제퍼슨의 인품에 대한 자신들의 믿음과 너무나 동떨어지기 때문이다. 이것은 비판적 사고의 실패를 보여주는 것 아닐까? 아직은 결론내리기에 이르다. 비판적 사고가 뛰어난 사람은 자신의 믿음에 반하는 분명한 증거가 나타나면 자신의 믿음을 의심하기도 하지만, 또 그런 증거가 한두 개 나왔다고 해서 그동안 논증을 통해 쌓아온 생각을 즉각 버리지도 않는다. 핵심은, 기존의 아이디어에 대한 애착이 비합리적이고 무비판적인 것으로 넘어가는 순간을 감지하는 것이다.

결국 개념문제를 해결하는 것으로 생계를 유지하는 사람들은 어떠한 대답이든 진심으로 포용하지 않고 늘 의심한다. 또한 모순되는 증거가 더 이상 나올 수 없다고 확신할 수 있을 때에만 새로운 주장을 받아들인다. 그 결과 어느 분야든 개념문제를 연구하는 학자들 사이에는 공유하는 보편적인 이해나 믿음이 존재할 수밖에 없다.

낯선 분야에 처음 들어갔을 때는, 어쨌든 그 분야에서만 통용되는 사실, 원칙, 이론, 정치적 견해의 틀이 작동하고 있다는 것을 명심하라. 이러한 경험 부족을 극복하기 위해서는 지도교수나 선배동료의 도움을 받아야 한다. 하지만 한 가지 분명히 말할 수 있는 것은, 어떤 지식이든 경험을 통해 습득하는 것이 가장 확실하다는 사실이다.

도움이 되는 서론

캐롤 트로셋의 "학생들의 열린 토론과 비판적 사고를 가로막는 장애물"은 서론에서 해법을 제시하지 않음으로써 글을 계속 읽어나갈 동기를 부여하지 못한다. 서론을 개선해보자.

서론의 핵심:
문제 구성하기

독자들은 논증을 자신과 관련한 것으로 받아들일 때 훨씬 잘 이해하고 더 오래 기억한다. 그렇게 하기 위해서는 독자들이 문제를 자신과 연관된 것으로 인식할 수 있도록 진술할 줄 알아야 한다. 서론은 대부분 다음세 단계로 이루어진다.

1. 공감대: 도입부분
2. 문제진술
3. 해법제시와 진술

모든 서론의 핵심인 문제를 진술하는 부분부터 살펴보자.

실용문제: 불안정조건과 손실 진술하기

앞에서도 말했듯이 문제를 정확하게 진술하려면, 문제의 불안정조건과 이로 인한 실질적인 손실을 정확하게 진술해야 한다. 물론 너무나 명백하여 별도로 진술하지 않아도 되는 손실도 있다. 하지만 독자들도 자신과 똑같이 생각하고 이해할 것이라고 가정하는 것은 위험하다. 몇 걸음 뒤로 물러나 독자들의 시선으로 그 손실을 비판적으로 또 체계적으로 바라보아야 한다.

독자에게 해법에 대한 궁금증을 유발하는 손실을 찾아내고자 할 때 다음과 같은 방법을 적용하면 도움이 된다.

1. 떠오르는 손실을 모두 나열하라. 사소하거나 불분명한 것도 모두 쓴다.
2. 독자들의 관점에서 우선순위를 세우고, 그에 따라 손실을 나열한다.
3. 다양한 독자들을 대상으로 글을 쓴다면, 독자마다 다른 우선순위를 고려하여 정리한다.

손실마다 달라지는 해법을 찾는 방법은 다음과 같다.

4. 손실마다 그것을 해결할 수 있는 해법을 적는다.
5. 그 해법들을 독자들이 순순히 받아들일까? 독자들이 가장 쉽게 수긍할 수 있는 해법부터 차례대로 정리한다.
6. 다양한 독자들을 대상으로 글을 쓴다면, 독자마다 다른 해법목록을 만든다.

이렇게 만든 목록을 활용하여 어떤 해법을 주장으로 삼을 것인지 결정하고, 그에 따라서 서론에서 어떤 손실을 내세울 것인지 결정한다. 예컨대 대학생들 사이에 퍼진 빈지드링킹 문화는 명백하게 손실이다. 하지만 독자에 따라서 중요하게 고려하는 손실은 다음과 같이 다를 수 있다.

1a. 빈지드링킹은 자신은 물론 주변 사람들의 생명까지 위협한다.
2a. 도덕의식의 약화를 불러온다.
3a. 대학의 이미지를 훼손한다.
4a. 그로 인한 손실에 대한 법률적 책임을 대학이 떠맡을 수 있다.

이러한 손실 중에서 어떤 손실을 가장 중점적으로 내세울 것인지는 이 글을 읽을 독자들이 어떤 가치를 공유하느냐에 따라 달라진다. 위에서 제시한 손실의 숨은 의미는 다음과 같다.

> **1b.** 글쓴이와 독자 모두 부상과 죽음을 걱정한다.
> **2b.** 글쓴이와 독자 모두 도덕적 타락을 혐오한다.
> **3b.** 글쓴이와 독자 모두 특권의 상실을 두려워한다.
> **4b.** 글쓴이와 독자 모두 대학의 돈이 나가는 것을 싫어한다.

이렇게 손실이 다르면 문제를 해결하는 방식 또한 달라진다.

> **1c.** 빈지드링킹은 생명을 위협하기 때문에, 학생들에게 술 마시는 것을 금지해야 한다.
> **2c.** 빈지드링킹은 도덕성을 좀먹기 때문에, 도덕적 품행을 가르쳐야 한다.
> **3c.** 빈지드링킹은 대학의 이미지를 손상시키기 때문에, 학교홍보캠페인을 펼쳐야 한다.
> **4c.** 빈지드링킹으로 인해 대학이 법적 소송에 휘말릴 수 있기 때문에, 대학이 책임져야 하는 한계를 분명히 정해야 한다.

어떤 손실을 내세우느냐에 따라 서론을 쓰는 방식도 달라진다. 다음 세 가지 서론이 문제를 어떻게 진술하는지 비교해보라.

> **5a.** 최근 학생들이 술자리에서 연거푸 술을 마셔대다 정신을 잃는 사건이 자주 발생하고 있다.불안정조건 물론 이러한 폭음문화를 완전히 뿌리 뽑을 수는 없겠지만 학교가 직접 통제해야 한다.해법의 약속

이 서론은 빈지드링킹이 문제라고 말하면서도 그로 인한 손실이 무엇인지는

이야기하지 않는다. "그래서 어쩌라고?"라는 질문에 대한 답이 없다. 이 질문에 대답해야 손실에 대한 진술이 나온다. 다음 두 서론을 비교해보라. 이들은 각각 가상독자로 삼는 상대도 다르고, 따라서 호소하는 가치도 다르고 제시하는 해법도 다르다.

> 5b. 최근 학생들이 술자리에서 연거푸 술을 마셔대다 정신을 잃는 사건이 자주 발생하고 있다.불안정조건 술을 연거푸 마시는 것은 우리 건강에 참으로 큰 해를 미친다. 지난 6개월 동안 급성알코올중독으로 인해 죽은 사람이 셋이나 되고, 떨어져 죽은 사람이 둘이고, 차에 치어 죽은 사람이 하나라고 한다. 아무도 통제를 하지 않으면 술은 재미를 넘어 무모한 행동으로 이어지고 이로써, 술을 마신 사람은 물론 주변 사람들에게도 해를 입히고 생명까지 빼앗고 만다.손실 이러한 폭음문화를 완전히 뿌리 뽑을 수는 없겠지만 그 위험을 관리하는 법을 신입생들에게 가르침으로써 최악의 손실은 막을 수 있다.해법의 약속

> 5c. 최근 학생들이 술자리에서 연거푸 술을 마셔대다 정신을 잃는 사건이 자주 발생하고 있다.불안정조건 이런 사건은 대학의 이미지를 손상시킬 뿐만 아니라 이로 인해 사고가 발생하면 책임문제가 불거질 수 있다. 정부가 대학에게 책임추궁을 할지도 모른다. 어쩌면 보조금이 삭감되거나 보험료가 올라갈지도 모르고 이로써 교직원들의 급여를 올려주지 못하는 상황이 올 수도 있다.손실 이러한 폭음문화를 완전히 뿌리 뽑을 수는 없겠지만, 일반대중과 입법부에 이러한 문제가 느슨한 양육방식 때문에 발생하는 현상이라고 홍보한다면 대학이 모든 책임을 뒤집어쓰는 최악의 상황은 발생하지 않도록 막을 수 있을 것이다.해법의 약속

목표독자가 다양하여 서로 다른 손실에 반응할 것으로 예상될 경우 가장 좋은 전략은, 문제의 원인을 제거함으로써 그 모든 손실을 해소하는 해법을 제

시하는 것이다. 또는 다양한 독자의 관심을 끌어낼 수 있는 여러 가지 손실과 해법을 모두 나열하는 전략을 선택할 수도 있다.

원인 제거하기 vs 손실 완화하기

이 책의 목표는 문제해결 전문가가 되는 법을 가르쳐주는 것이 아니라 문제를 잘 해결하기 위해 알아야 하는 효과적인 논증을 세우는 법을 가르쳐주는 것이다. 실용문제에 대한 해법을 제시할 때 그것이 근본적인 원인을 제거하는 것인지 단순히 증상을 완화하는 것인지 알아야 한다. 물론 근본원인을 제거함으로써 문제 자체를 완전히 없애는 해법을 찾는 것이 바람직하겠지만 어려운 경우도 있다. 예컨대 AIDS 같은 질병은 여전히 치료할 수 없지만, 몇몇 치명적인 증상을 완화하고 죽음을 최대한 미룰 수 있다. HIV(조건)를 없앨 수 없는 상황에서, 그로 인해 발생하는 증상(손실)을 완화하고 통제하는 해법을 제시하는 것이다.

수업시간 이외에도 교수님을 더 쉽게 만날 수 있어야 한다는 슈의 논증에는 어떤 해법을 제시할 수 있을까? 우선 근본원인을 제거함으로써 문제를 아예 없애는 해법을 떠올릴 수 있다. 교수들에게 더 오랜 시간 자리를 지키도록 하는 것이다. 그러면 모든 것이 해결된다. 하지만 여의치 않다면, 손실을 완화함으로써 문제를 사소하게 만드는 해법을 떠올려야 한다. 예컨대 교수들과 온라인으로 소통할 수 있는 채널을 만들 수 있다.

좀더 창의적인 해법을 떠올리자면, 손실에 대한 학생들의 인식을 바꾸는 것도 해법이 될 수 있다. 예컨대 학생들에게 50만 원씩 나눠주고, 교수님과 면담할 때마다 5만 원씩 내고 남은 돈은 가지라고 하는 것이다. 물론 이런 해법은 재미삼아 떠올린 '브레인스토밍'에 불과하지만, 적어도 몇몇 학생들은 (전부가 아니기를 바란다) 교수를 만나지 못한다고 해서 이것을 문제라고 생각하지는 않을 것이다.

어느 문제든 이처럼 원인을 제거하는 해법과 손실을 완화하는 해법 두 가지를 떠올릴 수 있다. 한 가지 명심해야 할 사실은, 손실을 완화하는 해법을 선택했을 때는 여전히 남아 있는 근본원인이 예상치 못한 새로운 문제를 만들어낼 수 있다는 것이다.

실용문제의 손실을 혜택으로 바꿔 쓰기

손실을 해법이 안겨줄 잠재적인 혜택으로 바꿔 씀으로써 문제를 긍정적으로 진술할 수도 있다. 다음 두 서론을 비교해보자.

> 6a. 최근 학생들이 술자리에서 연거푸 술을 마셔대다 결국 정신을 잃는 사건이 자주 발생하고 있다.불안정조건 지난 6개월 동안 급성알코올중독으로 인해 죽은 사람이 셋이나 되고, 떨어져 죽은 사람이 둘이고, 차에 치어 죽은 사람이 하나라고 한다.손실 음주에 대한 교육을 강화하면 폭음문화를 개선할 수 있다.해법
>
> 6b. 최근 학생들이 술자리에서 연거푸 술을 마셔대다 결국 정신을 잃는 사건이 자주 발생하고 있다.불안정조건 우리 대학이 그 동안 폭음문화를 개선하려는 노력을 했다면 지난 6개월 동안 폭음으로 인해 죽은 여섯 학생들을 살릴 수 있었을지도 모른다.혜택 음주에 대한 교육을 강화하면 폭음문화를 개선할 수 있다.해법

6a는 손실에 초점을 맞춘 반면, 6b는 혜택에 초점을 맞춰 문제를 진술한다. 물론 이것을 단순히 문체적인 선택일 뿐이라고 생각할 수도 있지만 실제로는 그렇지 않다. 연구에 따르면, 얻는 것과 잃는 것이 객관적으로 똑같을 때 우리 인간은 얻는 것보다는 잃는 것을 훨씬 두려워한다고 한다. 예컨대 오존구멍이 넓어지는 것을 막는 해법을 제시하면서 다음과 같이 말할 수 있다.

> "이렇게 하면 1만 명을 살릴 수 있다"
> "이렇게 하지 않으면 1만 명이 죽을 수 있다"

똑같은 현상을 진술하는 말이지만 사람들은 1만 명이 살 수 있는 기회보다는 1만 명이 죽을 위험을 더 심각하게 받아들인다. 굳이 혜택을 강조하고

싶다면, 먼저 손실을 진술한 다음, 해법을 제시하고 그 혜택을 덧붙이는 것이 좋다.

> 6c. 최근 학생들이 술자리에서 연거푸 술을 마셔대다 결국 정신을 잃는 사건이 자주 발생하고 있다.불안정조건 술을 연거푸 마시는 것은 참으로 우리 건강에 큰 해를 미친다. 실제로 지난 6개월 동안 급성알코올중독으로 인해 죽은 사람이 셋이나 되고, 떨어져 죽은 사람이 둘이고, 차에 치어 죽은 사람이 하나라고 한다.손실 음주에 대한 교육을 강화하면 폭음문화를 개선할 수 있다.해법 이로써 과음한 사람들을 부상이나 죽음에서 구할 수 있고 주변 사람들에게 미치는 해를 줄일 수 있다.손실을 혜택으로 재진술

개념문제에서 불안정조건과 결과 진술하기

불안정조건

개념문제에서 불안정조건이란 독자들이 알지 못하지만 알고 싶어하는 것으로, 다양하게 표현할 수 있다. 우선 독자들 또는 사람들의 생각이 잘못되었다고 말할 수 있다.

> 많은 교육학자들이 온라인수업이 새로운 교육의 시대로 이끄는 길잡이가 될 것이라고 확신한다. [관련내용을 인용한다] 하지만 현실은 이러한 황금빛 전망과 전혀 다르다. 배우고자 하는 열정을 지닌 학생들은…

또는, 다른 이들의 연구방법에 오류가 있다고 말할 수 있다. (학자들이 즐겨 쓰는 방법이다.)

교육전문가들은 한결같이 미국의 고등학생들이 수학과 과학분야에서 다른 나라 학생들에게 많이 뒤쳐진다고 주장한다. 하지만 검증에 참여한 학생들의 수를 살펴보면 표본선정에 있어 문제가 있는 듯 보인다. 이러한 비판이 정당한 것인지 의심하지 않을 수 없다.

또는 좀더 공손하게, 독자들의 지식과 이해가 온전하지 않다고 말할 수 있다.

문제해결은 인지행위 중에서도 많이 연구된 분야다. [연구내용을 요약한다] 문제해결에 관한 연구가 이토록 집중적으로 진행되었음에도 인지과학이 여전히 밝히지 못한 사실은 너무나 많다. 예컨대….

또는 더더욱 공손한 방식으로, 독자들이 대답할 수 있는 질문을 먼저 나열한 다음에 독자들이 대답할 수 없는 질문을 던진다.

플래너리 오코너Flannery O'Connor의 작품에 대한 비평가들의 주요 관심사는 그녀의 종교적 신념이 어떻게 소설에 투영되었느냐 하는 것이다. 최근에는 인종차별에 대해 오코너가 어떤 태도를 취했느냐 하는 문제에도 많은 사람들이 관심을 갖는다. 그 동안 이 두 가지 주제에 대해서는 많은 연구가 있었다. [비평을 요약한다] 하지만 그녀의 종교적 신념이 인종차별에 대한 관점에 어떻게 영향을 미쳤는지 의심을 품은 사람은 지금까지 아무도 없었다…

물론 이 문제의 불안정조건은 "오코너의 종교적 신념이 인종차별에 대한 그녀의 관점에 어떻게 반영되었을까?"라는 질문이다. 하지만 이러한 질문은 '아직 밝혀지지 않았거나 제대로 이해되지 못한 어떤 것'으로 진술되는 경우가 많다.

결과

알지 못하거나 이해하지 못하는 것을 제시하기만 하면 독자들은 궁금해 하며 글을 읽을까? 결코 그렇지 않다. 이해의 틈을 지적하고 그것을 왜 메워야 하는지, 즉 "왜 알아야 하는지" 설명해야 한다. 결과는 해법을 이해해야 하는 이유를 설명하는 역할을 하는데, 조건보다 쓰기가 어렵다.

> 플래너리 오코너가 인종차별의 폐해를 인정하지 않았다는 일부 비판은 오코너의 종교적 신념을 무시한 것이다.불안정조건 그녀의 작품 속에서 인종차별을 영적인 혼란으로 간주하는 것은 그녀가 평등을 꿈꾼다는 증거다. 이는 당시 자유주의자들과는 완전히 다른 시각에서 인종차별을 바라본 것이다.해답/주요주장

오코너를 옹호하든 비판하든 그녀에게 관심이 있는 사람이라면, 왜 그녀에 대한 기존의 비판이 잘못되었다고 이야기하는지 알아내기 위해 이 글을 계속 읽어나갈 것이다. 하지만 오코너에 대해 많이 알지 못하는 사람이라면, "왜 그렇게 생각하지?"라고 묻기보다는 "왜 그런 일에 관심을 가져야 하지?"라고 먼저 물을 것이다.

개념문제를 해결하지 못했을 때 닥칠 결과를 독자들이 알아서 찾아낼 것이라고 생각하는 것은 큰 착각이다. 명확하게 진술해야 한다. 이 질문에 대답하지 못하면, 더 큰 질문에도 대답하지 못한다. 실용문제에서 손실을 손실과 혜택으로 두 번 진술하듯이 개념문제에서도 결과를 두 번 진술할 수 있다. 이 문제에 대해 알지 못할 때 처할 수 있는 부정적인 결과, 그리고 알게 되었을 때 누릴 수 있는 긍정적인 혜택을 한 번씩 진술하는 것이다.

> 플래너리 오코너가 인종차별의 폐해를 인정하지 않았다는 일부 비판은 오코너의 종교적 신념을 무시한 것이다.불안정조건 오코너가 인종차별을 훨씬

큰 영적·종교적 혼란의 한 증상으로 바라본다는 점을 인식하지 못하면, 단순한 사회적·문화적 원인보다 더 깊고 해로운 인종차별의 근원에 대한 그녀의 통찰을 보지 못할 수 있다._{결과} 그녀의 작품 속에서 인종차별을 영적인 혼란으로 간주하는 것은 그녀가 평등을 꿈꾼다는 증거이며, 이는 또한 당시 자유주의자들과는 완전히 다른 시각이다._{해답/주요주장} 오코너 사상의 영적인 근원을 깨닫고 나면 남부문화에 대한 그의 깊은 고뇌가 비평가들이 지금까지 이해했던 것보다 훨씬 예리하다는 것을 알게 될 것이다._{혜택으로서 결과 재진술}

인종에 대한 오코너의 사상을 이해했을 때 얻을 결과를 두 번씩이나 자세하게 진술함으로써 글쓴이는 더 많은 독자를 건져 올릴 수 있는 넓은 그물을 던졌다. 오코너의 구체적인 사상을 이해하고 싶어하는 사람들뿐만 아니라 오코너, 그녀의 작품, 남부문화, 인종차별의 근원 등에 대해 관심을 갖는 사람들까지도 관심을 가질만한 주장을 내세운 것이다. 이로써 "그래서 어쩌라고?"라는 질문에 대해 자세하고 풍부하게 대답한다.

물론 학부생으로서 과제를 작성한다면, 논증에서 해결하고자 하는 문제는 글을 심사하는 교수들의 시선에서 볼 때 하찮은 것일 수도 있다. 이것은 부인할 수 없는 현실이다. 하지만 학생의 글을 평가할 때 교수들이 눈여겨보는 것은 사실, 문제를 제대로 선택했는가 하는 것 못지않게 그 문제를 풀어 나가는 '단계별 전략'을 얼마나 체계적으로 구사하는가 하는 것이다. 이것은 공부가 쌓여서 지적인 공동체 일원이 되었을 때, 제대로 된 글을 쓸 수 있는 능력이 있는지 가늠해보는 기준이 된다. 지금은 먼 훗날의 일처럼 보이겠지만, 글쓰기는 학부시절부터 훈련하지 않으면 익숙해지지 않는다.

응용개념문제의 틀을 짜기 위한 결과와 손실

개념문제라도 그 결과가 궁극적으로 어떤 실질적인 손실로 이어지는 경우, 우리는 이것을 '응용개념문제applied conceptual problem'라고 부른다. 하지만 응용개념문제의 1차적인 결과는 개념문제와 마찬가지로 '우리가 알지 못하는 어떤 것'이다.

하지만 손에 잡히는 손실이 단순히 개념적인 결과보다 독자들을 끌어들이는 힘이 크다고 생각하여 문제를 진술하면서 구체적인 손실부터 내세우는 경우도 있다.

> "TV프로그램 사이에 끼어드는 광고가 아이들에게 어떤 영향을 미칠까?"하는 질문에 대답하지 못하면조건/첫 번째 질문 아이들을 지금 이 상태로 방치함으로써 아이들의 지적 성장에 해를 입힐 수도 있다.손실/손에 잡히는 해로움

하지만 이처럼 개념적인 조건과 이로써 발생하는 궁극적인 실질적 손실 사이에 놓여있는 여러 연결고리를 단숨에 뛰어넘어 문제를 진술하는 방식은 바람직하지 않다. "그것이 왜 문제인지 이야기한 다음에, 그것에 대해 어떻게 대응해야 하는지 이야기해야 한다." 응용개념문제를 명확하게 진술하기 위해서는 개념적인 조건과 실질적 손실을 이어주는 개념적인 결과를 자세하게 진술해야 한다.

> "TV프로그램 사이에 끼어드는 광고가 아이들에게 어떤 영향을 미칠까?"하는 질문에 대답하지 못하면조건/첫 번째 질문 "TV가 아이들의 집중력에 어떤 영향을 미치는가?"라는 더 중요한 문제에 대답할 수 없다.결과/더 큰 문제 또한 이 문제에 대답하지 못하면 "아이들을 지금 이 상태로 TV를 보도록 방치함으로써 아이들의 지적 성장에 해를 입히는 것은 아닐까?"라는 더 큰 문제에 대해 대답할 수 없다.손실/손에 잡히는 해로움

이처럼 응용개념문제를 다룰 때에는 문제의 어떤 측면을 이해하지 못하면 어떻게 대처해야 하는지 알 수 없다는 것을 명확하게 설명해야 한다.

서론의 외곽구조:
공감대와 해법

지금까지 우리는 서론의 핵심, 즉 문제진술에 대해서 알아보았다. 그림으로 나타내면 다음과 같다.

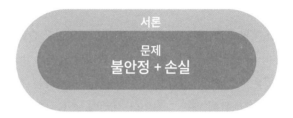

하지만 독자들이 문제를 좀더 쉽게 이해하도록 문제진술 앞뒤를 다음과 같은 틀로 에워싸야 한다.

- 문제를 본격적으로 진술하기 전에 독자들이 기본적으로 동의할 수 있는 공통바탕이 되는 문맥적 요소를 진술한다.
- 문제를 읽고 난 다음에 독자들은 그 해법, 즉 주요주장을 찾는다. 해법을 간략하게 제시하거나 적어도 이에 대한 암시를 해야 한다.

따라서 완전한 서론은 다음과 같은 형식으로 이루어진다.

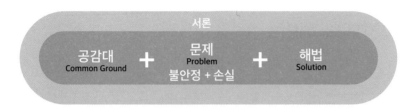

해법을 먼저 알아보고 공감대에 대해 설명한다.

해법 Solution

문제가 나오면 독자들은 대개 그에 대한 해법이 무엇인지 간단하게나마 알고 싶어한다. 따라서 서론 끝부분에는 반드시 해법의 요점이 나와야 한다. 실용문제의 해법은 어떤 행동을 하도록 호소하거나 암시하는 것이고 개념문제의 해법은 어떤 질문에 대한 대답이다. 예컨대, 폭음문화를 어떻게 해결할 것인가 하는 실용문제를 제기하는 서론에서는 학생들을 교육하라는 해법을 제시할 수 있다.

> 아무도 통제를 하지 않으면 술은 재미를 넘어 무모한 행동으로 이어지고 이로써 마신 사람은 물론 주변 사람들에게도 해를 입히고 생명까지 빼앗고 만다.손실 이러한 폭음문화를 완전히 뿌리 뽑을 수는 없겠지만, 성희롱과 같은 사회문제를 예방하기 위해 교육을 하듯이 대학이 음주문화에 대해 학생들에게 직접 가르친다면 최악의 상황은 막을 수 있다.해법/주요주장

다소 상투적이긴 해도 다음과 같은 수사학적 질문으로도 같은 결과를 얻을 수 있다.

…폭음문화를 완전히 뿌리 뽑을 수는 없겠지만, 성희롱과 같은 사회문제를 예방하기 위해 교육을 하듯이 대학이 음주문화에 대해 학생들에게 직접 가르친다면 최악의 상황은 막을 수 있지 않을까?해법/주요주장

때로는 서론에서 해법을 제시하지 않고 결론에 가서 해법을 제시하는 경우도 있다. 이때에는 서론에서 해법에 대한 힌트라도 제시해야 한다.

아무도 통제를 하지 않으면 술은 재미를 넘어 무모한 행동으로 이어지고 이로써 마신 사람은 물론 주변 사람들에게도 해를 입히고 생명까지 빼앗고 만다.손실 이러한 폭음문화를 완전히 뿌리 뽑을 수는 없겠지만 그렇다고 해서 모른 척 방치할 수 있는 문제도 아니다. 완벽한 해결책은 아니지만 학생들을 제대로 가르친다면 이러한 문제도 줄어들지 않을까 생각한다.해법을 제시하겠다는 약속

해법을 직접 알려주지는 않지만 마지막 문장을 보면, '학생들을 제대로 가르친다면'이라는 말을 통해 본론에서 어떤 주장을 전개해나갈 것인지 알려준다.

하지만 서론에서 해법을 제시하지 않고 결론에서 제시하려고 한다면 다시 한번 고민하라. 독자들은 글쓴이가 무언가 속이고 있다고 의심할지도 모른다. 독자들이 수긍하지 못하는 해법을 숨기려는 것은 아닌지, 아무런 해법도 없으면서 그저 떠벌리고 있는 것은 아닌지 의심할지도 모른다. 실용문제를 다루면서 해법을 결론까지 숨겨놓아야 할 이유가 있다면, 그러면서도 이러한 의심을 사고 싶지 않다면, 서론에서 문제를 정확하게 진술하여 독자들이 그 해법을 추론할 수 있게끔 하라.

예컨대, 다음 서론은 문제를 아주 명확하게 진술함으로써 그 해법을 암시한다.

음주운전을 제외하면 오늘날 사람들은 과도한 음주의 위험성에 대해 무감각한 듯하다. 특히 대학생들은 안타깝게도 자신들 앞에 놓인 음주의 위험을 과소평가하고 있다. 술이 우리 몸에 얼마나 위험할 수 있는지 아는 사람은 40퍼센트도 채 되지 않는다. 대부분 오랜 기간 술을 마셔야만 술이 몸에 해롭다고 생각한다.

이런 상황에서도 대학은, 오리엔테이션은 물론 그 이후에도 학생들에게 과음의 위험에 대해 전혀 경고하지 않으며 또한 그런 위험에 빠지지 않기 위해서 어떻게 해야 하는지 알려주지 않는다.불안정조건 그 결과, 오늘날 많은 학생들이 지나치게 술을 마시다 정신을 잃거나 몸을 해치고 급기야 목숨을 잃기도 한다. 지난 6개월 동안 급성알코올중독으로 인해 죽은 사람이 셋이나 되고, 떨어져 죽은 사람이 둘이고, 차에 치어 죽은 사람이 하나라고 한다. 음주는 술을 마신 사람뿐만 아니라 주변사람들까지 해친다.손실 이러한 폭음문화를 완전히 뿌리 뽑을 수는 없겠지만 학생들을 제대로 가르친다면 이러한 문제도 줄어들지 않을까 생각한다.해법을 제시하겠다는 약속

이 서론을 통해 우리는 오리엔테이션 기간 동안 신입생들에게 음주의 위험성을 교육하는 일이 하나의 해법으로 등장할 것이라고 예측할 수 있다. 논증이 끝날 때까지 주요주장을 감출 작정이라면 이처럼 서론에서 해법을 추측할 수 있도록 문제를 아주 명확하게 진술해야 한다.

하지만 개념문제의 경우에는 이렇게 할 수 없다. 아무리 구체적으로 진술한다 하더라도 불가능하다.

과도하게 술을 마시는 문화가 언제나 대학생활의 일부였기는 하지만, 위험할 정도로 폭음을 하는 학생은 대개 정해져 있다. 이들은 왜 폭음을 할까? 심리적 조건 때문일 수도 있고 동료 사이에서 어쩔 수 없이 마셔야 하기 때문일 수도 있다.불안정조건 그 이유를 찾지 못하면 어떻게 해야 폭음문화를

효과적으로 줄일 수 있는지 알지 못할 것이다.결과

여기서 우리는 질문에 대한 해답과 우리가 알고 있는 사실 사이에 어떤 이해
의 틈새가 존재한다는 것은 알 수 있다. 하지만 그 해답이 어떤 모습이 될지
전혀 감을 잡을 수 없다. 따라서 개념문제에서는 자신이 제시할 해답을 좀더
명확하게 진술하거나 강력하게 암시해야만 독자들이 예측할 수 있다.

이유를 찾지 못하면 어떻게 해야 폭음문화를 효과적으로 줄일 수 있는지
알지 못할 것이다.결과 "위험한 일에 얼마나 끌리느냐" 하는 개인의 성향과
폭음 사이에 어떤 연관이 있다고 우리는 생각한다.해법

해법을 예측할 수 있도록 문제를 진술하는 방법

다음은 인터넷을 이용한 연구작업에 관한 논증글의 뼈대이다. 이 글은 서론 끝부분에서 해
법을 구체적으로 제시하지 않으면서도 문제를 아주 명확하게 진술함으로써 독자들이 해법
을 충분히 예측할 수 있도록 한다.

대학생들이 공부하는 데 인터넷은 과연 도움이 될까? 인터넷을 통해 무한 정보의 세계
를 자유롭게 누빌 수 있게 되었다며 인터넷의 효용성을 추켜세우는 사람도 있는 반면, 인
터넷 상에 떠도는 정보들은 쓰레기에 지나지 않기 때문에 사이버스페이스는 쓰레기통일
뿐이라고 말하는 사람도 있다… 나는 후자의 말도 일리가 있다고 생각한다.공감대 하지만
인터넷을 이용한 연구작업의 진짜 문제는 그 내용이 쓰레기인가 아닌가 하는 문제가 아
니라 모든 과제를 인터넷에만 의존함으로써,불안정조건 학생들이 연구자체에 대해 잘못된
인식을 갖거나 더 나아가 그들이 공부하는 학문에 대해서도 잘못 이해를 할 수 있다는 것
이다.손실/서론의 끝
　　역사에 관한 연구는 도서관과 기록저장소에서 이루어지지만, 단순히 정보를 검색하는

작업과는 다르다.이유1 필사본이 들어있는 상자 하나를 열더라도… 모든 문서는… 행간을 읽어야 하고 그와 관련한 주변의 모든 문서를 읽어야 한다… 더욱이 모든 문서들이 기록저 장소에 보관되어있지도 않다.이유2 [더욱이]… 디지털로 변형된 문서는 절대 원본을 그대로 보여줄 수 없다. 손으로 썼든, 활판으로 찍었든 원본의 고유한 글씨체, 레이아웃, 종이의 질감 등… 이유3 [마지막으로] 문서를 디지털로 변형하는 것은 대개 원전으로서 문서의 가치를 고려하지 않고 단순히 텍스트를 인터넷에 쏟아 붓는 작업이기 때문에 학생들은 대부분 그런 텍스트를 비판적으로 읽지 못한다…이유4/본론의 끝

　　이러한 생각은 러다이트 판타지를 일깨우기도 한다. 컴퓨터를 모두 깨부수거나 인터넷을 쓰레기의 바다 위에서 계속 허우적거리도록 방치하고 싶은 생각이 들기도 한다. 하지만 학생들의 수많은 과제물을 보며 나는 인터넷도 조심해서 다루면 효과적인 도구가 될 수 있다는 것을 깨달았다… 우리는 사이버스페이스에 등을 돌리기 보다는 이를 통제하기 위해 노력해야 한다. 기준을 세우고 정보의 수준을 관리하는 법을 개발하고 제대로 정보를 찾는 방법을 개발해야 한다. 쉽게 따를 수 있도록 표지판을 세워둔다면 인터넷을 성공적으로 항해하는 법을 누구나 쉽게 배울 수 있을 것이다. 조심해서 나아가라. 위험이 눈앞에 있다.해법/주요주장

● Robert Darnton. "No Computer Can Hold the Past" *New York Times*. June 12, 1999.

공감대 Common Ground

앞에서 문제의 손실을 제대로 기술함으로써 독자의 관심을 끌어낼 수 있다고 설명했지만, 이것만으로는 부족하다. 독자들이 문제를 더욱 심각하게 받아들이게끔 만드는 또다른 장치가 필요하다. 이것이 바로 글의 맨 처음을 장식하는 '공감대'다. 공감대는 곧바로 뒤집기 위해 진술하는 것이다. 지금 이 문단도 공감대로 시작했다. 첫 번째 문장에서 우리는 앞에서 이야기한 내용을 그대로 진술했다. 앞에서 읽은 내용이기 때문에 독자들이 아무 문제없이 받아들일 것이라고 예상하는 내용을 담고 있다.

문제의 손실을 제대로 기술함으로써 독자의 관심을 끌어낼 수 있다.

이것은 글쓴이나 독자나 모두 동의하는 공감대다. 하지만 바로 다음 문장에서 우리는 여러분이 알지 못한다고 생각하는 정보를 제시함으로써 독자들이 아는 것은 극히 일부분일 뿐이라고 이야기한다. 독자의 지식이 어쨌든 불완전하다고 진술한다.

> 앞에서 문제의 손실을 제대로 기술함으로써 독자의 관심을 끌어낼 수 있다고 설명했지만, 공감대 이것만으로는 부족하다. 독자들이 문제를 더욱 심각하게 받아들이게끔 만드는 또다른 장치가 필요하다.

공감대를 진술한 다음 우리는 곧바로 여러분이 당연하다고 생각할 정보를 뒤집는다. 이러한 의도를 분명하게 인식하도록 우리는 '독자들이 문제를 더욱 심각하게 받아들이게끔 만드는'이라는 말로 문장을 시작했다. 결국 공감대로 글을 시작하는 것은 곧 뒤집을 수 있는 맥락을 미리 깔아두기 위한 작업이다.

실용문제의 공감대

실용문제에서는 문제의 불안정조건으로 뒤집을 수 있는 것이라면 무엇이든 공감대로 활용할 수 있다. 우리가 흔히 알고 있는 음주에 대한 상식도 좋은 재료가 될 수 있다.

> 술을 마시는 것은 지난 300여 년 동안 미국에서 대학생활의 일부분으로 자리잡아왔고, 또한 어른이 되는 의례적인 과정으로 여겨져 왔다.

독자가 동의할 수 있는 공감대를 제시하고 나서 우리는 '무언가 변했다고' 진술함으로써 이를 뒤집는다. 진술을 뒤집을 때는 '하지만' '그러나'와 같이 앞에서 말한 것을 뒤집거나 한정하는 말을 이용하여 현상태를 불안하게 만든다.

> 술을 마시는 것은 지난 300여 년 동안 미국에서 대학생활의 일부분으로 자리잡아왔고, 또한 어른이 되는 의례적인 과정으로 여겨져 왔다.공감대 하지만 최근 한 자리에서 연거푸 다섯 잔 이상 들이키는 폭음문화가 급속도로 퍼져 나가고 있다.불안정조건

잘 알려진 문제에 대해 이야기할 때에는 공감대를 생략하고 문제로 직접 들어갈 수도 있다.

> 최근 대학에서 폭음으로 인해불안정조건 늘어나는 사망과 사고는손실 많은 대학당국에게 시급히 해결해야 할 골칫거리가 되고 있다. 여러 학교들이 이러한 음주문화를 뿌리 뽑기 위해서 다양한 규제정책을 쏟아내고 있다. 그 중 하나 효과를 보고 있는 것이 바로 캠퍼스 내에서 음주를 완전히 금지하는 것이다.해결책

여기서 글쓴이가 이 해결책에 찬성한다면 바로 주요주장으로 넘어갈 수 있다.

> …그 중 하나 효과를 보고 있는 것이 바로 캠퍼스 내에서 음주를 완전히 금지하는 것이다.해결책 우리가 그러한 조치를 지지하는 데에는 몇 가지 이유가 있다.주요주장

하지만 이러한 해결책에 동의하지 못하는 경우는 '하지만'이나 '그러나'와 같은 말로 다시 뒤집어야 한다. 그러면 결국 지금까지 말한 내용이 모두 공감대가 된다. 글쓴이가 제시하고자 하는 진짜 문제는 이제부터 나온다.

최근 대학에서 폭음으로 인해 늘어나는 사망과 사고는 많은 대학당국에게 시급히 해결해야 할 골칫거리가 되고 있다. 여러 학교들이 이러한 음주문화를 뿌리 뽑기 위해서 다양한 규제정책을 쏟아내고 있다. 그 중 하나 효과를 보고 있는 것이 바로 캠퍼스 내에서 음주를 완전히 금지하는 것이다.공감대 하지만 음주를 전면 금지하는 것은 좋은 결과보다는 나쁜 결과를 몰고 올 확률이 높다.불안정조건 따라서 우리는⋯해결책

한 마디로 실용문제에서는 '독자들이 쉽게 받아들일 수 있으면서 글쓴이가 바로 뒤집을 수 있는 것'이라면 무엇이든 공감대로 사용할 수 있다.

개념문제의 공감대

개념문제에서는 대개 사람들이 옳다고 믿는 지식이 온전하지 못하거나 잘못되었다고 진술함으로써 공감대를 만들어 낸다. 예컨대 아래 서론에서는 "플래너리 오코너가 인종차별을 어떻게 바라보느냐?" 하는 주제에 대한 비평가들의 일반적인 생각을 공감대로 사용한다. 그리고 서론 전체를 통해 글쓴이는 본론에서 전개해나갈 세 가지 주제—**남부문화**, **인종에 대한 태도**, 종교적 믿음—를 소개한다. (주제마다 색깔로 구분하여 표시하였다.)

> "나는 내 방식대로 글을 쓴다⋯ 나는 현대적인 의식을
> 민감하게 소유한 가톨릭신자이기 때문이다."

플래너리 오코너의 작품들은 **남부문화**에 대한 깊은 통찰을 줌에도 불구하고, **인종**에 대한 그녀의 태도는 비판 받기도 한다. 그녀의 작품은 "불완전하게 발달한 감수성의 산물일 뿐, **인종차별**과 같은 거대한 **사회적 주제**는 절대 그녀 작품의 주제가 아니었다"라고 비판하는 이들도 있다.공감대 하지만 그러한 비판은 그녀의 종교적 믿음을 무시하는 것이다.불안정조건 오코너가

인종차별을 훨씬 큰 영적인 혼란의 한 증상으로 대한다는 사실을 인식하지 못하면, **인종차별**의 근원이 단순한 **사회적, 문화적 원인**보다 훨씬 깊은 곳에서 비롯한다는 그녀의 통찰을 우리는 깨닫지 못할 것이다.결과 그녀는 작품을 통해 **인종차별**을 영적인 혼란으로 대하는 것이 표면적인 행동으로 대할 때보다 훨씬 **평등**에 대한 염원이 크다는 것을 알려준다. 이는 또한 인종차별에 대한 그녀의 이해가 당시 자유주의자들과 전혀 달랐다는 것을 보여준다.해답/주요주장 이러한 오코너의 영적인 사상적 기초를 인식하고 나면 비평가들이 그 동안 발견하지 못한, **남부사회와 남부문화**에 대한 훨씬 깊이 있는 그녀의 통찰을 발견하게 될 것이다.혜택으로서 손실 재진술

공감대 역할을 하는 문헌조사

본격적인 학문연구의 궤도 위에 올라가면 '문헌조사'를 통한 연구를 하게 된다. 여기서는 문헌에 대한 요약과 비평이 곧 공감대가 된다. 하지만 논증하는 문제와 그다지 긴밀하게 연관된 것처럼 보이지 않는 연구결과물들을 찔끔찔끔 인용하며 끝도 없이 나열한다면 독자들은 금방 짜증을 낼 것이다. 자신이 해결하고자 하는 문제와 직접 연관되는 주제를 담은 문헌으로 언급할 대상을 제한하라. 자신이 해설하거나 수정하고자 하는 주장을 담은 글만 인용하라.

학술적 글쓰기에서 가장 널리 사용되는 공감대는 이전 연구의 결과, 또는 널리 퍼져있는 믿음, 즉 '진실'이다. 이들을 불안정조건으로 낱낱이 찢고 뒤집어 진실성을 의심스럽게 만들어야 한다. 하지만 학문적 글을 읽는 독자들이 가장 흥미로워하는 공감대는 거짓으로 드러날 진실을 진술하는 것이 아니라, 잘못된 결과로 이어질 문제를 진술하는 것이다. 다음 두 글을 비교해보라.

7a. 대다수 미국인들은 지금, 학업성취도테스트를 정기적으로 실시하고, 자동진급제도를 폐지하고, 학생의 성적을 선생과 학교가 책임지도록 하는

교육계획안을 지지한다._{공감대로서 사실} 하지만 새로운 제도를 도입한다고
해도 학교이사회가 학교운영자금을 충분히 제공하지 않으면 아무런 효
과가 없다._{불안정조건}

7b. 미국의 공공교육시스템은 정치적·경제적 성공의 기초가 되어왔다. 하지
만 수십 년 동안 미국학생들은 세계의 모든 경제적·정치적 강대국들의
학생들보다 낮은 점수를 받아왔다. 이는 우리가 학생들을 최선의 기준
으로 끌어올리고자 하는 노력을 멈춘 결과라고 할 수 있다. 지금 많은
미국인들은 학과성취도테스트를 정기적으로 실시하고, 자동진급제도
를 폐지하고, 학생의 성적을 선생과 학교가 책임지도록 함으로써 이러
한 상황에서 벗어날 수 있다고 생각하는 듯하다._{공감대로서 잘못 인식한 문제} 하지만 이 문제는 새로운 제도를 도입한다고 해서 해결될 문제가 아
니다. 진짜 문제는 교실 안에 있지 않고 아이들의 집에 있기 때문이다.
학교나 선생의 능력이나 헌신이 모자라기 때문이 아니라 부모들의 관심
이 모자라기 때문이다._{불안정조건}

학문적인 글의 독자들은 대개 해답보다는 질문을 더 가치 있게 여기기 때문
에, 이전 대답과 반대되는 대답을 제시하는 문제보다는 새로운 질문을 떠올
리게 하는 문제를 더 좋아한다.

도입부 Prelude

지금까지 살펴본 서론의 모든 요소들을 한 번에 소개하는 기법으로 '도입부'
를 사용하기도 한다. 특히 대중적인 글쓰기에서 많이 사용하는 방식으로 재
미있는 에피소드·사실·인용으로 글의 첫머리를 시작하여 독자의 주목을 끄
는 전략이다. 해법이 필요한 문제만 제대로 제시해도 충분히 독자의 관심을

끌 수 있겠지만, 글의 첫머리에서 문제와 관련한 핵심개념을 더 분명하게 드러낼 수 있다면 독자의 관심을 끄는데 큰 도움이 될 것이다. 폭음문화에 대한 논증글 첫머리를 장식하는 세 가지 도입부를 예로 들어보자.

1. **놀라운 사실**

   최근 조사에 따르면 최근 한 달 이내 한 자리에서 다섯 잔 이상 술을 연거푸 마셔본 대학생이 네 명 중 한 명에 달한다고 한다. 이중 절반에 가까운 학생들이 일주일에 한 번 이상 폭음한다고 한다. 또한 가장 자주 폭음을 하는 사람은 남학생 사교클럽의 임원들이었다.사실

2. **인용**

   "나라를 위해서 죽을 수 있는 나이가 되었다면, 죽을 때까지 술을 마실 수 있는 나이가 된 것이다." 이 말은 18살이 되면 누구나 술을 마실 수 있다는 뜻이다.인용

3. **에피소드**

   남학생 사교클럽 오메가알파의 회장 짐 셰이는 회원들과 함께 한 술자리에서 위스키 0.5리터를 한 번에 들이킬 수 있는지 내기를 했다. 하지만 이것이 짧은 삶의 마지막 술잔이 될지는 꿈에도 몰랐다. 그는 올해 급성알코올중독으로 인해 죽은 여덟 번째 학생으로 기록되었다.에피소드

이 세 가지를 모두 합할 수도 있다.

"나라를 위해서 죽을 수 있는 나이가 되었다면, 죽을 때까지 술을 마실 수 있는 나이가 된 것이다."인용 하지만 안타깝게도 남학생사교클럽 오메가알파의 회장 짐 셰이는 둘 중 어느 것도 하고 싶지 않았다. 회원들과 함께 위스키 0.5

리터를 한 번에 들이킬 수 있는지 내기를 하기로 받아들였을 때, 자신이 올해 과음으로 인해 죽은 여덟 번째 희생자가 될 것이라고는 꿈에도 생각하지 못했다.일화 최근 조사에 따르면 최근 한 달 이내 한 자리에서 다섯 잔 이상 술을 연거푸 마셔본 대학생이 네 명 중 한 명에 달한다고 한다. 그리고 가장 자주 폭음을 하는 사람은 셰이와 같은 남학생 사교클럽의 임원들이었다.놀라운 사실 술을 마시는 것은 대학이 처음 생겼을 때부터 지속되어온 미국대학생활의 일부분이다.공감대 하지만 최근에…불안정조건

자연과학, 사회과학분야의 글쓰기에서는 도입부를 잘 쓰지 않지만 인문학에서는 많이 쓴다. 반면 일반대중을 위한 글쓰기에서는 거의 예외없이 도입부가 나온다. 논증이 추구하는 핵심적인 주제를 소개할 때, 특히 명백하고 구체적인 사례를 통해 문제를 재현해서 보여주고자 할 때 도입부는 가장 큰 효과를 발휘한다.

지금까지 서론에 필요한 요소들을 모두 살펴보았다. 완벽한 서론의 구조를 정리하면 다음과 같다.

모든 서론이 이 다섯 가지 요소를 모두 갖출 필요는 없다. 이중에서 꼭 하나만 필요하다면 그것은 바로 '문제'이고, 문제에서도 핵심은 불안정조건이다. (손실도 명확한 경우에는 생략할 수 있다.) 짧은 논증글에서는 이 모든 요소가 한 문단 안에 들어갈 수도 있지만 긴 논증에서는 이들 요소들이 제각각 한 문단 이상 길어질 수 있다.

결론
쓰는 방법

결론은 서론보다 훨씬 다양한 형식으로 구성할 수 있다. 하지만 급한 경우에는 서론의 요소들을 그대로 활용하여 결론을 만들어 낼 수 있다. 순서를 그냥 뒤집기만 하면 된다.

1. 주요주장의 핵심을 진술(또는 재진술)함으로써 결론을 시작한다.
2. "그래서 어쩌라고?"라는 질문에 가능한 한 새로운 방식으로 대답함으로써 이 문제가 중요하다는 것을 설명하라. 또는 서론에서 손실로 제시한 것을 이번에는 혜택으로 다시 진술하라.
3. 앞으로 풀어야 할 또다른 질문이나 문제들, 아직 밝혀지지 않는 문제를 진술하라. "그래서 뭐?"가 아니라 "이제 뭐?"라는 질문에 대답하라.
4. 도입부에서 던졌던 에피소드·사실·인용을 다시 언급하며 글을 마친다. 이것을 "종결부coda"라고 한다.

예컨대 143-44쪽에 나오는 플래너리 오코너에 대한 논증의 서론을 이용해 결론을 만들어보자. 먼저 이 글은 다음과 같은 구조로 되어있다.

1. 도입부: "나는 내 방식대로 글을 쓴다… 나는 현대적인 의식을 민감하게 소유한 가톨릭 신자이기 때문이다."
2. 공감대: 비평가들은 오코너가 사회의식이 없다고 비판한다.

3. **불안정조건:** 하지만 오코너는 인종차별을 사회적인 주제가 아니라 영적인 혼란으로 보았다.(그래서 어쩌라고?)
4. **결과:** 이 사실을 간과한다면 인종차별의 진정한 근원에 대한 오코너의 통찰을 놓치고 만다.
5. **해답/주요주장:** 오코너가 인종차별을 대하는 방식은 외적인 행동보다 훨씬 평등에 대한 염원을 담고 있다.

결론을 시작하기 위해 먼저 주요주장을 재진술한다. 그런 다음 새로운 결과를 덧붙이고 앞으로 탐구해야 할 새로운 질문을 떠올리고 도입부에서 그랬던 것처럼 오코너의 또다른 글을 인용하며 결론을 끝맺는다.

따라서 오코너가 인종차별에 무관심했다고 주장하는 사람들은, 겉으로 보이는 사회갈등을 넘어 그 속에 깊이 묻혀있는 믿음의 혼란을 들여다본 그녀의 통찰을 깨닫지 못하는 것이다. 고통에서 오는 그녀만의 치유지식을 인식하지 못한 것이다.^{주요주장 재진술} 오코너는 인간의 차별을 경제적·사회적 문제뿐만 아니라 영적인 문제로 바라보았으며, 이러한 통찰을 바탕으로 몇 안 되는 최고의 남부작가 반열에 오른 것이다. 예컨대…^{새로운 결과/중요성} 이러한 관점에서 그녀의 사적인 편지를 다시 읽어보면 새로운 사실이 드러난다…^{새롭게 탐구해야 할 질문} 1955년 5월 4일 편지에서 그녀는 이렇게 말한다. "[작품에서] 내가 드러내고 싶었던 것은 흑인들이 겪는 고통의 속죄성이다. 우리 모두의 죗값을 흑인들이 대신 받는 것이다… 나는 [작품 속 인물들의] 외모를 통해 실존의 신비로움을 최대한 보여주고자 했다."^{종결부}

물론 결론을 구성하는 방법은 이밖에도 많이 있다. 하지만 특별히 더 좋은 방법이 떠오르지 않는다면 이렇게 서론을 그대로 활용하여 결론을 구성하는 방법이 크게 도움이 될 것이다.

생각을 풀어내는 과정으로서
서론과 결론

지금까지 서론과 결론을 쓰는 방법에 대해 알아보았다. 이러한 구성방식이 창조성을 꺾지 않을까 걱정하는 이들도 있지만 전혀 그렇지 않다. 오히려 이 틀은 창조성을 자극한다.

- 도입부와 종결부는 핵심개념이 무엇인지, 논증에서 다루고자 하는 문제를 어떻게 명확한 언어로 요약할 것인지 생각해보도록 도와준다.
- 공감대는 자신의 문제의식으로 독자들의 어떤 생각이나 믿음을 뒤집을 수 있는지 생각해보도록 도와준다.
- 불안정조건은 자신의 해법으로 바꾸고자 하는 문제상황이 무엇인지 생각해보도록 도와준다.
- "그래서 어쩌라고?"라는 질문은 독자들이 지불하려고 하지 않는 비용이 무엇인지, 독자들이 알고 싶어하는 더 큰 질문이 무엇인지 생각해보도록 도와준다.

이렇게 늘 똑같은 패턴으로 글을 쓰면 지루한 글이 되지 않을까 걱정하는 사람도 있을 것이다. 하지만 전혀 걱정할 필요가 없다. 글을 쓸 때마다 다양하게 변화를 줄 수 있기 때문에, 굳이 분석하고 찾아내려고 하지 않는 한 이러한 패턴은 인식하지 못한다.

다양한 서론의 구성

다양한 글의 서론을 분석해보면 많은 통찰을 얻을 수 있다. 파멜라 화이트의 "대학가 폭동 '음주제한연령은 철폐되어야 한다'"의 서론이 어떻게 이루어져있는지 분석해보자.

문제제기논증 vs. 문제해결논증

신문이나 잡지에 등장하는 논증글은 대개 문제를 해결하기 위한 논증이라기보다는 문제가 존재한다는 것을 보여주기 위한 논증이다. 이런 논증의 서론은 불안정조건만 묘사하고 마무리한다. 다음 예를 보자.

> 학생들의 폭음으로 인한 끊임없는 사건사고로 한동안 골머리를 앓던 대학에,공감대 최근 새로운 골칫거리가 등장했다. 술보다 겉으로는 덜 위험해 보이지만 훨씬 위험할 수도 있는 바로 '엑스터시'라는 신종마약이다.불안정조건 이 약을 먹으면 평온한 감정, 남들과 하나된 감정을 갖게 된다고 한다. 하지만 이제 막 등장한 이 마약이 어떤 결과를 낳을지는 아무도 모른다.서론의 끝 첫 번째…손실1/본론의 시작

본론에서 글쓴이는 엑스터시의 손실을 하나씩 들면서 이것이 "왜 문제인지" 이야기하는데, 여기서 손실은 곧 이유 역할을 한다. 특정한 해법을 제시하고 이에 대해 논증하는 것이 아니라 이것이 문제이니까 해법을 찾아야 한다고 이야기하는 것으로, 이글에서는 결국 불안정조건이 주장이 된다.

문제해결논증과 문제제기논증의 구조는 다음과 같이 다르다.

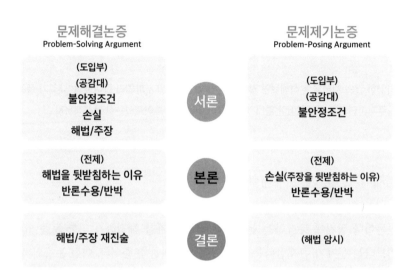

문제를 제기하는 실제 논증사례를 보자. 이 글은 먼저 공감대를 제시한 다음에 "최근 학생들이 제출하는 기말보고서 수준이 예전보다 훨씬 떨어지는 이유가 바로 인터넷을 통해 자료조사를 하기 때문"이라는 주장으로 뒤집는다.

> 학생들의 기말보고서가 메일박스에 쉴 새 없이 밀려들어오는 바쁜 학기말이 기다려질 때가 있다. 수업시간에 고민해보라고 던져준 질문에 대한 학생들의 독창적인 생각이 담긴 수백 개의 글을 쌓아놓고 하나씩 읽어가다가 보면 가끔 번득거리는 날카로운 단어나 문장과 마주칠 때가 있다. 정말 짜릿한 순간이 아닐 수 없다.공감대
>
> 하지만 지난 가을학기는 사정이 달랐다. 학생들이 쓴 글의 수준은 물론 그 속에 담긴 사고의 독창성마저 전반적으로 떨어졌기 때문이다. 지난 가을에 무슨 일이 있었던 것일까? 내가 수업을 잘못했던 것일까? 학생들이 전체적으로 게을러진 것일까? 그렇지 않다. 최근 등장한, 과제보고서를 쓰는 가

장 손쉬운 방법에 학생들이 물들었다는 사실을 발견했다. 거의 모든 학생들이 '월드와이드웹'을 이용하여 자료조사를 했던 것이다.불안정조건

[이제부터 불안정조건의 손실들을 하나씩 구체적으로 설명하고 그 폐해를 지적한다.]

인터넷에서 찾아낸 정보를 짜깁기한 보고서를 찾아내는 일은 어렵지 않다. 일단 참고목록에 책이 하나도 들어있지 않다. 짤막한 논문이나 http://www.과 같이 가상의 어떤 공간을 가리키는 주소만 나와 있다.이유1 그리고 참고목록을 보면 이상하게도 오래된 자료들이 우선순위에 올라있다…이유2 또다른 단서로는 텍스트 본문 속에 들어간 깔끔한 사진과 도표들이다. 물론 인상적이긴 하지만… 실제로 글에서 말하고자 하는 주제와 별로 관련이 없는 경우가 많다.이유3

[글쓴이는 끝부분에서 해법을 살짝 내비치기는 하지만 해법을 논증으로 전혀 뒷받침하지 않고 자신의 논증을 그냥 마무리한다.]

나는 [학생들이]… 오늘날 세상을 살아가는 것이 어떤 의미인지 생각하길 바란다. 어떤 것들은 우리가 따라잡기 힘들 정도로 더 빠르게, 더 쉽게 얻을 수 있게 되는 반면, 연구를 하거나 글을 쓰는 것과 같은 일들은 여전히 어려운 일로 남아있다. 글을 쓰고 연구를 하는 과정 속에서 우리는 많은 것을 배울 수 있다. 지식은 진공상태에서 솟아나지 않는다. 하지만 우리가 지속적으로 사고하기 위해서는 말없는 침묵과 텅 빈 공간이 필요하다. 다음 학기에서 학생들에게 잠시만이라도 눈부신 모니터를 끄고 생각을 해보라고 말해야겠다.

● David Rothenberg. "How the Web Destroys the Quality of Students' Research Papers"*Chronicle of Higher Education*. October, 15, 1997.

문제가 없는 서론

같은 이슈에 대해 쓴 두 글의 서문이다. 하나는 문제를 제시하는 반면 다른 하나는 문제를 제시하지 않는다. 그 이유는 무엇일까?

> 지난 몇 년 동안 아이들에게 글을 읽는 법을 가르치는 교수법으로 두 가지가 있었다. '파닉스'라는 교수법은 한 글자씩 발음하여 읽을 수 있도록 가르친다. 이 방법은 단어의 뜻을 알지 못해도 읽을 수 있다는 장점이 있다. 발음을 하고 난 다음에도 여전히 의미를 알지 못할 때에는 사전을 찾아 의미를 확인한다. 이에 반해 '홀워드'라는 교수법은 문맥 속에서 단어의 의미를 추측한다. 이 두 가지 교수법은 오늘날 널리 적용되고 있으며, 각각 신봉자들이 있다.

> 학교이사회는 지금, 글자마다 소리를 익히는 '파닉스' 방식으로 아이들에게 읽기를 가르쳐야 하는지, 문맥 속에서 의미를 추측하는 '홀워드' 방식으로 읽기를 가르쳐야 하는지를 놓고 논쟁을 벌이고있다. 이 두 교수법은 단순히 접근방식의 차이를 넘어서 심각한 대립을 하고 있다. 상대편이 읽기를 가르치는 데 효과적이지 않다는 주장을 넘어서, 아이들에게 이데올로기적 신념을 주입한다고 주장한다. 파닉스 측에서는 홀워드 교사들이 느슨한 추측을 빙자하여 정신적 규율을 망친다고 주장하는 반면, 홀워드 측에서는 파닉스 교사들이 아이들의 지적 능력과 상상력의 발달을 억압한다고 주장한다. 우리 학교가 어떤 선택을 하느냐에 따라, 아이들의 읽기능력뿐만 아니라 많은 것이 달라질 수 있다는 것을 알 수 있다. 하지만 최선의 교수법은 누구나 알고 있듯이, 두 방식을 적절히 혼합하는 것이다.

공감대, 도입부, 종결부

마크 에드먼슨의 "교양교육의 쓰임새에 대해"는 매우 긴 도입부로 글을 시작하고 이에 호응하는 종결부로 글을 맺는다. 이러한 구성은 독자에게 어떠한 효과를 주기 위한 것일까? 서론을 분석해보자.

서론과 결론 쓰기

논증으로 해결하고자 하는 문제는 실용문제와 개념문제로 나눌 수 있다 하지만 이들은 모두 같은 구조를 갖는다.

불안정한 조건 + 손실/결과

하지만 그 구조에 들어가는 내용은 다르다. 실용문제의 경우에는

- 불안정조건은 손실이 나는 모든 상황, 조건, 사건이 될 수 있다.
- 손실은 "그래서 어쩌라고?"라는 질문에 대답하는 내용이다. 이 대답은 언제나 불행, 고통, 우울, 손해와 같은 형태로 나타난다. 글쓴이는 물론 독자들도 피하고 싶어하는 것이다.

개념문제의 경우에는

- 불안정조건은 언제나 지식의 어떤 틈새나 이해의 부족이다.
- 그 틈새의 결과가 "그래서 어쩌라고?"라는 질문의 해답이다. 그 해답은 언제나 또다른 지식의 틈새나 이해의 부족으로 나타난다. 하지만 이는 처음 질문에서 자연스럽게 이어지는 결과이며 처음 질문보다 훨씬 중요한 내용이다.

개념문제와 실용문제의 서론은 다음 네 가지 요소로 구성된다.

- 도입부: 글 맨 앞에서 문제를 예상하거나 요약하여 보여주는 에피소드, 사실, 인용 등
- 공감대: 독자들이 가지고 있는 전혀 옳지 않은, 또는 적어도 불완전한 어떤 믿음이나 생각
- 문제: 문제는 다음 두 부분으로 구성된다.
  - 불안정조건
  - 그 조건의 손실이나 결과
- 해법의 핵심: 나머지 논증에서 입증할 주요주장과, 이를 입증하기 위해 사용할 몇몇 핵심
  개념을 소개하는 최소한의 문장.

물론 모든 서론이 이 요소들을 모두 갖출 필요는 없다. 도입부는 학문적이거나 전문적인 글보다는 대중적인 글에서 흔히 등장한다. 독자들이 잘 알고 있는 문제라면 공감대를 쓰지 않아도 된다. 문제의 손실이 너무나 명백해서 진술할 필요가 없는 경우도 있다.

결론은 서론에서 이끌어낼 수 있다. 다음은 서론을 활용하여 결론 쓰는 법이다.

- 주요주장을 개괄한다. (서론에 주요주장을 쓰지 않았을 때는 여기서 처음 진술한다.)
- 자신의 주장이 왜 중요한지 설명한다.
- 어떤 점을 보완해야 하는지, 자신의 논증이 어떤 부분에서 불완전한지 덧붙인다.
- 도입부와 상통하는 종결부로 끝맺는다.

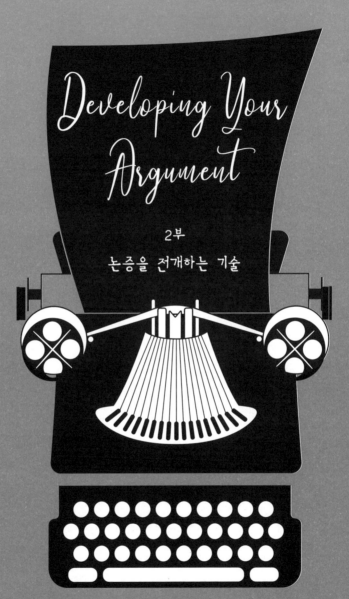

Developing Your Argument

2부

논증을 전개하는 기술

2부
논증을 전개하는 기술

2부에서는 논증의 뼈대가 되는 5가지 요소에 대해 좀더 자세하게 설명한다. 4장부터 6장까지는 기본논증의 핵심이 되는 주장-이유-근거를 분석한다. 독자들의 질문을 활용하여 주장을 뒷받침하는 타당한 이유와 신뢰할 수 있는 근거를 떠올리는 방법을 설명한다.

- 4장: 독자들은 어떤 주장을 그럴듯하다고, 생각해볼 만하다고 생각할까? 아무 주장이나 독자의 관심을 끄는 것은 아니다. 독자들이 중요하다고 생각해볼 만큼 복잡하다고, 비판적으로 검증해볼 만하다고 여기는 주장은 어떻게 만들 수 있을까?

- 5장: 주장을 뒷받침하기 위해서는 어떤 이유와 근거를 제시해야 할까? 일단, 이유와 근거가 어떻게 다른지 알아야 한다. 더 나아가 우리가 논증에서 제시하는 근거는 사실, '근거 그 자체'가 아니라 '근거보고'에 불과하다는 것을 이해한다.

- 6장: 논증에서 제시하는 근거가 모두 '근거보고'에 불과하다면, 독자가 신뢰할 수 있도록 근거를 보고하기 위해서는 어떻게 해야 할까? 또 이유를 효과적으로 뒷받침하는 근거로는 어떤 것이 있을까?

7장과 8장에서는 독자들과 상호작용하는 논증요소에 대해서 살펴본다. 앞에서 살펴본 기본논증은 독자의 질문에 대답하면서 만들어낸 것이라고 하더라도 독자의 관점과 생각을 명시적으로 반영하지 않는 반면, 반론수용과 반박, 전제는 독자들의 생각을 적극적으로 반영한다.

- 7장: 미지의 독자가 언제 어디서든 나타나 당신의 주장에 새로운 의문을 품고, 또다른 반론을 제기하고, 더 나은 해법을 제시할 수도 있다. 어느 선까지 반론을 예측하고 일일이 반박해야 할까?

- 8장: 논증과 관련하여 가장 골치 아픈 요소는 단연코 '전제'라고 할 수 있다. 전제는 저자는 물론 독자도 공유하는 추론의 원리, 즉 논리의 요체다. 논증에서 전제를 찾아내고 검증하는 방법을 알아본다.

04

The Craft of Argument

무슨 말을 하고자 하는가?
주장

The Core of Your Argument: Finding and Stating a Claim

주장은 문제에 대한 해법이자 논증의 핵심이다. 주장은 글쓴이가 제시하고자 하는 해법을 명확하게 드러내야 할 뿐만 아니라, 본론에서 펼쳐나갈 논증의 길잡이 역할을 해야 한다. 주장은 물론 독자들이 볼 때 생각해볼 만한 가치가 있는 것이어야 한다.

어떻게 해법을
찾아낼 것인가?

든 논증의 심장은 주장이다. 주요주장은 논증을 통해 뒷받침하고자 하는 핵심이자, 논증을 시작한 이유가 되는 문제의 해법이다. 하지만 그 어떤 주장도 들어주는 사람이 없으면 아무런 의미가 없다. 따라서 '무엇이 어떠하다'고 주장하는 것은 동시에 '내 주장에 관한 논증에 귀 기울일 시간을 투자하라'고 독자에게 요구하는 것과 같다. 그렇기 때문에 주장은 독자가 동의해주기를 바라는 진술인 동시에 독자가 관심을 가질 만한, 또 관심을 가져야 한다고 생각하는 문제에 대한 해법이어야 한다.

물론 논리적이고 타당한 해법을 찾는 일만 해도 결코 쉬운 일이 아니다. 예컨대 인간복제에 대해 어떤 주장을 펼칠 것인지 결정하는 일은 그리 고민스럽지 않을 것이다. 인간복제에 대해서 많이 들어보았을 것이고, 또 이에 대해 찬성할 것인지 반대할 것인지 많이 생각해보았을 것이기 때문이다. 하지만 다음과 같은 문제에 대해서는 어떻게 생각하는가?

- 질병에 걸릴 위험을 예측하기 위해 보험회사가 보험가입 희망자의 유전자를 검사해도 좋을까?
- TV시트콤은 가족에 대한 우리 인식과 태도에 어떻게 영향을 미쳤을까?

이런 주제에 대해서 생각해본 사람은 많지 않을 것이다. 물론 이런 질문에 대해 어떤 대답을 내놓아야 하는지 이 책에서 알려주지 않는다. 답은 각자 찾아야 한다. 다만, 그렇게 찾은 답을 어떻게 진술해야 독자들에게 설득력 있게 다가갈 수 있는지 알려준다.

서둘러 판단하지 말라

어떠한 전략을 활용한다 하더라도 논증이 순차적으로 진행되는 경우는 거의 없다. 다시 말해, 문제를 찾고 난 다음에 근거를 모두 찾아내고, 그런 근거를 바탕으로 해법을 떠올리고 이 해법들을 하나씩 검토해 나가는 것은 불가능하다는 뜻이다.

문제해결능력이 뛰어난 사람들은 결코 모든 요소들이 갖춰지기를 기다리지 않는다. 문제를 빠르게 가늠해보고 처음에 확보한 데이터와 그럴듯한 해법을 몇 가지 추려내 시험 삼아 적용해본다. 그러한 잠정적인 해법, 즉 작업가설working hypothesis들을 길잡이 삼아 연구에 필요한 데이터를 더 많이 모으고, 그렇게 모은 새로운 데이터를 이용하여 가설을 하나씩 검토해보고, 적절한 것이 있으면 그것을 해법으로 삼는다. 이렇게 가설을 먼저 세우지 않으면 어떤 근거를 찾아야 할지, 또 그렇게 찾은 근거를 어떻게 평가해야 할지 알지 못한다.

다만, 문제해결능력이 뛰어난 사람들은 처음 떠올린 해법을 절대 무비판적으로 받아들이지 않는다. 처음 떠오른 해법은 오로지 작업가설로만 사용하며 가볍게 시험 삼아 적용해볼 뿐이다. 그들은 깊은 확신과 믿음을 쉽사리 허용하지 않는다. 무엇이든 한걸음 물러서서 거리를 두고 바라본다. 비판적으로 조망해볼 수 있을 정도로 거리를 두면서도, 동시에 더 깊이 있는 진실을 보지 못하고 지나치지 않을 정도로 가까운 거리를 유지한다.

비판적 사고 훈련이 되지 않은 사람들은 언뜻 떠오른 해법에 깊이 생각을 해보지도 않고 매달리는 경향이 있다. 이들에게 처음 떠오른 해법은 곧 마지막 해법이다. 이들도 자신의 아이디어를 여러 방식으로 탐구해보지만 이미 자신이 믿는 것을 확인하기 위한 목적으로 사용할 뿐이다. 이들에게 탐구는 생각을 여는 것이 아니라 닫는 역할을 한다.

이러한 생각의 오류는 의도한 결과가 아니다. 우리 인간의 마음은 기본적으로 우리가 진실이라고 믿고 싶어하는 것, 이미 우리 마음속에 뿌리내린 믿음을 반영하여 빠르게 판단을 내리도록 만들어져 있다. 이렇게 사고하는 습관은 목숨이 오가는 급박한 상황에서 살아남기 위해서는 매우 유용하게 작동한다. 하지만 장기적으로 올바른 결정을 내려야 할 때는 오히려 방해요소가 된다.

예컨대 어떤 문제든 늘 같은 해법을 제시하는 사람들이 있다. 학교에서 어떤 학생이 총을 쏴 친구들을 죽인 사건이 발생했다고 하자. 어떤 이들은 앞뒤 상황도 보지 않고 개개인이 너무 쉽게 총을 소지할 수 있기 때문에 이런 일이 벌어졌다고 주장할 것이고, 어떤 이들은 가족가치의 부재 때문에, 또 어떤 이들은 폭력적인 영화나 비디오게임 때문에 이런 일이 벌어졌다고 주장할 것이다. 그런 사람들을 두고 하는 속담이 있다.

"망치를 든 사람 눈에, 모든 문제의 원인은 못에 있다."

기업의 수익이 떨어지는 문제를 해결하기 위해서 홍보담당직원은 광고를 더 많이 해야 한다고 주장하고, 총무담당직원은 시설을 현대화해야 한다고 주장하고, 인사담당직원은 신입채용과 직원훈련에 더 투자를 해야 한다고 주장한다. 부분적으로는 제각각 옳을 수 있다. 하지만 이처럼 자신이 애지중지하는 해법만 고집하며 다른 해법을 외면하면 결국 최고의 해법을 놓칠 수 있다. 망치 앞에 놓인 못만 바라보기 때문이다.

물론 자신의 틀에서 벗어나 해법을 찾는 일은 쉽지 않다. 하지만 논증을 제대로 하기 위해서 비판적 사고는 매우 중요한 자질이기 때문에 다시 한번 이야기한다.

- 미루지 말고 가능한 한 빨리 문제에 대한 잠정해법을 몇 개 만들어라. 이렇게 만든 해법들은 잠정적일 뿐이라는 사실을 잊으면 안 된다. 해법에 대해 의심의 끈을 놓지 마라. 새롭게 등장하는 근거에 비추어 하나씩 검증해 나가야 한다.
- 기존의 생각이나 믿음에 굴복하고자 하는 습성을 거부하라. 자꾸만 단순한 결론으로 뛰어들고 싶은 마음을 떨쳐내라.

인간의 본성을 바꿀 수는 없지만, 한 걸음 물러서서 사고함으로써 우리는 미신적인 판단에 끌리거나 서둘러 결론을 내리고 싶어하는 마음을 비껴나갈 수 있다. 남들에게 던질 수 있는 까다로운 질문을 자신에게 던져라. 최대한 많은 근거를 찾아내라. 특히 자신이 떠올린 해법에 맞지 않는 근거를 찾아내라. 철저하게 논리적인 단계에 맞춰 추론하라. 특히 자신과 생각이 다른 사람과 토론한다고 상상하라. 한 마디로 말해서, 다른 사람의 생각을 대하는 것처럼 자신의 생각을 대하라. 이것이 바로 비판적 사고의 핵심이다.

이 말도 맞고 저 말도 맞다?

어떤 주장이든 주장을 제시하는 사람에게는 그러한 주장이 언제나 타당하기 때문에, 주장의 타당성을 다른 사람이 판단할 수 없다고 말하는 사람도 있다. 이러한 논리에 따르면 모든 주장이 개인적인 판단이고 의견일 뿐이기 때문에 누구나 옳다. 이런 논리에 동의하는가?

하지만 철학자들은 이러한 논리는 그 자체로서 모순이라고 지적한다. '누구나 옳다'라는 주장이 성립한다면, 누군가 '누구든 옳지 않다'라는 주장을 했을 때 그 주장도 성립해야 하기 때문이다. 이러한 모순적인 상황에 빠져본 적 있는가?

지금 이 문제에는
어떤 주장이 필요한가?

제의 틀을 잘 짜야 독자를 유도할 수 있다고 앞에서 이야기했다. 서론 끝부분에 너무나 뻔한 진실보다는 명확하면서도 그럴듯하고 참신한 생각이 담긴 해법을 진술해야 독자들에게 글을 읽고 싶은 의욕을 불러일으킬 수 있다. 물론 최선의 해법, 즉 주장은 연구와 검토를 통해 각자 찾아야겠지만 어떤 주장이 독자의 관심을 끄는지, 또 어떻게 주장을 내세워야 독자의 관심을 끌 수 있는지는 이 책에서 가르쳐 줄 수 있다. 독자들이 아예 읽지도 않고 외면해 버리는 글을 쓰고 싶지 않다면 이러한 기술을 반드시 알아야 한다.

실용주장인가 개념주장인가?

논증에서 다루는 문제는 두 가지로 나눌 수 있다고 앞에서 설명했다.

- **독자들이 이해하기만 하면 되는가: 개념문제**
- **독자들이 행동까지 해야 하는가: 실용문제**

문제가 다르면 논증의 목적과, 논증을 펼쳐나가는 방식도 달라진다. 개념문제의 해법은 독자에게 어떤 것을 이해시키거나 믿으라고 요구한다.

1a. 한국어가 모국어가 아닌 학생들에게 개별지도를 제공하면 수업진행도 원활해지고 장기적으로 교수들이 수업에 쏟는 시간도 줄어들 것이다.

실용문제의 해법은 독자들에게 이해하는 수준을 넘어서 어떤 행동을 하라고 (또는 그러한 행동에 찬성하라고) 요구한다. 이러한 주장은 일반적으로 '—해야 한다' 같은 말로 끝을 맺는다.

1b. 한국어가 모국어가 아닌 학생들에게 개별지도를 제공할 수 있도록 예산을 지원해야 한다.

독자들이 충분히 행간을 읽을 수 있다고 여겨지는 경우에는, 실용문제의 해법을 개념문제의 해법처럼 진술할 수 있다.

1c. 한국어가 모국어가 아닌 학생들에게 개별지도를 제공하면 수업진행도 원활해지고 장기적으로 교수들이 수업에 쏟는 시간이 줄어들 것이다. 따라서 개별지도를 위한 예산을 지원한다면 전체비용을 절약할 수 있다.

하지만 이러한 간접적인 주장진술방식은 자칫 위험할 수 있다. 우리가 기대하는 것만큼 행간을 읽어내는 독자는 많지 않기 때문이다. 의미전달이 제대로 될까 조금이라도 미심쩍은 생각이 든다면, '명확하게' 진술하는 것이 가장 안전하다. 실용주장은 물론 개념주장도 마찬가지다.

주장을 할 때는 가능한 한 '—하라'고 진술해야 한다. 특히 실용주장일 경우, '—하지 말라'라고 진술하면 어떠한 행동을 하라는 것인지 구체적인 지침을 주지 못하기 때문이다. 반드시 긍정어법을 사용하라. 다음 두 주장을 비교해보라.

2a. 대학은 현재 사용하는 교수평가방법을 더 이상 사용해서는 안 된다. 수업에 대한 학생들의 생각이 전혀 드러나지 않기 때문이다.

2b. 대학은 교수평가방법을 새로 만들어야 한다. 수업에 대해 학생들이 어떻게 생각하는지 교수진이 알 수 있어야 한다.

그럴듯한 해법이 떠오르지 않는 경우에는, 문제를 다시 정의하거나 잘게 쪼개보라. 자신이 해결할 수 있는 문제로, 아니면 적어도 명확하게 '감'을 잡을 수 있는 문제로 분해하라. 예컨대 다음과 같은 개념문제를 떠올릴 수 있다.

3a. 지난 60년 동안 드라마에 등장하는 가족의 모습은 어떻게 바뀌었을까?

하지만 이 문제는 짧은 논문이나 보고서에서 다루기에 너무 벅차다. 그럴 때는 다음과 같이 문제의 폭을 좁혀야 한다.

3b. 1960년 이후 10년 주기로 가장 많은 인기를 끈 드라마에 나타난 가족의 모습은 어떻게 바뀌었을까?

이렇게 하면 60년대부터 2010년대까지 10년마다 한 편씩 뽑아서 6편만 분석하면 된다. 실용문제 역시 마찬가지다.

4a. 유학생들이 한국어를 빨리 배울 수 있도록 대학은 어떤 도움을 줄 수 있을까??

이 실용문제 역시 해결책을 찾기 위해 고려해야 할 것이 너무 많다. 다음과 같이 문제의 폭을 좁힐 수 있다.

4b. 유학생들이 필요로 하는 도움을 편리하게 제공하기 위해 대학은 무엇을 할 수 있을까?

이런 문제라면 좀더 쉽게 해결책을 찾을 수 있을 것이다. 또한 실용문제를 개념문제로 다시 정의하여 문제의 방향을 바꾸는 방법도 있다. 물론 이럴 경우에는 이러한 해법이 결국 실용문제를 해결하는데 도움이 된다는 것을 분명하게 논증으로 뒷받침해야 한다.

가치주장

어떤 것이 옳다/그르다, 좋다/나쁘다고 판단하는 주장을 '가치주장value claim'으로 분류하기도 한다. 가치주장은 실용주장으로 사용할 수도 있고 개념주장으로 사용할 수도 있다.

우선 실용주장을 '―해야 한다'라는 노골적인 진술 대신, 단순히 암시하는 것으로 대체하는 경우가 많다. 아래 칼럼은 식당을 경영하는 리차드 버먼이 〈워싱턴타임즈〉에 기고한 것으로, 추수감사절 칠면조요리를 칠면조 모양 두부로 대체하자는 극단주의자들의 주장을 비판하는 내용을 담고 있다. 이 글의 핵심주장은 가치를 진술하는 문장으로 되어 있지만, 이것은 곧 그 가치에 따라 행동하라고 암묵적으로 요구한다.

> 공익과학센터(CSPI), 채식주의자모임(VS), 동물을 윤리적으로 대하는 사람들(PETA)과 같은 단체들은 미국의 전통음식마저 자신들의 청교도적인 비전에 따라 바꾸려 한다. 이들은 음식에 대한 미국인들의 시각을 잘못된 길로 이끌고 있다.

> ● Richard Berman. "Turkey Police, Beware" *Washington Times*. November 26, 1998: A19.
>   읽기자료에 전체 칼럼이 수록되어있습니다

이 논증은 우리가 무엇을 해야 한다고 이야기하지 않는다. 극단적인 주장을 무시하라고 하거나, 추수감사절에는 칠면조 고기를 먹어야 한다고 말하지 않는다. 어떠한 해법도 옹호하지 않는 듯 보이지만, 실제로는 실용주장을 전달하고 있다.

개념주장 역시 가치주장으로 대신할 수 있다. 어떤 진술을 받아들여야 하는지 받아들여서는 안 되는지 암시한다.

존 케네디는 대통령으로서는 훌륭했지만 개인으로서는 성적으로 타락한 인간이었다.

이 주장은 케네디가 타락한 인물이라는 생각에 동의하도록 독자에게 요구한다. 물론 "케네디처럼 살지 말라"는 실용주장을 암시한다고 볼 수도 있지만, 여기서 글쓴이가 독자에게 요구하는 것은 다음과 같은 인식에 동의하는 것만으로도 충분하다.

존 케네디에 대한 당신의 인식은 잘못된 것일 수 있다. 따라서 그는 바람직한 정치인이라는 역할모델로도 적합하지 않은 사람이다.

실용적으로 사용하든 개념적으로 사용하든, 가치주장도 이유와 근거로 뒷받침해야 하고 전제로 논증의 원리를 통제해야 하고 다른 이들의 반론을 수용하고 이에 대해 반박해야 한다.

하지만 가치주장에는 치명적인 결함이 있다. 가치주장은 기본적으로 논증할 수 있는 범위를 초월하는 어떤 믿음, 가치, 정의가 존재한다고 가정한다. 그래서 글쓴이가 호소하는 도덕원칙에 공감하는 사람만이 그 주장에 동의할 수 있다. 위 주장의 경우, '고기를 먹지 않는 것은 잘못'이라는 주장과, '케네디의 성적 취향은 타락'이라는 주장을 전제로 깔고 있다. 결국 가치주장은 이러한 전제에 동의하지 않는 사람에게는 설득력을 발휘하지 못한다. 독자들이 공감하지 않는 도덕적 원칙을 전제로 삼아 펼치는 논증은 어떤 경우에도 독자를 설득할 수 없다는 것을 명심하라.

주장에 대해 어느 정도 수준의 동의를 구할 것인가?

전부 아니면 전무, 예/아니오, 또는 '동의하지 않으면 적'이라고 생각하고 글을 쓰는 이들을 가끔 볼 수 있다. 하지만 이는 앞을 내다보지 못하는 근시안적 태도다. 주장 전체를 받아들이지 않는다고 해도 부분적으로는 수긍할 수 있기 때문이다.

예컨대 엘레나는 외국학생들이 한국어를 쉽게 배울 수 있도록 대학이 제대로 지원하지 않는다고 생각한다. 별도의 언어교육센터를 설립해야 한다고 생각하지만 지금 당장 학교에서 그런 곳에 많은 돈을 들일 것 같아 보이지는 않는다. 어떻게 해야 할까? 현재 진행 중인 언어수업에 대한 예산을 늘려야 할 필요성을 몇몇 학교운영자들만이라도 느끼게 할 수 있다면, 엘레나는 상당한 성취를 이룬 것이라 할 수 있다. 이는 완전한 해결책으로 가기 위한, 작지만 매우 중요한 과정이기 때문이다. 이처럼 독자를 완벽하게 설득하지 못하더라도 부분적인 성공은 의미가 있다.

이처럼 주장을 펼칠 때는 언제나 독자가 자신의 주장을 어느 정도 받아들여주길 바라는지 생각해야 한다. 나는 논증을 통해 독자에게서 무엇을 얻고자 하는가?

- 존중: 주장을 하는 이유에 대한 존중, 더 크게는 나에 대한 존중
- 인정: 주장과 이를 뒷받침하는 논증의 가치에 대한 인정
- 공감: 주장을 생각해볼 만한 것으로 받아들이는 대중적 공감
- 믿음: 주장과 이를 뒷받침하는 논증에 대한 믿음이나 이해 (개념주장)
- 행동: 주장을 따르는 행동, 또는 그러한 행동에 대한 지지 (실용주장)

논증을 이기고 지는 싸움으로 보는 사람들은 마지막 두 가지 항목, 즉 믿음과 행동만을 완전한 성공으로 받아들일 것이다. 하지만 이런 것만 목표로 삼는다면 거의 모든 논증이 실패할 것이다. 누군가를 완벽하게 설득하고 확신을 심어줄 수 있는 논증은 사실 거의 존재하지 않는다. 이런 생각으로 논증을 하는 것은, 논증이 실패하는 것을 넘어서 논증을 하는 사람에 대한 거부감만 심어줄 가능성이 높다. 그런 사람이 쓴 글을 시간을 들여 읽을 사람은 별로 없기에, 앞으로 어떤 글을 써도 설득력을 갖기 힘들다.

사람들이 시간을 들여
귀 기울일 만한 주장인가?

주장이라고 해서 다 같은 주장이 아니다. 생각해볼 만한 가치가 분명해 보이지 않는 주장은, 사람들이 굳이 시간을 들여 논증을 읽으려 하지 않을 것이다. 예컨대 지구가 둥글다는 주장, 또는 평평하다는 주장을 뒷받침하는 논증글을 읽으려고 하는 사람은 몇이나 될까? 오늘날 지구의 모양에 대해 의문을 갖는 사람은 거의 없다. 따라서 시간을 들여 논증할 만한 가치가 있다고 여겨지는 주장이 떠오른다면, 독자들도 그러한 논증을 읽는데 시간을 투자할 만하다고 생각할지 판단해야 한다. 다음 세 가지 질문에 답을 하며 가늠해보기 바란다.

논쟁의 여지가 있는 주장인가?

깊이 생각해보지 않은 주제라고 하더라도, 독자들은 대부분 의심하면서도 열린 태도를 취하기 마련이다. 비판적 사고를 하는 독자는 새로운 주장과 마주쳤을 때 이런 식으로 생각한다.

"음, 흥미로운데. 이걸 어떻게 뒷받침하는지 한번 볼까?"

따라서 독자들이 모두 동의하는 '뻔한 사실'을 주장으로 내세워서는 안 된다. 누구나 동의하는 주장 또는 아무도 관심을 갖지 않는 주장에 대해 누가 시간을 들여 글을 읽고 싶어하겠는가? 쉽게 이야기하자면, 독자들은 '이의'를 제기할 수 있는 주장에만 관심을 갖는다. 예컨대, 다음과 같은 주장에 대해 독자들은 어떤 반응을 보일까?

> **5a.** 교육은 우리 사회를 유지하는 데 중요한 역할을 한다.
>
> **6a.** 사람들의 외모를 보고 웃어서는 안 된다.
>
> **7a.** 개구리가 사라지는 현상에 대한 최근 연구성과를 요약하겠다.

위 주장을 보고 독자들은 과연 이런 생각을 할까?

"이 주장이 사실이라면 ⎡ 교육
⎢ 외모를 보고 웃는 행동 ⎤에 대한 내 생각을 바꿀 것이다."
⎣ 개구리가 사라지는 현상 ⎦

아마 이렇게 생각하는 사람은 없을 것이다. 이런 주장들은 논증할 필요가 없다. 이런 주장에 이의를 제기할 사람은 없기 때문이다.

어떤 주장이 논쟁의 여지가 있는지 없는지, 다시 말해 중요한 문제인지 아닌지 판단하는 손쉬운 방법은 주장을 거꾸로 뒤집어보는 것이다. 긍정적인 주장은 부정적 주장으로, 부정적인 주장은 긍정적 주장으로 뒤집어본다. 그래도 여전히 그럴듯해 보인다면, 논쟁의 여지가 있는 주장이라 할 수 있다.

> **5b.** 교육은 우리 사회를 유지하는 데 중요한 역할을 하지 않는다.
>
> **6b.** 사람들의 외모를 보고 웃어야 한다.
>
> **7b.** 개구리가 사라지는 현상에 대한 최근 연구성과를 요약하지 않겠다.

주장 5b와 6b는 누가 봐도 말이 되지 않는 주장이기 때문에 이는 논증할 필요가 없다. 거꾸로 뒤집은 주장에 동의하는 사람이 없다면 원래 주장을 반박하는 사람도 없다는 뜻이다. 한편 7b는 주장 같아 보이지도 않는다. 반대주장이 이처럼 신경 쓸 필요도 없는 하찮은 것으로 보인다면, 원래 주장도 그럴 확률이 높다. 따라서 이 세 진술 모두, 시간을 들여 논증할 만큼 가치가 있는 주장이라 할 수 없다. 아무도 이들 주장에 대해 이의를 제기하지 않기 때문이다.

물론 잊지 말아야 할 사실이 있다. 한때는 자명한 진실로 보이던 주장이 거짓으로 판명되기도 한다는 것이다. 그런 순간 인간의 생각은 혁명적으로 발전한다.

태양은 지구 주위를 돌지 **않는다**.

우리 몸은 고체로 이루어져있지 **않다**.

이런 주장이 진실로 밝혀질 날이 올지도 모른다. 마찬가지로 교육이 중요하지 않다는 주장 역시 영원히 틀린 주장이라고 무작정 제쳐둘 수는 없다. (실제로 지금도 그렇게 생각하는 사람들이 있다.) 누군가 이러한 주장을 보편적으로 확산시킬 수 있을지 모른다. 물론 그렇게 하기 위해서는 아주 강력한 논증을 세워야 할 것이고, 그런 사람은 코페르니쿠스와 같은 엄청난 명성을 얻게 될 것이다.

반박할 수 있는 주장인가?

귀신이 존재한다고 주장하는 사람이 있다고 하자. '어떻게 사람들을 설득할 것인지' 물었더니 이렇게 대답했다.

세상에 '귀신이 존재하지 않는다'는 것을 입증할 수 있는 사람이 있는가? 나는 귀신을 두 눈으로 똑똑히 보았다. 또한 어떠한 과학실험도 '우리 몸이 죽으면 영혼도 죽는다'는 것을 입증해내지 못했다.

이 논증에 대해서 누가 반박할 수 있을까? 이런 논증은 누군가 끼어들 수 있는 길을 원천적으로 차단해 버린다. 어떤 반론을 제기하든 귀 기울이지 않고 자기주장만 내세울 것이다. 관점을 교환함으로써 서로 배우려고 하지 않는다면 논증은 기본적으로 성립할 수 없다.

따라서 독자들이 생각해볼 만한 가치가 있다고 여기는 주장은, 다시 말하지만 반박할 수 있는 주장이어야 한다. (이것을 논증에서는 '입증가능성confirmability'의 반대개념으로 '반증가능성disconfirmability'이라고 한다.) 흔히 독자가 반박할 수 없도록 자신의 의견을 입증하는 것을 최선의 논증이라고 생각할 수 있겠지만, 누구든 근거를 제시하며 주장의 옳고 그름을 따질 수 없는 주장은 '원칙적으로' 아무 가치가 없다.

양쪽 모두 자신의 주장이 틀릴 수 있다고 생각할 때, 문제가 되는 상황에 대해 서로 불확정적인 태도를 취할 때, 끝까지 합의하지 못하고 해답을 잠정적으로 남겨놓을 때, 논증은 가장 생산적일 수 있다. 이는 곧 논증에 참여하는 사람들 모두, 다음과 같은 '논증에 서로 협력하겠다는 사회적 계약'에 동의한다는 것을 의미한다.

> "글쓴이와 독자 양쪽 모두 새로운 근거가 나오면 자신의 생각을 바꿀 수 있는 열린 자세를 취한다."

이 원칙은 어떠한 믿음에 대해서도 비난하거나 헐뜯지 않는다. '귀신이 존재한다'는 입증할 수 없는 주장에 대해서도 마찬가지이다. 어떠한 이유로든, 아니 아무 이유가 없어도 자신이 원하는 것을 믿는 것은 개인의 자유다. 비판적인 의심을 하지 않는다고, 그게 말이 되냐고 비난할 수는 없는 일이다. 그것은 어쨌든 개인적인 선택이기 때문이다.

하지만 이러한 개인적인 믿음을 다른 사람들에게 전도하려 하거나 더 나아가 강요하려는 순간, 그것은 '공적인' 주장이 된다. 공적인 주장을 펼치고자 한다면 반드시 논증에 서로 협력하겠다는 사회적 계약에 동의해야 한다. 다시 말해, 상대방에게 마음을 열라고 요구하는 것만큼 상대방의 논증에 대해서도 나의 마음을 열어야 한다.

현실성 있는 주장인가?

독자가 의심할 만한 주장, 원칙적으로 반증할 수 있는 주장을 찾아냈다면, 이제 독자들은 다음과 같은 질문을 할 것이다. 이러한 독자의 질문에 대해 대답해보면서 생각해볼 만한 가치가 있는 주장인지 따져보라.

실현가능한 해법인가?

대학운동부 예산의 절반을 교수지원센터에 쏟으면 수업의 질을 높일 수 있다는 주장에 과연 학교가 귀 기울이겠는가? 교수지원센터에 보조하는 연구지원금을 좀더 효율적으로 사용할 수 있는 방법을 주장한다면 학교에서 훨씬 솔깃하게 받아들이지 않을까?

윤리적인/합법적인/공정한/적절한 해법인가?

수업하는 모습을 폐쇄카메라를 통해 항상 감독해야 한다고 주장한다면 학교는 당연히 거부할 것이다. 하지만 교수들끼리 서로 다른 교수의 수업을 참관하는 제도를 만들자고 주장한다면 솔깃하게 받아들일 것이다.

해결하고자 하는 문제보다 더 나쁜 문제를 초래하는 해법은 아닌가?

교원평가등급이 낮은 교수들의 급여를 삭감해야 한다고 주장한다면 학교는 아무 반응도 하지 않을 것이다. 교수들의 반발이 뻔하기 때문이다. 하지만 점수가 높은 교수에게 보상함으로써 수업의 질을 높일 수 있다고 주장한다면 훨씬 솔깃하게 받아들일 것이다.

해법의 대안을 제시하라

해법을 실행에 옮기는 것이 다소 어렵거나 지나치게 많은 비용을 요구하는 경우, 독자들은 그 해법을 받아들이지 않을 수 있다. 그럴 때는 독자들이 수긍할 수 있는 수준의 낮은 단계의 해법을 대안으로 제시하는 것도 좋은 방법이다. 대안해법을 자연스럽게 제시하는 한 가지 방법은, '반론수용과 반박'을 활용하는 것이다. 먼저 내가 주장하는 (실행하기 어려운) 해법을 주요주장으로 제시한 다음, 독자들의 반론을 수용하면서 대안해법도 어느 정도 의미가 있다고 인정한 뒤, 그래도 자신이 주장하는 해법이 훨씬 낫다는 반박으로 마무리하는 방식이다.

> 한국어강사를 더 채용하는 것으로도 문제해결에 어느 정도 도움이 될 수 있겠지만반론수용/대안해법을 암묵적으로 제시 한국어교육센터를 설립하는 것만이 이 문제를 온전히 해결할 수 있다반박/해법을 명시적으로 제시 강사들이 많으면 학생들의 과제작성을 도와줄 수도 있고, 문법 같은 사소한 문제 때문에 교수들이 시간을 낭비하는 것을 줄여줄 수 있을 것이다반론수용/대안해법 암시 하지만 이를 뒷받침하는 인프라스트럭처가 구축되어 있지 않는 한, 유학생들의 한국어 실력을 체계적으로 개선하는 데에는 한계가 있을 것이다반박/해법을 뒷받침

이 글은 명시적으로 한국어센터를 설립해야 한다는 해법을 주장하고 있지만, 강사의 수를 늘리는 것도 어느 정도 효과가 있다고 암묵적으로 동의함으로써 대안해법을 제시하고 있다.

생각의 깊이가 드러나는
사려깊은 주장인가?

자신의 주장을 세상에 펼치고자 한다면 언젠가는, 마음속 편안한 어둠 속에 있던 나만의 가설을 밝고 차가운 글자 위로 끄집어내야 한다. 그 순간 우리는 다음과 같은 날카로운 질문 앞에서 떨어야 한다.

> "이런 주장을 사람들은 사려깊다고 생각할까? 또 이런 주장을 한 사람에 대해서는 어떻게 생각할까?"

사려깊은 사람이 되는 방법은 이 책에서 가르쳐줄 수 없지만, 독자들이 논증에서 어떤 점을 보고 사려깊다고 판단하는지는 가르쳐줄 수 있다. 다음 두 주장을 비교해보라.

> 8a. TV는 범죄를 실제보다 훨씬 중대한 문제처럼 보이게 한다.
>
> 8b. 강력범죄 발생률은 전국적으로 감소추세에 있지만, 사람들은 대부분 자기 지역에서 범죄가 증가하고 있다고 생각한다. 매일 TV뉴스에서 살인과 폭력사건을 직접 보여주기 때문에 그러한 폭력사건이 매일 밤 바로 자기 집 문 앞에서 벌어진다고 느끼기 때문이다.

8b가 훨씬 흥미를 끈다. 진술이 복잡하다는 것은 곧, 묘사하고자 하는 상황이 복잡하다는 것을 (또한 간접적으로, 그렇게 진술하는 사람의 태도가 신중하다는 것을)

그대로 보여주기 때문이다.

그렇다고 해서 주장을 장황하게 늘어놓을수록 좋다는 뜻은 아니다. 너무 길게 이야기하다 보면 주제가 잘 드러나지 않을 수도 있다. 오히려 적절한 단어 몇 마디만으로도 독자에게 중요한 내용을 정확하게 전달할 수 있다. 하지만 글을 많이 써보지 않은 사람들은 대부분 지나치게 세밀하고 꼼꼼하게 주장을 하기보다는 빈약하게 주장을 하는 경향이 있다. 따라서 이제부터는 너무하다 싶을 정도로 주장을 최대한 자세하게 진술하는 일에 열중해야 한다. 진술이 너무 복잡해질까 걱정할 필요는 없다. 지나치게 복잡한 진술을 간결하게 만드는 것은 그다지 어려운 일이 아니기 때문이다.

지금부터 시작되는 논증훈련은 독자들에게 보여줄 글을 쓰기 위한 과정이 아니라 논리성을 훈련하고 탐구하는 과정이라는 점을 명심하라.

주장에 담겨 있는 개념적 요소가 풍부한가?

주장 속에 많은 개념이 세심하게 담겨야 한다. 이러한 주장을 쓰기 위해서는 독자는 물론, 글 쓰는 사람도 개념에 대해 신중하게 생각할 수밖에 없다. 다음 세 주장을 비교해보라.

9a. 오늘날에도 남북전쟁의 여파는 여전히 느껴진다

9b. 남북전쟁은 연방주의 의제의 선벨트 축에서 여전히 지속되고 있다.

9c. 남북전쟁 시대의 이데올로기적·사회적 반목은 오늘날 남부와 북부의 (그리고 서부의) 정치적 담론에 여전히 역사적 영향력을 미치고 있다. 이렇게 대립하는 두 정치이론은 주정부의 권력과 연방정부의 권력의 범위설정, 자유로운 개인에 미치는 정부권력의 적절한 수준과 같은 주제에서 인식의 차이를 그대로 보여준다.

9a는 주장으로 삼기에 너무 빈약할 뿐만 아니라 의미도 모호하다. '여파'나 '느껴진다'는 말은 너무 막연하고 일반적인 (매우 폭넓은 의미를 포괄하는) 표현이다. 9b는 구체적이긴 하지만 '연방주의 의제'나 '선벨트 축sunbelt axis'과 같은 기술적인 용어를 이해하지 못하는 독자들에게 여전히 빈약하게 느껴진다. 9c는 개념이 풍부하게 들어있다. 물론, 주장 하나에 너무 많은 개념이 등장한다고 느껴질 수 있지만 드래프팅 단계에서는 이렇게 쓰는 것이 바람직하다. (나중에 리바이징 단계에서 정리할 수 있다.) 지금 우리는 글의 결과물을 따지는 것이 아니라, 주장이 기본적으로 갖춰야할 다양한 측면을 탐구하고 있다는 사실을 명심하라.

주장에 개념을 풍부하게 담으면 독자들은 이 주장이 어떤 행동을 하라고 요구하는지, 또는 무엇을 믿으라고 요구하는지 쉽게 알아볼 수 있다. 또한 이렇게 주장을 세우면 논증은 다음 두 가지 이유로 인해 훨씬 탄탄해진다.

- **주장에서 나열한 개념들은 앞으로 논증을 펼쳐나갈 정교한 설계도 역할을 한다.**
- **주장에서 나열한 개념들이 본론에서 하나하나 풀려나가는 것을 보면서, 독자들은 논증에 일관성이 있다고 인식할 확률이 높다.** 589쪽 체크리스트 참조

따라서 좋은 주장을 만드는 데 도움이 된다고 생각되는 요소는 주장 속에 무조건 덧붙여라. 지나치게 많아도 상관없다. 개념들을 최대한 많이 늘어놓은 다음에 이리저리 빗대어보며 너무 많지도, 너무 적지도 않은 적절한 수준을 찾아 수정하면 된다. 568쪽 참조 위에서 본 주장을 예로 들자면 다음과 같이 정리할 수 있다.

9d. 남북전쟁 시대의 이데올로기적 반목은 오늘날 여전히 남부와 북부의 정치적 담론에 상당한 영향을 미치고 있다. 이렇게 대립하는 두 정치이

론은 주정부의 권력과 연방정부의 권력의 범위, 개인에 미치는 정부권력의 수준과 같은 주제에서 인식의 차이를 그대로 보여준다.

주장에 논리적 요소가 풍부한가?

주장의 핵심에는 대개 다음과 같은 단순한 명제가 들어있다.

> 10a. 스테이트대학은 등록금 인상에 대해 _____을 해야 한다.주장
>
> 10b. 스테이트대학은 등록금 인상에 대해 인상률을 물가상승률 아래로 제한하는 조치를 해야 한다.주장

이 주장을 다듬으면 다음과 같이 쓸 수 있다.

> 10c. 스테이트대학은 등록금 인상률을 물가상승률 밑으로 낮춰야 한다.주장

우리는 이 논리를 두 가지 방식으로 개선할 수 있다.

1. 주장에 이유를 덧붙인다
10c를 다음 주장과 비교해보자.

> 10d. 스테이트대학은 등록금 인상률을 물가상승률 밑으로 낮춰야 한다.주장 비슷한 규모의 다른 대학보다 운영비용이 상당히 높고이유1 다른 주립대학보다 수업시간도 적기 때문이다.이유2

10c는 논리적으로 빈약한 명제에 불과한 반면, 10d는 이유를 설명하는 진술이 따라붙는다. 주장을 뒷받침하는 이 두 가지 이유에는 나중에 제시할 해법의 요점이 담겨 있다. 이로써 독자들은 앞으로 논증이 어떻게 전개될지 훨씬 쉽게 예측할 수 있다.

이유를 주장으로 삼는 논증

주장과 이유를 진술하는 문장에서 이유가 논증의 주요주장이 되는 경우도 있다. 예컨대 글쓴이와 독자 모두 등록금 인상률을 제한해야 한다는 주장에 동의하는 경우, 등록금을 낮춰야 하는 새로운 이유를 논증의 주제(주장)로 내세울 수 있다. 이런 경우 독자에게 혼란을 주지 않기 위해서는 주장으로 삼고자 하는 요소를 문장의 초점 자리(끝부분)에 오게끔 진술해야 한다.

> 10e. 스테이트대학은 등록금 인상률을 물가상승률 밑으로 낮춰야 한다. 스테이트대학은 비슷한 규모의 다른 대학보다 운영비용이 상당히 높고주장1 다른 주립대학보다 수업시간도 적다.주장2

2. 반론을 먼저 언급한다

주장에 반하는 진술로 문장을 시작함으로써 다른 관점에 대해서 알고 있다는 것을 독자들에게 보여준다. 반론을 먼저 제시하는 경우는 크게 세 가지로 나눠 볼 수 있다.

주장과 모순되는 관점이 있을 때
> 10f. 시설을 유지하고 연구환경을 개선하는데 들어가는 비용이 매년 치솟기 때문에 이에 따라 등록금도 오를 수밖에 없다고 주장하는 이들도

있지만다른 견해 수용 스테이트대학은 등록금 인상률을 물가상승률 밑으로 낮출 수 있다. 비슷한 규모의 다른 대학보다 운영비용이 상당히 높고 다른 주립대학보다 수업시간도 적기 때문이다.

주장에 모순되는 근거가 있을 때

10g. 학교운영비용의 상승이 물가상승률을 초과하지 않았다고 하더라도, 또 지난 3년 동안 새로운 교수진을 채용하지 않았다고 하더라도반대되는 근거 수용 스테이트대학은 등록금 인상률을 물가상승률 밑으로 낮출 수 있다. 여전히 비슷한 규모의 다른 대학보다 운영비용이 상당히 높고 다른 주립대학보다 수업시간도 적기 때문이다.

주장의 범위를 제한하는 요인이 있을 때

10h. 학교운영비용이 물가상승률을 반영하여 계속 오른다고 하더라도주장의 범위를 한정하는 요인 수용 스테이트대학은 등록금 인상률을 물가상승률 밑으로 낮출 수 있다. 다른 비슷한 규모의 대학보다 운영비용이 상당히 높고 다른 주립대학보다 수업시간도 적기 때문이다.

주장이 너무 길어지면 문장을 나눌 수 있다. '―라도'에 해당하는 말을 지우고 하나의 완결된 문장을 만든 다음, '하지만' '그럼에도'와 같은 말로 주요 주장을 시작하면 된다.

10i. 대학의 다양한 시설유지비용은 계속 오르고, 지속적인 과학의 발전에 따라 연구환경도 계속 개선해야 한다. 하지만 스테이트대학은 등록금 인상률을 물가상승률 밑으로 낮출 수 있다. 다른 비슷한 규모의 대학보다 운영비용이 상당히 높고 수업시간도 다른 주립대학보다 적기 때문이다.

주장이 적절하게 한정되어 있는가?

아무리 검증을 통해 확신하는 주장이라고 해도 비판적으로 사고하는 사람들은 단호하고 확정적인 말투로 주장을 내세우지 않는다. 세상에 의심할 여지없이 100퍼센트 확신할 수 있는 진실은 거의 존재하지 않는다는 사실을 잘 알고 있기 때문이다. 당연히 남들의 단정적인 주장도 신뢰하지도 않는다. 이처럼 주요주장을 진술할 때는, 자신의 주장이 틀릴 수 있다는 사실을 신중하게 반영해야 한다. 예컨대 다음과 같이 말해서는 안 된다.

> 11a. 행정적 낭비를 없애고 교수진의 수업시간을 늘리면 스테이트대학의 등록금 인상은 단숨에 멈출 것이다.

사려깊은 독자들은 이런 주장을 읽고 "어떻게 그렇게 확신할 수 있는지" "어떻게 문제가 그렇게 간단하게 풀릴 수 있는지" 궁금해 할 것이다. 의심을 허락하지 않는 이러한 단정적인 주장과, 좀더 겸손하고 신중하게 조율한 아래 주장을 비교해보자.

> 11b. 행정비용을 줄이고 교수진의 수업시간을 좀더 늘릴 수 있다면 스테이트대학의 등록금 인상률은 낮아질 수 있다.

물론, 주장을 지나치게 한정해도 좋지 않다. 글쓴이가 자기주장에 대해 확신이 없는 것처럼 보일 수 있기 때문이다. 적절하게 균형을 잡을 수 있어야 한다. 다음 주장들을 비교해보자.

> 12a. 집안에 총을 두면 침입자로부터 자신이나 가족을 보호하기 위해 총을 사용하기보다 자신이나 가족을 죽이는데 총을 사용하게 된다고 연구는 입증한다.

12b. 집안에 총을 두면 몇몇 사람들은 언제 들이닥칠지 모르는 잠재적인 침입자로부터 자신이나 가족을 보호하기 위해 총을 사용하기보다 자신이나 가족을 죽이는데 총을 사용할 확률이 높다고 몇몇 연구들은 주장하는 듯하다.

12c. 집안에 총을 두면 침입자로부터 자신이나 가족을 보호하기 위해 총을 사용하기보다 자신이나 가족을 죽이는데 사용할 확률이 높다고 최근 연구는 말한다.

12a는 지나치게 단호한 주장인 반면, 12b는 지나치게 한정을 하는 바람에 이도 저도 아닌 주장이 되었다. 학문적인 글이나 격식을 갖춘 글에서는 12a와 12b처럼 쓰면 안 된다. 반면 12c는 자신있게 진술하면서도 적당한 수준으로 주장을 한정한다. 지나치게 확신하지도 않고 지나치게 자신이 없지도 않다. 자신의 주장을 완벽하게 옳다고 이야기하지 않으면서도 진실에 가깝다고 진술한다. 의미를 한정하는 요소들을 적절하게 사용하고 있기 때문이다.

18세기 정치학의 확신과 20세기 과학의 확신

주장의 강도를 완화하는 것hedging을 듣기 좋게 말을 꾸미는 기술일 뿐이라고 여전히 생각한다면, 말을 통해 분별력있는 온화한 에토스를 발산하는 방법에 대해 설명하는 벤자민 프랭클린의 글을 읽어보기 바란다.

…논쟁이 될 수 있는 것에 대해 말할 때 나는 언제나 겸손하게 망설이는 태도를 취한다. '분명히' '결코'와 같이 단정적인 어휘는 절대 사용하지 않는다. 그 대신 '내 생각에는─' '내가 보기에는─' '네가 느끼기에는─' '내가 살못 판단한 것이 아니라면─' '─라고 보인다' '─해야 한다고 생각한다'와 같은 말을 꼭 덧붙인다. 이런 습관은 내게 엄청난 힘이 되었다. 기존의 제도를 폐지하고 새로운 대안을 제시했을 때 동포시민들이 내 의견을 존중하며 따라주었던 것도, 내가 의원이 되어 그토록 많은 영향력을 발휘할 수 있었던 것도, 근본적으로 (성

실한 성품 다음으로) 이렇게 겸손하게 말하는 습관 덕분이었다고 생각한다.

이러한 조언은 지금도 여전히 타당하다. 오늘날 직업상 논증을 하는 이들 중에서는 아마도 과학자들이 이러한 조언을 가장 잘 따를 것이다. 과학적 진실은 너무나 빠르게 변화하기 때문에, 단정적으로 주장을 펼쳤다가는 자신의 잘못된 주장을 책임져야 하는 상황에 처하고 만다. 과학자들의 겸손한 태도는 연구뿐만 아니라 논증할 때 사용하는 언어에서도 그대로 나타난다. 과학자들의 이러한 태도에 대해 이야기하는 실제 과학칼럼의 한 부분을 보자.

'상당부분' '어느 정도는' '—을 완전히 배제하는 것은 아니다'와 같이 진술을 한정하는 표현들을 눈여겨보라. 믿음을 보류하는 데, 과학자만큼 탁월한 이들은 없을 것이다. 측정한 수치에 오류가 있을 수도 있고, 실험기구가 부정확할 수도 있고, 실험결과를 자신들이 잘못 이해할 수도 있다는 점을 과학자들은 안다. 세상이 복잡하고 서로 밀접하게 연결되어 있으며, 매우 미묘하기 때문에 자칫 잘못 판단할 수 있다는 것을 안다.

지질학자들은 한때, 전세계에서 소비하는 니켈을 대부분 생산해내는 온타리오의 수드베리 광산복합단지가 지구의 중간층 액체가 지각을 뚫고 솟아올라 식으면서 만들어진 것이라고 믿었다. 하지만 높은 압력, 또는 어떤 엄청난 충격을 받아 부서진 미세한 광물알갱이들이 발견되면서 그러한 믿음은 여지없이 깨지고 말았다. 오늘날 지질학자들은 폭이 10킬로미터에 달하는 거대한 운석이 지구에 떨어져 그 충격으로 인해 지각이 녹아 내리면서 니켈이 형성되었다고 믿는다… 물론 더 확실한 또다른 증거가 나오면 이러한 믿음도 다시 깨질 것이다.

● Ann Finkbeiner. "In Science, Seeing Is Not Believing," *USA Today*. October 21, 1997.

얼마나 한정할 것인가?

마크 에드먼슨의 글과 마이클 퍼낼의 글을 비교해서 읽어보면서 한정표현이 글에 대한 신뢰성에 얼마나 영향을 미치는지 분석하고 비교해보자.

주장을 찾고 진술하기

주장은 모든 논증의 심장이다. 주장은 말하고자 하는 주요핵심이자 문제에 대한 해법이다. 잠정적인 해법은 물론 가능한 한 빨리 만드는 것이 좋지만, 더 나은 가설이 나오면 기존의 믿음도 과감히 버릴 수 있는 열린 마음을 갖춰야 한다. 최고의 가설을 찾아가는 과정에서 많은 가설을 상상하고 또 늘 의심해야 한다. 유용한 주장은 다음과 같은 속성을 갖춰야 한다.

- 개념주장인지 실용주장인지 분명히 드러나야 한다. 독자들이 무엇을 알아야 하는지, 또는 무엇을 해야 하는지 분명하게 진술해야 한다.
- 논쟁의 여지가 있는 주장이어야 한다. 타당한 이유를 보고 난 뒤에야 독자들이 받아들일 수 있는 주장이어야 한다.
- 반박할 수 있는 주장이어야 한다. 원칙적으로, 잘못된 주장으로 판명될 수 있어야 한다. 어떤 근거가 나오는 순간 폐기할 수밖에 없는 주장이어야 한다.
- 실현가능한 주장이어야 한다. 현실적이고 윤리적이고 신중한 주장이어야 한다.

주장을 하기 전에 어느 수준에서 동의를 얻고자 하는지 분명하게 인식해야 한다. 논증을 통해 독자에게서 무엇을 얻고자 하는가?

- 주장을 하는 이유에 대한 존중, 더 크게는 나에 대한 존중
- 주장과 이를 뒷받침하는 논증의 가치에 대한 인정
- 주장을 생각해볼 만한 것으로 받아들이는 대중적 공감
- 주장과 이를 뒷받침하는 논증에 대한 믿음 (개념주장)
- 주장을 따르는 행동, 또는 그러한 행동에 대한 지지 (실용주장)

05

The Craft of Argument

독자를 어떻게 납득시킬 것인가?

이유와 근거

The Core of Your Argument: Reasons and Evidence

주장을 독자들이 신뢰할 수 있고 납득할 수 있게 만들려면, 주장을 뒷받침하는 요소들이 필요하다. 이러한 요소로는 이유와 근거가 있다. 이유와 근거가 어떻게 다른지 알아보고, 또 여러 가지 이유를 어떤 순서로 배치해야 독자들을 설득하는 데 도움이 되는지 살펴본다.

주장을 떠받치는
이유와 근거

논증의 심장은 주장이다. 주장은, 주장을 뒷받침하기 위해 제시하는 이유와 근거와 함께 논증의 핵심파트를 구성한다. 이유와 근거는 모두 주장을 뒷받침하는 역할을 하지만, 형태적으로도 차이가 있고 그 출처나 사용방식에서도 차이가 있다.

자신의 이야기를 그대로 받아들여주기를 바라며 노골적으로 자기 주장만 내세우는 사람은 자칫 무례하게 보일 수 있다. 우리는 글을 쓰는 사람이 비판적 사고를 통해 자신의 주장을 뒷받침하는 타당한 근거를 제시하고 어느 정도 한정할 줄도 아는 겸양의 미덕을 보여주기를 기대한다. 다음 예를 비교해보자.

> 1a. 성적인 표현에 매달리는 TV의 상업성은 우리 어린아이들의 정서적·사회적 발달을 위협한다.주장
>
> 1b. 아이들이 시청하는 낮 시간대 프로그램은 그 동안 많이 개선되었지만주장을 한정하는 요소 황금시간대 프로그램은 여전히 성적인 표현에 매달리고 있어 아이들의 정서적·사회적 발달을 위협할 수 있다.주장 아이들은 대부분 다른 사람의 행동을 그대로 따라 하기 때문이다.이유

1b는 1a보다 훨씬 사려깊을 뿐만 아니라 독자를 존중한다. 이 글을 쓴 사람은 독자를, 주장만 던지면 맹목적으로 따라오는 사람이 아니라 타당한 이유

를 적어도 하나 이상 제시해서 납득시켜야 하는, 비판적인 사고를 할 줄 아는 사람으로 간주하고 있다. 또한 이 문제가 무 자르듯이 단칼에 해결할 수 있는 것이 아니며 두말할 필요없는 뻔한 진실이라고 하기에는 다소 복잡하다는 것도 인정한다.

물론 비판적인 사고를 하는 독자들은, 이것만으로 주장에 동의하지 않을 것이다. 사려깊은 독자들은 주장을 뒷받침하는 이유가 단순히 글쓴이의 의견에 불과한 것이 아닌가 의심할 것이다. 성적인 표현이 난무하는 TV프로그램이 '정말' 아이들의 정서적 발달을 위협할까? 아이들은 '정말' 다른 사람의 행동을 그대로 따라할까? 초등학생들이 실제로 TV에 영향을 받는다는 것을 객관적으로 보여주는 '근거'를 제시할 때에만 독자들은 주장에 동의할 것이다.

1장에서 우리는 '논증하는' 것을 마치 전쟁하는 것처럼 묘사하는 경향이 있다고 말했지만, '논증을 구축하는' 것은 사실 전쟁보다는 집을 짓는 일과 더 비슷하다. 손으로 만질 수 있는 근거라는 '튼튼한 토대 위에' 이유를 '쌓고' 이를 '기둥' 삼아 그 위에 주장을 올려놓는다. 비판자들이 '기반을 파헤치고' '흔들더라도 끄떡없을 만큼' 논증은 '기초공사'가 튼튼해야 한다.

논증을 실제로 어떻게 계획하고 작성하는지 이해하기 위해서는 사실, 데이터, 표본, 근거, 이유라는 다섯 가지 용어의 의미를 이해해야 한다.

사실 fact

독자들이 진실로 받아들이는, 적어도 반박하지 않는 말이나 기호로 된 진술.

일본의 수도는 도쿄다.

2+2=4

데이터 data/datum

연관된 사실의 묶음. 데이터는 대개 표, 그래프, 차트 형태로 제시된다.

ABC의 시장점유율 (%)

1980	1990	2002
19.4	11.7	22.0

또한 말로 설명할 수도 있다.

1980년, ABC의 시장점유율은 19.4퍼센트였다. 1990년에는 11.7퍼센트까지 떨어졌다가 다시 2002년에는 22퍼센트로 성장했다.

표본 exhibits

연구대상의 구체적인 예시. 텍스트를 분석하는 경우, 그것을 인용하거나 그대로 복사해 온 것을 '표본'이라고 할 수 있다. 그림이 분석 대상일 경우에는 그 이미지를 재현해낸 것이 표본이 되고, 건축물, 풍경, 벌레 같은 것이 분석대상일 경우에는 그것을 보여주는 사진이나 그림이 표본이 된다. 구름의 형성과정에 대해서 설명할 때 그 과정을 그림으로 표현한 것도 표본이라고 할 수 있다.

근거 ^{evidence}

사실, 데이터, 표본은 주장을 뒷받침하기 위해 우리가 활용하는 것으로, 이 것을 논증에서는 '근거'라고 한다. 근거가 논리적으로 이유를 뒷받침한다는 것을 보여줄 수 있을 때 독자들은 이러한 사실/데이터/표본을 타당한 근거 라고 인정한다.

이유 ^{reason}

근거들이 주장을 뒷받침한다는 것을 보편적으로 진술하는 논증요소. 이유 가 무엇인지는 예를 통해 쉽게 이해할 수 있다. 데이터를 근거로 활용한 간 단한 논증을 살펴보자.

> **2a.** 방과후 TV프로그램은 많이 개선되었지만 황금시간대 프로그램은 여 전히 어린 아이들의 정서적·사회적 발달에 해를 미칠 수 있다^{주장} 아이 들이 성적인 행위의 결과를 미처 이해하지도 못하는 나이에, 성적으로 노골적인 행동을 보여줌으로써 성적인 놀이를 하도록 부추기기 때문이 다^{이유} TV시청과 성경험의 관계에 대해서 연구한 칸^{Kahn}은 성적인 내용 이 담긴 TV프로그램(성행위에 대해 다섯 번 이상 언급하거나 이미지를 보여주는 방송)을 4주 동안 3번 이상 본 10~13살 사이 아이들을 관찰했다(1996). 이 아이들은 그러한 방송을 한 번도 보지 않은 아이들보다 성적인 놀이 에 40퍼센트나 더 쉽게 빠지는 것으로 밝혀졌다^{근거}

이 글은 논증의 핵심파트의 전형을 표준적인 형태 그대로 보여준다. 주장을 내세우고 이를 뒷받침하는 이유를 제시한 다음 그 근거를 댄다.

이유와 근거는 어떻게 다를까?

이유와 근거는 언뜻 보기에 쉽게 구분할 수 있을 것 같지만, 생각보다 헷갈린다.

> 주장을 뒷받침하는 '이유'로 무엇을 제시할 수 있는가?
> 주장을 뒷받침하는 '근거'로 무엇을 제시할 수 있는가?

위 두 문장에서는 '이유'와 '근거'를 서로 바꿔 사용해도 크게 문제가 되지 않는다. 하지만 다음과 같은 문장에서는 구분해서 사용해야 한다.

> 그런 요구를 하는 '이유'를 들어보고 싶다.
> 그런 요구를 하는 '근거'를 들어보고 싶다.
>
> 그러한 '이유'가 타당한지 납득할 수 있는 '근거'는 있는가?
> 그러한 '근거'가 타당한지 납득할 수 있는 '이유'는 있는가?

이 두 쌍의 진술에서 각각 첫 번째 문장은 자연스러운 반면, 두 번째 문장은 다소 어색하게 느껴진다. 왜 그럴까?

그러한 차이를 자아내는 이유 중 하나는, 이유와 근거에 대해서 이야기할 때 우리는 다소 다른 이미지를 연상하기 때문이다. 근거에 대해서 말할 때 우리는 흔히 '객관적인' '명확한'과 같은 단어를 붙인다. 이는 근거가 우리의 주관적인 경험 '밖에 있는' 세상에 있다고 생각하기 때문이다. 이와 반대로 이유는 우리 마음 '속에서' 나온다고 생각한다.

그래서 논쟁을 할 때 우리는 근거가 어디 있느냐고 묻기는 하지만, 이유가 어디에 있느냐고 묻지 않는다. 근거는 원칙적으로 누구나 확인할 수 있고 '공유할 수 있는' 것이라고 가정한다. 그래서 독자들은 근거에 대해서 이런 질문을 한다.

- 이 근거는 어디에서 찾았는가? 출처는 어디인가? 신뢰할 수 있는 곳인가?
- 이 근거는 어떻게 수집했는가? 어떤 도구를 사용해 어떤 방법으로 수집했는가? 내가 그렇게 해도 똑같은 결과를 얻을 수 있는가?
- 이 근거는 언제 어디서나 유효한 것인가? 일정한 조건 안에서만 유효한 것은 아닌가? 근거를 수집하는 과정은 공정했는가?

슈, 앤, 라지의 대화를 떠올려보자. 학교가 학생을 제대로 대우하지 않는다고 주장하면서 슈는 선생들의 근무시간이 지나치게 적다는 것을 이유로 제시한다. 어떤 근거로 그렇게 말하는지 묻자 그녀는 교수실 문 앞에 게시되어 있던 근무시간표를 보여준다. (X교수: 월요일 오후 4:00-5:00, Y교수: 금요일 오후 4:00-4:30 등)

슈가 보여준 이름과 숫자는 '이유'가 아니다. 다시 말해 그녀의 판단이나 의견이 아니다. 자신의 믿음과는 무관한 '객관적인 사실'로서, 자신의 이유를 뒷받침하는 '근거'로 앤과 라지가 받아들여주기를 바라는 것이다. 슈의 논증을 그림으로 그리면 다음과 같이 될 것이다.

마음속에서 만들어낸 주장과 이유는 외부에서 가져온 단단한 근거 위에 놓여 있어야 한다. 근거가 없다면, 어떠한 이유도 '그저 자신만의 생각'에 불과할 것이다. '중대한' 문제에 대한 '타당한' 해법을 주장하고 싶다면 토대부터 '튼튼하게' 쌓아야 한다. '부실한' 토대로는 '무거운' 주제를 제대로 떠받칠 수 없다.

이유와 근거

조나단 라우치의 "거짓말, 빌어먹을 거짓말, 그리고 통계"에서 이유를 뒷받침하는 근거를 찾아보고 그것이 주장에 설득력을 더해주는지 생각해보자.

우리가 제시하는 근거는
진짜 근거일까?

짓기모형이 논증의 핵심파트를 쉽게 이해할 수 있는 방편을 제공하는 것은 분명하지만, 한 차원 더 파고들어가면 이러한 모형이 논증에 대한 잘못된 오해를 야기할 수 있다는 것을 깨닫게 될 것이다. 지금 이야기하고자 하는 내용이 다소 지루한 철학적 문제처럼 보일 수 있겠지만 논증이 실제로 어떻게 작동하는지 이해하려면 반드시 알아야 한다. 우리가 지금까지 '근거'라고 부른 것은 사실, 진짜 근거가 아니다.

1차근거와 근거보고

다소 혼란스러울 수도 있겠지만, 우리가 지금까지 '근거'라고 부른 것은 기껏해야 근거에 대해서 '보고'하는 것에 불과하다. 심지어 근거에 대한 보고를 또다시 보고한 것도 있다. 근거가 '누구나 확인할 수 있는, 세상에 존재하는 객관적 사실'이라고 정의한다면, 논증 '안으로' 근거를 가져온다는 것 자체가 원칙적으로 불가능한 일이다.

- 살인사건 재판에서 검찰이 배심원들에게 피 묻은 장갑을 보여준다면 이 장갑은 그야말로 근거 '자체'라고 할 수 있다. 하지만 글로써 논증할 때는 이 장갑을 직접 보여줄 수 없다. 글로 묘사하거나 사진으로 (다시 말해 '표본'으로) 보여줘야 한다.

- 경제학자는 실업에 대해 논증할 때 직업이 없는 사람들을 옆에 세워놓고 직접 가리키면서 예를 들 수 있겠지만, 글로써 논증을 할 때는 그런 사람들을 말로 묘사하거나 숫자로 보여줄 수밖에 없다.
- 물리학자는 물질의 성질에 대해 논증하면서 자신이 연구한 작은 입자들을 사람들에게 직접 보여줄 수 없다. 수학적인 용어로 묘사하거나 직접 관찰한 것을 사진이나 그림으로 재현할 수 있을 뿐이다.

이처럼 우리가 말이나 글을 통해 근거라고 제시하는 것들은 모두, 실제 장갑/사람/입자가 아니라 이를 묘사하고 형상화하고 재현하고 지칭하고 열거하는 '보고'에 불과하다.

자신이 직접 두 눈으로 '실제' 근거를 보았다 하더라도, 그것을 글 속에 담으려면 글자·숫자·그림으로 재현해야만 한다. 어떤 식으로 재현한다고 하더라도 모든 요인을 완벽하게 가져올 수 없기 때문에, 논증의 목적에 맞는 요소만 살리고 나머지 요소들은 제거할 수밖에 없다. 결국 어떠한 근거든, 그것을 매만지고 정돈하는 '보고' 과정을 거치는 동안 '세상에 존재하는 실제 대상'보다 훨씬 일관되고 체계적인 대상으로 탈바꿈한다.

근거로서 재현

다른 사람의 '말'을 인용하는 것은 '근거 그 자체'가 아니냐고 묻는 이들도 있다. 다른 사람의 말을 토씨 하나 틀리지 않고 정확하게 인용했다고 해도 (물론 이것도 흔한 경우는 아니다) 이는 전체맥락에서 한 부분만을 뽑아낸 것이기 때문에, 원래 의미와는 정반대로 해석될 수 있다. 사진은 어떨까? 사진을 원본 그대로 싣는다 하더라도 종이의 재질이 달라지고, 맥락이 달라지고 목적이 달라진다. 사과를 찍은 사진이 사과가 아니듯, 근거보고 또한 근거가 아님을 명심하라.

근거와 근거보고를 분명하게 구분해야 하는 이유를 이렇게 길게 설명하는 것은, 흔히 '근거'를 객관적이며 무시할 수 없는 것으로 여기기 때문이다. 어떤 것을 '움직일 수 없는' 근거라고 말하는 것은, 독자들에게 이것은 절대 의심해서는 안 된다고 말하는 것과 같다. 근거라고 들이대면 독자들은 이미 절반 이상 믿고 들어갈 수밖에 없다.

하지만 논증에서 제시하는 근거는 결코 근거 그 자체가 아니라 근거에 대한 '보고'에 불과하다는 점을 결코 잊어서는 안 된다. '근거보고'는 절대 실존하는 것이 아니며 객관적인 것도 아니다. 우리가 보통 근거라고 말하는 것은 논증에 맞게 가공한 보고일 뿐이라는 사실을 늘 기억해야 한다.

근거와 근거보고가 이렇게 다르다는 것을 이해하고 나면, 이제 글을 비판적으로 읽을 수 있는 눈이 생긴다. 또한 글을 쓸 때에도 '분별 있는 독자들이 글에서 무엇을 기대하는지' 알게 된다. 분별 있는 독자들은 근거보고를 접할 때마다 다음과 같은 정보를 눈여겨본다.

- 근거를 보고하는 태도는 믿을만한가?
- 근거를 어디에서 찾아냈는가?
- 다른 사람이 보고한 내용을 다시 인용했다면 누구의 말을 어디서 인용한 것인가?
- 근거를 찾아낸 출처는 적절한가? 타당한가? 신뢰할 수 있는가?
- 근거를 수집한 사람은 누구인가?
- 근거를 발견하는 과정에서, 또 보고하는 과정에서 근거는 얼마나 가공되었는가?

이러한 정보를 얻기 위해 독자들은 주석을 들춰보고, 필요하다면 그 출처를 거슬러 올라가 그 '근거자체'를 확인할 수 있다. 결국 논증에 등장하는 모든 근거는 근거보고에 불과하며, 근거보고는 독자들이 근거자체를 직접 찾아볼 수 있도록 연결해주는 사슬로서만 가치가 있는 것이다.

슈, 앤, 라지의 대화에서도 근거에 대한 의심이 논쟁거리가 된다.

슈: 음… 우린 교육을 받기 위해 상당히 많은 돈을 내지만 비슷한 돈을 내
는 고객들에 비하면 우리가 받는 관심수준은 한참 떨어지죠.

라지: 어떻게 떨어져?

슈: 하나 예를 들자면 수업시간 외에는 교수님들을 보기 힘들죠. 지난 주
에 나는 예술과학관 1층에 있는 교수실 문 앞에 걸려있는 근무시간표
를 둘러봤어요. [가방에서 종이쪽지 하나를 꺼낸다.] 평균 근무시간표
가 일주일에 채 한 시간도 되지 않더군요.

앤: 좀 볼까?

슈: 네. [종이를 건네준다.]

하지만 여기서 앤이 건네받은 쪽지 역시 근거'자체'가 아니다. 근거자체는 문
에 붙어 있는 근무시간표일 것이다. 따라서 우리는 슈가 그 내용을 정확하게
베껴서 공정하게 보고하고 있다고 가정할 수밖에 없다.

앞에서 본 논증모형을 활용하여 슈의 논증을 그리면 다음과 같이 될
것이다.

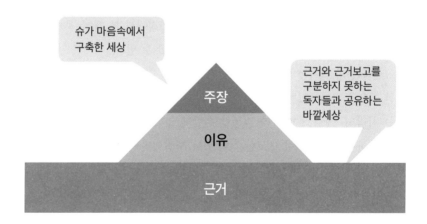

하지만 슈의 실제논증은 위 그림과 다르다! 근거와 근거보고가 다르다는 것을 인식하고, 근거자체가 논증 속에 들어갈 수 없다는 사실을 고려하면 논증 모형은 다음과 같이 그려야 할 것이다.

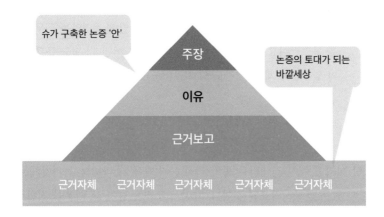

슈가 논증의 '안'에서 근거로 제시할 수 있는 것은, 논증의 '밖'에 있는 근거를 '보고'하는 것일 뿐이다. 슈는 앤과 라지가 자신의 보고를 믿을만하다고 받아들여주기를 바랄 것이다. 앤과 라지 역시 문에 게시된 시간을 직접 확인하러 가지는 않을 것이다. 따라서 앤과 라지의 관점에서 볼 때, 논증의 토대로 삼을 수 있는 것은 슈의 근거보고가 전부라 할 수 있다.

결국 앤과 라지는 슈가 제시한 근거가 정확하다고 믿는 수밖에 없다. 이러한 이유로 근거보고를 신뢰할 것인가 말 것인가 하는 판단은, 근거를 제시하는 사람의 '에토스'에 따라 결정할 수밖에 없다. 평소에 근거를 인위적으로 조작하거나 왜곡하여 보고한 적이 있는 사람이라면 그가 제시하는 근거보고는 믿기 어려울 것이다.

따라서 누구든 근거를 보고할 때는 사심 없이 늘 정확하게 보고하여 꾸준하게 신뢰를 쌓아야 한다. 믿음의 사슬에서 맨 마지막에 서 있는 것은 바로 근거를 보고하는 사람일 수밖에 없다. 그러한 믿음을 배신하면 사람들은 그의 보고를 더 이상 믿지 않을 것이다. 현재 진행하고 있는 논증에 대한 믿음은 물론, 다음 논증에서도, 또 그 다음 논증에서도 사람들은 신뢰하지 않을 것이다. 결국 아무도 설득할 수 없는 상황에 처하고 말 것이다.

공룡의 모습을 추정할 수 있는 근거

근거'자체'로 보이는 것도 실제로는 근거에 대한 자연의 '보고'인 경우가 많다. 얼마 전, 고생물학자들은 학계 최초로 공룡의 심장 화석을 발견했다고 발표했다. 이 화석을 조사한 학자들은 공룡의 심장은 다른 파충류와 달리 2심방 2심실 구조로 되어있고 따뜻한 피가 흘렀을 것이라고 결론 내렸다. 이는 기존의 학설을 완전히 뒤집는 매우 충격적인 연구결과였다. 하지만 과학자들이 제시한 근거는 공룡의 심장이 아니라 심장을 에워싼 흙이 자연적으로 화석화한 돌덩어리였다. 다시 말해, 이것은 근거자체에 대한 자연의 '보고'인 셈이다.

　더욱이 과학자들이 이러한 주장의 근거로 제시한 것은 실제 화석모형이 아니라 돌의 내부구조를 찍은 2차원 단층사진을 이어 붙여 만든 3차원 모형이었다. 더 이상 존재하지 않는 공룡심장의 모양을 보고하는 화석과, 그 내부모습을 보고하는 일련의 2차원 이미지들, 그 이미지를 보고하는 3차원 모형이 바로 공룡이 온혈동물이었을지도 모른다는 주장의 근거인 셈이다. 언젠가 실제로 뛰었을 공룡심장에 대한 이 수많은 보고과정 속에서 어떠한 왜곡도 개입되어 있지 않다고 누가 말할 수 있을까? (물론 이러한 주장도, 이 화석이 정말 공룡의 심장이라고 가정할 때 그렇다는 것이다. 실제로 이 화석이 공룡의 심장과 무관하다고도 주장하는 고생물학자들도 있다.)

지금까지 근거와 근거보고가 어떻게 다른지 살펴보았다. 어쩌면 이런 과정을 통해 근거보고와 이유가 어떻게 다른지 더 혼란스러워졌다고 말하는 사람도 있을지 모른다. 둘 다 주관적인 마음의 산물 아닌가? 하지만 이 둘은 명확히 다르다. 이유는 논증의 윤곽, 논리적 구조물이고, 근거보고는 이러한 논리구조를 뒷받침하기 위해 독자들이 '진실'이라고 받아들이는 것이다.

이유가 여러 개일 때
어떻게 제시할 것인가?

□ 을 만한 근거(근거보고)로 이유를 떠받친다 하더라도, 이유가 하나밖에 없다면 독자들은 납득하지 못할 것이다. 중요한 주장이라면 그것을 뒷받침하는 이유를 여러 개 제시해야 한다. 이유를 여러 개 제시할 때는 다음 두 가지 방식으로 나열할 수 있다.

- 병렬이유: 주장을 직접 뒷받침하는 이유를 나란히 제시한다.
- 직렬이유: 이유를 차곡차곡 쌓아 제시한다. 주장을 직접 뒷받침하는 이유 밑에 그 이유를 뒷받침하는 다른 이유를 놓는다. 맨 아래 이유 밑에는 이를 뒷받침하는 근거(근거보고)를 놓는다.

이유를 제시하는 순서

질 맥밀란과 조지 체니의 "학생을 고객으로 보는 비유의 결과와 한계"는 주장을 뒷받침하는 이유를 여러 개 제시한다. 이유를 나열한 순서에는 어떤 기준이 있을까?

병렬구성

주장을 여러 이유로 뒷받침하는 논증은 다음과 같이 그릴 수 있다.

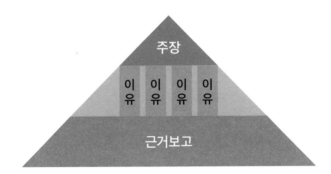

논증을 구상하고 논증글을 작성할 때 이유를 병렬로 제시하고자 한다면 이러한 그림을 스토리보드에 그려 넣어야 한다. 병렬구성에서는 이유들이 독립적으로 서있다. 이유를 하나 빼더라도 다른 이유들이 주장을 받쳐준다. 물론 이유를 계속 빼내다 보면 주장이 무너질 수 있다.

기초적인 작문시험에서 많이 사용하는 '다섯 문단 에세이'가 바로 세 가지 이유를 나란히 늘어놓는 구성으로, 이는 고등학교 수준에서 요구하는 작문 형식이다.

- ¶ 1. 폭음문화를 억제해야 하는 세 가지 이유가 있다.주장
- ¶ 2. 첫 번째, 대학에 나쁜 이미지를 준다.이유1 예컨대…근거보고
- ¶ 3. 두 번째, 법적인 책임문제로 번질 수 있다.이유2 지금까지 그러한 사례로는… 근거보고
- ¶ 4. 마지막으로, 폭음은 건강을 해칠 수 있으며 심지어 죽음에도 이를 수 있다.이유3 지난달…근거보고
- ¶ 5. 따라서 우리는 폭음문화가…주장반복

물론 세 가지 이유만으로 타당한 논증을 세울 수 있는 경우도 있겠지만, 이런 형식에 맞춰 쓴 글은 나쁜 논증의 대명사라고 해도 과언이 아니다. 대학에서는 '5문단-3이유 에세이'라는 이유만으로도 형편없는 글이라는 평가를 받을 수 있다는 것을 명심하라. 될 수 있으면 이런 형식은 피하라.

직렬구성

이유를 나란히 배열할 수도 있지만 차곡차곡 쌓을 수도 있다. 주장을 직접 떠받치는 이유 밑에 또다른 이유가 떠받치고, 맨 밑의 이유는 근거보고로 떠받친다.

직렬구성은 다음과 같이 그릴 수도 있다.

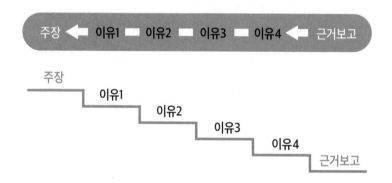

다음 논증은 근거보고 위에 두 개의 이유를 쌓고 그 위에 주요주장을 올려 놓았다.

C: 의회는 대학이 학부생들의 학업성취도를 측정하여 공표하는 것을 의 무화하는 법을 통과시켜야 한다.주장

R1: 대학졸업자들이 전세계적인 경쟁에서 뒤쳐지지 않기 위해 갖춰야 하 는 소양을 제대로 학습하고 있는지 확인할 수 있어야 한다.주장을 떠받치 는 이유1

R2: 인도와 중국의 대학들이 조만간 과학, 기술, 경제분야에서 우리보다 뛰어난 인재를 배출할 것으로 전망된다.이유1을 떠받치는 이유2

R3: 중국과 인도의 대학생 수는 우리보다 훨씬 많을 뿐만 아니라, 그들은 수학, 과학, 커뮤니케이션 분야에서 우리보다 훨씬 높은 수준의 역량 을 보여주고 있다.이유2를 떠받치는 이유3

E: 〈국제교육저널〉에 실린 논문에 따르면 매년 우리 대학 졸업자는 ―명 인 반면 중국과 인도의 대학졸업자는 ―명에 달한다.이유3을 떠받치는 근 거보고

C: 의회를 통한 법제화만이 국제적 경쟁이 심화되는 시대에 부응하는 인 재를 대학이 제대로 길러낼 수 있도록 자극할 수 있다.주장재진술

글을 많이 써본 사람들은 주장을 떠받치는 토대를 더 높게 쌓아 논증을 촘 촘하게 한다. 하지만 이러한 계단식 논증의 단점은 중간에 독자들이 잠깐이 라도 흐름을 놓치면 논리의 궤도에서 벗어날 수 있고, 이로써 논증이 무너 질 수 있다는 것이다.

복잡한 논증의 직병렬구성

두세 페이지가 넘어가는 논증을 할 때에는 여러 이유들을 나란히 병렬로 세운 다음, 각각의 이유기둥을 근거의 토대 위에 차곡차곡 직렬로 쌓아 올려야 한다. 이러한 논증은 상당히 복잡해 보이지만 사실, 우리는 매일 이런 식으로 대화하며 복잡한 논증을 펼친다. 단순한 문제에 관해 논증을 할 때에도 이런 구조를 활용한다. 복잡한 논증을 글로 쓸 때는 먼저 다양한 이유들을 상상해 낸 다음에 그것들을 병렬로 놓을 것인지 직렬로 놓을 것인지 판단해야 한다.

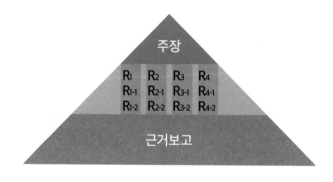

창조주에게 부여받은 권리?

"우리는 다음의 진실들을 자명한 것으로 여긴다. 모든 사람은 평등하게 창조되었고, 양도할 수 없는 몇몇 권리를 창조주에게 부여받았으며, 그 중에는 생명, 자유, 행복추구의 권리가 있다."

토마스 제퍼슨은 독립선언문에서 이렇게 주장한다. 그는 무엇에 근거하여 이러한 주장이 옳다고 말했을까?

근거를 어떻게
해석할 것인가?

모든 논증이 근거 위에 토대를 두어야 한다면 근거보고 바로 위에 주장을 올려놓으면 되지 않을까? 굳이 이유는 왜 필요한 것일까? 근거가 되는 숫자를 제시하고 그 위에 주장을 올려놓는 것만으로도 충분하지 않을까? 하지만 그 숫자들을 어떻게 해석하고 이해해야 하는지 독자들이 안다고 생각하는 것은 착각에 불과하다. 실제로 그러한 논증을 보자.

3a. 휘발유 평균소비량을 예측한 수치는 대부분 틀린 것으로 드러났다.주장

표5.1 주행거리와 휘발유 소비량

	1980	1990	2000	2010
연간 주행거리 (1,000mile)	9.5	10.3	10.5	11.7
연간 소비량 (gal.)	760	760	520	533

근거보고

물론 열정적인 독자라면, 위의 수치들이 주장을 어떻게 뒷받침하는지 알아내기 위해 노력할 것이다. 수치를 보면 주행거리는 갈수록 늘어나는 반면 휘발유 소비량은 줄어든다. 하지만 이 수치들을 보여주기 전에 이유를 삽입하여 데이터를 해석하는 방법을 알려주지 않으면 독자들은 이 데이터가 주장을 어떻게 뒷받침하는지 이해하지 못한다. 또한 어떤 데이터를 눈여겨봐야 하는지 쉽게 알 수 있도록 제목도 좀더 정교하게 달고, 시각적으로도 배려해야 한다.

3b. 휘발유소비량은 많은 이들이 예측한 것만큼 늘지 않았다.주장 미국인들이 운전하는 거리는 1980년에 비해 2010년 23퍼센트 이상 늘었음에도, 휘발유 소비량은 30퍼센트 줄었다.이유

표5.2   1980년부터 2010까지 1인당 주행거리와 휘발유 소비량의 변화

	1980	1990	2000	2010
연간 주행거리 (1,000mile)	9.5	10.3	10.5	11.7
1980년 기준 변화율		8.4%	10.5%	23.1%
연간 소비량 (gal.)	760	760	520	533
1980년 기준 변화율		0%	-31.6%	-29.7%

근거보고

이처럼 주장과 근거 사이에 이유가 있어야 논증을 쉽게 이해하고 기억할 수 있으며, 전체적인 논증의 구조를 쉽게 파악할 수 있다. 이유는 또한 복잡한 근거를 더 빠르고 분명하게 이해하고 해석하도록 돕는다.

　설명하지 않아도 독자 스스로 알아낼 수 있는 내용을 굳이 글로 쓰는 것은 독자를 무시하는 행동 아닐까? 물론 뻔한 내용을 또 읽고 싶어하는 사람은 없을 것이다. 하지만 글을 쓰는 사람은, 자세하게 설명하지 않아도 독자들이 알아서 자신의 글을 이해해 줄 것이라고 과대평가하는 경향이 있다. 그래서 근거보고에서 어떤 정보가 중요한지 알려주는 이유를 덧붙이는 것은, 근거보고가 주장을 어떻게 뒷받침하는지 명시적으로 독자들에게 일깨워주는 일종의 서비스라고 인식하기 바란다.

　이러한 독자서비스는 인용문을 근거로 사용할 때에도 필요하다. 근거, 즉 인용문 바로 위에 주장을 얹어 놓은 글을 보자.

4a. 기도하는 양아버지 클로디어스 뒤에 서있는 장면에서 햄릿의 냉정하고 논리적인 성품을 엿볼 수 있다.주장

> "마침 기도를 드리고 있군. 지금이 [죽일] 기회다.
>
> 해치워 버리자. 그러면 저자는 천당에 가겠지.
>
> 가만, 복수를 해서… [잠깐 생각한다]
>
> [하지만] 내 아버지를 죽인 원수를
>
> 내 손으로 천당으로 보낼 수는 없지[?]
>
> 이건 오히려 도와주는 것일 뿐 진정한 복수가 아니야."_{근거보고}

이 논증에서 말하고자 하는 것을 독자들은 과연 이해할 수 있을까? 인용 중어떤 부분에서 햄릿이 냉정하고 논리적이라는 뜻인지, 인용의 어떤 부분이주장을 떠받치는 것인지 명확하지 않다. 이유가 없기 때문에 독자가 알아서이해해야 한다. 다음 글과 비교해보자.

> 4b. 기도하는 양아버지 클로디어스 뒤에 서있는 장면에서 햄릿의 냉정하고
> 논리적인 성품을 엿볼 수 있다._{주장} 처음에는 충동적으로 클로디어스를
> 그 자리에서 죽이려고 했으나 잠시 멈추고 생각에 잠긴다. 기도를 하는
> 도중에 클로디어스를 죽이면 그의 영혼은 천국으로 갈 것이다. 하지만
> 햄릿은 그가 영원히 지옥에서 저주받길 원한다. 결국 다음에 죽이기로
> 냉정하게 결심한다._{이유}
> "마침 기도를 드리고 있군. 지금이 [죽일] 기회다.
> 해치워 버리자. 그러면 저자는 천당에 가겠지…_{근거보고}

여기서 이유는 인용에서 무엇을 보아야 하는지 알려준다. 주장과 근거를 이어주는 것이다. 근거보고는 스스로 말을 할 수 없다. 근거에 대해서 설명해주는 이유가 없으면 독자들은 근거가 무엇을 의미하는지 알아내기 위해서 머리를 싸매야 한다. 주장을 떠받치면서 근거를 설명해주는 이유가 이들 사이를 이어줄 때 독자들은 한결 노력을 덜게 된다.

이유와 근거로 뒷받침하기

주장은 이유에 바탕을 두고 이유는 근거보고에 바탕을 둔다. 자신이 관찰한 근거를 보고하거나 다른 누군가 보고한 근거를 다시 보고할 때는 언제나 정확하게 보고하고 출처를 분명히 밝혀서 독자들이 스스로 찾아볼 수 있도록 해야 한다.

독자들이 주장에 동의하려면 이유를 여러 개 제시하여야 한다. 단 하나의 이유만으로 만족해서는 안 된다.

지극히 단순하고 명확한 경우가 아니라면 주장과 근거보고를 직접 연결시켜서는 안 된다. 이 둘을 자연스럽게 이어주는 이유가 사이에 있어야 한다. 이유는 주장을 떠받칠 뿐만 아니라, 주장과 관련하여 독자들이 근거에서 무엇을 보고 어떻게 해석해야 하는지 알려준다. 그림으로 그리면 다음과 같을 것이다.

인용, 그림, 표, 차트 등 근거를 제시할 때 주장만 달랑 덧붙여서는 안 된다. 독자들이 근거 속에서 무엇을 찾아야 하는지 알려주는 이유가 있어야 한다.

06

The Craft of Argument

진실은 어디 있는가?
근거보고

The Locus of Your Argument: Reporting Evidence

이유를 뒷받침하는 근거로 우리는 다양한 것들을 제시할 수 있다. 신뢰할 수 있는 근거로는 무엇이 있을까? 그것들을 어떻게 보고해야 독자들에게 설득력이 있을까? 또한 이미 수집한 근거의 가치를 평가하고, 어떤 근거를 더 수집해야 하는지 판단하는 방법에 대해 생각해본다.

어떤 근거를
제시해야 할까?

근거는 다양한 방식으로 논증의 뼈대를 구성한다. 단순한 의견이나 교조적인 주장이 탄탄한 논증과 가장 크게 다른 점은 바로 근거가 부실하다는 것이다. 제대로 된 논증이라면 근거가 가장 많은 부분을 차지한다. 비판적인 사고를 하는 독자는 글에서 제시하는 근거가 충분한지, 적절한지, 신뢰할 수 있는 출처에서 수집했는지, 근거자체를 충분히 또 정확하게 보고/인용하는지 눈여겨본다. 이는 곧 논증을 판단하고 저자의 에토스를 판단하는 기준이 된다.

논증글을 읽는 독자는 누구나 자신의 의심을 해소해줄 수 있는 제대로 된 근거가 등장할 것이라고 기대한다. 직접 마주보고 토론할 때는, 근거가 충분하지 않다고 생각할 경우 상대방에게 더 많은 근거를 제시해달라고 요구하겠지만, 글을 쓸 때는 독자가 이 정도 근거로 만족할지 알 수 없다. 글 쓰는 사람은 어떤 근거를 제시해야 하는지, 얼마나 많이 제시해야 하는지, 어느 정도 수준에서 제시해야 하는지 스스로 판단할 줄 알아야 한다. 이러한 판단을 도와주는 세 가지 질문을 여기서 소개한다.

근거

이제부터 '근거'라는 단어는 근거보고와 근거자체를 모두 포괄하는 용어로 사용한다. 특별히 구분해야 할 경우에만 '근거보고', 근거자체'라는 말을 사용한다.

1. 독자들은 어떤 근거를 기대하는가?

독자가 기대하는 근거의 유형은 타겟으로 삼는 독자의 유형에 따라 달라진다. 타겟독자가 환경과학을 연구하는 학자나 교수라면 일반적인 신문기사에서 제시하는 데이터보다는 전문적인 보고서에 나오는 수질검사데이터를 인용하기를 기대할 것이다. 역사학 교수라면 교과서나 백과사전에 실린 해설이 아니라 원전에 나오는 글을 직접 인용하기를 기대할 것이다. 학문분야마다 어떤 유형의 근거를 요구하는지 여기서 일일이 알려줄 수는 없지만, 분야와 무관하게 보편적으로 적용되는 규칙은 다음과 같다.

> "익숙하지 않은 분야에 대한 글을 쓴다면, 그 분야에서는 어떤
> 근거를 비중 있게 받아들이는지 기존 구성원에게 물어보라."

가장 먼저 물어야 할 질문은, 독자들이 기대하는 근거가 경험적인 근거(숫자, 실험관찰 등)인지 '좀더 부드러운' 형태의 근거(개인적인 이야기, 현장목격보고 등)인지 묻는 것이다. 보고하고자 하는 근거의 유형은, 자신이 해결하고자 하는 문제의 유형과 잘 어울려야 한다. 예컨대 빈지드링킹에 관한 논증을 하더라도 이것이 10대 후반의 심리상태에서 비롯한 현상이라고 주장할 때, 중독에 대한 우리문화의 관대한 태도에서 비롯한 현상이라고 주장할 때, 위험을 감수하는 개인의 유전적 성향에서 비롯한 현상이라고 주장할 때, 제시해야 할 근거는 제각각 달라질 것이다.

논증을 풀어 나가고자 하는 방식이 달라지면, 거기에 맞는 근거를 찾아야만 복잡한 퍼즐을 풀 수 있다. 손쉽게 얻을 수 있는 근거를 나열해서는 안된다. 자신이 직접 목격한 놀라운 사건, 자신이 아는 사람의 행동, 빈지드링킹을 경험해본 사람과 나눈 대화 등 자신이 경험한 사실을 근거로 쓰고 싶은 유혹을 떨쳐내야 한다. '사례'는 증거가 아니다.

개인적인 경험을 근거로 사용할 수밖에 없거나 근거를 수집할 수 있는 곳이 경험밖에 없는 경우라고 해도, 자신의 이야기나 다른 사람에게서 들은 에피소드를 그대로 근거로 사용하면 안 된다. 기억은 믿을 수 있는 목격자가 아니다. 기억의 세세한 부분을 샅샅이 살피고, 대화기록이 있다면 이를 참고하고, 대화를 나눴던 사람들을 찾아다니며 자신의 기억이 맞는지 확인해야 한다. 어떠한 방법으로든 객관적으로 확인하고 뒷받침해야 한다.

2. 독자들이 주장에 얼마나 강렬하게 저항하는가?

독자들이 반박하는 주장일수록 근거를 더 많이 제시해야 한다. 다음과 같은 상황을 예로 들 수 있다.

- 기존의 믿음과 반대되는 주장을 받아들이라고 독자들에게 요구할 때
- 시간이나 노력을 들여 어떤 행동을 하라고 독자들에게 요구할 때
- 좋아하는 것을 포기하거나 다른 이들의 반대를 무릅쓰는 것과 같이 또다른 문제를 일으킬 수 있는 생각이나 행동을 하라고 독자들에게 요구할 때

이러한 상황에서는 논리 못지않게 감정도 큰 힘을 발휘한다. 유명한 정치인이 책을 썼는데, 그 내용이 모두 거짓이라는 주장을 하면서 이를 뒷받침할 근거를 제시한다고 가정해보자. 그를 지지하지 않는 이들은 어떤 근거를 제시하든 이 주장에 무조건 동조하겠지만, 그를 지지하는 이들은 어떤 근거를 내세우든 의심할 것이며 더 많은 근거, 더 납득할 만한 근거를 제시하라고 요구할 것이다. 이처럼 누군가의 믿음을 꺾고자 한다면 엄청난 근거가 필요하다.

3. 독자들이 주장을 얼마나 받아들이길 원하는가?

강렬한 주장을 독자들에게 진심으로 납득시키고자 한다면, 가장 명백한 근거를 가장 분명한 형태로 보고해야 하지만 요구수준을 낮추면 근거보고에 대한 독자들의 기대수준도 낮아질 것이다. 예컨대, 어떻게 행동하라고 요구하기보다는 단순히 동의하라고 요구하거나, 이해하고 존중해 달라고 요구할 수 있다.

낮에 일하느라 도서관을 제대로 이용하지 못하는 학생들의 경험(근거)을 토로하며 '개방시간을 늘려달라고' 요구한다면, 도서관장은 그런 근거만으로 주장을 받아들일 수 없다고 이야기할 것이다. 하지만 이러한 불편함을 느끼는 사람이 '얼마나 많은지 조사해보라고' 요구한다면, 수용할 확률이 높다.

독자에 따라 달라지는 광고

전문잡지, 스포츠잡지, 여성잡지, 10대를 위한 잡지, 지식인을 위한 잡지 등, 전혀 다른 고객을 대상으로 하는 네댓 가지 잡지의 광고를 비교해보자. 타겟독자에 따라 자신의 제품을 사게끔 하기 위해 광고하는 방식이 달라지는가? 예컨대 한 잡지 안에 실린 다양한 제품의 광고들이 제시하는 이유와 근거는 얼마나 비슷한가? 반대로, 비슷한 제품의 광고가 잡지가 달라질 때마다 광고에서 제시하는 근거가 달라지는가?

근거의 질을 판단하는
네 가지 원칙

근거를 일단 찾고 나면 그러한 근거를 독자들이 어떻게 평가할지 알아야 한다. 이것은 사실 쉬운 일이 아니다. 안타깝지만 우리 인간은 자신이 믿고 싶어하는 것을 입증해주는 근거만 받아들이는 경향이 있기 때문이다. 더 나쁜 것은, 자신의 믿음과 모순되는 주장은 무시하고 거부하고 심지어 왜곡하기도 한다. 근거에 대해 독자들이 어떤 질문을 할지 알아야 한다. 글을 쓰는 사람은 언제나 독자의 눈으로 자신의 글을 읽을 줄 알아야 한다.

독자의 기대에 충분히 부응할 수 있는 적절한 유형의 근거를 찾아냈다고 생각한다면, 이제 근거의 질을 평가할 시간이다. 물론 이 역시 독자의 관점에서 평가해야 한다. 독자가 근거를 판단하는 기준으로는 다음 네 가지 요소를 들 수 있다.

1. **정확성** accuracy
2. **구체성** precision
3. **대표성** representativeness
4. **신뢰성** reliability

이러한 기준을 독자들이 얼마나 엄격하게 적용하느냐 하는 것은 주장에 대한 이해관계에 따라 달라진다. 예컨대, 어떤 천연약초가 알츠하이머 증상을 개선한다는 새로운 주장에 대해 FDA연구원들은 수많은 반복실험을 거쳐 위 네 기준을 완벽하게 충족시켜야 한다고 대답할 것이다. 이와 반대로 알츠하이머로 고통받는 가족을 돌봐야 하는 사람들은 위 네 기준을 어느 정도만 충족시킨다 해도 쉽게 받아들일 것이다. 반면 약초생산자는 이보다 더 낮은 기준을 적용할 것이다. 근거의 적합성을 따질 때, 독자들이 던지는 질문을 하나씩 따져보자.

1. 근거보고가 정확한가?

가장 중요한 원칙이다. 하나라도 사실에서 어긋나면 논증 자체는 물론 논증을 하는 사람도 의심하기 시작할 것이다.

2. 근거보고가 구체적인가?

오하이오 인구가 100만 명에서 1억 명 사이라는 말은 100퍼센트 정확한 진술이겠지만, 이것은 아무짝에도 쓸모없는 말이다. 구체적이라고 여겨지는 수준은 근거를 사용할 목적과 분야에 따라 달라진다. 물리학자들은 100만분의 1초 동안 일어나는 입자의 변화를 측정하는 반면, 고생물학자들은 50만 년이라는 시간을 단위로 일어나는 종의 변화도 적절한 것으로 받아들인다. 따라서 근거보고가 지나치게 정밀한 것도 문제가 될 수 있다. 소비에트연방이 무너지는 과정을 설명하는 과정에서 '1991년 8월 18일 오후 2시 11분, 고르바초프가…'라고 말하는 것은 역사학자의 눈으로 볼 때 지나치게 미시적인 접근으로 보일 것이다.

근거보고를 할 때 '상당한', '많은', '약간', '다소'와 같은 막연한 수식어는 사용하지 않는 것이 좋다. 그것이 어느 정도 양을 의미하는 것인지 독자들이 궁금해 할 수 있기 때문이다.

3. 근거보고에 대표성이 있는가?

이 역시 문제의 유형에 따라 달라진다. 새로운 화학물질을 연구한다면 적은 표본만으로도 일반화할 수 있겠지만 복지정책에 대한 사람들의 인식을 조사한다면 거대한 표본집단을 조사해야 할 것이다. 화학물질은 여러 번 조사해도 그 차이가 거의 또는 전혀 없는 반면, 사람은 너무나 다양하기 때문이다. 오늘날, 일반화할 수 있는 표본집단의 규모는 통계방법에 따라 달라진다. 기본적인 원칙은, 교육을 받은 사람이라면 누구나 납득할 수 있는 수준이어야 한다는 것이다.

4. 근거보고가 신뢰할 수 있는 출처에서 나왔는가?

근거의 출처가 믿을 수 있는 것인지 판단하기 위해서는 다음 네 가지 요소를 살펴야 한다.

현재성
가장 최근 자료인가? 현재성도 분야마다 다르게 정의할 수 있다. 컴퓨터과학에서는 겨우 1년 지난 자료라도 낡은 정보로 취급한다. 철학에서는 고대의 권위자들이 언제나 타당한 의미를 지닌다. 일반적으로 말하자면, 어떤 분야든 가장 최근 성과를 참고하는 것이 바람직하다.

명성

독자들은 평판이 좋고 신뢰할 수 있고 인지도 있는 사람이 제시하는 근거를 더 쉽게 받아들인다. 아무도 들어본 적 없는 사람이 웹사이트에 게시한 데이터는 아무래도 믿기 힘들다. 물론 전문가라고 해도 모두 믿을 수 있는 것은 아니다. 라이너스 폴링Linus Pauling은 노벨화학상을 탄 인물이지만, 비타민C가 만병통치약이라는 엉터리주장을 하면서 기인 취급을 받고 있다.

학술저널이라고 해도 모두 믿을 수 있다고 생각해서는 안 된다. 근거로 삼을 만한 인용구를 찾는 경우, 그 분야에서 명성이 가장 높은 (또 가장 낮은) 저널이 무엇인지 알아야 한다. 온라인에 게재된 논문일 경우, 그것을 게재한 사람이 누구인지, 믿을 만한 사람인지 반드시 확인해야 한다. 학술저널의 공식 사이트에 게재된 것이나, 저자가 직접 게재한 것이라면 믿을 수 있다. 대학도서관이나 공공도서관의 온라인 데이터베이스에 올라온 것 역시 신뢰할 수 있다.

공정성

아무리 그 분야의 전문가라고 하더라도, 어떤 이익을 쫓아 연구결과를 왜곡하는 경우도 있다. 예컨대 얼마 전 가슴에 삽입하는 실리콘보형물의 안정성을 평가하는 심의위원회에 참여한 한 과학자가 보형물제조회사로부터 연구비를 지원받았다는 사실이 밝혀지면서, 가슴보형물에 대한 정부의 심의결과가 송두리째 의심받은 적이 있다. 물론 그 과학자는, 연구비를 받은 것은 사실이지만 그렇다고 해서 심의과정에 미친 영향은 전혀 없다고 강변했다. 하지만 이익을 앞에서 갈등하는 과학자의 모습을 상상하는 것만으로도 전체 심의의 객관성은 뿌리째 흔들리고 만다.

이런 측면에서 가장 믿을 만한 근거는, 그 근거를 제공함으로써 오히려 손해를 보는 사람이 제시한 것이다. 총에 잠금쇠를 다는 것이 안전사고를 예방하는 데 효과적이라는 주장은 오프라 윈프리가 하는 것보다 총기제조사 스미스웨슨의 CEO가 하는 것이 훨씬 의미있게 받아들여질 것이다.

자료의 수준

일반적인 원칙을 말하자면 근거는 언제나 '근거자체'에 최대한 가까워야 한다. 근거자체에 가장 가까운 것은 바로 1차출처다. 텍스트를 연구한다면 1차출처는 원본, 편지, 일기와 같은 것이 될 것이다. 물리적 현상을 연구한다면 1차출처는 '근거자체'를 관찰하고 수집한 사람이 직접 기록한 메모나 보고서가 된다. 문헌을 근거로 사용한다면 명망 있는 출판사에서 나온 최신판본이 1차출처가 되고 물리학 실험결과를 근거로 사용한다면 논문원전이 1차출처가 된다. (요약본을 사용하면 안 된다. 원전에 대해 다른 사람이 보고한 내용을 또 다시 사용해서는 더더욱 안 된다.)

근거를 보고하는 출처는 다음과 같이 나눌 수 있다.

- 1차 출처: 원전.
- 2차 출처: 1차 출처를 인용하여 보고하는 논문, 학술지, 전문서적.
- 3차 출처: 2차 출처를 인용하여 보고하는 교과서, 백과사전, 일반잡지, 대중서.

3차 출처밖에 구할 없다면 어쩔 수 없겠지만, 신중한 독자들은 3차 출처에서 인용한 내용을 신뢰할 만한 근거로 받아들이지 않는다는 사실을 명심하라. 근거의 보고의 보고의 보고는 근거자체에서 너무 멀리 떨어져있다.

근거, 에토스, 신뢰성

에드 카슨은 "폭음문화 소탕하기"에서 상대방이 제시하는 근거는 신뢰성에 문제가 있다고 지적하면서 정작 자신의 주장은 권위자의 명성으로 뒷받침한다. 이러한 근거 활용은 저자의 에토스에 어떤 영향을 미칠까?

권위를 신뢰할 수 있는가?

어느 학생이 작성한 '미국에서 총기소유'는 역사학자 마이클 버릴스의 작품에 과도하게 의존하여 주장을 펼쳐나간다. 버릴스는 치밀한 문헌조사방법으로 역사를 연구하는 학자로, 2001년까지만 해도 상당히 명성을 얻고 있었으며, 여러 학술상을 받기도 했다. 물론 그에 대한 비판자들도 있었지만, 대부분 그의 연구 자체보다는 연구의 결론에 대해 불평하는 총기소지 옹호자들이었다.

하지만 2002년 초 상황은 급변한다. 몇몇 학자들이 그의 연구방법론에 의문을 제기하기 시작한 것이다. 그들은 몇 가지 근거의 1차자료raw data를 보여달라고 요구했는데, 그는 사무실이 물에 잠기는 통에 몇몇 메모가 사라졌다고 둘러댄다. 그의 문헌연구 중 일부에 대한 비판이었을 뿐이지만, 한 역사학 학술지가 한 회분을 통째로 그의 연구에 의문을 제기하는 데 쏠을 정도로 학계에서는 심각하게 받아들였다.

결국 그가 교수로 있던 대학은 그에 대해 제기된 학술적인 부정혐의를 조사하기 위해 위원회를 소집한다. 위원회는 증거를 찾지 못해 활동을 중단했지만, 활동보고서에서 근거의 출처표기가 '빈약'하고 '허술'하며, '표면적'이며 '논제기반thesis-driven' 연구를 지속해 온 특성상 근거를 과장한 혐의가 있다고 결론을 내렸다.[•] 버릴스교수는 이후 교수직에서 사임했다.

학생의 에세이는 버릴스의 연구에 대한 의심이 널리 알려지기 전에 쓰여졌기 때문에, 그의 글을 참고한 것을 잘못이라고 할 수 없을 것이다. 하지만 지금, 그의 연구에 대한 의문이 있다는 것이 널리 알려진 상황에서 그의 글을 주요참고자료로 사용하는 것은 타당할까? 예컨대 마감이 얼마 남지 않은 시점에 논문을 거의 완성하고 난 다음에, 그러한 문제가 있다는 것을 뒤늦게 발견했다면 어떻게 해야 할까?

대학 1학년생이 그랬다면, 자신이 참고한 논문의 저자의 명성을 확인해보지 않은 것은 그의 잘못이라고 할 수 있을까? 4학년 우등생 학생이 그랬다면, 자신이 참고한 논문의 저자의 명성을 확인하지 않은 것은 그의 잘못이라고 할 수 있을까? 이러한 상황은 더 나아가, 권위자에 아예 의존해서는 안 된다는 것을 의미할까?

[•] Report of the Investigative Committee in the matter of Professor Michael Bellesiles," July 10, 2002. http://www.news.emory.edu/Releases/Final_Report.pdf

근거를 어떻게 보고해야
신뢰도를 높일 수 있을까?

리가 근거라고 제시하는 것들은 대부분 근거에 대한 '보고'이며, 또한 이러한 보고과정에서 우리는 글을 쓰는 목적과 자신의 이해관계에 맞춰 근거를 예측할 수 있는 형태로 변형한다고 앞에서 이야기했다. 따라서 다른 사람의 근거보고를 통해 근거를 수집할 때는 그것이 이미 다듬어진 것이며, 그러한 근거를 인용하여 보고하는 작업 또한 다시 한번 근거보고를 변형하는 작업이라는 사실을 명심해야 한다. 근거 '자체'를 직접 관찰하여 보고한다고 해도 약간의 '왜곡'은 피할 수 없다.

이러한 왜곡은 어쩔 수 없다고 하더라도 근거를 책임있게 보고할 수 있는 방법은 없을까? 독자들이 신뢰할 수 있도록 근거를 보고하기 위해서는 먼저 근거의 유형을 알아야 한다. 그 유형에 따라 근거를 어떤 형태로 변형할 수 있는지, 또 근거를 제시하는 가장 효과적인 방식은 무엇인지 알아야 한다.

기억의 보고

지금 이 글을 읽으면서 이 책을 느껴보라. 책의 무게를 느끼고 종이의 질감을 느껴보라. 책장을 넘길 때 나는 부스럭거리는 소리에 귀 기울여라. 킁킁거리며 냄새도 맡아보고 더 나아가 종이를 혀로 핥아 맛을 보라. 당신의 말초신경은 '세상에 실존하는 데이터' 즉 이 책이 존재한다는 믿음을 뒷받침하는 데이터를 보고한다. 이제 책을 잠시 내려놓고 먼 곳을 바라보라.

....

그 순간 이 책의 '근거-자체'는 사라진다. 심리적인 흔적을 빼고는 아무것도 남지 않는다. 시각의 흔적, 촉각의 흔적은 아직 남아있을 것이다. 종이의 맛이 혀에 아직 남아 있을지도 모른다. 바로 그 순간 '기억'은 그러한 감각데이터를 재구성하고 감각의 보고를 또 다시 재구성한다.

　우리는 대개 기억을 가장 믿을 만한 근거라고 생각한다. 자신의 감각을 통해 '직접' 경험한 기록이기 때문이다. 하지만 사실은, 근거에 대한 가장 믿을 수 '없는' 기록이 바로 기억이다. 사건에 대한 기억을 구성할 때, 우리 마음은 무의식적으로 사건을 쉽게 저장하고 쉽게 떠올릴 수 있는 형태로 변형한다. 사건을 일관된 이야기로 만들면서 몇몇 세세한 요소는 없애고 다른 요소들은 강화한다. 심지어 자연스럽게 플롯을 만들기 위해 빈 공간에 새로운 요소를 만들어 채우기도 한다.

내가 두 눈으로 똑똑히 봤다고!

한 연구에서 자동차사고를 녹화한 비디오테이프를 사람들에게 보여주고 나서 다음과 같이 물었다.

> 자동차가 부딪혔을 때 얼마나 빠르게 달렸습니까?How fast were the cars going when they bumped?
> 자동차가 충돌했을 때 얼마나 빠르게 달렸습니까?How fast were the cars going when they smashed?

사람들은 질문에 따라 자동차의 속도를 다르게 이야기했다. 심지어 피실험자들이 기억해낸 깨진 유리창의 수도 달랐다. 영상에 전혀 나오지 않는 깨진 유리창까지 '기억해내기도' 했다. 다시 말해 어떤 어휘를 사용하느냐에 따라 기억해내는 내용도 달라진 것이다.

● Elizabeth Loftus and John Palmer. "Reconstruction of Automobile Destruction: An Example of the Interaction Between Language and Memory" *Journal of Verbal Learning and Verbal Behavior* 13 (1974): 585-9.

인상적인 사건일수록 우리 기억이 사건을 왜곡할 확률은 더 높아진다. 기억을 꾸미지 않으려고 의식적으로 노력한다고 해도, 사건을 인식하는 순간부터 우리 마음은 이미 사건을 기억하기 쉽도록 변형하기 때문에 절대 원형 그대로 되살릴 수 없다. 따라서 기억을 근거를 활용할 때는 늘 신중해야 하고 다른 근거를 함께 사용하여 뒷받침하고 증명해야 한다.

에피소드

에피소드는 자신의 기억을 다른 사람들에게 더 쉽게 전달하기 위해 만들어 낸 것이다. 분명한 사실만을 인식하기 위해 노력한다고 해도 (물론 대부분 그렇지 않다.) 우리 기억은 '이야기' 형태로 사건을 다듬는다고 앞에서 말했다. 에피소드는 이러한 기억을 남에게 들려주고자 하는 이유를 뒷받침하기 위해서 더 재미있게, 더 극적이고 더 초점이 맞춰진 형태로 변형한 것이다. 이렇게 만든 이야기를 몇 번 남들에게 들려주다 보면, 에피소드는 처음·중간·끝으로 더 다듬어진 형태가 된다. 이쯤 되면 에피소드는 원래 보고하고자 하는 사건에서 상당히 멀어진 것이 될 수 있다.

생생한 에피소드는 특히 '객관적인' 숫자데이터를 포장하는 방식으로 사용하면 효과가 좋다. 창백한 통계수치를 생생한 에피소드가 꾸며줄 때 독자들은 이 숫자들을 '실제 세상 속에 존재하는' 신뢰할 수 있는 근거라고 인식한다. 마음의 눈으로 직접 보고 경험한 것으로 만들어주는 효과를 발휘한다. 다음 예를 비교해보자.

> 1a. 65살 이상 미국인의 53퍼센트는 1년 수입이 3,000만원이 넘는 반면, 15퍼센트는 700만원이 채 되지 않는다.
> 1b. 아침 9시쯤 샌프란시스코로 가는 TWA항공 1643편 승무원은 피터스

부부에게 아침식사로 오믈렛과 과일 중 무엇을 드시겠냐고 물었다. 최근 은퇴한 이 부부는 시카고의 추운 겨울날씨를 피해 샌디에이고에 있는 아들네 집으로 가는 길이다. 같은 시간에 85살이 된 윌슨씨는 시카고 남쪽 변두리에 있는 자신의 집 부엌에 앉아 5,000원짜리 두 장과 동전 몇 개를 꺼내 놓고 앞으로 2주 동안 하루에 850원으로 어떻게 살아가야 할지 계산하며 고민하고 있다. 매달 정부지원금으로 56만 5,000원을 받지만, 난방비, 전기세, 방 한 칸짜리 아파트 임대료를 내면 남는 돈이 하나도 없다. 이 할머니에게도 딸이 있기는 했지만…

개인의 경험을 의심하는 것은 곧 그 사람의 진실성을 의심하는 것과 같다. 그래서 글을 읽는 독자들 역시 에피소드로 이루어진 근거에 대해서는 진실성을 쉽게 의심하지 못한다. 내가 실제로 보고 느끼고 경험했다고 말하는 데 상대방이 그것을 의심을 한다면, 그것은 나를 거짓말쟁이로 몰아붙이는 것과 같기 때문이다. 하지만 개인의 경험은 그 사람의 마음속에 들어있는 진실일 뿐이다. 따라서 에피소드는 현실을 흥미롭게 보여주기는 하지만, 근거로 사용하기에는 적절하지 않다.

　객관적인 데이터보다 개인의 경험이 '진리'의 영혼 앞에 더욱 진실하다고 주장하는 이들도 있지만, 논증할 수 있는 주장을 뒷받침하는 근거, 독자들이 원하는 '공적인 진실'은 그러한 것이 아니다. 물론 개인적인 경험을 근거로 사용한다면 독자들이 그 진실성을 대놓고 의심하지는 않을 것이다. 다만 독자들은 그러한 논증을 개인의 '사적인 생각'에 불과하다고 판단하고 바로 덮어버리거나 사소한 논증으로 치부할 것이다. 군이 에피소드와 같은 개인적인 근거를 대야 한다면 "이것은 나의 개인적인 경험에 불과하지만…"과 같은 말로 그 한계를 분명하게 표시하라. 그리고 다른 형태의 근거를 추가하여 근거를 풍부하게 제시해야 한다. 에피소드에만 의존하면 안 된다.

권위에 호소

권위자의 말을 인용하면 그것이 곧 근거가 된다고 생각하는 사람들이 있다. 하지만 권위자의 말 또한 어떤 근거에 대한 보고일 뿐인 경우가 많으며 더 흔하게는, 자신이 하고자 하는 말을 권위자의 목소리를 빌려 한 번 더 진술하는 것에 불과한 경우가 많다. 예컨대, 아래 논증은 자신의 주장을 뒷받침하는 근거로 권위자의 말을 인용하는 형식으로 제시한다.

> 2a. 교수들에게 자신의 교수평가를 반영하도록 요구해야 한다.주장 교수평가를 꼼꼼히 읽고 챙기는 교수들이 그렇지 않은 교수보다 가르치는 방법을 개선할 확률이 더 높기 때문이다.이유 윌스에 따르면, 자기 수업에 대한 평가결과를 깊이 살펴보는 교수들이 "자신에 대한 비판을 겸허히 받아들이고 이로써 더 발전한다(J. Wills, *The Art of Teaching*, 330)."이유재진술

하지만 자세히 보면, 이 인용은 근거가 아니라 자신의 이유를 권위자의 목소리를 빌려 다시 한 번 진술하는 것에 불과하다는 것을 알 수 있다. 이 진술은 윌스가 '진짜 그런 말을 했다'는 사실을 뒷받침하는 근거에 불과할 뿐, 논증을 뒷받침하는 근거는 아니다. 따라서 권위자의 목소리를 빌린다고 해도, 논증을 뒷받침하는 근거는 여전히 필요하다.

> 2b. 교수들에게 자신의 교수평가를 반영하도록 요구해야 한다.주장 교수평가를 꼼꼼히 읽고 챙기는 교수들이 그렇지 않은 교수보다 가르치는 방법을 개선할 확률이 높기 때문이다.이유 윌스에 따르면, 자기 수업에 대한 평가결과를 깊이 살펴보는 교수들이 "자신에 대한 비판을 겸허히 받아들이고 이로써 더 발전한다(J. Wills, *The Art of Teaching*, 330)."이유재진술 윌스는 자신의 교수평가를 한 시간 이상 살펴본 교수 200명을 조사

했다. 다음 학기가 끝나고 교수평가를 실시했을 때, 이들은 평가를 살펴보지 않은 교수들보다 15퍼센트 높은 점수를 얻었다(같은 책, 333-5).

보고된 근거

이 논증은 윌스가 보고하는 근거까지 가지고 온다. 권위자가 제시하는 근거보고를 자신의 이유를 뒷받침하는 근거보고로 활용함으로써 논증을 완성한다. 이런 식으로 권위자의 글을 인용하는 것은 두 가지 혜택을 안겨준다.

- 독자들이 권위자를 신뢰하는 만큼, 나의 주장에 대한 독자의 신뢰 역시 올라간다.
- 권위자가 제시하는 근거보고를 자신의 근거보고로 활용할 경우, 권위자의 글을 읽지 않은 독자들도 권위자에 글에 최대한 다가갈 수 있도록 이끌어준다.

물론, 권위자의 근거보고를 가져올 때는 그것이 자신의 이유를 뒷받침한다는 타당성도 보여줘야 한다.

다른 사람의 보고를 의심해야 하는 이유

자신이 찾아낸 근거를 보고하는 과정에서 왜곡이 발생할 수 있다는 조언을 여전히 미심쩍게 여기는 사람들이 있을지 모른다. 실제로 근거보고의 정확성을 확인한 연구가 있다.

미국의 가장 권위있는 대학생토론대회인 NDT^{National Debate Tournament} 회의록에서 역대 토론자들이 인용한 구체적인 증언(인용구, 숫자 등)을 모두 찾아내, 일일이 그 출처와 대조하여 그 근거를 얼마나 정확하게 보고했는지 살펴보았다. 그 결과 근거보고 중 절반 이상이 틀린 것으로 밝혀졌다. (물론, 이것도 근거보고의 보고에 불과하다. 이 연구에서 수집한 증거가 정확하다고 믿는 한, 그렇다는 뜻이다.)

● Robert P. Newman and Keith R. Sanders. "A Study in the Integrity of Evidence," *Journal of the American Forensic Association* 2 (1965): 7-13.

그림, 사진, 동영상

눈에 보이는 증거는 강렬하다. '정말 일어나는 사건'을 생생하게 느낄 수 있도록 해주기 때문이다. 이야기와 마찬가지로 시각적 이미지는 데이터에 생명을 불어넣어주며 훨씬 직접적인 경험을 제공한다. 굶주리는 난민들, 학살되는 시민들의 모습을 보여주는 사진 한 장이 우리의 도덕적 각성을 촉구하는 100마디 말보다 훨씬 강렬한 힘을 발휘한다. 테러가 미국인에게 현실적인 위협으로 자리잡은 것도 9/11로 인해 3,000명 이상 죽었다는 사실 때문이 아니라 비행기가 세계무역센터로 돌진하여 폭파하는 모습, 사람들이 손을 잡고 빌딩에서 뛰어내려 죽는 모습, 건물이 폭삭 내려앉으면서 파편과 먼지 속으로 사라지는 모습을 담은 사진과 영상이 대중의 뇌리 속에 박혔기 때문이다.

이처럼 그림, 사진, 동영상, 음성녹음은 기억보다 훨씬 믿을 수 있는근거라고 여겨진다. 하지만 지금은 기술이 발전하여 이런 것들도 전문가조차 구별할 수 없을 만큼 얼마든지 조작하여 꾸며낼 수 있는 시대가 되었다. (특히 인터넷에 올라오는 것들은 무조건 의심하고 확인해야 한다.)

더 나아가, 전혀 조작을 하지 않았다고 하더라도 사진, 영상, 녹음은 그 자체로 원래 모습을 다듬고 변형한 결과물이다. 따라서 이러한 것을 근거로 제시할 때에는 그것을 누가 만들었는지, 어떤 상황에서 만들었는지 독자들에게 반드시 알려줘야 한다.

근거의 유형

캐롤 트로셋은 "학생들의 열린 토론과 비판적 사고를 가로막는 장애물"에서 인용과 통계를 근거로 제시한다. 저자는 왜 근거를 두 가지 유형이나 사용하는 것일까? 어떠한 근거가 더 신뢰를 주는가?

수량데이터, 차트, 도표

숫자를 가장 명확한 근거로 아니, 믿을 수 있는 유일한 근거로 받아들이는 사람도 있다. 실제로 숫자는 다른 무엇보다 객관적으로 보이기 때문이기도 하고, 과학자나 회계사처럼 정확성을 생명으로 하는 사람들이 기록하기 때문이기도 하다. '세상에 실존하는' 것으로 여겨지는 근거라면 셀 수 있으며, 객관적으로 수량화할 수 있다고 우리는 생각한다.

물론 수량데이터 역시 다른 근거보고처럼 그것을 기록하는 사람의 목적과 이해에 따라 변형된다. 자동차에어백의 안전성을 논증하기 위한 데이터를 수집할 때, 수량화하는 사람은 먼저 무엇을 셀 것인지 결정해야 한다. 사망자, 중상자('중상'과 '경상'은 어떤 기준으로 나눌 것인가?), 병원에 실려간 사람, 보험금을 청구한 사람 등 그 대상을 어디까지 포함시킬 것인지 선택해야 한다. 또한 그 숫자를 어떻게 체계화할지도 결정해야 한다. 전체 사망자로 할 것인지, 매년 사망자로 할 것인지, 또 1000명당 사망자, 1km당 사망자, 1회 주행당 사망자 등 다양한 방식으로 통계를 낼 수 있다. 어떤 선택을 하느냐에 따라 독자에게 미치는 영향도 미묘하게 달라진다.

예컨대 아바코와 조락스 두 회사 중 어느 곳에 투자를 할지 고민하고 있다고 가정해보자. 똑같은 데이터를 다양한 형식으로 보여줄 수 있을 때, 어떤 형식이 독자들의 판단에 가장 도움을 줄 수 있을까?

	2016		2017	
	총매출	순이익	총매출	순이익
아바코	145,979,000	32,473,000	164,892,000	32,526,000
조락스	134,670,000	25,467,000	136,798,000	39,769,000

표5.1 아바코와 조락스의 매출과 이익

이러한 표를 좀더 효과적으로 전달하는 방법은 차트를 이용하는 것이다.

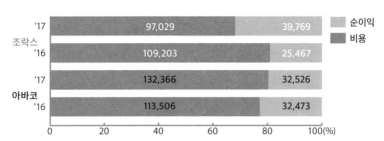

그림1. 총매출 중 순이익이 차지하는 비율, 아바코와 조락스

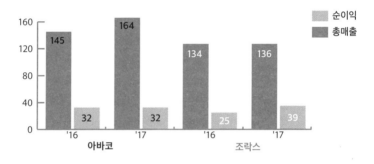

그림2. 총매출과 순이익, 아바코와 조락스

많은 사람들이 숫자데이터를 가장 '객관적'이라고 생각하지만, 이것을 말로 설명하면 데이터 전달력은 물론 데이터에 대한 신뢰성까지 떨어뜨린다. 데이터를 어떤 형식으로 전달할 것인지 선택하는 것은 철저히 '수사학적 선택'이라는 점을 명심하라. 똑같은 데이터를 보고한다고 해도 보고하는 형식에 따라 독자가 받아들이는 방식이 달라진다는 뜻이다. 따라서 근거를 어떻게 제시할 것인지 고민할 때, 독자가 기대하는 근거의 유형이 무엇인지 또 근거에 대해 독자들이 어떻게 반응하기를 바라는지를 고려하여 가장 효과적인 형식을 선택해야 한다.

숫자에 대한 잘못된 믿음

《터무니없는 거짓말과 통계》의 저자 조엘 베스트는 뉴욕타임즈와 가진 인터뷰에서 통계수치에 대해 늘 경계하는 태도를 취해야 하는 이유에 대해서 다음과 같이 말한다.

Q: "팩트는 제 스스로 증명하지 못한다"고 책에서 말씀하셨는데 어떤 의미입니까?

우리는 팩트를 손으로 집을 수 있는 돌멩이처럼 독립적으로 존재하는 어떤 실체라고 생각합니다. 하지만 전혀 그렇지 않습니다. 통계도 마찬가지입니다. 누군가 창조해낸 것입니다. 숫자는 만질 수 없습니다. 숫자가 현실을 순수하게 반영한다고 가정해서는 안 됩니다.

Q: 정확한 숫자가 부정확한 숫자로 바뀌는 과정에 대해서 자세히 설명해주십시오.

미국식욕학회American Anorexia/Bulimia Association에서 발행하는 기관지에 실린 한 논문은 "식욕부진환자가 미국에서만 15만 명에 달할 정도로 매우 상황이 심각하며, 이 증상으로 인해 죽은 사람도 있다"는 한 의사의 말을 인용하였습니다. 제가 알아본 바에 따르면, 이 말이 한 학술단행본에서 "매년 15만 명이 식욕부진으로 죽는다고 누군가 말했다"는 내용으로 바뀌어 실렸습니다. 그리고 계속 퍼져나갔지요. 이런 일이 벌어지는 과정은 간단합니다. 아마도 옮겨 적는 과정에서 실수가 일어났겠지요. 숫자가 일단 세상에 공표되고 나면 다시 되돌리기란 매우 어렵습니다.

Q: 숫자를 접했을 때 사람들이 빠지기 쉬운 가장 큰 덫은 무엇입니까?

어떤 숫자를 접했을 때 우리는 그 숫자가 무엇을 의미하는지 알고 있다고 무의식적으로 가정합니다. 이것이 바로 가장 큰 실수라고 저는 생각합니다. 실종된 아이가 어림잡아 몇 명이라고 하면, 우리는 이 아이들이 모두 낯선 사람에게 유괴되었을 것이라고 생각합니다. 아동학대가 몇 건 발생했다고 하면, 우리는 먼저 가장 최악의 상황을 떠올립니다. 하지만 이렇게 큰 숫자를 만들어내기 위해서는 다양한 현상을 상당히 폭넓게 규정해야겠죠. 이 부분을 많은 사람들이 놓치고 있는 듯합니다.

● Interview with Joel Best, author of *Damned Lies and Statistics: Untangling Numbers from the Media, Politicians, and Activists* (2001), *New York Times.* May 26, 2001: A17.

근거보고를
어느 선까지 의심할 것인가?

거와 근거보고가 객관적 사실의 문제가 아니라 동의-부동의 문제에 불과하다면, '사실'이라는 든든한 토대 위에 논증의 탑을 세워놓은 그림은 도대체 무슨 의미가 있는 것일까? 이런 의심을 하는 사람도 있을 것이다.

누구나 확인할 수 있는 명백하고 객관적인 팩트에 기반하지 않은 추론은 진실을 향한 탐구를 무의미하게 만들고 진실이 존재한다는 관념을 타락시키는 행위라고 주장하는 철학자도 있지만, 사실 우리에게 필요한 것은 완벽하고 절대적인 근거가 아니다. 중요한 것은, 우리가 최선의 논증을 만들어 낼 수 있다는 믿음, 또 우리가 도달할 수 있는 범위 내에서 근거자체를 찾아내고 그것을 최대한 공정한 방식으로 보고할 수 있다는 믿음이다. 근거에 대한 관점을 이렇게 바꾼다면 회의적 태도에 빠지는 일은 없을 것이다.

예컨대 누군가 자신의 감각에 근거하여 지구가 평평하다는 결론에 도달했다고 해보자. 하지만 그러한 믿음을 유지하기 위해서는, 자신의 믿음으로 해설할 수 없는 무수한 근거들을 계속 무시해야만 한다. 지구가 둥글다는 결론으로 이어지는 더욱 명확하고 거부할 수 없는 근거들과 이에 대한 신뢰할 수 있는 보고에 대해 눈감아야 한다.

결국 우리는 무엇이 진실인지 더 사려깊게 탐구하고, 그 결과 누구나 동의할 수 있는 '진실'에 도달하는 것이다. 이처럼 진실이 동의-부동의에 기반하여 결정된다고 하더라도, 사람들의 변덕에 따라 손바닥 뒤집듯 급작스럽게 뒤바뀔 수 있는 것은 아니다.

좀더 현실적인 상황에서, 어떤 근거를 제시해도 동의할 수 없다고 완고하게 거부하는 행동은 논의 자체를 파탄내고자 하는 사람들이 쓰는 전형적인 수법이다. 인종문제에 관한 토론에서 뉴저지 주립경찰이 백인에 비해 아프리카계 운전자를 5배 더 많이 검문했다는 데이터를 제시하며 경찰을 비판하자, 이에 맞선 한 토론참석자는 끝까지 데이터를 믿을 수 없다고 말하면서 이렇게 이야기했다.

"자신이 원하는 결과를 이끌어내기 위해 누구나 통계를 조작할 수 있다는
사실을 여러분도 잘 알지 않습니까?"

이러한 태도는 어떤 근거를 제시해도 신뢰할 수 없다고 거부함으로써, 문제를 풀기 위해 함께 노력할 것이라는 인간에 대한 선한 믿음을 깨버린다.

이처럼 어떠한 근거를 제시해도 수긍하지 않고 계속해서 "근거가 무엇이냐", "그 근거는 믿을 수 없다", "더 많은 근거를 보여달라"고 요구하는 사람이 있다면 어떻게 해야 할까? 아무것도 할 수 없다. 그런 사람은 설득할 수 없다. 함께 진실을 찾아 나가자는 제안을 뿌리친 것이기 때문이다.

거북이

인류학자 클리포드 기어츠Clifford Geertz는 한 영국사람이 인도에 가서 경험한 이야기를 들려준다. 우리가 사는 세상은 코끼리 등 위에 있다는 이야기를 듣고 영국사람이 물었다.

"그러면 코끼리는 어디에 서있는 것입니까?"
"거북이 등 위에 서있지요."
"그러면 거북이는 어디에 서있습니까?"
"또다른 거북이 등 위에 서있지요."
"그러면 그 거북이는… 어디에 서있는 것입니까?"

영국사람이 또 묻자 인도사람은 이렇게 대답했다.

"그 밑에는, 쫙 다 거북이가 서있어요!"

논증 역시 어쩌면 이와 비슷할지도 모른다. 우리가 사는 세상은 주장이고, 세상을 받치고 있는 코끼리는 이유다. 코끼리를 떠받치는 거북이는 근거다. 그런데 누군가 그 거북이는 어디에 서있느냐고 묻는다면 뭐라고 말할 수 있을까? '그 밑에는 쫙 다 거북이'라고 말할 수밖에 없을 것이다. 그 밑에 무엇이 있는지 묻는 것을 어느 순간 멈춰주기만 바랄 수밖에 없다.

진실을 능가하는 거짓의 가치?

1983년 출간된 《나, 리고베르타 멘추I, Rigoberta Menchú》는 과테말라 백인군사정권이 저지른 만행을 흥미진진한 이야기형식으로 기록한 책이다. 이 책을 쓴 리고베르타 멘추 툼 Rigoberta Menchú Tum은 인권운동가로서 노벨평화상을 받기도 했다. 이 책은 많은 미국대학에서 필독서가 되었다. 스탠포드와 같은 명문대학들이 이 책을 일반교육과정에서 꼭 읽어야 할 책으로 선정하였고, 어떤 대학에서는 셰익스피어 같은 고전을 제치고 필독서 명단에 오르기도 하였다. 하지만 이 책은 15년 뒤 예상치 못한 논란의 중심에 선다. 1998년 마야역사를 연구하는 인류학자 데이비드 스톨David Stoll이 멘추의 책에서 가장 흥미진진한 사건 몇 가지는 꾸며낸 것이라고 폭로한 것이다.

- 멘추는 자신이 노예와 다름없는 조건에서 일하며 어린 시절을 보냈고, 어른이 되어서야 비로소 스페인어를 배웠다고 책에 썼지만 실제로 어린 시절 가톨릭기숙학교를 다녔다.
- 멘추는 수많은 폭력사건들을 자신이 직접 목격한 듯 묘사했지만 사실 거의 모든 시간을 학교에서 보냈기 때문에 직접 목격한 사건은 없다.
- 멘추는 과테말라군인들이 자신의 오빠를 산 채로 태워 죽이는 장면을 목격했다고 진술했지만 과테말라군대는 실제로 그런 일을 저지른 적이 없다.
- 멘추는 또다른 오빠가 굶어 죽었다고 책에 썼지만 그런 오빠는 아예 있지도 않았다.
- 멘추는 가족 땅을 부유한 지주에게 빼앗겼다고 썼지만 실제로는 시아버지에게 빼앗겼다.

멘추는 이러한 논란에 대해 처음에는, 사소한 부주의로 인해 일어난 실수일 뿐이라고 말하며 잘못을 인정하지 않았다.

> "먼저 세상을 뜬 우리 가족들을 모두 걸고 맹세하건대, 이 책에 대해 나는 한 점도 부끄러움이 없다. 이것은 나의 진실이다." (New York Times, 1999. 1. 21.)

나중에는 자신이 정확하게 진술하지 못한 부분이 있다는 사실을 인정했으나, 여전히 이야기를 꾸며냈다는 혐의에 대해서는 인정하지 않았다. 비판자들은 매우 분노했다. 그녀가 받아야 할 상은 '노벨평화상'이 아니라 '노벨거짓말상'이었다고 비꼬았다. 그럼에도 지지자들은 여전히 그녀를 옹호했다. '더 큰 진실을 말했을 뿐'이라는 그녀의 변명을 되뇌며 비판자들을 '더 고귀한 진실'은 제쳐두고 사소한 사실에만 연연하는 방해꾼이라고 공격했다.

> "멘추는 과테말라군사정권이 저지른 만행을 세상에 알리고자 하는… 정치적인 목적을 처음부터 분명히 드러내고 이 책을 썼다. 이 책은 공정성을 기하는 사법부의 조사보고서가 아니다." (Guardian, 1998. 12. 16.)

멘추를 지지하는 사람들은 한걸음 더 나아가 진실은 전혀 중요하지 않다고 주장했다.

> "억압받았다는 사실은 그 자체로 진정성을 부여한다. 그런 사람은 함께 억압받는 동포를 위해 이야기할 자격이 있다. 중요한 것은 진실이 아니라, 억압받는 자의 침묵을 깨는 개인적, 윤리적, 경제적 동기다."

비판자들의 주장대로 멘추는 자신이 직접 보았다고 말했지만 실제로 보지 못했다. 그녀가 이야기하는 사건 중 몇 가지는 처음부터 일어나지도 않았던 일이었다. 하지만 지지자들의 주장에도 어느 정도 일리가 있다. 그녀가 묘사한 사건 중 몇 가지는 비록 그녀 자신이 직접 겪은 것이 아니라고 해도 다른 사람들이 겪은 것이다.

그렇다면 이 이야기를 '소설'로 발표했으면 되지 않았을까? 소설은 '실화'가 갖는 영향력을 발휘할 수 있었을까? 또는 처음부터 정직하게 '이것은 나에게 일어난 일이 아니라 다른 사람에게 일어난 일'이라고 밝혔다면 어땠을까? '더 큰 진실을 말하기 위해서'라는 멘추의 변명에 동의하는가? 동의하지 않는가? 그 이유를 나열해보라. 사실과 정의, 무엇이 더 중요하다고 생각하는가? '진실을 능가하는 거짓의 가치'가 존재한다고 생각하는가?

근거 보고하기

이유, 근거, 근거보고를 구별하는 가장 유용한 기술은 독자의 관점에서 글을 바라보는 것이다. 독자의 중요한 믿음을 바꾸고자 할 때, 어떤 일을 더 번거롭게 하도록 설득하고자 할 때, 새로운 문제를 유발하는 해법을 받아들이도록 설득하고자 할 때, 훨씬 타당한 근거를 더 많이 제시해야 한다. 글을 쓸 때 가장 큰 어려움은 독자를 만족시킬 수 있는 근거를 충분히 찾는 것이다. 글을 쓰는 사람은 독자가 원하는 것보다 적은 근거만 제시하고 만족하는 경향이 있기 때문이다.

근거를 충분히 찾았다고 생각한다면 근거의 질을 네 가지 측면에서 평가하라.

* 근거보고가 정확한가?
* 근거보고가 구체적인가?
* 근거보고에 대표성이 있는가?
* 근거보고가 신뢰할 수 있는 출처에서 나왔는가?

근거는 다음 중 가장 신뢰할 수 있는 방식으로만 진술해야 한다.

* 기억은 어떠한 경우에도 믿을 수 없다. 기억은 사실을 조작한다. 우리가 진실이라고 믿거나 진실이기를 바라는 것에 영향을 받을 뿐만 아니라, 이야기구조에 맞지 않는 것은 왜곡한다. 기억은 반드시 다른 근거로 뒷받침해야 한다.
* 에피소드는 기억보다 더 믿을 수 없다. 기억을 더 많이 가공하여 완벽한 이야기구조로 만들어낸 것이기 때문이다. 에피소드는 상황을 독자에게 실감나게 전달하는 좋은 수단이 될 수는 있겠지만, 절대 최선의 근거라고는 할 수 없다.

- 권위자의 말은, 권위자가 어떤 생각을 가지고 있는지 보여주는 근거에 불과하다. 내가 주장 하는 이유를 다시 진술하는 것이다. 물론 그들이 보고하는 근거를 가져다가 내 논증의 근 거로 삼는 것과는 구분해야 한다.
- 사진, 영상, 녹음은 절대 객관적이지 않다. 전혀 꾸미지 않았다 하더라도 이들이 재현하는 것은 실제사건의 한 단면을 보여주는 것에 불과하다.
- 수량데이터는 다양한 형식으로 보여줄 수 있다. 어떻게 보여주느냐에 따라 수사학적인 효 과는 달라진다.

글에서 제시하는 근거는 근거자체가 아니라 언제나 근거보고라는 점을 명심하라. 따라서 근거를 정확하게 보고하고 있다는 것을 독자 스스로 인식하게끔 해야 한다. 어떤 논증이든 독자들이 동의하는 전제와 근거에 닻을 내리고 있어야 한다.

근거를 신뢰할 수 있는 것처럼 보여주는 기술

주장을 관철시키기 위해서 자신이 제시하는 근거가 '세상에 실제로 존재한다'는 믿음을 어 떻게 심어주는지 자세히 살펴보자. 우선 실험심리학, 물리학, 경제학과 같은 복잡한 데이 터에 의존하는 교재를 펼쳐보자. 의심할 여지없는 실체적인 진실이라고 제시된 근거보고 를 찾아보라(대개 표나 그래프로 제시된다). 그 근거를 이해할 수 있는가? 그것이 외부세계 를 자명하게 보여주는 것처럼 보이는가? 이 근거를 '주어진' 것으로 인정하게 만드는, 의심 할 수 없도록 만드는 요소는 무엇인가? 이제 신문이나 잡지에서도 근거를 찾아보자. 그 다 음, TV방송에서도 찾아보자.

07

The Craft of Argument

독자의 질문에 대답하라

반론 수용과 반박

Your Reader's Role in Your Argument:
Acknowledgments and Responses

비판적 사고를 하는 독자들은 논증을 읽으면서 끊임없이 궁금증, 의심, 반대의견을 떠올린다. 독자들의 반론을 어떻게 예상할 수 있을까? 또 그것에 대해 어떻게 대응할 것인가? 독자의 질문을 언급하고 이에 대해 우호적으로 반박하는 행위는, 글을 쓴 사람의 비판적 사고의 수준을 보여준다. 독자들은 그런 사람의 논증을, 더 나아가 그런 사람을 신뢰한다.

다른 사람의 시선으로
나를 바라보라

증을 구성하는 다섯 가지 질문 중에서 세 가지 질문을 지금까지 살펴봤다. 이 세 가지 질문에 대한 대답만으로도 논증의 핵심을 완성할 수 있다.

- 주장은 무엇인가?
- 주장을 뒷받침하는 이유는 무엇인가?
- 이유를 뒷받침하는 근거는 무엇인가?

이것만으로도 독자를 설득하는 데 성공하는 경우도 있겠지만, 비판적 사고를 하는 사려깊은 독자들을 설득하기는 어렵다. 특히 논증'글'까지 써서 해결해야 하는 문제라면 그 자체로 복잡하고 찬반이 치열하게 엇갈리는 주제인 경우가 많기 때문에, 이 세 요소만으로 설득하는 것은 거의 불가능하다.

이때 필요한 것이 바로 독자의 시선을 논증 속으로 끌어들이는 것이다. 독자의 관점을 논증 속에서 언급하지 않는 것은 곧 독자를 무시한다는 느낌을 주며, 더 나아가 남의 생각에 무관심한 사람이라는 인상을 준다. 최악의 경우, 모든 사람이 똑같은 생각을 해야 한다고 생각하는 독단적인 사람으로 낙인찍힐 수 있다. 이러한 태도는 독자에게 어떠한 신뢰도 주지 못한다.

독자와 협력하고자 하는 태도, 토론과 논쟁에 열려있는 태도를 보여주고자 한다면, 논증의 세 가지 핵심을 독자의 시선으로 감싸야 한다. 바로 자신의 생각과 독자들의 생각의 차이를 스스로 인정하고 그것에 대해 반응을 하는 것이다. 그렇게 할 때 자신의 주장이, 성급하게 내린 결론이 아니라 독자의 생각까지 포함하여 관련된 모든 요소들을 사려깊게 고려한 끝에 내린 결론이라는 것을 보여줄 수 있다. 간단히 말해서, 내가 비판적 사고를 하는 신뢰할 수 있는 사람이라는 것을 증명하는 것이다.

물론 이러한 비판적 사고능력을 보여주기 위해서는 비판적인 상상력이 뒷받침되어야 한다. 독자의 관점을 수용하기 위해서는 우선, 비판적 사고를 하는 독자들이 던질 수 있는 질문이 무엇인지 혼자서 상상해낼 수 있어야 하기 때문이다.

- 내 주장에 대하여 풀리지 않은 의심, 다른 해법, 반대의견을 가진 사람들에 대해서 뭐라고 말할 것인가?
- '그렇다면 ─경우에는…'이라고 묻는 사람에게는 뭐라고 대답할 것인가?

사람들은 대개 자신이 틀릴 수 있다는 사실을 받아들이기 어려워한다. 내 주장이 완벽하지 않을 수 있다는 것을 인정하지 못하는 사람은 대부분, 자신의 주장을 의심하는 질문을 받았을 때 매우 당황한다. 누군가 그런 질문을 던지면 곧바로 방어적 자세를 취하며 어떠한 반격이든 맞받아치려고만 한다. 반면에 그런 질문에 대해 전혀 당황하지 않고, 또 느긋함을 잃지 않고 여전히 친근한 어조로 반박을 하는 사람도 있다. 그러한 능력은 어디에서 나오는 것일까?

이것은 한 순간의 임기응변이 아니다. 논증을 펼쳐 나가는 동안 자신의 생각이 틀릴 수 있는 가능성을 염두에 두고 다른 이들이 던질 수 있는 온갖 반론을 스스로 상상하며 그것에 대해 정당하게 반박하는 사고훈련을 한 사람만이 구사할 수 있는 특별한 능력이다. 이처럼 스스로 반론을 상상해내고 거기에 대해 차분하게 대답하는 사람이 펼치는 논증은 한층 넓고 깊고 탄탄할 것이 분명하다.

남의 논증 못지않게 자신의 논증에 대해서도 엄격하게 따질 줄 아는 사람이 내놓는 주장에는 무게가 실리기 마련이다. 이처럼 더 '현명하고 사려깊은 사람'이라는 인상을 에토스라고 하는데, 이러한 에토스를 꾸준히 발산하는 사람은 대부분 높은 명성을 얻는다.

문제해결에 능한 사람은 말도 조심스럽게 한다

문제해결에 능한 사람과 그렇지 못한 사람의 말하는 습관을 비교하는 연구를 했다. 그 결과, 문제해결이 서툰 사람들은 다음과 같이 단정하는 표현을 자주 사용했다.

절대로, 반드시, 언제나, 예외없이, 꼭, 모두, 전부, 무조건, 틀림없이, 분명히, 확실히, 오로지, 아무것도, ─해야 한다, ─해서는 안 된다

반면 문제를 쉽게 해결하는 사람들은 다음과 같이 불확실성을 드러내고 범위를 한정하는 말을 자주 썼다.

가끔씩, 일반적으로, 때로는, 보통, 대개, 다소, 특별히, 약간, 어느 정도, 아마도, 있을 법한, 의심스러운, 그중에서도, 다른 한편, ─할 수 있다, ─할지도 모른다, ─할 것이다.

● Dietrich Doerner. *The Logic of Failure: Recognizing and Avoiding Error in Complex Situations.* New York: Addison-Wesley, 1997.

다른 관점을 떠올리는 것이
어려운 이유

모든 질문이 '예-아니오' 또는 '찬성-반대'라는 두 가지 대답으로만 답할 수 있는 것은 아니다. 복잡한 문제일수록 무수한 해법이 나올 수 있다. 더욱이 논증에서는 주장뿐만 아니라 이유, 근거, 전제에 대해 다양한 대안이나 절충안이 존재할 수 있고, 심지어 문제를 바라보는 관점에서도 다양한 인식차가 날 수 있다. 예컨대 몇 가지 문제만 떠올려봐도 고려해야 할 것이 많다는 것을 알 수 있다.

"미국의회는 한때 노예제를 실시했던 것에 대해 사과해야 할까?"
"미국 공교육의 질은 정말 낮은 것일까?"

대화를 할 때 다른 사람의 의견이나 주장에 대해 자꾸 반대의견이나 대안을 제시하는 행동은 대화를 방해하는 것으로 보일 수 있다. 아니, 이런 행동은 실제로 대화를 방해하기도 한다. 그래서 의견이 다르더라도 상대방을 기분 나쁘게 하지 않기 위해서 마지못해 동의한다고 말하기도 하고, 더 나아가 동의하지 않는다는 것을 침묵하는 것으로 표현하기도 한다.

하지만 심각한 주제를 놓고 논증할 때는 이렇게 잠자코 있는 것은 절대 상대방을 도와주는 태도가 아니다. 논증에 참여하는 사람이라면 상대방의 주장에 대해서 대안을 제시하고 반대의견을 내세울 의무가 있다. 물론 싸우고 트집잡으려는 것이 아니라 협력하기 위해 이렇게 한다는 것을

명심해야 한다. 그럴 경우에만 비로소 타당하고 건강한 논증이 완성되는
것이다.

우리가 대안이나 반대의견을 받아들이지 못하는 이유는 네 가지를 들
수 있다. 우선 우리의 지적인 능력과 비판적 상상력의 한계에서 비롯된 이유
를 들 수 있다.

- 다른 이들의 관점이나 반론에 전혀 관심이 없다. 내 생각만 중요할 뿐 다른 사람
  의 생각은 필요없다.
- 고려해 볼 만한 다른 견해가 존재할 수 있다고 생각조차 하지 못한다. 59쪽 "비판
  적으로 사고하는 사람은 얼마나 많을까?"에서 이야기했듯이 간단한 논증을 할
  때에도 자기 생각을 남의 시선에서 바라볼 수 있는 사람은 많지 않다.

나머지 두 가지 이유는 자신이 틀릴 수 있다는 것에 대한 공포에서 비롯된
것이다.

- 남의 생각을 상상할 수는 있지만, 내가 틀릴 수 있는 것은 인정할 수 없다.
- 나의 논증에서 명확하지 않은 부분을 인정하거나 남의 논증에서 탁월한 부분을
  인정하는 것 자체가 기분 나쁘다. 그것은 곧 나의 논증을 훼손하는 것이고 나의
  완전무결함을 훼손하는 것이다.

하지만 진실은 완전히 반대다. 우리가 정작 걱정해야 할 것은, 틀리는 것이 아
니라 무례하고 독선적으로 비춰지는 것이다. 남들이 다르게 생각할 수 있다
는 사실을 인정하지 못하는 사람은 그만큼 지식이나 자신감이 부족하다는
뜻이다. 사려깊은 독자들은 이러한 사람을 금방 알아보며, 그들이 내놓는 논
증에 귀 기울이지 않는다.

우리 인간이 한결같이 저지르는 생각의 오류는 바로, 자신의 생각만 꽉

쥐고서 그것을 뒷받침할 근거를 찾는다는 것이다. 이는 나이, 지능, 교육수준은 물론 경험과도 무관하게 인간이 보편적으로 저지르는 오류다. 자신의 생각과 모순되는 근거는 무시하고, 더 나아가 자신의 견해를 뒷받침하기 위해 근거를 왜곡하기도 한다. 언제든 우리는 이러한 유혹에 쉽게 빠질 수 있기 때문에 이러한 오류를 저지르지 않도록 의식적으로 노력해야 한다.

이러한 심리적 편향성을 보완하려면 자신의 생각에 반박하는 의견을 능동적으로 찾아 나서거나, 다른 사람들이 그렇게 생각하는 이유를 찾아낼 때까지 그들의 관점을 연구해야 한다. 자신이 논증하는 주제에 대한 반론이 잘 떠오르지 않는다면, 친하지만 까다로운 친구가 곁에서 논증의 두 가지 양상에 대해 다음과 같이 꼬치꼬치 캐묻는다고 상상하라.

- 논증 자체의 타당성을 의심한다. 주장, 이유, 근거, 전제가 틀린 것은 아닌가? 또는 주장을 뒷받침하기에는 이유나 근거가 너무 부족한 것은 아닌가?
- 논증 자체에는 문제가 없더라도 여전히 불완전하게 여겨질 수 있다. 다른 주장, 다른 이유, 다른 근거, 다른 전제가 존재할 수도 있고, 근거와 전제를 다르게 해석할 수도 있다. 물론 이러한 대안적 관점을 고려하면 논증은 더 복잡해질 수도 있고, 주장의 폭을 좁혀야 할 수도 있다.

다음 17가지 질문목록을 참고하면 반대의견이나 대안을 제시하는 유익한 친구를 좀더 쉽게 상상할 수 있을 것이다.

문제와 해법을 의심하라

가장 보편적인 수준에서 독자들은 문제와 해법을 구성하는 방식에 대해 의심할 수 있다. 심지어는 논증에서 제시하는 문제가 진짜 문제인지 아닌지 의심할 수도 있다. 학생을 고객으로 대해야 하느냐 하는 문제를 놓고 슈, 앤, 라지가 나눈 대화를 떠올려보라. 75쪽 교수들의 근무시간이 너무 부족하다고 슈가 실제로 대학총장을 찾아가 이야기했다면 총장은 퉁명스럽게 다음과 같은 질문을 던졌을지도 모른다. (질문하는 사람은 대개 날카롭다는 점을 기억하라.)

1. 왜 그것을 문제라고 생각하는가? 교수를 꼭 만나야 할 때 만나지 못하는 학생이 실제로 몇이나 되는가?

2. 왜 문제가 거기 있다고 생각하는가? 정작 문제는 근무시간이 아니라 교수를 만나고자 노력하는 학생들의 의지부족 아닌가?

3. 원하는 해결책은 정확하게 무엇인가? 고객처럼 대한다는 것은 학생을 어떻게 대하라는 것인가? 우리가 정확하게 무엇을 해주기를 바라는가?

4. 주장의 한계에 대해서는 생각해 보았는가? 모든 학과, 모든 교수들이 학생을 고객으로 대해야 한다는 뜻인가? 아니면 일부만 그렇게 해야 한다는 뜻인가?

5. 다른 해법이 아닌 그 해법을 굳이 선택한 이유는 무엇인가? 학생을 의뢰인으로 대하는 모형을 채택하지 않은 것은 무엇 때문인가?

무엇보다도 가장 중요한 질문으로, 실용문제에 대한 해법일 경우 두 가지 반론을 반드시 극복해야 한다.

6. 현재 문제로 인해 발생하는 손실보다 해법을 이행함으로써 발생하는 손실이 더 크지 않다고 어떻게 확신하는가? 학생을 고객처럼 대하려면 교직원을 모두 재교육해야 한다. 이는 가능한 자원을 모두 쏟아야 하는 일이다.

7. 그 해법이 더 큰 문제를 야기하여 상황을 더 악화시키지 않는다고 어떻게 확신하는가? 학생을 고객처럼 대하면 건강한 교육의 바탕이 되는 스승-제자의 관계가 퇴색하지 않겠는가?

근거와 전제를 의심하라

문제와 해법에 대해 의심을 하고 난 다음, 독자들은 이제 이러한 주장이 제대로 뒷받침되고 있는지 의심한다. 총장은 우선 슈가 제시한 근거의 양에 대해 이렇게 물을 것이다.

> 8. 이 정도 근거만으로 충분한가? 제시한 근거라고는 한 건물의 한 층에 있는 교수실에 게시되어 있는 근무시간일 뿐이다. 고작 20여 개도 되지 않는다. 네 주장을 진지하게 받아들여주기를 바란다면 더 많은 근거를 가져와라.

이제 관심사는 근거(보고)의 질에 대한 것으로 넘어간다. 217쪽 근거의 질을 판단하는 네 가지 원칙—정확성, 구체성, 대표성, 신뢰성—참조

> 9. 정확한 근거인가? 내가 직접 가보았더니 자리를 비운 교수는 세 명밖에 없었다.
> 10.구체적인 근거인가? 교수들이 일주일에 한 시간 '정도' 자리를 지킨다고 말하는데, 그것은 너무 막연한 숫자다.
> 11. 대표성이 있는 근거인가? 이것은 같은 학과 교수실만 조사한 것이다. 다른 학과는 어떠한가? 거기도 모두 똑같은가? 그렇게 적은 시간을 근무하는 교수들은 오히려 예외적인 사례일 수 있지 않은가?
> 12. 가장 최근에 수집한 근거인가? 교수들의 근무시간은 이번 학기에 조사한 것인가, 저번 학기에 조사한 것인가?
> 13.신뢰할 수 있는 근거인가? 정말 문 앞에 게시한 근무시간에만 교수들이 학생과 면담을 하는가? 교수들에게 직접 확인해보았는가?

마지막으로 전제에 대해서도 의심할 수 있다. 283쪽. 적절한 전제인지 어떻게 판단할 수 있을까? 참조

14. 전제가 정당한가? 무언가에 대해서 돈을 내면 무조건 고객이 되는가? 어째서 그렇게 생각해야 하는가?

15. 전제가 작동하는 범위에 한계는 없는가? 무엇인가에 대해서 돈을 내면 무조건 고객이 되는가? 고용자도 직원에게 돈을 지불하지 않는가?

16. 전제가 이 주장에 제대로 적용되는가? 학생이 학교에 돈을 지불하는 것과 고객이 물건을 사기 위해 돈을 지불하는 것은 전혀 다르다. 학비를 내는 것은 가전제품을 사는 것과 다르다.

17. 전제가 일반적인 관념에 어울리는가? 상거래의 원칙을 고등교육에 적용한다는 발상은 그 자체만으로도 받아들일 수 없다.

이러한 질문은 떠오르는 대로 나열한 것이다. 어떤 주장을 펼치고자 한다면 반드시 이렇게 스스로 캐물어야 한다. 물론 직접 총장을 찾아갔다면, 직접 얼굴을 맞댄 상태에서 이렇게 거칠게 질문을 던지지는 않았을 것이다.

> "다른 학과 교수실도 가 봤니? 교수님들이 모두 그렇게 적은 시간만 근무하는 것은 아닐 수도 있잖아?"
> "물건을 사기 위해 내는 돈과 학생이 학교에 내는 돈을 같은 것으로 간주하기는 어려울 거 같은데?"

제대로 논증을 펼치고 싶다면 이처럼 공손하게 던지는 질문을 가볍게 넘겨서는 안된다. 실제로 글을 읽는 독자들은 마음속에서, 앞에서 본 것처럼 사납게 질문을 퍼부을 것이다. 어떠한 마음가짐으로 질문을 던지든, 그것은 독자로서 수행해야 할 정당한 대응을 하는 것이며, 글을 쓰는 사람은 그러한 질문을 겸허하게 수용해야 한다. 대답하고 싶지 않은 질문을 던지는 것은 논증에 참여하는 사람의 의무이며, 문제에 대한 최선의 해법을 찾을 수 있도록 도와주는 행위라는 것을 명심하라.

논증에
일관성이 있는가?

을 쓰다 보면 스스로 모순되는 진술을 하거나 명백한 반박예증을 무시하고 슬쩍 넘어가는 경우도 있다. 독자들은 논증에서 이러한 약점을 여지없이 찾아낸다.

> 의원님께서는 사용자단체의 기부금을 받으시면서, 제가 노동자단체의 기부금을 받는 것에 대해 어떻게 비난할 수 있습니까?

> TV의 폭력적인 장면은 아이들의 도덕적 성장에 아무런 해가 되지 않는다고 하면서, 성적으로 노골적인 영화만 어찌 해롭다고 말할 수 있는가?

자기 목적에 맞을 때는 전제를 적용하고 맞지 않을 때는 무시함으로써 전제를 선택적으로 적용하는 듯 보일 때, 독자들은 논증이 모순된다고 생각할 것이다. 예컨대, 영화 속에 등장하는 성행위가 아이들에게 해롭다고 주장한다면 독자들은 이 주장이 다음과 같은 보편적인 원칙 위에 기반한다고 생각할 것이다.

> 어떤 행위를 미화하여 생생하게 보여주면 아이들은 그것을 좋은 것으로 받아들이고 모방할 확률이 높다.

하지만 이 전제는 영화 속 섹스와 TV 속 폭력을 구분할 수 있는 어떠한 기준을 제시하지 않는다. 어떤 하나가 해롭다면 다른 것도 마찬가지로 해로운 것이다. 이 두 가지 행위를 구분하려면 좀더 폭이 좁은 전제를 제시해야 한다. 예컨대 다음과 같은 전제를 생각해낼 수 있을 것이다.

성에 눈을 뜨기 시작하는 사춘기 아이들은 성적인 이미지에 더 강렬하게 반응하기 때문에 폭력장면보다는 섹스장면에 더 크게 영향을 받는다.

물론 이처럼 좁은 전제를 적용하고자 한다면, 이것은 글 속에 명백하게 진술해야 할 뿐만 아니라 별도의 이유와 근거로 전제를 뒷받침해야 한다. 이렇게 구체적인 전제는 독자들이 모두 동의하는 것이 아닐 확률이 높기 때문이다.

같은 글 안에서 서로 모순되는 진술이 혼재하거나 주장을 명확하게 반박하는 주장이나 반증하는 사례가 있음에도 이를 무시하고 넘어간다면, 독자는 글쓴이를 '지적 일관성이 부재한 사람'이라고 인식할 것이다. 더욱이 이처럼 일관성없는 태도가 자신의 이해관계와 연관되어 있는 경우, 글쓴이의 에토스는 치명적으로 손상되고 만다.

- 어떤 행동을 해야 한다고 주장하는 실용논증에서, 자신에게는 적용하지 않는 원칙을 남에게만 적용할 때: 공정하지 않은 사람이라고 여겨질 것이다.
- 어떤 것에 대해 어떻게 이해해야 한다고 주장하는 개념논증에서, 원하는 해답을 얻기 위해 선택적으로 원칙을 적용할 때: 지적으로 정직하지 못한 (또는 신중하지 못한) 사람이라고 여겨질 것이다.

자신이 논증에서 어떤 원칙을 제시한다면 독자들은 그것을 비슷한 다른 상황에도 적용해본다는 것을 명심하라. 구체적인 논증에서만 적용되는 원칙을 찾고자 한다면, 이 상황과 다른 상황을 구분할 수 있는 좀더 적용범위가 좁은 원칙을 만들어야 할 것이다.

재반박을 사용하여 논증을 재진술하는 방법

아래 예문은 학부생들이 분화된 학문보다는 보편적인 지식을 공부하는 것이 훨씬 바람직하기 때문에 학부전공제도를 폐지해야 한다고 주장하는 글에서 발췌한 것이다. 글쓴이는 독자들이 떠올릴 수 있는 반론을 수용하고 이를 반박하는 과정에서 자신의 주요주장과 이를 뒷받침하는 논증의 핵심을 재진술한다. 논증이라는 측면에서 글의 전개과정을 자세히 분석해보자.

[전공교육을 폐지해야 한다는 주장을 반대하는] 또다른 이들로는, 오늘날 학생들에게 가르치는 기초교양과목이 부적절하며 보편적인 지식을 배우는 시간을 더 늘려야 한다고 동의하지만,주요주장의 일부 재진술 그럼에도 전공은 최소한으로 유지해야 한다고 주장하는 사람들을 들 수 있다. 이렇게 하면 학생들은 보편적인 교육의 이점과 분화된 교육의 이점을 모두 누릴 수 있을지 모른다.대안해법

물론 이렇게 커리큘럼을 짜면 현재의 커리큘럼보다는 나을 것이다. 아니, 상당히 개선될 것이다.대안해법의 혜택 하지만 여전히 문제는 남아있다. 이들은 깊이와는 상관없이 전공이 있다는 사실 자체가 학생들에게 진정으로 어떤 혜택을 준다고 여전히 가정한다. 이것이 바로 내가 의아하게 생각하는 부분이다재반박/주요주장의 일부 진술

주요주장
학생들에게 보편적인 지식을 더 많이 가르쳐야 한다: 글쓴이는 여기서 반대의견을 제기하는 사람들도 이러한 자신의 주장을 일부분 수용한다고 생각한다.

대안
전공을 완전히 폐지하자는 것이 아니라, 줄이자는 것이다: 글쓴이는 자신의 주장에 반대하는 대안을 진술한다. 물론 이 대안도 일부분 자신의 주장을 반영한 것이다.

반박/주장
분화된 교육은 학생들에게 도움이 되지 않는다: 대안에 대한 반박으로 글쓴이는 대안이 받아들이지 않는 자기 주장의 나머지 부분을 간접적으로 재진술한다.

다양한 분야에 조금은 얕더라도 상당한 정도로 파고드는 것 역시 전공을 깊이 파고드는 것에 비해 결코 쉬운 일이 아니다. 재반박을 뒷받침하는 이유1 재진술/주요주장 또한 전공을 파고듦으로써 익히는 사고과정은 어떤 자산이 되기는커녕, 오히려 한계로 작동한다. 하나의 관점에서 좁은 시야로 사물을 보게 되기 때문이다. 이유2의 재진술

또한 많은 학생들이 전공을 결정할 만큼 충분히 고민하지 않은 상태로 대학에 들어오며, 전공 관련 내용은 어차피 대학원에 가면 다시 배워야 한다. 따라서 취업을 준비하는 학생들은 굳이 전공을 가질 필요가 없다. 이유3의 재진술 이러한 상황을 미뤄볼 때 학생들에게 전공을 갖도록 요구하는 이유가 무엇인지 매우 의심스럽다. 이 모든 것들이 전공을 없애야 할 매우 강렬하면서도 타당한 근거다.

물론 전공을 완전히 없애자는 의미는 아니다. 한계 수용 다만, 모든 학생들에게 전공을 갖도록 요구해서는 안 된다는 이야기다. 주요주장의 재진술 엔지니어링, 건축, 또는 그 밖의 분야에 분명하고도 강렬하게 끌리는 학생들은 전공을 가져야 할 것이다…[하지만] 그렇지 않은 학생들에게는, 분화된 교육을 강요할 어떠한 이유도 없다.

반박을 뒷받침하는 이유 재진술
분화된 교육이 도움되지 않는 세 가지 이유

주장 재진술
분화된 교육에서 더 큰 도움을 얻는 학생도 일부 있을 것이다. 그렇지 않은 학생들에게는 분화된 교육을 강요해서는 안 된다: 마지막으로 자신의 주장의 한계를 인정하면서도 자신의 주장을 다시 진술한다.

● William Casement. "Do College Students Need a Major?" *Academic Questions*. Summer 1998.

253

반론에 대해
반박하기

자신과 다른 관점을 명시적으로 수용하는 것은, 독자의 질문이나 반론을 존중하며 그러한 의견을 환영한다는 것을 독자들에게 알려주는 것이다. 하지만 그러한 반론에 대해서 단순히 자신의 주장을 되풀이하는 것이 아니라 그에 걸맞은 이유와 근거를 추가함으로써 반박을 한다면 더욱 독자를 배려하고 존중한다는 것을 일깨워줄 수 있다.

대학이 단순한 설문조사보다 한 차원 높은 수준의 강의평가를 개발하는 데 투자를 해야 한다고 주장하는 논증의 일부분을 보자.

…교수들에게 자신의 강의에 대한 평가정보를 더 많이 제공할 수 있다면 강의의 질은 계속해서 나아질 것이다.

물론 "교수들 스스로 강의방식을 개선하고자 하는 의욕이 없다면, 우리가 평가를 한다고 해서 무슨 소용이 있겠는가?"라고 묻는 학생도 있을 것이다.반대의견 수용 하지만 그러한 생각은 냉소적인 관점일 뿐이다. 우리는 대다수의 교수들이 교육의 질을 높이는 데 관심이 있다고 믿는다.반대의견에 대한 부분반박 그런 지적이 옳다고 하더라도반대의견 부분수용 우리가 더 수집하고자 하는 정보는 학생들의 불평불만 이상의 것이다. 그러한 정보를 문서로 전달하면 교수들은 결코 무시하지 못할 것이다.반박/주장

다른 분야에서는 이미 이러한 평가방식을 많이 사용하고 있다. 의사, 항공사, 자동차정비사들은 자신의 제품이나 서비스에 어떤 문제가 있는지 알

아내 업무의 질을 개선하려고 노력한다.이유 예컨대 대학병원들은 서비스의 질에 대한 평가자료를 대중에게 공개한다. 평가결과가 나쁘면 곧 병원에 대한 이미지가 나빠지고 이로써 사업상 손실로 이어진다. 반대로 평가결과가 좋으면 이로써 얻은 명성을 TV에 광고하여 수익으로 창출하는 데 사용한다.근거보고 이처럼 자신이 하는 일의 부족한 점을 공개하면 누구나 그것을 개선하기 위해 노력할 것이다.전제

글쓴이는 자신의 동료들이 제기할 반대의견을 분명하게 언급하면서 그러한 반론이 부분적으로 옳을 수 있다고 인정한다. 하지만 이러한 반론에 대해 곧바로 이유, 근거, 전제를 동원하여 반박하고 왜 그것이 이 경우에 적용되지 않는지 보여준다.

하지만 이러한 반박에 독자들이 또 다시 반박할 수도 있다. 더욱 냉소적인 독자는 대학교수와 항공사를 어떻게 비교할 수 있냐고 따질 수도 있다.

하지만 교수는 항공사와 다르다. 교수는 임기가 있고 해직할 수 없다. 또한 대학은 돈을 버는 조직이 아니다. 이러한 비유는 맞지 않다.

이러한 반론을 상상한다면, 다음 논증을 덧붙여 반박할 수 있다.

물론, 종신교수는 의사나 항공사와는 다르다. 교수는 고객들의 승인을 받지 않아도 자신이 하는 일을 유지해나갈 수 있기 때문이다.한계수용 하지만 대학에서 녹을 받는 교수라면, 대학이 학생들을 끌어들이기 위해 어떤 노력을 기울이는지 이해해야 한다.반박/주장 국립대학이라고 해도 학생들이 내는 학비가 학교를 운영하는 데 큰 비중을 차지한다.이유 작년에 재정상태가 열악했음에도 교수들의 급여를 인상해줄 수 있었던 것은 학생들이 낸 학비 덕분이다.근거보고 학생은 대학을 마음껏 선택할 수 있다.이유 이들이 어떤 학교

에 진학할지 결정할 때 교수의 질을 고려하는 것은 당연하다. 전제

물론 이러한 반박에 대해서도 반론을 펴는 사람이 있을 것이다. 하지만 어떤 지점에서는 멈춰야 한다. 모든 반론에 대해 일일이 대답하기에는 우리 인생은 너무 짧고 지면도 너무 좁다. 하지만 모든 반론에 대답을 할 필요는 없지만 '어떤 반론이라도 고려할 만큼 나는 사려깊은 사람'이라는 점은 논증에서 충분히 보여주어야 한다.

때로는 반박할 수 없는 반론과 마주치는 경우도 있다. 이럴 때는 어떻게 해야 할까? 우리가 해줄 수 있는 조언은, 투박해 보일지도 모르지만 가장 현실적인 방법이다. 어떤 반론으로 인해 논증이 완전히 뒤집어질 수 있다면, 그런 논증은 접어야 한다. 반면, 논증을 뒤흔들 만큼 강력하지 않다면 논증의 한계를 정직하게 인정하라. 그런 다음 이러한 결함을 보상할 수 있는 혜택을 진술함으로써 균형을 잡으면 논증의 가치는 살아난다.

> 물론 모든 교수들이 이러한 평가를 심각하게 받아들이지는 않을 것이다. 하지만 그렇다고 해도 상당한 의견을 모을 수 있다면…

부인할 수 없는 사실을 인정하는 것은 타당한 불확실성에 대응하는 매우 사려깊은 태도로 비춰질 것이다.

자신의 주장에 대한 대안, 반론, 의심을 스스로 생각해내고 이에 반박하는 능력을 보여주는 것은 우리의 태도, 더 나아가 우리의 사람됨을 분명하게 보여 줄 수 있는 가장 좋은 길이다. 물론, 한결같이 이러한 에토스를 발산하기는 힘들 것이다. 하지만 가끔이라도 이러한 태도를 취한다면, 자신의 논증에 신뢰를 더해줄 뿐만 아니라, 자기 자신에 대한 신뢰도 높일 수 있다. 특히 잘못된 반론은 물론 근거없는 의심 대해서도 차분하게 반박한다면 그러한 신뢰를 더 깊이 심어줄 수 있다.

반론 수용과 전쟁

카밀 파글리아의 "술병 속에 진리가 있나니"는 독자의 관점에 대해서는 전혀 언급하지 않고 더 나아가 자신과 다른 생각을 가진 사람들을 도발하는 듯한 말투로 주장을 펼친다. 이러한 전략은 저자의 에토스에 어떤 영향을 미칠까?

반론 수용과 협력

크레이그 스웬슨의 "고객과 시장"은 파글리아와는 정반대로 반론을 폭넓게 수용하고 이에 대해 반박하면서 자신의 주장도 어느 정도 한정한다. 반론을 너그럽게 수용하면서도 자신의 주장을 펼쳐 나가는 기술을 눈여겨보자.

발등에 떨어진 불

과제마감일을 코앞에 두고 자신의 논증을 뒤집는 반대견해를 발견했다. 이 반대의견에 어떻게 반박을 해야 할지 아무런 생각도 나지 않는다. 자신이 그 동안 고생하여 세운 논증이 전부 잘못되었다는 것이 분명해졌다. 어떻게 해야 할까? 이것은 윤리적인 문제이기도 하지만, 현실적으로 흔하게 겪을 수 있는 일상적인 문제이기도 하다. 윤리적 측면에서, 이러한 반대의견을 밝혀야 할까? 숨겨야 할까? 왜 그래야 하는가? 현실적인 측면에서, 논증을 뒤집는 반대견해를 발견했는데 그것을 반영하기에는 너무 늦어서 그냥 제출한다는 사실을 교수님에게 이야기하는 것이 좋을까? 아니면 모른 척 잠자코 과제물을 그냥 제출하고, 교수님이 모르고 지나가기만을 바라는 것이 좋을까? 어떻게 대처하는 것이 최선의 에토스를 투사할 수 있다고 생각하는가?

반론을 수용하고 반박하기

자신과 다른 견해를 얼마나 솔직하게 수용하고 반박하는지 보면, 글쓴이의 생각의 수준을 그대로 알 수 있다. 물론, 자신의 주장에 대한 반론을 스스로 찾아내는 것은 결코 쉬운 일이 아니다. 독자들의 의심과 반론을 예측하기 위해서는 논증의 다음 두 가지 측면을 고려해야 한다.

- 논증 내적 측면: 주장, 이유, 근거, 전제에 오류가 없는지 의심하라.
- 논증 외적 측면: 내가 제시한 것과는 다른 주장, 이유, 근거는 없는지, 문제를 다르게 바라보는 관점이나 방식은 없는지 의심하라.

문제와 해법의 프레임을 짜는 방식에 대해서도 독자들은 의문을 품을 수 있다.

1. 왜 이 문제가 중요하다고 생각하는가?
2. 왜 저것이 아니라 이것이 문제라고 생각하는가?
3. 독자에게 받아들이라고 요구하는 주장은 정확하게 어떻게 하라는 뜻인가?
4. 주장이 적용되지 않는 예외상황에 대해서 생각해보았는가?
5. 왜 이 해법이 다른 해법보다 낫다고 생각하는가?
6. 해법이 유발하는 손실이 문제가 유발하는 손실보다 크지 않다고 어떻게 확신하는가?
7. 이 해법이 새로운 문제를 유발하지 않는다고 어떻게 확신하는가?

독자들은 또한 근거를 의심할 수도 있다. 근거가 충분한지, 유효한지, 정확한지, 구체적인지, 대표적인지, 권위가 있는지 의심할 수 있다. 전제 또한 진실한지, 지나치게 광범위한지, 이유와 주장에 제대로 적용되는지, 독자가 공유하는 문화에 적절한 것인지 의심할 수 있다.

08

The Craft of Argument

08

숨어있는 논리를 찾아라
전제

The Logic of Your Argument: Warranting Claims and Reasons

가끔은 주장과 이유 사이에 논리적 연관성을 의심하는 독자도 있다. 믿을 만한 근거로 이유를 뒷받침한다고 해도, 그것이 주장과 어떻게 연결되는지 독자들이 알지 못하면 아무 소용없다. 이처럼 주장과 이유, 또는 이유와 근거의 관계를 독자들이 의심할 것이라고 여겨질 때는 전제로써 이들 사이에 어떤 연관성이 있는지 보여줘야 한다.

주장과 이유 사이에
숨어있는 논리

독자들이 던질 수 있는 질문을 미리 생각해내고 이에 대해서 대답할 때 더 효과적인 논증을 만들어낼 수 있다. 독자들은 우선 글쓴이의 생각이 무엇인지 알고 싶어한다. 주장이 무엇인지, 왜 그렇게 생각하는지, 근거가 무엇인지 파악한다. 그러한 과정에서 납득하지 못하거나 이해하지 못하는 사람도 있을 것이며, 반대하는 사람도 있을 것이며 다른 관점으로 접근하는 사람도 있을 것이다. 그러한 독자들의 생각을 스스로 상상해내고 그 목소리를 자신의 논증 속에 반영함으로써 그들을 논증 속으로 끌어들일 수 있다. 이처럼 비판적 대화를 주고받는 것을 성가시다고 생각하는 사람도 있겠지만 이는 독자와 눈높이를 맞출 수 있는 소중한 기회가 될 뿐만 아니라, 자신의 생각을 남의 시선에서 논증을 더 탄탄하고 설득력있게 만드는 기회를 제공한다.

그런데 독자가 던지는 질문 중에서도 가장 대답하기에 난처한 질문이 있다. 논증을 펼치는 사람도 대부분 논증과정에서 자각하지 못하기 때문에, 이에 대한 질문이 나왔을 때 당황할 수 있고, 때로는 대답하기 어려울 수도 있다. 바로 논증을 뒷받침하는 보편적인 논리와 가정에 대해 묻는 것이다. 우리가 제시하는 이유, 근거, 반박에 대해 독자들이 이해했다고 하더라도 그것이 어떻게 결론으로 연결되는지 이해하지 못한다면, 논증은 실패하고 만다. 슈의 논증을 다시 예로 들어보자.

슈: 학교가 우릴 학생으로만 생각하지 말고 고객처럼 대우해줘야 한다고 생각해… 우린 교육을 받기 위해 상당히 많은 돈을 내지만 비슷한 돈을 내는 고객들에 비하면 우리가 받는 관심수준은 한참 떨어지거든.

라지는 슈의 주장에 대해 대부분 동의한다. 하지만 어느 대목에서 날카로운 질문을 던진다. 이것은 라지가 말하는 내용에 대해서 묻는 것이 아니라 논리를 이어 나가는 방식의 정당성에 대해서 묻는 것이다.

라지: 잘 이해가 안 가는데… 학비를 내는 것과 고객이 되는 것은 무슨 관련이 있는 거지?

이 질문은 슈의 논리프로세스의 핵심을 뚫고 들어간다. 어쨌든 그녀는 다음과 같이 대답한다.

슈: 어떤 서비스든 돈을 내야 살 수 있지? 무언가 돈을 내고 산다는 것은 곧 우리가 고객이 된다는 뜻이야. 우리도 교육을 받기 위해 등록금을 내잖아. 그러니까 학생도 고객이고, 고객처럼 대우받아야 해.

슈는 라지의 질문에 대해, 추론을 전개해 나가기 위해 자신이 의존하는 보편적인 논리원칙을 명시적으로 진술함으로써 대답한다. 이 보편적인 진술은 구체적인 이유(학비를 낸다.)가 구체적인 주장(따라서 우리는 고객이다.)로 어떻게 연결되는지를 설명한다. 이처럼 논증의 프로세스를 통제하는 보편적인 논리원칙을 우리는 '전제'라고 부른다.

슈가 자신의 논증을 글로만 썼다면, 독자가 이런 질문을 할 것이라고 상상할 수 있었을까? '학비를 내면 고객이 된다'는 논리적 연결성을 의심하는 사람이 있을 것이라고 상상하지 못했을 것이다. 하지만 독자 중 어느 한 사람이라도 라지와 같은 의심을 할 수 있다.

"잠깐, 이게 말이 되는 건가? 그렇게 이어지는 것 같아 보이지 않는데."

누군가 이런 의심을 하는 순간, 논증은 실패한다. 근거가 이유를, 이유가 주장을 제대로 받쳐준다고 독자들이 동의할 때에만 논증은 성공할 수 있다. 그렇게 하기 위해서는 그러한 연결고리를 만드는 논리적 원리를 인식할 수 있어야 하고, 그렇지 못할 경우 명시적으로 설명해야 한다.

이유와 주장을 연결해주는 논리를 대중이 이해하지 못해 논증이 실패한 실제사례를 살펴보자. 1960년대 처음 출시된 다이어트소다는 상당한 인기를 끌었다. 당시, 몇몇 과학자들은 이 음료에 사용된 감미료 시클라메이트가 암을 유발할 수 있다고 경고하는 글을 발표했다.

다이어트소다에 단맛을 내는 시클라메이트는 암을 유발하는 것으로 여겨진다.주장 시클라메이트를 다량 섭취한 실험쥐들에게서 암 발생률이 높아지는 증상이 나타났기 때문이다.이유 그 연관성을 입증하는 데이터는…근거

하지만 사람들은 아무런 반응도 하지 않았다. 쥐들이 시클라메이트를 섭취했을 때 암이 더 많이 발생했다는 사실에 반박하는 사람도 없었다. 문제는, 쥐의 건강과 인간의 건강 사이에 어떤 논리적 연관성이 있는지 사람들이 전혀 이해하지 못했던 것이다. 이것하고 그것하고 무슨 상관인가?

과학자들은 이유(쥐에게 암이 발생한다.)와 주장(다이어트소다를 많이 마시면 암이 발생할 수 있다.)을 연결해주는 일반원칙을 명시적으로 진술해야 한다는 것을 뒤늦게 깨달았다. 사실 이 원칙은 과학자라면 누구나 동의하는 뻔한 주장이기 때문에, 과학자들 사이에서는 그것을 명시적으로 진술할 필요가 전혀 없었다.

무수한 연구에 기반하여 우리가 밝혀낸 사실은, 어떤 물질을 실험쥐가 다량 섭취했을 때 암이 발생했다면, 그 물질을 인간이 소량만 섭취해도 암이 발생할 수 있다는 것이다.

지금은 어떤 것이 동물에게 나쁘다면, 당연히 인간에게도 나쁠 것이라고 사람들은 생각하지만, 1960년대 보통사람들은 그러한 주장을 대부분 믿지 않았다. 반면, 과학자들에게는 너무나 당연한 것이기 때문에 제대로 설명할 생각을 하지 않았다. 결국 대중들은 과학자들의 주장이 무슨 의미인지 이해하지 못했으며, 암을 유발할 수 있다는 경고가 나온 뒤 다이어트소다는 오히려 더 많이 팔려 나갔다.

이것은 과학자들의 논증이 잘못되었거나 '논리적이지 않았기' 때문에 발생한 일이 아니었다. 이 보편적 원칙을 공유하는 전문가들끼리는 충분히 납득할 수 있는 훌륭한 논증이었다. 문제는, 추론의 원칙을 사람들이 이해하지 못할 것이라고는 미처 생각하지 못했던 것이다. 모든 사람이 자기들처럼 생각할 것이라고 가정했다. 자신들이 암묵적으로 공유하는 가정을 대중도 모두 공유하고 있을 것이라고 생각해서 굳이 말하지 않아도 된다고 생각한 것이다. 우리가 논증을 펼칠 때 늘 주의해야 하는 문제다.

독자가 나처럼 생각하지 않을 가능성을 늘 고려해야 한다. 시클라메이트의 위험성에 대한 이야기를 듣고도 아무렇지 않게 생각하는 사람들처럼 내 글을 읽는 독자도 그런 생각을 할 수 있다는 것을 늘 염두에 두어야 한다.

> "이유는 사실에 근거한 것이 맞는 것 같아. 하지만 그게 왜 주장을 뒷받침하는지 모르겠어. 둘이 어떻게 연결되는 거지?"

독자가 이런 질문을 할 수 있다고 여겨진다면 논리적 연결성을 보여주는 보편적인 원칙, 즉 '전제'를 명시적으로 제시해야 한다. 시클라메이트에 대한 논증과 마찬가지로 전제 역할을 하는 보편적 원칙을 독자들이 이해하지 못하거나 납득하지 못한다면, 이 원칙을 뒷받침하는 논증을 별도로 짜야 한다.

8장에서는 전제가 어떻게 작동하는지, 전제를 언제 명시적으로 제시해야 하는지, 전제를 어떻게 제시해야 독자가 납득할 수 있는지 자세히 설명한다. 모든 논증이 전제를 명시해야 하는 것은 아니지만, 전제를 명시해야 할 때 그것이 어떻게 작동하는지 이해하지 못하면 논증 자체가 허물어질 수 있다.

내가 하면 로맨스, 네가 하면 불륜

나는 갱스터랩에 대해 반대한다. 그래서 다음과 같이 주장했다.

> 일반적으로 우리는 창작자들이 만들어낸 예술적 산물을 합법적인 예술적 표현으로 받아들여야 한다. 하지만 그것이 폭력적인 행위를 북돋는다면 이야기가 달라진다. 다시 말해서, 예술형식이 폭력성을 북돋는다면, 어떠한 상황에서도 허용되어서는 안 된다.

누군가 이렇게 반박을 했다.

> "믿는 사람들은 군병 같으니 우리 함께 전장으로 나갑시다."는 들어본 적 있는가? 이걸 교회에서 찬송가로 부르는 것에 대해서는 어떻게 생각하는가?

이제 어떻게 반박할 것인가?

전제는
어떻게 생겼을까?

전제의 형식이나 길이는 다양하지만 언제나 두 부분으로 되어있다. 앞부분은 '보편적인 상황'을 진술한다.

> 겨울철 도로가 미끄럽다.파트1: 보편적 조건

뒷부분은 보편적인 상황에서 추론할 수 있는 '보편적인 결론'을 진술한다.

> 4륜구동 자동차가 필요하다.파트2: 보편적 결과

이 두 부분을 한데 모으면, 추론의 보편적인 원칙을 명시적으로 진술하는 문장이 드러난다.

> 겨울철 도로가 미끄러울 때보편적 조건 4륜구동 자동차가 필요하다.보편적 결과

이러한 연결성이 겉으로 드러나지 않는 방식으로 진술할 수도 있다.

> 겨울철 도로에서는보편적 조건 4륜구동 자동차가 필요하다.보편적 결과

순서를 뒤바꿀 수도 있다.

4륜구동 자동차는 {겨울철 도로에서}보편적 조건 필요하다.보편적 결과

전제를 진술하는 특정한 형식은 없다. 하지만 여기서는 설명을 쉽게 하기 위해서 전제를 진술하는 형식을 통일한다. 우리는 전제를 다음과 같은 형식으로 쓸 것이다. (실제로 이렇게 써야 한다는 뜻이 아니라는 것을 명심하라.)

X라면 언제나 Y다.

때로는 약간씩 표현이 달라질 수도 있지만 핵심은 앞의 상황(-라면)에서는 뒤의 결론(-이다)이 반드시 나와야 한다는 것이다. 물론 이러한 명제를 적용할 수 있는 상황은 매우 드물다. 실제로 전제는 대부분 속담과 같이 우리에게 친숙한 내용을 담고 있다.

고양이가 없으면 쥐들이 날뛰기 마련이다.

이 전제는 다음과 같은 도식으로 그릴 수 있다.

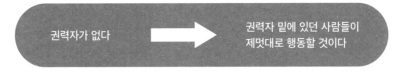

이러한 '보편적인' 원칙에 동의한다면 권력자가 없는 '구체적인' 상황을 권력자 밑에 있던 사람들이 제멋대로 행동하는 '구체적인' 결론으로 연결할 수 있다.

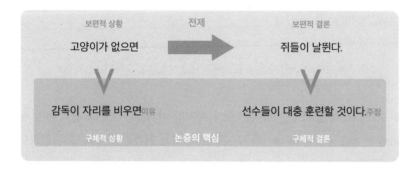

∨ 표시는 논증에서 이야기하는 구체적인 상황/결론이 전제의 보편적인 상황/결론의 한 예로 적절하다는 것을 표시한다. (적절하지 않은 사례는 뒤에서 볼 것이다.) 독자들이 주장과 이유를 연결하지 못할 수 있다고 여겨질 때는, 그것이 어떻게 연결되는지 전제를 활용해 알려주어야 한다.

전제와 이유는 어떻게 다른가?

언뜻 보면 전제는 이유와 매우 비슷해 보이기 때문에 구분하기 어려운 경우가 많다. 다음 논증을 보자.

> 프랭클린 루즈벨트가 휠체어를 탄 채 사진을 찍거나 대중 앞에 나타나지는 않았지만 그를 기념하는 조형물은 휠체어에 앉아 있는 모습으로 만들어야 한다.주장 그는 상당한 장애를 극복하고 위대한 지도자가 되었으며뒷받침진술1 위대한 지도자는 그 업적 못지않게 극복해온 난관까지 반드시 기념해야 하기 때문이다.뒷받침진술2

여기서 두 뒷받침진술은 모두 이유처럼 보인다. 사실, 일상대화에서는 이 두 가지를 모두 이유로 진술해도 크게 이상하지 않다.

프랭클린 루즈벨트의 조형물은 휠체어에 앉아 있는 모습으로 만들어야 한다.주장 첫 번째 이유는 상당한 장애를 극복하고 위대한 지도자가 되었기 때문이고뒷받침진술1 두 번째 이유는 위대한 지도자는 그 업적 못지않게 극복해온 난관까지 반드시 기념해야 하기 때문이다.뒷받침진술2

하지만 가만히 보면 이 두 진술은 주장을 다른 방식으로 뒷받침한다는 것을 알 수 있다. 논증이 어떻게 작동하는지 이해하기 위해서 우리는 이 두 진술을 다른 이름을 붙여 구분한다.

- 진술1은 루즈벨트에게만 해당되는 내용이다. 휠체어에 탄 루즈벨트의 모습을 조형물에 담아야 한다는 '구체적인' 주장을 뒷받침하는 '구체적인' 이유다.
- 진술2는 루즈벨트나 그의 조형물과 같은 구체적인 대상과 전혀 관련이 없다. 위대한 지도자라면 누구든, 그가 극복해온 난관이 무엇이든, 기념해야 한다는 보편적인 원칙을 진술한다. 하지만 루즈벨트가 상당한 장애를 극복한 위대한 지도자라는 데 우리가 동의한다면, 이러한 보편적인 진술은 주장을 뒷받침한다. 이러한 보편적인 원칙을 우리는 '전제'라고 부른다.

전제 vs 이유

일상적인 대화에서는 전제를 이유라고 불러도 크게 문제되지 않는다. 전제는 어쨌든 이유와 주장을 이어주는 '이유'이기 때문이다. 우리가 가르친 어떤 학생은 전제를 '확장이유 extended reason'라는 이름으로 부르기도 했는데, 실제로 이 말이 전제의 기능을 어느 정도 설명한다. 전제는 그 세력범위를 '확장'함으로써 이유와 주장을 하나로 묶어주기 때문이다. 또 이렇게 묻는 학생도 있었다.

"전제는 이유와 주장을 그저 형식만 다르게 해서 재진술하는 것 아닌가요?"

그렇지 않다. 전제는 이유와 주장은 물론 그보다 훨씬 큰 개념영역까지 포함한다. 여기에는 무수히 많은 이유와 주장이 포함될 수 있다. 우리가 아는 지도자, 그들이 극복한 난관만이 아니라, 우리가 알지 못하는 무수한 지도자와 난관들은 물론, 앞으로 나올 지도자와 난관들까지 모두 포함된다.

도움을 받았으면 은혜를 갚아야지

"X가 사실이라면 Y를 해야 한다"라는 전제의 뼈대에 맞춰 아래 속담을 바꿔보고 X와 Y의 관계를 살펴보자. 원인-결과, 결과-원인, 외형-실제, 또 그 밖에 어떤 관계가 있을까? 또 이런 속담에는 어떤 한계가 숨어있을까?

> 아니 땐 굴뚝에 연기 나랴.
> 어물전 망신은 꼴뚜기가 시킨다.
> 겉표지만 보고 책을 판단하지 말라.
> 돌다리도 두드려보고 건너라.
> 백 번 들어도 한 번 보느니만 못하다.

전제는
어떻게 작동할까?

레아는 새로 이사 갈 집에 대해 타릭에게 이야기한다.

> 레아: 정말 운이 좋았던 거 같아. 늘 북적대는 문명에서 몇 킬로미터 벗어나 산 속에 위치한 멋진 집을 찾았어. 울창한 숲속에서 사는 게 내 꿈이었 거든.
>
> 타릭: 좋구나. 그러면 4륜구동 자동차가 필요할 텐데.주장 겨울철 경사로는 정말 미끄럽거든.이유
>
> 레아: 그렇구나. 조언 정말 고마워.

이유로 뒷받침하는 주장을 펼치거나 그런 주장을 받아들일 때 우리는 주장과 이유가 일반적인 추론의 원리로 연결되어 있다고 생각한다. 이 경우, 추론 원리는 세상에 대한 경험에 기초한 것이다.

> '도로상황이 좋지 않은 곳에 산다면, 그런 도로를 달릴 수 있는 자동차가 필요하다.'

타릭이 제시한 이유에 레아도 동의하기 때문에, 그것이 주장을 뒷받침한다고 곧바로 인정한다. 하지만 늘 그런 것은 아니다. 그런 경우에 우리는 이런 질문을 던진다.

'어떻게 그 이유가 그런 결론으로 이어지는 거지?'

이번에 타릭은 레아에게 다른 조언을 한다.

> 타릭: 숲 속에서 혼자 살거면이유 총도 하나 장만해야 할 걸.주장
> 레아: 나는 총을 좋아하지 않아. 혼자 산다고 해서 왜 총을 사야하지?

이 경우 레아는 숲 속에 사는 것이 왜 총을 사야 하는 이유가 되는지 이해하지 못한다. 레아를 설득하려면 이유와 주장을 연결해주는 일반원칙을 설명해야 한다.

> 타릭: 고립된 공간에서 혼자 산다면, 자신을 스스로 지킬 수 있어야지.전제

총을 사야 한다는 타릭의 주장을 받아들이려면 레아는 주장을 두 개 더 받아들여야 한다. 일반원칙과, 그 원칙이 자신의 상황에 딱 맞는다는 것이다.

여기에 전제가 작동하는 방식이 면밀하게 드러난다. (이제부터 논리학입문 강의시간처럼 느껴질지도 모른다.) 우선 레아는 전제가 옳다고 인정해야 한다. 다시 말해 고립된 공간에서 혼자 산다면, 자신을 스스로 지킬 수 있어야 한다는 말에 동의해야 한다. 하지만 레아가 그 원칙을 받아들이기에는 아직 충분하지 않다. 그녀는 또한 이러한 원칙이 타릭이 제시한 구체적인 이유와 주장에 딱 맞는다고 생각해야 한다.

- 구체적인 이유(숲 속에서 혼자 산다)는 보편적인 조건(고립된 공간에서 혼자 산다)에 부합하는 적절한 사례인가? 그녀는 혼자 살고, 숲 속은 고립된 공간이 맞기 때문에, 보편적인 조건과 구체적인 사례는 적절히 부합하는 것으로 보인다.
- 구체적인 주장(총을 장만해야 한다)는 보편적인 주장(스스로 지킬 수 있어야 한다)에

부합하는 적절한 사례인가? 총은 자신을 지키는 수단 중 하나이기 때문에, 일반적인 주장과 구체적인 주장은 적절하게 부합한다고 보인다.

레아가 이러한 추론원칙에 동의하고 그것이 자신의 상황에 적용된다고 생각한다면, 타릭이 제시한 이유가 주장을 뒷받침한다는 것을 입증하는 데 성공한 것이다. 이것을 그림으로 그리면 다음과 같다.

하지만 레아가 총은 자신을 지키는 수단이라고 생각하지 않는다면 어떻게 될까? 그러면 이런 반론을 제기할 것이다.

레아: 나 자신을 지킬 수 있는 어떤 수단이 필요하기는 하겠지. 하지만 나에게 총은 좋은 수단이 아니야. 총은 다른 사람을 해치기보다는 주인을 해칠 확률이 훨씬 높아. 더욱이, 나는 총을 줘도 제대로 쏘지 못할거야.

다시 말해 레아에게 타락의 주장은 보편적인 결론에 부합하지 않는 사례인 것이다. 총이 누군가에게는 자신을 보호하는 수단이 될 수 있다고 해도 그녀에게는 적절한 수단이 아닌 것이다. 이것을 그림으로 그리면 다음과 같다.

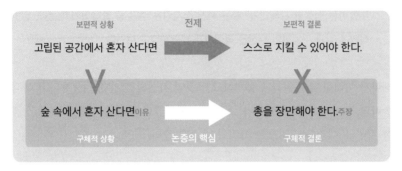

여기서 타릭은 두 가지 선택을 할 수 있다. 레아가 자신을 보호하는 데 적절하다고 생각하는 다른 수단을 제안하는 것이다.

타릭: **총이 마음에 안 든다면, 비상경비시스템이라도 설치해.**

또는 총이 최선의 보호수단이라는 주장을 뒷받침하는 논증을 함으로써 자신의 추론원칙을 방어할 수 있다. 이 경우 레아가 제시한 원칙을 반박하려면, 논증을 두 개 더 만들어야 한다. 하나는 총이 소유자에게 더 위험하다는 것이고, 하나는 총을 쏘지 못할 것이라는 그녀의 주장을 반박하는 것이다. 치열하게 맞서는 문제를 놓고 벌이는 논쟁들이 왜 그토록 합의에 이르기 어려운 이유를 이제 어렴풋하게나마 이해할 수 있을 것이다.

전제는 언제
드러내야 할까?

전제는 논증에서 다른 요소들만큼 자주 사용하지 않는다. 독자들은 대부분 주장과 이유의 연관성을 굳이 설명하지 않아도 납득하기 때문이다. 너무나 뻔한 것을 설명하는 것은 독자들을 지루하게 만들거나 화나게 만들 수 있다. 그래서 전제를 제대로 사용하기 위해선, 독자들이 전제를 원하는 경우가 언제인지 알아야 한다.

다른 논증요소와 마찬가지로 대화를 할 때는 이런 문제에 그다지 신경 쓰지 않아도 된다. 전제를 이해하지 못할 경우 상대방이 직접 물어볼 것이기 때문이다. 이유와 주장이 어떻게 연결되는지 이해하지 못할 경우 그들은 (레아가 그랬듯이) 질문을 하거나, 반박을 하거나 얼굴을 찡그릴 것이다. 하지만 글을 쓸 때는 독자가 언제 그런 반응을 보일지 혼자서 예상해야 한다.

문제는, 다른 논증요소들보다 전제에 대한 독자의 생각을 찾아내는 것은 훨씬 힘들다는 것이다. 자신의 원고를 읽으며 독자들이 어디서 전제가 필요하다고 생각할지 알아내는 것은 쉽지 않다. 자신이 쓴 글은 자신의 눈에 너무나 명확하게 보이기 때문이다. 글쓰기모임과 같은 데 참여하고 있다면 대리독자들의 도움을 받을 수도 있겠지만 그런 경우는 많지 않다. 대부분 홀로 상상해내야 한다.

일반적인 전제 사용방법

당신의 경험과 지식이 독자의 경험과 지식과 상당히 다를 경우 독자들이 전제가 필요하다고 기대할 수 있다. 한 가지 흔한 경우는 전문가가 비전문가 독자들을 위해 글을 쓰는 경우다. (시클라메이트의 사례를 보라.) 전문분야에서 의존하는 추론원리는 대부분 그 밖의 분야에서는 공유하지 않는다. 바로 이것 때문에 전문적인 글을 일반인들이 이해하기 어려운 것이다. 그래서 전문가들이 일반독자와 논증을 할 때 추론의 원리를 설명하는 전제를 드러내지 않으면 실패하는 경우가 많다.

실제 논증 하나를 보자. 이 글을 읽고 다소 혼란스러울 수도 있다.

> pork과 beef라는 단어는 우리가 식탁에서 먹는 고기를 일컫는다.이유 따라서 우리는 이 단어들이 1066년 이후 프랑스어에서 영어로 차용된 것이라고 가정할 수 있다.주장 swine과 cow라는 단어는 pork과 beef를 제공하는 동물을 일컫는다.이유 따라서 우리는 이 단어들이 고유한 영어단어라고 가정할 수 있다.주장

언어학자들은 이 논증 속에 들어있는 추론원리를 알고 있기에 이것을 전혀 이상하게 느끼지 않을 것이다. 그 원리를 풀어서 이야기한다면 다음과 같을 것이다.

> 우리가 먹을 수 있도록 준비된 고기를 일컫는 영어단어는조건 1066년 이후 프랑스어에서 차용된 것으로 여겨진다.결과 고기를 제공하는 동물을 일컫는 영어단어는조건 영어에서 원래 사용하던 단어들로 여겨진다.결과

영어의 역사를 아는 사람에게는 너무나 당연한 사실이다. 1066년 노르만족

이 영국을 점령한 뒤 잉글랜드의 머슴들은 프랑스에서 온 주인들에게 바치는 음식을 일컬을 때 주인들이 쓰는 말을 사용했던 반면, 들판에서는 여전히 자신들이 쓰던 말을 계속 사용했다. 전문가들 사이에는 이러한 사실이 사고체계 속에 너무나 깊숙이 자리잡고 있기 때문에 굳이 말하지 않아도 쉽게 통한다. 반면 일반독자들이 이러한 전제를 모를 수 있다는 것을 놓칠 수 있다.

전제가 자주 요구되는 또다른 경우는 문화적 배경이나 가치관, 사고방식이 다른 독자들을 위해 글을 쓸 때다. 추론원리는 대부분 삶의 방식과 긴밀하게 연관되어 있는 경우가 많다. 너무나 자연스럽게 느껴져서 배울 필요가 없는 것들이다. 그래서 경험을 공유하지 않는 사람들을 위해 글을 쓸 때 우리에게 당연하다고 여겨지는 것이 낯설고 이질적이며 설명할 수 없는 경우도 있다.

예컨대 우리 문화에서는 다음과 같은 이유와 주장의 연관성을 바로 알아본다.

> 학교신문 편집자는 캠퍼스 안에 팽배한 인종간 긴장에 대해 학교당국이 무관심하다고 생각한다.이유 그가 사설에서 그러한 우려를 표현한 것은 당연한 것이다.주장

우리는 이유가 주장을 뒷받침하는 원칙을 쉽게 이해한다. 이러한 숨은 전제를 풀어쓰면 다음과 같을 것이다.

> 뉴스편집장은 어떤 사안에 대한 의견이 있을 때조건 그것을 글로 써서 출판할 권리가 있다.결과

하지만 다른 문화에서는 이러한 전제가 통용되지 않을 수 있으며, 따라서 논증 자체가 성립하지 않을 수 있다.

독자의 경험, 가치, 문화가 다른 경우, 논증에서 전제를 진술하고 옹호해야 하는데, 이때 그들의 생각이 잘못되었다고 주장함으로써 자신의 원칙을 옹호하는 것은 바람직한 전략이 아니다. 독자가 간직한 가치와 믿음을 바꿔야 한다고 설득하는 것은 매우 어려운 일이다. 대신, 원칙을 진술하고, 그것이 어떻게 작동하는지 설명하고, 그것을 다르게 보는 사람도 있을 수 있다는 것을 인정하라. 그들의 사고방식을 바꾸라고 설득하기보다는 구체적인 원칙을 존중하고 거기서 끌어낸 결론을 이해해 달라고 설득하는 것이 현명한 전략이다.

특별한 전제 사용방법

독자들이 우리의 추론원리를 알지 못하거나 납득하지 못하여 이유와 주장을 쉽게 연결하지 못할 것이라고 여겨질 때 우리는 일반적으로 전제를 진술한다. 하지만 독자가 무슨 생각을 할지 알지 못하거나 상상하지 못할 때에도 전제를 활용할 수 있다. 우리는 또한 전제를 사용하여 핵심을 강조하거나 논쟁적인 주제에 대한 합의를 구축하기 위해 전제를 진술하기도 한다.

강조하기 위해 전제 사용하기

뻔한 연결고리를 구태여 말로 설명하는 것을 좋아하는 독자는 없다. 하지만 이유와 근거를 제시하고 난 다음에 그 연결고리를 강조하기 위해 명확한 원칙을 진술하는 경우가 있다. 예컨대 2장에서 본 논증을 다시 떠올려보자.

학부생교육을 우리만큼 최우선으로 삼는 대학은 없을 것이다.주장 최고의 연구자들에게 1학년 강의를 맡기고 있기 때문이다.이유 예컨대 최근 노벨물리학상을 탄 키나한교수도 지금까지 15년 이상 물리학개론을 가르치고 있다.근거 물론, 뛰어난 학자라 해서 잘 가르치는 것은 아니다.반론수용 하지만 최근 교수평가 결과, 키나한과 같은 교수들이 학생들에게 매우 존경받고 있는 것으로 나타났다.반박 최근 대학교육상을 받은 20명 중 16명이 탁월한 연구업적을 가진 전임교수들이었다.반박을 뒷받침하는 또다른 근거

여기서 주장과 이유를 연결하는 원리를 진술하면 다음과 같을 것이다.

최고의 교수진에게 어떤 활동에 헌신하도록 한다면 그 활동을 최우선으로 한다는 뜻이다.전제

독자들이 이 전제를 알지 못한다고 여겨질 때는 앞에서 본 일반적인 사용방법에서 설명했듯이, 주장과 이유를 제시하기 전에 전제를 먼저 진술하는 것이 바람직하다. 하지만 강조하기 위한 목적으로 전제를 진술하고자 할 때는 논증 끝에 축약된 형태로 전제를 진술할 수 있다.

학부생교육을 우리만큼 최우선으로 삼는 대학은 없을 것이다.주장 최고의 연구자들에게 1학년 강의를 맡기고 있기 때문이다.이유 예컨대 최근 노벨물리학상을 탄 키나한교수도 지금까지 15년 이상 물리학개론을 가르치고 있다.근거 물론, 뛰어난 학자라 해서 잘 가르치는 것은 아니다.반론수용 하지만 최근 교수평가 결과, 키나한과 같은 교수들이 학생들에게 매우 존경받고 있는 것으로 나타났다.반박 최근 대학교육상을 받은 20명 중 16명이 탁월한 연구업적을 가진 전임교수들이었다.반박을 뒷받침하는 또다른 근거 이러한 사실을 고려할 때, 우리가 최고의 자원을 학생들의 교육에 쏟고 있다는 사실은 두말할 나위없이 명확하다.전제

이처럼 강조하기 위한 목적으로 전제를 사용하는 방식은, 학술적인 글보다

격식을 갖추지 않은 대중적인 글이나 비즈니스 문서에서 자주 등장한다. 전문가들 사이에서는 너무나 명백한 전제를 이런 식으로 진술하지 않는다.

합의를 도출하기 위해 전제 사용하기

독자들이 쉽게 납득하지 못하거나 받아들이기 어려워하는 주장을 펼치는 경우, 독자들은 자신들이 좋아하지 않는 결과로 이어지는 이유와 근거를 고려하도록 북돋는—밀어붙이는—저자에 대하여 거부감을 느낄 수 있다. 이러한 압박을 느슨하게 하고 독자들이 논증을 좀더 쉽게 따라올 수 있도록 여유를 주기 위해 전제를 먼저 내세울 수도 있다. 그 원칙에서 도출되는 결론은 마음에 들지 않더라도, 그 원칙에는 모두 동의하고 있다는 사실을 일깨워주는 것이다.

이러한 전략을 사용한 가장 유명한 사례는 바로 미국 독립선언서일 것이다.

우리는 다음의 진실들을 자명한 것으로 여긴다… 하지만 장기간에 걸친 학대와 착취가 여전히 같은 목적을 추구하며 인간을 절대적 폭정 아래 예속시키려 하는 책략을 명시적으로 드러낸다면전제의 보편적인 상황 그러한 정부를 뒤엎고 자신들의 미래의 안위를 도모할 수 있는 새로운 보호장치를 마련하는 것은 인민의 권리이자 의무인 것이다.전제의 보편적인 결과 바로 이것이 우리 식민지가 견디어 온 고통이다[장기간에 걸친 학대와 착취 등].구체적인 상황/이유 바로 이것이 이제 기존의 정부제도를 바꾸도록 강제하는 필연성이다[정부를 뒤엎을 의무 등].구체적인 결과/주장

앞에서 본 예문에 이러한 전략을 적용한다면 다음과 같아질 것이다.

총장으로서 저는 우리 대학이 학생들에게 최고의 교육을 제공한다고 자부

합니다. 하지만 저는 또한 학생들과 그들의 가족들이 그러한 교육을 받을 수 있도록 얼마나 희생하는지 아주 잘 알고 있습니다. 좀더 저렴한 학비에 양질의 교육을 제공하기 위해 학생수를 늘려왔으며, 이로써 대형강의는 늘어나고 학생수가 적은 강의는 계속 줄었습니다.문제 하지만 학교에서 가장 중요한 자원은 교수진이라는 사실을 우리는 잘 알고 있습니다. 소규모강의도 좋지만 양질의 학습경험을 제공하는 데 가장 중요한 것은 바로 교수의 질입니다. 대학이 학부생교육에 얼마나 신경을 쓰는지 알고 싶다면 학부생을 가르치는 교수진이 누구인지 보는 것이 가장 확실한 방법입니다.전제 우리는 학부생교육을 최우선으로 하는 데 모든 노력을 기울여왔습니다.주장 실제로 우리는 최고의 연구자들에게 1학년 강의를 맡기고 있습니다.이유 예컨대 최근 노벨물리학상을 탄 키나한교수도…

문화적인 코드가 담긴 전제

서로 다른 문화의 사람들이 논증의 타당성을 놓고 싸우는 이유 중 하나가 바로 전제 때문이다. 추론하는 방식이 같다고 해도, 문화가 다르면 추론의 출발점이 되는 가정도 달라지게 된다. 이러한 가정은 단순히 통계적인 믿음이 아니라 구체적인 사실을 추론하는 방법의 지침이 되는 역동적인 원칙이다. 대개 속담을 통해 표현되는 이러한 원칙은, 사람들이 생각하는 방식이나 소중하게 여기는 가치를 고스란히 드러낸다.

예컨대, 남들과 다르게 생각하고 말을 하는 여자아이가 있다고 하자. 보통 미국에서는 "이 아이는 커서 자신이 하고 싶은 것을 하며 살겠구나"라고 생각한다. 이는 다음과 같은 속담에 반영된 문화적인 가정을 미국인들이 공유하기 때문이다.

삐걱거리는 바퀴일수록 더 기름칠하기 마련이다.

우는 아이 떡 하나 더 준다는 의미로, 남들보다 더 많은 혜택을 누리며 행복하게 살아갈 것이라고 가정한다. 하지만 일본에는 이런 속담이 있다.

모난 돌이 정 맞는다.

이는 다른 이들 사이에서 튀지 말라는 경고의 의미를 담고 있다. 다시 말해 남보다 튀는 사람은 곧바로 남들과 똑같이 행동하라는 압력을 받게 될 것이고 이로써 살아가는 일이 험난할 것이라고 여겨진다.

이처럼 우리는 "어떤 아이가 남과 다르다"는 사실에 대해서는 똑같이 동의하지만 문화마다 사람들은 다른 가정에서 추론을 시작하기 때문에 전혀 다른 결론으로 나아간다. 이러한 차이는 수많은 문화적인 갈등으로 이어진다. 이러한 가정은 대개 집단심리 깊은 곳에 자리잡고 있기 때문에 전제로서 명확하게 표현하기는 어려운 경우가 많다. 하지만 이러한 문화적인 가정을 눈여겨본다면, 서로 차이를 없애지는 못하더라도 상대방을 이해하는 데 크게 도움이 될 것이다.

적절한 전제인지
어떻게 판단할 수 있을까?

人실, 논증에서 전제를 진술하는 경우는 많지 않다. 독자와 가정, 믿음, 가치를 공유한다면 전제를 진술하지 않아도 되기 때문이다. 실제로 독자와 문화적으로 친밀한 경우에는, 굳이 말하지 않아도 누구나 아는 전제를 진술하면 오히려 글쓴이가 독자를 얕잡아본다고 생각할 수 있다. (예컨대 속담을 계속 인용하는 글을 상상해보라. 짜증나지 않겠는가?) 반대로, 글이 바탕으로 하는 기본적인 경험과 가치가 독자의 경험과 가치와 다른 경우에는 중요한 가정, 가치, 정의를 전제로 진술해야 한다.

이러한 양 극단 사이에서 우리는 선택해야 한다. 어떤 원칙은 진술하고, 어떤 원칙은 진술하지 않을 것인지 그때그때 결정해야 한다. 우리가 제시하는 이유와 주장이 어떻게 연결되는지 독자들이 깨닫지 못하는 상황, 또는 우리가 생각하는 것과 다른 전제를 독자들이 떠올릴 수 있는 상황을 미리 예상하고 찾아내야 한다. 다음과 같은 간단한 논증을 보자.

우리 학교는 글쓰기지도교수를 더 보충해야 한다.주장 치솟는 등록금만큼 우리 교육도 좋아지고 있는지 확신할 수 없기 때문이다.이유1 지금까지 등록금은 물가상승보다 빠르게 치솟았다.이유2 2017년 물가상승률은 2.4%였는데 등록금은 5.1%가 올랐다. 2018년에는 물가가 2.1%올랐는데 등록금은 6.7%나 올랐다.근거보고 이러한 논증에 대해 학교는 이렇게 대답할지 모른다.

> 그렇다. 등록금은 물가보다 빠르게 올랐다. 글쓰기지도교수를 더 뽑아야 하
> 는 것도 맞는 말일 수 있다. 하지만 "등록금으로 내는 돈만큼 제대로 된 교
> 육을 받는지 확신하지 못하기 때문에 글쓰기교수가 더 필요하다"는 말은 도
> 대체 무슨 의미인가? 이유(내는 돈만큼 값어치 있는 교육을 받는다고 확신할 수 없
> 다.)와 주장(글쓰기교수가 더 필요로 한다.)이 어떻게 연결되는가? 아무리 생각
> 해봐도 이해가 가지 않는다.

정말 까다로운 질문이다. 학교측은 학생의 이유나 주장에 대해 거부한다고
말하지 않고 이유와 주장을 이어주는 원칙이 무엇인지 모르겠다고 말한다.

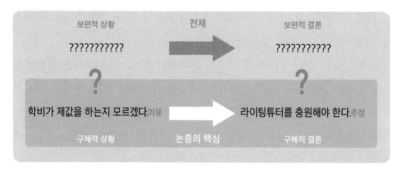

독자들도 당연히 이유와 주요주장을 이어주는 전제를 떠올리기 어려울 것이
다. 그런 경우에는 전제를 찾아 명확하게 진술해야 한다. 전제를 찾는 방법을
하나 소개한다.

1. 우선 이유와 주장에 담긴 구체적인 용어를 보편적인 용어로 바꾼다.
우리가 내는 등록금만큼 값어치 있는 교육을 받는다고 확신할 수 없다. 따
라서 글쓰기교수가 더 필요하다.

비용에 걸맞은 혜택을 얻는다고 확신할 수 없다. 따라서 더 많은 서비스를 받을 권리가 있다.

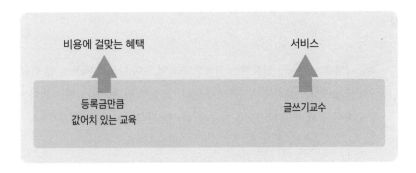

2. 그런 다음 '언제나'라는 말을 써서 일반화해보라.

비용만큼 가치를 얻는다고 확신할 수 없을 때는 언제나 더 많은 서비스를 받을 권리가 있다.

이렇게 전제를 만든 다음에 독자들이 이 전제를 받아들일 것인지 말 것인지 따져보라. 위의 전제는 아무래도 의심스러워 보인다. 어떤 비용에 대해 되돌려받는 가치가 불명확하다고 해서 그 사람에게 더 많은 권리를 주어야 할까?

이렇게 전제를 찾아내는 것도 만만한 일이 아니지만, 그 전제가 타당한 것인지 판단하는 것도 어려운 일이다. 전제의 타당성을 고민할 때 다음 세 가지 질문을 스스로 던져보라.

- 전제를 진술했을 때, 독자들은 진실이라고 생각할까?
- 전제를 진실이라고 생각한다면, 독자들은 그 전제가 이유와 주장에 들어맞는다고 생각할까?
- 전제를 적용할 수 있다고 생각한다면, 독자들은 그 전제가 자신의 집단문화와 어울린다고 생각할까?

전제는 진실인가?

독자들이 동의하지 않는 전제는 전제로서 기능하지 못한다. 다음 논증을
보자.

> 갱스터랩에는 여성을 폄훼하는 저속한 표현이 많이 나오기 때문에이유 라디
> 오에서 방송하지 못하도록 금지해야 한다.주장 어떤 집단을 차별하는 언어는
> 공중파를 통해 퍼져 나가도록 허용해서는 안 된다.전제

'X라면 언제나 Y다'라는 기본형으로 전제를 다시 풀어써보자.

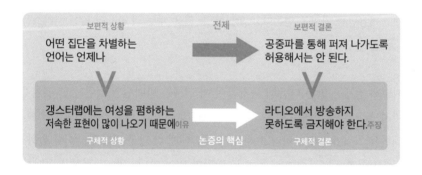

여기서 전제와 이유를 받아들인다면, 주장도 받아들여야 한다. 하지만 독자
가 이 전제를 받아들이지 않는다면 논증은 실패할 수밖에 없다. 이 경우 독
자들은 새로운 전제로 논증을 반박할 수 있다.

> 나는 동의하지 못한다. 우리 생각을 표현할 권리는 누구도 막을 수 없다고
> 헌법에 명시되어 있다.경쟁하는 전제 대법원에 따르면, 수정헌법 1조는 여성의
> 품위를 훼손하고 성적인 대상으로 취급하는 매우 노골적인 영화도 표현의

자유로 인정한다. 따라서 여성을 폄훼하는 갱스터랩의 가사가 마음에 들지 않는다 해도, 영화와 마찬가지로 또 보편적인 표현의 자유와 마찬가지로 헌법에 따른 권리를 보장받아야 한다.

이처럼 전제를 바꿈으로써 원래 주장을 완전히 뒤엎는 논증을 펼칠 수 있다. 이 논증을 도식으로 그리면 다음과 같다.

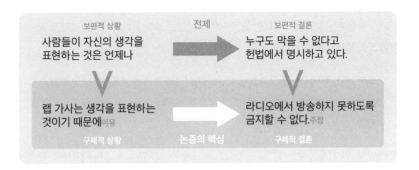

이제 "갱스터랩을 금지해야 하는가" 하는 질문은 "우리 믿음체계에서 어떤 전제가 더 중요한가" 하는 질문으로 바뀌었다. 이 질문에 대한 해답을 찾기 위해서는, 각각의 전제를 주장으로 삼아 다시 논증을 펼쳐야 한다. 이유와 근거로 주장을 뒷받침하고 또 다시 다른 수많은 전제를 동원해야 한다. 이처럼 추론의 기반이 되는 기본원칙에 서로 동의하지 못하는 경우, 문제는 해결되지 않는다. 현실세계에서 무수한 논쟁과 갈등이 풀리지 않고 지속되는 이유다.

전제 속에 숨은 한계

어떤 전제를 '보편적인' 진실이라고 인정한다고 해도, 그러한 전제를 극단적인 상황을 합리화하기 위해서 사용할 경우 사람들은 받아들이지 않을 수 있다. 다음 논증을 보라.

> 2년 전에 세차하는 걸 도와준 거 기억나?이유 그러니까 우리집에 와서 페인트칠하는 걸 도와줘.주장 어쨌든 도움을 받았으면 보답해야지.전제

친구가 세차하는 것을 도와줬다면 물론 무언가 보답을 해야 한다고 생각하겠지만, 페인트칠을 도와달라는 요구는 지나치다고 생각할 수 있다.

> 그래 네가 세차하는 걸 도와줬지. 또 보편적인 차원에서 도움을 받았으면 보답을 하는 것은 당연해. 하지만 되돌려주는 도움이 원래 도움의 크기와 비슷할 때에만 말이 되는 거야.

다시 말해, 이 전제는 보편적으로 진실이긴 하지만 한계가 있다. 하나씩 따져보면, 무수한 조건을 제시할 수 있다.

> 내가 도와줄 수 있는 일을 요청하는 한…
> 어느 정도 타당한 시간 내에 보답을 요청하는 한…

하지만 전제를 진술할 때 이러한 조건을 덧붙이는 경우는 매우 드물다. 이러한 조건은 굳이 명시하지 않아도 누구나 알기 때문에 말하지 않을 뿐이다. 예컨대 다음과 같이 전제를 진술하는 사람은 없을 것이다.

> "도움을 받았으면 보답을 해야 한다. 물론 도와줄 수 있는 범위를 넘어서는 보답은 요청할 수 없다. 도움을 받은 지 30년이 지난 뒤에는 더 이상 보답을 요청할 수 없다…"

전제를 활용할 때 이러한 오류에 빠지지 않도록 조심해야 한다. 우리가 전제를 받아들이는 것은, 그 전제에 담긴 기본적인 한계까지 받아들인다는 뜻이다.

전제가 이유와 주장에 들어 맞는가?

구체적인 이유나 주장이 전제에 제대로 적용되는지 파악하는 일은 전제에 관한 세 가지 질문 중에서 가장 난해한 문제다. 다음 논증을 보라.

> 세차하는 것을 도와줬으니까_{이유} 시험 볼 때 답을 보여줘._{주장} 도움을 받았으면 보답을 해야지._{전제①}

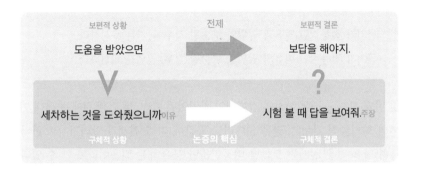

전제는 진실이고 '세차를 도와준 것'은 '도움'에 해당하는 예라고 볼 수 있다. 그렇다면 세차를 도와줬으니까 시험 볼 때 답을 보여달라는 요구를 어떻게 받아들여야 할까? 이러한 주장에 대해 다음과 같이 대답할 수 있다.

> 그렇다. 도움을 받았으면 보답을 해야 한다. 하지만 이 경우 시험 볼 때 답을 보여주는 것은 도움이라고 볼 수 없다. 아니 이것은 '도와주는' 행동이라기보다 '나쁜 길로 이끄는' 행동일지 모른다. 따라서 네 이유와 주장은 관계가 없다.

이 경우 주장의 결론 부분이 전제의 결론과 맞지 않기 때문에, 주장이 전제의 적절한 예가 되지 못한다.

전제가 독자의 집단문화에 적절한가?

전제가 진실이나 논리의 문제가 아니라 '적용'의 문제로 인해 실패할 수 있는 경우가 또 있다. 다음 전제를 보자.

거짓말을 자꾸 하면, 결국 그의 말을 사람들은 믿지 않게 된다.

이러한 전제는 대부분 동의한다. 하지만 시대가 바뀌면서 변하는 전제도 있다.

근거가 전통적인 믿음과 권위와 모순될 경우, 근거를 무시하라.
근거가 전통적인 믿음과 권위와 모순될 경우, 권위를 의심하라.

첫 번째 전제는 근대 이전의 전통적인 가치였던 반면, 두 번째 전제는 근대 이후의 회의론적 가치다. 같은 시대라도 공간에 따라 전제가 달라지기도 한다. 특히 다음 같은 전제는 오늘날 미국인들만 공유하는 믿음이라고 할 수 있다.

헌법으로 보장하는 행동은 정부도 간섭할 수 없다.

공동체의 규모가 작아질수록 공유하는 전제도 점점 구체적이 된다. 예컨대 로스쿨에 처음 들어간 학생들은 '법률가처럼 생각하기'에 익숙해지는 데 상당한 어려움을 겪는다. 로스쿨에 들어갈 때는 대부분 다음과 같은 상식에 기반한 믿음을 가지고 들어간다.

누군가 부당한 행위를 저질렀을 때, 법은 그것을 바로잡아야 한다.

이것은 상식적으로 타당해 보이는 전제다. 하지만 로스쿨 학생들을 가르치는 일이 다소 고통스럽게 느껴지는 것은, 이러한 상식적인 전제가 법에서 늘 통용되는 것이 아니기 때문이다. 법조계에는 이 전제보다 훨씬 강력한 또다른 전제가 작동한다.

> 사람들이 법적 책무를 준수하지 못하면, 고의가 아니라고 해도, 그 결과를 감내해야 한다.

구체적인 상황을 대입해서 풀어쓰자면 다음과 같을 것이다.

> 나이 많은 노인이라고 해도 부동산 세금을 납부하는 것을 깜빡했다면, 세금 미납으로 취급하여 그의 집을 압류하고 강제퇴거시킬 수 있다.

이 전제는 상식적으로 볼 때 부당한 행위에 가깝겠지만, 법적으로 정당하다. 어쨌든 법적 절차에 따라 노인을 쫓아내고 그 집을 넘겨받은 사람은 소유권을 인정받을 것이다. 법조계에서 말하는 정의란, 우리가 직관적으로 바람직하다고 생각하는 것이 아니라, 법률에 따라 법원이 기술적으로 판단하는 것이다.

이처럼 어떤 전문가집단에 속하는 일원으로서 글을 쓸 때는, 자신이 세운 전제가 집단구성원들이 공유하는 것인지도 고민해야 한다. 전문가집단 밖에 있는 외부인을 향해 글을 쓸 경우에는, 집단 안에서 공유하는 전제를 진술해야 할 뿐만 아니라 그것이 어떻게 왜 적용되는지도 구체적으로 설명해야 한다.

그래서 로스쿨 학생처럼 어떤 전문가집단에 이제 막 입문한 사람이, 그 집단의 눈높이에 맞춰 글을 쓰는 일은 생각보다 쉽지 않다. 전문가들끼리 공유하는 글에서는 전제로 깔고 있는 가정을 아예 생략하거나 살짝 언질만 하고 넘어가기 때문에, 전문가가 아닌 사람은 맥락을 쫓아가는 것이 버거울 수 있다. 이미 그 분야에 터전을 잡고 있는 사람들끼리는 자신의 추론을 정당화할 필요가 없다. 이러한 암묵적인 추론방식은 경험을 통해 배울 수밖에 없다.

실제 논증에서
전제에 대해 질문하기

전제는 추상적으로 설명하는 것보다 실제 논증을 통해 이해하는 것이 훨씬 쉽다. 전제를 살펴보기 위해 실제 논증을 활용하여 다시 한 번 살펴보자. (전제에 대해 확실하게 이해했다고 여겨진다면 이 섹션은 넘어가도 좋다.)

> 필립: 많은 사람들이 갱스터랩을 싫어하지만, 나는 갱스터랩을 정당한 예술 적 표현으로 받아들여야 한다고 생각해.주장 그 음악을 듣는 많은 사 람들의 경험을 반영하고 있거든.이유
>
> 메리: 당연히 그걸 듣는 많은 사람들의 경험을 반영하겠지. 그렇다고 해서 그게 정당한 예술적 표현으로 받아들여야 할 이유가 되는 건가? 난 그 렇게 생각하지 않는데.

메리는 필립이 제시한 이유가 주장과 관련성이 있다고 생각하지 않는다. 메 리는 필립에게 추론의 원칙을 설명해달라고 요구한다. 필립은 이런 전제를 제시할 수 있다.

> 어떤 예술작품이 그 작품을 즐기는 사람들의 경험을 반영한다면, 검열이나 비난의 대상이 되어서는 안 된다.

이제 전제를 뽑아냈으니 메리는 이 전제에 대해 세 가지 질문을 던질 수 있다.

전제는 진실인가?

"그건 말도 되지 않는다"라고 외치며 메리는 필립의 전제를 통째로 거부할 수 있다. 또는 그 전제가 진실일 때도 있지만 모든 예술적 표현에 적용되는 것은 아니라는 반론을 던질 수도 있다.

> 어떤 예술작품이 그 작품을 즐기는 사람들의 경험을 반영할 때 검열이나 비난의 대상이 되어서는 안 된다고 해보자. 그렇다면 성적 학대나 유아살해를 묘사하는 노래가 나오면 어떻게 할 것인가? 그런 악행을 즐기는 사람이 있을 수 있으니 그런 행동을 반영하는 가사를 담은 노래가 나와도 괜찮다는 뜻인가?

필립의 전제와 모순되는 전제를 제시할 수도 있다.

> 인간의 존엄성을 훼손하는 음악은 검열이나 비난의 대상이 될 수 있다. 예술이라고 해도 인간의 존엄성을 훼손한다면, 그런 예술은 대중적으로 유포되지 않도록 제한해야 한다.반대되는 전제 인간의 존엄성은 표현의 자유보다 훨씬 중요한 가치다.

이러한 반론에 대해 필립은 세 가지 선택을 할 수 있다.

1. 자신의 전제를 좀더 쉽게 받아들여질 수 있도록 범위를 제한한다.
2. 완전히 새로운 전제를 찾는다.
3. 메리를 설득하기 위해 자신의 전제를 뒷받침하는 논증을 새롭게 세운다.

전제가 이유와 주장에 들어맞는가?

메리는 필립이 내세운 전제가 '보편적 상황'에서 잘 들어맞지 않는다고 생각할 수 있다. 다시 말해 전제가 이유를 제대로 '포괄'하지 못한다고 판단하는 것이다.

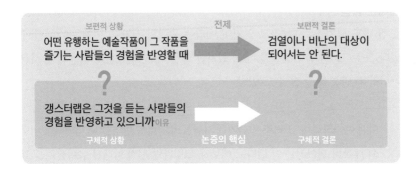

필립의 전제가 맞다고 인정하더라도, 메리가 갱스터랩은 예술이 아니라고 말한다면 필립의 전제는 이유를 제대로 포괄하지 못하는 것이 되고 만다.

이 경우 필립은 두 가지 선택을 할 수 있다.

1. 갱스터랩이 예술적 표현의 한 형식이라는 것을 주장하는 논증을 세운다.
2. 메리를 설득할 수 있는 논증을 세울 자신이 없다면, 메리가 납득할 수 있도록 전제를 수정한다. 이 경우 필립은 다음과 같이 전제를 살짝 바꿀 수 있다.

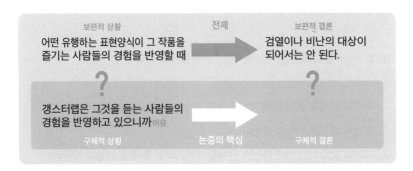

'예술작품'을 '유행하는 표현양식'이라는 좀더 넓은 개념으로 바꿈으로써 논란의 소지를 없앴다. (물론 갱스터랩을 유행하는 표현양식이라고 볼 수 있을지 여전히 의문을 표하는 사람도 있을지 모른다.) 하지만 이렇게 전제를 바꾸면 치명적인 문제가

발생한다. 예술작품도 검열할 수 있어야 한다고 주장하는 메리가, '유행하는 표현'을 검열할 수 있느냐 없느냐 하는 문제에 대해서 뭐라고 말하겠는가? 결국 이 전제는 아무 의미도 없는 진술이 되고 말았다. (진실이 아닌 전제가 되었다.)

전제가 독자의 집단문화에 적절한가?
메리가 필립의 전제와 이유를 받아들였다고 가정해보자. 그럼에도 여전히 그의 전제가 '결론' 부분에서 들어맞지 않는다고 생각할 수 있다.

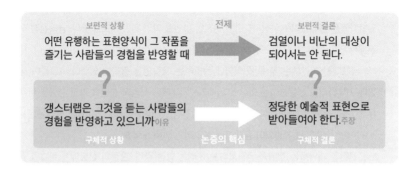

갱스터랩을 정당한 예술적 표현으로 받아들여야 한다는 주장이 검열이나 비난의 대상이 되어서는 안 된다는 전제의 결론에 부합하지 않는다고 말할 수 있다. 전제는 그런 음악을 '감내하라'고 요구할 뿐이지, 그것을 '받아들이라'고 말하지 않고 있기 때문이다.

여기서 필립은 세 가지 선택을 할 수 있다.

1. 전제를 강하게 만든다. "유행하는 표현양식은 예술로 받아들여야 한다."
2. 주장을 약하게 만든다. "갱스터랩을 감내해야 한다."
3. 새로운 논증을 세운다. "공격적인 표현양식을 비난하지 않는 것은 곧 정당한 예술적 표현으로 받아들이는 것이다."

전제의 역사

다음 글은 오늘날 가장 미국적인 가치라고 할 수 있는 '표현의 자유'가 헌법적인 보장을 받게 된 과정을 간단히 설명한다. '표현의 자유'는 미국인들이 공유하는 '전제'라고 할 수 있다. 대법원은 '예외가 될 수 있는 위험한 표현'이 포괄하는 범위를 최대한 축소하고 이 전제가 포괄하는 범위를 최대한 확장함으로써 논란을 불식시켰다. 이로써 기존에 위험한 것으로 여겨지던 불온한 표현들도 이제 '표현의 자유'로 보장받을 수 있게 되었다.

입법자들은 끊임없이… 위험하다고 여겨지는 발언을 막기 위한 시도를 했다. 남북전쟁 직전에는 많은 남부 주들이 노예해방을 주장하는 책을 출간한 사람들을 감옥에 넣었다. 제 1차 세계대전 기간에는 볼셰비키혁명에 동조하는 사람들을 감옥에 넣었다… 그들이 징집에 거부하라고 선동한다는 이유였다. 맥카시시대에는 좌파적 신념을 가진 사람은 누구든 잡아다 감옥에 처넣을 수 있었다… 베트남전쟁 동안에는 1급 기밀이었던 펜타곤문서 Pantagon Papers가 유출되어 공표되는 것을 막기 위해 노력했다.

표현을 제약하는 행위를 정당화하는 논리는 항상 같다. 혼돈의 상황에서 무법을 선동할 수 있거나 생명을 위험에 몰아넣을 수 있는 표현은 허용할 수 없다는 것이다. 하지만 1960년대가 되면서 미국의 법원은 이러한 논리[즉, 전제]를 받아들이지 않는 판결을 하나둘 내놓기 시작한다. 마침내 1969년 대법원은 어떠한 표현이든 대중에게 어떤 행동을 하도록 촉구하고 선동할 수 있지만, 그것에 대한 법적인 책임을 물을 수 있는 범위는 엄격하게 제한되어야 한다는 판결을 내놓는다. 다시 말해, 무법행위를 즉각적으로 촉발할 의도를 가지고 있으며, 동시에 그러한 촉발이 일어날 가능성이 높은 경우만 '표현의 자유'를 제한할 수 있다고 판결했다. 이후 미국은 '어떤 발화로 인해 우려하는 나쁜 상황이 급박하게 펼쳐지는 상황, 그 발화에 대해 제대로 논의해 볼 시간이 없을 정도로 촉박한 상황'에만 그 발화를 법적으로 제재한다. 왜 그럴까? 그렇게 하지 않으면 발화와 행동 사이에 연결고리가 생성되기 때문이다. 이러한 연결고리는 불쾌한 발화 속에서 찾을 수 있으며, 이는 발화자를 처벌할 수 있는 근거가 된다.

● Suzanna Sherry. "I Hate What They Say, but I Won't Stop Them," *Washington Post.* February 14, 1999.

근거와 이유를
이어주는 전제

지금까지 이유와 주장이 제대로 연결되어 있는지 살펴보았듯이, 근거와 이유도 자연스럽게 연결되어야 한다. 근거와 이유 역시 전제가 이어준다.

사람들은 갱스터랩을 비난하지만 나는 정당한 예술적 표현으로 받아들여야 한다고 생각한다.주장 갱스터랩은 그 음악을 듣는 많은 이들의 경험을 반영하기 때문이다.이유 내가 아는 10대들은 한결같이 권위에 대해 분노나 적개심을 느끼는 경우가 많다.근거보고 많은 이들이 어떤 감정을 공유한다면, 그러한 감정을 표현하는 것은 그들의 경험을 반영하는 것이다.전제

근거와 이유를 연결할 때 특히 어려운 것은, 숫자데이터/인용/사진/그림으로 구성된 근거를 이유와 연결짓는 작업이다. 다음 예를 보자.

기도하는 양아버지 클로디어스 뒤에 서있는 장면에서 햄릿의 냉정하고 논리적인 성품을 볼 수 있다.주장 처음에는 충동적으로 클로디어스를 그 자리에서 죽이려고 했으나 잠시 멈추고 생각에 잠긴다. 기도를 하는 도중에 클로디어스를 죽이면 그의 영혼은 천국으로 갈 것이다. 하지만 햄릿은 그가 영원히 지옥에서 저주받길 원한다. 결국 다음에 죽이기로 냉정하게 결심한다.이유
"마침 기도를 드리고 있군. 지금이 [죽일] 기회다.
해치워 버리자. 그러면 저자는 천당에 가겠지.

가만, 복수를 해서... [잠깐 생각한다]

[하지만] 내 아버지를 죽인 원수를 내 손으로 천당으로 보낼 수는 없지[?]
이건 오히려 도와주는 것일 뿐 진정한 복수가 아니야."근거보고

하지만 이러한 근거보고가 이유와 어떻게 연관이 되는지 의심할 수도 있다.

햄릿이 '다음에 죽이기로 냉정하게 결심한다'는 사실을 이 대사가 어떻게 증명한다는 뜻일까?

이런 경우에는 인용문 앞이나 뒤에, 이유와 근거를 전제의 상황과 결론 구조에 맞게 풀어서 설명해줘야 한다.

여기서 햄릿은 클로디어스를 죽이고 난 다음에 일어날 결과를 차근차근 주의 깊게 계산한다. 이는 곧 냉정한 이성을 위해서 열정을, 적어도 일시적으로는 제쳐두는 모습을 보여준다.전제

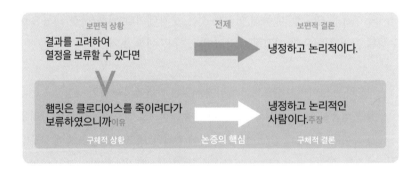

표, 차트, 그래프, 사진, 악보도 마찬가지이다. 근거라고 생각하는 것을 전제의 근거 측면에 맞도록 설명하라.

근거로 뒷받침하는 논증과
전제로 뒷받침하는 논증

논증은 대개 두 가지 방식으로 이루어진다.

- 근거에 기반한 이유로 주장을 뒷받침한다. → 사실에 중점을 둔다.
- 전제에 기반한 이유에서 주장을 끄집어낸다. → 원칙에 중점을 둔다.

학술논증이나 전문가들의 논증은 대부분 근거를 바탕으로 논증하는 반면, 대중적인 글이나 개인적인 논증은 대부분 전제에 의존한다. 예컨대, '약물중독자들을 위한 주사바늘교환프로그램'에 반대하는 사회학자의 논증을 예로 들어 보자.

> 사우스포트의 주사바늘교환프로그램은 철폐되어야 한다.주장 이 프로그램은 오히려 약물을 더 사용하도록 부추기는 결과를 낳아이유1 약물문제를 더 악화시킨다.이유2 이 프로그램에 참여한 사람들을 조사한 결과, 70퍼센트가 오히려 약물사용량이 늘었다고 답했다. 일주일 평균 약물투입횟수가 5.7회에서 9.2회로 늘어났다.근거

이 주장에 동의하지 않는 사람은, 근거의 타당성이나 데이터의 출처를 의심할 수 있지만 주장-이유-근거를 연결해주는 전제를 의심하지는 않을 것이다. 연결성은 명확해 보이기 때문이다. 따라서 근거가 정확하고 믿을 수 있

다면 이 주장을 받아들여야 한다. 하지만 똑같은 주장을 정치인이 펼칠 때는 어떻게 말할까?

> 위험한 행동을 안전하게 할 수 있게 하는 것은, 더 많은 사람들에게 그런 행동을 하도록 부추기는 결과를 낳을 뿐입니다.전제 사우스포트의 주사바늘 교환프로그램은 약물을 안전하게 사용하도록 만들어줌으로써이유1 사람들에게 약물을 더 많이 주입하도록 부추기고이유2 결과적으로 약물문제를 더 악화시켰습니다.이유3 따라서 우리는 이 프로그램을 당장 철폐해야 합니다.주장

이 논증은 전제로 진술된 보편적인 원칙에서 출발한다. 이런 논증에서는 보편적인 원칙이 지금 다루는 일에 적용된다는 사실만 보여주면 되기 때문에 근거를 제시할 필요가 전혀 없는 듯 보인다. 사실, 여기서 사용한 전제는 위험한 행동으로 인해 발생하는 사회적 손실을 줄이고자 하는 정부의 프로그램을 반대할 때 아무 때나 써먹을 수 있는 만능열쇠와도 같다. 이 전제를 들이밀면 자동차 안전벨트가 오히려 과속을 부추긴다고 주장할 수도 있고, 학교에서 콘돔을 나눠주면 오히려 청소년들에게 성행위를 부추길 수 있다고 주장할 수도 있다. 이런 전제 하나로 뭐든 밀어붙일 수 있는 것이다.

하지만 사려깊은 독자들은 이처럼 원칙에 기반한 논증을 쉽사리 받아들이지 않는다. 이런 논증은 사건의 구체적인 사실은 제쳐두고 '교리적인 진실'에만 의존하여 주장을 펼치기 때문이다. 근거에 기반한 논증과 달리 전제에 기반한 논증은 이데올로기만 내세우며 동조할 것을 강요하는 주장과 다르지 않다. 그러한 원칙에 동의하지 않거나 그러한 원칙이 적절하지 않다고 판단하는 독자는 절대 설득할 수 없다.

글 쓰는 것이 더 어려워진 이유

그 동안 우리 책을 읽은 수많은 학생들이 그러했듯이, 지금 여러분들도 지나치게 자세한 분석과 설명 속에 압도당하는 듯한 느낌이 들 것이다. 생각할 거리도 너무나 많고 그것들을 일일이 논증에 적용해야 한다고 생각하니 눈앞이 캄캄할지도 모른다. 예전에 우리 책을 읽은 한 학생이 이런 질문을 했다.

논증을 짜고 글을 쓰는 방법에 대해 계속 읽고 배울수록 논증이 더 어렵게 느껴지는 것은 왜일까요? 글을 더 잘 쓰게 되기는커녕 처음보다 더 못쓰게 된 거 같아요.

우리는 이렇게 대답했다. 이 대답을 보면 아마 힘이 날지도 모른다.

몇 년 전 의대생들이 X-레이사진을 보고 폐암징후를 얼마나 잘 찾아내는지 조사하는 실험을 했다. 연구 결과, 이상한 점이 나타났다. 신입생들은 X-레이사진을 보고 금방 폐암징후를 찾아냈지만 학년이 올라갈수록 오히려 쉽게 찾아내지 못했다. 많은 것을 배워갈수록 사진을 읽어내지 못한 것이다. 하지만 고학년이 되면서 사진을 판독하는 실력은 다시 늘었다. 이러한 현상을 연구자들은 어떻게 해석했을까?

의대생들은 처음에 X-레이사진에서 무엇을 찾아야 하는지 배운 대로 명확하게 사진을 읽어낸다. 하지만 폐와 가슴, 또 X-레이에 드리우는 그림자 등 더 많은 것을 배우면서 혼란에 빠진다. 많이 배울수록 폐암을 식별하는 능력은 계속 떨어지는 것이다. 하지만 이 모든 것들을 완전히 배우고 나면, 무엇이 서로 연관되는지 찾아낼 수 있고 또 X-레이를 더 쉽게 읽어내는 전문가가 된다.

논증을 짜는 실력이 더 떨어졌다는 느낌을 받는다면, 아마 이러한 이유 때문일 것이다. 몇 주 전보다 글을 쓰면서 여러분들은 더 많은 것을 생각할 것이다. 그뿐만 아니라 어떻게 글을 써야 하는지 더 명확하게 알기 때문에 스스로 더 높은 기준을 요구할 것이다. 그래서 역설처럼 보일지도 모르지만, 지금 여러분이 혼란을 느끼는 것은 스스로 진보하고 발전하고 있다는 분명한 신호다. 거꾸로 말해서, 지금까지 이 책을 읽고 아무런 혼란도 느끼지 못한다면, 이 책을 제대로 읽은 것이 아니다.

논증의 뼈대를 이루는 전제 찾기

전제는 보편적인 상황(조건)과 보편적인 결론을 명확하게 또는 함축적으로 연결해주는 보편적인 진술이다. 전제는 대개 다음과 같이 표현한다.

> 아이들이 폭력적으로 행동한다면, 폭력적인 영화, TV, 컴퓨터게임에 영향을 받았기 때문이다.

다음과 같이 덜 명시적인 형식으로 표현되기도 한다.

> 폭력적인 영화, TV, 컴퓨터게임은 아이들을 폭력적으로 만든다.

형식이 어떠하든, 전제는 이유와 주장을 이어주는 역할을 한다.

> 예전보다 많은 아이들이 훨씬 자주 격투기비디오게임을 한다.**이유** 앞으로 아이들의 행동은 더 공격적으로 변해갈 것이다.**주장** 폭력적인 영화, TV, 컴퓨터게임이 아이들을 더 폭력적으로 만들기 때문이다.**전제**

전제와 이유를 진실이라고 인정한다면, 주장을 받아들여야 한다.

Thinking about thinking in Argument

3부

논증의 한계

3부
논증의 한계

3부에서는 지적으로 건전한 논증을 제대로 펼치기 위해서는 어떤 점을 조심해야 하는지 살펴본다. 우리가 생각을 펼쳐 나가기 위해 채택하는 추론의 형식은 나름대로 장점이 있는 만큼 제각각 오류를 유발하기 쉬운 단점이 존재한다. 추론과정에서 그러한 함정에 빠지지 않으려면 어떻게 해야 하는지 알아본다.

또한 단어와 의미를 놓고 논증할 때, 또 원인과 결과에 대해 논증할 때 곳곳에 함정이 도사리고 있다. 주의깊게 관찰하지 않으면 이러한 함정은 눈에 보이지 않는다. 더 큰 문제는, 자신이 함정에 빠졌다는 사실조차 인지하지 못하는 경우도 많다는 것이다.

- 9장에서는 사고의 세 가지 유형—귀납, 연역, 가추—에 대해서 설명한다. 그리고 사고 유형마다 빠지기 쉬운 오류를 살펴본다.
- 10장에서는 단어나 표현의 의미를 놓고 논증할 때 어떤 난관에 부딪힐 수 있는지 살펴본다.
- 11장에서는 원인과 결과를 놓고 논증할 때 어떤 난관에 부딪힐 수 있는지 살펴본다. 특히 어떤 행동으로 인해 초래된 결과에 대한 책임을 누구에게 물을 것인지 따지는 논증에 대해 알아본다.

09

The Craft of Argument

우리는 정말 객관적으로 사고할 수 있을까?
추론의 형식
The Forms of Reasoning

지금까지는 타당한 논증을 어떻게 설계할 것인지, 다양한 논증요소들을 어떻게 배치할 것인지 설명했으나, 그러한 논증의 과정을 헤쳐 나가는 추론의 질에 대해서는 그다지 이야기하지 않았다. 이 장에서는 세 가지 추론방식―귀납법, 연역법, 가추법―에 대해서 설명하고, 이러한 추론방식들이 어떻게 '인지적 편향'에 의해 왜곡되는지 살펴본다.

생각을 펼쳐 나가는
세 가지 방법

논리학을 공부해본 사람이라면, 아마도 귀납추론과 연역추론에 대해 알고 있을 것이다. 이 두 추론형식은 대략 2,500년 전부터 철학자들에 의해 정립되어 내려온 것이지만, 우리가 실제로 생각하는 방식을 제대로 반영하지 못한다. 우리가 활용하는 일반적인 추론형식은 바로 '가설추론'이다.

귀납추론 inductive reasoning

구체적인 사실에서 출발하여 보편적인 결론을 이끌어내는 방법을 귀납추론이라고 한다.

> 사람들이 컴퓨터를 얼마나 사용하는지 조사하던 스타인교수는 연구의 일환으로, 데스크탑으로 과제물을 작성하는 학생들과 랩탑으로 과제물을 작성하는 학생들의 분포변화를 몇 년에 걸쳐 기록했다. 어느 날 우연히 자신이 수집한 기록을 검토하던 중, 랩탑을 사용하는 학생들이 데스크탑을 사용하는 학생들보다 높은 점수를 받는다는 사실을 발견했다.

이렇게 결론에 도달하는 것을 바로 귀납적으로 추론한다고 말한다. 구체적인 사례에서 '이전에는 전혀 생각지도 못했던' 보편적인 결론을 이끌어내는 것, 이것이 바로 순수한 의미의 귀납법이다.

연역추론 deductive reasoning

보편적인 원칙에서 출발하여 구체적인 진술을 덧붙이고 이로써 구체적인 결론을 이끌어내는 방법을 연역추론이라고 한다. (8장에서 살펴본 '전제'에 기반한 논증이 바로 연역추론의 일종이다.)

> 랩탑을 사용하는 학생들이 좋은 학점을 받는다는 것을 귀납적으로 깨달은 스타인교수가, 첸교수를 만나 자신이 얻은 통찰을 이야기했다. 첸교수는 랩탑을 사용하는 학생들이 점점 늘어나는 것을 보고, 앞으로 학생들의 수준이 더 높아질 것이라고 예상했다.

스타인교수가 귀납적으로 획득한 결론을 가져다가 여기에 구체적인 이유를 덧붙임으로써 첸교수는 결론을 이끌어냈다. 이것이 바로 순수한 의미의 연역법이다.

물론 철학에서는 '귀납법'과 '연역법'을 조금 다르게 정의한다. 철학에서 귀납추론은 '진실일 수 있는 결론(개연성)을 이끌어내는 추론'을 말하고 연역추론은 '진실이어야만 하는 결론(필연성)을 이끌어내는 추론'을 말한다.

가설추론 abductive reasoning

귀납추론과 연역추론을 설명하기 위해서 제시한 사례들이 인위적으로 꾸며낸 것이라는 사실을 이미 눈치챘을 것이다. 이처럼 귀납추론과 연역추론은 현실적으로 존재할 수 없다. 이들은 한결같이, 아무 생각도 없이 앉아있다가 갑자기 결론이 불쑥 솟아올라 깨달음을 '당하는' 것처럼 보인다. 현실 세계에서 이런 추론은 거의 일어나지 않는다. 특히 논증을 계획하는 경우에는 더더욱 그러하다.

우리가 어떤 해법이나 주장을 떠올리는 것은, 무언가 해결하고 싶은 문제가 있기 때문이다. 무수한 데이터나 이리저리 널려있는 전제와 이유 사이를 목적 없이 누비다가 어떤 통찰이 난데없이 떠오르기만을 기다리는 것이 아니다. 풀어야 할 문제가 있을 때, 우리는 대개 그것에 대한 잠정적인 해법과 확인해야 할 질문부터 만들어낸다. 완전 백지에서 시작하는 것이 아니라 어느 정도 해답을 가지고 시작한다.

이런 식으로 답을 찾아가는 사고과정을 문제-해결problem-solving 사고라고 한다. 문제-해결사고는 대개 해법을 어느 정도 예측한 상태로 시작하는데, 이러한 잠정적인 해법을 우리는 '가설hypothesis'이라고 한다. 다시 말해 자신이 세운 가설이 맞는지 확인하기 위해 데이터를 수집하는 것이다. 이때, 가설을 뒷받침하는 데이터는 물론 반박하는 데이터도 찾아야 한다. 수집한 데이터가 다른 가설보다 내가 선택한 가설을 더 잘 뒷받침한다면, 또 내 가설을 반박하는 데이터가 나오지 않는다면, 그 가설을 문제에 대한 가장 그럴듯한 해법으로 받아들일 수 있다. (물론 나중에 바뀔 수 있다.)

랩탑으로 과제물을 작성한 학생들이 데스크탑으로 작성한 학생들보다 높은 점수를 받는다는 사실을 발견한 뒤, 스타인교수는 궁금증이 생겼다. "랩탑으로 과제물을 작성하는 것은 높은 점수를 받는 원인이 될 수 있을까?

(문제제기)" 이 가설을 검토하기 위해서 그녀는 다른 수업을 듣는 학생들의 데이터도 수집했다. 그랬더니 정말 랩탑으로 과제물을 작성하는 학생들의 점수가 높은 것으로 나타났다. 결국 그녀는 자신이 세운 작업가설을 잠정적인 결론으로 받아들였다.

하지만 곧 다른 궁금증이 떠올랐다. 어쩌면 랩탑으로 과제물을 작성한다는 것 자체가 부지런하다는 뜻 아닐까? 또 어쩌면 랩탑을 살 수 있다는 것 자체가 집이 부유하다는 의미일 것이고, 따라서 아르바이트를 하지 않아도 되니까 공부할 시간이 더 많다는 뜻 아닐까? 이러한 새로운 가설이 사실로 밝혀진다면, 작업가설은 틀린 것으로 판단해야 할 것이다. 랩탑을 사용하는 것은 다른 어떤 것의 결과이고, 그 어떤 것―'부지런함' 또는 '시간적 여유'―이 높은 점수를 받는 원인이 되는 것이다.

이제 스타인교수는 좀더 어려운 문제를 제기한다. 학교에서 학생들에게 모두 랩탑을 제공한다면, 학생들의 성적이 전반적으로 올라갈까? 이 가설을 검증하기 위해 그녀는 다른 과는 물론 다른 학교의 학생들에 대한 데이터까지 모은다. 노트북을 반드시 이용하도록 지정한 학생, 노트북을 사용하기로 스스로 선택한 학생, 노트북을 사용하지 않기로 선택한 학생, 어쩔 수 없이 데스크탑을 사용해야 하는 학생을 분류하여 데이터를 수집한다.

하지만 이렇게 다양한 데이터를 수집했음에도, 모든 데이터가 스타인교수가 처음 세웠던 작업가설을 뒷받침하는 것으로 나타났다. 스타인교수는 랩탑으로 과제물을 작성하는 것이 높은 점수를 받는 데 중요한 역할을 한다고 잠정적으로 결론을 내렸다.

이런 식으로 '가'설을 먼저 세우고 '추'론을 통해 결론에 도달하는 추론방식을 '가추법'이라고 한다. 스타인교수는 자신이 가진 데이터를 설명하는 가설(작업가설)을 떠올리고 이것이 맞을까 하는 의문(문제)에서 출발한다. 가설을 활용하여 더 많은 데이터를 찾아내고, 그렇게 찾아낸 데이터를 활용하여 자신의 가설을 검증하고 뒷받침하였다.

하지만 여기서 스타인교수가 할 수 없는 것 하나가 있다. 자신의 가설/주장이 불멸의 진실이라고 '입증'할 수 없다. 당장 내일이라도 누군가 그러한 주장이 틀렸다는 것을 입증하는 데이터를 찾아낼 수 있기 때문이다. 이것은 가추추론이 갖는 근본적인 한계다. 하지만 어떠한 진리든 잠정적인 것에 불과하다.

우리 눈으로 목격한 새가 모두 깃털을 가지고 있다고 해도 "새는 모두 깃털이 있다"고 주장하는 것은 잠정적으로 진실일 뿐이다. 세상 어딘가에 깃털이 없는 새가 존재할지 어찌 아는가? 생물학자들은 한때 포유동물은 알을 낳지 않는다고 확신했다. 오리너구리를 만나기 전까지 말이다.

신비주의와 주관주의의 격돌

합리성은 깨달음의 수단이 될 수 없다고 말하는 사람들도 있다. 예컨대 신비주의자나 영성을 추구하는 사람들은 지적, 물질적 현상을 초월하는 경험의 세계가 존재한다고 믿는다. 또한 '주관주의'라고 하는 철학을 좇는 사람들은 느낌, 인상, 직관을 중시한다. 그렇다면 신비주의나 주관주의를 추종하는 사람들은 자신들의 세계관을 어떻게—이성과 논리에 의존하지 않고—설명하고 옹호하고 정당화할까? 그들은 자신들의 주장에 대해 비판적으로 사고할까? 신비주의자와 주관주의자들이 논쟁을 한다면, 상대방이 잘못된 결론에 도달했다는 것을 어떻게 주장할까? 아니, 상대방의 주장에 대해 이의를 제기하는 것 자체가 가능할까?

비판적 사고를 가로막는
추론의 함정

안타깝게도, 우리가 사는 현실의 문제는 대부분 단순하지 않다. 세심하면서도 최대한 빠르게 문제를 정확하게 진술하고 나서, 몇 가지 잠정적인 가설을 세우고 거기에 맞춰 해법을 찾아나갈 수밖에 없다. 이러한 가추적 사고는 비판적 사고를 촉발하는 훌륭한 방편 역할을 하지만 동시에 '인지적 편향cognitive biases'이라고 하는 인간이 본래적으로 가지고 있는 습성으로 인해 이따금씩 엉뚱한 길로 이끌기도 한다. 나이, 지능, 교육수준, 전문지식과 무관하게 인지적 편향은 강력한 힘을 발휘한다. 실제로 똑똑하고 멀쩡해 보이는 사람도 지독한 편견을 가지고 있는 것을 어렵지 않게 볼 수 있다.

중요한 것은, 이러한 편향성은 누구에게나 언제나 존재한다는 사실을 인식하는 것이다. 이러한 인식만으로도 비판적인 사고를 하는 과정에서 편견에 휩싸이지 않기 위해 우리 스스로 노력할 수 있다. 자신의 생각을 끊임없이 성찰할 수 있을 뿐만 아니라 남의 생각을 공정하고 비판적으로 평가할 수 있다. 비판적 사고를 훈련하는 데 도움이 되는 몇 가지 방법을 소개한다.

연역적 사고의 함정— 근거가 필요한 곳에 전제를 놓지 마라

가설을 뒷받침하는 이유와 근거를 충분히 제시하지 않고도 이미 충분히 제시했다고 착각하는 경우가 많다. 특히 우리가 '진실이길 바라는' 또는 '진실이라고 믿는' 주장을 내세울 때 그런 실수를 많이 저지른다. 부실한 논증을 내놓고도 그것이 완벽하다고 스스로 속는 가장 흔한 이유는, 이처럼 믿음만으로 주장을 입증할 수 있다고 믿기 때문이다. 군건한 믿음을 전제로 사용하여 주장을 펼치는 것은 성공하기 어렵다.

샐리 헤밍스가 낳은 아이의 아버지가 토마스 제퍼슨인지 아닌지 밝히기 위한 논증을 떠올려보자. 121쪽 역사학자들은 자신들이 세운 가설을 무수한 근거의 단편들에 비춰보며 검증한다.

- DNA 검사결과는, 제퍼슨 일가의 한 남자가 헤밍스가 낳은 아이의 아버지라는 것을 입증한다.
- 문제의 남자아이는 토마스 제퍼슨을 닮았다.
- 제퍼슨이 파리에 대사로 갈 때 헤밍스를 데리고 갔다.
- 동시대 사람들 사이에 헤밍스가 낳은 아이들의 아버지가 제퍼슨이라는 소문이 있었다.
- 헤밍스와 제퍼슨의 관계에 대한 이야기는 200년 동안 헤밍스의 후손들에게 전해 내려왔다.
- 제퍼슨이 살아있을 때 해방시켜준 노예는 헤밍스의 아이들이 유일했다.

이 중에 헤밍스가 낳은 아이가 제퍼슨의 아들이라는 것을 확실하게 입증해주는 단서는 없다. 하지만 이러한 단서들을 종합해볼 때 많은 역사가들은, 제퍼슨이 헤밍스와 동침하여 아들을 낳은 것은 사실이라고 결론내린다. (물론 이것들은 근거의 '보고'일 뿐이기에 그 출처가 되는 '근거자체'를 확인해야겠다고 나서는 사람도 있을지 모른다.)

하지만 이러한 결론을 못마땅하게 여기는 역사가들도 있다. 그들은 이렇게 주장한다.

> 자유와 평등을 위해 일생을 바치는 고매한 인격의 소유자라면 노예와 섹스를 하는 것 같은 비도덕적인 짓은 생각지도 않을 것이다.전제 제퍼슨은 자유와 평등을 위해 한평생 헌신했고이유 따라서 헤밍스와 섹스를 했을 리 없다.주장/결론

이들은 제퍼슨과 헤밍스에 관한 무수한 근거들을 싹 무시하고 전제와 이유에 기반한 논증을 펼친다. 그 전제와 이유를 뒷받침하는 것은 확고한 신념이 전부다.

비판적 사고를 하는 균형잡힌 사람이라면, 다양한 근거를 고려한다. 자신이 진실이라고 믿고 싶어하는 것을 한 가지 원칙만으로 뒷받침하는 논증은 성공하기 어렵다. 어떤 원칙이든 명시적으로 진술되어 있지 않을 뿐, 적용범위를 제한하는 조건과 한계가 존재한다는 것을 잊어서는 안 된다. 예컨대 위 논증에서 사용한 전제에는 다음과 같은 제약이 존재한다는 것을 인지해야 한다.

> 아무리 고매한 인격의 소유자라고 해도 심각한 스트레스를 받거나, 상당한 유혹에 직면하거나, 억압받거나, 어떤 특별한 상황에 처한다면 자신의 기본적인 인성에 반하는 행동을 할 수 있다.

아무리 제퍼슨을 숭배한다 하더라도, 아내가 죽고 난 다음 아내의 의붓자매였던 헤밍스에게 충분히 끌릴 수도 있었다는 사실을 인정해야 한다.

'이것만 진실'이라는 맹목적인 인지적 편향에 빠지지 않기 위해선 어떻

게 해야 할까? 세상을 다른 시각으로 보는 사람들과 어울리면 된다. 직접 만나서 이야기할 수 없다면 그들의 관점을 상상해보는 것으로도 충분하다. 내가 믿는 원칙에 의문을 제기하라. 마음속으로 다음과 같은 질문을 계속 던져보라.

"―라고 묻는 사람에게는 어떻게 대답해야 할까?"

반대로 독자들이 '이것만 진실'이라는 신념에 사로잡혀 있다고 여겨질 때는 어떻게 해야 할까? 그러한 신념은 꺾기 어렵다. 그럴 때는 정면으로 대응하기보다는, 세상이 생각보다 복잡하며 그러한 원칙이 적용되지 않는 한계상황이 있다는 것을 일깨워주는 것이 최선이다. 독자의 완고한 태도를 어느 정도 누그러뜨리는 것만으로도 성공했다고 할 수 있다.

귀납적 사고의 함정― 아무 근거나 의미있는 것은 아니다

데이터를 무작정 많이 수집한다고 해서 비판적 사고를 하는 것은 아니다. 가설을 검증하는 데 '필요한' 데이터를 수집해야 한다. 무작정 데이터를 수집하다 보면 해법이 튀어나올 것이라고 기대하는 것은 비판적 사고가 아니라 운에 의존하는 것이다.

예컨대 스타인교수가 노트북으로 글을 쓰는 것과 학점 사이의 상관관계를 밝혀내기 위해 광범위한 데이터를 수집한다고 가정해보자. 코에 피어싱을 한 사람, 검은 옷을 자주 입는 사람, 버스를 많이 타는 사람, 짝수 달에 태어난 사람 등 온갖 데이터를 수집한다. 그래도 어느 정도는 범주를 정해서 데이터를 수집한 것이기 때문에 순수한 귀납추론만큼 데이터가 난잡하지는 않겠지만, 그럼에도 연구주제와 관련성이 먼 것은 매한가지다.

가추적 사고는 그럴듯한 가설을 세우는 것에서 시작된다. 그 가설을 검증하기 위해 어떤 데이터가 필요한지 판단하고, 그 데이터를 수집한다. 그래야 데이터를 어떻게 평가할 것인지도 판단할 수 있다.

가추적 사고의 함정— 인지적 편향의 유혹에 빠지지 마라

가설을 떠올리고 나서 그것을 검증하기 위해 데이터를 수집한다고 해도, 우리는 여전히 건전한 비판적 사고를 가로막는 인지적 편향의 먹잇감으로 전락할 수 있다. 가설을 떠올릴 때 우리는 머릿속에 가장 먼저 떠오른 것을 붙잡고 매달리는 경향이 있다. 그런 가설은 내가 '진실이길 바라는' 답인 경우가 많다. 이렇게 찾아낸 가설을 뒷받침하는 근거를 몇 개 가져다가 고정시키고서는 해답을 찾았다고 확신한다. 가설에 맞지 않는 근거가 나타나도 그냥 못 본 채 넘어간다.

인지적 편향은 사소한 일상은 물론 중대한 의사결정에서도 자주 나타난다. 예컨대 학자들의 연구에 따르면, 이라크전쟁이 시작되는 과정에서 인지적 편향은 상당히 중요한 역할을 했다. (물론 부시행정부가 처음부터 전쟁을 하기 위해 작정을 하고 거짓말을 했다고 주장하는 사람들도 있다.)

부시행정부는 이라크가 대량살상무기를 보유하고 있다고 믿었다. 또한 UN이 전쟁을 뒷받침할 명분이 될 만한 타당한 이유를 제공해주기를 고대했다. 자신들의 가설을 뒷받침할 '팩트'를 찾는 데 혈안이 되어 있었던 것이다. 자신들의 가설을 뒷받침한다고 볼 수 없는 모호한 팩트가 나와도, 그들은 그것이 자신들의 입장을 '모호하게 뒷받침한다'고 해석했다. 자신들의 가설과 완전히 어긋나는 팩트는 모조리 부정하거나 무시했다. 그들의 가설에 회의적인 입장을 표하는 UN사찰단의 조사보고서도 조롱했다.

돌아보면 그들이 잘못된 길로 치달았다는 것은 너무도 자명하다. 하지만 당시 그들의 눈에는 아무것도 보이지 않았다. 자신들이 진실이라고 믿고 싶었던 것에 집착한 나머지, 비판적 사고는 마비된 상태였다. 그들 눈에는 모든 것이 자신들이 믿는 가설을 뒷받침하는 근거로 비춰질 뿐이었다.

문제를 풀어 나가기 위해서는 먼저 그럴듯한 작업가설을 세워야 한다. 그리고 그 다음 해야 할 일은 그것을 기정사실화하는 것이 아니라 검증하는 것이다. 알곡이 잘 익었는지 확인하려면 포대자루를 여기저기 쑤셔봐야 한다. 비판적 사고를 할 때 이러한 오류를 범하지 않고자 한다면 다음 5가지 전략을 실행하라.

1. 의식적으로 반증근거를 찾아라

어떤 믿음에 꽂히면, 우리는 그것을 반증하는 근거보다는 그것을 입증하는 근거를 찾는데 관심을 쏟는다. 예컨대 의사들은 환자가 설명하는 증상을 듣고 빠르게 진단을 내린 뒤, 자신의 진단이 맞는지 확인하기 위한 검사를 한다. 검사결과가 자신의 진단을 뒷받침하지 않으면 다른 검사를 하고, 그래도 맞지 않으면 또다른 검사를 한다. 결국 자신의 진단을 뒷받침하는 검사결과가 나올 때까지 계속 검사를 반복하는 것이다. 하지만 연구결과, 자신이 처음 내린 진단이 '틀릴 수 있다는 것을 확인하기 위해' 검사하는 의사는 거의 없었다. 그러한 검사가 더 효과적으로 진단을 내리는 데 도움이 될 때도 그랬다.

자신의 주장이 확실하다고 느껴질 때, 잠깐 멈춰서 생각하라. 어떤 데이터가 나오면, 내 주장은 틀린 것이 될까? 그 데이터를 찾아라. 지적인 사람이 되고자 한다면 반드시 이런 훈련을 해야 한다. 비판적 사고를 하는 데 이보다 가치있는—이보다 어려운—사고훈련은 없다. "내 주장이 틀렸다는 것을 입증하는 데이터는 무엇일까?"

어떤 자동차광고가 눈에 들어오는가?

우리는 어떤 자동차광고를 더 자세하게 볼까? 자신이 소유한 자동차의 광고일까, 다른 자동차의 광고일까? 연구결과, 우리 대부분 자신이 소유한 자동차의 광고를 더 많이 눈여겨보는 것으로 나타났다. 남의 차가 더 좋다는 근거를 보고 싶어하지 않기 때문이다. 자신이 나쁜 차를 샀다고 생각하고 싶어하는 사람은 없을 것이다.

● Stuart Sutherland. *Irrationality: Why We Don't Think Straight!* New Brunswick, NJ: Rutgers University Press, 1992: 141.

2. 근거를 객관적으로 해석하라

근거를 아무리 객관적으로 수집하기 위해 노력한다 해도 우리에게는 근거를 자신의 가설에 맞게 변형하려는 경향이 있다. 쉬운 일은 아니지만, 자신의 가설이 틀리다는 것을 입증하는 임무를 부여받았다고 상상하면서 다음과 같은 질문을 스스로 던져보라.

> "내가 확보한 근거가 최선인가? 더 신뢰할 수 있는 근거는 없을까?"
> "내가 확보한 근거를, 나의 주장을 입증하는 것이 아닌 반증하는 것으로 해석할 수 있을까?"
> "내가 확보한 근거 자체가 편향된 것은 아닐까?"

3. 어긋나는 근거를 무시하지 마라

우리는 자신이 세운 가설에 들어맞는 근거를 수집하고 또 그런 방향으로 해석하려고 할 뿐만 아니라, 가설에 맞지 않는 근거는 무시하거나 부정하려는 경향도 있다. 한 연구에서 사형제도를 찬성하는 학생과 반대하는 학생을 모아, 두 개의 글을 읽어보라고 나눠줬다. 하나는 사형제에 찬성하는 글이고 하나는 반대하는 글이었다. 자신의 믿음을 뒷받침하는 논증과 반박하는 논증을 모두 읽기 때문에, 양쪽 모두 자신의 의견을 누그러뜨리고 비슷한 견해를 갖게 될 것이라고 예상했다.

하지만 실험결과는 정반대였다. 글을 읽고 난 뒤 이 두 집단은 훨씬 멀어졌다. 자신의 관점을 뒷받침하는 논증에 훨씬 무게를 두는 반면, 자신의 관점을 반박하는 논증에 대해선 거부하는 태도를 역력하게 드러냈다. 결국 자신의 기존 견해를 더 확신하는 결과만 낳았다.

다시 말하지만, 자신의 주장을 반박하는 임무를 부여받았다고 상상하고 이런 질문을 해보라.

"내 주장을 반박하는 근거를 나 스스로 뿌리친 적은 없는가?"

한 번 뿌리내린 생각은 얼마나 오래갈까?

자신의 생각이 잘못되었다는 것을 입증하는 근거가 나와도 우리는 쉽게 생각을 바꾸지 않는다. 한 실험에서, 사람들이 자살하기 전에 남긴 유서라고 하면서 여러 메모를 학생들에게 보여주었다. 그러면서 이중에는 가짜도 있으니 진짜 유서를 골라보라고 했다. 사실 그 유서들은 모두 연구자들이 만들어낸 가짜였다.

학생들은 각자 '진짜 유서'를 골라냈고 연구자들은 무작위로 정답자를 발표했다. 그런 다음 연구자들은 학생들에게 모든 유서가 가짜라고 밝혔다. 모든 실험과정이 끝난 뒤 학생들을 인터뷰하면서 실험에 대한 생각을 물었다. 모든 유서가 가짜라고 이야기했음에도 정답을 맞힌(?) 학생들은, 정답을 맞히지 못한 학생들보다 자신이 더 영리하다고 생각했다.

● L. Ross, M. R. Lepper, and M. Hubbard. "Perseverance in Self-Perception and Social Perception: Biased Attributional Processes in the Debriefing Paradigm," *Journal of Personality and Social Psychology* 32 (1975): 880-92.

4. 자신을 확신하지 마라

기존 주장을 버리지 못하는 또다른 이유는 지나치게 자만하기 때문이다. 예컨대, 운전실력을 평균이하, 평균, 평균이상으로 구분한다면 나는 어디에 속한다고 생각하는가? 실제 조사해본 결과 90퍼센트 이상이 평균이상에 속한다고 대답했다.

물론 이렇게 자만을 한다고 해서 어리석거나 미성숙하다고 말할 수는 없을 것이다. 자신의 주장에 어긋나는 근거가 조금 나온다고 해서 금세 생각을 바꿔 버린다면, 우리가 그동안 발견해낸 무수한 물리적·사회적 세계의 깊이있는 법칙들은 대부분 여전히 발견되지 못했을 것이다. 어느 정도 삶을 고정하기 위해서는 우리 믿음도 어느 정도 고정해야 한다. 하지만 그러한 믿음이 너무 깊게 뿌리내려 변화가 필요한 순간이 와도 꼼짝할 수 없을 만큼 지나치게 확고해진다면 곤란하다. 눈앞의 이익만 본다면 지금 있는 곳에 계속 머무는 것이 가장 비용이 덜 들어가는 법이다. 하지만 학문세계에서나 직업세계에서나 멀리 내다보지 못하는 사람은 살아남을 수 없다.

따라서, 무엇이든 너무 확신하지 마라. 물론 쉽지 않겠지만, 내가 틀릴 수 있다고 생각하라. 진심으로 내 생각이 옳다고 확신이 들 때에도 틀릴 수 있다고 의심하라.

5. 근거가 충분치 않을 수 있다고 생각하라

추론과정에서 가장 흔하게 나타나는 편향은, 몇 개 되지 않는 근거만 가지고 성급하게 결론으로 도약하는 것이다. '지구온난화는 신화에 불과하다'는 가설을 세우고 1월의 최저기온(또는 8월의 최고기온)을 근거데이터로 수집할 수 있다. 하지만 비판적 사고를 하는 사람들은 그런 데이터만으로는 제대로 논증을 할 수 없다고 생각할 것이다.

문제는, 독자들이 어느 정도 수준에서 근거가 충분하다고 생각할지 아는 것이다. 독자들이 반대되는 믿음을 가지고 있다면 더 많은 근거를 제시해야 한다. 독자들도 자신의 믿음을 뒷받침하는 근거를 나름대로 가지고 있다면, 그러한 근거들을 논증에서 모두 수용하고 반박해야 한다. 그들이 내세우는 근거가 충분치 않거나, 엄밀하지 않거나, 대표성이 없거나 정확하지 않다는 것을 낱낱이 밝히고 더 많은 근거들이 있다는 것을 일깨워줘야 한다.

백인이 더 똑똑한 이유

사뮤엘 모튼Samuel Morton은 백인종이 다른 인종에 비해서 똑똑하다는 것을 증명하는 일에 몰두했던 19세기 초 과학자다. 그는 데이터를 객관적으로 수집하는 것으로 유명했다.

모튼은 뇌가 클수록 똑똑하다는 가설을 세우고 여러 인종의 뇌의 크기를 재기 위한 실험을 했다. 실험은 해골에 겨자씨를 가득 채운 다음 그 씨의 무게를 재는 것이었다. 무게가 많이 나가면 해골이 크다는 뜻이고, 그에 따라 뇌도 클 것이라고 가정했다. 실험결과, 백인종의 해골을 채운 씨가 다른 인종보다 더 무게가 많이 나가는 것으로 나타났다. 따라서 백인의 해골이 더 크며, 이로써 뇌도 더 크다고 (이로써 지능도 더 높다고) 결론지었다.

나중에 모튼은 자신의 실험의 일관성을 입증하기 위해 납구슬로 이 실험을 반복했다. 하지만 이번에는 놀랍게도 해골의 크기에 별 차이가 없는 것으로 나타났다. 모튼은 객관성을 기하기 위해 이 혼란스러운 실험결과도 공표했다. 이러한 차이는 어디에서 발생했을까?

그 원인은 분명했다. 작고 가벼운 겨자씨로 해골을 가득 채우기 위해서는 가볍게 두드려야 하는데, 씨를 넣고 두드릴 때 모튼은 다른 인종보다 백인의 해골에 담은 겨자씨를 무의식적으로 더 꾹꾹 눌렀던 것으로 보인다. 이로써 밀도와 무게가 늘어났고 따라서 자신이 얻고자 하는 결론, 즉 백인의 해골이 더 크다는 결론을 뒷받침하는 근거를 얻어낸 것이다.

● Stephen J. Gould. *The Mismeasure of Man*. New York: Norton, 1981.

추론의 형식

전통적인 철학에서는 두 가지 형식의 추론이 있다고 말한다.

- 귀납추론: 구체적인 사실에서 이 사실들을 모두 아우르는 보편적인 결론으로.

  "수많은 바닷물을 맛보았지만 모두 짜기 때문에, 바닷물은 짜다."
- 연역추론: 보편적인 전제와 이유에서 구체적인 주장으로.

  "바닷물은 항상 짜다. 따라서 이 물은 바닷물이기 때문에 짤 것이다."

하지만 이보다 더 보편적인 추론형식은 문제에 대한 잠정적인 해법을 가설로 세운 뒤 그것을 뒷받침하는 데이터를 수집하는 '가설-추론'방식이다. 가추법은 가설을 검증하는 데 적절하다고 여겨지는 추론방식이라면 무엇이든 활용한다. 가추법은 문제를 중심에 놓고 펼쳐 나가는 논증이다. 하지만 이러한 논증방식은 인지적 편향에 쉽게 휘둘릴 수 있다.

- 귀납적으로 사고할 때는, 지나치게 적은 사례만 가지고 결론을 이끌어낼 위험이 있다. 필요하다고 생각하는 것보다 더 많은 근거를 모으고 통계적인 표본수집과 분석방법을 활용하여 이러한 위험을 피해나갈 수 있다.
- 연역적으로 사고할 때는, 전제를 모든 상황에 기계적으로 적용함으로써 틀에 갇힌 생각에 빠질 위험이 있다.
- 가추적으로 사고할 때는, 처음 떠올린 가설에 집착할 위험이 있다. 처음 세운 가설에 지나치게 얽매이지 말고 여러 가설을 떠올리며, 자신이 뒷받침하고자 하는 가설을 반박하는 근거를 의식적으로 찾아냄으로써 이러한 위험을 피해나갈 수 있다.

10

The Craft of Argument

10

내 말의 의미는 말이야
의미를 따지는 논증

Arguments About Meanings

글을 쓰면서 우리는 다양한 용어의 의미를 정의해야 한다. 또한 이러한 용어정의를 독자들이 따라올 수 있게끔 이끌어줘야 한다. 의미를 중심으로 펼쳐지는 논증을 구성하는 방법을 살펴본다.

외설인가
예술인가

논증을 하다 보면 어휘와 의미, 또는 원인과 결과를 따져야 하는 경우가 많다. 의미나 인과가 고정되지 않으면 일관된 논증을 펼쳐 나가기 어려울 수 있기 때문이다. 예컨대, 몇 년 전 국립예술진흥원NEA: National Endowment of the Arts이 로버트 매플토프Robert Mapplethorpe의 사진전에 공공기금을 지원했다는 사실이 알려지자 몇몇 의원들이 문제를 제기하고 나섰다. 매플토프는 많은 이들이 포르노그래피라고 여길 정도로 성적으로 노골적인 사진을 찍기 때문이다. 비판자들은 포르노사진 전시회를 장려한 예술진흥원을 폐쇄해야 한다고 주장했다.

이 비판이 타당성을 얻기 위해서는 다음 네 가지 문제를 풀어야 한다. 그중 두 가지 문제는 용어와 그 의미에 관한 논증을 요구한다.

- '포르노그래피'란 과연 무슨 의미인가?
- 매플토프의 사진을 포르노그래피라는 범주로 분류하는 이유는 무엇인가?

나머지 두 가지 문제는 원인과 결과에 관한 논증을 요구한다.

- 예술진흥원의 행동이 그러한 사진을 유포하는데 기여했는가?
- 예술진흥원을 없애는 조치는 포르노그래피의 확산을 막는데 도움이 되는가?

비판자들은 매플토프의 작품에 '포르노'라는 딱지를 붙일 수 있다면, 그래서 사람들이 모두 그의 작품을 '포르노'라고 인식한다면, 예술진흥원을 폐쇄하자는 자신들의 주장이 더 많은 지지를 받을 수 있다고 생각한 것이다. 이처럼 수많은 논증이 '말'과 '행동'의 관계를 바탕으로 이루어진다. 전문가의 논증이든 일반인의 논증이든 마찬가지다.

민병대가 '애국자'라면정의 자유를 수호하는 그들을 지원해야 한다.실용주장

볼룸댄스경연대회가 '스포츠'라면정의 올림픽종목에 넣어야 한다.실용주장

반면 학자들은 대개 어떤 '행동'을 하도록 설득하려는 목적보다는, 더 깊은 '이해'를 이끌어 내기 위해서 정의를 놓고 논증한다.

'언어'를 느슨하게 정의한다면, 행동이나 신호를 통해 의미를 전달하는 수단이라고 말할 수 있다. 그래서 여기 꽃이 있다는 정보를 전달하는 벌의 움직임도 '춤의 언어'라고 이야기할 수 있다. 하지만 인간의 언어는 이보다 더 많은 정보를 전달할 수 있다. 인간의 언어는 예측할 수 있는 좁은 폭의 정보 조각뿐만 아니라 순간순간 변하는 욕망, 느낌, 생각까지 전달한다.정의 이러한 언어의 사용은 동물의 왕국에서 인간을 특별한 존재로 만들어주는 것으로 여겨진다. 하지만 침팬지에게 신호언어를 가르치거나 특정한 모양을 눌러 자신의 생각을 전달할 수 있도록 가르쳐보면, 금방 배운다는 것을 알 수 있다. 비록 초보적인 수준이긴 하지만 침팬지가 언어를 사용하는 방식은 인간과 매우 비슷하다.정의의 적용 또한 이러한 행동은 침팬지의 지적 능력이 우리가 생각하는 것보다 훨씬 높다는 것을 보여준다.이유 결국, 동물의 왕국에서 우리 인간만이 고유한 인식능력을 지닌 특별한 존재라고 더 이상 말할 수 없는 것이다.개념주장

이 글에서는 (인간의) '언어'를 먼저 정의하고, 이러한 정의에 맞는 언어를 침팬지의 행동에서도 찾아볼 수 있다고 이야기한다. (물론 이를 뒷받침하는 상당한 근거를 제시해야 할 것이다.) 그런 다음 인간이 더 이상 동물의 왕국에서 특별한 존재가 아니라고 결론을 내린다. 이 논증은 독자의 이해를 구하는 것이 목적이기 때문에 개념주장을 뒷받침한다. (물론, 이 글은 침팬지를 실험동물로 사용하지 말자는 '실용주장'을 펼치기 위한 준비단계에 속하는 부분일 수 있다. 어쨌든 이 논증의 기본적인 목표는, 자연에서 차지하는 우리 인간의 지위를 새롭게 '인식'하도록 하려는 것이다.)

비판적 사고를 제대로 하기 위해서는 단어와 의미를 정교하게 사용할 줄 알아야 하며, 그러한 단어와 의미의 사용이 논증에 초래하는 결과도 민감하게 가늠할 줄 알아야 한다. 단어와 의미를 놓고 펼치는 논증을 이해하기 위해선 몇 가지 용어를 알아야 한다. 하나씩 살펴보자.

의미를 따지기 위해서 알아야 할 몇 가지 용어들

지시대상 referent

우리가 사용하는 단어나 표현들 중에는 어떤 대상—사람, 사물, 사건, 개념, 아이디어 등—을 가리키기 위한 것들이 많다. '에펠탑'처럼 세상에 존재하는 것일 수도 있고 '5의 제곱근'처럼 우리 머릿속에 있는 것일 수도 있다. 이처럼 어떤 용어가 가리키는 대상을 우리는 그 용어의 지시대상이라고 한다. 구체적인 예를 들어 좀더 쉽게 설명해보자.

"슈의 고양이라니, 그건 어떤 고양이를 말하는 것인가?"

누군가 이런 질문을 한다면 그 고양이를 가리키거나 보여줌으로써 지시대상을 알려줄 수 있다.

"길고양이라니, 그건 어떤 고양이를 말하는 것인가?"

이때는 머릿속에 들어 있는 모든 지시대상을 보여줄 수 없다. 다만 우리는 수많은 길고양이의 개별적인 예를 가리킬 수 있을 뿐이다.

"고양이는 수천 년 전부터 애완동물로 길러졌다."

이 문장에서 '고양이'라는 말의 지시대상을 설명하는 것은 훨씬 어렵다. '고양이'라는 이름을 가진 추상적인 범주를 가리키기 때문이다. 이처럼 지시대상은 개별적인 어떤 것이 될 수도 있고, 무수한 것들을 범주화한 개념이 될 수도 있고, 우리 마음속에 존재하는 추상적인 개념이 될 수도 있다.

범주 category

한 무리의 사물이 비슷하다고 여겨질 때, 우리는 그것을 심리적인 범주 안에 묶는다. 범주는 아주 클 수도 있고 아주 작을 수도 있다.

> 만물─생물─동물─포유류─고양이과─고양이─페르시안고양이
> ─슈의 페르시안고양이

'나무' '개' '물' '공룡'처럼 자연적으로 구분된다고 여겨지는 범주도 있고, '의무' '양념' '팔뚝보다 큰 물고기'처럼 우리가 만들어낸 범주도 있다. 지금 설명하는 '범주'라는 용어도 그 자체로 우리가 만들어낸 범주다. (물론, 우리가 '자연적으로 구분된다'고 생각하는 범주가 정말 자연에 존재하는 것인지, 아니면 모두 인간이 만들어낸 것인지는 알 수 없다. 그 논의는 철학자들에게 맡겨놓을 수밖에 없다.)

용어 term

범주에 대해서 말하기 위해서는 그것에 이름을 붙여야 하는데, 그 이름을 용어라고 한다. ('단어'라고 하지 않고 '용어'라고 하는 것은, 여러 단어의 묶음으로 되어 있는 경우도 있기 때문이다.) '동물' '포유류' '고양이과' '고양이' '페르시안고양이' 와 같은 용어는 범주의 이름이기도 하면서 그 범주에 속한 개별적인 지시대상을 가리키는 이름이기도 하다. 용어는 또한 생겨나기도 하고 사라지기도 한다. '스트리밍'은 새롭게 나온 용어인 반면 '축음기'는 거의 사라진 용어다. '탈 것'처럼 범주를 단어 하나로 이름 붙일 수 없을 때에는 그냥 구문을 통째로 사용하기도 한다.

특성 feature

어떤 범주에 속하는 지시대상과 다른 범주에 속하는 지시대상을 구별하게 해주는 요소를 특성이라고 한다. 페르시안고양이의 특성은 긴 털, 들창코, '야옹'하는 울음소리인 반면, 샴고양이의 특성은 부드러운 털, 뾰족한 코, 그렁거리는 울음소리다. 특성과 관련한 문제로는, 같은 범주에 속하는 개체들 사이에 공통적인 특성이 하나도 없는 경우도 있다는 것이다. 잠시 후 이야기 하겠지만, 지시대상이 어떤 범주에 속하는지 구분지을 수 있는 명확한 경계 선이 존재한다는 생각은 착각에 불과하다.

의미 meaning

우리는 범주마다 의미를 부여한다. 의미는 범주를 구별짓는 특성에 기반하여 만들기도 하지만, 그 범주에 대해 우리가 부여하는 가치, 연상, 주관적인 느낌에 기반하여 만들기도 한다. 이렇게 만든 의미를 범주의 이름, 즉 용어에 덧붙인다. 그래서 '고양이'의 의미가 무엇인지 물어보면, 우리는 이미지, 개념, 느낌과 같은 것이 버무려진 어떤 것을 떠올린다. 범주와 마찬가지로 의미 역시 명확한 경계가 없다.

의미기준 criteria

심리학자들의 연구에 따르면 우리는 '의미'를 개별부분의 합이 아닌 하나의 전체로 받아들인다고 한다. 하지만 의미를 놓고 논증할 경우에는 의미를 잘게 쪼개야 할 때가 있는데 이렇게 쪼갠 조각을 의미기준이라고 한다. 예컨대 '비산飛散'이라는 말은 '쉽게 부서져 가루가 되어 날리는'이라는 뜻인데, 이 의미는 '쉽게 부서지는' '가루가 되는' '날리는'이라는 세 가지 의미기준으로 쪼갤 수 있다.

정의 definition

어떤 '범주'를 일컫는 '용어'의 '의미'를 구성하는 '의미기준' 몇 가지를 말로 진술한 것을 정의라고 한다. 대개 범주에 속하는 개체들이 공유하는 '특성'을 나열하는 형태를 띤다. 정의는 대개 보편적인 범주를 일컫는 단어와 그 의미를 좁혀주는 수식어로 이루어진다.

의미에 대한 논증을 이해하려면 다음 세 가지 사항을 명심해야 한다.

- 정의는 본래 존재하는 것이 아니라, 우리가 만들어내는 것이다. 의미 역시 본질적인 어떤 것이 아니라, 우리가 사용하는 말처럼 우발적으로 할당된 것이다.
- 용어의 의미는 정의보다 훨씬 복잡하다.
- 따라서 의미를 놓고 논쟁을 벌일 때, 특히 어떤 구체적인 지시대상에 어떤 용어를 붙일 것인지 논증할 때, 용어의 정의만 가지고 결론을 내리는 것은 불가능하다.

어떤 것을 어떤 이름으로 부르기로 결정할 때 우리는, 지시대상의 구별되는 특성에 초점을 맞추기도 하지만, 상황에 따라 다른 요인들을 고려하기도 한다. 예컨대 우리는 수소분자 두 개와 산소분자 한 개로 이루어진 합성화학물질을 '물'이라고 정의한다. 하지만 '물'의 의미 속에는 지구를 덮고 있으며, 생명에 반드시 필요하며, 더러운 것을 씻어내는 것 같은 수많은 요인들이 들어 있다. 하지만 H_2O가 얼음이나 증기 상태로 있을 때에 우리는 그것을 물이라고 하지 않는다. 그것은 '우리가 사용하는 방법'이 다르기 때문이다. 손을 씻으려고 할 때 얼음이나 증기를 찾는 사람은 없을 것이다. 결론적으로 말하자면, 우리는 이름을 붙일 때 지시대상의 특성만 고려하는 것이 아니라 우리가 그것을 사용하는 방법, 우리가 해결하고자 하는 문제 등 다양한 요소를 고려한다.

어떤 무리의 대상들을 하나의 범주 속에 넣고자 할 때 우리는 새로운 용어를 만들어낸다. 예컨대 1990년대 초, 운전대만 잡으면 난폭하게 돌변하는 _{공통특성} 몇몇 사람들_{지시대상}이 존재한다는 사실이 알려졌다. 이들은 공격적으로 차를 몰고 거칠게 욕을 하고 다른 운전자들을 향해 화를 냈다._{공통특성} 이러한 개별사례들을 하나의 행동패턴으로 다루기 위해 새로운 범주를 만들어냈지만 이 범주를 일컬을 마땅한 용어가 없었다.

'난폭운전aggressive driving', '운전대 앞 적개심hostility behind the wheel'등 다양한 용어들이 나왔지만 이 상황을 적절하게 묘사하지는 못했다. 마침내 기억하기 쉽고 입에 잘 붙는 '도로 위 분노road rage'라는 말이 나오면서 이 범주를 지칭하는 용어로 자리잡았다. 이제 앞에 끼어드는 차를 향해 소리지르고 주먹을 흔드는 사람들을 보면서 '로드레이지가 심각하군'이라고 이야기할 수 있게 되었다. 누군가 로드레이지가 무슨 뜻이냐고 묻는다면 우리는 구체적인 예나 전형적인 상황을 묘사하며 설명할 수도 있고, 다음과 같이 정의 내릴 수도 있다.

화를 내며 난폭하고 전투적으로_{의미 구체화} 운전하는 행위_{보편적인 범주}

모든 정의가 이처럼 명쾌하다면 용어나 그 의미를 놓고 논쟁할 필요는 없을 것이다. 하지만 우리는 언제나 눈앞에 닥친 문제를 풀기 위해, 다양한 목적으로 다양한 시간에 다양한 방식으로 단어를 사용하고 그 의미를 정의한다. (물론 어느 정도 상식적인 한계를 벗어나면 안 될 것이다.) 이로 인해 단어의 의미, 단어의 지시대상, 단어의 용법에 대한 논란은 계속 생겨날 수밖에 없다.

예컨대 친구 집에 저녁초대를 받았다고 해보자. 요리가 전혀 맛이 없었지만 예의상 "정말 맛있어요!"라고 이야기했다. 거짓이라는 것을 알면서도 거짓말을 한 것이다. 하지만 이런 거짓말을 진짜 거짓말이라고 할 수 있을까? 친구에게 예의를 갖추고자 한 말이기 때문에 '좋은 거짓말'이라고 할 수 있을 것이다. '이론적으로는 거짓말'이긴 하지만 이것을 진짜 거짓말, '새빨간 거짓말'이라고 하는 사람은 없을 것이다.

그런데 여기서 우리가 용어를 세심하게 구분하는 이유는 무엇일까?

사교적 맥락에서 발생한 문제를 해결하고 싶기 때문이다. 다시 말해, 거짓말을 한다는 죄책감을 느끼고 싶지 않기 때문에 우리는 '좋은 거짓말'이라는 새로운 이름을 만들어낸 것이다.

그렇다면 경쟁관계에 있는 주방장의 요리를 맛보고 거짓으로 "정말 맛있어요!"라고 말한 경우를 생각해보자. 상대방은 맛없는 요리를 내놓았다가 결국 식당에서 해고당했다. 처음부터 상대방의 일자리를 뺏고자 하는 목적으로 거짓말을 한 것이다. 앞의 상황과 마찬가지로 여기서도 똑같은 지시대상(맛없는 요리)을 가리키며 똑같은 말("정말 맛있어요!")을 했다. 하지만 단 하나, 의도가 다를 뿐이다. 우리는 이러한 거짓말을 '좋은 거짓말'이라고 부를 수 있을까? 아마도 '진짜 거짓말' '나쁜 거짓말'이라고 말할 것이다.

의미는 이처럼 은유와 뒤섞여, 솜털처럼 뿌옇고 손에 잡히지 않는 어떤 것이다. 비판적 사고를 제대로 하려면, 용어와 의미를 놓고 논증할 때 이러한 사실을 잊어서는 안 된다.

의미를 따지는 논증 속에
숨어있는 문제

어떤 문제를 해결하고자 하는가?

논증을 설계할 때는 우선 그것이 어떤 문제를 풀기 위한 논증인지 먼저 물어
야 한다. 개념문제인가, 실용문제인가?

- 개념논증에서 정의를 내리는 목적은, 더 큰 쟁점이나 질문에 대해 어떤 중요한 사
  실을 더 쉽게 이해할 수 있도록 도와주려는 것이다.
- 실용논증에서 정의를 내리는 목적은, 어떤 행동이 왜 필요한지 독자들이 이해할
  수 있도록 도와주려는 것이다.

예컨대 우리는 1장에서 논증이 우리 삶과 사회에 어떻게 도움이 되는지 설
명하는 데 초점을 맞춰 논증을 정의했다. 논증의 실용적인 결과와 거기에 도
달하는 방식에 초점을 맞춰 논증을 정의한 것이다. 이렇게 논증을 정의한 것
은, 여러분들에게 이 책을 계속 읽어나갈 동기를 제공해야 한다는 실용문제
를 풀기 위한 전략적 선택이었다.

하지만 논증에 대해 학술적으로 접근하는 글을 쓸 때는 '논증'을 다르
게 정의해야 할 것이다. 이때는 '논증과 관련한 어떤 행동(논증글을 더 잘 쓰는
것)'을 도와주는 것보다는, 그 용어의 의미가 어떻게 변했고 이러한 변화가
추론과 의사소통의 사회적·역사적 변천과 어떤 관련이 있는지 '이해'하도록

돕는 것을 목적으로 하기 때문이다.

앞에서도 계속 말했지만, 논증을 제대로 하기 위해서는 무엇보다도 어떤 문제를 해결하기 위한 것인지 알아야 한다. 독자를 '이해'시키려고 하는가? 독자에게 어떤 행동을 '하게' 만들려고 하는가?

대리논증이라는 늪

해결하고자 하는 문제가 복잡하거나 논쟁적인 경우, 자기도 모르게 엉뚱한 문제를 붙잡고 매달리는 경우가 있다. 이것을 '대리논증'이라고 하는데, 이때 등장하는 엉뚱한 문제는 대개 '의미'를 두고 벌이는 논쟁이다. 의미를 두고 벌이는 대리논증은 다음 두 가지 형태로 나타난다.

- 정의를 놓고 벌이는 개념논증처럼 보이지만, 그 밑에는 실용문제가 숨어있다.
- 의미를 문제 삼는 것처럼 보이지만, 그 밑에는 가치와 감정을 놓고 벌이는 갈등이 숨어있다

단어, 정의, 행동을 혼동하지 마라

토론을 하다 보면 어떤 용어에 대해 서로 동의하지 못하는 상황에 부딪히기도 한다. 하지만 토론을 많이 해본 사람은, 용어를 정의하는 싸움에서 이긴다고 해도 문제가 해결되지 않는다는 것을 알 것이다. 논증의 핵심은 용어의 정의가 아니라 그러한 정의를 통해 영향을 미치고자 하는 실용문제다.

예를 통해 좀더 쉽게 설명할 수 있다. 우리가 '결혼'이라고 부르는 의례를 동성끼리도 할 수 있느냐 없느냐 하는 문제를 놓고 델마와 루이스가 논쟁한다.

델마: 주말에 재미있는 일이 있었어. 아는 사람의 결혼식에 갔는데 신랑신부 모두 여자더라구.

루이스: 음, 그건 결혼식이라기보다는 그냥 어떤 의례라고 할 수 있겠지. '결혼' 이라는 말은 남자와 여자가 하나가 된다는 의미야. 여자끼리는 결혼을 할 수 없어. 그러니까 그건 결혼식이라고 부르면 안 되지.

델마: 두 사람이 남들 앞에서 공개적으로 서로 정절을 지키며 함께 살겠다 고 약속을 하면 그게 결혼식 아닌가? 동성끼리는 결혼할 수 없다고 누 가 그래?

루이스: 수천 년 동안 결혼이란 단어가 어떤 의미로 쓰였는지 봐봐. 결혼은 언 제나 남자와 여자 사이에 인연을 맺는 걸 의미했어.

델마: 말은 시대에 맞게 바뀌는 거야.

루이스: 물론 그런 말도 있겠지. 하지만 자신에게 필요하다고 해서 없는 의미를 갖다 붙일 수는 없어. 많은 이들에게 결혼은 여전히 남자와 여자가 치 르는 의례를 의미해. 그게 바로 결혼이라는 단어의 뜻이야.

'결혼'과 '결혼식'이라는 용어를 어떻게 정의할 것인지 동의하지 않는 한, 이 논쟁은 끝날 것 같아 보이지 않는다. 이 논쟁은 얼핏 보면 "개인은 자신의 목 적에 맞게 용어의 의미를 바꿀 수 있는가?"라는 질문을 놓고 '언어의 변화' 에 관한 개념문제를 다루는 것처럼 보인다. 하지만 이들이 진정으로 주장하 고 싶어하는 것은, 결혼과 결혼식이라는 용어를 특정한 방식으로 사용함으 로써 실용문제를 해결하고자 하는 것이다.

- 델마는 결혼이라는 용어를 동성 간에도 사용함으로써 실용문제를 '해결'할 수 있 다고 생각한다. 동성커플은 전통적으로 결혼을 통해 제공되는 사회적·개인적·경 제적 혜택을 누리지 못하는데, 이런 상황을 델마는 사회적인 불의의 문제로 바라 본다. 이를 해결하기 위해서 그녀는 동성커플도 이성커플과 같은 범주에 넣고 싶

어한다. 루이스에게 그들의 의례를 '결혼식'이라고 부르고 그들의 관계를 '결혼'이라고 부르도록 설득함으로써 자신이 바라는 결론으로 나아가고자 한다.

- 루이스는 동성 간의 의례에 '결혼식'이라는 용어를 붙이면 또다른 실용문제가 발생한다고 생각한다. 동성 간의 결합을 '결혼'이라고 부르도록 용인한다면, 이는 은연중에 자신이 부도덕하다고 생각하는 행위(동성애)를 사회가 용인하는 결과로 이어진다. 이는 자신의 도덕적 관념을 뒤흔드는 일이다. 그러한 도덕적인 문제가 발생하지 않도록, 동성커플을 이성커플과 다른 범주로 구분하고 싶어한다. 동성 간의 의례를 '결혼식'이라고 부르지 않고 그들의 관계를 '결혼'이라고 부르지 않음으로써 자신이 바라는 결론을 향해 나아가고자 한다.

'결혼'의 의미를 놓고 델마와 루이스가 벌이는 논쟁이 실제로 그 밑에 숨어있는 실용문제를 대신하여 벌어지는 것이라면, 이는 생산성 없는 대리논증의 늪에 빠진 것이다. 문제의 핵심이 단순한 용어정의에 있지 않다는 사실을 인식하지 못하면, 이러한 논쟁은 어떠한 결론도 내지 못하고 지루하게 이어질 것이다.

따라서 논증에서 핵심이 되는 용어의 의미와 정의에 대해 개념논증을 해야 하는 경우에는, 그것이 어떤 실용논증의 대리논증이 아닌지 반드시 의심해야 한다. 어떤 용어의 '진짜' 의미를 놓고 논쟁이 벌어진다고 여겨질 때는, 한걸음 물러서서 그 용어를 정의해야 하는 필요성을 야기한 실용문제가 무엇인지 찾아보라. 그 지시대상을 가리키는 용어를 바꿀 때 결론은 어떻게 달라지는가? 스스로 물어보라. 용어와 의미를 바꾸면 어떤 결론에 도달하는가?

자신의 논증이 더 큰 문제에 대한 대리논증이라고 판단될 때는, 더 큰 문제를 명확히 파악하고 그것을 직접 대면하는 것이 현명한 판단이다. 드러난 진짜 문제가 지나치게 크거나 민감해서 직접 다루기 어렵다면, 그 문제를 여러 측면으로 쪼개서 그 중 한 측면을 해결하기 위한 논증을 펼쳐라. 대리논증의 늪에 빠지면 자신은 물론 독자들도 이것이 도대체 무엇을 위한 논쟁인지 의미를 찾지 못하고 허우적거리다 지쳐서 떠나 버리고 말 것이다.

의미를 정의하는 목적

제이콥 설럼은 "공중보건의 횡포와 흡연"에서 보건당국이 비만을 '질병/유행병'이라고 정의함으로써 비만인들에 대한 강압적인 조치를 정당화한다고 비난한다. 이처럼 어떤 단어에 대한 정의를 근거로 삼는 논증전략은 얼마나 타당하다고 여겨지는가?

정의와 가치를 혼동하지 마라.

어떤 것에 대한 나의 평가와 의견을 상대방에게 수용하도록 압박하고 싶을 때에도, 스스로 그러한 자신의 의도를 인식하지 못할 때 대리논증에 빠질 수 있다. 다음 대화를 보자.

> 모디: 《타이타닉》은 정말 걸작예술영화 아니니?주장 한 개인의 관점에서 비극적인 사건을 서사적이고 감동적으로 그리면서도, 타인을 위한 인간의 용기와 희생을 참으로 아름답게 그리잖아.이유
>
> 해롤드: 내 생각엔 영악한 상업영화일 뿐이야.주장 부자들을 이기적이고 비열한 인간으로 냉소적으로 모욕하고 하층계급을 희생적이고 용감하다고 뻔뻔하게 치켜세움으로써 우리 감정에 노골적으로 호소하지. 더 높은 흥행수익을 올리기 위해 계급적인 분노를 이용했을 뿐이야.이유

모디와 해롤드는 《타이타닉》을 어떤 범주에 넣을 것인가 하는 문제를 놓고 논쟁하는 듯 보인다.

> "《타이타닉》이 걸작예술영화 범주에 들어가느냐, 아니면 영악한 상업영화 범주에 들어가느냐?"

이들은 예술영화와 상업영화라는 범주의 기준을 찾고, 그 기준과 《타이타닉》의 특성을 맞춰 보고, 어디에 잘 맞는지 논증하여 서로 동의를 이끌어 낼 수도 있다. 어쩌면 양쪽 범주에 조금씩 해당할지도 모른다. 하지만 이들이 쓰는 어휘를 보면 이 논증이 단순한 범주화의 문제가 아니라는 점을 알 수 있다. 다음과 같은 어휘들을 보면 말하고자 하는 이의 의도와 감정이 강하게 묻어난다.

비극적인, 서사적이고 감동적으로,

아름답게 그리잖아

vs

냉소적으로 모욕하고, 뻔뻔하게 치켜세움으로써,

노골적으로 호소하지, 분노를 이용했을 뿐이야.

해롤드와 모디가 자신의 가치관 또는 감상을 드러내보이기 위해서 (가치관과 감상은 사실 동전의 양면이다.) 이런 대화를 하고 있다면, 이것은 《타이타닉》이 "실제로 어떤 영화냐" 하는 문제와는 전혀 무관한 논쟁이다. 《타이타닉》에 대한 자신의 감상에 상대방이 동의하도록 설득하는 것이 목적이다. 이런 경우 정의를 놓고 아무리 치열하게 논쟁한다고 해도 상대방의 생각은 절대 바뀌지 않는다.

예컨대 해롤드가 이 영화의 특성을 '영악한 상업영화'라는 범주의 의미 기준에 성공적으로 끼워 맞춰 넣었다고 생각해보자. 그러면 모디는 여전히 이렇게 대답할 것이다.

"영악한 상업영화라고 치자. 그래서 뭐? 그래도 《타이타닉》은 훌륭한 영화야. 난 이 영화가 정말 좋아."

해롤드는 결코 이길 수 없는 논쟁에서 공허한 승리를 거둔 것뿐이다. 따라서 어떤 것에 대한 상대방의 느낌이나 의견을 바꾸고 싶을 때는 정의를 놓고 논쟁해서는 안 된다. 어떤 사람의 행동을 놓고 '검소하다'고 말할 것인지 '인색하다'고 말할 것인지, 또 '원칙중심'이라고 말할 것인지 '고집불통'이라고 말할 것인지 아무리 싸워봤자 상대방을 설득할 수 없다.

자신이 쓰고 싶은 용어에 좋고 싫음이 반영되어 있다면, 이미 자신의 평가와 감정은 결정되어 있는 것이다. 가치가 실린 용어는 우리 감정과 태도가 정해진 '다음에' 나온다는 사실을 명심하라. 이런 경우 논증의 핵심은 적절한 어휘를 찾는 것이 아니라 적절한 감정을 찾아내는 것이다.

논증이 정의를 놓고 계속 맴돈다면 한 걸음 물러서서 관조하라. 다른 문제를 해결해야만 해결할 수 있는 대리논증이 아닌지 의심하라. 의미를 놓고 벌이는 논증에서 상대방을 압도하기 위해서는 특성을 하나하나 의미기준에 끼워 맞춰보는 험난한 임무를 수행해야 하는데, 대부분 헛된 수고일 뿐이다. (참고로 말하자면, 우리는 아내와 아이들과 이런 논쟁을 많이 해보았지만 한 번도 성공한 적이 없다.)

의미를 정의하는 목적

질 맥밀란/조지 체니가 쓴 글과 마이클 퍼널이 쓴 글은 모두 학생을 고객으로 대해서는 안 된다는 주장을 펼친다. 하지만 '고객으로서 학생'에 대해 앞의 글에서는 잘못된 비유라고 규정하고 뒤의 글에서는 잘못된 범주화라고 규정한다. 어떤 접근방식이 설득력이 높은가? 또는, 결론만 같으면 무엇이라고 이름 붙이든 상관없는 것일까?

알코올중독이란 무엇인가?

1990년 APA^{American Psychological Association} 미국심리학회의 22명 패널들은 알코올중독^{alcoholism}이라는 용어의 정의를 다음과 같이 바꾸는 것을 승인했다.

> 알코올을 강박적, 의존적으로 섭취하는 증후군. 알코올의존증과 같은 의미로 사용되기도 하며, 의료적 진단과는 별개로 지속적으로 알코올을 과다섭취하는 것을 일컫기도 한다.

APA는 이렇게 개정한 이유를 다음 세 가지로 제시한다.

- 과학적으로 타당하고
- 임상적으로 유용하고
- 대중들이 이해하기 쉽게

반면 NCADD^{National Council on Alcohol and Drug Dependence} 알코올/마약의존증전국협회는 알코올중독으로 고통받는 사람들을 위한 효과적인 의학적 치료와 사회적 재활에 헌신하는 미국의 시민단체다. 이들의 활동목표는 의사들이 알코올중독을 진단하는 방식에 초점이 맞춰져있지 않고, 이러한 증상이 나타났을 때 최대한 빨리 주변사람들이 개입할 수 있도록 주의신호를 주는 것에 초점이 맞춰져 있다. NCADD는 알코올중독을 다음과 같이 정의한다.

> 알코올중독은 1차적인 만성질병으로 그 전개와 발현에 유전적, 심리사회적, 환경적 요인이 영향을 미친다. 이 질병은 대개 계속 악화되며 치명적인 상태까지 도달할 수 있다. 가장 눈에 띄는 부작용으로는 술을 마시는 것에 대한 통제력 손상, 알코올을 마시고자 하는 집착, 먹고 난 뒤 닥칠 역효과를 알면서도 알코올 섭취, 현실부정으로 가장 잘 나타나는 사고의 왜곡 등이 지속적으로 또는 주기적으로 나타난다.

정의에 사용된 주요 의미기준에 대하여 NCADD는 다음과 같은 해설을 붙여놓았다.

- 1차적인: 알코올중독은 잠복한 어떠한 질병이 겉으로 드러난 증상이 아니라는 뜻이다.
- 질병: 원치 않는 무기력, 장애를 의미한다. 개개인들이 공통적으로 보이는 비정상적인 구체적 특이현상을 의미하며, 이로 인해 개개인들은 불리한 입장에 처하게 된다.

- 계속 악화되며 치명적인: 이 질병은 시간에 걸쳐 지속되며, 이로 인한 신체적, 정서적, 사회적 변화가 축적된다는 뜻이다.

- 통제력 손상: 알코올 섭취를 제한하지 못하는 것. 또는 음주기간, 음주량, 음주로 인한 행동의 결과 등을 일관되게 제한하지 못하는 것을 의미한다.

- 집착: 알코올, 알코올의 효과, 알코올 섭취에 과도하게 관심을 쏟는 것을 의미한다. 알코올에 관심을 쏟는 만큼 중요한 일상에 쏟아야 할 에너지가 분산되고 만다.

- 역효과: 육체적 건강, 심리적 대인적 직업적 기능, 법적 경제적 영적 문제 등, 알코올로 인해 발생할 수 있는 문제나 손실을 의미한다.

- 현실부정: 여기서는 알코올섭취가 개인의 문제를 해결하기는커녕 유발한다는 사실에 대한 인지를 약화시키는 다양한 심리적 기제를 일컫는다. 현실부정은 이 질병에서 중요한 역할을 하며, 회복을 가로막는 주요한 장애물이다.

NCADD의 정의는 APA의 정의와 비교했을 때 어떻게 다른가? APA가 밝혔듯이 APA의 정의가 NCADD의 정의보다 더 과학적인가? NCADD의 정의는 APA의 정의보다 덜 객관적인가? NCADD 정의는 자신들의 활동목표에 부합하도록 지나치게 주관적이라고 여겨지는가? 어떤 부분에서 그러한 느낌을 받는가?

동성애란 무엇인가?

오랫동안 APA는 진단매뉴얼에서 동성애를 정신질환으로 분류했으나 1980년, 표결을 통해 동성애를 정신질환목록에서 뺐다. 그렇다면 정신과의사들이 그 이전까지 동성애를 질병으로 생각했던 것은 실수였을까? 이에 대답하기 위해서 무엇을 고려해야 하는지 나열해보자. 논증을 시작할 때는 언제나 '문제가 무엇인지' 가장 먼저 생각해야 한다. 이 논증은 진정으로 '동성애가 질병인가, 선택인가, 유전적인 성향인가' 하는 문제에 관한 것일까? 아니면 또 다른 논증의 대리논증일까?

의미를 점령하기 위한
전략과 전술

○│ 미를 놓고 벌이는 논증의 목적은 대부분 비교적 단순하다. 어떤 지시
──│ 대상을 어떤 용어로 지칭해야 할 이유를 제시함으로써 그것에 대한
상대방의 의견이나 태도를 자신이 원하는 방식으로 바꾸는 것이다. 지시대
상을 어떤 용어로 일컫는다는 것은 곧 그 지시대상을 그 용어로 이름 붙인
범주 속에 넣는 것이고, 이로써 지시대상에 대한 상대방의 생각을 자신이 원
하는 대로 끌어당길 수 있다.

매플토프의 사진지시대상은 포르노그래피용어1가 아니라 예술용어2이라고
주장하려면 어떻게 해야 할까? 다음 두 가지 작업을 수행하는 논증을 만들
어야 한다.

- 먼저, 핵심용어의 의미에 대한 특정한 의미기준을 받아들여야 하는 이유를 제시
한다. 이로써 '포르노그래피'와 '예술'에 대한 자신의 정의에 독자들이 동의하도
록 유도한다. 여기서 작동하는 전제는 다음과 같다.

- "어떤 것이 X, Y, Z 특성을 가지고 있다면, 그것은 포르노그래피라고 부른다."
"어떤 것이 A, B, C 특성을 가지고 있다면, 그것은 에로티시즘 예술이라고 부른다."

- 지시대상, 즉 사진의 특성이 '포르노그래피'의 의미기준에 맞지 않고 '에로티시즘
예술'의 기준에 맞는다는 것을 보여주는 이유를 독자들에게 제시한다.

이렇게 논증하는 일은 쉽지 않다. 의미는, 많은 사람들이 생각하거나 기대하듯이 그렇게 고정되어 있지 않기 때문이다.

하지만 의미는 다른 것과 완벽하게 구별되는 '본질'이며, 범주는 이러한 의미로 채워진 견고한 그릇이라고 생각하는 철학자들도 있다. 조금만 고민해보면 범주를 정의하고 구별하는 고정적이고 본질적인 의미기준을 찾을 수 있으며, 어떤 지시대상의 본질적인 특성이 그 기준에 맞는지 안 맞는지 언제든 분명하게 알 수 있다고 주장한다. 어떤 대상이 어떤 범주에 속하는지 분명히 알 수 있다는 것이다.

하지만 그런 철학자들이 기대하는 만큼, 현실 속에서 우리는 고정적이고 예측할 수 있는 방식으로 단어와 의미를 사용하지 않는다. 특히 논증을 할 때 그러한 경향은 더 심해진다. 범주와 지시대상은 레고블럭처럼 서로 완벽하게 끼워 맞춰지지 않는다. 실제 논증을 할 때 우리는, 쐐기는 깎고 다듬어야 하고, 구멍은 잡아늘려서 억지로 끼워 맞춰야만 한다.

일반의미와 인증의미

의미를 얼마나 잡아늘려야 하는지 판단하려면, 먼저 의미의 두 가지 유형을 구분해야 한다.

- 일반의미common meaning: 어떤 용어에 대한 일반적인 이해.
- 일상적인 대화에서 사람들은 대부분 코요테나 늑대가 개와 '비슷하다'고 생각한다. TV에 나오는 하이에나를 보고도 많은 이들이 아주 못생긴 개의 일종이라고 생각한다. (실제로 하이에나는 개보다 고양이에 가깝다.)
- 인증의미authorized meaning: 전문분야에서 합의한 '공인된' 의미.
  개, 늑대, 코요테 사이에 어떤 진화론적 연관성이 있는지 생물학자가 과학논문을

쓸 때 사용하는 '개'의 정의다. 생물학자에게 하이에나는 전혀 개로 보이지 않는다.

어떤 단어를 독자들이 일반의미로 사용한다고 기대하는 경우에는, 논증의 목적을 달성하기 위해서 어느 정도 한계 안에서 자유롭게 정의를 다듬어 사용할 수 있다. 예컨대, 보는 순간 불쾌감을 느끼게 하는 성적으로 노골적인 사진을 우리는 '포르노'라고 부를 수 있다. 독자들은 여기서 '포르노'가 무엇을 의미하는지 잘 알 것이다.

하지만 독자들이 어떤 용어를 법적으로 인증받은 의미로 사용하기를 기대하는 경우에는 문서로 규정한 범위에서 벗어나선 안 된다. 예컨대 대법원 판례에 따르면, 어떤 지시대상을 '기술적으로' (즉, 법적으로) '포르노'라고 부르기 위해서는 그 지시대상의 특성이 다음과 같은 세 가지 의미기준에 맞아야 한다.

> 포르노, 또는 외설이라 함은 [1] 보통사람의 눈으로 동시대 사회의 기준에서 봤을 때, 전체적으로 음란한 욕구를 자극하는 것으로 인식되며, [2] 성행위를 직접적이고 노골적인 방식으로 묘사하고, [3] 전체적으로 진지한 문학적·예술적·정치적·과학적 가치가 없는 것을 말한다. (Miller v. California, 413 U.S. 15, 24-25, 93 S.Ct. 2607, 2615, 37 L. Ed. 2d 419.)

예술진흥원을 비판하는 이들이 법정에서 매플토프의 사진은 포르노그래피라고 주장하려면 이처럼 인증받은 정의의 범위 내에서 논증을 펼쳐야 한다. 하지만 학부모모임과 같은 시민모임에서 연설할 때는 다음과 같이 일반의미에 의존하여 '느슨하게' 정의해도 무방하다.

> "매플토프의 사진은 포르노입니다. 인간의 성행위를 동물들이 교미하는 장면처럼 천박하게 보여줌으로써 인간의 존엄성을 훼손했기 때문입니다."

이론일 뿐?

'이론^{theory}'이라는 단어만큼 과학과 대중 사이에 오해를 유발하는 단어도 없을 것이다. 과학자에게 이론이란 '어떤 현상을 체계적으로 입증하고 명확하게 설명하는 진술'이라는 인증의미를 지닌 용어다. 따라서 양자이론이나 상대성이론이라고 하면, 전자나 빛의 속도에 대한 추정이나 입증되지 않은 믿음을 의미하는 것이 아니라 수많은 과학자들이 폭넓게 받아들이는 체계적인 설명을 의미한다.

하지만 일반대중은 이와는 달리 단순한 사색, 육감, 추측을 '이론'이라고 생각한다.

"다윈의 진화론은 이론일 뿐이야."

이렇게 말하며 진화론을 공격하는 이들도 있는데, 이것은 '이론'이란 말을 일반의미로 잘못 해석한 것이다. 생물학자들이 사용하는 인증의미를 지닌 '이론'은 이와 전혀 다르다. 진화론을 비판하는 이유는 여러 가지 있을 수 있겠지만 "그건 이론일 뿐이야"라고 말하는 것은 절대 이유가 될 수 없다.

일반의미를 사용하기 위한 전략

일반의미를 사용하여 논증할 때는 의미기준을 잡아늘이고 거기에 맞게 지시대상을 다듬는 것이 어느 정도 용인된다. 그렇다고 해서 상식의 한계를 벗어나선 안 된다. 많이 사용하는 용어일수록, 지시대상에 대해 더 많이 알수록, 독자들은 자신이 이해한 내용에 맞는 정의와 서술만 받아들일 확률이 높다.

예컨대, 오클라호마 연방청사를 폭파한 티모시 맥베이를 '진정한 애국자'라고 누군가 주장한다고 해보자. 사람들은 이 주장에 동의할까? '애국자'라는 단어의 정의를 그 정도로 잡아늘이는 사람은 별로 없을 것이다. 의미의 경계가 아무리 불분명하더라도 특정한 지시대상에 그 용어를 붙일 만한 타당한 이유를 제시해야 독자들은 그러한 용어사용에 동의한다. 용어를 끼워맞추는 작업을 할 때 세 가지 전략을 활용할 수 있다.

전략1: 서로 잘 들어맞도록 의미기준과 지시대상의 특성을 다듬는다

인증의미가 아닌 일반의미를 사용해도 되는 경우엔, 의미와 지시대상을 '동시에' 다듬을 수 있다. 쐐기(지시대상)가 들어갈 수 있도록 구멍(의미)을 넓히는 동시에 구멍에 맞게 쐐기도 다듬는 것이다.

　예컨대, 국기를 태우는 행동을 범죄로 규정하는 헌법수정안에 반대하도록 사람들을 설득하고자 한다. 이를 위하여 정부가 부도덕한 행위를 저질렀을 때 이에 항의하는 의미로 국기를 태우는 행동에 '애국'이라는 용어를 붙이기로 논증전략을 짰다. 국기를 태우는 사람을 '애국자' 범주에 넣을 수 있다면, 국기를 태우는 행동을 금지하는 헌법수정안에 반대하도록 설득할 수 있을 것이다. '애국'이라는 용어에 대한 인증된 의미기준은 없기 때문에 자신의 목적에 맞게 일반의미를 잡아늘일 수 있다.

> 국기를 태우는 행위를 범죄로 규정하는 헌법수정안을 지지하는 이들은 대부분 국기를 떠받드는 것이 '애국심'이라고 정의한다. 국기를 흔들고 국기에 경례하고 국기가 지나갈 때 차렷자세를 해야 한다고 말한다. 그들은 국기와 국가를 동일한 것으로 간주한다. 국기를 훼손하는 것은 국가를 해치는 것이라고 말한다.대안정의 수용 하지만 좀더 깊이 생각해보면, 진짜 애국심이란 상징에 대한 충성이 아니라 그 상징이 의미하는 원칙에 대한 충성을 의미한다. 따라서 정부가 그러한 원칙을 위반했을 때 진정한 애국시민들은 이에 항의할 것이고, 국기를 태워서라도 자신들의 항의에 주의를 기울이도록 만들 것이다. 이것이 진정한 애국이다.'애국'에 대한 의미기준 그런 상징적 표현이 범죄가 된다면문제의 불안정조건 우리는 국기를 태워서 잃는 가치보다 훨씬 크고 중요한 가치를 잃고 말 것이다.문제의 손실 의회는 이 수정안을 거부해야 한다.해법/주장

글쓴이는 국기를 태우는 사람들의 의로움이 드러나도록 하는 특성을 부각하는 동시에 그러한 특성에 어울리도록 '애국'의 의미기준도 넓힌다. 요약하면 다음과 같다.

"진정한 애국자란 국가의 드높은 가치를 보존하기 위하여 사람들의 분노를 이끌어 내는 용기있는 사람이다. 국기를 태우는 사람들은 그런 용기가 있다."

물론 '애국'이라는 말의 의미를 한없이 잡아늘일 수는 없다. 어쨌든 우리가 받아들일 수 있는 상식의 기준을 벗어나면 안 된다. 사람들이 이러한 시민의 항거가 옳지 않다고 인식한다면, '국가가 존립하는 원칙'을 지키기 위한 행동이라고 생각하지 않는다면, 이러한 전략은 성공할 수 없다. 따라서 특성과 의미기준을 다듬고 수정할 수 있는 여지는 궁극적으로 그 용어와 지시대상에 대한 독자들의 생각의 한계를 넘어서지 못한다.

전략2: 지시대상을 전형에 맞춘다

의미를 두고 논증할 때 일반적으로 우리는 개별적인 의미기준을 하나씩 따지지만, 심리학자들에 따르면 우리가 의미와 범주에 대해 생각하는 방식은 매우 다르다. 다시 말해 어떤 지시대상에 이름을 붙일 때 우리는 의미기준을 하나씩 그 지시대상의 특성과 맞춰보면서 검토하는 것이 아니라 그 범주에서 가장 완벽하고 전형적인 예라고 생각하는 것과 지시대상을 전체적으로 비교한다. (전형적인 예를 심리학에서는 '원형prototype'이라고 하는데, 여기서는 '전형model' 이라고 부른다.) 따라서 구멍에 꼭 들어맞는 전형쐐기와 자신의 쐐기가 아주 닮았다는 것을 보여줌으로써 독자를 설득할 수 있다.

　　다음 인용문은 1775년 미국독립전쟁 당시 활동하던 시민기동대Minute-man를 애국자의 친숙한 전형으로 묘사한다. 이들을 애국자의 전형으로 인정한다면, 오늘날 민병대militia도 이들과 매우 비슷하다는 것을 보여줌으로써 애국자로 정의할 수 있다.

　　오늘날 민병대를 부정적으로 생각하는 사람도 있겠지만, 200년 전 우리에게 자유를 안겨준 사람들이 바로 자신의 총을 들고 싸운 시민이었다는 사실을 잊어서는 안 된다. 1775년 시민기동대는 독재정부에 대항하여 자신의 보금자리와 가족을 지키기 위해 자신의 총을 들고 벽난로 뒤에 몸을 숨기며 서로 연합하여 공동방어를 펼친 애국자들이다.전형 언제 또 찾아올지 모르는, 우리 자유를 위협하는 상황에 맞서 싸울 준비를 하기 위해 집을 떠나는 민병대원들도 그들과 똑같은 사람들이다.지시대상 우리에게 자유를 안겨준 200년 전 애국자들에게 경의를 표한다면, 지금도 그러한 자유를 지키기 위해 땀 흘리는 사람들에게 경의를 표해야 한다.

독자들이 1775년 시민기동대를 애국자라는 범주의 전형으로 받아들인다면, 또 오늘날의 민병대(지시대상)가 그 전형과 매우 닮았다고 생각한다면, 민병대를 애국자로 정의하도록 하는 데 성공한 것이다.

전형과 지시대상을 생생하게 묘사할수록, 논증은 한층 더 설득력을 갖는다. 물론 여전히 전형을 묘사하기 위해서는 여러 용어들을 사용해야 하고, 이 용어들 역시 제각각 의미기준을 갖고 있다. 그래서 어떻게 보면, 전형을 만들고 여기에 지시대상을 맞추는 작업도 사실, 의미기준에 특성을 맞춰 나가는 작업과 그다지 다르지 않다. 그럼에도 세부요소들을 일일이 맞추기보다는 전체적인 그림을 맞춰 나가는 데 초점을 맞춘다.

전략3: 다듬기전략과 전형전략을 함께 사용한다

전략1과 전략2를 한꺼번에 사용할 수 있다.

민병대를 총에 미친 사람들이라고 매도하는 것은 미국이라는 나라를 세운 원칙에 대한 이들의 깊은 사랑을 무시하는 것이다.기준1 민병대는 언제든 다른 사람들과 연합하여 부당한 독재권력에 맞서서 일어날 준비가 되어 있다. 물론 필요하다면 무력도 사용한다.기준2 또한 이들은 자신의 자유는 물론 여러분들의 자유를 보호하기 위해 자기 목숨까지 내놓을 준비가 되어있다.기준3

이들은 우리 시대의 진정한 애국자다. 독재정부에 대항하여 자신의 보금자리와 가족을 지키기 위해 자신의 총을 들고 벽난로 뒤에 몸을 숨기며 서로 연합하여 공동방어를 펼친 1775년 시민기동대와 전혀 다르지 않다.전형 오늘날 민병대도 이와 똑같이 자신들에게서 자유를 박탈하려고 하는 독재자에 맞서 싸우기 위해 총을 든다.지시대상 1775년 애국자들에게 경의를 표한다면 오늘날 민병대에게도 경의를 표해야 한다.주장

우리가 위험을 무릅쓰고 의미를 확장할 때 제약을 가하는 또다른 요인은 바로 '언어'다. 지시대상을 묘사하고 의미기준과 전형을 다듬을 때 우리는 언어가 허용하는 범위 밖으로 나갈 수 없다.

인증의미를 사용하기 위한 전략
독자들이 인증의미를 사용할 것이라고 기대하는 경우에는, 일반의미를 사용할 때처럼 자유롭게 의미를 확장하거나 변형할 수 없다. 인증의미를 사용할 때는 대부분 명문화된 의미기준을 받아들여야 하고 그에 맞는 방식으로 지시대상의 특성을 진술해야 한다. 예컨대, 미국심리학회APA에서 발간한 진단 매뉴얼은 '알코올중독'이라는 일반적인 용어를 몇 가지 상태로 세분화하고 각각에 대한 의미기준을 정확하게 명기하고 있다. 알코올중독 중에서 가장 심각한 상태는 '알코올의존증'인데 다음 네 가지 항목 중에 적어도 두 개 이상 해당하는 상태를 의미한다.

1. 내성: 높은 수치의 알코올이 체내 세포에 흡수되어도 별다른 영향을 미치지 않는다.
2. 조절장애 (심리적 의존성): 신체적·정서적 고통을 완화하기 위해 술을 마신다. 하지만 언제 어디서 어떻게 마실 것인지 스스로 조절하지 못한다.
3. 의학적 합병증: 알코올 과다섭취로 인해 신체적인 손상을 입었다.
4. 금단: 술을 마시지 않으면 경련, 환각, 정신착란을 일으킨다.

실제 환자를 진단하는 임상심리학자들은 이러한 정의를 반드시 지켜야 한다. 이는 직업윤리일 뿐만 아니라 동료집단에 의해 강제되는 규범이기 때문이다. 따라서 어떤 사람이 알코올의존증 상태에 있다고 진단(주장)하려면 그 사람 (지시대상)의 특성을 '알코올의존증'이라는 의미기준에 맞춰 설명해야 한다.

> 이던씨는 혈중 알코올 수치가 0.2에 도달할 때까지 아무런 반응도 보이지 않았다. 이는 또래 남자들이 술에 취하는 알코올수치보다 두 배 이상 높은 것으로, 내성이 매우 높다는 것을 보여준다. 의학적 합병증은 없었지만 심리적 의존성은 분명했다. 매일 아침, 대개 혼자서 술을 마시기 시작하여 멈추질 못한다. 이던씨는 매일 술을 마시기 때문에 금단증상을 겪는지 아직 알 수 없다. 하지만 술을 마시지 않으면 금단증세를 보일 확률이 높다.

어떤 권위 또는 이를 뒷받침하는 제도나 관행이 의미기준을 제시하는 경우에는, 지시대상의 특성이 그러한 기준에 맞는지 철저히 대조해보아야 한다. 이는 마치 무쇠로 된 구멍에 나무쐐기를 끼워 넣는 것과 같다. 구멍은 꿈쩍도 하지 않는다. 쐐기를 다듬는 수밖에 없다.

인증의미를 사용해야 할 때와 일반의미를 사용해야 할 때

특정한 분야의 전문적인 글을 읽는 전문가 독자들은, 당연히 저자가 자신의 분야에서 인증받은 의미로 용어를 사용할 것이라고 기대한다. 예컨대 '비극'과 '희극'이라는 말은 일상대화에서도 많이 사용되지만, 문학비평가들은 이 용어들을 기술적인 정의에 맞춰 사용한다. 희곡수업을 듣는다면, 이런 용어들을 이러한 기술적인 의미로 사용할 줄 알아야 좋은 점수를 받을 수 있다. 실제로, 전문가라는 사람이 자신이 속한 분야에서 기술적 정의를 지닌 용어를 일반의미로 사용한다면, 전문가로서 지식과 자질이 부족한 것으로 의심받을 수 있다.

한편, 독자들이 이해하지 못하는 인증의미를 지나치게 고집하는 것은,

독자들은 혼란에 빠뜨릴 수도 있다. 인증의미, 기술적인 의미를 과도하게 사용하여 독자들이 사용하는 일반적인 의미를 뒤집는 것은 독자들에게 반발심만 자극하고 글쓴이의 에토스마저 훼손할 수 있다.

예컨대, 의학전문가와 환경전문가들은 핵폐기물과 유독성폐기물의 안전성을 대중에게 알리기 위해 오랫동안 노력해왔지만 별다른 효과를 얻지 못했다. 최근에야 이들은 자신들이 생각하는 '위험'과 대중이 생각하는 '위험'의 정의가 다르다는 것을 깨달았다. 전문가들은 위험이라는 말을 다음과 같은 인증의미, 통계적인 의미로 사용한다.

$$위험 = 발생가능성 \times 비용$$

위험이란 (일정한 기간 동안 일정한 노출로 인해) 어떤 일이 일어날 가능성에다 그로 인한 댓가(죽음, 부상, 질병 등)를 곱한 것이다. 따라서 원자력발전소 주변 3킬로미터 이내에서 30년 동안 살았다면 발전소로 인해 암에 걸릴 '진짜' 위험은 .0001이라고 과학자들은 말한다. 이는 욕조에서 미끄러질 확률보다 낮다.

하지만 보통사람들은 대부분 위험을 통계적으로 정의하기보다는 일반적인 측면에서 심리적으로 정의한다. (이 뻔한 사실을 사회심리학자들이 밝혀내는 데 그토록 오랜 시간이 걸렸다!) 우리는 적어도 다음 네 가지 요인을 종합하여 위험을 판단한다.

1. 손실의 크기: 최악의 상황이 벌어졌을 때 얼마나 많은 사람들이 해를 입을까?
2. 손실의 급박성: 최악의 상황이 벌어지면, 사람들은 한 순간에 해를 입을까, 오랜 시간에 걸쳐 해를 입을까?
3. 위험에 대한 통제: 위험이 나의 행동에 의해 일어나는가, 다른 사람의 행동에 의해 일어나는가?
4. 위험의 선택: 위험은 우리가 무릅쓰기로 선택한 것인가?

위험을 정의하기 위해 우리가 사용하는 또다른 몇몇 의미기준이 있지만 이 네 가지가 가장 중요하다. 정리하면 우리가 사용하는 '위험'이란 말은 다음과 같은 의미로 사용된다.

$$위험 = 크기 + 급박성 + 통제의 부재 + 선택의 부재$$

위험전문가들이 인증된 정의, 통계적인 정의로 위험을 설명하는 한, 원자력 폐기물을 실은 차량이 마을을 거쳐 가도 '별로 위험하지 않다'고 설득하는 것은 성공하기 어려울 것이다. 이제 위험의 일반적인 정의를 알았으니, 보통 사람들이 좀더 합리적으로 판단을 할 수 있도록 설득할 방법을 찾을 수 있을 것이다. 지금까지 한 이야기를 정리하자면 다음과 같다.

- 전문가를 대상으로 글을 쓸 때는 인증의미로 용어를 사용하라. 전문용어사전을 찾아 그 용어를 어떻게 정의하고 있는지 먼저 확인하라. 인증된 정의를 알지 못하고 글을 쓴다면 독자들의 눈에는 무식한 글로 보일 것이다.
- 일반독자들을 대상으로 글을 쓸 때는 인증의미를 사용함으로써 일반의미를 제압할 수 있다고 자만해서는 안 된다. 전문용어를 사용하면 권위가 있어 보이고 독자들이 쉽게 넘어올 것이라는 생각은 순진한 착각일 뿐이다. 전문용어를 독자들의 이해수준에 맞게 풀어서 설명해야 한다.

정의에 기반한 논증

에드 카슨의 '폭음문화 소탕하기'는 논란이 되는 주제의 의미를 정의하고 이를 기반으로 자신의 주장을 펼쳐나간다. 실제 논증에서 정의를 활용하는 방식을 면밀히 분석해보자.

의미를 두고 벌이는 논증을 사전으로 해결할 수 있을까?

'애국'이나 '스포츠'와 같은 일반적인 단어의 의미를 구성하는 의미기준을 명확하게 인증해줄 수 있는 권위는 존재하지 않는다. 이러한 진술에 사전이 그런 역할을 하지 않느냐고 묻는 사람도 있을 것이다. 예컨대 미국의 대법원에서는 carry라는 일상적인 용어의 의미를 놓고 공방이 벌어지기도 했다.

> 자동차 안에서 범죄를 저지르는 순간, 자동차트렁크에 잠금장치를 한 총이 있었다. 이것은 무기를 '소지하고' 범죄를 저지른 것일까? (대법원은 사전의 정의를 참고하여 '그렇다'고 결론내렸다.)

하지만 비판적인 사고를 하는 사람이라면, 아무리 권위가 있는 사전이라고 해도 복잡한 의미를 완전하게 잡아내지는 못한다는 사실을 알 것이다. 독자들 역시 자신이 일상적으로 쓰는 용어의 '실제' 의미보다 사전의 정의를 우선하지 않는다.

사전적 정의에서 의미기준의 역할
친구 사이인 에린과 에단의 대화를 들어보자.

에린: 아이스댄스가 올림픽종목이고 아이스댄스를 추는 사람이 운동선수라면, 왜 볼룸댄스경연대회는 스포츠라고 하지 않고 볼룸댄스를 추는 사람은 선수라고 하지 않는 거지?

에단: 그렇지 않아. 춤은 엔터테인먼트일 뿐이야. 발레처럼.

에린: 그러면 올림픽도 엔터테인먼트 아닌가? 리듬체조는 발레하고 비슷하지 않니? 싱크로나이즈드 스위밍은? 둘 다 스포츠라고 하잖아.

에단: '스포츠'와 '선수'라는 말의 진짜 의미를 넌 이해하지 못한 것 같아. 웹

스터사전을 한 번 봐봐.

에단은 이들 단어의 사전적 정의가 세 부분으로 이루어져있다는 것을 발견한다.

1. 류類개념 genus: 일반범주를 이름 짓는 단어나 구절.
2. 차差개념 differentia: 일반범주를 구체적인 범주로 좁혀주는 단어나 구절.
3. 종種개념 species: 구체적인 범주. 정의 대상이 되는 단어나 구절.

> 선수종 : 힘/스태미나/민첩성을 요구하는 경연에 참여해 경쟁하는차 사람류
> 스포츠종 : 기술이나 신체적 용맹성을 요구하는차 체육활동류

사전은 기본적으로 어떤 단어의 의미를 다른 단어의 의미와 구별할 수 있게 해주는 것을 목적으로 한다. 따라서 사전적 정의만으로 어떤 단어가 지시대상에 대한 적당한 이름인지 아닌지 판단하기에는 상당한 한계가 있다. 사전에 의존하여 의미를 논의한다면, 에단은 결국 원치 않는 결론에 논리적으로 다다르고 만다.

> 에단: 사전에서 선수는 '힘/스태미나/민첩성을 요구하는 경연에 참여해 경쟁하는 사람'이라고 하니까 볼룸댄서도 선수라는 의미기준에 들어맞네. 또, 스포츠는 '기술이나 신체적 용맹성을 요구하는 체육활동'이니까 댄스경연대회도 그러하고. 음… 네 생각이 맞네! 탱고도 올림픽종목에 넣어야겠어.

논리적으로는 이러한 결론에 다다라야 하겠지만 이에 동의하는 독자는 많지 않을 것이다.

일반의미에 대한 사전적 의미기준의 한계

사전의 정의에 관한 두 가지 사실을 보자.

- 사전의 정의는 다른 단어들로부터 그 단어를 구별해내는 데 필요한 만큼만 의미기준을 나열한다.

의미는 '정의'보다 훨씬 복잡하다. 의미가 실제 땅이라면 정의는 지도라고 할 수 있다. 많은 요소가 생략된다.

- 사전의 정의는 그 단어로 이름 붙일 수 있는 범주에 어떤 지시대상이 속하는지 속하지 않는지 알려주지 못한다.

지시대상을 어떻게 부를 것인지 결정할 때 우리는 사전에 나오지 않는 지시대상의 다양한 특성을 의미기준으로 사용한다. 예컨대, 어떤 행위를 '스포츠'라고 부를 수 있느냐 없느냐 판단할 때, 우리는 그 행위의 역사도 고려한다. 이는 사전에서 언급하지 않는 특성이다.

아이스댄스는 1976년 올림픽종목이 되었다. 이는 부분적으로, 이미 올림픽종목이었던 피겨스케이팅과 깊은 연관이 있었기 때문이다. 피겨스케이팅은 또한 스포츠의 전형이라 할 수 있는 스피드스케이팅과 깊은 연관이 있었다. 사람들은 의미기준을 하나씩 버림으로써 '스포츠'라고 이름 붙일 수 있는 범주를 넓혀온 것이다. 이제, 스케이트를 신고 기술과 힘을 요구하는 체육활동은 무엇이든 '스포츠'라고 불리게 되었다. 더 나아가 스케이트가 아닌 설상화snowshoe, 롤러블레이드roller blade, 막대신발stilt을 신고 하는 체육활동도 언젠가는 올림픽종목이 될지도 모른다.

좀더 비판적으로 접근한다면, '선수'와 '스포츠'에 대한 사전의 엉성한 의미기준을 경계선 상에 있는 지시대상들에 대입해봄으로써 사전의 한계를 검증해볼 수 있다. 선수가 힘/스태미나/민첩성을 요구하는 경연에 참가해 경쟁하는 사람이라면, 미스코리아대회, 바이올린 콘테스트, 요리경연, 도끼질대회에 참가한 사람들 모두 운동선수라 할 수 있다. 하지만 이들은 우리가 일상적으로 '선수'라는 부르는 사람들과 상당한 거리가 있다. 우리가 쓰는 단어의 의미는 사전에 나오는 의미기준에 맞는지 따지는 것이 아니라 '실제' 선수라는 심리적인 전형과 얼마나 비슷한지 따져서 판단하기 때문이다.

인증의미에 대한 사전의 의미기준의 한계

여러 사전 중에서도 특히 권위를 인정받는 사전이 있다. 하지만 아무리 권위가 부여된 인증의미라고 해도 앞에서 본 한계에서 벗어날 수 없다.

예컨대, 포르노그래피 사진전시회를 지원했다는 이유로 예술진흥원을 폐쇄해야 하다고 주장하는 비판자들은 '포르노그래피'에 대한 법률적인 정의를 찾기 위해 가장 높은 권위를 인정받는 《블랙법률사전》을 펼쳐볼 것이다. 이 사전은 '포르노그래피'를 다음과 같이 정의한다.

- 평균적인 사람이 동시대의 도덕적인 기준으로 봤을 때, 그 작품이 음란한 관심을 자극한다고 느낀다.
- 성적인 행동을 뚜렷하게 불쾌한 방식으로 묘사한다.
- 심오한 문학적·예술적·정치적·학문적 가치가 전혀 없다.

이러한 의미기준에 의존하여 매플토프의 사진이 포르노라고 주장하는 논증을 세울 수 있다. 하지만 이러한 논증은 실제로 그렇게 간단하게 해결되지 않는다. 의미기준을 규정하는 용어가 무슨 의미인지 또 다시 정의하려고 하면 곧바로 난관에 부딪힌다는 것을 알 수 있기 때문이다. 예컨대, 여기서 '음란한'이라고 하는 의미기준은 도대체 무엇을 의미할까? 또다시 《블랙법률사전》을 뒤져 '음란'에 대한 정의를 찾아보자.

> 음란: 나체, 섹스, 배설에 대한 추잡하고 병적인 관심과… 음탕한 생각과 욕망을 품
> 고… 부도덕하고 외설적인 사태에 대한 강박적인 관심.

그러면 여기서 '추잡한' '병적인' '부도덕한' '외설적인' 같은 의미기준은 또 어떻게 정의할 수 있을까? 또 다시 최고의 권위를 지닌 《블랙법률사전》을 들춰서 정의를 찾아보자.

> 외설: 색정, 음탕, 상스러움, 성적 불결함을 자극하는 경향. 성적인 관계, 방탕함의
> 대가로 도덕을 타락시키는 경향. [인용]… 색정 참조.

그러면 '색정'이라는 말은 무슨 의미일까? 《블랙법률사전》에 나오는 정의의 일부분은 이렇다.

> 색정: 상스럽고 욕정을 자극하며 음탕하며 외설적인.

여기서 문제가 생긴다. '외설'이란 말의 의미기준에서 '색정'이라는 말을 참조하라고 하는데 '색정'이라는 말의 의미기준을 보면 다시 '외설'이라는 말을 보라고 하기 때문이다.

이것이 바로 의미기준에 기반하여 펼치는 논증을 기계적으로 적용할 수 없는 이유다. 입법가들은 '포르노그래피'라는 말, 과학자들은 '행성'이라는 말의 의미기준을 규정할 수 있다. 하지만 그런 의미기준은 문제를 한 계단 아래로 옮겨가는 것에 불과하다.

> 의미기준은 어떤 용어로 되어 있는가? 그 용어는 어떤 의미기준으로 정의하는가? 그 의미기준은 어떤 용어로 되어 있는가? 또 그 용어는 어떤 의미기준으로 되어있는가? 또 그 의미기준은…

이처럼 의미기준은 어떤 지점에 다다르면 원래 자리로 돌아와서, 결국 제자리를 맴돌고 만다. '외설'이라는 단어의 의미는 '색정'이고 '색정'의 의미는 '외설'이다. 궁극적으로 모든 의미기준은 아무런 의미기준도 찾을 수 없는 상태, 의미를 논증할 수 없는 상태에 다다른다. 이런 상황에서는 의미에 대해 그냥 동의하는 수밖에 없다.

따라서 정의란, 궁극적으로 우리가 동의함으로써 결정되는 것이다. 이러한 상황에 낙담하는 사람도 있겠지만 이것은 오히려 우리에게 큰 기회를 제공한다. 사전적 의미의 엄격성에 구속받을 필요가 없다는 뜻이기 때문이다. (완전히 자유롭지는 못하더라도 최소한, 몸을 뒤틀 수 있는 여유가 생긴 것이다.) 어느 정도 한계는 있지만, 의미기준을 스스로 정의함으로써 자신만의 의미를 만들어낼 수 있는 것이다. 어쨌든 '포르노그래피'에 대해 대법원에서 인증한 법률적 정의조차 '평균적인 사람' '동시대 사회' '심오한 예술적 가치' 같은 용어로 의미기준을 만들어내지 않았는가? 이러한 의미기준은 모두 일반적인 의미로 파악해야 하는 용어들이다.

인도의 전설에 따르면 세상은 코끼리 등 위에 있고, 그 코끼리는 거북이 등 위에 서있다. 그 거북이는 또다른 거북이 등 위에 서있고 그 거북이는 또다른 거북이 등 위에 서있고… 우리는 어느 순간 거북이가 어디에 서있냐는 질문을 멈춰야 한다. 의미라는 거북이 역시 그 밑에는 또다른 거북이가 있을 뿐이다.

명왕성의 문제

명왕성은 실제로 행성이라기보다는 얼음덩어리에 가깝다. 오랜 논쟁 끝에 IAU국제천문연맹는 2006년 명왕성은 더 이상 행성이 아니라고 결정한다. 그 이유는 행성은 '공전궤도 인근의 다른 천체를 일소해야 한다'는 새롭게 도입된 정의를 충족시키지 못했기 때문이다. 대신 IAU는 '왜성dwarf planets'라는 새로운 범주를 만들고 이것의 전형을 명왕성으로 삼았다.

과학자들이 명왕성을 행성에서 왜성으로 강등한 것은, 명왕성에 대한 일반인들의 이해를 높이기 위한 것뿐만 아니라, 행성에 대한 보편적인 이해를 높이기 위한 것이었다. "무엇을 행성이라고 부를 것인가?" 하는 문제에 대한 답을 정립하기 위해 명왕성이 속하는 범주를 바꾼 것이다.

하지만 명왕성이 다른 행성과 다르긴 해도 크게 다르지 않기 때문에 굳이 행성에서 뺀다고 해서 개념적 일관성을 지키는 데 그다지 도움이 되지 않는다고 주장하는 과학자들도 있었다. 결국 IAU는 이러한 지적을 어느 정도 수용하면서도 개념적 일관성을 유지하기 위해 '왜성'이라고 하는 새로운 정의를 만들어냄으로써 '명왕성을 무엇이라고 불러야 하는가?' 하는 개념문제를 해결했다.

전문분야마다 이렇게 지적 일관성을 유지하기 위해 벌이는 논쟁이 있다. 외부인의 시선에선 이러한 논쟁이 아무 쓸모없는 먼 나라 이야기처럼 보이겠지만, 전문분야 안에 들어가는 순간, 개념논증에서 내리는 정의가 개념문제만으로 끝나지 않는다는 것을 깨닫게 될 것이다. 전문분야를 구성하는 지식·원칙·사실·믿음의 전체적인 체계에 얼마나 부합하는지도 고려해 의미를 정의해야 한다.

믿음에 도전하는 정의

개념논증에서 용어를 정의할 때, 우리는 보통 일관성의 규칙을 따른다. 하지만 아주 새로우면서도 매우 그럴듯한 정의를 제시하여 사람들에게 동의를 얻어내고 보편적인 사고방식을 바꾸는 이들도 있다. 우리는 그런 사람들을 '천재'라고 부른다.

아이작 뉴튼이 그런 사람이었다. '무거움'을 의미하는 라틴어 gravitas에서 유래한 단어 gravity는 '진중함' '근엄함'을 의미하는 단어였는데, 이 용어를 '중력'이라는 의미로 다시 정의함으로써 물리학뿐만 아니라 일반적인 관념까지도 뒤집어 버렸다. (나중에 아인슈타인에 의해 gravity의 정의는 또다시 뒤집혔다.) 또다른 천재로 찰스 다윈이 있다. 그가 만들어낸 natural selection이라는 용어는 과학·역사·종교·사회에 대한 보편적인 믿음을 송두리째 흔들어놓았다.

아래 인용문에서 다윈은 자신이 만든 natural selection이라는 용어가 초래한 수많은 오해에 대해 이야기한다. 이 혁명적인 용어에 대한 정의를 natural과 selection이라는 일반의미로도 잘 통하게 만들기 위해 그는 심혈을 기울이고 있다. natural selection이라는 말을 '자연스럽게' 만들기 위해, 자신의 의미기준과 맞는 친숙한 비유를 찾는 데 얼마나 세심한 노력을 기울이는지 주의 깊게 읽어보라. (반론수용과 반박을 자연스럽게 활용하는 것을 눈여겨보라.)

'자연선택'이라는 용어를 오해하거나 이에 대해 이의를 제기하는 사람들도 있다. 심지어 자연선택이 생명체의 변덕스러운 진화를 강조하는 개념이라고 생각하는 사람도 있다. 하지만 자연선택이란 생명이 처한 조건에서 그 생명체에게 발생한, 생존에 도움이 되는 변이를 보존한다는 것을 의미할 뿐이다. 인위적인 선택이 강력한 효과를 발휘한다는 농업학자의 말에 이의를 제기하는 사람이 있는가? 하지만 인위적인 선택이란, 자연에 의해 만들어진 개별적 차이가 먼저 존재하여야 가능한 것이다. 이러한 차이를 토대로 인간이 어떤 목적을 위하여 선택하는 것이다.

또 '선택'이라는 용어가 동물이 어떻게 변화할지 '의식적으로 선택한다'는 의미를 암시하기 때문에 타당하지 않다고 말하는 이들도 있다. 또한 식물은 의지가 없는데 어떻게 식물에게도 '선택'이라는 말을 쓸 수 있느냐고 주장하는 사람도 많다. 물론 문자 그대로 이해하자면 말할 것도 없이 '자연선택'이란 틀린 용어라 할 수 있다. 하지만 다양한 원소의 '선택적 친화력'을 이야기하는 화학자에게 어느 누가 이의를 제기한 사람이 있었던가? 엄격히 따져보면, 산이 염기를 선택하여 결합한다는 것은 말이 되는가?

또한 내가 자연선택을 어떤 능동적인 신성한 힘처럼 이야기한다고 지적하는 이들도 있다. 그러면 행성의 움직임을 지배하는 것은 '중력의 힘'이라고 말하는 사람에게 누군가 이의를 제기한 적 있는가? 그러한 비유적인 표현으로 무엇을 말하고자 하는지 모르는 사람이 있는가?

이러한 비유는 설명을 간결하게 하기 위해 어쩔 수 없이 필요한 것이다. 그런 이유로 '자연'이라는 말을 인격화하여 사용할 수밖에 없는 것이다. 어쨌든 여기서 말하는 '자연'이란, 수많은 자연법칙의 집단적 작용과 그 결과를 의미하며, '자연법칙'은 우리가 규명해낸 사건의 인과성을 의미한다. 어느 정도 논의의 흐름에 익숙해지면 지금까지 살펴본 피상적인 반박들은 금세 잊혀질 것이다.

● Charles Darwin, *Origin of Species*, ch. 4.

의미를 따지는 논증

우리는 대개 독자들이 어떤 것에 대해 '이해'하기를 바랄 때 의미에 대한 논증을 펼친다. 실용논증에서는 어떤 '행동'을 하기 위한 정당성을 제공한다고 생각될 때, 개념논증에서는 더 큰 주제를 '이해'하는데 도움이 된다고 생각될 때, 의미를 놓고 논증을 펼친다. 이러한 논증은 대부분 두 가지 쟁점을 다룬다.

- 문제가 되는 용어를 어떤 의미기준으로 정의할 수 있는가?
- 지시대상의 어떤 특성이 그 용어로 이름 붙이는 것을 가능케 하는가?

논증의 핵심은 지시대상의 특성을 의미기준에 일치시키는 것이다. 구체적인 방법으로는 다음 세 가지가 있다.

- 어떤 권위에 의해 정의된 '인증의미'를 적용해야 할 때는 그러한 의미기준에 지시대상의 특성을 맞춰서 묘사한다. 예컨대 '미국시민'이라는 말의 의미기준은 비교적 고정되어 있다. 이러한 용어를 수정할 수 있는 여지는 거의 없기 때문에 지시대상의 특성을 의미기준에 일치시켜야 한다.
- '일반의미'를 적용할 때는 의미기준과 지시대상의 특성을 모두 다듬을 수 있다. 상식적인 수준에서 독자들이 그 용어와 지시대상을 이해할 수 있는 범위만 벗어나지 않는다면 상관없다. 예컨대 '좋은 미국인'이라는 말의 의미기준은 매우 유연하여 때로는 정반대의 지시대상을 가리킬 수도 있다.
- '일반의미의 전형'을 적용할 때는 상식적인 수준에서 독자들이 그 용어를 받아들일 수만 있다면 어떠한 전형이라도 자유롭게 그릴 수 있고, 그 전형에 맞춰 지시대상을 묘사할 수도 있다.

예컨대 '미국인'의 전형을 우리는 다양한 모습으로 떠올릴 수 있다. 따라서 자신의 목적과 지시대상에 맞는다면 무엇이든 전형으로 사용할 수 있다.

실용문제를 해결하기 위해 의미에 대한 논증을 한다면, 독자들은 지시대상을 가리키는 용어 그 자체보다 그 용어를 사용함으로써 따라오는 실질적인 결론에 초점을 맞춘다. 웨이코에서 몰살당한 다윗의 후예Branch Davidian교도들을 '기독교분파'로 볼 것인가 '사교집단'으로 볼 것인가? 정부가 이들을 어떻게 대해야 한다고 생각하느냐에 따라 그들을 가리키는 용어도 달라질 것이다.

개념문제를 해결하기 위해 의미에 대한 논증을 한다면, 독자들은 어떤 정의가 자신들이 알고 있는 다른 정의의 틀에서 벗어나지 않기를 기대한다. 명왕성을 행성이라고 부를 것인가, 우주에 떠다니는 커다란 얼음덩어리라고 부를 것인가 하는 문제는, 정작 명왕성이 어떠한가 하는 사실보다는 행성에 대해 기존에 갖고 있던 전체적인 이해와 믿음체계에 어떤 영향을 미치느냐 하는 사실과 훨씬 밀접하게 관련되어 있다.

의미에 대한 논증을 벌일 때는 다음 두 가지 사실을 조심하라.

- 의미를 놓고 벌이는 논증은 자칫 대리논증이 될 수 있다. 실용문제를 대리할 수도 있고 느낌과 가치의 문제를 대리할 수도 있다. 의미의 문제 뒤에 숨어있는 더 큰 문제가 직접 대면하고 싶지 않은 가치나 결과와 연관될 때 대리논증의 늪에 빠질 확률이 높다.
- 우리는 흔히 사전에 상당한 권위를 부여하지만, 사전만으로는 의미문제를 해결할 수 없다.

독자들이 어떤 종류의 정의를 사용하기를 기대하는지 예상하라. 전문가들을 대상으로 글을 쓸 때는, 그 분야에서 인증받은 의미기준에 따라 용어를 사용해야 한다. 하지만 일반인들을 대상으로 글을 쓸 때는, 아무리 학문적·기술적으로 인증받은 의미를 들이댄다고 해도 독자들이 쉽게 받아들이지 않는다는 것을 명심하라.

11

The Craft of Argument

이 모든 사태는 무엇 때문인가?
원인을 따지는 논증

Arguments About Causes

어떤 사건/조건이 다른 사건/조건의 원인이라고 주장하는 논증을 펼쳐야 할 때가
많다. 인과관계란 무엇일까? 우리가 초점을 맞추는 원인은 진짜 원인일까? 우리는
왜 인과관계에 대해 논의할 때 자주 오류를 범할까? 그리고 인과관계에 관한 논증
은 어떻게 효과적으로 할 수 있을까?

끝없이 펼쳐진
인과의 사슬들

세상은 왜 이렇게 작동할까? 우리가 원하는 대로 세상을 움직이려면 어떻게 해야 할까? 이러한 문제에 대한 해답을 알아내는 데 우리는 많은 시간을 할애한다. "자동차 시동이 왜 안 걸릴까?" 같은 사소한 의문에서 "10대들의 총기사고를 막으려면 어떻게 해야 할까?" 같은 복잡한 논증을 요구하는 글에 이르기까지 다양한 문제의 해법을 찾기 위해 노력한다. 원인을 이해하고 통제하고 싶어하는 바람은 인간의 타고난 본성이다.

인과관계 그 자체는 단순해 보인다. 인과관계를 설명할 때 가장 많이 등장하는 비유는 당구다. 큐스틱으로 공 하나를 쳐서 움직이면 그 공이 다른 공을 쳐서 움직인다. 빈지드링킹처럼 다소 복잡한 사건의 원인을 설명하려고 한다면, 훨씬 큰 당구대에 더 많은 공을 놓고 쳤을 때 공의 움직임을 추적하면 될 것이다. 하지만 이러한 인과관계에 대한 이해가 실제로 얼마나 협소한지, 잘못된 해석에 빠지기가 얼마나 쉬운지, 철학적으로 한번 따져보자.

우선 인과관계는 우리가 볼 수 있는 어떤 것이 아니다. 예컨대 큐스틱이 공에 닿는 것을 보았고, 그 다음 공이 움직이는 것을 보았으니 큐스틱이 당구공을 움직이게 한 '원인'이라고 말할 수 있을까? 우리는 '인과관계'를 두 개 이상의 사건이나 조건 사이에 예상할 수 있는 관계라고 생각하지만 착각에 불과하다.

우리가 떠올리는 인과관계는 조금만 생각해보아도 전체 사건과 조건에 비춰볼 때 매우 작은 부분에 불과하다는 것을 알 수 있다.

모든 원인은 끝없는 사슬의 한 부분일 뿐이다

공을 움직이게 한 직접적인 원인은 큐스틱이 공을 친 것이다. 하지만 큐스틱은 팔에 의해 움직였다. 팔은 또한 근육에 의해 움직였고 근육은 생각의 명령에 의해 수축한 것이다. 생각은 또한…

이렇게 거슬러 올라가다 보면 인과의 사슬은 끝없이 이어진다. 그 이전의 생각, 또 그 이전의 생각… 어쩌면 시간의 기원까지 거슬러 올라가야 할지도 모른다. 우리는 이 모든 것을 설명할 수 없다. 그러면 어디부터 시작해야 할까?

인과사슬의 모든 '연결고리'는 더 작은 무수한 연결고리들로 이루어져있다

근육이 수축하여 팔을 움직였지만, 근육의 그러한 수축은 무수히 많은 근육세포들이 움직여 만들어 낸 결과다. 근육세포들은 또한 무수한 전기적·화학적 작용의 결과로 나타난 것이다. 이러한 작용은 또한 제각각…

이 또한 계속 파고들어갈 수 있다. 우리는 이 모든 것을 묘사할 수 없다. 그러면 우리는 인과사슬 속 연결고리들을 얼마나 세밀한 부분까지 묘사해야 할까?

원인은 무수한 조건에 의해 가능하게 될 때에만 결과로 이어진다

팔은 큐스틱을 움직일 만큼 충분한 힘이 있어야 하고, 큐스틱은 공을 때릴 만큼 단단해야 하고 공은 구를 수 있을 만큼 가벼워야 한다.

우리는 이러한 조건을 모두 기술할 수 없다. 그렇다면 어떤 조건은 무시해도 되고 어떤 조건은 무시하면 안 될까?

모든 원인은 '역조건'이 작동하지 않는 상황에서만 결과로 이어진다

힘을 주는 순간 팔이 마비되지 않았기 때문에 큐스틱을 칠 수 있었다. 또, 날아가던 비행기가 당구장 건물 위로 추락하지 않았기 때문에 공을 칠 수 있었다.

일어나지 '않은' 사건과 조건은 실제로 무한히 많다. 이 중에서 어떤 조건은 우리가 살펴보고자 하는 인과관계와 관련이 있고 어떤 조건은 관련이 없다고 판단해야 할까?

자유의지는 정말 자유로울까?

150여 년 전 레프 톨스토이는 소설 《전쟁과 평화》 마지막 부분에서 다음과 같이 썼다. 여기서 톨스토이는 자유의지와 결정론을 대비하여 이야기한다.

자유의지가 전혀 없는, 필연법칙에 지배받는 사람의 행동을 상상하고자 한다면 무한한 공간의 연관성, 무한하게 긴 시간, 무한하게 이어지는 인과관계에 대한 모든 것을 안다고 가정해야 한다. 완벽하게 자유로우면서, 필연법칙에 전혀 구애받지 않는 사람을 상상하고자 한다면 오로지 홀로 존재하는, 공간과 시간을 뛰어넘고, 인과관계에 전혀 구애받지 않는 상태를 상상해야 한다.

물론 톨스토이는 어떠한 것도 가능하지 않다는 것을 알았다. 그렇다면 인과관계에 관한 논증을 펼칠 때 우리는 어디에 기준을 두어야 할까?

진짜 원인은
무엇일까?

O| 처럼 어떤 결과가 나타나는 데 원인이 된 사건이나 조건은 무한하기 때문에 그 모든 것을 열거할 수 없다. 따라서 원인을 따지는 논증을 할 때는 연관성이 있는 것만 선택해야 한다. 이러한 선택을 할 때 우리는 두 가지 방식으로 접근할 수 있다.

- 일반적인 접근방식: 원인에 대해 깊이 고민하지 않고 일반적인 상식수준에서 판단함으로써 표면적이고 단편적이고 잘못된 선택을 한다.
- 비판적인 접근방식: 좀더 집중적으로, 의식적으로, 거시적으로 판단함으로써 더 신뢰할 수 있고 생산적인 선택을 한다.

여기서 굳이 인과관계에 대한 일상적 사고방식에 대해 이야기하는 것은, 너무나 보편적으로 퍼져있는 이러한 사고방식이 얼마나 잘못된 결론을 초래하는지 일깨워주고자 함이다.

인과관계를 따지는 일상적인 접근방식

수많은 연구를 통해 밝혀졌듯이, 인과관계를 따질 때 우리는 특정한 원인에만 초점을 맞추고 나머지 원인은 무시하는 경향이 강하다. 예컨대 빈지드링킹이 대학생들 사이에 널리 퍼지면서 이로 인해 건강을 해치거나 심지어 죽음에 이르는 이들이 많아지고 있다. 이 문제를 해결하려면 무엇인가 바꿔야 한다. 하지만 그것이 무엇인지 알아내기 전에 우리는 먼저, 왜 어떤 학생들은 폭음을 하고 어떤 학생들은 폭음을 하지 않는지 알아야 한다. 이에 대해 가장 먼저 머릿속에 떠오르는 대답은 아마 다음 두 가지일 것이다.

- 사람이 문제다: 폭음을 하는 것은 미숙하거나 불안하거나 무모한 그 사람의 인성이나 심리 때문이다.
- 환경이 문제다: 폭음을 하는 것은 나쁜 친구, 동료집단의 압력, 쉽게 술을 접할 수 있는 상황 같은 외부적 요인 때문이다.

이 둘 중 어느 것이 '진짜' 원인인지 알면(두 가지 다 원인일 수 있지만), 그 원인을 해소하기 위해 어떤 행동을 할 수 있다. 하지만 많은 이들이 미처 생각하지 못하는, 적어도 처음에는 떠올리지 못하는 또다른 원인도 많다. 여기 두 가지만 적어본다.

- 폭음은 많은 술을 한꺼번에 마시면 어떤 위험에 처하는지 모르기 때문에 발생한다.
- 폭음은 학교에서 신입생들에게 그러한 위험에 대해 전혀 가르치지 않았기 때문에 발생한다.

우리는 대부분 눈앞에 보이는 원인에만 초점을 맞추기 때문에 이러한 원인은 쉽게 떠올리지 못한다. 이는 우리가 어리석거나 경솔하기 때문이 아니라, 우리 인간이 보편적으로 그렇게 생각하기 때문이다. 그래서 원인을 따지는 논증을 계획하기 전에 원인에 대한 합리적인 사고를 훼손하는 경향, 즉 '인지적 편향cognitive bias'에 대해 알아야 한다. 다음은 가장 흔하게 발생하는 인지적 편향 다섯 가지 유형이다.

1. 결과가 나타나기 바로 전에 일어난 사건을 원인으로 삼는 편향

농구에서 경기종료신호가 울리기 바로 전에 2점 슛을 성공하여 1점차로 이긴 경우를 상상해보자. 우리는 1분 전에 성공한 3점 슛보다 마지막 순간에 성공한 2점 슛이 경기를 승리로 이끄는 결정적인 요인이었다고 생각할 확률이 크다. 1분 전에 3점 슛을 성공시키지 못했으면, 마지막 순간 2점 슛이 성공했다고 해도 승리하지 못했을 것이다.

빈지드링킹의 경우에도, '금요일 밤이니까' '기말시험이 끝나서' '파티가 있어서'와 같은 가까운 원인proximate cause을 먼저 떠올릴 것이다. 빈지드링킹을 하기 1년 전에 있던 어떤 요인, 술을 마시는 자신도 기억하지 못하는 먼 원인remote cause을 떠올릴 확률은 적다. 원인에 대해 생각할 때, 가까운 원인뿐만 아니라 먼 원인도 체계적으로 살펴야 한다.

2. 일어나지 않은 사건보다는 일어난 사건을 원인으로 삼는 편향

운전을 하는데 옆자리에 앉은 친구가 속도를 낮추라고 요구했고, 이로 인해 신호에 걸려 교차로 대기시간이 길어졌다고 해보자. 이때 사람들은 대개 "친구가 속도를 줄이라고 하는 바람에, 신호에 걸렸다"고 생각할 것이다. 하지만 "5분 전에 친구가 속도를 높이라고 '요구하지 않았기' 때문에 신호에 걸렸다"고 생각할 확률은 적다. 우리는 대개 일어나지 않은 사건보다 일어난 사건을 원인이라고 인식한다. 두 가지 다 결과에 큰 영향을 미쳤다 하더라도 마찬가지이다.

빈지드링킹의 원인을 따질 때도, '곁에 있는 친구들이 말리지 않았기 때문에'와 같이, 일어나지 않은 일은 원인이라고 생각하지 않는다. 더욱이 '1년 전 입학했을 때 학교에서 빈지드링킹의 위험성에 대해 가르치지 않았기 때문에'와 같이 일어나지 않은 먼 원인은 훨씬 원인으로 떠올릴 확률이 낮다. 원인을 찾을 때, 결과 바로 전에 무슨 일이 있었는지 알아보는 것은 당연하지만, 그에 못지않게 '어떤 일이 일어나지 않아서' 그러한 결과가 나타났는지도 생각해봐야 한다.

3. 일상적인 사건보다는 놀라운 사건에 인과관계를 부여하는 편향

시험을 보기 전 항상 예고를 하던 선생이, 어느 날 갑자기 예고도 없이 시험을 보았다. 그리고 이 시험에서 빵점을 받았다. 내가 빵점을 받은 이유는 무엇일까? '늘 하던 대로' 시험 본다고 하기 전에는 공부하지 않는 나보다는 시험 본다고 말도 하지 않고 급작스럽게 시험을 본 선생 때문이라고 생각할 확률이 높다.

마찬가지로, 술집은 당연히 술을 파는 곳이기 때문에, 우리는 이러한 일상적인 조건을 빈지드링킹의 원인이라고 인식하지 않는다. 하지만 술집에서 한 명을 뽑아 5분 동안 모든 술을 공짜로 마실 수 있게 해주는 이벤트를 제공했다면 어떨까? 이러한 이벤트는 평범하지 않기에, 우리는 빈지드링킹의 직접적 원인으로 초점을 맞출 확률이 높다. 원인을 찾을 때는 물론 예외적이고 예상치 못한 것을 주목해야 한다. 하지만 너무 평범해서 주목받지 못하는 것들도 여전히 고려해야 한다.

4. 자신이 떠올린 가설을 뒷받침하는 원인을 찾는 편향

미성년자의 폭력범죄가 가족의 가치가 파괴되어 발생한 결과라고 주장하는 사람들이 있다. 이들은 범죄·이혼·마약 같은 미국식 삶의 폐해가 모두 가족이라는 가치가 파괴되면서 비롯했다고 주장한다. 한 아이가 동급생들을 향해 총질을 한 사건이 발생했을 때에도, 이들은 서슴없이 즉각 원인을 내놓는다. "가족이라는 가치가 실종되었기 때문이다!"

우리는 이처럼 사실에 맞춰 자신의 믿음을 바꾸는 것이 아니라, 사실을 자신의 믿음에 맞춰 해석하는 경향이 강하다. 빈지드링킹에 대해 우리가 떠올리는 가설은 대부분 다음 두 가지 전제 중 어느 하나 위에 서있다.

- 자기파괴적인 행동을 하는 사람은 인성이 나약하다.
- 자기파괴적인 행동을 하는 사람은 나쁜 환경의 희생양이다.

원인을 찾을 때, 자신이 좋아하는 설명 쪽으로 무조건 튀면 안 된다. 우연을 비롯하여 수많은 요인들이 복잡하고 예측할 수 없는 방식으로 상호작용한 결과, 자기파괴적인 행동이 나타난 것인지도 모른다. 독자들이 쉽게 넘어가는 편향이 무엇인지도 깊이 고민해야 한다.

5. 결과의 중요성에 걸맞은 원인을 찾는 편향

몇 년 전 TWA800 항공기가 롱아일랜드 상공에서 폭발했을 때, 사람들은 이 재앙의 크기에 걸맞은 원인을 찾아나섰다. 연료탱크에서 발생한 정전기가 가장 그럴듯한 원인으로 밝혀졌음에도 사람들은 이것을 원인으로 인정하지 않았다. 이 엄청난 비극의 원인으로 보기에 우발적인 스파크는 사소하기 그지없었기 때문이다. 그 대신 사람들은 테러리스트나 미군을 비난했다. 거대한 악의 세력만이 그 거대한 비극의 원인으로 균형이 맞기 때문이다.

　빈지드링킹으로 결국 학생이 죽은 사건처럼 '정서적으로 충격이 큰' 사건이 발생했을 때 사람들은, 술을 마시도록 부추긴 '친구들의 무모함이나 무책임'과 같이 그에 걸맞은 비난을 쏟아부을 수 있는 큰 원인을 찾으려고 한다. 하지만 미처 주목하지 못하고 지나칠 수 있는 사소한 원인도 눈여겨봐야 한다.

인과관계의 미학

역사학자 윌리엄 맨체스터William Manchester는 리 하비 오스왈드Lee Harvey Oswald 혼자서 케네디대통령 암살을 모의했다는 사실을 사람들이 아직까지도 받아들이지 못하는 이유를 이렇게 설명한다.

> [케네디 암살에 대한] 올리버 스톤의 선정적인 영화의 여파로, 케네디가 거대한 음모의 희생양이었다고 믿는 미국인들이 약 70퍼센트에 육박한다고 한다. 사람들이 그렇게 생각하

는 이유는 충분히 이해가 간다. 여기에는 미학의 원리가 교묘하게 작동한다. 대칭저울의 한쪽 접시 위에 유대인 600만 명이 죽은 사건을 올리면, 다른 한쪽 접시 위에 올리는 나치는 '역사상 국가통치권을 쥔 가장 큰 범죄집단'이 되어야 한다. 그래야 대충 균형이 맞기 때문이다. 가장 잔혹한 범죄에는 가장 잔혹한 범죄자가 필요한 법이다.

　　마찬가지로 미국대통령 암살을 한쪽 접시 위에 올려놓았을 때 다른 한쪽에 오스왈드만 올려놓기에는 뭔가 균형이 맞지 않는다. 사람들은 오스왈드가 있는 쪽에 무엇인가 더 올려놓아 균형을 맞추고 싶어한다. 음모론은 균형을 맞춰주는 아주 훌륭한 역할을 한다.

● Bob Herbert. "In America: A Historian's View", *New York Times*. June 4, 1997.

이러한 인지적 편향이 결합하면서, 모든 사건이 '단 하나의 원인'에서 발생하며 이것 하나만 해결하면 모든 것이 풀린다는 '만병통치해법'이 나오는 것이다.

　　"부모들이 아이들과 더 많은 시간을 보내기만 한다면, 가족의 가치는 살아날 것이고 따라서 범죄·이혼·마약과 같은 문제는 모두 사라질 것이다."

논증을 펼칠 때, 혹시라도 이러한 오류에 빠지지 않도록 의식적으로 조심하라. 단 하나의 이유가 복잡한 문제의 모든 원인이 될 수 없으며, 단 하나의 행동으로 문제를 해결할 수 없다는 사실을 늘 명심하라.

　　논증글을 쓸 때는, 독자들도 '단 하나의 원인'과 '만병통치해법'에 끌린다는 것을 명심하라. 잘 알지 못하는 문제일수록 그렇게 생각하는 경향이 크다. 따라서 글을 쓸 때는 독자들이 보기에 가장 확실하다고 여기는 원인을 먼저 언급하고 설명한 다음에, 그것만으로는 왜 부족한지, 왜 다른 원인을 찾아나서야 하는지 설득하고 다음 논의를 전개해 나가는 전략을 짜야 한다.

인과관계를 따지는 비판적인 접근방식

앞서 살펴본 일상적인 접근방식과 달리 좀 어렵긴 하지만 훨씬 믿을 만한 접근방식에 대해 알아보자. 우선 문제를 해결하기 위해 고려해야 하는 원인이 무엇인지 결정해야 한다. 예컨대 당구공을 움직이도록 하는 데 기여한 무수한 원인 중에서 어떤 것을 논의의 대상으로 선택해야 할까? 이에 답하기 위해서는 먼저, 당구공의 움직임에 대해 왜 말하고자 하는지 알아야 한다. 그 움직임을 설명하는 것이 어떤 문제를 해결하는 데 기여하는가? 당구경기를 더 잘 풀어 나가기 위한 것인가? 둥근 물체의 운동역학을 설명하기 위한 것인가? 인간의 자유의지를 설명하기 위한 것인가? 문제의 목적에 따라 우리가 찾는 원인도 달라진다.

따라서 실용문제일 때, 개념문제일 때, 원인을 선별하는 연관성도 달라진다. 어떤 이에게 행동을 요구하는 해법을 제시하고자 할 때와 어떤 이에게 이해를 요구하는 해법을 제시하고자 할 때 초점의 대상은 달라질 수밖에 없다.

실용문제에서 인과관계

실용논증은, 문제가 되는 손실을 없애기 위해 '우리가 바꾸거나 없앨 수 있는 원인'을 찾는 작업이다. 이러한 원인을 '실용원인pragmatically relevant cause'이라고 한다. 예컨대 자동차 시동이 걸리지 않을 때, 실용원인을 찾는다면 '배터리방전'을 들 수 있을 것이다. 실용원인은 이처럼 우리가 조치를 취할 수 있는 원인을 의미한다.

더 나아가 배터리가 방전된 원인은 '누군가 헤드라이트를 켜놓고 내렸기 때문'이라고 생각할 수 있다. 하지만 이것은 실용원인이 아니다. 이러한 '먼 원인'은 배터리가 왜 방전되었는지 이해하는 데 도움이 되는 '개념원인conceptually relevant cause'이다. 자동차 시동을 걸어야 하는 눈앞의 문제를 푸는 데 아무 도움이 되지 않는다. (물론, 앞으로 그런 실수를 하지 않도록 주의를 주어야 한다는 결론으로 이어진다면, 이 원인도 실용원인이 될 것이다.)

실용원인을 찾을 때는 원인-결과의 사슬에 직접 개입하여 손실을 제거함으로써 문제를 해결할 수 있는 지점에 초점을 맞춰야 한다.

개념문제에서 인과관계

개념논증은 어떤 사건을 이해하는 데 잠재적으로 연관성이 있다고 여겨지는 원인을 찾는 작업이다. 하지만 개념문제에서 관련원인을 찾는 작업은 쉬운 일이 아니다. 아무리 사소한 원인이라도 어떤 원인이 그 사건과 잠재적으로 연관되어있는지 알 수 없기 때문이다. 예컨대 북아일랜드에서 가톨릭과 프로테스탄트, 아일랜드인과 영국인 사이에 반복되는 갈등을 끝내고 싶어하는 사람들은 이런 질문을 던질 것이다.

> "이러한 갈등의 원인-결과사슬에서 어느 지점에 개입하면 문제가 해결될까?"

이것은 실용문제이고, 실용원인을 찾는 작업이다. 하지만 이러한 갈등이 어디에서 비롯된 것인지 설명하고자 하는 역사가는 다른 질문을 던져야 한다. 지난 몇 백 년 동안 종교, 정치, 경제, 민족, 계급 등 다양한 차원에서 벌어진 갈등은 물론 오늘날 문제에 영향을 미친 모든 원인들을 낱낱이 이론적으로 고찰해야 한다. 또한 그러한 원인들을 얼마나 세밀하게 구분할 것인지도 결정해야 한다. 100년 전 스치듯 지나간 단편적인 생각이 오늘날 사건을 설명하는 데 연관되어 있을 수도 있다.

그러면 어디서부터 시작해야 할까? 그러한 결정은 보통 개인적인 관심사, 학문적 배경, 연구의 목적 등에 따라 달라질 것이다. 예컨대 경제학을 공부한 역사가라면 종교가 폭력에 미친 영향보다는 소득에 미친 영향에 초점을 맞출 확률이 높다. 경제적인 원인을 주의깊게 인지하는 훈련을 해왔기 때문이다.

새로운 학문에 입문한 사람들은 어떤 개념문제에 대해 글을 써야 할지 감을 잡는 것조차 쉽지 않다. 처음에는 구체적인 주제에 관심을 둘 만큼 특별한 학문적 지식도 없을 뿐만 아니라, 방대한 학문적 범위에 압도당하여 어디서부터 파고들어야 하는지 알기 어렵다. 시간과 경험만이 해결해줄 수 있는 문제다.

언어와 책임

다음은 2001년 3월 산타나고등학교에서 15살 앤드류 윌리엄스가 두 학급동료를 총으로 쏴 죽이는 사건이 일어난 후 며칠 뒤 신문에 실린 칼럼의 일부이다. 국립보건연구소장 다니엘 와인버거는 이 글에서 전두엽피질이 충동을 조절하는 방식에 대해 설명하고 나서, 20살이 될 때까지 전두엽피질은 완전히 성숙하지 않는다고 이야기하며 다음과 같이 결론을 맺는다.

> 지금까지 두뇌의 발달과정에 대해 간단히 설명한 것은, 범죄행위를 용서하거나 잔혹한 행위에 대해 좀더 관대해져야 한다고 주장하기 위한 것이 아니다. 하지만 산타나고등학교에서 총을 쏜 아이도 청소년일 뿐이다. 미성숙한 두뇌가 제멋대로 작동하는 위험한 상황까지 치닫지 않도록 주변사람들과 기관이 나서서 막지 못했다는 현실이 안타까울 뿐이다. 어떤 도시, 어떤 학교에서 상처받은 15살 소년이 복수심에 눈이 멀어 전두엽피질이 행동을 지배하는 상황에 처한다면, 그리고 또다시 총을 들어 사람을 겨눈다면, 결국 총은 발사되고 말 것이다.

마지막 문장에서 총을 주요행위자 자리에 놓음으로써 글쓴이가 총을 쏜 학생의 책임을 어떻게 분산시키는지 눈여겨보라.

● Daniel R. Weinberger, "A Brain Too Young for Good Judgment," *New York Times*, March 10, 2001, p. A27.

인과관계를
체계적으로 분석하는 방법

제와 연관된다고 여겨지는 원인을 찾았으면 이제 그것이 실제 원인인지 평가하는 작업을 해야 한다. 원인을 분석하는 구체적인 방법은 학문분야마다 다르지만 여기서는 가장 기본적인 원인 분석방법을 소개한다. 인과관계를 좀더 면밀하게 분석하는 방법으로 19세기 철학자 존 스튜어트 밀이 도식화한 유사-차이원리와 상관변동원리를 소개한다. 이 두 가지 원리는 원인을 찾아내는 방법을 알려주지는 못하지만, 찾아낸 원인이 고려할 만한 가치가 있는지 판단하는 데 도움을 준다.

유사-차이원리 The Principle of Similarity and Differnce

어떤 요인이 어떤 사건의 원인으로서 타당한지 판단할 때 연구자들은, 그 요인이 그로 인해 발생했다고 여겨지는 결과와 얼마나 규칙적인 '관련성을 갖는지' 살펴본다. 이를 질문으로 표현하면 다음과 같다.

> "원인으로 추정되는 요인이 없을 때보다 있을 때, 그 결과는 더 자주 발생하는가?"

예컨대, 1학년 작문수업에서 높은 점수를 받는 학생들의 비결은 무엇일까?

이를 밝혀내기 위해서는 우선 글을 못 쓰는 학생들과 글을 잘 쓰는 학생들이 '무엇이 다른지' 또 글을 잘 쓰는 학생들 사이에는 '무엇이 비슷한지' 찾아내야 한다. 랩탑으로 글을 작성하는 것을 원인이라고 주장하고자 한다면, 점수가 높은 학생들이 랩탑으로 글을 쓴다는 사실(유사점)을 밝혀내야 하고 점수가 낮은 학생들이 랩탑으로 글을 쓰지 않는다는 사실(차이점)도 밝혀내야 한다.

원인과 결과가 있는 경우와 없는 경우를 한눈에 비교할 수 있는 표를 만들면 유사-차이원리를 체계적으로 검토할 수 있다.

표11.1 간단한 변수 분석

	결과가 나타남	결과가 나타나지 않음
원인이 있을 때	___ %	___ %
원인이 없을 때	___ %	___ %

왼쪽 세로열은 원인이라고 여겨지는 요인이 있을 때와 없을 때를 표시하고 위의 가로행은 결과로 추정되는 사건이 있을 때와 없을 때를 표시한다. 네모 안에는 원인이 있을 때와 없을 때, 결과가 나타났을 때와 나타나지 않았을 때, 각각 경우의 수를 백분율로 써 넣는다. (가로행의 합이 100%가 되어야 한다.) 사회과학에서는 이런 표를 ANOVAanalysis of variation(분산분석)라고 부른다.

간단한 예를 보자. 한 천문학자가 질량이 있는 물체의 빛 굴절현상을 증명하고 싶어한다. 그는 자신의 데이터를 조합하여 다음과 같은 표를 만들었다.

표11.2 질량체와 빛의 굴절현상

	빛이 굴절함	빛이 굴절하지 않음
질량체가 있을 때	100%	0%
질량체가 없을 때	0%	100%

이 데이터에 따르면, 질량체가 있으면 빛이 항상 굴절하고 질량체가 없으면 전혀 굴절하지 않는다. 따라서 질량체가 빛을 굴절시킨다고 잠정적으로 결론내릴 수 있다. (물론, 빛의 굴절이 질량체를 유발하는 원인이 될 가능성, 또 제3의 요인이 빛을 굴절시키고 질량체를 유발하는 원인으로 작동할 가능성을 배제할 경우 그렇다는 뜻이다.)

자연과학에서는 이처럼 모호하지 않은 '전부 아니면 전무'의 결과를 기대할 수 있지만, 사회과학에서는 그렇지 않다. 그들은 '어느 정도' 선에서 결론을 내려야 한다. 예컨대, 1학년들의 작문점수와 랩탑 사용여부를 조사했을 때 다음과 같은 수치가 나왔다.

표11.3 스타인 교수 수업을 듣는 학생들의 랩탑 사용과 작문 점수

	점수 상위 50%	점수 하위 50%
랩탑을 항상 사용함	72.1%	27.9%
랩탑을 전혀 사용하지 않음	34.5%	65.5%

상관성은 완벽하지 않지만, 항상 랩탑을 이용해 글을 쓰는 학생들이 랩탑을 전혀 사용하지 않는 학생들보다 작문수업에서 상위 50% 점수를 받을 확률이 크다는 사실을 알 수 있다.

ANOVA에서는 위아래 숫자의 차이가 클수록 인과관계에 대한 설득력이 높아진다. 다음 표와 같이 그 숫자가 그다지 차이가 나지 않을 때는 인과관계를 주장하기 어렵다.

표11.4 첸 교수 수업을 듣는 학생들의 랩탑 사용과 작문 점수

	점수 상위 50%	점수 하위 50%
항상 컴퓨터를 사용함	72.1%	27.9%
전혀 컴퓨터를 사용하지 않음	65.5%	34.5%

물론 조사대상자 수가 상당히 클 때는 숫자가 많이 차이나지 않아도 어느 정도 인과관계가 존재하는 것으로 해석할 수 있다. 차이가 얼마나 나야 인과관계가 있다고 주장할 수 있는지 알고 싶다면, 복잡한 통계적인 계산을 해야 한다. 통계는 21세기를 살아가고자 하는 사람이라면 반드시 배워야 하는 지식이다. 많이 아는 것만으로 비판적 사고는 완성되지 않는다. 지속적으로 공부하고 훈련해야 한다.

어쨌든 물리학을 뺀 나머지 분야에서는 ANOVA에서 100이란 숫자가 나오는 경우는 거의 없다. 이처럼 상관성이 100%에 미치지 못하는 원인을 '기여원인contributory cause'이라고 한다. 인과관계 논증에서 우리가 밝혀내는 원인은 거의 모두 기여원인이라는 것을 명심하라. 예컨대 **표11.3**을 보면 랩탑을 사용하는데 하위 50%에 속하는 학생도 있고 랩탑을 사용하지 않는데 상위 50%에 속하는 학생도 있다. 결국 랩탑 말고도 영향을 미치는 또다른 원인이 존재한다고 가정해야 할 것이다.

이렇게 검증과정을 거쳐 어떤 요인을 '관련성'이 있는 원인이라고, 또는 좀더 과감하게 이것이 '진짜' 원인이라고 주장할 수 있다. 하지만 그것이 결과를 초래한 '필요충분한' 원인, 즉 100% 온전한 원인이라고 주장할 수는 없다. 앞에서도 말했지만 복잡한 사건이 단 하나의 원인에서 나오는 경우는 존재하지 않기 때문이다.

뒤집힌 원인과 결과

비판적 사고를 한다면, 더 나아가 원인과 결과를 뒤집어 분석한 것 아닌지도 늘 의심해야 한다. 랩탑을 사용했기 때문에 글을 잘 쓴 것이 아니라, 원래 글을 잘 쓰는 학생들이 랩탑을 사용하는 것일지도 모른다.

상관변동원리 | The Principle of Covariation

상관변동원리 | The Principle of Covariation

잠재적인 원인의 크기와 결과의 크기가 서로 비례하여 변화한다면 인과관계는 더욱 확실해진다. 예컨대 '수년 동안 랩탑으로 글을 쓴 학생들이 랩탑으로 글을 쓴 지 얼마 안 되는 학생들보다 글을 더 잘 쓴다면' 랩탑을 사용하는 것은 글을 더 잘 쓰는 타당한 원인으로 볼 수 있을 것이다. 이처럼 원인이 변하면 결과도 따라서 변하는 것을 '상관변동' 또는 '공변共變'이라고 하는데, 다음과 같은 표를 만들면 이를 쉽게 확인할 수 있다.

표11.5 랩탑 사용기간과 작문 점수

랩탑 사용기간	점수 상위33%	점수 중위33%	점수 하위33%
6년	62.2%	21.9%	15.9%
4년	41.3%	39.0%	19.7%
2년	32.5%	45.6%	21.9%
0년	25.3%	32.8%	41.9%

물론 많은 연구자들은 이렇게 깔끔한 결과가 나와주기를 갈망하지만 실제로 이런 결과가 나오는 일은 매우 드물다.

ANOVA표 활용하기

좀더 비판적인 사고를 하기 위한 방편으로 ANOVA표를 사용할 때는 데이터가 많지 않아도 된다. 예컨대 스스로 위험에 끌리는 성향이 빈지드링킹의 원인이라고 주장하고 싶다면 다음과 같은 표를 그릴 수 있다.

표11.6 위험에 끌리는 성향과 빈지드링킹

	+ 빈지드링킹	- 빈지드링킹
위험에 끌림	?%	?%
위험에 끌리지 않음	?%	?%

이렇게 표를 짜면, 이제 다음 네 가지 상관성을 입증해야 한다는 것을 알 수 있다.

- 위험에 끌리는 학생들은 빈지드링킹을 얼마나 하는가?
- 위험에 끌리는 학생들은 빈지드링킹을 얼마나 하지 않는가?
- 위험에 끌리지 않는 학생들은 빈지드링킹을 얼마나 하는가?
- 위험에 끌리지 않는 학생들은 빈지드링킹을 얼마나 하지 않는가?

위험에 끌리는 성향과 빈지드링킹 사이에 100퍼센트 상관성이 성립하지 않는다면, 빈지드링킹은 '단 하나의 원인'으로 설명할 수 없는 복잡한 사건이라는 뜻이다.

짖지 않는 개

물론 원인이 하나인 경우도 있다. 예컨대, 도둑이 들었는데도 개가 짖지 않았다는 사실을 이상하게 여긴 셜록 홈즈는 개가 언제 '짖지 않는지' 살펴본다. 그 결과, 다음과 같은 ANOVA표를 마음속으로 그린다.

	+ 짖는다	- 짖는다
낯선 사람이 다가갈 때	100%	0%
주인이 다가갈 때	0%	100%

그 개는 주인이 아닌 다른 사람이 다가가면 언제나 짖었다. 따라서 홈즈는 범인이 바로 개 주인이라고 결론내린다.

인과관계를 따질 때
주의해야 할 점 네 가지

유사-차이원리, 상관변동원리를 활용할 때 명심하라.

1. 가능한 한 많은 원인을 상상하고 검토하라

유사-차이원리와 상관변동원리는 원인을 검토하는 데 도움이 되지만, 어떤 원인을 검토해야 하는지는 알려주지 않는다. 가설이 틀렸는지 맞는지 보여주기만 할 뿐이다. 예컨대 몇 년 전 누군가 모기를 지목하기 전까지만 해도, 말라리아는 원인을 알 수 없는 병이었다. 그 때까지 모든 가설은 실패했다. 오늘날 알츠하이머도 비슷한 상황에 놓여 있다. 수많은 연구자들이 이 질병의 원인을 찾기 위해 무수히 테스트를 하고 있지만 아직까지는 모두 실패하고 있을 뿐이다.

2. 비교집단을 만들라

어떤 요인이 원인일 것이라는 가설을 세웠다면 비교할 집단을 만들어야 한다. 잠정적인 원인에 노출된 집단과 그렇지 않은 집단을 만들어 비교해야 한다. 새로 개발한 비료의 효과를 시험하기 위해서는 한쪽 옥수수밭은 비료를 주고 경작하고 다른 한쪽은 기존 방식대로 경작하여야 한다.

　　때로는 과거의 기억을 되살려 비교집단을 만들어야 하는 경우도 있다. 흡연이 암의 원인이라는 사실 역시 이러한 방법으로 발견했다. 하지만 기억을 더듬어 만들어낸 비교집단에서는 어떤 예상치 못한 변수가 작용할 수 있으며, 이러한 변수가 결과에 매우 중대한 영향을 미칠 수도 있다. 실제로 담배회사들은 한때 담배를 피우고 싶어하는 충동과 암 모두 제3의 어떤 원인에 의해 일어난다고 주장하기도 했다.

3. 과도한 단순화를 주의하라

원인이라고 추측한 요인이 결과와 상관변동한다는 사실을 밝혀내고 나면 우리는 이렇게 생각한다.

> "아하! 랩탑으로 글을 작성하라고 하면 학생들의 글 쓰는 수준이 더 올라가겠구나."

하지만 결과가 복잡하면 원인도 복잡하다. 예컨대 랩탑으로 작업하는 학생들은 부유한 지역에서 더 좋은 고등학교를 다녔을 것이다. 결국 랩탑사용과 작문수준 모두 다른 원인의 결과일지 모른다. 또한 원인과 결과가 뒤바뀌었을 수 있다는 것도 의심하라. 어쩌면 원래 글을 잘 쓰는 학생들이 좀더 빨리, 많이 글을 쓰기 위해서 랩탑으로 작업하는지도 모른다.

4. 상호작용을 주시하라

원인을 찾았다고 생각하더라도 원인과 결과가 상호작용할 수 있는 복잡한 방식이 있으니, 눈여겨보아야 한다.

- 또다른 원인: 자신이 찾아낸 원인과 결과가 모두 어떤 제3의 원인에 의해 일어난 결과일 수 있다. 만성적인 실업으로 인해 범죄율이 높아졌다고 생각할 수도 있으나, 이 두 가지 모두 오랜 빈곤에 의해 일어난 결과일 수 있다.
- 상호원인: 원인과 결과가 서로 영향을 주고받는 경우도 있다. 빈곤은 질 낮은 교육을 낳고 질 낮은 교육은 범죄를 낳고 범죄는 빈곤을 낳는다. 결국 이들 모두 원인인 것이다.

- 복합결과: 최근 연구에 따르면 정신질환자라고 해서 멀쩡한 사람보다 범죄를 일으킬 확률이 높은 것은 아니라고 한다. 반면 마약중독자들이 범죄를 일으킬 확률은 보통사람에 비해 4배 높다고 한다. 하지만 정신질환자가 마약을 하는 경우, 이들의 범죄율은 7배나 높아진다. 이처럼 여러 원인이 결합되었을 때 개별적인 원인이 유발하는 결과의 합보다 훨씬 큰 결과가 나타날 수 있다.

마지막으로 주의해야 할 점은, 남북전쟁이나 TWA800의 폭발과 같이 유래 없는 사건의 원인을 설명하고자 할 때는 이러한 원칙을 사용하기 어렵다는 것이다. 단일한 사건의 경우에는 일련의 '비슷한 상황을 유추함으로써' 추론하거나, 설명하고자 하는 '사건을 초래한 인과관계의 구체적인 사슬을' 면밀히 추적해야 한다. 540쪽 인과관계를 논증하는 내러티브 설계하기 참조.

인과관계와 책임

개념문제를 다루는 논증이 현실에 직접 적용되는 경우도 있다. 그러한 경우 개념논증을 하는 사람은 자신의 주장이 현실에 적용되는 상황에 대해서도 책임져야 할까? 예컨대, 자신의 과학적 연구결과가 새로운 무기를 만드는데 사용된다면 그러한 결과에 대해서도 과학자는 책임져야 할까? 자신의 유전학적 발견이 부도덕한 방식으로 사용된다면 유전학자는 비난받아야 할까? 거꾸로, 그러한 발견을 의사들이 생명을 살리는데 이용한다면 그 공로와 명성은 유전학자에게 돌아가야 할까? 또한 정부의 권력을 제한해야 한다는 자신의 주장에 어떤 사람이 감화되어 연방정부건물에 폭탄테러를 했을 때, 이 정치학자에게는 어떤 책임이 있을까? 책임의 범위를 구분하는데 사용할 수 있는 어떤 원칙이 있을까?

더 나아가, 절대 해서는 안 되는 연구나 주장이 있다고 생각하는가? 예컨대, 부엌에서 원자폭탄을 만들 수 있는 방법을 누군가 발견해냈다면 어떻게 해야 할까? 위험을 초래할 수 있으니 그러한 발견을 비밀로 부치기로 한다면 괜찮을까? 의도하지 않은 어떤 결과로 이어지지는 않을까?

누구 덕분인가?
누구 때문인가?

어떤 결과가 어떤 사람이나 기관의 행동으로 인해 일어난 것이라고 독자에게 설득하는 일이 문제를 해결하는 유일한 방법인 경우가 있다. 이렇게 남을 칭찬하거나 비난하기 위해 책임소재를 가리기 위한 원인을 '책임원인responsible cause'라고 한다. 어떤 논증이든 가능한 한 객관적으로 원인과 결과를 평가하는 것이 중요하지만, 특히 칭찬이나 비난을 하기 위한 목적으로 책임소재를 가려야 하는 논증에서는 주관성을 완전히 배제하기 어렵기 때문에 따로 면밀히 살펴볼 필요가 있다.

누구 책임인가?

몇 년 전 한 유치원에서 아이들을 데리고 강변공원에 나들이를 갔다. 선생들은 아이들이 흩어지지 않게 줄을 잡고 다니도록 했는데, 선생들이 한눈을 파는 사이에 한 아이가 물에 빠지면서 아이들 모두 물에 빠지고 말았다. 이때 마침 곁에 지나가던 사람이 곧바로 강물에 뛰어들어 아이들을 건져냈다. 여기까지는 누구나 동의하는 사실이다. 하지만 이 사건에 대한 책임이 누구에게 있느냐 하는 주장은 제각각 다르다.

- 언론은 곁에서 아이들을 돌볼 의무를 소홀히 했다는 이유로 선생들을 비난했다.

- 아이들의 변호사들도 선생들을 비난했지만, 강가에 안전난간을 세우지 않았다는 이유로 **공원관리공단**을 비난했다.

아이들을 구한 공로가 누구에게 있는가 하는 문제에서도 주장이 엇갈렸다.

- 시장과 언론은 아이들을 구한 사람을 용감한 시민이라고 칭찬했다.
- 적십자는 **아이들을 구한 사람**이 자신들이 운영하는 응급구조훈련코스를 수료했다는 이유로, 자신들의 **응급구조훈련코스**의 공이라고 했다.
- 한 심리학자는 아이들을 구한 사람의 행동은 무기력한 이들을 도와주고자 하는 인간의 본능 때문에 가능했던 것이라고 말했다. 이러한 본능을 문화적으로 훈련하고 강화한 것은 **TV와 영화**의 덕이다.

우리는 책임에 관한 다음 두 가지 주장을 쉽게 떠올릴 수 있다.

- 사고(결과)의 책임원인은 **선생들**에게 있다. 아이들 곁에 있으면서 자신들의 임무를 제대로 수행하지 않았기 때문이다. 아이들을 곁에서 감시하지 않았다.
- 아이들이 살 수 있었던 것(결과)의 책임원인은 아이들을 구하기 위해 **물에 뛰어든 사람**에게 있다. 그의 행동이 아니었으면 아이들은 익사했을지도 모른다.

책임에 관한 다음 두 가지 주장은 지나친 과장처럼 보일 수도 있지도, 이것은 자신들 눈앞에 놓인 문제를 해결하기 위해 사건의 책임소재를 재편한 것이다.

- 아이들의 변호사들이 해결해야 할 문제는 유치원선생들보다 돈이 많은 소송상대를 찾는 것이다. 이 문제는 바로 '난간이 없다는 사실'이 해결해주었다. 변호사들은 강가에 난간을 세우지 않았다는 이유로 **시립공원관리공단**에게 책임원인

이 있다고 주장한다.

- 적십자가 해결해야 할 문제는 자신들의 응급구호훈련코스를 홍보하는 것이다. 비록 직접 관련이 있지는 않지만, 아이들을 구한 사람이 자신들의 훈련코스를 수강하지 않았다면 물에 뛰어들지 않았을 것이기 때문에, 자신들의 훈련코스에 책임원인이 있다고 주장한다.

사실, 이밖에도 이 사건의 명백한 원인은 무수히 많이 찾을 수 있다. 하지만 그런 원인에 대해서는 아무도 관심을 갖지 않는다. 그 이유는 무엇일까?

- 끈을 놓아서 물에 빠진 것은 아이들 자신이고, 그 유치원에 아이들을 보낸 것은 부모들이다. 하지만 아무도 아이들이나 부모들의 책임은 묻지 않는다.
- 아이들을 구하기 위해 행인이 물에 뛰어들었을 때, 또다른 행인이 로프를 던져 그 사람과 아이들을 강가로 끌어올렸다. 하지만 아무도 로프를 던져 준 사람에게는 아이를 구했다고 말하지 않는다.
- 무엇보다도 '중력'이 없었다면, 어느 누구도 물에 빠지는 일은 없었을 것이다. 하지만 아무도 중력을 이 사건의 원인으로 꼽지 않는다.

이 사건에서 책임원인을 찾는 사람의 시선에서 볼 때, 이러한 요인들은 전혀 기준에 맞지 않는다. 심리학자를 제외하면, 이 논쟁에 관여한 사람들은 모두 책임소재를 가려냄으로써 '실용문제'를 풀고자 한다. 중력은 칭찬할 수도, 비난할 수도, 고소할 수도 없다.

책임을 묻기 위한
다섯 가지 기준

어떤 사람을 '책임원인'으로 만들어야 해결되는 문제는, '순수한' 인과관계를 따지는 문제보다 좀더 복잡하다. 어떤 사건과 행동이 실제로 어떤 결과를 초래했는지 파악한 뒤, 다음 두 가지 질문을 던져야 한다.

- 관여한 사람들의 마음상태는 어떠했는가?
- 외부환경이 그들 행동에 어떤 영향을 미쳤는가?

개인의 마음상태를 추론하려면 다음 세 가지 질문을 던져야 한다.

1. 논쟁의 대상이 되는 결과로 이어진 행동을 그 사람이 '의도적으로' 했는가? 아니면 다른 사람이나 상황 때문에 어쩔 수 없이 했는가?
2. 그 사람이 행동의 결과, 즉 그로 인한 혜택과 위험을 모두 '예측'할 수 있었는가?
3. 그 사람의 '동기'는 순수했는가, 아니면 미심쩍었는가?

그런 다음, 외부환경을 판단하기 위해서 다음 두 가지 질문을 더 한다.

4. 비슷한 상황에서 사람들이 보통 그런 식으로 행동하는가?
5. 상황이 그러한 행동을 하기 어렵게 만들었는가, 아니면 부추겼는가?

이러한 질문은 아이들이 강에 빠진 사고의 책임을 묻는 기준이 된다.

- 아이들은 로프를 놓으면 어떻게 되는지 예상하지 못한다. 사고의 직접적인 원인은 바로 아이들이지만 아무도 아이들을 비난하지 않는 이유다.
- 부모들은 일반적으로 아이를 유치원에 보내면서 선생들이 아이를 잘 돌봐줄 것이라고 예상한다. 누구도 부모들에게 책임이 있다고 비난하지 않는 이유다.
- 선생들은 아이들을 돌보지 않고 한눈을 팔면 어떤 결과가 나타나는지 예상할 수 있으며, 또 예상할 수 있어야 한다. 또한 한눈을 팔 수밖에 없는 상황도 아니었다. 사람들이 모두 선생들의 책임을 묻는 이유다.
- 공원관리공단은 강가에 난간을 세우지 않으면 어떤 위험이 생길지 예상할 수 있으며, 또 예상할 수 있어야 한다. 또한 난간을 세우지 못하도록 가로막는 상황도 없었다. 변호사들이 공원관리공단의 책임을 묻는 이유다.
- 강물에 뛰어들어 아이들을 구한 사람은 자신의 행동이, 아이들에게 도움이 되고 자신에게 위험이 된다는 것을 충분히 예상하면서 '자유의지'로 그런 행동을 한 것으로 보인다. 또한 그런 상황에서 물에 뛰어드는 사람은 거의 없다. 언론이 아이를 구한 사람을 칭찬하는 이유다.
- 적십자는 언젠가는 사람들에게 도움이 될 것이라고 예상하고 응급구호프로그램을 실시했다. 이는 또한 다른 기관에서는 하지 않는 일이다. 적십자가 자신들의 공적이라고 주장하는 이유다.

하지만 심리학자는 아이들을 구한 행동이 이들을 구한 사람의 공이라고 보지 않는다. 그는 아이를 구한 것이 의식적으로 선택한 행동이 아니라 충동적으로 한 행동이라고 말하는 듯하다. 이 때문에 심리학자의 설명은 다른 사람들의 설명과 매우 다르다. 심리학자는 이 문제를 책임을 부과하는 문제가 아니라, 사회과학적 문제, 즉 객관적인 인과관계를 따지는 순수한 개념문제로 바라본다.

"무엇이 사람들을 충동적으로 행동하도록 만들었을까?"

이것이 심리학자의 질문이다. 따라서 어떤 결과에 대한 책임을 따지는 논증을 할 때는 먼저 논증을 하는 목적이 무엇인지 명확하게 인식해야 한다. 단순히 결과를 설명하고자 하는 것인가? 아니면 그러한 결과를 초래한 사람의 공과를 따지고자 하는 것인가?

설명이냐, 판단이냐?

1999년 한 인터뷰에서 힐러리 클린턴은 어린 시절 남편이 겪은 갈등이 르윈스키스캔들과 관련한 부정한 행동을 저지른 한 원인이 되었을 것이라고 말했다. 이러한 힐러리의 행동을 사람들은 남편의 외도를 옹호하는 행위라고 비난했다. 이런 상황을 보고 한 평론가는 우리가 빠지기 쉬운 생각의 편향성을 꼬집는다.

> 현대인들은 개인이나 집단의 행위를 '설명'하는 것과 '판단'하는 것이 어떻게 다른지 대부분 잘 모르거나, 아니면 구별할 줄 모른다… 보수주의자나 진보주의자들은 대개 정반대 편에 서서 싸우지만, 이들이 저지르는 실수는 같다.
>
> 보수주의자들은 개인의 책임이라는 원칙에 지나치게 집착한 결과, 사회학적·심리학적 용어로 인간의 행동을 설명하는 것을 부정하거나 적대시한다. 이러한 설명이 사람들에게 자신의 행동을 책임지지 않아도 된다는 태도를 심어주지 않을까 두려워하기 때문이다. 이는 물론 잘못된 생각이다. 진보주의자들은 이와 정반대 덫에 빠진다. 사람을 지나치게 사회적인 관점에서 보며 개개인을 조건짓는 사회적 힘을 너무 강조하다 보니, 이들에겐 실패한 사람들에게 자신의 행동을 책임지라고 요구할 의지도 없고 능력도 없다.
>
> 보수와 진보, 양쪽 모두 놓치고 있는 사실은 어떤 사람의 행동을 충분히 설명하면서도 동시에 자신의 행동에 대해 책임지라고 요구할 수 있다는 것이다. 설명과 판단을 구분하지 못하는 이러한 태도가 인간관계와 공공정책을 모두 파멸로 몰아넣고 있다.

● Orlando Patterson. "The Lost Distinction Between 'Explain' and 'Justify,'" *New York Times.* August 8, 1999.

그럼에도 잘못된 판단을 하는 이유: 귀속편향

개인의 책임과 연관된 문제를 풀려면 다른 사람의 생각, 느낌, 동기를 추론해야 한다. 앞에서 설명한 '책임을 묻기 위한 다섯 가지 기준'을 신중하게 적용하면 그러한 추론을 할 때 주관적인 요소를 완전하지는 못하더라도 어느 정도 배제할 수 있다. 그럼에도 책임을 판단하는 과정에서 인지적 오류를 범할 수 있는데, 이것을 심리학에서는 '귀속편향attribution bias'이라고 한다.

어떤 사람이 어떤 행동을 한 이유를 설명함으로써 그것이 개인의 책임인지 아닌지 판단할 때, 우리는 복잡하게 늘어선 원인들을 모두 고려하기보다는 그 행동의 원인을 모두 개인의 자질에서 찾거나, 모두 가까운 외적 상황 탓으로 돌림으로써 지나치게 단순화하는 경향이 있다. 객관적으로 인과관계를 따진다면 나올 수 없는 결론이다.

예컨대, 배리 본즈, 마크 맥과이어, 새미 소사는 어떻게 그렇게 많은 홈런을 칠 수 있었을까? 개인의 자질, 다시 말해 재능이나 노력 때문이었을까? 아니면 환경, 다시 말해 약한 투수력이나 반발력이 큰 야구공이나 스테로이드 때문이었을까? 그들의 업적을 높이 살 때에는 개인적인 원인을 강조하고, 그렇지 않을 때에는 상황적인 원인을 강조한다. 좀더 객관적인 관찰자라면, 이뿐만 아니라 그밖에 다양한 요인들이 관련되어 있다고 말할 것이다.

문제에 객관적으로 접근하기만 하면 '올바른' 설명을 찾을 수 있다고 생각하겠지만 수많은 연구결과에 따르면, 우리는 개인적인 원인을 올바른 설명이라고 생각하는 경향이 강하다. 어떤 사람의 행동의 원인을 찾을 때 우리는,

그 사람의 자질·동기·심리적 성향이 미치는 영향을 전반적으로 높게 평가하고 외적인 상황이 미치는 영향은 과소평가한다. 물론 이러한 경향에 굴복하는 정도는 우리 주관적인 성향에 따라 달라질 수 있다.

따라서 개인의 책임을 따지는 논증을 할 때는 이러한 자신의 주관적인 성향을 정확히 파악해야 한다. 더 나아가 독자들도 편향을 가지고 있다는 것을 잊어서는 안 된다. 무엇보다도 독자들이 공유하는 편향이 자신과 같은지 다른지 판단해야 한다. 주의 깊게 살펴봐야 할 네 가지 변수는 다음과 같다.

- 이해도
- 정체성/동질감/소속감
- 이데올로기/정치
- 문화

이해도: 내가 쫌 아는데 말이야

행동을 한 사람과 행동을 한 상황에 대해 잘 알지 못할 때, 우리는 그 행동을 한 사람의 동기와 인성에서 원인을 찾을 확률이 높다. 예컨대 게이와 레즈비언에 대해 잘 알지 못하는 사람들은 그러한 선택을 개인의 성향 탓으로 돌릴 확률이 높다. 반면 게이와 레즈비언을 잘 아는 사람들은 환경, 예컨대 유전적 소인에서 원인을 찾는 경향이 크다. 이것은 인과관계를 찾을 때 나타나는 일관된 패턴이다. (물론 예외도 있을 것이다.)

따라서 행동한 사람과 그렇게 행동한 상황에 대해서 비교적 잘 알지 못하는 상황에서 그런 행동한 이유를 찾는 논증을 해야 할 경우에는, 그 사람의 인성과 동기를 행동의 원인으로 과대평가하고 환경을 과소평가하는 편향에 빠지기 쉽다는 것을 스스로 인지해야 한다.

더 나아가 독자의 입장도 고려해야 한다. 독자들이 나보다 많이 아는 것에 대해 글을 쓰는 경우, 나는 개인의 자질에서 원인을 찾는 반면 독자들은 상황에서 원인을 찾을 것이다. 거꾸로 독자들보다 내가 더 많이 아는 것에 대해 글을 쓰는 경우에는 그 반대 편향이 작동할 것이다.

따라서 자신의 편향은 물론 독자의 편향도 파악해야 한다. 그러한 편향이 일치하느냐 어긋나느냐에 따라 논증을 다르게 설계해야 한다. 이러한 차이를 무시하면 아무리 치밀하게 논증을 펼쳐도 독자들은 귀 기울이려 하지 않을 것이다. (물론, 독자들의 인지적 편향을 알면서도 거기에 호소하는 것이 바람직한가 묻는 질문은 또다른 난해한 윤리적 문제가 될 것이다.)

동질감: 팔은 안으로 굽기 마련

그 사람과 행동의 결과에 대해서 느끼는 기본적인 감정에 따라 우리 판단은 달라진다. 예컨대 좋아하는 사람이 감탄할 만한 일을 했을 때 우리는 그러한 업적의 원인을 그 사람의 지능이나 노력 탓으로 돌리는 경향이 있다. 예컨대 우리나라 선수가 금메달을 땄을 때 '금메달을 땄다'고 말하는 반면, 금메달을 받지 못했을 땐 '금메달을 놓쳤다'고 말한다. (금메달은 원래 우리 것이었는가?)

반대로 우리가 싫어하는 사람이 감탄할 만한 일을 했을 때는 대개 그의 성공을 행운이나 상황 탓으로 돌린다. 다른 나라 선수가 금메달을 따면 그 사람에게 '금메달이 돌아갔다'고 말한다. 반면 금메달을 받지 못했을 땐 그 원인을 개인적인 약점 탓으로 돌린다.

이러한 편향성은 우리에게 익히 친숙한 행동이다. 클린턴 지지자들은 클린턴이 대통령이었던 시절 일어난 좋은 일은 모두 클린턴 덕분이지만 나쁜 일은 어쩔 수 없는 상황 때문이라고 말했다. 그를 싫어하는 사람들은, 좋은 일은 절대 클린턴이 잘해서 나타난 결과가 아니며 나쁜 일은 모두 클린턴 때문이라고 말했다.

물론, 우리가 이러한 노선에 따라 모든 결정을 내린다는 이야기는 아니다. 하나의 경향일 뿐이다. 하지만 칭찬이나 비난을 하기 위한 논증을 할 때는, 자신에게 어떤 편향이 있는지 살펴야 한다. 긍정적으로든 부정적으로든 누군가에게 동질감을 느낀다고 여겨진다면, 책임에 대한 판단도 편향될 수 있다는 사실을 스스로 인식하라. 또한 그러한 대상을 독자들은 어떻게 바라보는지 판단하라. 그래야 독자의 편향에 맞춰서 글을 쓸 것인지 거슬러 글을 쓸 것인지 결정할 수 있다.

이데올로기: 나의 정치적 성향은

정치적 신념이나 이데올로기에 따라 인과관계에 대한 판단은 달라질 수밖에 없다. 전형적인 진보주의자들은 정부보조금으로 살아가는 사람들을 '환경으로 인해 가난에서 벗어날 기회를 박탈당한 사람'이라고 말하는 반면, 전형적인 보수주의자들은 그들을 '일을 하려고 하지 않는 게으름뱅이'라고 말한다. 진보주의자들은 '미국에서 살인범죄율이 높은 것은 총을 쉽게 가질 수 있기 때문'이라고 말하며 총기를 규제해야 한다고 주장하는 반면, 보수주의자들은 '사람을 죽이는 것은 총이 아니라 사람'이라고 말하며 총기 규제를 반대한다.

문화: 보이지 않는 사고방식의 차이

문화는 인과관계에 대한 판단에 엄청난 영향을 미친다. 인류학자들에 따르면 서양인들, 특히 미국인들은 자신의 행동을 스스로 통제할 수 있다고 믿는 경향이 강하다. 이와는 반대로, 아시아문화권 사람들은 개인의 행동의 원인을 개인의 선택보다는 사회적 맥락에서 찾는 경향이 강하다. 따라서 다른 문화에서 온 사람과 논쟁할 때는, 개인의 책임을 바라보는 방식이 자신과 다를 수 있다는 점을 늘 명심해야 한다.

지금까지 살펴본 이 4가지 요소는 인과관계를 판단할 때 강한 영향을 미친다. 논증을 설계할 때에는, 인과관계에 대한 자신의 사고방식은 물론 독자들의 사고방식도 충분히 고려해야 한다. 나는 어떤 사람의 행동을 상황적 측면에서 접근하려고 하는 반면, 독자들은 개인적 측면에서 접근할지도 모른다. (또는 그 반대일 수도 있다.) 이렇게 글을 쓰는 사람의 경향성과 독자의 경향성이 어긋나면, 논증을 풀어가는 과정은 더욱 어려워진다. 그럴 때는 논증을 뒷받침하기 위해 아무리 많은 이유와 근거를 제시한다고 해도 독자를 설득하기 힘들다. 깊이 뿌리박혀있는 인과관계에 대한 '사고방식'의 차이를 먼저 극복해야 한다.

두 문화의 비난

금융사기사건을 보도하는 일본신문과 미국신문의 태도를 비교연구한 결과, 미국신문은 일본신문보다 두 배 가까이 개인의 동기에 초점을 맞춘 반면 일본신문은 상황에 초점을 맞추는 경향이 있었다.

《뉴욕타임즈》 기사는 모저를 '살로몬[금융기업]의 타락한 카우보이'라고 묘사하며 '테니스공을 치듯이 공격적으로 거래에 뛰어들었다'고 묘사한다. 또다른 미국의 신문은 하마나카가 '거래량이 자신이 감당할 수 있는 것보다 훨씬 크다는 것을 알고 있었다'라고 지적하며 사리분별의 부족을 암시한다.

《뉴욕타임즈》는 제도적인 통제장치의 허술함에 대해서 거의 관심을 기울이지 않았으나, 일본신문들은 대부분 여기에 초점을 맞춘다… 일본신문들은 '문서를 매일 점검하는 스미토모[금융기업]에서 허위거래를 아무도 인지하지 못한 현실'을 비난하고 '다이와[금융기업]의 내부적인 통제와 절차가 이러한 사건을 미리 예방하지 못한 것'은 매우 유감스럽다고 질책한다.

● Tanya Morris et al. "Culture and the Construal of Agency: Attribution to Individual Versus Group Dispositions," *Journal of Personality and Social Psychology* (1999).

'단 하나의 원인' 오류

무엇보다도, 어떤 결과의 원인을 '전적으로' 어떤 사람의 동기 탓으로 돌리거나 '전적으로' 상황 탓으로 돌리는 잘못을 저질러서는 안 된다. 그러한 판단을 내리기 전에 깊이 생각하라. 독자들이 다음과 같은 질문을 한다고 상상하라.

- X가 '전적으로' 그의 행동의 원인이라면, 그 상황은 아무런 역할도 하지 않았다는 말인가?
- X가 '전적으로' 상황의 희생양일 뿐이라면, 그는 자신의 행동에 아무런 책임도 없다는 말인가?

현명한 독자들은 '단 하나의 원인'을 주장하는 단순한 설명을 믿지 않는다. 특히 상황을 모조리 배제하고 개인만을 원인으로 삼는 경우, 이러한 의심은 더욱 커진다.

교통사고의 원인

1997년 다이애나 황태자비가 죽은 교통사고는, 술을 마신 운전자와 그녀를 쫓은 파파라치 때문에 발생한 것이라고 알려져있다. 하지만 사고발생 초기에는, 안전벨트를 매고 그녀 앞자리에 앉아 있던 사람은 살았다는 사실을 지적하며 다이애나가 죽은 것은 안전벨트를 매지 않은 그녀 자신의 실수 때문일 수 있다고 지적하는 보도도 있었다. 하지만 사건이 나고 하루이틀 지난 뒤 뉴스에는 안전벨트에 대한 지적은 모두 사라지고, 운전사와 파파라치에 초점을 맞춘 보도만 나오기 시작했다. 다이애나가 죽은 원인으로 안전벨트를 매지 않은 그녀의 잘못을 지적한 사람들은 왜 많지 않았을까?

원인을 따지는 논증

어떤 사건이든 무수한 원인이 있기 마련이다. 원인에 관해 논증할 때는 어떤 원인을 자신의 해법과 가장 관련된 것으로 뽑을지 판단해야 한다. 원인을 수정함으로써 문제를 해결할 수 있다면 이는 '실용원인'이라고 하고, 원인을 알아냄으로써 독자가 궁금해 하는 어떤 사건의 한 측면을 이해할 수 있다면 이는 '개념원인'이라고 한다.

원인에 대해 고민할 때는 언제나 인지적 편향에 빠지지 않도록 조심하라.

- 우리는 결과가 나타나기 바로 전에 일어난 사건에 인과성을 부여하는 경향이 있다.
- 우리는 일어나지 않는 사건보다 일어난 사건에 인과성을 부여하는 경향이 있다.
- 우리는 일상적인 사건보다는 놀라운 사건에 인과성을 부여하는 경향이 있다.
- 우리는 자신이 떠올린 가정에 맞는 원인을 찾는 경향이 있다.
- 우리는 결과의 중요성에 걸맞은 원인을 찾는 경향이 있다.

의식적으로 최대한 많은 원인을 찾아내고 고려함으로써 이러한 편향에 빠지지 않도록 노력해야 한다. 특히 너무나 일상적이어서 인식하기 힘든 원인, 놓치기 쉬운 원인, 일어나지 않은 원인 등은 체계적으로 의도적으로 떠올리지 않으면 놓치기 쉽다.

추론을 검토할 때는 ANOVA표를 활용하라. 가로행은 잠재적인 원인의 있고 없음으로 채우고, 세로열은 결과의 있고 없음으로 채운다. 원인의 변화에 따라 결과가 어떻게 변하는지 비교함으로써 상관변동성도 검토할 수 있다. 잠재적인 원인과 결과 사이에 상당한 상관성이 보인다면 인과성을 주장할 수 있다. 결과가 존재할 때와 결과가 존재하지 않을 때를 백분율로 표시했을 때 차이가 클수록 그 상관성은 더 커지며, 더 자신있게 인과관계를 주장할 수 있다.

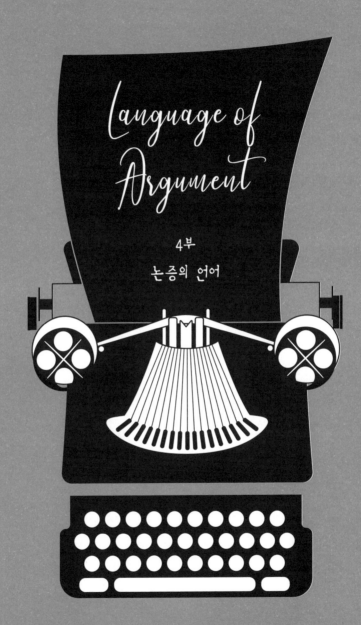

Language of
Argument

4부
논증의 언어

4부
논증의 언어

논증에 어떤 요소가 필요한지 이해하고 그것들을 구성하는 방법을 터득하고 나면, 이제 글로 쓰기만 하면 된다고 생각할 수 있다. 하지만 마지막 글쓰기 단계를 단순한 기계적 과정에 불과하다고 생각하고 이 책을 덮는다면 논증에 관한 가장 중요한 지식과 통찰을 쌓을 수 있는 기회를 잃고 마는 것이다. 실제로 글을 쓰는 것은 단순히 머릿속에 있는 생각을 밖으로 표출하는 역할만 하지 않는다. 비판적 사고를 할 줄 아는 사람들은 언어를 선별하고 교정하는 과정 자체가 곧 아이디어를 생산하고 발견하는 과정이라는 비밀을 잘 알고 있다.

- 12장: 논증에서 사용하는 언어는 독자들에게 어떤 감정을 선사할까? 당신이 선택한 언어는 논증에 대한, 더 나아가 당신에 대한 독자의 감정에 상당한 영향을 미친다.
- 13장: 논증의 설득력을 높이기 위해서 어떤 언어를 선택하는 것이 좋을까? 명시적으로 의식하지 못한다고 하더라도 우리가 사용하는 언어는 글을 쓰는 사람은 물론 글을 읽는 사람의 사고를 빚어낸다.

English Writing

이 책에서 설명하는 글쓰기원칙은 영어를 기준으로 만들어진 것이기 때문에, 한국어에 그대로 적용하기에는 다소 무리가 있다. 그럼에도 쉬운 글쓰기에 대한 저자의 깊이 있는 연구성과와 통찰이 한국어에도 적용(또는 응용)될 수 있기를 바라는 마음으로, 부족하지만 최대한 의미를 살려 번역하고자 노력하였다. 언어구조의 차이를 극복하고 의미를 전달하려다 보니 세부적으로 원작과 살짝 달라진 부분도 있다.

하지만 영어글쓰기를 공부하는 독자들을 위해서 원문을 PDF로 제공한다. 영어예문들과 문법 차이 때문에 다르게 번역된 글쓰기원칙들을 확인할 수 있다.

12

The Craft of Argument

명확하게 간결하게 생생하게
좋은 글이란 무엇인가?

Clear Language

전달하고자 하는 의미를 어떻게 명확하게 글로 표현할 수 있을까? 글이 명확한지 명확하지 않은지 독자들은 어떻게 판단할까? 내가 쓴 글이 명확한지 명확하지 않은지 어떻게 알 수 있을까? 또 어떻게 고쳐 쓸 수 있을까? 또한 이성이 맞붙는 치열한 논증에서 감정은 중요한 역할을 한다. 어떻게 하면 독자들의 감정을 자극하는 간결하고 생생한 글을 쓸 수 있을까?

좋은 글에서 나오는
설득의 힘

논증이 아무리 치밀하게 잘 짜여있다고 해도 그 내용을 읽어 나가기 어렵다면 독자들은 그 주장에 대해 공정한 판단을 내릴 수 있을까? 어렵고 복잡한 문장들을 더듬더듬 읽어 나가야 겨우 내용을 이해할 수 있다면, 그 주장에 대해서 진지하게 고민해보기도 전에 독자들은 그 글에 대해서는 물론 그 글을 쓴 사람에 대해서도 거부감을 느낄 것이다. 다음과 같은 글을 40쪽이나 읽어야 한다고 생각해보라.

> 1a. 정치체제의 불안정이 대중민주주의의 결과물이라는 연방주의자들의 주장은 자신들의 편협한 목표를 위해 공동선의 희생을 지향하는 이익집단의 경향에 대한 믿음을 근거로 한다.
>
> 1b. 연방주의자들은 대중민주주의가 정치체제를 불안하게 한다고 주장한다. 이익집단이 자신들의 편협한 목표를 위해 공동선을 희생시키는 경향이 있다고 믿기 때문이다.

1a보다 1b가 훨씬 쉽고 명확하게 느껴진다. 실제로 1a처럼 난해한 글은 논증에 기꺼이 관심을 갖고자 하는 독자의 선한 의지를 시험하고, 결국 읽기를 포기하게끔 만든다.

이와 같이, 글을 쓰고 나면 언제나 자신이 전달하고자 하는 실질적인 내용이 최대한 명확하게 쓰여졌는지 확인하고 또 확인해야 한다. 물론 이러한 작업이 쉬운 것은 아니다. 그 이유는 다음 두 가지 때문이다.

- 자신이 쓴 글은 언제나, 독자들이 읽을 때보다 훨씬 쉽게 이해된다. 글을 쓰면서 자신이 무엇을 의도하고자 했는지 너무나 잘 알기 때문이다.
- 무엇인가 고쳐야 한다는 것은 알면서도, 어떻게 고쳐야 하는지 알지 못한다.

또한 글은 명확해야 할 뿐만 아니라 간결하고 생생해야 한다. 명확하고, 간결하고, 생생한 글은, 논증의 논리성을 더 강렬하게 증폭하고 글쓴이의 에토스를 더 강렬하게 전달한다. 물론 글을 잘 쓴다고 해서 타당하지 않은 논리가 타당하게 되는 것은 아니지만, 좋은 글로 인해 높아지는 설득의 힘은 결코 무시할 수 없다.

내 글을 탓하지 말고, 네 머리를 탓해!

물론 명확성을 글의 중요한 미덕이라고 생각하지 않는 사람도 있다. 글이 복잡하고 난해할수록 독자들에게 훨씬 그럴듯한 '인상'을 심어줄 수 있다고 생각한다. 하지만 이러한 인상으로는 그 무엇도 설득하지 못한다.

한 걸음 더 나아가 난해한 문장을 머리를 싸매고 해독할 능력이 있는 독자만이 진정한 독서를 즐기고 그 결실을 맛볼 수 있는 자격이 있다고 말하는 사람도 있다. 하지만 이것은 아무 '근본'도 없는 생각이다. 실제 무수한 실험을 통해 밝혀진 한결같은 결과는, 난해한 문장을 힘들게 읽어낸 독자들이 쉽게 쓰여진 글을 읽은 독자들보다 이해력이 한참 떨어진다는 것이다.

물론 내용 자체가 어렵기 때문에 글을 어렵게 쓸 수밖에 없는 경우도 있을 것이다. 또 뭔가 '있어 보이는' 휘황찬란한 단어의 나열에 환호하는 순박한 독자들을 위해 글을 난해하게 쓰는 사람도 있을 것이다. 하지만 복잡하고 난해한 글은 대부분, 자아도취의 산물이거나 독자를 무시하는 엘리트주의 신념의 전시물에 지나지 않는다.

의미를 명확하게 표현하기 위한 글쓰기 6원칙

을 보고 우리는 '명확하다-불명확하다' 또는 '단순하다-복잡하다'하고 평가하지만, 이러한 평가는 글을 읽으면서 받는 느낌만 묘사할 뿐이다. 어떤 글을 보고 무슨 말인지 이해하기 어렵다, 무엇을 말하고자 하는지 불명확하다, 이리저리 에두르고 비틀어 복잡하다고 말하는 것은 그 글에 대한 '인상'을 말하는 것일 뿐, 문장 속에서 구체적으로 어떤 요소가 그러한 느낌을 주는지 전혀 알려주지 않는다.

자신의 글에 대해 독자들이 어떻게 반응할지, 또 왜 그렇게 반응할지 알아내고 독자들을 곤란하게 만들 듯한 문장을 찾아내 고치는 방법을 좀더 제대로 이해하기 위해서는 문장을 체계적으로 분석할 줄 알아야 한다. 이러한 분석을 위해서 우리는 '주어' '서술어' '명사' '동사' '목적어' '절' '구' '수식' '능동' '피동' 같은 학교에서 배운 기본적인 문법용어들을 활용할 것이다. 주어는 '전체주어'와 '단순주어'로 구분하여 쓰기도 하는데, 전체주어는 수식어구까지 포함한 주어부 전체를 의미하며, 단순주어는 전체주어 속에 있는 핵심명사를 의미한다.

원칙1: 주요행위자를 문장의 주어와 일치시킨다

이야기의 주요행위자가 단순주어로 오는 문장을 독자는 가장 쉽게 이해한다.

'주요행위자character'란 이야기를 이끌어가는 '주체'를 의미한다. 주요행위자는 사람, 사물, 추상적인 개념 모두 될 수 있지만, 이 중에서도 한 두 어절로 된 사람이나 구체적인 사물이 주요행위자로 나오는 문장을 우리는 가장 명확하다고 인식한다.

예컨대, 앞에서 본 예문을 다시 보자. 전체주어는 밑줄로, 단순주어는 색깔로, 주요서술어는 굵은 글씨로 표시했다.

> 1a. <u>정치체제의 불안정이 대중민주주의의 결과물이라는 연방주의자들의 주장은</u> 자신들의 편협한 목표를 위해 공동선의 희생을 지향하는 이익집단의 경향에 대한 믿음을 **근거로 한다.**
>
> 1b. 연방주의자들은 대중민주주의가 정치체제를 불안하게 한다고 **주장한다.** 이익집단이 자신들의 편협한 목표를 위해 공동선을 희생시키는 경향이 있다고 **믿기** 때문이다.

1a는, 전체주어가 6어절이나 될 정도로 길다. 또한 전체주어 속 단순주어는 '주장'으로 추상명사다. 전체주어 속에 담겨있는 절 역시 추상적인 내용을 담고 있다.

전체주어				서술어
전체주어		서술어		
정치체제의 **불안정이**	대중민주주의의 결과물	이다.	라는 연방주의자들의 주장은	…을 근거로 한다.

반면에 1b의 주어를 보자.

주어	{ 주어	서술어 }	서술어
연방주의자들은	{대중민주주의가	…[을] 불안하게 한다.}	…[라]고 주장한다.
(그들은)	{이익집단이	…하는 경향이 있다.}	…[라]고 믿[는다.]

1b의 주어는 짧고 구체적이다. 넷 중에 셋이 사람이고(연방주의자들, 그들, 이익집단) 하나는 친숙한 개념이다(대중민주주의). 이것이 바로 1b가 훨씬 쉽게 읽히는 이유다. 명확한 글을 쓰기 위한 첫 번째 원칙을 정리하면 다음과 같다.

"주요행위자의 이름을 짧고 구체적인 주어로 삼아라."

하지만 이 원칙을 언제나 적용할 수 있는 것은 아니다. 글을 쓰다 보면 살아 숨쉬는 사람뿐만 아니라 추상적인 주제를 중심으로 이야기를 풀어 나가야 할 때도 있기 때문이다. 다음 글의 전체주어를 살펴보자.

2a. 합리적 사고의 측면에서 설명할 수 있는 인간의 행동은 **많지 않다.** 보통, 합리적 사고란 인내심을 갖고 근거를 모아 이러한 근거와 이유를 종합하여 주장을 뒷받침함으로써, 조급하게 결론 내리지 않고 행동에 곧바로 뛰어 들지 않는 것을 **의미한다.** 하지만 인간이 지닌 합리성의 정점은 무엇보다도 추론과 주장들을 하나의 논증으로 엮기 위한, 생각에 대해 생각하는 능력, 추론에 대해 추론하는 **능력이다.**

이 문장의 주어는 추상적이다.

주어	서술어
인간의 행동은 ·············	···많지 않다.
합리적 사고란 ·················	···을 의미한다.
인간이 지닌 합리성의 정점은 ···	···능력이다.

이 글에는 인간행위자가 하나도 없다. 하지만 여기 나오는 추상적인 행위자들은 모두, 합리성에 대해 고민하는 독자들에게 아주 친숙한 개념들이다. '인간의 행동'과 '합리적 사고'와 같은 말은 사람만큼이나 뚜렷하게 구분되는 행위자들이다. 더욱이 가장 긴 주어도 4어절밖에 되지 않는다.

문장의 주어가 독자들에게 명확하게 느껴지는지 판단하기 위해서는 독자의 관점에서 글을 읽어야 한다. 독자들에게 아무런 개념이나 형상도 떠올려 주지 못하는 단어는 절대 주어자리에 놓아서는 안 된다. 다음 예문을 보라.

정치체제의 불안정이 대중민주주의의 결과물이라는 연방주의자들의 주장은···

이렇게 길고 모호한 주어를 쉽게 기억하는 독자는 많지 않다. 주어를 인간행위자, 또는 인간과 가까운 행위자로 바꾸면 문장은 한결 쉬워진다. 예컨대, '행동'과 '사고'와 같은 추상적인 개념이 어렵게 느껴질 수 있다고 여겨진다면, 인간행위자로 대체하면 글이 훨씬 쉬워진다.

2b. <u>우리가</u> 합리적으로 행동한다고 **생각해도** 그러한 행동을 합리적이라고 이야기하기 어렵다고 심리학자들은 **말한다.** (우리가) 단기적으로 조급하게 **결론을 내리지 않고,** 인내심을 갖고 근거를 모아 이러한 근거와 이유를 하나로 엮어 주장을 **뒷받침할** 때 우리는 합리적이라고 **생각한다.** 하

지만 (우리가) 이유와 주장을 하나의 논증으로 **엮기** 위해, (우리가) 자신의 생각에 대해 **생각할** 때, 자신의 추론에 대해 **추론할** 때에만 (우리는) 진정으로 합리적이라고 **할 수 있다.**

추상적인 내용을 서술하는 이야기를 모두 이렇게 바꾸기는 힘들겠지만, 가능한 한 이렇게 고치면 독자들에게 글이 훨씬 명확하고 생생하다는 인상을 줄 수 있다. 물론 전문가들을 대상으로 쓰는 학술적인 글일 경우, 이렇게 인간행위자를 내세운 문장들이 지나치게 단순하다고 여겨질 수 있다. 그럴 때에는 전문가독자에게 친숙한 기술용어들을 주요행위자로 삼아서 문장을 만들면 된다.

원칙2: 주요행위자의 동작을 서술어자리에 놓아라

짧고 간결한 명사를 주어 자리에 두었으면, 이제 구체적인 행동을 표현하는 동사를 서술어 자리에 두어야 한다. 또한 주어와 서술어가 멀어질수록, 문장의 의미가 무엇인지 명확하게 판단하기 어려워지기 때문에 최대한 가까이 두어야 한다. 다음 두 글의 서술어를 비교해보라.

1a. 정치체제의 불안정이 대중민주주의의 결과물이라는 것이 연방주의자들의 **주장이다.**
1b. 연방주의자들은 대중민주주의가 정치체제를 불안하게 한다고 **주장한다.**

1a의 서술어는 모두 '[동작을 담은 명사]+이다'이다. 이러한 동사는 실질적인 동작을 드러내지 않기 때문에 '빈 동사empty verb' 또는 '약한 동사weak verb'

라고 한다. 반면 1b에서는 '불안하게 한다' '주장한다'와 같이 구체적인 동작을 담고 있는 '강한 동사strong verb'가 서술어로 나온다.

그렇다면 이러한 동작을 1a에선 어떻게 표현하고 있을까? 자세히 살펴보면 동작이 모두 추상명사로 표현되고 있다는 것을 알 수 있다.

> 1a. 정치체제의 <mark>불안정</mark>이 대중민주주의의 <mark>결과물</mark>이라는 것이 연방주의자들의 <mark>주장</mark>이다.

매우 전문적이고 추상적으로 느껴지는 글을 뜯어보면 대부분, 이처럼 추상명사들의 행렬이 드러난다. 또한 동사를 명사형으로 바꾸기 위해서 '~화化' '~성性'과 같은 접미사를 붙인 단어들이 유난히 많이 나타난다. (동사를 명사형으로 바꾸는 것을 전문적인 용어로 '명사화nominalization'라고 한다.) 동작을 이렇게 명사로 바꿔 버리면 서술어자리에는 별다른 의미가 없는 '빈 동사'가 나올 수밖에 없다. 또한 '강한 동사'를 서술어로 사용할 때는 전혀 필요 없는 한자어나 '~의'와 같은 조사가 연달아 나온다.

> 1a. 정치체제**의** <mark>불안정</mark>이 대중민주주의**의** <mark>결과물</mark>이라는 것이 연방주의자들**의** <mark>주장</mark>이다.

1b에서는 '의'가 한 번도 나오지 않는 반면, 1a에서는 세 번이나 나온다. 두 번째 원칙을 정리하면 다음과 같다.

> "동작은 동사로 표현하여 서술어 자리에 놓아라.
> 동작을 추상명사 속에 파묻지 마라."

원칙1과 **원칙2**를 종합하면 다음과 같은 원칙이 나온다.

"이야기의 핵심요소인 주요행위자와 동작을
문장의 핵심요소인 주어와 서술어에 일치시켜라."

명확하고 구체적인 인상을 주는 문장과 모호하고 추상적인 인상을 주는 문장의 차이는 바로 이 원칙을 제대로 지키느냐 안 지키느냐 하는 것이다.

원칙3: 밀접한 관계가 있는 문장요소는 최대한 가까이 놓아라

이 원칙에는 세 가지 하위원칙이 있다. (원칙3은 영어와 한국어의 문법차이로 인해 다르게 번역되었다. 영어글쓰기에 적용되는 원칙은 원문자료를 참조하기 바란다.)

원칙3.1: 주어와 서술어를 최대한 가까이 놓아라
다음 글을 비교해보라.

> 3a. <u>심리학자들은</u> <u>우리가</u> 합리적으로 행동한다고 **생각해도** 그러한 행동을 합리적이라고 이야기하기 어렵다고 **말한다.**
> 3b. <u>우리가</u> 합리적으로 행동한다고 **생각해도** 그러한 행동을 합리적이라고 이야기하기 어렵다고 <u>심리학자들은</u> **말한다.**

411

두 문장 단순주어는 모두 인간행위자이다. 하지만 대부분 3a보다 3b가 훨씬 읽기 쉽다는 느낌이 들 것이다. 3a에서는 주어 '심리학자들은'의 서술어 '말한다'가 9어절이 지난 다음에 나오는 반면, 3b에서는 바로 붙어 나온다.

> **3a.** <u>심리학자들은</u> {우리가 합리적으로 행동한다고 **생각해도**} 그러한 행동을 합리적이라고 이야기하기 어렵다고 **말한다.**

이러한 글은 원래 문장이 표현하고자 하는 의미보다 훨씬 어렵다는 인상을 준다. 이럴 때는 주어와 서술어 사이에 꼭 필요한 요소만 남기고 3b처럼 주어와 서술어를 최대한 가까이 놓아야 한다. 어떤 요소만 남겨놓을 것인지 판단할 때는, 어떻게 문장요소를 배치해야 앞뒤 문장들과 더 자연스럽게 연결되는지 고려한다.

원칙3.2: 목적어와 서술어를 최대한 가까이 놓아라

주어와 서술어를 가까이 놓아야 하듯이 목적어와 서술어도 가까워야 한다. 다음 예문을 비교해보라.

> **4a.** <u>법규를</u> 외국투자자들이 믿고 활동할 수 있도록 **정비하지** 못한 사회체제는 번영할 수 없다.
>
> **4b.** 외국투자자들이 믿고 활동할 수 있도록 <u>법규를</u> **정비하지** 못한 사회체제는 번영할 수 없다.

4a는 '법규를'이라는 목적어와 '정비하[다]'라는 서술어 사이에 절이 끼어 있다. 이런 경우에는 4b처럼 절을 앞으로 옮겨서 목적어와 서술어를 붙여야 한다.

원칙3.3: 수식어를 피수식어와 가까이 놓아라

> 5a. 과학자들은 쉽게 일반인들과 **소통하지** 못한다.
> 5b. 과학자들은 일반인들과 쉽게 **소통하지** 못한다.

'쉽게'가 수식하는 대상은 '일반인들과'가 아니라 '소통하지 못한다'이다. 따라서 수식어와 피수식어 앞으로 옮겨야 한다.

지금까지 살펴본 **원칙3**의 세 가지 하위원칙을 요약하면 다음과 같다.

> "주어와 목적어는 서술어와 가깝게 놓고
> 수식어는 피수식어와 가깝게 두어라."

원칙4: 독자에게 친숙한 정보로 문장을 시작하라

다음 두 문장을 비교해보라. (배경설명요소는 음영으로 표시했다.)

> 6a. 학부생들이 대부분 전공을 최소한 한 번씩 바꾸는 것으로 나타난 최근 고등교육에 관한 조사에 따라, 학교는 1학년학생들이 전공을 결정하여 본격적으로 공부를 시작하기 전에 전공과정이 어떻게 진행되는지 정확하게 알려줘야 한다.
> 6b. 고등교육에 관한 최근 조사에 따르면, 학생들은 대부분 학부과정에서 전공을 최소한 한 번씩 바꾼다. 따라서 1학년학생들이 전공을 결정하여 본격적으로 공부를 시작하기 전에 학교는 전공과정이 어떻게 진행되는지 정확하게 알려줘야 한다.

6a보다 6b가 훨씬 명확한 인상을 준다. 6a에서는 문장의 전체주어인 '학교는'이 나오기 전에 배경을 설명하는 절이 13어절이나 나온다. 반면 6b에서는 배경을 설명하는 요소가 5어절밖에 되지 않는다. 이처럼 문장 맨 앞에서 배경을 설명하는 요소는 최대한 짧게 만들어야 한다.

하지만 6b가 더 쉽게 읽히는 것은 단순히 짧기 때문이 아니다. 우리가 이미 알고 있는 내용으로 글을 시작하기 때문이다. 6a의 '학부생들이 대부분 전공을 최소한 한 번씩 바[꾼다]'는 사실은 우리에게 새로운 사실인 반면 '고등교육에 관한 최근 조사'는 충분히 예측할 수 있는 사실이다.

이렇게 문장 앞부분을 쉽고 빠르게 파악할 수 있도록 만들어 주면, 뒤따라 나오는 내용을 계속 읽어 나갈 수 있는 관성이 붙는다. 무엇을 앞에 놓고 무엇을 뒤에 놓을 것인가 하는 판단은 문법지식보다는 독자의 지식수준이나 심리를 예측하여 결정해야 한다. 낯설고 복잡한 정보보다 단순하고 친숙한 정보가 먼저 나올 때 우리는 문장을 더 쉽게 읽어나갈 수 있다. 다음 예문을 비교해보라.

7a. 문장의 앞부분에 담긴 내용은 그 문장이 '무엇을 말하고자 하는지' 알려줄 뿐만 아니라, 어디에 초점을 맞춰 읽어나가야 하는지 알려준다. 문장들 사이에서 반복되는 주어는 글이 무엇에 대해 이야기하는지 알려준다. 글이 일관된 관점에서 전개된다는 인상은, 주어들 사이에 일관성이 느껴질 때 생겨난다. 문장들이 제각각 문맥에서 벗어난 듯 이해하기 어려운 것은 주어가 계속해서 바뀌어 일관된 관점을 전혀 느낄 수 없기 때문이다. 단절감, 혼란스러움, 초점의 상실은 이러한 상황에서 발생한다.

7b. 지금까지 살펴보았듯이, 우리는 문장 첫 부분을 보고 그 문장이 '무엇을 말하고자 하는지' 알아내고 이로써 초점을 맞추어 읽어간다. 우리는 문장들 사이에서 반복되는 주어들을 인식함으로써 전체 글이 무엇

에 대해 이야기하는지 알아낸다. 주어의 일관성은 글이 일관된 관점에서 전개된다는 인상을 준다. 하지만 주어가 계속해서 바뀐다면 문장들이 제각각 문맥에서 벗어나 이해하기 힘들어지며, 또한 일관된 관점을 전혀 느낄 수 없다. 이러한 글을 읽을 때 우리는 단절감, 혼란스러움, 초점의 상실을 경험한다.

위 두 글은 똑같은 내용을 담고 있다. 하지만 어떤 글이 쉽게 읽히는가? 당연히 **7b**다. **7a**는 문장의 주어들이 모두 길고 추상적이다. 또한 주어에 담긴 정보들이 모두 새롭다. 결국 문장 앞부분에 나오는 정보가 뒷부분에 나오는 정보보다 훨씬 낯설다. (전체주어는 밑줄로, 단순주어는 음영으로 표시했다.)

> **7a.** 문장의 앞부분에 담긴 내용은…
> 문장들 사이에서 반복되는 주어는…
> 글이 일관된 관점에서 전개된다는 인상은…
> 문장들이 제각각 문맥에서 벗어난 듯 이해하기 어려운 것은…
> 단절감, 혼란스러움, 초점의 상실은…

반대로 **7b**의 문장의 첫 머리와 주어를 보자.

> **7b.** 지금까지 살펴보았듯이, 우리는…
> 우리는 문장들 사이에서 반복되는 주어들을 인식함으로써…
> 주어의 일관성은…
> 하지만 주어가 계속해서 바뀐다면 문장들이…
> 또한 (우리는)…
> 이러한 글을 읽을 때 우리는…

주어 여섯 개 중에 네 개가 '우리는'이다. 세 번째 주어인 '주어의 일관성'은 바로 앞 문장에서 이야기한 내용('반복되는 주어들')을 그대로 받아온 것이며 네 번째 주어인 '문장들' 또한 앞에서 계속 언급한 개념이다. 또한 주어 앞에서 문장의 첫머리를 장식하는 정보들 역시 독자에게 익숙한 내용이거나 앞 문장에서 이미 언급한 것들이다. 이런 글은 훨씬 쉽게 읽힌다. 문장을 어떻게 시작하고 어떻게 끝맺을 것인지 결정할 때는 **원칙4**를 충실히 따라야 한다.

원칙5: 낯설고 복잡한 정보는 문장의 뒷부분에 놓아라.

원칙4를 지키면 이 원칙은 자연스럽게 지켜진다. **원칙4**와 **원칙5**을 종합하여 적용하면 **원칙6**이 나온다.

원칙6: 전체 글의 주어들을 일관되게 유지하라.

7a의 주어를 보면 일관성이 없다는 것을 알 수 있다. 이처럼 하나의 이야기를 구성하는 문장들이 제각각 다른 주어로 시작하면, 초점이 없고 산만하고 무질서한 글이라는 인상을 준다. 반면 7b의 주어는 훨씬 일관성이 있으며, 따라서 쉽게 읽힌다. 간단히 요약하자면 다음과 같다.

> "주어를 이것저것 갖다 쓰지 마라.
> 몇 가지 주요행위자를 선택해 오직 그 안에서만 골라 써라."

명확한 글쓰기의 6원칙

1. 주요행위자의 이름을 주어자리에 놓아라.
2. 주요행위자의 동작을 동사로 서술어자리에 놓아라.
3. 밀접한 관계가 있는 문장요소는 최대한 가까이 놓아라.
   3.1. 주어와 서술어를 최대한 가까이 놓아라.
   3.2. 목적어와 서술어를 최대한 가까이 놓아라.
   3.3. 수식어를 피수식어와 가까이 놓아라.
4. 독자에게 친숙한 정보로 문장을 시작하라.
5. 낯설고 복잡한 정보는 문장의 뒷부분에 놓아라.
6. 전체 글의 주어들을 일관되게 유지하라.

글의 내용상 어쩔 수 없이 어려운 단어나 표현을 사용해야 하는 경우도 있다. 하지만 이러한 여섯 원칙을 적용하면 독자들의 수고를 상당히 덜어줄 수 있다. 문장 앞부분에 익숙한 정보를 배치하고 뒷부분에 낯설고 복잡한 정보를 배치하면 글을 쉽게 읽어나갈 수 있는 관성이 붙기 때문이다.

명확한 글쓰기는 단순히 보기 좋게 글을 꾸미는 화장술이 아니다. 명확한 글은 그 자체로 논증의 힘이자 비판적 사고다. 그러한 글을 독자들은 더 쉽게 이해한다. 명확하게 글을 쓰기 위해서 고생한 글쓴이에게 독자들은 더욱 깊은 신뢰를 보내기 마련이다.

뭐라는 말인감?

학술적인 글을 어렵게 쓰는 것은 어쩔 수 없다고 치더라도, 대학을 졸업하고 나서도 사람들은 여전히 왜 그토록 난해하게 글을 쓰는 것일까? 다음 글은 돼지수의사가 농부들을 위해 쓴 공문의 한 토막이다. 교육을 많이 받지 못한 농부들이 이 글을 읽고 어떤 느낌을 받을지 상상해보자. 의미가 얼마나 명확하게 이해되는지 주목하라.

> 생산성을 강화하기 위해 진행되는 양돈사업에서 가장 시급한 근심은, 특히 시장 무게를 측정할 시, 성장률에 미치는 돼지생식기호흡기증후군의 효과를 제한하는 것입니다. 바이러스의 소거는 ROI 측면을 고려한다면 비현실적이지만, 감소는 고려할 만한 목표입니다. 하지만 가장 효과적인 조치는 감염 이후 성장률을 유지하는 것입니다. 암퇘지 획득의 제한과 적절한 순화는 가장 효율적인 부가단계이긴 하지만, 현재 백신프로그램은 유지되어야 합니다.

글의 의미를 좀더 명확하게 드러나도록 다음과 같이 고쳐 쓸 수 있다.

> 더 큰 돼지를 내다팔고 싶다면, 그들의 성장에 미치는 돼지생식기호흡기증후군의 효과를 제한해야 합니다. 바이러스를 완전히 소거하기 위해서는 많은 돈을 써야 하지만, 감소시키는 것은 그만큼 돈이 들지 않습니다. 가장 중요한 것은 돼지가 감염된 이후에도 성장률을 유지하는 것입니다. 그러기 위해서는, 지금 하고 있듯이 돼지에게 백신접종은 지속하십시오. 가장 좋은 것은 구입하는 암퇘지 수를 제한하고 구입한 암퇘지를 적절한 환경에서 키우십시오.

이 글은 더 쉽게 풀어쓸 수 있다.

> 살이 오른 돼지를 내다 팔려면 돼지생식기호흡기증후군이 성장을 방해하지 않도록 하십시오. 바이러스를 완전히 없애려면 비용이 많이 들지만, 백신만 접종하면 병에 걸리더라도 계속 성장을 유지할 수 있습니다. 따라서 필요이상으로 암퇘지를 사들이지 말고, 바이러스에 노출되기 전까지는 다른 암퇘지와 접촉하지 않도록 하십시오.

수의사가 이처럼 의미를 쉽게 파악할 수 없도록 글을 쓴 이유는 무엇일까? 그런 이유 중에 타당한 것이 있을까? 세 가지 버전 사이에는 구체적으로 어떤 점에서 차이가 있을까?

간결한 표현 속에
의미를 담아라

주어가 구체적인 주요행위자를 표현하고 서술어가 주요한 동작을 표현할 때 독자는 그러한 문장을 명확하다고 느낀다. 하지만 독자가 판단하는 요소는 이것뿐만이 아니다. 다음 두 글의 주어와 서술어를 비교해보라.

8a. 자신이 물려받은 문화적 역사적 전통을 실천할 자유와 권리가 개개인에게 있다는 **사실은** 전국민이 동의하는 **믿음이다.** 사망한 남편을 따라 미망인도 목숨을 **끊도록 하는** 지구상 특정 지역의 **풍습은 불법화해야** 하겠지만, 교육환경에서 천으로 머리를 **가리고자** 하는 여성들의 **행동은 용인해야** 할 것이다. 하지만 자신들이 내린 결정의 결과에 대해 충분히 책임질 수 있을 정도로 아직 성숙하지도 않은 어린 아이들을 미리 결혼의 연으로 맺어줌으로써 묶어두는 것을 문화적 전통과 풍습으로 볼 것인가 하는 데에는 여전히 **모호함이 존재한다.**

8b. 우리나라에서는 **누구나** 부모세대의 문화적 전통을 자유롭게 **실천할** 수 있어야 한다. 물론 인도의 풍습처럼 죽은 남편을 화장할 때 홀로 남은 아내를 불길 속에 **집어넣는 행동은 금지해야** 하겠지만, 이슬람가정에서 자라는 소녀들이 학교에서도 **스카프를 쓰고자** 하는 것은 **허락해야** 할 것이다. 하지만 **판단하기** 어려운 경우도 **있다.** 8살밖에 되지 않은 아이들을 커서 결혼을 시키기로 **부모들끼리 계약을 맺었다면,** 이를 일종의 구속이라고 **보아야** 할까?

8a는 표현이 대부분 직접적이지 않고 복잡하다. 8b는 좀더 직접적이다. 일단, 주어들이 짧고 명확하며 구체적인 동사가 서술어로 나온다. 하지만 이 글에는 또다른 비밀이 있다. 언어들이 훨씬 '날카롭다.' 다시 말해, 말이 가리키는 대상이 더 선명하게 '보인다.' 이처럼 말의 지시대상을 마음의 눈으로 생생하게 '볼' 수 있다면 독자들이 더 긍정적으로 반응할 확률이 높다.

생생한 글을 쓰는 비결은 다음 두 가지 조언으로 정리할 수 있다.

"최소한의 글자만으로 자신의 생각을 표현하라."
"지시대상을 눈으로 '볼' 수 있는 단어를 사용하라."

이렇게 글을 쓰면 독자들은 논증을 더 빨리 읽고 더 잘 이해하며 더 오래 기억한다. 글이 늘어지거나, 특히 추상적인 단어들을 사용하면 독자들의 흥미는 급격히 떨어진다. 논증은 물론, 글을 쓴 사람에 대해서도 맺고 끊음이 분명치 않고 두루뭉술하고 흐리멍덩하고 답답하다는 인상을 심어준다. 먼저 의미를 간결하게 표현하는 방법부터 알아보자.

간결한 글을 쓰는 법

간결하게 글을 쓰는 것은 말처럼 쉽지 않다. 간결하게 자신의 생각을 표현하기 위해서는 엄청난 노력이 들 뿐만 아니라 어휘력 또한 풍부해야 하기 때문이다. 하지만 그만큼 대가가 돌아온다. 우선 독자들은 글을 쉽게 읽고 이해할 수 있다. 또한 독서의 수고를 덜어준 글쓴이의 노고에 대해 고마움을 느낄 것이다.

글을 간결하게 쓰거나 교정하는 비법을 이 책에서 알려줄 수 있다면 좋겠지만, 그런 비법은 없다. 다만 우리가 줄 수 있는 도움은, 많은 사람들이 공통적으로 저지르는 장황한 글쓰기 유형을 보여주는 것이다. 이러한 문장들을 최대한 피하기 위해 노력하라. 다시 말하지만, 글쓰기에는 어떠한 지름길도 없다.

반복과 혼란

똑같은 말을 두세 번씩 반복하거나 별다른 의미도 없는 '빈말'을 쓰면 글이 장황해진다. 예컨대, 다음 두 글을 비교해보자.

> 9a. 생산성의 다양한 측면이 개선되려면 기본적으로 어떤 특정한 기술력보다도 이를 운용하는 사람들의 전반적인 심리상태가 가장 먼저 작동해야 한다.
> 9b. 기계만 발전한다고 생산성이 높아지는 것은 아니다. 기계를 사용하는 사람들의 마음도 발전해야 한다.

9a는 쓸데없는 반복과 빈말을 남발하고 있다. 반면에 9b는 간결하게 정리해서 핵심만 표현한다. 다음은 글을 어수선하게 만드는 대표적인 어휘들이다. 빼 버려도 의미가 달라지지 않는 경우가 많다.

그(지칭)	어떤	정말	특정한
사실상	실제로	기본적으로	전반적으로

다음은 같은 의미를 반복해서 사용하는 전형적인 어휘들이다. 이런 어휘는 아예 쓰지 않는 것이 좋다.

완전무결한	믿고 신뢰할 수 있는	거의 대부분
빈틈없이 신중한	언제나 항상	지나친 과소평가

의미분해

한 단어로 충분히 표현할 수 있는 의미를 분해하여 여러 단어로 표현하면 개념이 희미해져 버린다. 다음 예를 보자.

10a. 우리 형 만나볼래?

'형'이라는 말은 하나의 통합된 개념을 떠올리게 한다. 하지만 10장에서 설명한 방식대로 '형'이라는 말의 의미를 풀어보면 다음과 같을 것이다.

인간 - 남자 - 자신보다 나이 많음 - 같은 부모의 자녀

이처럼 다양한 개념을, 하나의 단어로 표현할 수도 있고 여러 단어로 풀어서 표현할 수도 있다. 따라서 위의 말을 다음과 같이 말할 수도 있다.

10b. 우리 부모님의 자녀 중에 나보다 나이 많은 남자를 만나볼래?

사람들은 대부분 이 말을 이해하겠지만 조금은 이상하게 느낄 것이다. 물론 실제로 이렇게 말하는 사람은 없을 것이다. 하지만 우리가 일상적으로 읽는 글에서는 실제로 이렇게 쓴 글이 많다.

11a. 글을 전체적으로 읽어가면서 세심하게 주의를 기울여 잘못된 곳을 고치지 않았다.

이 글은 다음과 같이 바꿀 수 있다.

11b. 제대로 교정하지 않았다.

단일한 의미를 여러 의미기준으로 나누어 긴 문장으로 만들면, 여러 어휘를 거쳐 읽어 나가는 과정에서 뚜렷했던 의미가 오히려 흐릿해지고 만다. 문장을 짧게 쓸수록 의미는 생생하게 살아난다.

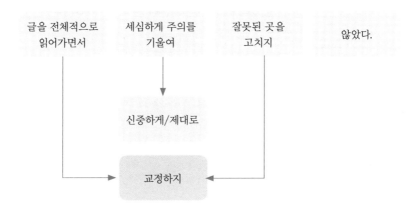

의미함축

다른 어휘 속에 들어있는 의미를 또 다시 진술하여 글을 장황하게 만드는 경우도 있다. 다음 문장을 보라.

> **12a.** 누군가 체스게임을 두기 위한 규칙과 전략을 배우려한다고 상상해 보라.

이 문장을 자세히 보면 독자 스스로 추론해낼 수 있는 함축된 의미들을 모두 풀어놓았다는 것을 알 수 있다. 이러한 단어들을 정리하면 훨씬 간결하고 생생한 글을 얻을 수 있다.

> **12b.** 체스 두는 법을 배운다고 상상해보라.

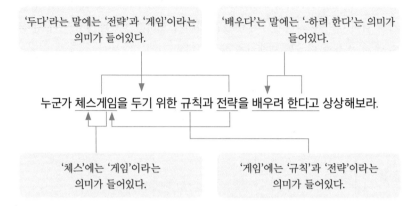

마지막으로 덧붙이자면, 간결한 것과 단순히 짧은 것을 혼동해서는 안 된다. 다음 두 문장을 비교해보라.

13a. 직접적으로 써라.

13b. 주요행위자를 주어로 놓고 구체적인 동작을 서술어로 놓아라.

첫 번째 글이 더 짧다. 하지만 중요한 정보가 모두 빠짐으로써 지나치게 보편적인 내용만 전달하는 말이 되고 말았다.

스타일레슨

일주일 동안 읽은 글의 스타일을 기록하라. 특히 쉽게 읽히는 문단과 어려운 문단을 복사해보라. 그러한 글을 더 읽기 쉽게, 또는 읽기 어렵게 만드는 특징들을 찾아낼 수 있는가? 읽기 어렵게 느껴지는 곳을 좀더 쉽게 고쳐보자.

생생한 표현으로 오감을 자극하라

장황한 요소들을 빼고 남은 어휘들이 여전히 자신이 표현하고자 하는 의미는 물론, 이를 뒷받침하는 감정과 뉘앙스를 제대로 전달하고 있는지 확인해야 한다.

적절한 감정을 선택하라

말을 구분하는 기준은 모두 나열하기 힘들 만큼 매우 다양하다. 몇 가지 보편적인 범주만 간단하게 살펴본다.

속어 vs. 일상어 vs. 격식어 (뒈지다 vs. 죽다 vs. 사망하다)

14a. 맛이 간 사람이 급실에 오면, 진정제를 쏠 건지 쌤이 알아서 하쇼.

14b. 이성적으로 판단하지 못하는 환자가 응급실에 실려왔을 때는, 약물을 투여해 진정시킬 것인지 의사가 결정해야 한다.

14c. 지적 능력이 훼손된 환자가 외상치료전문센터에 입실할 경우, 신경안정제를 투약하여 환자를 진정시킬지 담당의사가 판단해야 한다.

중립적 vs. 감정적 (임신중절 vs. 낙태 vs. 태아살해)

15a. 세금을 낮추면 소득이 오를 것이다.

15b. 다달이 우리 급여에서 공무원들이 뽑아가는 돈만 줄일 수 있다면, 매일 힘들게 땀 흘려 번 돈으로 우리는 행복하게 살 수 있을 것이다.

토착어 vs. 외래어 (빠름 vs. 신속)

16a. 때가 되면 본때를 한번 보여줘야 하지.

16b. 시대가 요청하면 용맹성을 과시할 필요가 있다.

일반적 vs. 학문적 (배 vs. 복부)

17a. 높이 올라갈수록 공기는 희박해진다.

17b. 고도가 상승할수록 대기의 밀도는 낮아진다.

보편적 vs. 구체적 (가축 vs. 돼지)

18a. 일 잘하는 사람은 한 번에 제대로 하기 위해서 신중하게 계획한다.

18b. 장인은 한 번 자르기 위해 두 번 잰다.

위 기준들은 대개 서로 연관되어 작동한다. '복부/가격/네일'와 같이 외국어를 기반으로 한 격식있는 표현을 사용하면 '배/값/손톱'과 같은 일상적인 토착어를 사용했을 때보다 현학적인 느낌을 주며 감정을 억제하여 생생함을 떨어뜨린다. 일상에서 자주 쓰는 격식없는 표현들은 훨씬 생생한 감정을 불러일으킨다.

이러한 어휘의 선택은 글이 주는 인상뿐만 아니라 글쓴이의 인상에도 크게 영향을 미친다. 응급실에 들이닥친 환자를 각각 다르게 묘사한 세 가지 글을 보면 글쓴이가 어떤 사람인지, 또 글쓴이가 독자를 어떻게 대하는지 알 수 있다. 다음은 글쓴이와 독자의 관계이다.

14a. 맛이 간 사람이 급실에 오면

속어: 매우 친밀한 관계

14b. 이성적으로 판단하지 못하는 환자가 응급실에 실려왔을 때는

일상어: 일상적인 관계

14c. 지적 능력이 훼손된 환자가 외상치료전문센터에 입실할 경우

격식어: 격식을 차린 관계

우리가 해줄 수 있는 최선의 조언은 가능한 한 중간 수위의 문장을 선택하라는 것이다. 이렇게 글을 써 나가다 의도적으로 가끔씩 '격식 있는 표현'이나 '친밀한 표현'을 사용하면 그 효과가 크게 나타난다.

추상적인 표현 vs. 구체적인 표현

생생한 글쓰기의 가장 중요한 비결은 우리 마음속에 '이미지'를 불러일으키는 어휘나 표현을 선택하는 것이다. 지시대상을 쉽게 불러올수록 글의 생명력은 더 커진다. 다음 글을 비교해보라.

19a. 응급치료가 필요한 사람이 지나치게 이성을 잃은 상태여서 치료하기 위한 법적 동의를 구하기 힘들 때, 담당의사는 법적 동의절차를 생략하고 치료를 할 수 있는 권한이 있다.

19b. 16살 소년 알렉스 화이트가 비틀거리며 페어뷰병원 응급실에 들어섰다. 그는 피를 흘리며 몸에 악마가 꿈틀거린다는 말을 늘어놓았다. 자신의 배를 사냥칼로 그은 것이다. 외상전문의 아만다 리는 우선 피를 멎게 하려고 애썼다. 하지만 알렉스는 자신을 붙잡고 있던 간호사의 머리칼을 잡아 세차게 밀치면서 '바빌론의 창녀!'라고 소리질렀다. 더 이상 지혈작업을 할 수 없었다. 치료동의서에 사인을 받을 수도 없는 상황에서 아만다는 그에게 진정제 토라진을 주사할 것인지 그 자리에서 결정해야 했다. 오하이오 법과 병원규정에 따르면 약물을 주입하기 전에 환자의 동의를 받아야 하지만 알렉스는 전혀 이성적인 판

단을 할 수 있는 상태가 아니었다. 어떠한 의사라도 이러한 상황에서 비슷한 결정을 내렸겠지만 아만다는 환자의 동의를 받지 않고 진정제를 투여했다.

19b는 19a보다 훨씬 길지만 생생하고 감정을 더 자극한다. 어떤 글이 더 나은가? 물론, 글쓴이가 무엇을 의도하느냐에 따라 달라진다. 독자의 감정을 불러일으키고 싶다면 구체적이고 생생한 언어를 사용해야 할 것이고, 담담하고 객관적으로 서술하고 싶다면 훨씬 추상적이고 보편적인 언어를 선택해야 할 것이다.

특히 여기서 눈여겨봐야 할 것은 형용사나 부사가 아니라 명사와 동사를 활용하여 글을 생생하게 만든다는 것이다. 글을 많이 써보지 않은 사람들이 흔히 저지르는 실수는, 형용사/부사와 같은 수식어구를 더덕더덕 붙여 이러한 차이를 만들어내려고 한다는 것이다.

> **19c.** 16살 소년 알렉스 화이트가 휘청휘청 비틀거리며 조용한 페어뷰병원 응급실에 갑자기 들어섰다. 마약에 흠뻑 취한 그는 피를 흘리며 몸에 사악하고 끔찍한 악마가 꿈틀거린다는 말을 미친 사람처럼 늘어놓았다. 자신의 하얀 배를 날카로운 사냥칼로 사정없이 그은 것이다. 외상 전문의 아만다 리는 우선 쏟아지는 피를 빨리 멎게 하려고 애썼다. 하지만 알렉스는 겁을 먹은 채 자신을 붙잡고 있던 간호사 머리칼을 잡아 세차게 밀치면서…

이처럼 형용사/부사에 의존하기보다는, 구체적이고 생생한 명사와 동사를 선별하여 글을 간결하게 쓰는 것이 독자들에게 훨씬 강렬한 효과를 준다.

물론 구체적인 어휘를 사용한다고 해서 무조건 독자들이 생생한 감정을 떠올리는 것은 아니다. 독자들이 그 어휘에서 아무것도 떠올릴 수 없다면 아무런 효과가 없다. 예컨대 '드래그레이싱'이라는 단어에서 생생한 이미지를 떠올리는 사람도 있겠지만 '드래그레이싱'이 무엇인지 모르는 사람들은 아무런 이미지도 떠올리지 못할 것이다. 이럴 때는 구체적으로 상황을 묘사를 해줘야 한다.

> 20a. 일요일 새벽 3시 인적 없는 클레이본애비뉴, 고무타는 냄새가 진동한다. 터보엔진을 단 57년형 벨에이레와 돈 드바리스의 4기통 GTO가 바퀴살이 맞닿을 정도로 나란히 서서 굉음을 낸다.

우리는 대부분 생생한 글을 좋아한다. 더 빨리 읽을 수 있고 더 쉽게 이해할 수 있고 더 오래 기억할 수 있기 때문이다. 따라서 생생하게 글을 쓰면 어휘의 수를 따지는 경제적인 측면에서는 손실을 볼 수 있지만 독자들에게 주는 '충격'으로 이러한 손실을 충분히 만회할 수 있다. 물론 다음과 같이 보편적인 글쓰기와 구체적인 글쓰기를 적절히 배합하여 쓰는 것도 좋은 전략이다.

> 19d. 응급치료가 필요한 사람이 지나치게 이성을 잃은 상태여서 치료하기 위한 법적 동의를 구하기 힘들 때… 예컨대 1988년 5월 13일 밤, 16살 소년 알렉스 화이트가 비틀거리며 페어뷰병원 응급실에 들어섰다…

이미지연상어휘

하지만 더 구체적으로 쓴다고 해서 더 생생하게 이미지가 떠오르는 것은 아니다. 구체성에도 종류가 있기 때문이다. 실제로 모든 인간의 언어에는 구체적이면서도 특별히 이미지를 더 쉽게 떠올릴 수 있는 어휘들이 체계적으로 존재한다.

예컨대 '생물'이라는 단어를 들으면 어떤 이미지가 떠오르는가? 사람마다 떠오르는 이미지가 다양할 것이다. 그렇다면 이보다 구체적인 '식물'이라는 단어에서는 어떠한가? 아마 마찬가지일 것이다. 그러면 '소나무'하면 어떤 이미지가 떠오르는가? 여기서 사람들은 뚜렷한 이미지와 감정을 떠올린다. 그리고 사람들이 떠올리는 이미지는 놀랍도록 비슷하다.

이제 '조슈아나무'하면 어떤 이미지가 떠오르는가? 소나무보다 구체적인 단어지만 사막식물에 대해서 알지 못한다면 상상하기도 힘들고 뚜렷한 이미지도 떠올릴 수 없을 것이다. 이처럼 지나치게 구체적인 단어는 그 지시대상을 알지 못하는 사람은 이미지를 불러올 수 없다.

어떠한 언어든 보편성과 구체성의 정도에 따라 어휘를 체계적으로 조직할 수 있다. 하지만 뚜렷한 이미지를 불러오는 어휘와 그렇지 못한 어휘 사이에는 일종의 분기점이 존재한다. 아래 표에서 음영으로 표시된 부분이 바로 이러한 분기점이다.ⓚ

생물	사물	상품	식품	운송수단
동물	장비	생활용품	농산물	이동수단
가축	도구	가구	과일	차량
말	망치	테이블	사과	오토바이
팔로미노	해머	페더랄드롭리프	후지	할리데이비슨

'말' '망치' '테이블' '사과' '오토바이'는 심리학자들의 용어로 '범주화기본단위basic level of categorization'라고 한다. 이 단어들은 뚜렷한 이미지를 마음속에 불러일으킨다. '가축' '도구'와 같은 기본단위보다 위에 있는 단어들이 불러오는 이미지는 일관성이 없으며 모호하다. 기본단위보다 아래 있는 단어들은 우연히 우리가 아는 것일 때에만 좀더 구체적인 이미지를 불러일으킨다. '할리데이비슨'이 어떻게 생긴지 모르는 사람에게 '할리데이비슨'이란 말

은 막연한 일종의 오토바이로만 여겨질 뿐이다.

따라서 사람들은 대부분 범주화기본단위에 해당하는 단어를 사용한 글을 좋아한다. 그러한 단어들이 훨씬 쉽게 읽히고 빠르게 이해되고 오래 기억에 남기 때문이다. 하지만 글을 쓰는 사람은 독자보다 훨씬 뚜렷한 이미지를 떠올리며 글을 쓴다. 자신이 무슨 말을 하려는지 잘 알기 때문이다. (앞에서 이야기한 '드래그레이싱'을 떠올려보라.)

예컨대 '끔찍한 고통을 받지 않을 동물의 권리'를 주제로 글을 쓸 때 우리는 초롱초롱한 까만 눈동자에 떨어지는 독성화학약품 방울을 피하기 위해 몸서리치는 토끼들의 모습을 마음속에 떠올리며 글을 쓸 수 있다. 하지만 그러한 이미지를 떠올릴 수 있도록 구체적으로 묘사하지 않으면 독자들은 글을 읽으면서 전혀 다른 이미지를 떠올릴 수 있다.

우리는 또한 구체성의 정도에 따라 단계별로 묘사할 수 있다.

21a. 무기범죄가 최근 감소했다.

21b. 최근 저가총기를 이용한 범죄가 감소했다.

21c. 몇 년 전에 비해서, 값싼 권총으로 누군가에게 목숨을 잃을 확률이 낮아졌다.

21d. 1995년과 비교해서, 머리통에 2만 원짜리 싸구려 권총을 맞고 강도 당할 확률은 절반밖에 되지 않는다.

이미지가 명확하게 떠오를수록 우리는 더 본능적으로 반응한다. 독자들에게서 본능적인 반응을 끌어내고 싶다면, 생생하게 표현하라.

명확성과 이데올로기

몇몇 학자들은 명확하게 글을 써야 한다는 요구를 권력의 우민화전략에 불과하다고 주장한다. 모든 것을 간단하고 쉽게 말하고 쓰도록 하여 대중이 정치적 사회적 상황에 대한 복잡한 진실을 이해하지 못하도록 가로막기 위한 음모라는 것이다.

> 교과를 명확하고 쉬운 언어로 재미있게 쓰라는 요청은 도덕적, 정치적 비전이 반지성주의의 무게를 견디지 못하고 무너졌다는 것을 보여준다… 명확하게 쓰라는 요구는 비판적 교육자들에 대한 공격과 하등 다를 바 없다. 지배문화는 복잡하고 비판적인 사고의 기초적인 토대가 되는 공공문화가 성장할 수 없도록 체계적으로 훼손하고 방해하는 강력하고 효과적인 도구로 '명확하고 단순한 언어'를 활용해왔다.
>
> ● Stanley Aronowitz. *Postmodern Education: Politics, Culture, and Social Criticism* (1991).

이 글은 역설적으로 언어가 정치, 이데올로기, 통제와 불가분의 관계에 있다는 사실을 지적한다. 미국의 역사를 돌아보면 교육받은 엘리트계층은 글쓰기를 통해 문맹계층을 배제했고, 그 다음에는 라틴어와 프랑스어를 사용해 영어만 아는 사람들을 배제했다. 좀더 최근에는 라틴어를 흉내낸 명사화구문으로 가득 찬 문장과 소위 '표준영어Standard English'를 진입장벽으로 삼았다. 이처럼 부조리한 권위를 붙잡고 놓지 않으려는 타락한 학자, 관료와 같은 사람들은 끝없이 명확성의 가치를 폄훼하고 조롱한다.

그들의 주장대로 명확성은 이데올로기일까? 당연히 그렇다. 그렇지 않을 수 있겠는가? 하지만 명확성이 복잡한 사회문제를 과도하게 단순화하려는 음모일 뿐이라고 공격하는 것은, 악의적인 목적으로 사용될 수 있다는 이유로 과학기술을 거대한 음모라고 공격하는 것과 다르지 않다. 문제는 과학도 명확성도 아니다. 문제는 과학과 명확성을 이용해 우리를 속이려고 하는 사람들이다. 우리는 가능한 한 명확하게 진실을 전달하는 것이 공무를 수행하는 사람들의 의무라는 원칙을 주장할 뿐이다. 그들이 그러한 의무를 지키지 않는다면, 그 짐은 고스란히 그 글을 읽어야 하는 우리가 져야 한다.

명확하게 쓰기 위해서는 모호하게 쓸 때보다 더 많이 고뇌해야 한다. 그럼에도 명확성은 우리 사회, 우리 공동체가 끈질기게 추구해야 하는, 절대 포기할 수 없는 가치다.

구체적 진술과
보편적 진술

하지만 구체적으로 표현하고 싶지 않을 때도 있을 것이다. 특히 담담하면서도 객관적인 문체로 보편적인 주장을 펼쳐 나가고자 할 때 그러하다. 다음 글은 미국헌법 서문이다.

> 22a. 어떤 형태의 정부라도 이러한 목적을 위태롭게 할 때에는 그 정부를 개혁하거나 폐지하고 새로운 정부를 세우는 것이 인민의 권리이며, 그러한 원칙을 토대로 자신들의 안위와 행복을 가장 효과적으로 도모할 수 있는 형태로 권력을 조직하는 것은 인민의 권리다.

민주정부에 대한 이러한 원칙은 200년 전 미국이라는 나라에만 적용되는 것이 아니라 시대와 국가를 막론하고 큰 울림을 안겨준다. 하지만 독립선언서를 다음과 같이 작성했다면 이야기는 달라졌을 것이다.

> 22b. …우리에게는 농지나 노예 같은 자산을 획득하고 소유함으로써 행복을 추구할 권리가 있다. 하지만 조지왕 3세와 의회는 이러한 우리 요구를 묵살하고 있다. 이러한 정부에 반란을 일으켜 우리가 원하는 새로운 나라를 만드는 것은 우리 권리이다…

이 문장은 너무 구체적이어서 보편적인 진실을 담기에는 마땅치 않다. 하지만 독립선언서 뒷부분에서 식민지에 대한 조지왕의 실정을 낱낱이 묘사할 때는 더욱 생생한 표현을 써 읽는 이의 감정을 자극한다.

> 23a. 조지왕은 식민지 인민들 사이에 내란을 선동했고, 변경지역에서는 연령, 남녀, 신분의 여하를 막론하고 무차별적으로 살육하는 무자비한 전쟁광 인디언들을 자기편으로 끌어들여 식민지 인민을 공격하려고 했다.

이 글은 좀더 보편적으로 묘사했다면 그다지 효과가 없었을 것이다.

> 23b. 조지왕은 몇몇 원주민들을 부추겨 우리와 대항하도록 함으로써 문제를 일으켰다.

의도적으로 보편적인 어휘를 사용하는 또다른 경우가 있다. 독자들이 지시대상을 명확하고 날카롭게 인식하지 못하도록 막는 것이다. 이는 진실을 가리는 행위라고 할 수 있다. 다음 두 문장을 비교해보라.

> 24a. 향정신성물질을 추출하는 재료가 되는 남아메리카 북부 자생식물의 재배를 제로수준으로 낮추기 위해 국제기밀업무를 담당하는 우리 기관은, 사람들의 주의를 끌지 않는 방식으로 식물성장사이클에 영구적인 영향을 미치는 생물활성물질을 도입해야 한다. 이러한 활용과정에서 부수적으로 일반농업생산물과 주변지역에 거주하는 일부 사람들에게 일시적이지 않은 생물학적 악영향을 미칠 수 있지만, 이로 인해 얻을 수 있는 결과는 매우 중요성이 크기 때문에 이러한 행동은 충분히 정당하다.
>
> 24b. 콜롬비아와 에콰도르의 코카인농사를 뿌리 뽑기 위해서, 우리 CIA는

비밀리에 생화학무기를 퍼트려 코코아농작물을 말라 죽게 하는 작전
을 펼쳐야 한다. 이로 인해 사람이 먹는 다른 농작물도 죽을 수 있으
며 더 나아가 사람들에게도 직접 치명적인 피해를 입힐 수 있다. 하지
만 우리 목표가 우선이다.

한 단어로 표현할 수 있는 개념을 이처럼 두 개 이상의 단어로 표현하면 개
념의 경계가 무뎌진다.

낙태 vs. 임신 중지	abortion vs. termination of pregnancy
암 vs. 악성 종양	cancer vs. malignant growth
장애 vs. 제한된 보행	crippled vs. limited ambulatory capacity

언제나 그렇듯이, 좋은 글을 쓰기 위해서는 이리저리 맞춰보며 적당한 수준
을 찾는 수밖에 없다. 너무 보편적이지도 않고, 너무 구체적이지도 않은 적당
한 표현을 찾아라. '적당한 수준'이 막연하게 느껴지더라도 다음 두 가지 원
칙만 명심한다면 쉽게 찾을 수 있다.

> "사례, 근거, 설명은 구체적이고 뚜렷하고 생생한 언어로
> 진술해야 설득력이 높아지는 반면,
> 보편적인 원칙, 가치, 가정은 보편적인 언어로 진술해야
> 설득력이 높아진다."

우리는 글을 쓸 때 대부분 하나하나 따져가면서 글을 쓰지 않는다. 따라서
지나치게 구체적인 표현보다는 지나치게 막연한 표현으로 일관하는 경우가
많다. 하지만 어떠한 글을 쓰든 어휘와 표현의 효과를 꼼꼼히 따져보는 것

은 좋은 글을 쓰기 위한 매우 중요한 첫걸음이다. 자신이 사용하는 언어가 명쾌한지 무딘지 하나하나 되짚어 보는 것은 곧, 논증을 더 탄탄하게 구축하는 방법이자 독자들에게 미치는 영향을 좀더 세심하게 예측하는 방법이다.

전문용어의 역설

서평가들도 불투명한 학술용어에 대해 불평을 늘어놓는다. 《뉴욕타임즈》에 실린 한 서평은 자신의 독서경험을 시각적 공간으로 은유하여 묘사한다.

> UC버클리에서 인류학을 가르치는 레인보우교수는 프랑스의 한 연구소와 미국의 한 회사가 유전자연구에 협력하기로 맺은 합의가 깨진 과정을 설명한다… 이야기의 내용은 상당히 흥미롭지만 너무나 산만하여 꿰뚫을 것 같으면서도 꿰뚫지 못한다… 그의 글은 한껏 현학적인 말들로 과장되어 있다. 적어도 미국인류학회 회원들이 쓰는 말과 그들의 사고방식에 익숙지 않은 사람들에게는 그렇게 보일 것이다… 이야기는 거들먹거리는 고상한 어휘들의 안개 속에서 사라질 듯하다가도 가끔씩 미천한 중생이 겨우 알아들을 수 있는 말을 살짝 던진다… 밖에 있는 사람들은 들여다볼 수 없는 폐쇄적인 전문가들의 세계에서 벌어진 가장 뜨거운 최신 소식을 접하기 위해 이런 글이라도 꾸역꾸역 읽어야 하는 상황이 안타까울 뿐이다.

서평가가 글을 읽기 위해 이토록 고생을 한 것은 저자가 쓴 글이 형편없기 때문이다. 이제 여러분도 독자로서 자신이 읽는 글에 대하여 이러한 판단을 주저없이 할 줄 알아야 한다.

● Richard Bernstein. *New York Times*. October 13, 1999.

좋은 글이란 무엇인가?

자신이 쓴 글을 독자들이 읽는 것처럼 읽기는 어렵다. 글을 쓸 때는 자신이 무엇을 쓰고자 하는지 너무나 잘 알기 때문에 어떻게 쓰더라도 명확하게 보이기 때문이다. 이러한 장벽을 넘어서기 위해서는 자신의 글을 객관적으로 진단하는 방법을 알아야 한다. 다음은 명확한 글을 쓰기 위한 6원칙으로, 모든 문장에 완벽하게 적용할 수는 없겠지만 최대한 반영하기 위해 노력해야 한다.

1. 주요행위자의 이름을 주어자리에 놓아라.
2. 주요행위자의 동작을 동사로 서술어자리에 놓아라.
3. 밀접한 관계가 있는 문장요소는 최대한 가까이 놓아라.
   3.1. 주어와 서술어를 최대한 가까이 놓아라.
   3.2. 목적어와 서술어를 최대한 가까이 놓아라.
   3.3. 수식어를 피수식어와 가까이 놓아라.
4. 독자에게 친숙한 정보로 문장을 시작하라.
5. 낯설고 복잡한 정보는 문장의 뒷부분에 놓아라.
6. 전체 글의 주어들을 일관되게 유지하라.

문장을 명확하게 써야 할 뿐만 아니라, 생생한 어휘와 표현으로 살아있는 글을 써야 한다. 그렇게 쓰기 위해서는 다음 세 가지 원칙을 반영하기 위해 노력하라.

1. '매우' '기본적으로' '진짜로'와 같은 부사는 될 수 있으면 쓰지 마라. 자신의 생각을 구체적으로 전달하는데 별다른 도움을 주지 못한다.

2. 의미를 한 단어로 표현할 수 있다면 여러 단어로 쪼개지 마라.

　주의를 기울이지 않는 → 소홀히 하는

3. 다른 단어에 들어있는 의미를 다시 진술하지 마라.

　이것의 색깔은 빨간색이다. → 이것은 빨간색이다.

　미래의 사건은 우리를 예상치 못할 정도로 놀라게 할 것이다.

　→ 미래는 우리를 놀라게 할 것이다.

일반적이고 직접적인 어휘를 선택하면 더 생생하게 글을 쓸 수 있다. 따라서 '안면' 보다는 '얼굴'을 쓰는 것이 좋다. 학문적인 글처럼 격식 있는 어휘만 사용하는 글도 있는 반면, 속어를 주로 쓰는 글도 있다. 하지만 신문칼럼과 같은 일반적인 글에서는 격식 있는 말이나 속어가 아닌 일상적인 문체를 사용한다. 글을 잘 쓰는 사람들은 독자들이 좀더 글을 쉽게 읽어나갈 수 있도록 가끔 격식 있는 표현이나 속어를 넣기도 한다.

　생생한 문체를 만드는 또다른 방법은 독자의 마음에 이미지가 떠오르게 하는 어휘를 선택하는 것이다. 어떠한 어휘든 보편성/구체성의 정도에 따라 일렬로 펼쳐 놓을 수 있는데, 이중에서 특히 우리 마음속에 구체적인 이미지를 떠올리게 하는 어휘수준이 있다. 예컨대, '물건-무기-총-권총-글록19'에서 우리는 '권총'이라고 하는 단어에서 가장 뚜렷한 이미지를 떠올린다. '총'이라고 하는 단어에서 떠올리는 이미지는 다소 모호하다.

　때로는 감정을 자극하지 않을 만큼 보편적이고 추상적인 어휘를 써야 하는 주장도 있다. 보편적인 철학원칙을 주장할 때, 또는 구체적인 상황을 포괄하는 전제나 가정을 진술할 때 그러하다.

13

The Craft of Argument

말 속에 담긴 감정과 사고방식

언어와 이데올로기

The Overt and Covert Power of Language

우리가 무심코 쓰는 많은 어휘들이 가치를 드러내고 감정을 일깨워 우리 생각에 영향을 미친다. 이러한 효과를 활용하여 명백하게 또는 미묘하게 진실을 가릴 수도 있다. 또한 무엇을 주어로 선택하느냐에 따라 사건의 책임을 인식하는 독자들의 판단에 영향을 미칠 수 있다. 비유 역시 글에 생기를 불어넣기도 하지만 독자뿐만 아니라 글을 쓰는 자신의 인식까지 잘못된 길로 이끌 수 있다.

말하지 않으면서
말하는 기술

정확하고, 간결하고, 생생한 글일수록 독자들은 더 빠르게 읽고 쉽게 이해하고 정확하게 기억한다. 하지만 언어의 힘은 단순히 이해하고 기억할 수 있도록 도와주는 데에서 멈추지 않는다. 가치와 감정을 불러일으키는 어휘를 사용함으로써 독자들이 떠올리는 추론에 영향을 미칠 수 있을 뿐만 아니라 추론의 형태까지 바꿀 수 있다.

가치판단어휘 Value-Laden Words

가치가 실린 단어를 사용함으로써 논증을 읽는 독자의 반응을 일정한 방향으로 유도할 수 있다. 예컨대 소득세 인하정책을 반대하는 주장을 할 때는 다음과 같이 쓸 수 있다.

> **1a.** 소득세인하정책은 우리 국부를 대부분 깔고 앉아 호화생활을 하는 저 특권층의 지갑만 두둑하게 불려 줄 것이다.

하지만 소득세인하정책을 찬성하는 주장을 할 때는 다음과 같이 쓸 수 있다.

> **1b.** 소득세인하정책은 하루하루 힘들게 일해서 번 우리 월급에서 국세청이

빨아먹는 돈을 원래 주인인 우리 근로자에게 되돌려줄 것이다.

이 두 글이 묘사하는 상황은 분명히 같다. 하지만 이들은 다른 가치를 일깨운다. 다음 단어들이 자아내는 미묘한 차이를 눈여겨보라.

국부를 대부분 깔고 앉아 호화생활 / 특권층 / 지갑 두둑하게	vs.	힘들게 일해서 번 국세청이 빨아먹는 근로자들
우리 국부 / 저 특권층 (지시사의 사용)	vs.	우리 월급 / 우리 근로자

이러한 가치판단언어는 정치적인 상황에서나 광고에서 자주 볼 수 있다. 광고는 모두 은밀한 논증이다. 이들의 숨은 주장은 언제나 '우리 제품/서비스를 사세요'다. 하지만 광고는 대개 이성보다는 감정에 호소하여 이러한 주장에 대한 동의를 구한다. 예컨대 젊은이들을 위한 패션잡지에 실린 여성용 운동화광고를 보자.

물론, 운동을 처음 시작할 때는 정말 재미있어. 하지만 한 달 정도 지나면 오래 사귄 남자친구의 점점 촌스러워지는 패션처럼 조금씩 싫증나기 시작하지. 다행히, 새로운 나이키에어는 포기했던 운동과 또 다시 사랑에 빠질 수 있도록 도와줄 거야. 옛 애인을 위해 우리가 해줄 수 있는 것보다 더.

이 광고는 '오래 사귄 남자친구의 점점 촌스러워지는 패션처럼 조금씩 싫증나기 시작할 것이다'라는 표현을 통해 독자들이 운동의 지루함을 상상하도록 유도한다. 하지만 이 문구는 '남자친구의 점점 촌스러워지는 패션'과 같은 말에서 볼 수 있듯이, 패션에 민감한 몇몇 여성들만이 공유하는 가치에 의존하여 이러한 감정을 전달한다. 만약에 보디빌딩잡지에 이런 광고가 실렸다면 독자들은 어떻게 반응할까?

학술적인 글에 나타나는 가치

학술적인 글에서는 '소득세인하는 우리 국부를 대부분 깔고 앉아 호화생활을 하는 저 특권층의 지갑만 두둑하게 불려 줄 것'과 같이 가치가 실린 표현은 좀처럼 보기 힘들다. 정치학논문에서 이러한 표현이 나온다면 신뢰성은 크게 떨어질 것이다. 학술적인 글에서 독자들은 글쓴이가 냉정하고 객관적으로 거리를 둔 에토스를 발산하기를 기대한다. 그렇다고 해서 가치에 대한 신호를 모조리 없애라는 뜻은 아니다. (가치를 완전히 배제하는 것은 불가능한 일이다.) 예컨대, 정치학논문에서는 다음과 같이 쓸 수 있다.

소득세인하는 국가자원을 대부분 차지하고 있는 계층의 개인재산을 증대시켜준다.

물론 이 말에는 가치가 반영되어 있다. 다만, 감정을 그대로 드러내는 것처럼 보이지 않을 뿐이다.

가치가 실리지 않은 표현은 가능할까?

가치판단언어는 논증을 한쪽으로 '기울어지도록' 유도하기 때문에, 이러한 언어를 사용하는 것은 대개 공정하고 합리적인 논증의 정신을 배반하는 것으로 여겨진다. 논증은 물론, 따뜻한 감정이 아니라 차가운 논리에 호소해야 한다. 이러한 원칙에 따라, 감정을 비운 어휘들을 사용하여 소득세인하논쟁을 표현해보자.

1c. 소득세인하는 최상위 소득계층의 재정적 여유를 증대시켜줄 것이다.
1d. 소득세인하는 모든 사람의 순소득을 올려줄 것이다.

이 두 문장은 감정적인 언어를 모두 **빼낸** 것처럼 보인다. 하지만 이 표현들 또한 여전히 '냉정한 객관성'이라는 가치를 투사하고 있다. 더욱이 가치를 드러내는 어휘를 회피하면, 자신뿐만 아니라 독자를 속이는 결과로 이어질 위험이 있다. 글을 쓰는 사람이 어떤 입장에 서있는지, 또 얼마나 강렬하게 지지하는지 독자들은 알 권리가 있다. 총기규제를 지지하는 사람들이 조작된 통계자료를 제시했다면서, 누가 봐도 객관적인 척 주장을 하던 사람이 나중에 알고 보니 미국총기협회 대변인이었다면 여러분은 어떤 느낌이 들겠는가?

따라서 논증을 할 때는 문제의 틀을 짤 때부터 어떤 가치를 표현 속에 담을 것인지 선택해야 한다. 같은 문제를 놓고 분쟁하는 양측이 자신들의 가치를 반영하며 서로 다른 방식으로 문제를 진술하는 모습을 쉽게 볼 수 있다. 다음은 대법원에서 안락사허용문제를 놓고 싸우는 찬반양측이 '안락사'를 진술하는 방식이다.

의사의 도움을 받아 자살할 권리	vs.	의사가 환자를 죽이지 못하도록 막을 국가의 의무
품위 있게 삶을 마칠 권리	vs.	스스로 움직이지 못하는 사람을 보호할 국가의 의무
개인의 신체적 선택의 존엄성	vs.	생명의 존엄성

대법원이 어느 방식으로 문제를 규정하느냐에 따라 한쪽은 유리한 위치에 올라서고 다른 한쪽은 불리한 위치에 서게 된다. 물론 이러한 선택 속에서 대법원은 상당한 부담을 질 수밖에 없다. '국가의 의무'를 선택한다면 '인간으로서 갖춰야 할 품위'를 저버리는 것이냐, '선택의 존엄성'을 선택한다면 '생명의 존엄성'은 무시하는 것이냐 하는 비난을 받을 수밖에 없기 때문이다. 서로 고상하고 자명한 가치를 내세우는 상황에서 어느 한쪽을 뿌리치기는 쉽지 않다. 어쨌든 자신의 용어로 문제의 틀을 짜고 이를 관철시키는 데 성공

하면, 거의 싸움에서 이긴 것이나 마찬가지이다.

　서로 반대되는 가치를 추구하는 사람들이 프레임전쟁을 벌일 때, 같은 지시대상에 초점을 맞추는 경우가 많다. 이 경우 선택할 수 있는 단어는 그 지시대상의 본질을 벗어날 수 없다. 예컨대 똑같은 행위를 놓고 한쪽에서는 '상당한 세금감면'이라고 말하는 것은, 한쪽에서는 '세율의 미세한 조정'이라고 말할 수 없다. 똑같은 사람을 놓고 한쪽에서는 '호화생활을 하는 부자'라고 말하는 것을, 한쪽에서는 '지독한 거렁뱅이'라고 말할 수 없다. 이렇게 극단으로 갈리는 용어선택은—단순한 실수가 아니라면—어느 한쪽이 (또는 양쪽 모두) 지나치게 과장을 하거나 거짓말을 한다고 독자들은 판단할 것이다.

　그럼에도 어느 정도 범위 안에서는 자신의 주장을 반영하여 어휘를 선택할 수 있다. 앞에서 본 '안락사'를 놓고 싸우는 여섯 가지 표현을 보라. 세상에 존재하는 '똑같은' 행위를 보고 이처럼 다양하게 프레임을 짤 수 있다. 안락사를 '개인의 신체적 선택의 존엄성' 문제로 볼 것이냐 '생명의 존엄성' 문제로 볼 것이냐 하는 것은 각자 추구하는 가치에 맞게 프레임을 짜고 그 속에 안락사를 넣은 것이다. 더 나아가 똑같은 지시대상에 아예 상반된 이름을 붙이기 위해 싸우는 경우도 있다.

로리는 무모한 몽상가다!	**vs.**	대담한 비전을 보는 사람이다!
존스는 국수주의 반동분자다!	**vs.**	애국적 보수주의자다!

존스가 국기를 태우는 행동을 했다면 그를 '급진좌익세력'이라고 부르는 사람은 있어도, '국수주의 반동분자'라고 부르는 사람은 없을 것이다. 좌익과 국수주의는 전혀 다르기 때문이다. 반대로 존스가 미국인이라는 사실을 자랑스럽게 여기며, 국기를 흔들고, 총기규제를 반대하고, 국기를 태우는 것을 금지하는 헌법수정안에 찬성한다면? 우리는 그를—물론 논란의 여지가 있겠

만—'국수주의자' 또는 '애국자'라고 부를 수 있을 것이다.

'의미를 따지는 논증 속에 숨어있는 문제 333쪽'에서 설명했듯이, 일상적인 의미기준이나 지시대상의 특성에 의존해서는 어떤 사람이나 사물을 '무엇'이라고 정의할 수 없다. 사실, '존스는 국수주의자인가 애국자인가?'라는 질문은 처음부터 잘못된 것이다.

사실, 그를 '누구'라고 부르는 것은 '객관적인' 그의 존재와는 별로 상관이 없는 문제다. 진짜 문제는, 그가 '누구'라고 내가 정의한 것을 다른 사람들이 받아들이도록 만드는 것이다. 사람들이 존스가 한 행동에 대해 좋은 판단을 하길 바란다면 그를 '보수적 애국자'라고 부를 것이고, 나쁜 판단을 하길 바란다면 '국수적 반동분자'라고 부를 것이다. 진짜 문제는 그를 정의함으로써 나의 가치판단을 설득하고 전파하는 것이다.

따라서 어떤 사람이나 사건에 어떤 이름을 붙일 것인지 논쟁을 해야 할 때는, 먼저 내가 해결하고자 하는 문제가 무엇인지 정확히 파악한 다음 자신의 해법을 뒷받침하는 용어를 선택해야 한다. '무엇을 어떻게 부를 것이냐'하는 논쟁은 대부분 더 큰 논쟁을 감추고 있는 대리논증이기 때문이다.

이슈작명소

정부가 사립학교에도 재정을 지원해야 하는가 하는 문제를 놓고 여전히 논란이 계속되고 있다. 사립학교에도 지원해야 한다고 주장하는 이들은 이 문제를 '학교선택권school choice' 문제라고 말하는 반면, 공립학교에만 지원해야 한다고 주장하는 이들은 '사립학교에 대한 정부지원state funding of private schools' 문제라고 말한다. 이 문제에 대한 다양한 입장을 반영하여 새로운 작명을 해보라. 최대한 많은 이해관계자들을 떠올려보라. 동성결혼, 이민, 소수자우대정책, 학교출입구에 금속탐지기 설치 문제, 교복자율화, 안전벨트 착용 의무화 등 다른 주제에 대해서도 이름을 붙여보라.

이성적 사고를 마비시키는
감정적 언어

논증 자체가 타당하다면, 독자의 감정을 이끌어내기 위해 가치판단어 휘를 사용하는 것은 크게 문제가 되지 않는다. 오히려 몇몇 경우에는 독자의 감정을 자극하지 않는 것이 잘못된 판단일 수 있다. 안락사를 둘러싼 논쟁을 할 때, 이해당사자들은 자신들의 주장을 관철시키기 위해 가치판단 어휘를 사용함으로써 감정에 호소할 것이다. 물론 건전한 비판적 사고를 질식시킬 정도로 과도해선 안 될 것이다.

감정적인 언어의 문제는 비판적 사고를 마비시킨다는 것이다. 논쟁에 참여하는 사람이 반드시 지켜야 할 의무 중 하나는, 상대방이 비판적 사고를 포기하게 만들 정도로 감정을 자극해서는 안 된다는 것이다. 이렇게 선을 넘는 언어사용 사례를 몇 가지 살펴보자.

흑백논리 언어 Polarizing Language
자신의 관점에 대해서 '진실한' '정상적인' '합리적인'이라고 말하는 것은 곧 상대방의 관점을 '겉과 속이 다른' '제정신이 아닌' '비이성적인'이라고 암시하는 것이다. 이러한 언어사용은 결국 상대방을 악당으로 몰아붙이는 것이다. '친기업'에 동의하지 않으면 무조건 '반기업'이고, '반중'이 아니면 무조건 '친중'이라고 몰아붙이는 사람들도 똑같은 효과를 노리는 것이다. 이러한 '2분법적 논리disjunctive syllogisms'는 토론을 비이성적이고 비생산적인 진흙탕 싸움으로 몰아간다.

우리는 누구나 우파 아니면 좌파다.

당신은 우파가 아닌가?

그렇다면 당신은 좌파다.

마약문제에 대한 해법은 처벌과 치료, 두 가지밖에 없다.

당신은 더 많은 치료프로그램을 실시하는 것이 해결책이라고 주장한다.

그렇다면 당신은 강력한 마약단속법에 반대한다는 뜻이다.

이 두 가지 추론은 형식상으로는 타당하지만 내용상으로는 거짓이다. 여기서 제시한 두 가지 옵션은 사실, 서로 배제하는 것이 아닐 수 있음에도, 둘 중에 하나만 선택해야 하는 것처럼 이야기하기 때문이다.

- 두 가지 옵션을 모두 선택할 수 있다. 강력한 마약단속법과 새로운 치료프로그램을 모두 실행해야 한다.
- 두 가지 옵션을 조금씩 선택할 수 있다. 마약단속법도 좀더 강화하고 마약치료프로그램도 보완해야 한다.
- 두 가지 옵션이 아닌 제 3의 옵션을 선택할 수 있다. 처벌도, 치료도 아닌, 더 많은 교육이 가장 효과적인 해결책이다.
- 두 가지 옵션과 제 3의 옵션을 함께 선택할 수 있다. 교육이 제대로 이뤄지는 경우, 처벌과 치료는 적절한 해결책이 될 수 있다.

현실은 이처럼 훨씬 복잡하다. 물론 현실을 더 복잡하게 과장해서는 안 되겠지만, 아인슈타인이 지적했듯이 문제를 현실보다 단순화해서도 안 된다.

정도의 차이에 대한 올바른 판단

유명한 진화생물학자가 인간과 유인원을 확실하게 구별 짓는 특성을 찾고자 하는 인간의
욕망에 대해 이야기한다.

> 좋음과 나쁨, 높음과 낮음으로 표현되는 가치 속성을 담은 인간의 가장 오래된, 그리고
> 가장 나쁜 심리적 습성인 2분법적 사고를 동원하여 우리는, 진화의 연속성에 관한 체계
> 적인 사실을 받아들여야 하는 지적인 의무와 우리 인간을 동물들과는 다른 우월한 존재
> 로 보아야 한다는 끊임없는 심리적 욕구를 통합하기 위해 노력해왔다. 이 문제를 해결하
> 기 위해 우리는 인간의 심리와 행동과, 유인원의 심리와 행동 사이에 넘을 수 없는 '황금
> 장벽'을 세우려고 애쓴다. 인간이 유인원에서 진화했다는 사실을 인정하더라도, 진화하
> 는 어떤 과정에서 인간이 다른 종은 절대 건너지 못한 루비콘강을 건넜다는 증거를 보
> 고 싶은 것이다…
>
> '유인원 대 인간'이라는 기본적인 공식과 그로 인한 '황금장벽'을 찾는 연구는, 우리 인
> 간의 사고방식에 깊이 뿌리내린 오류를 보여준다. 인간이 다른 동물과 '약간' 다를 뿐이라
> 는 다윈의 정확한 결론을 우리는 겁낼 필요가 없다. 양의 차이가 어느 정도 이상 벌어지면
> 사실상 그것은 질의 차이라고 해도 틀리지 않기 때문이다. 얼어붙은 연못과 따뜻한 수영장
> 은 전혀 같지 않다. 뉴욕이 침팬지들이 모여 사는 나이지리아 곰베 숲을 단순히 확장한 것
> 이라고 할 수 없듯이 말이다.

> ● Stephen Jay Gould. "The Human Difference," *New York Times*. July 2, 1999.

감정을 자극하는 언어 Cynical Language

가치판단어휘를 지나치게 남발함으로써 건전한 사고를 훼손하는 것은, 독자
를 위해 지켜야 하는 윤리적 의무를 배신하는 것이다. 실제로, 청중이나 독
자의 감정을 자극할 목적으로 빈정대고 냉소하는 어휘를 마구 내뱉는 행동
은 사회적으로 엄청난 해악을 끼친다. 그런 태도가 공론장에 스며들지 못하

도록 끊임없이 감시하고 경계해야 한다. 하지만 안타깝게도 미국의 많은 정치컨설턴트들은 의뢰인들에게 표를 얻기 위해서 다음과 같은 어휘를 사용하라고 설파하고 다니며 정치혐오증을 부추기고 있다.

- 상대후보에 대한 대중의 적대감을 부추기기 위해서, 상대후보를 '좌파' '거짓말쟁이'라고 지칭하라. 또한 상대방을 언급할 때는 '극단적인' '급진적인' '무능한' '부패한' '위선적인'이라는 수식어를 반드시 붙이고, 자신을 언급할 때는 '비전있는' '공정한' '도덕적인' '진실한' '용기있는' '원칙에 충실한'과 같은 말을 붙여라.
- 자신에 대해서는 '조국에 대한 자부심' '가족' '상식' '의무'라는 단어를 쓰며 이야기하고, 상대후보에 대해서는 '탐욕' '배신' '독단'이라는 단어를 쓰며 비난함으로써 스스로 중립적이고 공정하다고 생각하는 유권자들의 체면의식을 자극하라.

이러한 어휘선택이 미치는 효과는 단순히 의미나 어조의 차원에서 끝나지 않는다. '용기'와 '배신'의 차이는 정치적인 선전이나 '수사학적 표현'을 넘어서, 민주적인 담화의 기초를 흔들어 결국 우리 시민사회의 토대를 훼손한다. 이성적으로 생각해야 할 내용을 감정적인 호소로 대체할 뿐만 아니라, 무엇보다도 정치적인 담화 전체에 대한 대중의 불신을 심어주기 때문이다. 나쁜 돈이 좋은 돈을 몰아내듯이, 자신의 이익만 달성하면 그만이라는 냉소적인 언어가 판치기 시작하면 머지않아 사려깊은 논증은 설 자리를 잃고 만다.

부정직한 언어를 쓰지 말아야 하는 것은, 윤리적인 의무이기도 하지만 실질적으로도 중요한 이유가 있다. 강렬하고 자극적인 언어를 쓸수록 설득력이 높아진다고 생각하는 사람도 있겠지만, 이러한 언어가 나올 때마다 사려깊은 독자들은 귀를 닫고 달아나 버린다. 어쨌든 대중은 그런 사람이 하는 말을 전혀 신뢰하지 않는다. 에토스가 영원히 훼손되는 것이다.

물론 가치판단어휘를 너무 배제할 경우, '내 편 vs 네 편'을 나누는 사람들로부터 회색분자로 몰릴 수 있다. 더 나아가 중립적인 뉘앙스를 풍기는 것이 오히려 적합하지 않은 경우도 있다. 예컨대, '밝혀진 사실만으로 볼 때 히틀러를 둘도 없는 극악무도한 악당이라고 단정지을 수는 없다'고 말한다면, 모두들 이상한 눈으로 쳐다볼 것이다. 하지만 이러한 예외적인 경우를 제외하면, 가치판단언어에 지나치게 의존하는 것은 바람직하지 않다.

뉘앙스가 담긴 언어는, 독자뿐만 아니라 자기 자신에게도 편향된 사고를 하도록 부추긴다는 사실을 명심하라. 강렬한 언어를 쓰면 속은 시원하겠지만, 어느 순간 사람들이 자신을 멀리한다는 사실을 깨닫게 될 것이다.

감정적 언어와 에토스

다음 글은 좋은 내용을 담았음에도 저자의 극단적인 언어사용으로 인해 신뢰성을 잃은 책에 대해 이야기한다.

> [제2차 세계대전에서 독일군의 포로수용소를 파괴한] 연합군의 능력에 대한 저자의 주장은 대체로 설득력이 있다. 하지만 저자의 논조에는, 자신이 그토록 비난하는 '신화'를 유포한 사람들과 똑같은 독선과 원한이 맺혀있다… 악담과도 같은 이러한 논조는 믿을 만한 근거의 무게조차 훼손하고 극단적인 편향성으로 독자를 불편하게 한다. 실제로 학자들 중에는 '맥로린그룹'의 열띤 논쟁에 참여한 것처럼, 또는 타블로이드신문의 폭로전에 뛰어든 것처럼 언성을 높이고 쉽게 흥분하는 이들이 많다. 물론 이것도 저것도 아닌 듯 두루뭉술한 학술적인 글 역시 문제는 있겠지만, 과격한 논조는 그들의 연구성과의 가치마저 훼손하는 결과로 이어질 수 있다.

> ● Ann Finkbeiner. *New York Times Book Review.* October 12, 1999.

주어를 바꿈으로써
관점 조작하기

12장에서 설명했듯이, 독자들이 문장에서 인지하는 것은 어휘 그 자체가 아니라 이야기—이미지, 장면, 심리적 시나리오—다. 그래서 문장의 핵심요소인 주어-동사가 이야기의 핵심요소인 주요행위자-행위와 맞아떨어질 때, 가장 잘 읽히는 명확한 글이 된다. 여기서 우리는 한 걸음 더 나아가, 누구/무엇을 이야기의 주요행위자로 삼을 것인지 고민해봐야 한다. 그 선택에 따라 독자들이 이해하고 판단하는 방식에 영향을 미칠 수 있기 때문이다.

누구를 행위자로 삼을 것인가

어떤 문장을 쓰든 누구를 또는 무엇을 주어로 삼을 것인지, 이로써 누구를 주요행위자를 세울 것인지 결정해야 한다. 하지만 여러 행위자 중에서 어느 한 행위자를 문장의 주어로 선택하는 것은 곧, 그 문장이 묘사하는 내용을 자신이 원하는 관점에서 바라보도록 독자들에게 강요하는 것과 같다. 예컨대, 다음 문장들을 보자. 같은 사건을 묘사하는 다른 문장이다.

    2a. 스미스는 존스에게서 장물을 취득했다.
    2b. 존스는 스미스에게 장물을 제공했다.
    3a. 민주주의를 튼튼히 하기 위해서는 자유로운 언론이 필요하다는 것을

우리는 역사를 통해 배웠다.

3b. 자유로운 언론에서 튼튼한 민주주의가 성장한다고 역사는 우리에게
말한다.

윗문장이 진실이라면 아랫문장도 역시 진실일 것이다. 하지만 이들 문장이
주는 느낌은 다르다. 다른 행위자를 주어로 내세움으로써 '누구에게 책임이
있는가'하는 질문에 대한 다른 관점을 독자들에게 심어주기 때문이다.

주체와 사물의 본질

우리는 본능적으로 주어자리에 나오는 대상을 그 사건의 '주요행위자'로 인
식한다.

4a. <u>개가</u> 고양이를 한동안 뒤쫓더니 결국 잡았다.

이 문장이 보여주는 세상에서는 개가 고양이에게 '어떤 일'을 했다. 따라서
'뒤쫓다'와 '잡다'라는 행위의 주체로 개를 내세우는 것이 자연스러워 보인다.
하지만 세상에서 펼쳐지는 일에 주체와 객체는 정해져있는 것일까? 주체와
객체를 결정하는 것은 세상이 아니라 바로 '우리'다. 따라서 우리는 고양이를
중심에 놓기로 '선택'할 수 있다.

4b. <u>고양이가</u> 개에게서 도망치다가 결국 잡혔다.

고양이를 문장의 주어로 놓음으로써 관심의 대상이 되는 행위자를 바꿨다.
물론 이러한 차이가 사소해 보일 수도 있다. 하지만 그렇지 않다. 또다른 예
를 보자.

5a. 기자들은 시장을 끝까지 캐물어 결국 원하는 정보를 얻어냈다. 시장의 친구가 운영하는 기업은 시와 계약을 따낸 대가로 선거자금으로 1억 원이 넘는 돈을 제공했다.

5b. 시장은 기자들의 끈질긴 질문에 못 이겨 결국 숨기려 하던 사실을 인정하고 말았다. 시장은 친구가 운영하는 기업으로부터 1억 원이 넘는 선거자금을 받고 시와 계약을 따낼 수 있게 해주었다.

윗문장은 기자들과 기업에 초점이 맞춰져 있는 반면, 아랫문장은 시장에 초점이 맞춰져 있다. '무엇이 더 진실 같아 보이는가?' 하지만 이렇게 질문하는 것은 잘못이다. 하나가 진실이라면 다른 것도 원칙적으로 진실이기 때문이다. 따라서 제대로 질문을 하려면 어떤 진술이 논증의 목적에 부합하는지 물어야 한다.

"글쓴이는 어떤 행위자에게 책임의 초점을 맞추려고 하는가? 시장인가 언론인가?"

우리는 주어자리에 등장하는 행위자를 가장 잘 기억하는 경향이 있다. 또 그러한 행위자가 이야기 속에서 벌어지는 사건에서 결정적인 역할을 한다고 생각한다. 그래서 글 솜씨 좋은 사람들은 문장의 주어를 조작함으로써 독자들의 관점을 통제한다. 독자들은 이러한 조작과 통제가 작동한다는 사실을 잘 깨닫지 못한다. 글을 읽어 나가는 동안 우리는 자신도 모르게 글쓴이의 의도에 따라 세상을 바라보는 관점을 형성한다. 그러한 관점을 갖게 된 이유도 깨닫지 못하기에, 자기 스스로 이성적으로 판단한 것이라고 생각할 뿐이다.

서술어를 선택함으로써 주어를 바꾼다

주어를 바꾸려면 서술어도 바꾸어야 한다. 주어를 바꾸는 가장 쉬운 방법은 서술어를 능동형으로 쓸 것인지 피동형으로 쓸 것인지 선택하는 것이다.

6a. <u>친구가</u> 나에게 도움을 주었다.

6b. <u>나는</u> 친구에게 도움을 받았다.

7a. <u>우리는</u> 30초 간격으로 유속을 기록했다.

7b. <u>유속은</u> 30초 간격으로 기록되었다.

학술적인 글에서는 피동형 서술방식을 선호한다. 예컨대 두 번째 문장 같은 경우, 유속을 어떻게 기록했는지가 중요하지 누가 기록했는지는 중요하지 않기 때문이다. 이보다 더 미묘한 기술은 같은 사건을 다른 관점에서 묘사하는 서술어로 바꾸는 것이다.

8a. <u>친구가</u> 나에게 스페인어를 가르쳐주었다.

8b. <u>나는</u> 친구에게 스페인어를 배웠다.

9a. <u>조지는</u> 프레드에게서 총을 샀다.

9b. <u>프레드는</u> 조지에게 총을 팔았다.

다른 대안을 찾아야 하는 경우도 있다.

10a. <u>뉴욕양키즈는</u> 메츠에게 팬을 빼앗겼다.

10b. <u>뉴욕메츠는</u> 양키즈의 팬을 끌어왔다.

10c. <u>야구팬들은</u> 양키즈에서 메츠로 이동했다.

세 문장 모두 같은 사건을 묘사하지만 제각각 사건의 원인, 또는 책임을 다른 행위자에게 부과한다. 따라서 어떤 행동이 어떤 행위자의 책임이라는 사실을 강조하는 논증에서는, 그 행위자를 가능한 한 주어자리에 놓아야 한다. 반대로 어떤 행위자의 역할을 축소하고자 할 때는 그 행위자를 주어가 아닌 다른 자리로 옮겨라.

도구를 주요행위자로 만들기

사람의 행위를 사물의 책임으로 옮기는 또다른 방법으로 '은유'가 있다.

> 돈으로 사랑을 살 수 없다. → 돈은 사랑을 가져다주지 않는다.
> 사랑으로 어떤 문제든 해결할 수 있다. → 사랑은 어떤 문제든 해결한다.
> 사람을 죽이는 것은 총이 아니라 사람이다.

영어에서는 이러한 방식의 은유가 매우 자연스럽게 작동한다.

> A does B to C by means of D → D does B to C
> 칼에 손가락을 베었다. → 칼이 내 손가락을 베었다.
> 돈으로 사랑을 살 수 없다. → 돈은 사랑을 사지 못한다.
> 사랑으로 모든 것을 정복할 수 있다. → 사랑은 모든 것을 정복한다.
> 총으로 사람을 죽인다. → 총이 사람을 죽인다.

이러한 문체적인 변형은 너무 흔해서 무의미하게 보일 수 있지만, 이는 논증에 미묘한 차이를 만들어낸다. 총기규제를 반대하는 사람들은 총을 쏘는 행위자, 즉 사람에게 초점을 맞추는 반면, 총기규제를 찬성하는 사람들은 사람이 아닌 그 수단, 즉 총에 초점을 맞춘다. 이처럼 어떤 주장을 하느냐에 따라서 우리는 '똑같은' 개념을 두 가지 형태로 펼쳐놓고 전쟁을 한다.

　　이러한 패턴은 또한 자신의 주장을 '객관적으로 보이는 사실' 탓으로 돌릴 때 유용하다.

> 11a. <u>우리는</u> 이 데이터를 통해 임금인상이 필요하다는 것을 증명한다.
> 11b. <u>이 데이터는</u> 임금인상이 필요하다는 것을 증명한다.

12a. 스미스와 양은 최근 연구에서 담배를 피우는 사람들이 일찍 늙는다는
증거를 찾아냈다.

12b. 최근 연구는(Smith and Yang, 1997) 흡연이 일찍 노화를 유발한다는 사
실을 보여주는 증거를 찾아냈다.

12c. 최근 연구에서 발견한 증거는 일찍 늙는 현상이 흡연으로 인한 것이라
는 사실을 보여준다(Smith and Yang, 1997).

이 문장들은 모두 같은 '사실'을 진술하지만 각각 행동과 결과에 대한 책임
이 누구에게, 또는 무엇에게 있는지 보여주는 방식이 약간씩 다르다. 따라서
'어떤 연구나 증거가 무엇을 증명한다'라는 문장을 읽을 때는 늘 신중해야
한다. 이런 문장은 중요한 변수, 즉 증거 뒤에 숨어있는 '인간의 판단'을 숨기
고 있기 때문이다.

추상적인 개념을 주요행위자로 놓기

책임의 소재를 옮기기 위해서 사물이 꼭 필요한 것은 아니다.

생명은 길을 찾기 마련이다.
자연은 우리가 자연의 법칙을 위반한다고 생각할 때마다 항상 경고한다.
의무는 희생을 요구한다.

이 문장들은 '생명'이 길을 찾고 '자연'이 생각하고 경고하며 '의무'가 요구한
다고 말한다. 이처럼 사물이나 추상적인 개념이 마치 사람처럼 행동하는 것
으로 표현하는 기법을 수사학에서는 '구상화reification('추상화'의 반대)' '의인화
personifying' '인격화anthropomorphoizing'라고 한다. 이것 역시 은유의 일종이다.

때로는 인간이 벌인 사건의 책임소재를 불분명하게 만들기 위해 추상적인 속성을 구상화하는 경우도 있다.

13a. <u>과학은</u> 자연의 법칙을 드러내는 힘이 있지만 인간의 가치를 파악하지 못한다. <u>종교적인 신념만이</u> 우리를 도덕적인 길로 인도한다.

과학이든 종교든 모두 인간이 만들어낸 것이다. 하지만 우리는 대개 이러한 것들이 우리 행동의 결과물이라는 사실에 초점을 맞추고 싶어하지 않는다. 따라서 이 문장을 다음과 같이 쓰는 경우는 거의 없다.

13b. <u>과학자들은</u> 자연세계의 법칙을 드러낼 수는 있지만, 인간의 가치를 파악할 능력은 없다. <u>종교지도자만이</u> 우리를 도덕적 길로 인도한다.

이렇게 인간행위자를 드러내면 진술에 대해 독자들이 동의하지 않을 가능성이 높아지기 때문에 추상적 개념을 의인화해서 쓰는 것이다. 또한 독자들이 의미를 쉽게 파악하지 못하도록 상황을 아주 복잡하게 만들 때에도 구상화는 중요한 기법으로 활용된다.

14a. <u>당신의 양심이</u> 스스로 사임하라고 요구하지 않는가?

이 말은 주요행위자가 명백함에도, 초점을 흩트려 행위자가 초점에서 비껴 나가도록 하고 있다. 주요행위자를 드러내 표현하면 다음과 같이 될 것이다.

14b. 사임하지 않는다면, <u>나는</u> 당신을 양심도 없는 사람이라고 생각할 것이다.

추상적 개념을 구상화함으로써 구체적인 행위자가 없는 상황을 마치 행위자가 있는 것처럼 묘사할 수도 있다. 영화《쥬라기공원》을 보면, 복제공룡들이 번식할 수 없도록 과학자들이 조치를 취했다 하더라도 공룡들은 번식할 것이라고 경고하는 장면에서 이런 말이 나온다.

생명은 길을 찾기 마련이다.

그렇다고 해서 구상화가 무조건 부정직하거나 비윤리적인 목적으로만 사용되는 것은 아니다. 실제로 인류가 경의를 표하는 미국독립선언문을 보면 구상화된 표현들이 등장한다. 몇 가지 사례를 보자.

> 원문: 인류의 의견에 대한 온당한 존중은 분리독립을 하도록 압박하는 대의를 선포하도록 요청한다.
> 풀어씀: 인류의 의견을 우리가 온당하게 존중한다면, 우리는 분리독립해야 하는 이유를 선포할 수밖에 없다.
> 원문: 바로 이것이 이제 기존의 정부제도를 바꾸도록 강제하는 필연성이다.
> 풀어씀: 그 결과, 우리는 기존의 정부제도를 바꿔야 한다고 결심할 수밖에 없다.

첫 번째 문장은 '존중'을 구상화하여 주요행위자로 사용함으로써 구체적인 사실을 일반적인 방식으로 기술한다. 두 번째 문장은 '필연성'을 구상화함으로써 자신들을 능동적으로 행동하는 행위자가 아니라 상황과 의무에 따라 어쩔 수 없이 행동해야만 하는 것으로 묘사한다. 이러한 구상화는 사람들을 호도하기 위한 목적으로 사용된 얄팍한 말장난이 아니다. 더 복잡하고 거시적인 논증을 쉽고 명료하게 뒷받침함으로써 미국독립선언문을 가장 뛰어난 합리적 논증으로 만드는 데 기여한다.

비유를 활용하여
시나리오 조작하기

언어를 사용하여 생각에 영향을 미치는 가장 극적인 방식은 비유적인 시나리오를 풀어내는 것이다. 비유는 단순히 추상적 개념을 구상화하는 것을 넘어, 많은 의미를 함축하고 꾸밈으로써 잘못된 이해로 이끄는 가상의 세계를 만들어 낼 수 있다. 문제는, 비유를 사용하면 자신이 의도하지 않았던 결과를 낳을 수도 있다는 것이다. 예컨대 다음 글을 읽어보자.

> 근거의 무게에 독자들이 굴복할 때까지 나는 주장을 강력하게 밀어붙일 것이다. 하지만 합리적인 독자라면 내 생각을 조금만 풀어 보기만 해도, 전체 그림을 그릴 수 있을 것이다.

이런 글을 읽었을 때 우리는 합의에 도달하는 과정을 두 가지 틀에서 상상하게 된다. 나는 주장을 '밀어붙이고(전쟁)' 독자는 의미를 찾기 위해 논증을 '풀어보는(포장)' 것이다. 논증은 전쟁에 비유하고, 커뮤니케이션은 의미를 물건처럼 포장하여 전달하는 것에 비유한 것이다. 물론 이외에도 다양한 소통 모형을 떠올릴 수 있다.

> 우리 모두 합의에 도달할 수 있도록 추론의 길을 따라 여러분을 인도할 것이다.

이 글에서는 논증을, 자신이 원하는 방향으로 '인도하는' 것에 비유한다. 이러한 은유의 차이는 결과에도 영향을 미칠까? 같은 명제라고 해도 다른 방식으로 인식할 경우 결과 또한 달라진다. 예컨대, 독자를 설득하는 데 실패했다면 그 상황을 우리는 다음과 같이 해석할 것이다.

15a. 전쟁에서 졌다. 주장을 너무 살살 밀어붙였거나 독자들이 너무 강하게 저항했다. 전쟁에 비유

15b. 의미꾸러미를 잘못 포장했거나 독자들이 포장을 잘못 풀었다. 의미를 포장/전달하는 것에 비유

15c. 독자들을 잘못 이끌었거나 독자들이 잘 따라오지 않았다. 독자를 인도하는 것에 비유

은유는 또한 아주 생생한 인상을 주기 때문에 잘못된 의미의 그물망을 만들어내기도 한다. 예컨대 공개적인 자리에서 욕설을 한 학생을 정학시켜야 하는 이유를 학교관계자는 다음과 같이 설명한다.

그러한 혐오적인 언행은 박멸해야 하는 바이러스와도 같습니다. 건강하지 않은 그 아이의 시각이 다른 이들을 오염시키고 이로써 더 널리 퍼지기 전에 격리해야 합니다.

믿음은 전염병이 아니다. 하지만 이 은유는 잘못된 생각을 말하는 사람은 격리하는 것이 공공의 이익에 부합한다고 생각하도록 부추긴다. 또한 벌목시설을 파괴한 사람들을 옹호하는 환경운동가는 이렇게 말한다.

살아있는 생명은 포식자로부터 자신을 보호할 권리가 있다. 하지만 제 스스로 방어할 수 없는 경우, 그를 사랑하는 이가 대신해 줄 의무가 있다. 삼

나무들은 스스로 방어할 수 없다. 따라서 그들을 사랑하는 우리가 그들에 대한 공격을 방어하고 공격자들을 처벌해야 한다. 그것이 자연의 법칙이다.

한 경찰관이 마약단속작전을 펼치다 엉뚱한 아파트에 들어가 무고한 시민을 총으로 쏘는 사고를 저지른 다음 이렇게 말한다.

마약과 벌이는 전쟁은 소풍이 아닙니다. 전쟁에는 사상자가 있기 마련입니다. 하지만 그렇다고 해서 무고한 아이들을 공격하는 적과 싸우는 것을 멈출 수 없지 않습니까? 우리는 헤로인과 코카인이라는 독재자에 절대 굴복할 수 없습니다.

물론, 실제 전쟁에서는 무장군인들이 민간인을 죽이기도 한다. 하지만 경찰업무가 군사작전과 같다고 생각해야 하는 이유는 무엇일까? 이처럼 은유는 우리 생각에 침투하여 우리 생각을 잘못된 방향으로 왜곡시킬 수 있다.

우리는 지금, 가치판단어휘를 사용하거나 주어를 조작하거나 추상적 개념을 구상화하거나 은유를 사용해서는 안 된다고 이야기하는 것이 아니다. 사실 우리는, 은유를 이용하지 않고 생각할 수 없다. 중요한 것은 자신이 선택한 어휘 하나하나에 언제나 민감해야 한다는 사실이다. 잘못된 어휘선택으로 인해 독자뿐만 아니라 자신도 잘못된 판단을 할 수 있기 때문이다.

자연선택이라는 은유의 오용

과학자들은 오랫동안 자연을 의인화하여 표현했다. 다윈이 진화를 '자연선택'이라는 은유적인 표현으로 설명한 것은, 복잡한 사실을 독자들이 쉽게 기억할 수 있도록 도와주려는 의

도였다. 자연은 생존하기에 가장 적합한 종을 선택한다. 다윈은 독자들에게 친숙한 개념인 '어머니자연'과 '품종개량'이라는 과정을 결합하여 다음과 같이 표현한다.

> 자연의 손이 내어준 조건 위에서 사소하지만 유용한 변이를 계속 축적함으로써, 우리 인간의 선택에 따라 엄청난 결과물을 만들어 낼 수 있으며 용도에 맞게 유기물을 개조할 수 있다는 것을 우리는 지금까지 목격해왔다. 하지만 인간의 예술작품이 아무리 뛰어나다 해도 자연의 작품을 따라가지 못하듯이, '자연의 선택'은… 인간의 미약한 노력과는 비교할 수 없을 정도로 뛰어나다. (*Origin of Species*. Ch 2.)

자연(의) 선택을 '신성의 능동적인 힘'과 같다고 표현한 것에 대해 많은 이들이 다윈에 대해 비난을 쏟아냈다. 다윈은 이러한 비난을 반박하면서 다른 과학자들도 수세기 동안 이러한 일을 해왔다는 것을 지적한다.

> 자석은 서로 끌어당기거나 밀쳐낸다. 중력은 행성들이 궤도에서 이탈하지 않도록 잡아준다. 물은 알아서 수위를 맞춘다. 이러한 은유적 표현이 무슨 의미인지, 무엇을 암시하는지 모르는 사람이 있을까? 이것은 아무 해도 되지 않는, 단순히 말하는 방식에 불과하다. (*Origin of Species*. Ch 4.)

하지만 다윈의 이러한 은유는 다윈 자신도 미처 예상치 못했던 방식으로 사용되기 시작했다. 19세기말 존 록펠러는 자신의 잔혹한 기업경영방식을 옹호하면서 '자연선택'과, 이와 늘 붙어 다니는 '적자생존'이라는 표현을 가져다 쓴다.

> 대기업의 성장은 적자생존의 문제일 뿐입니다… 일찍 자라는 작은 꽃봉오리를 따주지 않으면 아름다운 장미는 탄생하지 않습니다. 이것은 사악한 기업만의 유별난 행동이 아닙니다. 자연의 법칙과 신의 법칙을 우리는 그대로 실행하는 것일 뿐입니다.

'자연선택'과 '적자생존'을 이처럼 오용하는 전통은 오늘날까지도 면면히 내려오고 있다.

> "다윈이 옳다. 적자만 살아남는다. 특히 경기침체의 구덩이 속에서 치고받고 싸우는 노쇠한 자산기업들에게는 더욱 그러하다."
>
> ● Robert Matthews, Susan Warren, and Bernard Wysocki, Jr. "Fitness Test: Alcoa-Reynolds Union Bears Stamp of Deals Rocking Commodities," *Wall Street Journal*. August 20, 1999.

언어와 이데올로기

모든 어휘는 가치를 담고 있다. 완벽하게 가치중립적인 글은 쓸 수 없다. 따라서 우리가 해결해야 하는 문제는, 어떤 가치를 드러낼 것인지 결정하는 것이다. 가치는 감정을 불러일으키며, 논증에서 감정은 대부분 '순수한' 논리성 못지않게 강력한 힘을 발휘한다.

문제의 틀을 짤 때 진짜 문제가 발생하는 것은 '큰 vs. 작은' 또는 '부유한 vs. 가난한'과 같이 상반되는 개념의 충돌에서 비롯하는 것이 아니라 '탐욕스런 vs. 부유한' '가난한 vs. 무능한'과 같이 서로 동의하지 못하는 관점의 차이에서 비롯한다. 이러한 논증에서 대상의 특성을 따져 의미기준에 맞추려는 노력은 무의미하다. 대신, 자신이 해결하고자 하는 문제가 무엇인지 명확하게 찾아내는 것이 중요하다. 어떤 어휘를 썼을 때 다른 어휘보다 문제를 푸는데 도움이 된다면, 그것이 바로 자신이 주장하는 용어가 된다.

토론을 하거나 논증을 할 때, 합리적인 판단을 도와주려는 목적이 아니라 이를 방해하려는 목적으로 가치판단어휘를 고의적으로 활용하는 것은 비윤리적인 행동이다. 흑백논리가 담긴 어휘를 사용하면, 사람들은 이쪽 아니면 저쪽, 어느 한편을 선택할 수밖에 없다. 사려깊은 사람들이 대부분 서있는 중간지대를 모두 지워 버리며 내 편이 아니면 적일 뿐이라고 압박하는 것이다. 흑백논리언어는 미묘한 뉘앙스, 중용, 복잡성을 단칼에 베어 버림으로써 비판적 사고의 싹을 잘라 버린다.

이야기에는 언제나 하나 이상의 행위자가 등장한다. 따라서 다양한 관점에서 이야기를 풀어나갈 수 있다. 어떤 행위자를 문장의 주어로 내세울 것인지 선택함으로써 독자의 관점을 조작할 수 있다. 독자들은 대부분 문장이 진술하는 사건이 그 행위자의 책임이라고 생각한다.

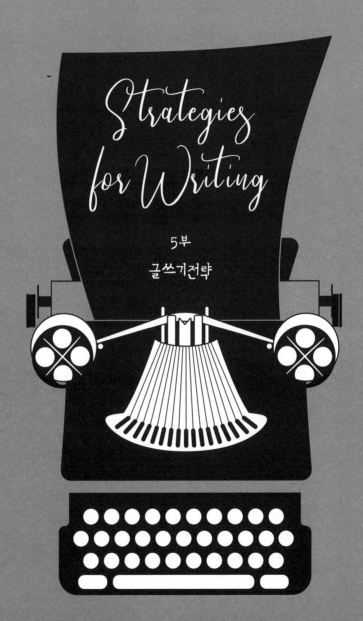

Strategies
for Writing

5부

글쓰기전략

과정으로서 글쓰기

글쓰기프로세스

스타일 감각이 있는 행정가는 낭비를 싫어하고, 스타일 감각이 있는 엔지니어는 재료를 효율적으로 활용하며, 스타일 감각이 있는 장인은 훌륭한 작품을 만들어낸다. 스타일은 우리 마음속 궁극의 도덕이다.

—Alfred North Whitehead, *The Aims of Education*

글을 완성하는
6단계 프로세스

글을 쓰는 방식은 크게 두 가지로 나눌 수 있다. 일단, 주장만 세운 다음 무작정 글을 써내려 가는 방식이다. 하지만 글을 계획하는 단계가 너무 부실한 경우, 글을 쓰다가 늪에 빠져서 허우적거릴 위험이 높다. 반대로, 계획을 아주 꼼꼼하게 세우고 거기에 맞춰 글을 쓰는 방식이다. 하지만 지나치게 계획에만 따라서 글을 쓰려고 하는 경우, 글을 쓰는 과정에서 발견할 수 있는 아이디어나 논증의 오류를 반영할 수 있는 기회가 모두 차단될 위험이 높다.

글을 많이 써본 사람들은 글을 쓰기 전에 구상하고 계획을 세우기는 하지만 글을 쓰는 과정에서 계획이 언제든 변경될 수 있다는 것을 잘 안다. 글을 잘 쓰고자 한다면, 글쓰기습관(또는 글을 쓰는 마음가짐)을 의도적인 훈련을 통해 길들여야 한다. 글을 많이 써본 사람들은 적절한 시간 내에 효과적인 논증글을 어떻게 생산해낼까? 우리는 글쓰기를 다음 여섯 단계로 구분한다.

1. 생각하기-말하기
2. 읽기-조사하기
3. 준비하기-계획하기
4. 드래프팅
5. 리바이징
6. 글쓰기협업

이 과정은 반드시 순서대로 이뤄지는 것은 아니다. 앞뒤로 오가면서 자유롭게 실행할 수 있어야 한다. 글을 쓰는 여섯 단계를 대략적으로 살펴보자.

1. 생각하기—말하기

우리 마음은 글을 쓰기 훨씬 전부터 논증을 시작한다. 의도적으로 막지 않는 한, 다른 생각을 하고 있는 동안에도 우리의 무의식은 계속 논증을 이어나간다. 참고자료를 찾아 읽거나 글을 쓰지 않는 동안에도 우리 머릿속에서 논증은 계속되고 있다는 뜻이다. 여기서는 과제를 받은 순간부터 과제를 완성해서 제출하는 시점까지 논증을 효과적으로 지속할 수 있는 방법을 알려준다.

2. 읽기—조사하기

새로운 정보를 수집하지 않고서 타당하고 온전한 논증을 만들어내는 것은 불가능하다. 글을 쓰기 위해서는 상당히 많은 책과 온라인자료를 읽어야 한다. 참고자료를 논증에 활용하기 위해서는 원하는 정보를 제대로 찾아서 읽을 줄 알아야 한다.

3. 준비하기-계획하기

글을 구상하는 데 시간을 들일수록 더 빨리 글을 쓰고 더 나은 글을 쓴다는 데에는 누구나 동의할 것이다. 실제로 글을 자주 쓰는 사람들은 글을 쓰기 전에 준비하고 계획하는 자신만의 루틴을 가지고 있다. 여러분도 글을 많이 쓰다 보면 자신에게 맞는 요령을 터득하게 될 것이다. 어떤 것은 글로 써야 하는지, 어떤 것은 머릿속으로 생각하는 것만으로도 충분한지, 어떤 것은 전혀 신경쓰지 않아도 되는지 깨닫게 될 것이다.

그 무엇도 경험을 이길 수 없는 법이다. 글쓰기가 아직 몸에 익지 않은 사람은 이 책에서 설명하는 내용을 기계적으로 따라하기 바란다. 계속 따라하다 보면 자신만의 노하우가 생길 것이다.

4. 드래프팅

글을 쓰는 작업은 두 단계로 구분할 수 있다. 드래프팅drafting(초고를 쓰는 작업)과 리바이징revising(글을 고치는 작업)이다. 물론 글을 쓰는 것과 고치는 것을 정확히 구분해서 실행할 수 있는 것은 아니다. 우리는 드래프팅을 하면서 리바이징도 한다. 하지만 글을 제대로 쓰고 싶다면, 드래프팅과 리바이징을 구분해서 작업하고 그 사이에 잠시 간격을 두는 것이 좋다.

자신이 세운 논증에 확신에 차 글을 일필휘지로 써내려갔다고 하더라도, 하루 정도 지나서 다시 펼쳐보면 자신의 글이 얼마나 허술한지 놀라는 경험을 해본 적 있을 것이다. 이것이 바로 글을 잘 쓰는 비법이다. 먼저 글을 끝까지 작성한 다음(드래프팅), 잠시 덮어두었다가 다시 펼쳐서 처음부터 다듬어 나가는 것이다(리바이징).

이렇게 드래프팅과 리바이징을 분리해서 작업하는 방식은 글을 쓰는 데 많은 시간이 걸릴 것 같지만, 글을 완성하고 난 뒤 돌아보면 의외로 글을 쓰면서 고치는 방식보다 훨씬 빠르다는 것을 알 수 있다. 또한 리바이징을 할 예정으로 드래프팅을 하면, 처음부터 글을 완벽하게 써야 한다는 부담감에 시달릴 필요가 없다.

5. 리바이징

무엇을 주장하든, 독자의 요구와 기대에 부응하는 방식으로 글을 써야 한다는 데에는 예외가 없다. 그래서 글을 많이 써본 사람들은 대부분 드래프팅보다 리바이징에 훨씬 많은 시간과 노력을 할애한다.

리바이징을 방해하는 가장 큰 장애물은, 부족한 시간이 아니라 너무 많은 기억이다. 글을 쓴 사람은 절대 자신이 쓴 글을 독자의 눈으로 읽지 못한다. 글을 통해 표현하고자 하는 내용을 스스로 너무나 잘 알고 있기 때문에, 자신이 쓴 글이 다르게 읽힐 수 있다는 생각을 하지 못한다. 하지만 독자들에게는 그런 지식이 없다. 독자는 눈앞에 보이는 하얀 종이와 까만 잉크자국만으로 글을 읽는다.

따라서 리바이징의 생명은 자신이 쓴 원고를, 거리를 두고—남이 쓴 글처럼—읽는 것이다. 그래서 글의 내용이 더 이상 기억 속에서 선명하게 떠오르지 않을 때까지 덮어둔 다음에 리바이징을 시작하는 것이 좋다. 또는 다른 사람에게 소리 내 읽어달라고 하는 것도 좋은 방법이다. 물론 궁극적으로 가장 좋은 전략은, 자신이 쓴 글에 대한 깊은 이해를 머릿속에서 의식적으로 제쳐두고 자신의 글을 읽고 고칠 줄 아는 능력을 습득하는 것이다. 자세한 리바이징 방법은 뒤에서 설명한다.

6. 글쓰기협업

논증글은 펜을 놓는 순간 완성되는 것이 아니라, 원하는 독자의 반응을 이끌어냄으로써 완성되는 것이다. (독자의 반론이나 질문에 대해 또다시 반박해야 한다면, 논증은 계속 이어지는 것이다.) 따라서 논증글을 쓰는 사람은 독자의 반응을 예측할 줄 알아야 한다. 실제 독자의 도움을 받을 수도 있고, 상상 속에서 독자를 만들어낼 수도 있다.

실제로 학자들이 발표하는 글은 상당한 독자피드백 과정을 거쳐 생산된다. 논문 한 편을 발표하기 위해서는 리뷰어, 편집자, 동료들의 피드백을 받아야 한다. 사실상 그들과 함께 작업을 한다고 해도 과언이 아니다. 이처럼 다른 사람의 도움을 받아 글을 쓰는 것을 부정직하다고 생각할 수도 있겠지만 드래프팅과 리바이징을 자신이 직접 하는 한, 남을 속이는 것은 아니다.

글쓰기수업에서 토론이 중요한 이유

이 책에서는 다양한 탐구문제를 부록으로 제공한다. 탐구문제 중에는 논문 수준의 글을 작성해야 할 정도로 복잡한 문제도 있고, 너무 어려워서 호기심을 돋우고 생각을 자극하는 것만으로도 충분하다고 여겨지는 문제도 있다. 하지만 어느 수준의 문제든 한 가지 해답으로 결론 나는 것은 없다.

탐구문제 중에서 하나를 글쓰기주제로 정하라. 무엇을 주제로 정할지는 교사가 지정할 수도 있지만, 여러 개 중에서 학생들이 선택할 수도 있다. 주제가 정해지면 같은 주제를 선택한 학생들끼리 토론을 하도록 유도하라. 토론을 거추장스럽게 여기는 사람도 있겠지만, 이러한 상호작용을 통해서 학생들은 자신의 주장을 세우고 논증을 짜고 글을 써야겠다는 강력한 동기를 얻는다.

또한 대화를 주고받는 과정에서 잠재적인 독자가 무엇을 궁금해 하는지, 어떤 부분에 동의하지 못하는지 이해할 수 있다. 그에 대해 대답하고 반박하는 것이 얼마나 중요한지 스스로 깨달을 것이다. 자신의 주장, 이유, 근거에 대해 독자가 어떤 질문을 던질지 예측하는 능력도 갖게 될 것이다.

이러한 상호작용을 경험해본 학생과 경험해보지 못한 학생 사이에는 실로 엄청난 격차가 발생한다. 토론을 생략하고 단순히 글쓰기과제만 내어줄 경우, 학생들은 대부분 자신이 왜 이 글을 써야 하는지 이해하지 못한다. 종이만 낭비하는, 형식적이고 의미없는 과정일 뿐이라고 느낄 수도 있다.

step 1

글쓰기의 시작
생각하기-말하기

Thinking and Talking

명확하게 보고, 깊이 느끼고, 사려깊게 생각할 줄 아는 사람이라고 해도 자신의 시선, 생각, 느낌을 명확하게 전달하는 글을 쓸 수 있는 것은 아니다. 하지만 명확하게 글을 쓸 수 있다면 더 명확하게 보고, 느끼고, 생각할 수 있다.

논증의 뼈대가 되는 질문으로
비판적 사고 기르기

을 쓰기 훨씬 전부터, 글의 계획을 짜기 전부터 우리는 마음속으로 논증을 펼칠 수 있다. 주제가 생소하여 따로 공부해야 하는 경우가 아니라면, 논증과 관련하여 이미 풍부한 아이디어를 가지고 있을 것이다. 그 것에 대해 궁리하는 과정에서 글을 읽거나 듣거나 기억하는 것에서 다른 사 람들의 생각을 더 많이 인지하게 될 것이다.

하지만 그러한 아이디어들의 다수가 원하는 만큼 정확하거나 구체적이 지 않을 것이다. 따라서 그것을 사용하기로 결정하기 전에, 비판적 사고의 검 증대에 올려놓아라. 그런 아이디어(또는 그것을 제안한 사람들)를 검증하는 가장 쉬운 방법은 논증의 뼈대가 되는 다섯 가지 질문을 활용하는 것이다.

1. **이 아이디어는 무엇을 주장하는가?**

   구체적으로 어떤 생각이나 행동을 하도록 요구하는가? 내가 그렇게 생각하거 나 행동하면 어떤 결과가 나오는가? 그것이 암시하는 또다른 아이디어나 계획 은 무엇인가?

2. **이 주장을 수용해야 하는 이유는 무엇인가?**

   이 주장을 뒷받침하는 또다른 주장을 하나 이상 알고 있는가? (주요주장보다 다 소 중요성이 떨어지지만 진실이라고 생각하는 하위주장을 떠올릴 수 있는가?)

3. **이 이유가 진실이라고 받아들일 수 있는 근거는 무엇인가?**

   그러한 이유를 뒷받침하는 신뢰할 수 있는 사실을 알고 있는가? 또는 찾을 수 있는가? 이유를 제한하거나 이유와 모순된 사실을 알고 있는가? 또는 찾을 수 있는가?

4. **다른 사람들이 제기할 수 있는 대안이나 반론으로 무엇을 떠올릴 수 있는가?**

   이 문제에 대한 다양한 관점을 떠올릴 수 있는가? 사실에 대한 다양한 해석을 떠올릴 수 있는가? 여기서 다른 결론을 끄집어내는 사람을 상상할 수 있는가?

5. **주장과 이유와 근거를 연결하기 위해 공유해야 하는 보편적 추론은 무엇인가?**

   이 논증은 어떤 보편적인 추론의 원리를 가정하는가? 이유와 주장을 좀더 '―할 때는 언제나―하다'라는 보편적인 진술양식에 끼워 넣을 수 있는가? 그렇다면, 그 보편적인 진술을 언제나, 어디서나, 진실이라고 믿을 수 있는가?

자신의 아이디어가 이러한 질문을 통과하지 못한다면, 최고의 독자, 가장 비판적인 독자의 검증도 통과하기 어려울 것이다. 아이디어를 확정하기 전에 시간을 들여 그것을 뒷받침하는 작은 논증을 만들어보라. 논증에 실패한다면 다른 아이디어를 찾는 것이 좋다.

엘리베이터스토리 만들기

● Ch 2

많은 사람들이 머릿속에서 떠올린 아이디어를 혼자만 간직하는 경향이 있다. 아직 완벽하지 않은 구상을 남들에게 말했다가는 바보처럼 보일 수 있다는 생각에 겁을 내는 것이다. 하지만 글을 많이 써본 사람들은 자신이 구상하는 아이디어를 남들 앞에서 더 빨리, 더 많이 이야기할수록 글의 계획이 훨씬 잘 짜진다는 것을 안다. 자신의 생각을 효과적으로 털어놓기 위해 전문가들이 사용하는 비법을 여기서 알려주겠다. 바로 '엘리베이터'스토리를 만드는 것이다.

엘리베이터를 타고 1층에서 10층까지 올라간다고 상상해보라. 마침 엘리베이터에 같이 타고 있던 작문선생이 이렇게 묻는다.

"뭐에 대한 글을 쓰고 있니?"

10층은 금방 도착한다. 길게 이야기할 시간이 없다. 자신의 논증을 가장 흥미로운 방식으로 단 몇 문장으로 말해야 한다.

물론 어떤 문제를 다룰 것인지 아직 결정하지 못한 상황이라면 이야기할 것이 별로 없을 것이다. 문제를 찾는 방법은 503쪽 참조 그럴 때는 관심있는 주제에 대한 전반적인 아이디어만 이야기하는 것으로도 충분하다. 과제로 주어진 주제든 내가 고른 주제든 상관없다. 모든 논증이 그렇게 시작되는 법이다. 남들과 다른 나만의 생각이나, 어떤 주장을 뒷받침하는 나만의 독창적 이유 같은 것이 있다면 그런 것만으로도 충분하다. 막연했던 심상을 말로 표현하는 것만으로도 신뢰할 수 있는 그럴듯한 논증으로 전개해 나가는 데 큰 도움을 준다. 좋은 엘리베이터스토리는 다음 네 가지 요소를 가지고 있다.

1. 논증에서 다루고자 하는 문제/질문.
2. 그 문제/질문이 중요한/흥미로운 이유.
3. 현재 추정하는 가장 그럴듯한 결론/해법. (아직 결론/해법이 구체적이지 않은 경우 그 것을 찾을 수 있다고 예상되는 곳.)
4. 결론을 뒷받침하는 근거를 찾을 수 있다고 예상되는 곳.

이야기로 풀면 다음과 같은 모양이 될 것이다.

> **[2⋯] 때문에 [1⋯] 문제/질문에 대해서 관심이 있는데, 아마도 결론/해 법은 [3⋯] 아닐까 생각해요. 근거는 [4⋯]에서 찾아볼 수 있을 것 같아요.** 1950년대 시트콤에 등장하는 가족의 모습과 당시 실제 가족의 모습이 어 떻게 다른지 글을 쓰고 있어요. TV에 등장하는 가족들은 풍족하고 이상적 인 모습일 뿐 실제 가족의 모습은 훨씬 다양했다는 걸 보여주고 싶어요. 영 상자료실에서 당시 가족들의 모습을 찾아볼 수 있고, 정부의 공식 통계자 료도 참고할 수 있겠죠.

엘리베이터스토리를 직접 만들어보라. 3장에서 문제를 제대로 진술하는 방 법과 문제를 제대로 진술하는 것이 중요한 이유를 참조하라. 해답을 찾지 못 했다고 해도 엘리베이터스토리를 만드는 것을 미루면 안 된다. 최대한 빨리 만들수록 좋고, 자주 이야기할수록 좋다. 곁에 친구가 있을 때마다 엘리베 이터스토리를 들려줘라. 그럴수록 엘리베이터스토리는—아이디어는—다듬어 지고 개선될 것이다.

독자는 어떻게 반응할까?

엘리베이터스토리를 들려줄 때, 상대방의 반응을 유심히 살펴보라. 내가 다루고자 하는 문제를 남들은 중요하다고 생각하지 않을 수 있고, 내가 제시한 이유와 근거를 남들은 충분하지 않다고 생각할 수도 있다. 대학등록금이 계속 오르는 것을 나는 문제라고 생각하지만 다른 학생들은 그다지 문제라고 생각하지 않을 수 있다. 논증에서 다루고자 하는 문제/질문을 정하고 나면, 독자들이 이에 대해 어떻게 반응하는지 상상해보라.3장 참조

　　엘리베이터스토리는 무대에 서서 어둑한 관중석에 앉아있는 이름 없는 청중을 향해 내 이야기를 일방적으로 들려주는 것이 아니다. 친하기는 해도 깐깐한 친구들이 식탁에 둘러 앉아 내 이야기를 듣고 까다로운 질문을 꼬치꼬치 캐묻고 끊임없이 반대의견을 제시하며 딴지를 건다고 상상하라. 친구들의 의심과 반박에 대해 일일이 대답해야 한다. 특히 "그래서 어쩌라고?" "그런 이야기에 내가 왜 귀 기울여야 하지?" 같은 질문에 대해서는 반드시 대답해야 한다.

실제독자와 가상독자

모든 글에는 타겟독자가 있다. 하지만 글에서 상정한 타겟독자와 실제로 글을 읽는 사람은 다른 경우가 많다. 예컨대 작문수업에서 다음과 같은 과제를 받았다고 상상해보라.

> "여러분은 에이스광고회사 직원입니다. 지금 회사에서, 새로 나온 SUV의 광고를 수주했습니다. 본격적인 마케팅에 들어가기에 앞서, 포드와 크라이슬러 광고들이 20대 소비자들에게 어떻게 어필하는지 분석하여 보고서를 제출하라는 지시를 받았습니다. 다음 주까지 보고서를 써오세요."

실제로 이 글을 읽을 독자는 작문교수, 조교, 학급동료들이겠지만, 이 글에서 상정한 가상독자는 상상 속 광고회사 관리자다. 광고회사 관리자가 어떤 사람인지 안다면, 그들이 무엇을 궁금해 하는지 쉽게 예상할 수 있겠지만, 그렇지 못한 경우에는, 상상해야 한다. 더 골치 아픈 문제는, 내가 상상하는 가상독자와 실제독자(작문교수)가 상상하는 가상독자가 다를 수 있다는 것이다. 결국 좋은 평가(점수)를 받고자 한다면, 자신이 상상하는 가상독자와 실제독자가 상상하는 가상독자를 모두 고려해 이 둘을 조율해가면서 글을 써야 한다.

그렇다면 '일반대중'을 가상독자로 삼아 글을 써야 할 경우에는 어떻게 할까? 실제로 '일반대중'이라는 독자는 존재하지 않는다. 그럴 땐 어떻게 해야 할까? 주요신문이나 잡지를 읽는 사람을 떠올리면 된다. 또는 자신과 같은 사람이라고 가정해도 좋다. 지식수준은 나와 비슷하지만, 내가 글을 쓰고자 하는 주제에 대해서는 깊이 생각해 본적 없는 사람, 하지만 그 주제에 대해서 알고 싶어하는 사람들을 가상독자로 삼으면 된다.

가능하다면 독자와 직접 이야기해보라

뭐니뭐니해도 독자를 파악하는 가장 좋은 방법은 그들과 직접 이야기해보는 것이다. 실제로 전문가들은 이런 방법을 사용한다.

- 건축가들은 청사진을 그리기 전에 의뢰인에 대한 정보를 최대한 수집한다. 그들의 재정상태부터 생활습관까지 모든 정보를 알아낸다.
- 변호사들은 변론서를 작성하기 전에 사건을 담당할 판사가 지금까지 어떤 결정을 내렸는지 지난 판결문들을 읽어보고, 판사가 어떤 사람인지 다른 변호사들에게 물어봄으로써 판사의 성향을 알아낸다.

이처럼 독자를 파악하는 것이 쉽지 않은 경우도 있겠지만 독자가 무엇을 아는지, 어떤 생각을 하는지 알아내려는 노력은 언제나 좋은 결과를 가져다준다.

- 엘레나는 영어가 모국어가 아닌 학생들에게 도움을 줄 수 있는 새로운 영어프로그램을 생각해냈다. 이를 제안서로 작성하여 어학원에 제출할 계획이다. 엘레나는 글을 구상하는 단계에서, 어학원 행정실을 찾아가 ESL학생들에 대해 얼마나 알고 있는지 파악한다. 또 어학원이 자신의 문제의식을 얼마나 공유하는지, 이러한 제안에 대해 이전에 어떤 식으로 처리했는지 알아본다. 자신의 제안서를 검토하고 승인하는 권한을 가진 사람이 누구인지 알아내는 것도 중요하다.

제안서를 완성하기 전 독자의 반응을 미리 살펴볼 수 있다면 더욱 좋다.

- 엘레나는 제안서초안을 작성한 다음, 어학원을 찾아가 자신의 제안서에 대해 사람들이 어떻게 반응하는지 살펴본다. 그들은 논증에 문제가 있다고 생각하는가? 다른 서비스나 프로그램에 투자하는 것이 낫다고 생각하는가? 비용이 덜 드는 다른 대안을 떠올리는가? 이러한 반응을 종합하여 제안서를 수정하고 완성한다. 독자는 대개 자신에게 친숙한 주장, 또는 글을 작성하는 과정에 자신이 참여한 논증에 대해서 훨씬 관대하게 판단하는 경향이 있다.

물론 작문수업에서 과제로 글을 작성하는 경우에는, 작문교수를 찾아가 반응을 살펴야 할 것이다. 하지만 가상독자가 아니라고 해서, 이런 노력이 헛된 것은 아니다. 교수의 반응을 미리 알아보고 글을 개선할 수 있을 뿐만 아니라, 논증을 작성하는 과정에 교수를 조금이라도 참여하도록 만듦으로써 작문에 대한 평가를 좀더 너그럽게 만들 수 있다.

독자를 직접 만나서 이야기할 수 없을 때에는, 가상독자를 상상해야 할 것이다. 친하고 상냥하고 똑똑하지만 자신과 의견이 많이 다른 사람, 열린 마음을 지니고 있지만 궁금한 것은 참지 못하는 사람을 상상하라. 그 사람이 이해할 수 있도록 글을 써라.

step 2

아이디어를 얻는 방법
읽기-조사하기

Reading and Researching

제대로 이해하지 못한 것에 대해 글을 쓸 때는 제대로 이해한 것에 대해 글을 쓸 때보다 명확한 글이 나올 수 없다. 하지만 우리가 명확하게 쓰지 못하는 가장 큰 이유는 독자가 어떤 부분을 모호하게 생각하는지 모르고, 왜 그렇게 생각하는지 모르기 때문이다. 내가 쓴 글이 남이 쓴 글보다 명확하게 느껴지는 것은 글을 있는 그대로 읽지 않고, 읽어주기 바라는 대로 읽기 때문이다.

스키밍:
글의 구조를 파악하라

논증글을 쓰기 위해서 읽어야 하는 글은 대부분 '논증글'일 것이다. 이 책에서 알려준 논증을 '세우는' 방법은 동시에 남들이 세운 논증을 효과적으로 '파악하는' 방법이기도 하다. 남이 쓴 글을 제대로 이해하는 가장 좋은 방법은 '직접 써보는 것'이다.

글을 본격적으로 읽기 전에 전체구조를 먼저 파악하면 좀더 사려깊은 독서를 할 수 있다. 이렇게 구조를 파악하기 위해 전체적으로 글을 빠르게 읽는 것을 스키밍skimming이라고 한다. 스키밍을 하기 위해서는 먼저 빨간 펜을 준비하라. 글을 읽어 나가면서 다음과 같은 질문을 하라.

- 문제: 이 글은 어떤 문제를 풀려고 하는가? 어떤 질문에 답하려고 하는가?
- 결론: 문제에 어떤 해법을 내놓는가? 질문에 어떤 해답을 내놓는가?
- 논증의 유형: 독자에게 어떤 생각을 일깨워주려고 하는가? 아니면 어떤 행동을 하도록 요구하는가?
- 이유의 타당성: 주장을 어떤 이유로 뒷받침하는가?
- 근거의 타당성: 이유를 어떤 근거로 뒷받침하는가?

글을 읽어 나가면서 이러한 질문에 대해 답을 찾아서 밑줄을 긋고 강조표시를 하고 여백에 메모를 하라. 질문이나 의심을 달아 글쓴이에게 되물어볼 준비를 하라.

그냥 쭉 읽어 나가면 되지 굳이 스키밍을 해야 하는 이유는 무엇일까? 전체적인 틀(글의 구조framework)을 파악하고 나면 글을 더 빨리 읽을 수 있고 더 오래 기억할 수 있기 때문이다. 글의 종류에 따라 효과적으로 스키밍을 하는 방법을 살펴보자.

칼럼 / 논문 / 짧은 글

1. 어디서 서론이 끝나고 본론이 시작되는지 찾아라. 소제목을 달아 표시한 경우가 많지만, 단순히 한 줄을 비워서 표시하는 경우도 있다. 때로는 글자체를 바꿔서 표시하기도 한다.

2. 서론을 훑어본다. 특히 서론의 끝부분을 유심히 살펴본다. 글쓴이가 다루고자 하는 문제나 질문은 대부분 서론 끝에 나온다. 그곳에 밑줄을 그어라. 글의 핵심주장이라 할 수 있는 질문에 대한 해답, 문제에 대한 해법도 대부분 이곳에 나온다. 주장에 강조표시를 하라.

3. 결론을 훑어보라. 서론 끝부분에서 핵심내용을 진술하지 않는 글도 있는데, 그럴 경우에는 결론에서 찾을 수 있다. 밑줄을 그어라.

4. 본문을 훑어본다. 소제목이 있다면 소제목을 중심으로 살펴본다. 본문을 전체적으로 어떻게 구성했는지, 어떤 식으로 논증을 전개해 나가는지 대략적인 그림을 그릴 수 있다.

5. 제목이나 그밖의 장치로 구분된 섹션마다 첫 한두 문단을 훑어보며 그림의 빈 곳을 채운다.

책

1. 먼저 차례를 훑어본 다음, 전체개요를 설명하는 부분을 읽는다. 개요는 대개 '들어가는 글' '머리글' '서문'과 같은 제목으로 된 글에 나온다. 이런 글이 없는 경우 '1장'에 나오기도 한다.

2. 개요를 읽을 때에도 역시 처음 시작부분과 끝부분을 중점적으로 살펴본다. 책에

서 이야기하고자 하는 주제, 문제, 질문이 이 부분에 나온다.

3. 책의 맨 마지막 결론부분을 읽는다. 개요와 결론의 내용이 어떻게 이어지는지 유심히 살펴본다. 핵심내용을 찾는다. 밑줄을 긋거나 요약하여 메모한다.

4. 챕터마다 첫 몇 문단과 마지막 몇 문단을 훑어본다.

웹사이트

인터넷에 올라와 있는 글을 읽는 것은 칼럼 읽는 것과 크게 다르지 않다. 따라서 위에서 설명한 내용을 적용하면 된다. 다만, 인터넷에서 글을 읽을 때는 다음 두 가지 요소를 더 살펴야 한다.

1. 사이트개요나 소개글을 찾는다. 첫 페이지에 나오기도 하고 소개화면이 따로 있는 경우도 있다.

2. 사이트맵을 보고 주제를 어떻게 구분하고 체계화했는지 살펴본다. 사이트맵이 없다면 홈페이지의 주요메뉴를 열어보며 사이트구조를 파악한다.

이러한 과정을 통해 텍스트의 전체구조를 파악한 다음, 글을 읽어가면서 이상한 부분은 체크한다. 글쓴이의 생각에 동의하지 않거나, 의심스럽거나, 글에서 언급하지 않는 다른 해법이 떠오른다면 그것을 여백에 메모하라. 이렇게 메모하는 습관은 매우 유용하다. 독자들도 내가 쓰는 책을 읽으면서 똑같이 그렇게 할 것이기 때문이다.

챕터나 섹션이 끝날 때마다 읽은 내용을 요약하여 엘리베이터스토리로 만들어보라. 그것을 여백에 메모하라. (펜이 없다면, 머릿속으로라도 정리하라.) 이렇게 만든 엘리베이터스토리는 막연하게 이해한 것을 명확한 이미지로 만들어줄 것이고, 읽은 내용을 훨씬 오래 기억에 남게 도와줄 것이다.

효율적으로 글을 읽어 나가기 위한 문제진술 찾기　●Ch 3

서론을 주의깊게 읽으면 글쓴이가 무엇을 중요하게 생각하는지 찾을 수 있다.

1. 공감대는 문맥을 제시한다. 그가 해결하고자 하는 문제에 대해서 다른 이들은 어떤 해법을 내놓았는가? 자신의 주장을 통해 어떤 의견을 대체 하려고 하는가? 선행연구 검토Literature Review 섹션에 등장하는 문헌들 은 특히 참고할 문헌목록으로서 유용한가?
2. 실용문제에서 불안정조건은 해법을 통해 바꾸고자 하는 상태. 개념문 제에서 불안정조건은 해답을 통해 메우고자 하는 이해나 지식의 틈이다.
3. 손실이나 결과는 이 문제가 왜 중요한지 이야기한다.
4. 해법(주요주장)은 앞으로 글을 어떻게 전개해 나갈 것인지 알려준다.

서론에서 문제를 찾을 수 없으면 결론을 들춰보라.

근거를 어떻게 수집할 것인지 계획하기

● Ch 6

연구프로젝트는 다이아몬드를 캐는 것과 같다. 먼저 지금 무엇을 찾고자 하는지, 어디에서 찾아야 하는지 알아야 한다. 그런 다음 엄청난 양의 불순물을 깎아내고 한줌의 보석을 찾아야 한다. 그렇게 발굴해 낸 것을 다시 반짝이게끔 갈고 닦아야 한다. 좀더 진지하게 파고들어야 할 문제에 대한 해법을 뒷받침할 근거를 찾는 과정도 마찬가지다. 근거수집과정에 들어가기 전에 체계적으로 계획을 세워 놓아야 한다.

화젯거리만 결정된 상태라면 우선, 이와 관련한 글을 폭넓게 읽어 파고들 만한 가치가 있는 문제를 찾아내야 한다. 하지만 문제를 정하고 나면 곧바로 잠정적인 해법을 여러 개 떠올려 작업가설을 세울 수 있고, 곧바로 체계적인 연구계획을 세울 수 있다.

작업가설을 몇 개 세우고 나면 이를 검증하고 뒷받침하는 데 필요한 근거가 될 수 있는 데이터를 수집하거나 참조할 책을 읽어 나갈 시간이 시작된다. 이때 무작정 정보부터 모으다 보면 시간을 낭비할 수 있다. 따라서 약간의 시간을 투자하여 가장 강력한 근거가 될 수 있는 것이 무엇인지, 또 그것을 찾기 위해 어떻게 접근할 것인지 계획을 세워야 한다.

485

1. 독자들은 어떤 이유와 근거를 기대할까?

주장은 이유와 긴밀히 연관되어야 하고 이유는 근거와 긴밀히 연관되어야 한다. 하지만 논증에서 내세우는 근거는 주장의 종류에 따라 독자들이 기대하는 유형에 부합해야 한다. 한걸음 물러서서 무엇을 찾아야 하는지 비판적으로 생각해야 한다. 자신뿐만 아니라 독자들에게도 자신의 주장이 타당하다는 확신을 줄 수 있는 근거를 찾아야 한다. 예컨대 '초감각적 인지기능이 존재한다'는 주장을 독자들에게 확신시켜주고자 한다면 어떤 근거를 제시해야 할까? 당연히, 글을 읽을 독자들이 누구인가에 따라 달라진다. 특별한 에피소드가 될 수도 있고, 통제실험으로 만든 객관적인 데이터가 될 수도 있고, 독자들이 신뢰할 수 있는 사람의 증언이 될 수도 있고, 독자들의 개인적인 경험이 될 수도 있다. 어떤 근거를 제시해야 독자들을 가장 잘 설득할 수 있을지 상상하라. 그렇게 상상한 것을 연구방향의 길잡이로 삼고, 또 찾아낸 근거가 타당한지 검토하는 기준으로 삼아라.

2. 근거의 가치에 비해 연구비용이 너무 많이 들지 않는가?

주장을 가장 잘 뒷받침하는 결정적인 근거가 있다면 더 이상 다른 근거는 찾지 않아도 된다. 하지만 그러한 근거를 찾는데 너무 많은 시간과 노력이 들어간다면, 소용없는 근거일 뿐이다. 가장 좋은 근거를 찾는데 시간이 얼마나 걸리는가? 또 엄청난 시간과 노력을 투자한 끝에 아무것도 찾지 못할 위험은 없는가? 아무리 결정적인 근거라고 해도 이처럼 위험부담이 너무 크다고 생각되면 포기하라. 쉽게 확보할 수 있는 근거를 수집하는 것이 훨씬 안전하다. 예컨대, 어학센터에 대한 지원을 늘려야 한다는 논증을 단 몇 주 동안 완성해야 한다면, 대학마다 어학센터를 찾아다니며 조사할 수는 없을 것이다. 덜 미덥기는 하더라도 자신이 아는 몇몇 어학센터에 전화를 해서 구술조사를 하는 것으로 만족해야 할 것이다. 하지만 그러한 근거를 제시해야 할 경우, 근거의 한계를 논증 안에서 반드시 명시해야 한다. (7장에서 좀더 자세히 설명한다.)

3. 근거를 가장 쉽게 찾을 수 있는 곳은 어디인가?

도서관-

대학도서관을 비롯하여 어느 정도 규모가 되는 도서관이라면 웬만한 정보는
다 찾을 수 있다. 하지만 정보를 찾는 법을 제대로 알아두어야 한다. 사서들
에게 도움을 요청하면 정성껏 도와줄 것이다. 한두 시간 투자하여 분야마다
자료 찾는 법을 배워두면 나중에 그만큼 시간을 절약할 수 있다.

인터넷-

인터넷이 정보의 중요한 원천이긴 하지만, 아직까지는 '사서 없는 도서관'처
럼 검증되지 않은 자료들까지 뒤섞여 있다. 인터넷에는 정보의 질을 걸러내
는 문지기가 없다. 물론 믿을 만한 정보도 많지만 그렇지 않은 정보도 많다.
그래서 인터넷 상 정보는 늘 의심해야 한다. 적어도 그 사이트에 담긴 정보
뒤에 누가 서있는지는 알아야 한다. 물론 다음과 같은 웹사이트에 올라온 정
보는 믿을 수 있다.

- 권위 있는 저널의 웹사이트
- 상호검증peer review을 거쳐 글을 게재하는 온라인저널
- 주요대학의 웹사이트에서 제공하는 e텍스트
- 구텐베르크 프로젝트
- 학술단체나 전문가단체에서 운영하는 웹사이트

그 외의 웹사이트는 다음 목적으로만 조심해서 사용하라.

- **어떤 자료가 출간되어 있는지 훑어보기 위해서**
  Google Scholar를 이용하여 내가 다루고자 하는 주제에 관해 어떤 논문이 출

간되어있는지 살펴볼 수 있다. (물론 좋은 도서관의 온라인 카탈로그만큼 완벽하지

않을 수 있다는 것을 명심하라.) 위키피디아와 같은 온라인 백과사전 역시 참고문

헌 목록을 만드는 과정에서 도움을 줄 수 있다. (하지만 위키피디아를 그대로 인용

하면 안 된다. 1차출처를 직접 확인하라.)

- **도서관에 어떤 자료가 있는지 알아내기 위해서**

  도서관들은 대부분 온라인카탈로그를 제공한다. 더 나아가 짧은 논문, 논문초

  록, 데이터베이스를 온라인으로 제공하기도 한다. 대학도서관, 시립도서관, 주립

  도서관, 의회도서관www.loc.gov을 활용하라.

- **공적인 자료를 얻기 위해서**

  주요 신문과 잡지는 대부분 최근 기사나 칼럼을 인터넷에 요약해서 올리거나

  전문을 통째로 올려놓기도 한다. 《뉴욕타임즈》를 비롯하여 주요 신문사들은

  돈을 내면 출력해서 볼 수 있는 서비스도 제공한다.

- **최신 정보를 열람하기 위해서**

  정부보고서들은 대부분 인터넷에 먼저 공개하고 난 다음에 인쇄본을 공개한다.

- **책이나 잡지에 대한 추가정보를 찾기 위해**

  인쇄본에 싣지 못한 정보나 데이터를 출판사 웹사이트에 올려놓는 경우도 있다.

  또한 글쓴이와 독자가 대화하고 토론할 수 있는 공간을 제공하는 경우도 있다.

- **도서관에서 찾을 수 없는 정보는 찾기 위해**

  예컨대 거리에서 벌어지는 타악공연에 관한 책은 아직 많지 않다. 하지만 인터

  넷에서 steel pan music을 검색하면 다양한 관련정보를 얻을 수 있다.

사람-

글로는 해결할 수 없는 경우도 있다. 사람을 정보의 원천으로 활용하고자 할 때는, 서로 시간을 낭비하지 않게끔 주의깊게 계획을 짜야 한다.

- 질문을 완전히 준비하고 나서 인터뷰 계획을 잡아라. 질문을 준비해두면 시간을 절약할 수 있다. 물론 대본을 읽듯이 질문을 하면 안 될 것이다.
- 정보를 제공한 사람에 대한 신상명세를 정확하게 기록하라. 이름표기가 틀리면 안 된다. 인터뷰한 장소와 시간도 정확하게 기록하라.
- 가능하다면 인터뷰를 녹음하라. 녹음을 하지 못하면, 상대방이 말하는 방식이나 어휘선택까지 그대로 기록하려 노력하라.
- 녹음한 것을 글로 옮길 때는 '음…' '어…' 'you know' 같은 것들은 지운다. 다른 것은 바꾸면 안 된다.

직접관찰-

현장관찰이나 통제실험을 통해서만 얻을 수 있는 것들도 있다. 이러한 관찰이나 실험을 제대로 수행하기 위해서는 상당한 훈련과정을 거쳐야 한다. 물론, 글쓰기수업에서 이러한 근거를 수집해야 하는 글쓰기과제를 내주지는 않을 것이다. 하지만 이러한 과정을 거쳐야만 풀 수 있는 문제는 충분히 떠올릴 수 있다. 예컨대 '학과마다 과제물 채점방식은 어떻게 다른가?' '학교 앞 술집 중에 유난히 빈지드링킹을 유도하는 곳은 어디인가?' 같은 문제에 대한 글을 써야 한다면 직접관찰을 해야 할 것이다.

- 관찰을 시작하기 전에 관찰장소와 날짜, 그 밖의 중요한 상황을 자세하게 기록하라. 관찰자의 위치가 중요하다면 지도도 그린다.
- 숫자를 기록한다면, 관찰을 시작하기 전에 기록표나 차트를 미리 만들어놓고 데이터를 삽입한다. 정확하게 기록하라. 잊어버리기 전에 바로 기록하라.

- 논증에서는 '기록'으로 뒷받침할 수 있는 데이터만 사용한다. 기록했어야 하는데 기록하지 못했다고 해서 억지로 기억해낸 것을 써넣으면 안 된다. 또한 독자에게 어떻게 데이터를 수집했는지 반드시 말해야 한다. 데이터가 주장을 오히려 의심 스럽게 만든다면, 그런 것까지 글에서 밝혀야 한다.

4. 근거를 효율적으로 찾기 위한 표본조사를 하라.

아무리 파도 나오지 않을 근거를 찾기 위해 출처를 파고드는 것은 시간낭비 일 뿐이다. 근거를 찾기 전에 먼저 출처의 가치를 판단하기 위한 표본조사를 한다. 사람을 인터뷰할 때는 테스트 삼아 몇 가지 질문을 미리 물어보거나 소규모 표본집단을 대상으로 질문을 하여 어떤 대답이 나오는지 살펴본다. 책이나 논문에서 정보를 찾을 경우, 서론과 요약부분을 훑어보고 자신이 찾 는 내용이 나올 만한지 미리 살펴본다. 직접관찰을 할 경우에는 어떤 정보를 얻을 수 있을지 미리 방문하여 살펴본다.

5. 근거가 어느 정도 쌓이면 전체적으로 평가하라.

책을 하나둘 읽고, 데이터를 모으고, 계속해서 기록을 쌓아가는 과정에서 문득 이러한 정보가 자신이 뒷받침하고자 하는 주장과 별로 상관없다는 것 을 깨닫는 경우도 있다. 따라서 자신이 모은 정보의 가치를 주기적으로 따져 보는 시간을 가져야 한다. 이런 시간을 갖지 않으면 기나긴 정보수집과정을 모두 마치고 난 뒤 아무런 근거도 건지지 못하는 불행한 사태가 벌어질 수도 있다. (실제로 이런 사태는 자주 벌어진다.) 이런 연유로, 근거가 넘쳐나서 문제가 발 생하는 경우보다, 빈약해서 문제가 발생하는 경우가 많다.

참고자료를
메모하는 기술

◐ Ch 6

다른 글에 기반하여 논증을 구성할 때, 가장 중요한 준비과정은 메모를 하는 것이다. 정확하게 인용을 하기 위해 그 글을 다시 찾아서 펼쳐봐야 하는 수고를 덜기 위해서는, 옮겨쓰고자 하는 부분과 서지정보를 처음부터 정확하게 기록해야 한다. 사소한 실수라도 신뢰성을 훼손할 수 있다. 인용한 부분과 자신이 쓴 부분을 명확하게 구분해 놓지 않으면, 남의 글을 자신이 쓴 것처럼 글에 삽입하는 실수를 범할 수 있다. 이러한 사소한 실수로 인해 표절로 의심받을 수 있다.

메모할 때, 명심해야 할 사항을 정리했다.

서지정보 메모하기

- 책: 제목, 부제, 저자, 출판일, 출판사이름, 출판도시를 모두 기록한다. 출판정보가 기록되어 있는 페이지를 스캔하거나 복사해 놓아도 좋지만, 빠진 정보가 없는지 반드시 확인해야 한다. 나중에 다시 찾아봐야 한다고 생각되면 빨리 찾을 수 있도록 도서관분류기호를 써 둔다.
- 학술지논문: 논문제목(하나도 빠짐없이), 저자, 학술지 제목, 발행호수, 발행날짜, 논문이 실린 페이지번호를 기록한다. 도서관분류기호도 써 둔다.
- 인터넷: 주소(URL)와 글을 쓴 사람에 대한 정보를 최대한 수집하여 기록한다. 그 글이 올라온 날짜와 마지막으로 수정된 날짜를 기록한다. 그 사이트에 접속한 날짜도 기록한다. 가능하다면 인용하고자 하는 화면을 캡처해둔다.

글자기록물 메모하기

- 중요한 정보는 요약하고 풀어써도 좋지만 특징적인 표현방식은 그대로 살린다.
- 놀랍거나 복잡한 내용은 원전의 어휘와 표현을 그대로 인용한다. 인용할 부분이나 숫자표가 긴 경우에는 통째로 스캔해놓는 것이 좋다.
- 메모를 할 때는 원문을 그대로 옮겨쓴 것, 풀어쓴 것, 줄여쓴 것, 자신의 생각을 적은 것이 뒤섞이지 않도록 구분하는 것이 중요하다. 색깔이 다른 볼펜으로 구분해서 적거나 각각 별도의 종이에 적는다. 컴퓨터로 메모할 때는 폰트를 다르게 적용한다. 며칠 지나면 자신의 생각인지 남의 생각인지 뒤섞여 혼동될 수 있기 때문이다.
- 문맥도 기록하라. 인용한 구절이 주요주장인지, 하위주장인지, 반론에 대한 반박인지 기록하라. 글쓴이가 가볍게 말하고 넘기는 것을 글쓴이가 의도적으로 말하는 것처럼 인용하는 것은 원저자는 물론 독자를 속이는 짓이다.

인터뷰 메모하기

- 정보를 제공한 사람에 대한 신상명세를 정확하게 기록하라. 이름표기가 틀리면 안 된다. 인터뷰한 장소와 시간도 정확하게 기록하라.
- 가능하다면 인터뷰를 녹음하라. 녹음한 것을 글로 옮길 때는 '음…' '어…' 'you know' 같은 것들은 지우고 다른 것은 절대 바꾸지 마라. 녹음을 하지 못하면, 상대방이 말하는 방식이나 어휘선택까지 그대로 기록하기 위해 노력하라.
- 인터뷰에 나가기 전에 질문을 꼼꼼히 준비하라. 질문을 준비해두면 서로 시간을 절약할 수 있다. 물론 대본을 읽듯이 질문을 해서는 안 된다. 인터뷰를 마치기 전에 중요한 질문을 혹시라도 놓치지 않았는지 다시 한번 미리 준비한 질문지를 꼼꼼히 체크하라.

관찰 메모하기

- 관찰을 시작하기 전에 관찰장소와 날짜, 그 밖의 중요한 상황을 자세하게 기록하라. 관찰위치가 중요하다면 지도를 그린다.
- 숫자를 기록한다면, 시작하기 전에 기록표나 차트를 미리 만들어놓고 데이터를 삽입한다. 정확하게 기록하라.

표절을 해서는 안 되는 이유

표절은 단순히 글만 훔치는 행위가 아니라, 원작자가 누려야 할 존경과 명예까지 훔치는 행위다. 남의 과제물을 표절하여 제출했다면, 그 사람이 누릴 수 있는 상대적인 학업적 성취와 인정받을 수 있는 기회를 박탈하는 것이다. 표절이 만연하면 선생들 역시 속임수를 가려내는 일에 신경 써야 하고, 따라서 학생들을 제대로 가르치고 학습수준을 파악하는 일에는 덜 신경쓸 수밖에 없다. 무엇보다도 서로 의심하고 불신하게 되며, 결국 악행을 저지르는 것에 대한 심리적 저항감마저 무뎌지게 만든다.

"뭐 어때? 다 그러는데!"

이처럼 표절은 원작자의 권리를 박탈하는 것을 넘어서 전반적인 학력저하를 초래하고 사회전반의 윤리의식까지 무너뜨린다.

반론과 반박을 활용하여 맥락 추론하기

○ Ch 7

익숙하지 않은 분야의 논증이라면, 무엇이 이 분야에서 논쟁거리가 되고 있는지 알지 못할 것이다. 하지만 글을 시작하는 첫머리, 즉 공감대를 읽어보면 어느 정도 힌트는 얻을 수 있다. 특히 기존의 연구성과를 언급한 뒤 그런 성과의 한계를 지적하면서 문제를 제기하는 경우, 맥락을 훨씬 자세하게 알 수 있다(대개 literature review라는 이름으로 논문 속에 등장한다).

또한 자신의 주장에 대한 반론이나 다른 의견을 언급하고 그에 대해 반박하는 부분을 보면 좀더 깊은 논증의 맥락을 찾아낼 수 있다. 어떤 반론을 수용하거나 반박하는지 눈여겨보면 논증의 범위가 어디까지인지 알 수 있고, 반론에 대해 수용하거나 반박할 때 어떤 부분을 자세히 다루는지 보면 주장과 긴밀하게 연관되어있는 것이 무엇인지 알 수 있다.

읽어가면서 대안을 수집하라

다른 이들의 관점을 상상하기 어려울 때는 먼저 찬성과 반대, 특히 반대의견을 목록으로 나열해보라. 근거를 수집하기 위해 자료조사를 하는 과정에도, 상당히 많은 반론이나 다른 의견들을 찾아낼 수 있다.

참고문헌들이 어떤 견해를 수용하거나 반박하는지 메모하라.
참고문헌의 논증에 동의하지 않는 경우, 이 글에서 반박하는 반론이 내 견해를 뒷받침한다는 뜻이다. 그 책을 찾아서 읽어라. 참고문헌의 논증에 동의하는 경우, 나 역시 그러한 대안과 반대의견을 언급하고 반박할 수 있다. 물론, 그것을 언급하기 위해서는 원전을 직접 찾아서 읽고 확인해야 할 것이다.

내 견해와 반대되는 주장도 메모하라.
내 견해를 뒷받침하는 주장만 메모해서는 안 된다. 내 주장과 반대되는 주장도 메모하고, 이를 뒷받침하는 이유와 근거도 함께 메모해야 한다. 이러한 반론에 반박하고자 한다면, 이를 뒤집을 수 있는 완벽한 논증을 짜야한다.

이유를 제한하거나 반박하는 근거도 메모하라.
이유를 뒷받침할 근거를 수집할 때는, 이유를 제한하거나 반박하는 근거도 놓치지 마라. 글에서 이를 언급하지 않는다고 하더라도, 다른 반론을 상상해내는 데 큰 도움을 줄 것이다.

step 3

글을 어떻게 구성할 것인가
준비하기—계획하기

Preparing and Planning

단순히 '화제'가 흥미로워서 글을 읽는 사람은 많지 않다. 우리는 대부분 일자리를 구하는 방법에서 생명의 근원에 대한 호기심까지, 자신에게 중요한 '문제'를 해결하기 위해서 글을 읽는다. 따라서 글을 읽어서 무엇을 얻을 수 있는지 미리 알려줌으로써 독자가 더 많은 정보를 이해할 수 있도록 도와줘야 한다.

논증을 설계하는
세 가지 전략

논증을 설계하는 전략은 다음 세 가지로 구분할 수 있다.

1. 아무런 계획도 세우지 않는다: 그냥 머리에서 나오는 대로 논증을 종이 위에 쏟아 낸다. 물론 이런 방식으로 훌륭한 글을 쓰는 사람도 있지만, 극히 드물다.

2. 글쓰기교재에서 제시하는 '표준템플릿'을 따른다: 문제는 이러한 논증템플릿들이 대부분 믿을 수 없다는 것이다. 믿을 수 있다고 해도 어떤 상황에서든 일괄적으로 적용할 수 있는 것은 아니다.

3. 논증할 때마다 새로 계획을 짠다: 이 전략은 두 가지 문제가 있다. 우선, 글을 쓸 때마다 타겟독자에 대한 지식이 풍부해야 한다. 또다른 문제는, 논증을 아무리 설계해도 경험이 쌓이지 않는다는 것이다.

글을 많이 써본 사람들은 두 번째와 세 번째 전략을 적절히 결합하여 활용한다. 논증을 설계할 때 활용하는 템플릿은 있지만, 그 템플릿을 적용하는 범위는 매우 좁다. 피아니스트가 즉석에서 작곡을 하거나 농구선수가 세트플레이 동작을 다양하게 변주하는 것과 비슷하다. 처음에는 표준템플릿을 가지고 시작하는 것이 좋지만, 그것을 결정적인 틀로 받아들여서는 안 된다. 이 책에서도 표준템플릿을 제시한다. 하지만 타겟독자에 맞게 세세한 요소들을 즉흥적으로 변주할 수 있어야 한다.

절대 사용해서는 안 되는 논증 템플릿

몇 가지 믿을 만한 템플릿을 제시하기에 앞서, 절대 쓰면 안 되는 템플릿 네 가지를 소개한다.

다섯 문단 에세이

¶ 1. 도입부: 치실을 써서 이빨 사이를 청소해야 하는 세 가지 이유가 있다.

¶ 2. 첫 번째 이유는…

¶ 3. 두 번째 이유는…

¶ 4. 세 번째 이유는…

¶ 5. 결론: 우리는 지금까지 치실을 써야 하는 이유 세 가지를 살펴보았다.

고등학교 작문, 토플/토익 작문시험에서는 이러한 형식이 통할 수 있다. 하지만 대학 이상 수준에서 해결해야 하는 복잡한 문제를 풀어 나가는 글쓰기방식으로는 너무나 유치하고 어수룩한 논증방식이다.

생각의 흐름대로 서술하기

문제에서 해법에 이르기까지 무엇을 어떻게 생각해냈는지 세세하게 풀어써 나가다 보면, 마음속에 떠오르는 온갖 것들이 글속에 담길 수 있다. 하지만 독자들은 이러한 과정의 결과물에 대해서만 관심이 있을 뿐이다. 드래프트는 글을 쓰기 위한 피나는 노력의 흔적으로서만 가치가 있다는 것을 명심하라.

참고문헌 요약하기

다른 책이나 글에 기반하여 논증할 때, 그 책에서 진술하는 것을 그대로 좇아가며 요약하는 것은 바람직하지 않다. 결국 다른 사람의 글을 풀어쓴 것에 불과한 글이 될 수 있다.

이것 아니면 저것

두 개 이상의 작품, 책, 인물, 장소 등을 비교하는 글을 써야 하는 경우가 많다. 그럴 때 비교하는 대상의 수만큼 논증을 쪼갤 수 있는 구성이 되지 않도록 조심해야 한다. 예컨대 《로미오와 줄리엣》과 《웨스트사이드스토리》를 비교·분석하는 논증일 경우, 1부에서는 《로미오와 줄리엣》에 대해서 이야기하고 2부에서는 《웨스트사이드스토리》에 대해서 이야기하면 안 된다는 뜻이다. 그 대신 주제-몸짓-감정적 효과 등 여러 요소들을 주제로 삼아 두 작품을 묶어서 비교하고 분석할 수 있도록 구성을 짜야 한다. 그럼에도 두 부분으로 쪼갤 수밖에 없다면, 적어도 2부에서는 1부 내용을 언급하며 이어주는 역할을 하는 문구를 곳곳에 넣어라.

> "《로미오와 줄리엣》에 비해서 《웨스트사이드스토리》는—"
> "《로미오와 줄리엣》과는 대조적으로—"
> "—점에서 《웨스트사이드스토리》는 《로미오와 줄리엣》과 유사하다."

이렇게 하지 않으면 별개의 두 요약본을 이어놓은 것처럼 보인다.

어떤 문제를
해결하고자 하는가?

● Ch 3

글을 써서 무엇을 얻으려고 하는가? 그것을 알아야만 논증을 어떻게 펼쳐 나갈 것인지 계획할 수 있다. 독자들이 내 글에 동의함으로써 나는 무엇을 얻을 수 있는가? 독자들이 동의하지 않는다면 나는 무엇을 잃는가? 세상을 더 나은 곳으로 만들 방법을 제시하고자 하는가? 아니면 단순히 세상을 더 제대로 이해하는 방법을 알려주고자 하는가?

개념문제인가?

단순히 어떤 것에 대해 더 잘 '이해'할 수 있도록 이끌어 줌으로써 해결할 수 있는 문제인가? 대형마트에 대해 독자들이 어떤 점을 '이해'하기 바라는가?

> 대형마트들은 작은 구멍가게들을 우리 곁에서 몰아낸다. 동네주민들이 오손도손 모일 수 있는 친숙하고 작은 공간을 낯선 사람들이 북적거리는 몰개성적인 거대한 창고형 매장으로 대체해 버린다. 이로써 공동체의 가치가 퇴색하고 있다.

실용문제인가?

어떤 '행동'을 하게 만들거나 그런 행동에 대한 지지를 이끌어냄으로써 해결할 수 있는 문제인가? 대형마트에 맞서서 독자들이 어떤 '행동'을 하기 바라는가?

공동체의 삶을 완전히 파괴하는 대형마트가 도시 이외의 지역에 들어서지 못하도록 제한하는 법률을 제정해야 한다.

논증에서 다룰 문제/질문을 아직 명확하게 결정하지 못했다고 하더라도, 개념문제를 다룰 것인지 실용문제를 다룰 것인지는 최대한 빨리 결정해야 한다.

한 가지 팁을 제공한다면, 대학에서는 대개 개념문제를 다루는 글을 작성해 올 것을 기대한다. 여기에는 두 가지 이유가 있다. 우선, 학술공동체에서는 대부분 개념문제를 다룬다. 또다른 이유는, 실용문제는 몇 페이지짜리 글로 완성하기 어렵다. 따라서 대형마트에 맞서 어떤 행동을 해야 한다고 주장하는 글을 쓰고 싶다면, 그러한 목표를 향해 한 걸음 더 나가는 데 도움이 되는 개념문제를 다루는 논증글을 쓰기 바란다.

아웃라인 잡기

글을 전개해 나갈 전체적인 구상이 어느 정도 완성되면 그것을 목록이나 도표로 작성한다. 초보적인 글쓰기수업에서는 글의 구조를 완벽하게 목록으로 작성한 다음 그것에 따라 글을 써 나가라고 가르치기도 하는데, 꼭 그것을 공식처럼 지킬 필요는 없다. 논증을 어떻게 풀어나갈 것인지 대략적인 윤곽만 잡고 거기에 맞춰 유연하게 글을 써 나가면 된다.

물론 꼼꼼하게 계획을 세운 다음, 계획에 맞춰 글을 쓰는 것이 자신에게 잘 맞다면 그렇게 해도 좋다. 하지만 계획에 맞추는 것에만 집중하다 보면 글 쓰는 과정에서 떠오르는 아이디어를 억누르고 외면할 위험이 있다. 반대로 아무런 계획도 없이 '붓 가는 대로' 글을 쓰는 것도 바람직하지 않다. 양극단 사이에서 자신에게 가장 잘 맞는 방법을 찾아야 한다. 글에서 다룰 핵심 키워드를 목록으로 나열하는 것만으로도 글을 써 나가는 데 충분한 지침이 될 수 있다.

가볍게 쓸 글이 아니라면, 아웃라인을 세우지 않고 드래프팅을 시작하는 것은 상당히 무모한 짓이다.

글을 쓰기 위해 맨처음 해야 할 일

논증을 글로 쓸 때 첫 번째 할 일은 논증을 유발한 문제를 제대로 파악하는 것이다. 왜 이 글을 쓰는가? (선생님이 숙제를 내주었기 때문이라는 사실은 빼고!) 글을 통해 무엇을 얻고자 하는가?

- 독자들이 어떤 것에 대해 더 깊이 이해하기를 바라는가? 왜 그것에 대해서 알아야 하는가?
- 독자들이 어떤 행동을 하기를 바라는가? 그렇게 함으로써 어떤 목적을 달성하고자 하는가? 그런 행동으로 어떤 문제가 풀리겠는가?

문제를 완전히 파악했다면 몇 가지 해법을 떠올려 보고 가능성이 있어 보이는 것 하나를 뽑아서 독자들의 동의를 이끌어낼 수 있도록 근거를 나열해보라. 이 목록은 글의 기초적인 윤곽이 될 것이다. 초고를 작성하는 드래프팅은 자신에게 편한 방식을 선택하면 된다.

빠르게 대충 써도 좋고 천천히 꼼꼼하게 써도 좋다. 빠르게 대충 쓴다면 계획을 잡는 데 너무 많은 시간을 들이면 안 된다. 최대한 빨리 드래프팅을 시작하고 최대한 빨리 끝내야 한다. 그래야 나중에 리바이징 시간을 충분히 확보할 수 있다. 천천히 꼼꼼히 쓴다면 계획을 꼼꼼하게 세워 단번에 제대로 써 내려가야 한다. 리바이징할 여유가 없을 수도 있기 때문이다.

문제를 찾아내기 위한
화제 탐구

◯ Ch 3

학교에서 과제물로 쓰는 논증은 대부분 책을 읽고 쓰는 것이다. 하지만 자신의 아이디어를 바탕으로 연구보고서를 써야 할 때는 먼저 자신이 해결하고자 하는 문제가 무엇인지 분명히 알아야 한다. 문제를 파악하는 데 도움이 되는 네 단계를 소개한다.

1. 화제 찾기
2. 화제 좁히기
3. 화제에 대해 질문하기
4. 가장 좋은 질문을 문제로 바꾸기

1단계: 흥미로운 화제 찾기

화제가 구체적으로 정해지지 않은 상태에서 글을 써야 하는 경우, 먼저 자신의 관심이 어디 있는지 찾아야 한다. 일단 다른 사람들의 관심은 제쳐 둔다.

보편적인 화제 찾기

1. 무엇이든 써도 상관없다면, 자신이 더 많이 알고 싶어하는 것이 무엇인지 생각해

본다. 그것의 역사적, 경제적, 정치적 측면을 다루어도 좋고, 또는 그것에 대한 논란을 중심으로 다루어도 좋다.

2. 당연히 다루어야 하는 주제라고 생각하지만, 아무도 이야기하지 않는 주제가 있는가? 특히 정치인들이 말하기 껄끄러워 하는 주제가 있는가? 시장이 우리 학교에 와서 연설을 한다면, 무엇에 대해 이야기해야 한다고 생각하는가?

3. 공적인 이슈 중에 특히 분노하는 것이 있는가? 정치·교육·영화·TV·라디오·광고 등에서 거슬리는 것이 있는가?

4. 도서관 잡지코너에 가서 잡지들을 훑어보라. 흥미를 끄는 기사, 좀더 알고 싶어지는 내용이 있는가?

5. 흥미를 끄는 화제에 대해 공유하는 웹사이트나 블로그를 방문하거나 포럼이나 동호회에 가입하라. 아카이브를 훑어보며 사람들이 무엇에 대해 궁금해 하고 논쟁하는지 살펴보라.

6. 다음 학기에 수강할 과목은 무엇인가? 그 과목과 연관된 화제에 대해 미리 알아둔다면 남들보다 앞서 나갈 수 있다.

특정한 분야 안에서 화제 찾기

1. 수업시간에 토론한 내용 중에 가장 논란이 뜨거운 이슈가 무엇인지 교수에게 물어보라.

2. 공부하는 분야, 문제를 찾고자 하는 분야의 최신 백과사전을 훑어보라.

3. 구글에서 다른 대학의 관련 강좌를 검색해보라. 코스가이드나 강의계획표를 보면, 주요이슈가 무엇인지 어떤 논란을 중요하게 다루는지 알 수 있다.

4. 그 분야의 신간들에 대한 서평이 담긴 잡지나 학술지를 살펴보라.

제대로 글을 쓰기 위해서는 스스로 관심있는 화제를 찾는 것이 매우 중요하다. 글을 쓰는 사람도 흥미를 느끼지 못하는데, 그 글을 읽는 사람은 어떻게 흥미를 느낄 수 있겠는가?

2단계: 보편적인 화제를 구체적인 화제로 바꾸기

보편적인 화제는 백과사전에서 소개하는 항목과 비슷하다.

에이즈	무역불균형	토마스 제퍼슨-샐리 헤밍스 논쟁
홈리스	새의 진화	정치자금법개혁안

이러한 것들은 화제다. 글을 많이 써보지 않은 사람들은 화제가 곧 문제라고 생각한다. 화제와 문제는 다르다. 문제를 찾으려면 먼저 보편적인 화제를 맥락, 연관성, 특성을 덧붙여 구체적인 화제로 바꿔야 한다.

보편적 화제		**구체적 화제**
땅다람쥐의 <u>영역습성</u>	➡	땅다람쥐의 영역습성과 아이들의 습성과 비슷한 점
게티즈버그연설에 나타난 <u>링컨의 칼뱅주의</u>	➡	운명에 대한 링컨의 칼뱅주의 믿음이 그의 정당성 관념에 미친 영향과 게티즈버그연설을 비롯한 여러 연설에서 나타나는 <u>정치적/개인적 희생에 대한 요구</u>

지금쯤 이런 생각이 들지도 모른다.

> "화제에 대해 뭔가 제대로 알지 못하면 구체적인 화제를 만들어낼 수 없겠구나."

솔직히 말하자면 그렇다. 그래서 특정한 주제를 정해주지 않고 무작정 연구보고서를 써오라고 하는 것은 상당히 어려운 과제라 할 수 있다. 일단 보편적인 화제를 정하고 나면, 그 화제와 관련한 글을 많이 읽어야 한다. 특별한 목적 없이 무작정 읽어야 한다. 어느 정도 화제에 대한 지식이 쌓인 다음에야 화제의 폭을 조금씩 좁혀나갈 수 있다. 물론 글에서 다룰 '문제와 그 해답'을 찾아내기 위해서는 갈 길이 멀다.

3단계: 화제에 대해 질문하기

화제를 좁히고 나면 화제에 대해 다섯 가지 질문을 한다. 처음 두 질문은 화제의 내부요소들을 잘게 쪼개어 어떻게 하나의 독립된 단위로 움직이는지 알아내는 것이다.

개별 요소들의 역할은 무엇이고 서로 어떻게 연관 맺는가?
구체적인 화제를 구성하는 개념들을 파악하라.

> 운명에 대한 링컨의 칼뱅주의적 신념은 어떤 요소들로 구성되어 있는가? 그 중에서 어떤 요소가 특별히 희생을 요구한다는 믿음을 이끌어냈는가? 그런 요소 중에 운명과 처벌 사이에는 어떤 연관성이 있는가? 처벌은 어떤 의미인가? 희생은 어떤 의미인가?

어떻게 시작하여 어떻게 끝맺는가?
화제를 하나의 이야기로 풀어보라. 시간에 따라 어떻게 진화하고 발전하는지 단계별로 정리해보라.

> 운명, 처벌, 희생에 대한 링컨의 생각은 어떻게 변했는가? 게티즈버그연설은 이전 연설과 이후 연설과 어떻게 연관되어 있는가? 링컨은 어떻게 칼뱅의 사상을 접했는가? 링컨은 자신의 사상을 미국을 건국한 이들의 사상과 어떻게 접목했는가? 그의 연설은 전통적인 웅변술에서 어떤 영향을 받았는가?

다음 두 질문은 화제를 더 큰 전체의 일부분으로 바라보기 위한 것이다. 다른 화제들과 어떤 관계인지 판단한다.

다른 화제들과 어떻게 연관을 맺는가?

세상만물은 모두 더 큰 어떤 것의 일부다. 자신이 선택한 화제를 더 큰 체계 속에 넣어보라.

링컨의 신념은 더 큰 어떤 철학의 일부라고 볼 수 있는가? 희생을 요구하는 링컨의 신념과 비슷한 다른 사람들의 신념이 있는가? 운명에 대한 링컨의 생각은 전반적인 종교적 관점에서 어떻게 이해할 수 있는가?

이전과 이후에 어떤 일이 있었는가?

세상만물은 모두 더 큰 역사의 일부다.

링컨 이전 사람들은 운명에 대해 어떻게 생각했나? 링컨 이후 사람들은 운명에 대해 어떻게 생각했나? 그들은 링컨의 사상을 어떻게 평가했나?

마지막 질문은 화제의 질적인 측면을 평가한다.

자신이 선택한 화제의 질은 어떠한가?

세상만물은 질적인 측면을 갖는다.

링컨의 이러한 사상은 효과적이었나? 전통적이었나? 혁신적이었나? 잘못된 판단이었나? 잔인하였나? 현명하였나?

그밖에도 수많은 질문을 던져라. 쉽게 대답할 수 있는 질문은 버려라. 그런 질문들은 대개 논증까지 펼치며 좇을 만한 가치가 없다. 호기심을 자극하면서도 다소 복잡한 질문에 초점을 맞춰라. 그러한 질문을 하면 누군가 이렇게 묻는다고 상상하라.

"그래서 어쩌라고? 그 질문에 답을 안 하면 어떻게 되는데?"

"그건 알아서 뭐 할 건데?"

"이 질문에 대답을 하면 어떤 더 큰 질문에 대답할 수 있는데?"

이런 질문에 일일이 답하는 것은 귀찮고 괴로울 수도 있지만, 이는 질문의 중요성을 평가하는 매우 중요한 과정이다. 질문의 중요성이 높으면 훌륭한 연구문제를 바꿀 수 있는 잠재성이 높다는 뜻이다.

4단계: 질문을 문제로 바꾸기

화제에 대해 더 많이 알수록 가장 좋은 질문을 찾아낼 수 있고, 이것을 문제로 바꿀 수 있다. 이러한 전환작업에 도움이 되는 공식을 여기 소개한다. 세단계로 이루어진 문장에 빈칸을 채워라.

실용문제의 경우

1. 내가 풀고자 하는 문제 : (_____한) 문제를 풀어
2. 알아내고자 하는 해법 : (_____하는) 방법을 찾으면
3. 문제를 풀지 못했을 때 감수해야 하는 손실 : (손실)을 입지 않을 수 있다. 또는 문제를 풀었을 때 얻는 혜택 : (혜택)을 누릴 수 있다.

예시를 보자면,

1. <u>축구경기가 끝난 뒤 발생하는 교통정체 문제를 풀어</u>
2. <u>교통흐름을 더 빠르게 하는 방법을 찾으면</u>
3. <u>기업들이 교통혼잡으로 인해 피해를 입지 않을 수 있다</u>

개념문제의 경우

개념문제는 우리가 알지 못하는 것이 무엇인지 파악하는 것이 중요하기 때문에 '왜'나 '어떻게'로 시작하는 질문이 훨씬 중요한 역할을 한다.

1. 내가 풀고자 하는 문제: (_____한) 문제를 풀어
2. 알아내고자 하는 해법: (무엇을) 알아내면
3. 문제를 풂으로써 이해할 수 있는 더 큰 문제: (무엇을) 더 잘 이해할 수 있다.

예시를 보자면,

1. <u>서양인들이 왜 타지마할에 열광하는지 문제를 풀어</u>
2. <u>유럽인들이 타지마할을 인도건축의 유일한 걸작으로 꼽는 이유를 알아내면</u>
3. <u>독특하지만 전형적이지 않은 몇몇 작품에만 초점을 맞출 때 다른 문화의 예술에 대한 그릇된 인식을 심어줄 수 있는 현상에 대해 더 잘 이해할 수 있다.</u>

세 번째 문장(더 큰 문제)은 쉽게 떠오르지 않을 때도 많다. 세 번째 문장을 완성하지 못했다고 해도 일단 논증을 시작하는 것이 좋다. 논증을 마무리하기 전까지만 채워 넣으면 된다. 논증을 시작하는 단계에서는 문제(첫 번째 문장)부터 완성하라. 그리고 거기에 대한 답(두 번째 문장)이 떠오를 것이라고 믿어라. 자신이 진행하는 연구의 온전한 의미(세 번째 문장)를 깨닫는 순간은 대개 논증 막바지에 찾아오는 경우가 많다.

앞에서 본 글쓰기계획에서는 주요주장(문제에 대한 해법)을 도입부 끝에 한 번, 결론 시작부분에 한 번 썼다. 하지만 주요주장을 도입부에는 쓰지 않고 결론에만 쓸 수도 있다. 주요주장을 두 번 쓸 것인지 한 번 쓸 것인지 결정하는 것은 독자와 어떤 관계를 맺을 것인지 결정하는 일과 같다.

주장을 서론에서 진술할 것인가?   ○ Ch 3
결론까지 숨길 것인가?

주요주장을 두 번 쓸 것인지 한 번 쓸 것인지 결정하는 것은 독자와 어떤 관계를 맺을 것인지 결정하는 일과 같다. 먼저 주요주장을 서론 맨 끝에서 한 번, 결론에 또 한 번 쓰는 방식은 독자에게 다음과 같이 말하는 것과 같다.

> 내가 어떤 문제를 다루고자 하는지, 또 이에 대한 해법이 무엇인지 미리 알려줄 테니 마음대로 읽어가라. 내가 무엇을 가장 중요하게 생각하는지 아니까, 읽어가면서 어디서든 멈출 수도 있고, 계속 읽어 나갈 수도 있고, 건너 뛸 수도 있다.

반면 주요주장을 말하지 않고 서론을 끝내는 것은 독자에게 이렇게 말하는 것과 같다.

> 내가 논증을 통제할 것이다. 내가 추론해 나가는 대로 따라오기만 하면 그토록 고대하던 해법을 알려주겠다.

두 번째 전략이 좀더 흥미진진할 것이라고 생각하는 독자들도 있겠지만, 이런 글은 구불구불한 지적인 여정을 즐기는 사람들만 좋아한다. 인문학교수들 중에 추리소설과 같은 이러한 전개방식을 좋아하는 사람이 있을지도 모른다. 하지만 이러한 극소수 사람들을 빼면, 이런 전개방식을 좋아하는 사람은 없다. 대부분 시간을 아끼고 싶어한다. 주요주장을 빨리 보고 싶어한다. 따라서, 도입부에서 주요주장을 제시하라.

때로는 주요주장을 너무 빨리 보여주면 독자들이 흥미를 잃고 글을 읽지 않을까 걱정하는 사람들도 있다. 하지만 이는 공연한 걱정일 뿐이다. 독자에게도 중요한 문제라면, 해법을 이미 알려줬다고 해도 글을 계속 읽어나간다. 오히려 대수롭지도 않은 문제를 가지고 답을 보여줄랑말랑 숨바꼭질을 하면 독자들은 짜증을 내며 던져 버릴 것이다.

자신의 주요주장에 선뜻 동의하지 않는 독자들도 끌어들이기 위해서는, 주장을 끝까지 숨기는 것이 좋다고 생각하는 사람도 있을지 모른다. 독자를 유혹하여 저 멀리서 어렴풋하게 다가오는 달갑지 않은 결론으로 이끌어가는 것은, 글을 많이 써본 사람만이 구사할 수 있는 매우 어려운 기술이다. 또한 그런 작전이 성공해서 독자를 끝까지 붙잡아두었다고 해도, 독자들은 자신이 속아서 글을 읽었다고 느낄 것이다.

적대적인 독자들을 자기편으로 설득하는 가장 좋은 방법은, 이렇게 감추거나 속이는 것이 아니라 자신의 의견이 무엇이 다른지 처음부터 분명하게 알려주는 것이다. 그러한 견해에 대한 논증이라면 아예 거들떠볼 생각조차 하지 않는 사람은, 무슨 수를 써도 설득할 수 없다. 마음에 들지 않는 견해라고 해도 일단 들어보고자 하는 사람들을 독자로 삼아야 한다. 또한 내 글을 다 읽는다고 해도 나의 주장에 쉽게 동의하는 사람은 많지 않다. 내 주장을 받아들이지 않는다고 하더라도, 나의 주장에 타당한 이유가 있다는 것을 인정하기만 한다면, 상당한 성공을 거둔 것이다.

결론을 미리 알려주든 나중에 알려주든, 본질적으로 어느 방식이 더 낫다고는 말할 수 없다. 다만, 글쓴이, 독자, 텍스트, 상황 사이에 발생하는 역학관계가 달라질 뿐이다. 어쨌든 글을 읽는 독자 입장에서는 대부분, 이야기하고자 하는 핵심을 빨리 알고 싶어한다. 그래야만 자신이 읽는 글을 스스로 통제할 수 있기 때문이다. 따라서 핵심을 먼저 보여주는 것이 바람직하다.

그럼에도 주요주장을 도입부에서 이야기하지 않고 결론에 가서 밝혀야 겠다면, 앞으로 어떤 내용이 펼쳐질지 독자들이 예상할 수 있도록 곳곳에 이 정표를 제시하여야 한다. 도입부 끝부분에서 결론을 말하지 않더라도, 본문 에서 이야기할 핵심개념들을 소개해야 한다. 이렇게 본문내용을 예고하는 문장은 가능한 한 자세하고 복잡하게 만드는 것이 좋다. 빈지드링킹에 대한 논증에서 도입부를 마무리하는 다음 두 문장을 비교해 보라.

> 사실상 시대는 변했다. 대학이 그러한 변화를 이해해야만 음주문화를 효과 적으로 바로잡을 수 있다.

> 사실상 부모세대의 눈으로 보면, 대학의 전통적인 역할은 예전보다 훨씬 복 잡해졌다. 시민권, 사생활, 학생자율권 등 다양한 쟁점들이 얽혀있기 때문 이다. 법적으로, 실질적으로, 도덕적으로 대학의 역할이 어디에 서있는지 이 해해야만 대학이 빈지드링킹 문제를 해결할 수 있는 효과적인 정책을 명확 하게 세울 수 있을 것이다.

여기서 강조한 단어들은 본문에서 다룰 핵심개념들이다. 두 번째 진술방식이 본문에서 어떤 것에 대해 이야기할 것인지 훨씬 자세히 알려준다.

도입부의 끝문장을 작성하는 방법은, 글에서 논의할 내용을 모두 집어 넣는 것이다. 지나치게 복잡하고 산만해 보여도 상관없다. 나중에 리바이징 과정에서 정리하면 된다.

이유를 어떤 순서로 나열할 것인가?

⊙ Ch 5

○│유를 모두 찾고 나면, 그 이유들이 나와 독자에게 무엇을 암시하는지 생각해보라. 모든 이유는 제각각 추론의 원칙, 즉 전제가 작동하기 때문에 글쓴이가 어떤 가치관을 가지고 있는지 또 독자를 어떻게 바라보는지 알려준다. 아무리 분명한 사실이고 주장을 제대로 뒷받침하는 이유라고 하더라도, 그런 이유들을 제시하는 전제가 독자들이 보기에 바람직하지 않다면, 논증이 힘을 발휘하지 못할 뿐만 아니라 글쓴이의 에토스도 수난을 겪을 수 있다.

실제 사례를 보면 쉽게 이해할 수 있다. 인터넷에 있는 글을 베껴 쓰는 표절행위를 처벌해야 한다고 주장하면서 루시는 다음과 같은 이유를 제시했다.

R1: 표절은 뛰어난 학생이 돋보이지 못하도록 한다.
R2: 공동체의 바탕이 되는 신뢰의 기초를 무너뜨린다.
R3: 이러한 사실이 외부로 알려지면 우리 대학의 이미지가 손상된다.
R4: 노력하지 않아도 열매를 얻을 수 있다는 생각을 학생들에게 심어준다.

루시가 나열한 이유들을 보면, 루시가 어떤 가치를 중시하는 사람인지 알 수 있다. 또한 그가 설득하고자 하는 독자를 어떤 사람으로 바라보고 있는지 알려준다. 일단, 사회적 신뢰의 기초를 무너뜨릴 수 있기에 표절을 처벌해야 한다는 주장에는 누구나 동의할 것이다. 그에 반해 대학의 이미지가 훼손될 수 있기 때문에 표절을 처벌해야 한다는 주장은 어떠한가? 주장을 뒷받침하기에는 충분한 이유가 될 수 있지만, 그것을 주요한 이유로 내세우는 것은 루시의 에토스에 대한 의문을 품게 만든다.

따라서 자신의 주장을 뒷받침할 이유들을 찾고 나면, 이런 이유들이 나의 에토스를 어떻게 투영할지 또 독자를 바라보는 시선을 어떻게 투영할지 주의깊게 따져보라. 잘 보이지 않는다면, 다른 사람에게 물어보라.

많은 이들이 자신의 주장을 뒷받침하는 이유들을 떠오르는 대로 나열한다. 하지만 이러한 무작위 배열은 논증의 설득력을 크게 떨어뜨린다. 찾아낸 이유들을 목록으로 만들어서, 어떻게 배열할 것인지 세심히 결정해야 한다.

병렬구성

이유를 병렬로 구성하여 주장을 뒷받침할 때는, 독자들이 일관성을 느낄 수 있도록 또 최대한 클라이맥스를 느낄 수 있도록 이유를 배열한다.

내용을 기준으로 나열하기

이유가 담고 있는 생각이나 주제를 기준으로 나열할 수 있다. 가장 분명한 선택은 이유가 주로 다루는 사람이나 대상의 순서를 매기는 것이다. 예컨대, 아무리 사소한 '사교적' 거짓말이라도 해서는 안된다는 주장을 뒷받침하기 위해 다음 세 가지 이유를 꼽았다고 하자.

> R1: 사소한 거짓말에 익숙해지고 나면 더 큰 거짓말도 아무 거리낌 없이 말하게 된다.

R2: 거짓말에 속는 사람은 진실을 알지 못해 피해를 입는다.

R3: 거짓말을 하다 보면 결국 신뢰를 잃는다.

이 중에서 R1과 R3는 거짓말을 한 사람에 대한 것이고 R2는 거짓말에 속은 사람에 대한 것이다. 따라서 R1과 R3를 붙이고 R2는 맨 앞이나 맨 뒤로 뺀다.

또다른 방법은, 시간이나 공간처럼 우리에게 익숙한 보편적 측면이나, 난이도나 수용성과 같은 주장의 특별한 측면을 기준으로 이유를 배치하는 것이다. 예컨대, 홀로코스트의 원인을 설명하는 다섯 가지 병렬이유를 보자.

R1: 연합군 지도자들은 정치적 이유 때문에 홀로코스트를 막으려 하지 않았다.

R2: 독일에는 반유대주의의 오랜 역사가 있다.

R3: 많은 사회가 다양한 형태로 민족청소를 자행해왔다.

R4: 히틀러와 그의 측근들은 모두 유별나게 악독했다.

R5: 유대인들이 제대로 저항하지 않았다.

이유를 이렇게 나열한 기준이 무엇인지 쉽게 이해되는가? 역사적인 사건으로서 홀로코스트를 강조하려 한다면 시간을 기준으로, 즉 먼저 일어난 일에서 나중에 일어난 일로 (또는 그 반대로) 나열하면 전제가 훨씬 뚜렷하게 드러날 것이다.

R3: 보편적인 사회현상

R2: 독일의 역사

R4: 히틀러의 악행

    R5: 유대인들의 미약한 초기 저항

    R1: 연합군 지도자들의 실수

또는 개인적 원인과 사회적 원인을 대비해서 보여주고자 한다면 개인적인 이유에서 사회적인 이유로 (또는 그 반대로) 나열하는 것이 좋다.

    R4: 히틀러의 개인적 악행

    R1: 몇몇 연합군 지도자들의 실수

    R5: 유대인들의 미약한 초기 저항

    R2: 독일사회

    R3: 보편적인 사회현상

독자의 반응을 기준으로 나열하기

내용을 기준으로 병렬이유를 나열하는 것보다 더 좋은 방법은 독자들에게서 이끌어내고자 하는 반응을 기준으로 나열하는 것이다. 독자의 반응도 여러가지 측면에서 기준을 세울 수 있다.

강약

독자에게 처음부터 충격을 주고 싶은가? 아니면 클라이맥스를 만들어 뒤에서 충격을 주고 싶은가? 그 판단에 따라서 가장 약한 것에서 가장 강한 것으로, 또는 반대로 강한 것에서 약한 것으로 나열한다. 물론, 어떤 이유를 강하다고, 또는 약하다고 느끼는 것은 독자마다 다를 수 있다.

수용성

독자가 듣고 싶어하지 않는 이유가 있을 수 있다. 예컨대 홀로코스트 논증에서, 독자 자신의 책임을 따지는 이유에 대해 독자들은 가장 심하게 반발할 것이다. 이를테면 유대인은 R5, 독일인은 R2, 연합군과 관계된 이들은 R1에 강한 거부감을 보일 확률이 높다. 따라서 자신이 타겟으로 삼는 독자들이 반발할 확률이 높은 원인을 맨 뒤에 배치하는 것이 좋다. 사람들은 자신의 책임을 따지기 전에 남들의 책임부터 따지고 싶어하기 마련이다.

복잡성

독자는 복잡한 이유보다 단순한 이유를 더 쉽게 받아들인다. (물론 무엇이 쉽고 어려운지는 독자의 지식수준에 따라 달라질 것이다.) 예컨대, 언어를 배우는 능력이 체스나 수학을 배우는 능력과 달리 유전적으로 결정된다고 주장하고자 할 때, 다음 세 가지 이유를 제시할 수 있다.

> R1: 인간의 모든 언어는 문법체계와 같은 복잡한 원칙을 공유한다.
> R2: 세계 어디서나 아이들은 비슷한 나이에 말을 배운다.
> R3: 침팬지는 두 살배기 아기가 쉽게 깨우치는 문법구조를 습득하지 못한다.

첫 번째 이유는 언뜻 무슨 말인지, 어렵게 느껴진다. 두 번째는 이보다 좀 쉽고 세 번째는 가장 쉬운 주장이다. 따라서 이유를 R3-R2-R1 순서로 배열하면 논증을 더 쉽게 이해해나갈 수 있을 것이다. 쉬운 정보부터 읽다 보면 '관성'이 붙어서 어려운 글도 쉽게 읽어나갈 수 있다.

친숙도

독자는 낯선 것보다 익숙한 것을 더 쉽게 받아들인다. (무엇이 익숙한지는 독자에 따라 달라질 수 있다.) 예컨대, 위에서 본 세 가지 이유 중 R1은 일반독자에게 가장 낯설 것이다. 반면에 아이들을 많이 접해본 사람들에게는 R2가 가장 친숙할 것이다. 따라서 이런 독자들을 대상으로 친숙도에 따라 이유를 배치한다면 R2-R3-R1순서로 나열해야 한다.

이유를 어떻게 나열해야 할지 헷갈린다면, 가장 간단한 원칙을 따르는 것이 좋다. 바로, 가장 강조하고 싶은 이유를 맨 뒤에 놓는 것이다. 물론 이것은 독자가 논증을 끝까지 읽을 것이라고 확신하는 경우, 유효한 방법이다. 독자가 논증을 끝까지 읽지 않을 수도 있다고 여겨진다면 가장 강력한 이유를 맨 앞에 놓는 것이 좋다. 어쨌든, 이유를 나열하는 순서에는 반드시 원칙이 있어야 하며 그 원칙이 무엇인지 독자들이 명확히 인지할 수 있어야 한다.

직렬구성

이유를 단계별로 제시할 때에는, 오직 한 이유만 주장을 직접 떠받치고 그 이유를 다른 이유들이 떠받치고 맨 밑에 있는 이유는 근거라는 바닥 위에 자리잡는다. 직렬이유를 나열하는 순서는 병렬이유를 나열하는 순서와 마찬가지로 외적인 프로세스를 기준으로 삼을 수도 있고 독자의 내적인 추론을 기준으로 삼을 수도 있다.

진행순서

원인-결과와 같은 어떤 외적인 프로세스를 따라 진행되는 이유는 그 흐름에 맞게 배치하면 된다. 다음과 같이 원인부터 발생한 순서에 따라 이유를 나열할 수 있다.

> 구매자가 제품의 질에 만족했을 때, 또 애프터서비스의 질에 만족했을 때1단계 충성고객이 될 확률이 높다.2단계 충성고객은 제품을 다시 사도록 광고를 하거나 영업을 하기 위해 노력을 기울이지 않아도 다시 돌아오기 때문에 매우 중요하다.3단계 따라서 제품에 대한 충성고객이 많을수록 기업이 기대할 수 있는 수익은 훨씬 높다.주장

반대로 거꾸로 거슬러 올라갈 수도 있다.

> 기업이 수익과 판매량을 높이려면3단계 제품을 한 번 사고 나서 다시 구매
> 하는 충성고객을 만들어야 한다.2단계 이들에게는 광고를 하거나 영업을 하
> 기 위해 노력을 기울일 필요가 없다. 고객은 애프터서비스의 질에 만족하거
> 나, 무엇보다도 제품의 본래적인 품질에 만족할 때 비로소 그 제품에 충성
> 하게 된다.1단계 따라서 기업은 서비스와 제품의 질에 초점을 맞춰야 하지만
> 제품의 질에 특히 신경 써야 한다.주장

위 두 가지 모두 타당한 논증이다. 어떤 순서를 선택할 것인지는 독자에게 어
떤 인상을 심어주고자 하느냐에 따라서 달라진다. 핵심은, 독자는 맨끝에 나
오는 단계에 초점을 맞춘다는 것이다. (원인→결과로 배치한 예문에서는 3단계, 결과
→원인으로 배치한 예문에서는 1단계에 초점이 맞춰진다.)

추론순서
외적인 프로세스보다는 독자들의 내적인 추론순서에 따라 이유를 나열할
수 있다. 다음 예문은 토마스 제퍼슨의 말에서 출발하여 시민의 반란권을 옹
호하는 주장으로 나아간다. 두 번째 이유는 맨 처음 진술한 논리적인 원칙에
바탕을 두고, 세 번째 이유는 두 번째 이유에 바탕을 둔다. 글쓴이는 이 모든
것을 근거보고, 즉 제퍼슨의 말에 바탕을 둔다.

> '인간은 누구나 빼앗을 수 없는 권리를 타고난 평등한 존재다'라는 토마스
> 제퍼슨의 말은근거 곧 시민사회의 첫 번째 원칙, 즉 우리는 누구도 빼앗을
> 수 없는 본래적인 권리를 타고났다는 원칙이 되었다.이유1 그러한 권리를 보
> 호하기 위해 우리는 정부를 세우는 것이다.이유2 하지만 정부가 그러한 권리
> 를 빼앗으려고 하는 경우에는 그런 정부를 무너뜨리고 우리를 보호해줄 수

있는 정부로 대체할 의무 역시 우리에게 있다.이유3 민주주의에서 우리는 투표를 통해 그런 행동을 할 수 있다. 하지만 정부가 무자비하게 폭정을 휘두를 때는, 필요하다면 힘으로 정권을 무너뜨려야 한다.주장

이러한 이유의 배열은 거꾸로 놓을 수도 있지만, 그럴 경우에는 이해하기가 어려워진다.

글을 쓸 때 이유를 배치하는 순서는 논증에 따라, 상황에 따라 달라질 수 있지만, 무엇보다도 독자에 따라 달라진다. 따라서 이유를 배치하는 순서를 테스트해보고 싶다면, 독자 노릇을 해 줄 수 있는 사람의 의견을 듣는 것이 좋다. 어쨌든 이유들을 의식적으로 배치하는 작업은 절대 생략해서는 안된다. 머릿속에 떠오르는 대로 나열한 이유는 독자들이 논증에 몰입하는 것을 방해할 확률이 크다.

이유를 제시하는 순서

이유가 여러 개일 때에는 독자들이 쉽게 이해할 수 있는 순서로 배열하라.

- 병렬이유는 강도, 수용성, 복잡성, 친숙도 등에 따라 배치한다.
- 직렬이유는 외적인 진행순서를 따르거나 내적인 추론순서를 따라 배치한다.

반론을 어디서 언급하고 반박할 것인가?

◐ Ch 7

아웃라인을 잡을 때 또는 스토리보드를 만들 때 어떤 반대의견을 언급할지 계획을 세워놓았다고 하더라도, 드래프팅을 하는 동안에는 반론에 신경쓰지 말고 자신의 주장의 틀을 세우는 데 집중하라. 드래프트를 작성하는 과정에서 독자들이 떠올릴 수 있는 반대의견에 너무 신경쓰다 보면 아무 글도 쓰지 못하는 상태에 빠질 수 있다. 이것이 바로, 글을 쓰는 많은 이들에게 악몽을 선사하는 '라이터스블록writer's block'이다. 따라서 논증의 뼈대를 잡아주는 드래프트를 작성하고 난 다음, 부분별로 짚어가면서 독자들이 떠올릴 수 있는 질문을 상상하는 것이 좋다.

사실, 글에서 언급하는 반론 중에는 실제로 독자들이 미처 떠올리지 못하는 것들도 많다. 좁은 뒷골목을 일일이 헤집고 다니면서 반대자들을 찾아내 들춰내고 반박하는 모험을 지루하게 느끼는 독자들도 있을지 모른다. 하지만 그러한 과정을 통해 독자들은 글쓴이의 진정성에 호감을 느낄 것이다.

물론 이러한 전략이 겉과 속이 다른 이중적인 것처럼 보일 수도 있다. 실패할 수 있다는 것을 솔직하게 보여줌으로써 성공을 획득하고자 하는 전략이기 때문이다. 그럼에도 자신과 다른 주장을 숨기고 감추기보다는 열린 자세로 받아들이는 모습을 보면서 독자들은 글쓴이의 에토스를 판단한다. 믿을 수 있는 저자라는 명성을 얻고 싶다면, 나와 다른 주장을 모두 고려했다는 사실을 보여주어야 한다.

반론수용과 반박을 어디에 놓을 것인가.

어떤 대안을 수용할 것인지 결정하고 나면 그에 대해 어떻게 반박할 것인지 떠올리고 그 윤곽을 잡고 이를 어디에 놓을 것인지 결정한다. 대안이 제법 튼튼하고, 또한 논증 전체와 관련이 있다면 대안을 일찌감치 언급하는 것이 좋다.

- 논증 전체에 대한 반론이 존재한다면 서론의 맨 앞, 즉 공감대에서 반론을 언급하라. 이에 대한 세부적인 수용이나 반박은 본론 앞부분에서 해소한다.
- 논증 전체와 관계되어 있지만 빠르게 떨쳐버리고 싶은 반론이나 대안이 있다면, 공감대에서 언급하라.

학생들에게 가르쳐 줄 수 있는 가장 중요한 기술로 많은 교사들이 꼽는 것은 바로 문제를 해결하는 것이다.반론수용/공감대 하지만 그런 기술 못지않게 문제를 발견하고, 문제를 명확하게 표현하는 능력도 중요하다. 아인슈타인의 말처럼 '문제를 제대로 제시하면 이미 절반은 풀린 것'이기 때문이다.반박/불안정조건

- 논증에서 다룰 문제와 그 해법에 대해서 어느 정도 이해하고 난 뒤 독자들이 떠올릴 수 있는 반론이 존재한다면, 서론이 끝난 뒤 곧바로 '배경지식'으로 반론을 언급하라.

학생들에게 가장 소중한 기술은 문제를 발견하고 명확하게 표현하는 능력이다.주장 하지만 지금까지 문제를 정리하는 기술은 교사들이 소홀하게 다뤘다. 전통적으로 교사들은 문제를 분석하는 데에만 초점을 맞춰서 학생들을 가르쳐왔는데…반론수용

- 그다지 중요하지 않은 반론이라도 연관성이 있다면 언급하고 반박하라.

실제 학교에 다니는 학생들의 의견에 기초하여 대학의 등급을 매기는 웹사이트가 있다. 신뢰할 수 있는 자료는 아닐 수 있겠지만_{반론수용} 학생들이 직접 평가했다는 점에서 눈여겨볼 필요가 있다._{반박/주장} 예컨대⋯

대안을 중심으로 전체논증 세우기

독자들이 여러 대안을 떠올릴 것 같은 경우에는, 대안을 하나씩 제거하여 마지막에 자신의 주장만 남게 하는 방식으로 논증을 구성한다.

그러면 지구온난화에 어떻게 대응해야 하는가? 그냥 무시해도 된다고 말하는 사람들이 많다. [자세한 내용을 설명한다] 하지만 그렇지 않다. 왜냐하면⋯

또 이러한 기후변화에 적응함으로써 더 많은 혜택을 누릴 수 있다고 말하는 이들도 있다. [자세한 내용을 설명한다] 하지만 그렇지 않다. 왜냐하면⋯

또 한편으로는 모든 대기오염물질의 방출을 즉각 금지해야 한다는 극단적인 주장을 하는 이들도 있다. [자세한 내용을 설명한다] 하지만 이는 비현실적인 주장이다. 왜냐하면⋯

이들은 그 어느 것도 지구온난화 문제에 대한 책임 있는 해법이 될 수 없다. 지구온난화를 다루는 합리적인 방식은 오직⋯

전제를
어디에 삽입할 것인가?

● Ch 8

논증을 구상할 때, 논증의 핵심요소에만 초점을 맞춰서는 안 된다. 나는 당연하다고 생각하는 가정에 대해 독자들은 의문을 표할 수 있다는 사실을 명심하라.

> "내가 제시하는 주장과 이유를 연결시키기 위해서 독자들이 믿어야 한다고 생각하는 (하지만 믿지 않을 수도 있는) 원칙은 무엇일까?"

예컨대 18살이면 군대에도 갈 수 있는 나이이므로 그 때부터 술도 마실 수 있도록 허용해야 한다는 주장을 펼치고자 한다. 이 논증을 받아들이기 위해서 독자들이 동의해야 하는 주장은 무엇일까?

> 투표하거나 결혼하거나 조국을 위해 죽을 수 있는 사람이라면, 당연히 술도 먹을 수 있어야 한다.

이 말에 동의하는가? 이 말에 동의하려면 이보다 더 보편적인 주장(원칙)을 믿어야 한다.

> 기본적인 시민의 책무를 수행할 수 있는 나이가 되면, 어른이 하는 행동은 무엇이든 할 수 있다.

이 말에 동의하는가? 왜 동의해야 한다고 생각하는가?

18살부터 술을 마실 수 있도록 허용해야 한다고 동의하기 위해서는, 술과는 직접적으로 관련이 없지만 어느 정도는 연관성이 있는 보편적 원칙에 동의하여야 한다.

나이만으로는 사람의 분별력이 어느 정도 성숙했는지 판단할 수 없다.

어떤 행동에 과도하게 몰입함으로써 오는 잘못된 결과를 예방하고 싶다면, 그 행동을 무조건 막기보다는 과도하게 넘어서지 않도록 예방하기 위한 노력을 해야 한다.

많은 사람들이 허용하는 행동을 범죄로 만들면, 그 행동을 막기는커녕 오히려 멋있어 보이게 만든다.

이 주장들은 직접적으로 술과 관련되어 있지 않다. 하지만 18살부터 음주를 허용하자는 주장을 독자들이 거부감 없이 받아들이기를 바란다면, 독자들이 이러한 보편적인 원칙들에 먼저 동의해야 한다. 독자들이 이런 주장을 쉽게 받아들이지 않을 것이라고 여겨지는 경우에는, 이를 뒷받침할 논증을 세워야 한다.

또한 이러한 원칙의 한계에 대해서도 반드시 생각해봐야 한다. 이 원칙들은 어떠한 상황에서도 한결같이 진실인가? 물론 이러한 보편적 원칙을 글 속에서 전혀 언급하지 않아도 상관없는 경우가 많다. 그럼에도 이러한 보편적 원칙을 의식적으로 찾아내 하나씩 따져보는 노력은, 값으로 따질 수 없는 엄청난 혜택을 안겨준다.

전제를 어디에 놓을 것인가?

전제를 집어넣기에 가장 적당한 자리를 찾는 일은 쉽지 않다. 그럼에도 도움이 되는 두 가지 기준을 소개한다.

중요한 전제라면, 주장과 이유를 진술하기 전에 놓아라.
주장을 독자들이 쉽게 받아들이지 않을 것이라 여겨진다면, 전제를 먼저 진술하고 그것을 뒷받침하는 논증을 세워라. 예컨대, 학교가 객관적 사실보다 비판적 사고 능력을 가르쳐야 한다는 주장을 펼치고 싶다면 어떻게 할까? 이유와 근거로 곧바로 뛰어들기보다는 이러한 주장을 내세우는 근본적인 토대가 되는 몇 가지 보편적인 원칙을 먼저 펼쳐놓는 것이 좋다.

> 민주주의 사회에서 아이들을 가르칠 때 가장 우선해야 할 목표는, 올바른 결정을 내릴 줄 아는 생산적인 시민이 되도록 도와주는 것이다. 이는 역동적인 민주주의체제에서 살아가는 데 꼭 필요한 자질이다.전제 [이 주장을 뒷받침하는 이유와 근거를 덧붙인다.] 이러한 책무를 고려할 때이유 우리 교육은 단순히 사실을 가르치는 데 초점을 맞춰서는 안 된다. 그러한 사실들을 비판적으로 분석하는 능력을 키워줘야 한다.주장

논리적인 사족처럼 느껴지지 않도록 전제를 진술하라.
구체적인 주장과 이를 뒷받침하는 이유를 제시한 다음에 전제를 진술할 경우에는 논리적인 사족처럼 느껴지지 않도록 진술하라. 이러한 결론이 나올 수밖에 없다는 것을 일깨워주는 펀치라인처럼 전제를 활용하라.

> 더 이상 상원의원 Z씨의 사생활을 중립적인 태도로 받아들일 수 없다.주장 불미스러운 의혹이 계속 쏟아져 나오는 판국에 기소된 혐의에 대해 의심

하지 않을 사람은 없기 때문이다.이유 불을 때지 않았으면 굴뚝에서 연기가 나겠는가?전제

전제 대신 유추 활용하기

유추analogy를 활용하여 전제를 대신할 수도 있다. 먼저 전제에 기반하여 주장을 펼치는 글을 보자.

> 이 책을 읽으면서 오히려 논증글을 쓰는 실력이 더 줄었다고 느껴지더라도 걱정할 필요는 없다. 복잡한 지식을 요구하는 어려운 기술을 익힐 때에는 배우는 과정에서 실력이 오히려 떨어지지만 경험이 쌓여가면서 나아진다.전제 따라서 논증의 기술을 완전히 습득하기 전에 혼란의 시기를 겪는 것은 당연하다.주장

이 글의 전제를 유추로 대체하여 주장을 펼칠 수 있다.

> 이 책을 읽으면서 오히려 논증글을 쓰는 실력이 더 줄었다고 느껴지더라도 걱정할 필요는 없다. 의대생들이 공부할수록 X레이사진을 판독하는 실력이 계속 떨어지다가 결국 전문가가 되듯이, 논증의 기술을 완전히 체득하기 전에도 혼란의 시기를 겪는 것은 당연하다.유추

유추는 전제를 직접 진술하지 않고 암묵적인 전제가 똑같이 작용하는 실제 사례를 보여주는 전략이다. 여기서는 이미 사실로 알려진 주장(의대생들이─)을 내가 해결하고자 하는 주장(논증의 기술을─)과 나란히 보여줌으로써, 의대생에게도 이러한 전제가 작동한다면 내가 해결하고자 하는 상황에도 당연히

작동한다고 말한다. 물론 전제와 유추를 모두 쓸 수도 있다.

> 이 책을 읽으면서 오히려 논증글을 쓰는 실력이 더 줄었다고 느껴지더라도
> 걱정할 필요는 없다. 복잡한 지식을 요구하는 어려운 기술을 익힐 때에는
> 배우는 과정에서 실력이 오히려 떨어지지만 경험이 쌓여가면서 나아진다.전
> 제 의대생들이 공부할수록 X레이사진을 판독하는 실력이 계속 떨어지다가
> 결국 전문가가 되듯이, 논증의 기술을 완전히 체득하기 전에도 혼란의 시기
> 를 겪는 것은 당연하다.유추

독자들은 유추도 전제와 같은 방식으로 판단한다. 유추가 설득력을 발휘하
려면 독자들이 다음 두 가지 조건에 동의해야 한다.

1. '의대생들이 공부할수록 X레이사진을 판독하는 실력이 계속 떨어지다가 결국 다
   시 좋아진다'는 진술을 사실이라고 믿어야 한다.
2. 비교대상이 지금 해결하고자 하는 주장-이유와 정확하게 어울린다고 판단해야
   한다.

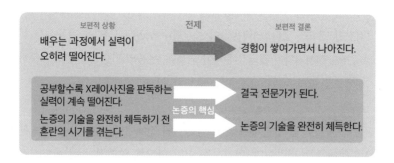

다음과 같은 상황에서는 보편적 전제를 제시하는 전략보다 유추를 활용하
는 것이 좋다.

- 생생하고 구체적인 예시를 진술하면 독자의 반응이 더 클 것으로 예상될 때
- 전제를 설득력있게 진술하는 방법이 떠오르지 않을 때
- 논증에서 이미 전제를 여러 차례 진술하여 전제를 또다시 사용하고 싶지 않을 때

다음과 같은 상황에서는 유추를 사용하지 않는 것이 좋다.

- 비유의 타당성을 독자들이 의심할 수 있을 때
- 유추가 주장과 이유에 어떻게 적용되는지 독자들이 이해하기 어려울 것 같을 때
- 내가 생각하는 전제가 아닌 다른 전제를 독자들이 끄집어낼 수 있다고 여겨질 때

19금 영화와 담배

이 글은 PG-13과 R등급을 영화를 보기 위해 표를 사는 젊은이들을 대상으로 나이 확인절차를 의무화하는 개혁안을 옹호하는 주장을 펼치면서 유추를 활용한다.

현재 개혁안에 대해서 회의론자들은 사실상 반대 목소리를 내고 있다. 물론 오늘날 멀티플렉스시스템에서는 《타잔》 영화티켓을 사서 《매트릭스》 상영관으로 몰래 들어가는 약삭빠른 아이들도 있을 것이다. 또한, 이 정책을 엄격하게 시행하면 가짜 신분증을 사고파는 새로운 시장이 생겨날지도 모른다. 더 나아가 성인물을 보지 못하게 하면 오히려 보고 싶은 열망만 더 크게 만드는 이른바 '금단의 열매' 효과가 힘을 발휘할지도 모른다.

하지만 이러한 주장은 미성년자들에게 담배와 술을 팔 수 없게 금지하는 오래된 법적 규제조치에도 그대로 적용할 수 있다. 이러한 규제가 젊은이들의 방종을 막고 있다는 데 이의를 제기할 사람은 없을 것이다. 12살짜리 아이 몇 명이 이러한 규제를 교묘히 피해서 담배를 사는 데 성공했다고 해서, 이런 규제를 없애자고 말할 사람은 없을 것이다.

● Michael Medved. "Hollywood Murdered Innocence" *Wall Street Journal*. June 16, 1999.

결론으로 성급하게 도약하지 말라

⊙ Ch 9

비판적으로 사고하고자 한다면, 논증을 구상할 때 다음 지침을 명심하라.

1. 떠올릴 수 있는 해결책을 모두 고려하라.
2. 어떤 근거가 나오면 나의 가설은 틀린 것이 될까? 상상해보고 찾아보라.
3. 나의 가설이 틀린 것을 입증하는 근거가 쉽게 떠오르지 않더라도, 구상하고 자료 조사를 하는 동안에도 계속 찾아보라.
4. 데이터를 객관적으로 수집하라.

   "나의 해법/주장에 동의하지 않는 사람의 눈으로 보면 이 데이터는 어떻게 보일까?"
5. 데이터를 객관적으로 해석하라.

   "나의 해법/주장에 동의하지 않는 사람의 눈으로 보면 이 데이터는 어떻게 해석될까?"
6. 필요하다고 생각하는 것보다 훨씬 많은 근거를 수집하라.

뒷받침하고자 하는 해법/주장을 이미 확고하다고 하더라도 2-6단계는 반드시 따라야 한다. 그렇다고 해서 자신의 주장이 바뀌지는 않겠지만 (물론 바뀔 가능성은 늘 열어두어야 한다.) 독자들이 떠올릴 반대의견을 훨씬 쉽게 예상할 수 있을 것이다.

독자들의 공통적인 인지적 편향에 맞서지 마라

비판적 사고를 잘 한다고 해서 독자를 무조건 설득할 수 있는 것은 아니다. 독자들이 어떤 인지적 편향을 가지고 있는지 충분히 예상할 수 있어야 한다. 자신의 믿음과 모순되는 근거를 독자들은 어떻게 받아들일까? 독자들이 저지르는 과도한 일반화는 무엇인가? 독자들이 인지적 편향에서 벗어나게 하려면 어떻게 해야 할까?

독자들이 가장 깊이, 가장 완고하게 방어하는 믿음을 흔들어 꺾는 일은 매우 어렵다. 사람들은 말도 되지 않는 형편없는 믿음도 붙잡고 놓지 않는다. 따라서 그러한 믿음이 모든 맥락에서 100퍼센트 진실이 아닐 수 있다는 것을 일깨워줄 방법을 찾아야 한다. 독자들의 믿음을 수용하거나 그럴듯하다고 인정한 다음에, 예외가 있을 수 있으며 적용범위에 한계가 있다는 것을 보여주어라.

합리적이지 않은 합리적 선택?

완벽하게 합리적인 것이 언제나 합리적인 것일까? 그렇지 않다면, 합리적이지 않은 것이 더 낫다고 여겨지는 때도 있는가? 그런 예를 각자 나열해보고, 다른 친구들의 목록과 비교해보자. 그런 경우에는 합리적인 것이 왜 잘못이라고 여겨지는가? 남들 목록에 없는 것이 있다면, 그것이 목록에 들어갈 이유를 제시할 수 있는가? 또 어떤 것은 목록에서 빼야 할 이유를 제시할 수 있는가?

의미를 두고 벌이는 논증을 어떻게 헤쳐 나갈 것인가?

⊙ Ch 10

치열한 논쟁에서 가장 자주 나오는 반론은 아마도 '어, 그건 단어의 의미에 맞지 않는데…'라는 말일 것이다. 논증의 중심이 되는 키워드의 의미가 분명하지 않다면, 혼란을 야기할 것이다. 독자가 '一는 무슨 의미로 쓰는 말인가?' 묻는다고 상상하라. '애국자란 一처럼 一하는 사람을 말한다' 처럼 용어의 정의와 예시를 보여주어야 한다.

지시대상과 의미를 일치시키기 위한 전략

의미를 놓고 논증할 때 접근하는 방법은 크게, 지시대상의 기준으로 삼을 수 있는 전형을 제시하는 방법과 의미기준에 지시대상의 특성을 맞추는 (또는 지시대상의 특성에 의미기준을 맞추는) 방법이 있다. 이 두 방법을 모두 사용할 수도 있다.

전형 만들기

어떤 범주의 전형model을 만들고자 한다면 사전을 덮고 상상의 나래를 펼쳐라. 예컨대 '애국'의 의미를 정하고자 한다면, 내가 생각하는 '진짜' 예시를 떠올리고 그러한 예시를 지시대상referent과 하나하나 매칭해보는 방식으로 구체화 해보라.

　문제는 사람마다 다른 것을 상상할 수 있다는 것이다. 그 범주의 전형을 다르게 상상할 수도 있고, 지시대상을 다르게 상상할 수도 있다. 따라서 전형에 의존하여 논증을 풀어 나가고자 한다면, 독자들이 떠올리는 전형과 지시대상이 어떤 모습일지 곰곰이 생각하고 최대한 거기에 다가서야 한다.

예를 들어 설명해보자. '민병대원은 애국자다'라는 주장을 하고 싶다면, 여기서 '애국자'는 전형이고 '민병대원'은 지시대상이다. 나는 '애국자'를 어떤 사람이라고 생각하는가? 내가 떠올리는 전형과 독자들이 떠올리는 전형은 같을까?

- '애국'이라고 하면, 가장 먼저 떠오르는 이미지는 무엇인가? 국기를 흔들고 국가를 부르는 행동? 희생? 법에 대한 저항? 아니면 어떤 태도? 감정?
- 독자들은 '애국'이라는 말을 들었을 때 어떤 이미지를 가장 먼저 떠올릴까? 막연히 추측하지만 말고 주변사람들에게 직접 물어보라.

이제 지시대상에 대해 살펴볼 차례다. '민병대원'에 대해 내가 떠올리는 이미지와 독자들이 떠올리는 이미지는 같을까?

- '민병대'라고 하면, 어떤 이미지가 떠오르는가? 총에 열광하고, 군복을 즐겨 입고, 과거 경험담을 늘어놓으며 허풍을 떠는 중년의 배 나온 남자? 아니면 부당한 정부에 대항하며 거친 자연 속에서 살아가는 사람?
- 독자들은 '민병대'라는 말을 들었을 때 어떤 이미지를 가장 먼저 떠올릴까? 막연히 추측하지만 말고 주변사람들에게 직접 물어보라.

애국과 민병대에 대해 내가 떠올리는 이미지가 독자들이 떠올리는 이미지와 일치한다면 다행이다. 그렇지 않다면 문제가 발생할 수 있다. 무엇이 다른지 찾아서 내가 떠올리는 이미지와 독자들이 떠올리는 이미지를 일치시키기 위한 노력을 해야 한다. 일치시키기 어렵다면, 전형을 활용한 접근방식을 포기하고 다른 접근방식에 기반하여 논증을 짜야 한다.

유비추리analogy

유비추리類比推理는 유사한 특성을 갖는 다른 항목과 비교함으로써 그 항목의 특성을 가지고 있을 것이라고 추리하는 간접추리법으로 대개 '유추'라고 줄여서 부른다. 유추를 활용하면 범주의 전형을 만들지 않고 의미를 논증할 수 있다. 따라서 전형을 활용할 때보다 훨씬 자유롭다. 유추는 다음과 같은 지적 일관성에 호소한다.

1. 지시대상1은 지시대상2와 같다.
2. 지시대상2가 C범주에 속한다면, 우리는 그것을 T라는 용어로 부른다.
3. 논리적 일관성에 따라 지시대상1도 용어T로 부를 수 있다.

알코올중독을 정신적 질병으로 볼 것인가, 인성적 결함으로 볼 것인가 하는 논란을 다루는 다음 두 글은 유추기법을 활용하여 논증한다.

a. 알코올중독은지시대상1 나태함이나 방종지시대상2과 같은 '나약한 인성'용어T의 결과일 뿐이다. 게으른 사람이 마음만 먹으면 일어나 일을 하러 갈 수 있듯이구별특성 알코올중독자도 마음만 먹으면 금방 회복할 수 있다. 우리는 왜 게으른 사람들을 도와줘야 하는가?지적 일관성에 호소

b. 알코올중독은지시대상1 우울증지시대상2과 같은 '질병'용어T이다. 우울증이나 신경쇠약처럼 홀로 극복하기 어렵다.구별특성 만약 알코올중독에서 벗어나도록 도와주지 않아도 된다면, 정신분열증이나 우울증과 같은 정신 질환을 앓는 이들에게도 도움을 주지 말아야 한다는 뜻인가?지적 일관성에 호소

유추가 성공하기 위해서는 다음 두 가지 조건이 성립해야 한다.

- 독자들이 비교하는 지시대상이 연관된 측면에서 서로 유사하다고 인정한다.
- 독자들이 논리적 일관성이라는 원칙을 유지한다.

문제는, 위 예문에서 볼 수 있듯이 찬반 양쪽 모두 비유를 활용할 수 있다는 것이다.

역사에 호소

과거로부터 사람들이 사용해온 방식대로 용어를 써야 한다고 주장함으로써 독자들의 지적 일관성에 호소하는 방법도 있다. 델마와 루이스가 '결혼'의 의미를 놓고 벌인 논쟁 역시 이러한 전략을 활용한 것이다.

'홀로코스트'라는 용어에도 이러한 논쟁이 벌어지고 있다. 몇몇 유대인 역사학자들은 '홀로코스트'를 나치가 유대인에게 저지른 학살을 지칭하는 용어로만 사용해야 한다고 주장하는 반면, 몇몇 아프리카계 미국인들은 아프리카에서 아메리카로 강제이송되는 배 안에서 무수히 많은 노예들이 죽어간 사건도 '홀로코스트'라고 일컫는다. 또 캄보디아에서는 크메르루즈가 수백만 국민을 죽인 사건을 '홀로코스트'라는 말로 지칭한다.

아프리카계 미국인들과 캄보디아인들은 '홀로코스트'라는 말을 사용하기 위해 역사적 근거를 제시할 수 있다. 실제로 1671년 화재로 인해 엄청나게 많은 이들이 죽었을 때 '홀로코스트'라는 말이 처음 사용되었으며, 그 이후에도 대참사가 일어날 때마다 사용된 말이었다.

하지만 이 논쟁은 끝나지 않을 것이다. '홀로코스트'라는 용어를 사용할 수 있는가 없는가 하는 논쟁은 누가 봐도 명백한 대리논증이기 때문이다.

정의하지 않기

지금까지 살펴본 정의·전형·유추·역사적 호소가 그다지 효과를 발휘하기 어렵다고 여겨질 때 마지막으로 선택할 수 있는 방법은, 정의하지 않는 것이다.

대신 긴급하게 해결해야 할 문제, 또는 문제를 해결하기 위해서 해야 할 일에 초점을 맞춘다. 예컨대, 알코올중독이 무엇인지 따지는 개념논증은 다음과 같은 실용문제의 대리논증일 수 있다.

- 알코올중독은 인성의 결함이다. 알코올중독을 질병이라고 인정하면, 개인의 책임에 면죄부를 주고 알코올중독자들 스스로 자신이 무기력한 희생양일 뿐이라고 생각하게 만드는 결과를 낳기 때문이다.
- 알코올중독은 질병이다. 알코올중독을 인성의 결함으로 간주한다면, 무기력한 고통 속에서 허우적거리는 사람들을 보고도 못 본 체하는 사회를 만드는 결과를 낳기 때문이다.

'인성결함'과 '질병'의 의미기준을 놓고 벌이는 논쟁은 끝없이 계속될 것이다. 이런 문제의 경우, 정의는 생략하고 넘어가는 것이 좋다. 대신 알코올중독자들을 어떻게 대하는 것이 좋고 나쁜지, 어떤 혜택과 손실이 있는지에 초점을 맞추는 것이 훨씬 생산적일 것이다.

간단하게 의미 정의하고 넘어가기

독자들이 의미를 제대로 이해하지 못하고 넘어갈 수 있다고 여겨지는 단어를 지나가는 말로 간단히 정의하고 넘어가는 기법도 알아두면 유용하게 활용할 수 있다.

논증을 할 때 가장 많이 듣는 말은 바로 "도대체 _____는 무슨 의미인가?"라는 질문이다. 여기서 빈칸에 들어가는 말은 핵심주제어, 다시 말해 주요주장에서 언급하는 용어나 본문에서 자주 반복되는 단어인 경우가 많다. 이 말의 의미에 대해 독자들이 동의하지 않을 것이라고 예상한다면 그것을 명확하게 정의하라.

'핵심주제어'의 의미를 정의하면서(음영) 자연스럽게 넘어가는 것을 눈여겨보라.

인과관계를 따지는
논증 설계하기

● Ch 11

人
용문제를 다루는 인과관계 논증을 구상할 때 원인과 결과를 이어주
는 내러티브를 하나만 짜면 안 된다. 적어도 두 개, 많게는 다섯 개를
준비해야 한다. 이 다섯 개 내러티브는 실용문제를 해결하기 전에 먼저 풀어
야 하는 다섯 가지 개념문제에 대한 해법을 뒷받침한다. 다섯 가지 개념문제
를 질문으로 표현하면 다음과 같다.

실용문제의 해법을 검증하기 위한 다섯 가지 개념문제

문제1: 이 문제의 원인은 무엇인가?

독자들은 무엇이 문제를 유발했는지 알 때에만 해법을 신뢰한다. (진술이 한 걸
음씩 나아갈 때마다 논증의 핵심이 되는 주장으로 나아간다고 상상하라.)

> 교수법을 평가하는 기준에 대한 새로운 연구성과를 정부관료들이 알지
> 못하기 때문에원인1… 아직도 잘못된 평가기준이 사용되고 있다.결과1/원인2
> … 결과적으로 학생들의 학습성과가 왜 효과적으로 오르지 않는지 알지
> 못한다.결과2/원인3… 이는 학생들이 제대로 배울 수 있는 기회를 박탈한
> 다.결과3

문제2: 해법이라고 제시한 행위는 문제를 어떻게 해결하는가?

해법을 제시할 때, 미래에 대한 두 번째 내러티브를 구축한다. 이러한 행동이 원인-결과의 사슬에 어떻게 끼어들어 문제의 손실을 없애는지 이야기해야 한다. (이 단계들 또한 제각각 구체화할 수 있다.)

> 더 나은 평가기준을 도입함으로써 교수법을 개선할 수 있다.원인1… 학생을 혼란스럽게 만드는 것이 무엇인지, 그런 혼란을 어떻게 피할 수 있는지 교사들에게 더 쉽게 이해시킴으로써결과1/원인2… 학생들에게 제대로 배울 수 있는 기회를 제공할 수 있다.결과2/손실의 제거

문제와 해법을 설명한다고 해도 여전히 의심과 반론을 떨쳐 버리지 못하는 독자도 있을 것이다. 따라서 이럴 때는 앞으로 벌어질 상황에 대한 세 가지 내러티브를 더 준비해야 한다.

문제3: 해법을 어떻게 실행할 것인가?

해법의 실현가능성이 낮다고 생각하는 독자들도 있을지 모른다. 그럴 경우에는 해법을 어떻게 실행할 수 있는가 하는 개념문제에 대답하는 내러티브를 짬으로써 그러한 의심에 반박해야 한다.

> 새로운 교수평가기준을 개발하기 위해서 정부는 먼저 학생위원회에 평가기준을 개발하라고 지시하고1단계… 그런 다음 자문위원회의 도움을 받고2단계… 그것을 어떻게 사용하고, 또 거기서 어떤 사실을 알 수 있는지 교사들에게 가르쳐야 한다.3단계

문제4: 해법이 문제보다 더 많은 손실을 유발하지 않는가?

자신이 제시한 해법이 해결하고자 하는 문제보다 오히려 더 많은 손실을 야

기한다고 생각하는 독자도 있을 것이다. 그럴 경우에는 그렇지 않다는 것을 설득할 수 있는 또다른 내러티브를 짜야 한다.

> 물론 새로운 평가기준을 만들려면 비용이 들어갈 것이다.반론수용… 하지만 새로운 평가기준을 만듦으로써 얻는 혜택은 그러한 비용보다 클 것이다.반박 우선, 좋은 교수법을 찾아냄으로써 학생들의 학습동기를 끌어올릴 수 있다.이유1 …두 번째로…손실과 혜택 진술 또한 학생들에게 지금보다 점수는 후하게 주면서 공부는 덜 시키는 결과로 이어질지 모른다고 우려하는 이들도 있을지 모른다.반론수용 하지만 그런 걱정은 하지 않아도 된다. 왜냐하면…반박

문제5: 이 해법이 다른 해법보다 좋은 이유는 무엇인가?

어떠한 문제든 여러 가지 해법이 존재할 수 있다. 따라서 자신이 제시하는 해법이 가장 좋다는 것, 적어도 다른 해법과 충돌하지 않는다는 것을 증명해야 한다.

> 평가기준을 새로 고치는 것보다, 교사들을 재교육하는 제도를 마련하는 것이 훨씬 낫다고 주장하는 이들도 있다. 반론 물론 그러한 교육도 가치가 있을 것이다. 수용 하지만 재교육과 새로운 평가기준 중에서 하나를 선택해야 한다면, 평가기준을 새로 만드는 편이 훨씬 낫다. 반박/주장 첫 번째, 교사재교육 프로그램을 짜는 비용만 해도 평가기준을 고치는 비용보다 훨씬 클 것이다. 이유1 …두 번째, 모든 교사를 상대로 세미나를 한다는 것은 어려운 일이다. 이유2 …세 번째, 세미나는 단 한 번 하고 끝나는 1회성 이벤트에 불과하다. 하지만 교수평가기준은 한 번 만들어 놓으면 학기마다 반복해서 사용할 수 있다. 이유3 …

여러 해법을 비교할 때, '이것도 좋고 저것도 좋다'는 식으로 말하는 것은 스

스로 주장의 가치를 떨어뜨리는 일이다.

교사세미나와 평가기준개선 등, 다양한 방식으로 교수방식을 개선할 수 있다.

인과관계를 논증하는 내러티브 설계하기

다섯 가지 개념문제를 해결함으로써 구상이 끝났다면 다음 몇 가지 질문에 답하면서 해법을 제시하는 내러티브를 어떻게 설계할 것인지 전략을 짠다.

- 원인-결과사슬에서 얼마나 거슬러 올라갈 것인가? 빈지드링킹의 가장 먼 원인까지 독자들이 알아야 할까?
- 얼마나 세밀하게 파고들 것인가? 빈지드링킹을 할 수밖에 없는 개개인의 심리적 프로세스까지 독자들이 알아야 할까?
- 내러티브를 얼마나 '촘촘하게' 짤 것인가? 다시 말해, 인과관계를 어떻게 설득할 것인가? 위험에 끌리는 사람일수록 빈지드링킹 확률이 높다는 것은 어떻게 알 수 있는가?

어느 단계까지 거슬러 올라갈 것인가?

무한한 원인-결과사슬 중에서 어느 지점부터 이야기를 시작해야 할까? 정해진 규칙 같은 것은 없다. 실용문제의 경우, 초점을 맞추고자 하는 원인을 독자들이 충분히 이해할 수 있을 만큼 배경지식과 문맥을 제공해야 한다. 따라서 해법을 제시하며 원인-결과사슬에 끼어들 지점보다 적어도 한두 단계 앞부분부터 내러티브를 시작하는 것이 좋다.

500년 이상 대학생활은 술과 뗄 수 없는 관계를 맺어왔으며, 지금은 술을 마시는 것이 하나의 전통으로 자리잡았다.먼 원인 물론, 많은 학생들이 고등학교 때부터 부모의 묵인 아래 술을 마시기 시작한다.중간 원인 하지만 술에 취하는 것을 부추기는 듯한 공동체의 일원이 되는 순간, 그러한 느슨한 경계심마저 사라지고 만다.가까운 원인 기숙사나 동아리방에서 술을 한 박스 사다놓고 마구 들이켜 몸을 해치거나 심지어 죽음에 이르는 경우도 있다. 이러한 상황에서 대학이 아무리 제재조치를 한다고 하더라도 학생들의 의지를 막기는 역부족이다. 대학에 발을 들여놓는 순간부터 학교가 그러한 위험에 대해 학생들에게 가르친다면, 최악의 결과는 피할 수 있을지도 모른다.주장/해법

실용문제와 달리 개념문제일 경우에는, 역사적인 원인까지 좀더 깊이 거슬러 올라간다. 학생들의 음주를 통제하려는 것이 아니라 그러한 현상을 순수하게 이해할 목적으로 논증을 하는 경우에는, 몇 세기를 거슬러 올라가 유럽대학의 전통은 물론 1920년대 미국의 금주령에 대해서도 이야기해야 할 것이다. 이러한 역사적 내러티브는 학문적 연구에 대한 글쓴이의 노력을 고스란히 보여준다.

얼마나 세부적으로 파고들 것인가?
문제에 대한 이야기를 어디서부터 시작할지 결정하고 나면, 독자들이 인과관계에 대해 얼마나 세밀하게 알아야 하는지 결정해야 한다. 이 문제에 있어서도 정해진 규칙은 없다. 이것 역시 문제와 해법의 성격에 따라 달라진다. 독자들이 문제를 이해할 수 있을 만큼, 또 글쓴이가 문제를 제대로 이해하고 있다는 것을 분명히 보여줄 수 있을 만큼 충분히 설명해야 한다. 예컨대 신입생 오리엔테이션 기간을 늘려야 한다는 주장의 일부로 대학신입생들이 불안을 느끼지 않도록 도와줘야 한다는 주장을 제기하는 글을 보자.

신입생들에게 앞으로 펼쳐질 대학생활에 대해 더 자세히 알려주려면, 현재 1주 동안 진행하는 오리엔테이션을 2주로 늘여야 한다. 지금 많은 1학년 학생들은, 교수들이 무엇을 원하는지 제대로 이해하지 못해 첫 학기 내내 불안과 좌절을 경험한다. 신입생들은 고등학교에서 하던 대로만 하면 대학에서도 좋은 점수를 받을 것이라고 생각한다. 어쨌든 자신들이 아는 교육방식은 고등학교 때 경험한 것이 유일하며, 교수들도 대학수업이 고등학교와 어떻게 다른지 전혀 알려주지 않는다.

하지만 이러한 내러티브는 너무나 많은 것이 생략되어 있어서, 주장하고자 하는 원인과 결과가 어떻게 연결되는지 독자들이 파악하지 못할 수 있다. 인과관계의 사슬을 좀더 세밀하게 파고들어야 한다.

신입생들에게 앞으로 펼쳐질 대학생활에 대해 더 자세히 알려주려면, 오리엔테이션을 2주로 늘여야 한다. 지금 많은 1학년 학생들은, 교수들이 무엇을 원하는지 제대로 이해하지 못해 첫 학기 내내 불안과 좌절을 경험한다. 예컨대 교수들은 대부분 읽은 내용에 대해 비판적으로 사고하고 비판적인 글을 써오기를 바라지만, 신입생들은 대개 자신이 읽은 내용을 정확하게 정리하기만 하면 된다고 생각한다. 자신이 읽은 내용을 정리하고 요약해서 제출하면 낮은 점수밖에 받지 못한다. 특히 고등학교 때, 수업시간에 배운 것을 잘 정리하여 좋은 점수를 받았던 우등생들이 자주 겪는 일이다. 어쨌든 고등학교에서 그렇게 하라고 배웠기 때문이다. 하지만 대학에서는 다르게 해야 한다고 알려주는 사람이 없다.

이렇게 세밀하게 이야기를 풀어나감에도 독자들이 문제를 제대로 이해하지 못한다면, 인과관계의 사슬을 더 작은 단위로 쪼개서 파고들어야 한다. 글을 많이 써보지 않은 사람들은, 지나치게 구체적으로 세밀하게 파고들기보다는 지나치게 막연하게 쓴다. 따라서 인과관계를 자신이 생각하는 것보다 훨씬 세밀하게 쪼개서 하나씩 이야기를 풀어 나가기 위해 노력하라.

얼마나 촘촘하게 진술할 것인가?

독자들의 지식에 정확하게 어울리도록, 독자들이 필요로 하는 만큼 정확하게 이야기를 이끌어나갈 수 있다면, 더 이상 이야기를 덧붙일 필요는 없을 것이다. 하지만 독자들은 대개 사건이 연이어 발생했다는 단순한 사실이 아니라, 한 사건이 다른 사건을 유발했다고 생각할 만한 이유를 찾는다. 따라서, 내러티브 속에 인과관계가 명확하게 드러날 수 있도록 치밀하게 설명을 이어나가야 한다. 이러한 내러티브는 유추·전제·분석을 활용하여 달성할 수 있다.

유비추리

논증하고자 하는 원인과 결과와 비교할 수 있는 독자들이 쉽게 떠올릴 수 있는 또다른 원인-결과관계가 존재한다면 유추를 활용할 수 있다.

> 신입생들은 불안을 느낄 것이라고 예상한다. 새로 접하는 대학생활은 새로운 직업을 얻는 것과 같다. 모든 것이 불확실하다. 익숙해지기 위해선 시간이 필요하다.

유추는 특히 미래에 대해 논증할 때 유용하다. 미래를 예측하는 방법은 과거를 되돌아보는 것밖에 없기 때문이다. 예전에 작동했던 해법처럼 자신이 제안하는 해법도 작동할 것이라고 이야기하는 것이다.

> 엄격한 정책으로 마약을 추방한 것과 마찬가지로 술도 기숙사에서 효과적으로 추방할 수 있다. 지금 실시하는 마약제재조치도 처음에는 학생들의

사생활을 침해할 수 있다는 우려에, 엄격하게 적용하지 않았다. 하지만 마약을 사용하다 잡힌 학생은 무조건 정학시키기로 결정하고, 또 몇몇 학생에게 실제로 그러한 처분을 내리자, 마약사용은 거의 사라졌다.유추 이러한 무관용 정책은 술도 기숙사에서 추방할 수 있다.주장

유추의 문제는, 이러한 주장을 반박하는데 사용할 수 있는 역사적 사실 또한 가득하다는 것이다.

1920년대 전국적으로 금주령을 실시했지만 이는 오히려 사람들을 술에 더 빠져들게 하였으며 밀주가 성행하는 결과를 낳았다. 대학에서 술을 마시지 못하도록 금지한다면 이와 같은 일이 또 벌어질 것이다.반대유추

전제
유추 뒤에는 항상 암묵적인 전제가 있다. 보편적인 인과관계를 구체적인 인과관계에 적용할 수 있는 원칙을 독자들에게 명시적으로 보여줄 수 있다.

누구나 낯선 집단에 들어가면, 어떻게 행동해야 할지 몰라 당황스러움을 느끼기 마련이다.전제 그렇게 1학년을 맞이한다면원인 누구든 혼란을 느끼지 않을 수 없을 것이다.결과

전제에 의존한 주장의 문제는, 극단적인 주장까지 합리화할 수 있다는 것이다. 따라서 인과관계를 따질 때는 새로운 시각에서 바라보기 위해 노력해야 한다. 뻔한 전제에 의존하지 마라.

분석
존 스튜어트 밀의 질문을 읽어 나가면서 원인과 결과를 분석한다. 377쪽 참조.

- 원인이 있을 때, 원인이 없을 때보다 그 결과가 더 나타나는가?
- 원인이 없을 때, 원인이 있을 때보다 그 결과가 덜 나타나는가?
- 결과의 빈도가 원인의 빈도와 비례하는가?

고등학교에서 주입식 교육을 받은 학생들과, 비판적 사고를 강조하는 토론식 교육을 받은 학생들을 비교해보면 어떤 차이가 있는지 알 수 있다. 토론식 교육을 받은 학생들은 거의 90퍼센트가 대학 1학년 수업에 잘 적응을 하는 반면, 주입식 교육을 받은 학생들은 거의 60퍼센트가 불안, 혼란, 좌절을 느낀다고 한다.

세 가지 기술을 모두 하나의 서술로 엮기
지금까지 설명한 유추-전제-분석을 모두 엮어서 인과관계를 설득할 수 있다.

신입생들에게 앞으로 펼쳐질 대학생활에 대해 더 자세히 알려주려면, 오리엔테이션을 2주로 늘여야 한다.주장 누구나 낯선 집단에 들어가면, 어떻게 행동해야 할지 몰라 당황스러움을 느끼기 마련이다.전제 새로 접하는 대학생활은 새로운 동네로 이사가거나 새로운 직업을 얻는 것과 같다. 익숙해지기 위해선 시간이 필요하다.유추 마찬가지로 수많은 1학년 학생들은 교수들이 무엇을 원하는지 제대로 이해하지 못하여원인/결과 첫 학기 내내 불안과 좌절을 경험한다.주장/결과 예컨대 교수들은 대부분 읽은 내용에 대해 비판적으로 사고하고 비판적인 글을 써오기를 바라지만, 신입생들은 대개 자신이 읽은 내용을 정확하게 정리하기만 하면 된다고 생각한다.원인 그래서 자신이 읽은 내용이나 수업내용을 요약하기만 한다.결과 특히 고등학교 때, 수업시간에 배운 것을 잘 정리하여 좋은 점수를 받았던 우등생들이 자주 겪는 일이다.원인/결과 어쨌든 고등학교에서 그렇게 하라고 배웠기 때문이다. 하지만 대학에서는 다르게 해야 한다고 알려주는 사람이 없다.원인 고등학교에서 주입식 교육을 받은 학생들과, 비판적 사고를 강조하는 토론식 교육을 받은 학생들을 비교해보면 어떤 차이가 있는지 알 수 있다. 토론식 교육을 받은 학생들은 거의 90퍼센트가 대학 1학년 수업에 잘 적응을 하는 반면, 주입식 교육을 받은 학생들은 거의 60퍼센트가 불안, 혼란, 좌절을 느낀다고 한다.분석

유비추리와 인과관계

폭력오락물이 폭력행동을 유발한다는 주장에 반대하는 이들에 대해 반박하는 글이다. 유추를 어떻게 사용하는지 눈여겨보라.

수많은 연구결과들이 잔인한 영상과 잔인한 행동 사이에 연관성이 있다고 증명했음에도, 아이들의 폭력적인 행동이 폭력오락물의 영향보다는 아이들의 폭력적인 취향을 반영하는 것일 뿐이라고 주장하는 이들이 있다. 꾀바른 할리우드 옹호론자들은《바스켓볼 다이어리》를 보지 않은 냉혈살인마들이 감옥에 가득하다는 사실과, 잔인한 영화나 비디오게임을 즐기는 아이들 절대 다수가 동급생들을 총으로 쏘지 않는다는 사실을 빼놓지 않고 언급한다.

그럼에도 이러한 논증의 한계는 너무나 크다. 이는 마치, 전혀 담배를 피우지 않은 사람도 폐암에 걸리며 담배를 피우는 사람 중에서도 폐암에 걸리는 사람은 극히 일부일 뿐이라는 근거를 대며 담배가 무해하다고 주장하는 것과 비슷하다. 하지만 정말 그런가? 담배를 피우면 질병에 걸릴 확률이 급격하게 높아진다. 마찬가지로, 대중문화의 가장 불온하고 무책임한 결과물을 보면서 대다수 소비자들이 해로움을 인식하지 못한다고 해서 이것이 해롭지 않다고 말할 수는 없는 것이다.

TV광고 뒤에 숨어있는 논리를 생각해보라. 모든 사람에게 물건을 팔지 못했다고 해서 아무에게도 팔지 못했다는 뜻이 아니다. 렉서스 광고를 보고 1,000명 중 한 사람만이라도 시험운전을 하고 싶다는 생각이 들었다면 토요타는 엄청난 성공을 거두는 것이다. TV나 영화에서 강렬한 폭력장면을 본 아이 1,000명 중 한 명이 실제 세상에서 폭력을 사용하려고 마음먹었다면, 이로 인해 미국은 엄청난 비극을 맞게 되는 것이다.

● Michael Medved. "Hollywood Murdered Innocence," *Wall Street Journal*. June 16, 1999.

개인의 책임을 따지는
논증 설계하기

⊙ Ch 11

어떤 행동에 대한 책임을 누군가에게 돌리고자 하는 논증은 인과관계에 관한 논증과 기본적으로 다르지 않다. 내러티브·유추·전제·존 스튜어트 밀의 분석을 그대로 활용할 수 있다. 하지만 개인의 책임을 묻는 논증에서는 이것만으로 충분치 않다. 다음 두 기준에 대해서도 이야기해야 한다.

책임을 따지고자 하는 행동이 정말 그 사람이 유발한 것인가?

이 부분이 쟁점이 되는 경우는 거의 없다. 예컨대, 대학이 빈지드링킹의 위험을 학생들에게 가르치지 않았다고 주장한다면, 이것은 '했느냐 하지 않았느냐'만 가리면 된다. 물론 사실을 철저히 확인해야 할 것이다.

의도하는 결과가 정말 바람직한 것인가?

물에 빠진 아이를 구한다면 그 결과는 분명히 좋은 것이다. 하지만 물에 빠진 아이의 인형을 건지기 위해 강에 뛰어든다면, 그 아이는 고마워할지 모르겠지만 그렇게 사소한 목적으로 목숨을 건 행동을 칭찬할 어른은 없을 것이다. 어떤 행동이 좋은 결과를 가져올 것이 분명해 보인다 하더라도, 독자들은 그렇게 판단하지 않을 수 있다.

책임을 부과하기 위한 다섯 가지 기준

어떤 사람의 행동을 영웅적이라고 칭찬하고자 할 때는 먼저, 그 사람의 마음가짐이 어떠했는지 입증해야 한다.

1. **자유의지로 선택한 행동인가?**

   충동적으로 한 일이나 강요받아서 한 행동이어서는 안 된다.

2. **결과를 예측하고 의도적으로 선택한 행동인가?**

   좋은 결과를 성취할 의도로 위험을 무릅썼어야 한다. 술에 취하거나 너무 흥분해서 자신이 무슨 일을 하는지 모르는 상태에서 한 행동이어서는 안 된다.

3. **적절한 동기에서 우러나온 행동인가?**

   순수한 목적으로 한 행동이어야 한다. 보상을 얻을 목적으로 한 행동이어서는 안 된다.

   상황에 대해서도 따져야 한다.

4. **그 사람만의 예외적인 행동인가?**

   보통사람들이 대부분 선택하는 행동인가, 아닌가? 어떤 이를 구하기 위해 생명의 위험을 무릅쓰는 사람이 많지 않다면, 그런 선택을 한 사람은 칭찬받을 만한 가치가 있는 것이다. 반대로 얕은 연못에 빠진 아이를 구하기 위해 많은 이들이 뛰어든다면, 그런 선택을 하지 않는 사람이 비난받을 것이다. 그 행동이 특별하지 않고 어렵지 않을수록 그런 행동을 하지 않은 사람에 대한 비난은 커진다.

5. 상황이 그러한 행동을 하도록 부추겼는가, 방해했는가?

빠르고 위험한 물살에 아무 도움도 없이 뛰어들었다면 더 큰 칭찬을 받아야 하고, 안전장치를 완전히 갖추고 잔잔한 물에 뛰어들었다면 덜 칭찬을 받아야 할 것이다. 그러한 행동이 더 특별하고 어려울수록 그 행동에 대한 공로를 인정해야 할 근거는 더 커진다.

이 모든 질문에 대해 대답하기 위해서는 세세한 것들을 따져야 한다. 따라서 독자들이 알아야 한다고 생각하는 수준보다 훨씬 구체적인 내러티브를 짜야 한다.

에이즈의 유령

다음은 에이즈에 관한 두 가지 이야기이다. 두 번째 이야기는 아무런 근거도 이를 뒷받침하지 못한다. 그럼에도 계속해서 널리 퍼지는 이유는 무엇일까?

아프리카 유인원의 몸속에 있는 어떤 바이러스에서 임의적인 변이가 발생했고, 이 유인원에게 우연히 어떤 사람이 물렸다. 이 사람은 하필 전세계를 여행하면서 수많은 사람과 성관계를 했으며 이로써 세계 곳곳으로 바이러스가 퍼져나갔다. 감염된 사람들은 자신도 모르는 사이에 또다른 사람들을 감염시켰고 결국 에이즈는 전세계적인 유행병이 되었다.

CIA의 한 연구소는 바이러스를 무기로 만드는 실험을 했다. 냉전이 끝나자, CIA연구원들은 동성애자와 마약중독자들, 더 나아가 아프리카계 미국인까지 모두 쓸어버릴 목적으로 바이러스를 사용하기로 결정했다. 이들은 마약중개인들을 고용하여 사람들 스스로 전염시키는 방법으로 중독성 유행병을 퍼뜨리려고 했다. 이 사실이 밝혀지면 CIA가 얼마나 사악한 세력인지 밝혀질 것이다.

논증글 작성을 위한
전체적인 설계도 작성하기

이제 전체적으로 글의 구성을 짜보자. 이 작업은 스토리보드를 활용하면 좀더 손쉽게 실행할 수 있다.

1단계: 쓸 거리를 준비하라

1. 깨끗한 종이를 펼쳐놓고, 문제/질문, 그럴듯한 해법/해답을 쓴다

주장이 확실하게 정리될 때까지 설계를 미뤄서는 안 된다. 다루고자 하는 문제가 결정되면 곧바로 가장 그럴듯한 해법을 상상해내라. 다소 모호한 해법이라도 상관없다. 생각의 방향을 잡아줄 수만 있다면 충분하다.

> 빈지드링킹은 이제 통제하기 힘든 문제가 되었다. 문제
> 술을 많이 마신다고 무조건 학생들을 처벌해서는 안 된다.해결책

논증을 전개해 나가면서, 지금까지 깨달은 내용을 반영하여 해법을 수정하라.

> 빈지드링킹은 이제 통제하기 힘든 문제가 되었다.문제
> 술 마시는 것을 완전히 금지하기보다는 빈지드링킹 위험이 있는 학생들을 가려내 개별상담을 하는 데 훨씬 힘을 기울여야 한다.해결책

2. 새 종이를 여러 장 꺼내, 이유를 하나씩 쓴다

종이 맨 위에 독자들에게 동의를 이끌어 낼 주된 이유를 하나씩 쓴다. 이유는 두세 개 이상 필요하다. 다섯 개 이상 생각해냈다면, 가장 설득력이 큰 것들만 추려낸다.

> R1: 술을 먹고 문제를 일으키는 학생은 극소수일 뿐이다.
>
> R2: 규정을 무시해도 아무 벌칙을 받지 않는다면 학생들이 모두 학교를 우습게 볼 것이다.
>
> R3: 술을 완전히 금지하는 것은 자율적으로 행동하는 학생들의 정당한 권리까지 박탈한다.
>
> R4: 술을 완전히 금지한다 해도 학생들은 술을 마실 것이다.
>
> R5: 분별없이 술을 마시는 학생을 골라낼 수 있다면, 개별상담을 할 수 있다.

3. 이유 밑에 이유를 뒷받침하는 또다른 이유나 근거를 나열한다

이것은 어려운 작업이다. 이유는 머릿속으로 떠올릴 수 있는 것이지만 근거(데이터/사실)도 실제현실 속에서 찾아내야 하기 때문이다.

> R: 술을 먹고 문제를 일으키는 학생은 극소수일 뿐이다.
>
> E1: 의학협회 학술지에 실린 연구보고서를 보면 5분의 1도 되지 않는 학생들이 거의 모든 음주사고를 일으킨다고 한다.
>
> E2: 학장에 따르면, 과도한 폭음으로 대학경찰에 신고되는 학생 4명 중 3명이 이미 신고된 적 있는 학생이라고 한다.

근거를 아직 찾아내지 못했다면, 찾고자 하는 근거를 써라. 그러면 그것을 어디에서 찾을 것인지 방향을 잡을 수 있다.

R: 술을 먹고 문제를 일으키는 학생은 극소수일 뿐이다.

E1: 학생들의 음주실태에 대한 통계 참조.

4. 이유마다 반론과 이에 대한 반박을 쓴다

이유를 적은 종이 하단에 독자들이 떠올릴 수 있는 반대의견이나 대안을 쓴다. 그리고 이에 대해 어떻게 반박할 것인지 쓴다.

Ac1: 술을 마시고 사고치는 학생은 교육을 통해 통제할 수 없다고 생각하는 사람도 있을 것이다.

Rp1: 하지만 워싱턴대학에서 실시한 연구는 이와 다른 사실을 밝혀냈다. 이 연구에서….

Ac1: 학생을 보호하는 규정을 세워야 하는 법적인 책임이 학교에 있다는 것은 분명한 사실이다.

Rp1: 하지만 강제할 수 없는 규정으로는 아무도 보호하지 못한다. 이러한 상황은 이전에도 있었다…

5. 새 종이 위에 주요주장을 쓴다

처음에 쓴 주요주장을 종이 맨 위에 쓴다. 이것은 결론템플릿이 된다. 이때 주장을 서론과 똑같이 반복해서 쓰기보다는 좀더 자세하게 풀어쓰고 이러한 해법의 가치를 드러낼 수 있는 내용을 덧붙이면 좋다.

음주를 완전히 금지하는 것은 규정에 대한 학생들의 반발만 불러올 것이다. 금주법시대에도 술은 금지할 수 없었으며, 지금도 마찬가지일 것이다. 그보다는 학생들 스스로 더 나은 결정을 할 수 있도록 도와야 한다. 빈지드링킹 위험이 큰 학생들을 가려낼 수 있다면 대학은 상담과 계도를 통해 그들이 잘못된 음주패턴에 빠져들지 않도록 예방할 수 있다. 그런 방식으로 대학은 강압을 하지 않고도 최선의 결과를 얻을 수 있다. 강압은 학생들이 따르지도 않을 뿐만 아니라, 학생들의 태도를 오히려 망가뜨리는 결과만 낳을 수 있다.

2단계: 쓸 거리를 정렬하고 체계화하라

1. 주요주장을 어디에 놓을지 결정하라

주요주장을 서론 끝에 한 번, 결론 시작부분에 한 번 쓸 것인지, 아니면 결론에만 한 번 쓸 것인지 결정하라.

2. 섹션마다 이유와 근거를 어디에 놓을지 결정하라

주요주장을 어디서 진술할 것인지—서론에서 밝힐 것인지 결론에서 밝힐 것인지—결정하고 나면, 이제 하위논증에서도 주장을 어떻게 배치할 것인지 결정해야 한다. 하위논증이란 이유가 주장 역할을 하는 논증을 말한다. (그래서 이유를 '하위주장'이라고도 부른다.) 우리는 하위논증을 '섹션'이라고 부른다.

섹션에서도 마찬가지로 주장(하위주장)을 어느 자리에 놓을지 결정해야 한다. 주요주장과 마찬가지로 서론에서 한 번, 결론에서 한 번 쓸 수도 있고, 결론에서만 한 번 쓸 수도 있다. 또한 앞에서 설명한 것과 같이 여기서도 도입부에서 미리 진술하는 것이 좋다. 역시 결론에서만 한 번 진술하려면 서론 끝부분에서 본문에서 이야기할 핵심개념들을 상세하게 소개해야 한다.

주장을 뒤에 놓는 경우, '근거+이유'로 글이 전개되기 때문에 섹션이 짧다면 문제가 없겠지만, 근거가 많이 제시하여 길어질 경우 독자들은 혼란을 겪을 수 있다. 계속 나열되는 근거들이 무엇을 뒷받침하는 것인지 알 수 없기 때문이다.

따라서 주장을 뒤에서 제시하는 경우에는 앞으로 제시할 근거들이 무엇을 위한 것인지, 무엇과 연관된 것인지 알려주는 문장을 앞에 놓아야 한다. 이 문장에는 앞으로 열거할 근거들의 핵심개념이 상세하게 담겨있어야 한다. 예컨대 술을 완전히 금지하는 것은 자율적으로 행동하는 학생들의 정당한 권리까지 박탈한다는 주장(하위주장)을 뒷받침하는 근거를 소개하는 역할을 하는 문장은 다음과 같이 쓸 수 있다.

> 몇몇 대학에서는 학교 내 음주에 대한 전면금지조치를 취하고 있는데, 이러한 무차별적인 정책은 자율적으로 행동하는 학생들의 정당한 권리를 침해하거나 그러한 정책을 강제하는 과정에서 사생활을 침해하는 부작용을 낳고 있다.

여기서 강조한 단어들은 근거로 제시할 핵심개념들이다. 이 개념들을 이유를 적은 종이의 맨 위에 적어놓는다.

3. 단락을 어떻게 전개해나갈 것인지 순서를 정하라

이제 완성한 이유들을 어떤 순서로 놓을지 결정한다. 규칙은 독자들이 이해하기 쉬운 순서대로 놓는 것이다. 먼저 주제가 같은 것끼리 모은다. 예컨대 술을 금지하는 것보다 학생들을 상담하여 예방하는 정책이 좋은 다섯 가지 이유는 어떻게 무리 짓는 것이 좋을까?

R1: 술을 먹고 문제를 일으키는 학생은 극소수일 뿐이다.

R2: 규정을 무시해도 아무 벌칙을 주지 않는다면 학생들이 모두 학교를 우습게 볼 것이다.

R3: 술을 완전히 금지하는 것은 책임 있게 행동하는 학생들의 정당한 권리까지 박탈한다.

R4: 술을 마시지 못하도록 금지한다 해도 학생들은 술을 마실 것이다.

R5: 분별없이 술을 마시는 학생을 골라내 개별상담을 할 수 있다.

이 이유들을 모든 학생들에게 해당하는 이유와 무책임한 학생들만 해당하는 이유로 나눌 수 있다.

R1.1: 술을 완전히 금지하는 것은 자율적으로 행동하는 학생들의 정당한 권리까지 박탈한다.

R1.2: 규정을 무시해도 아무 벌칙을 주지 않는다면 학생들이 모두 학교를 우습게 볼 것이다.

R1.3: 술을 마시지 못하도록 금지한다 해도 학생들은 술을 마실 것이다.

R2.1: 술을 먹고 문제를 일으키는 학생은 극소수일 뿐이다.

R2.2: 분별없이 술을 마시는 학생을 골라내 개별상담을 할 수 있다.

이렇게 분류한 이유들을 이제 어떻게 정렬할 것인지 기준을 정한다. 중요한 것에서 덜 중요한 것으로, 덜 중요한 것에서 더 중요한 것으로, 친숙한 것에서 덜 친숙한 것으로, 단순한 것에서 복잡한 것으로, 다양하게 기준을 정할 수 있다. 이러한 기준 없이 마구잡이로 나열되어 있거나 그 기준을 명확하게 파악할 수 없다면, 독자들은 논증이 일관성이 있게 전개된다고 생각하지 않는다.

따라서 어떤 기준이나 원칙에 따라 이유를 제시할 것인지, 이유를 나열하기 전에 분명히 밝혀주는 것이 좋다. 또는 섹션을 시작하는 첫머리에 '더 중요한 이유는' '따라서' '반면에'와 같은 이음말을 넣어 이유를 제시하는 기준을 밝혀주는 것도 좋은 방법이다. **정렬기준은 513쪽 참조.**

4. 반론수용과 반박을 어디에 놓을지 결정하라

이상적으로 말하자면, 독자들이 글을 읽는 순간 떠올릴 궁금증이나 반론을 찾아내 이를 언급하고 이에 대해 반응하거나 반박해야 한다. 하지만 안타깝게도 우리는 대부분 독자들의 반론을 모두 예상할 수 있을 만큼 똑똑하지 못하다. 그럼에도 논증 전개과정에서 독자들이 반론이나 대안을 떠올릴 수 있다고 예상되는 곳을 찾아 반론수용과 반박을 적어 넣어라. 글쓴이가 타인의 관점에 대해 이미 알고 있다는 사실을 보여주는 것만으로도 독자에게 깊은 신뢰를 심어줄 수 있다.

5. 어디에 전제를 놓을지 결정하라

이는 매우 까다로운 결정이다. 전제를 진술할 것인지 안 할 것인지부터 결정해야 하기 때문이다. 독자들과 공유하는 가치, 가정, 정의는 굳이 쓸 필요가 없지만, 그렇지 않다고 여겨질 경우에는 전제로 제시해야 한다. 대개 전제는 그 전제를 적용해야 하는 추론 앞에 쓴다. 또한 전제를 뒷받침하는 별도의 이유와 근거를 제시해야 하는 경우도 있다. 아래 짧은 논증을 읽어보자.

> 아이들은 날마다 TV에서 쏟아져 나오는 폭력적인 장면을 보며 자란다. 이유 아이들은 하루에 평균 12번 정도씩 폭력적인 행동을 본다. 과도한 그래픽효과로 폭력을 강조하고, 폭력을 당해도 크게 다치지 않는 것으로 묘사한다. 더 나아가 그러한 폭력에 대해 책임을 묻거나 처벌하는 경우는 극히 드물다(Smith 1992)근거보고 그러한 폭력이 아이들 경험 속에 스며들어 일부분이 되면이유 재진술 심리발달에 해로울 수 있다주장

이 논증에서 마지막 주장에 동의하지 못하는 사람도 있을 것이다. 아이들이 눈으로 보는 것과 아이들의 심리발달 사이에 연관관계가 있다고 생각하지 않는 이들도 있기 때문이다. 따라서 눈으로 보는 것이 아이의 발달에 영향을

미친다는 일반적인 원칙에 독자들이 먼저 동의하게끔 한다면, 폭력적인 TV 화면이 아이의 심리발달에 해를 입히는 실질적인 이유가 될 수 있다는 주장에 독자들이 동의할 확률이 높다.

> 아이들은 훌륭한 행동에 대한 이야기를 많이 듣고 자랄 때 건강한 어른으로 자란다.전제1 그렇다면 반대로 아이들이 나쁜 행동을 보면 그로 인해 상처를 받지 않겠는가?전제2 아이들은 날마다 TV에서 쏟아져 나오는 폭력적인 장면을 보며 자란다.이유 아이들은 하루에 평균 12번 정도… 근거 [TV에서 보는 폭력은] 심리발달에 해를 미칠 확률이 높다.주장

이 논증에는 두 개의 전제가 먼저 나오고 이유와 근거와 주장이 뒤따라 나온다. 일반적인 원칙(아이들이 나쁜 행동을 보면 그로 인해 상처받을 수 있다.)을 먼저 받아들이면, 뒤에 나오는 이유가 주장을 뒷받침한다고 생각할 것이다. 물론 독자가 그러한 전제조차 거부한다면 글쓴이는 이 전제를 뒷받침하기 위한 논증을 보완해야 한다.

논증 전반에 적용되는 전제를 진술해야 한다면, 별도의 종이에 따로 작성해서 도입부 뒤에 놓아라. (물론 다른 곳에 넣는 것이 적절한 예외적인 경우도 있을 것이다.) 구체적인 이유나 근거에 적용되는 전제는 그 이유를 적은 종이에 적어 넣는다.

6. 설명이 필요한 곳을 표시하라

논증에서 제시할 이유와 근거 중에서 독자들이 이해하지 못할 수 있는 개념, 정의, 과정, 배경, 역사가 있는가? 그런 곳이 있다면 설명을 추가해야 한다는 표시를 하라. 설명할 내용이 많은 경우에는 별도의 종이에 설명을 추가하여 붙인다. 지금까지 설명한 내용에 따라 완성된 스토리보드는 다음과 같은 모양이 될 것이다.

서론	문제 + 해법/주장

본론	전제 논증을 포괄하는 전제
	이유1 + 근거1+ 근거2
	이유2 + 근거1+ 근거3 +반론수용과 반박
	(...필요한 만큼 이유 추가)
	전체 논증에 대한 반론수용과 반박

결론	문제 + 해법/주장 재진술

물론 이렇게 세운 논증계획이 지나치게 단순하고 형식적으로 보일지도 모른다. 하지만 스토리보드는 글을 쓰기 위한 정밀한 설계도가 아니라 계속해서 수정하고 발전시켜 나가기 위해 대충 그린 스케치라고 생각하라. 글을 많이 쓰다 보면 이러한 스토리보드를 굳이 만들지 않고도 직관적으로 써내려 갈 수 있을 때가 올 것이다. 하지만 그런 수준에 올라섰더라도, 글을 쓰기 전에 잠깐이라도 계획을 세우는 것은 상당한 도움이 될 것이다.

완벽한 논증을 세우기 위한
스토리보드 만들기

래프팅을 하기 전에 먼저 아웃라인을 잡아야 한다. 허술해도 상관없다. 경험이 쌓일수록 대충 갈겨쓴 윤곽만 가지고도 훌륭한 글을 써나갈 수 있다. 나중에는 아웃라인을 굳이 글로 쓰지 않아도 되는 순간이 올 수도 있다. 하지만 처음 글을 쓰기 시작할 때는 도움이 될 만한 방법은 무엇이든 활용하는 것이 좋다. 우리는 스토리보드를 작성해보기를 추천한다. 글의 설계도 역할을 할 뿐만 아니라, 글을 쓰는 과정을 관리하는 도구 역할도 한다.

특히 스토리보드는 길고 복잡한 글을 쓸 때 유용하다. 스토리보드는 한마디로 글의 아웃라인을 짜는 작업을 체계적으로 확장한 것이다. 글을 섹션으로 구분하여 개별적으로 아웃라인을 잡고 논증을 전개해 나가면서 자세한 내용을 채워나갈 수 있도록 도와준다. 섹션별로 다른 종이를 활용하여 아웃라인을 잡기 때문에 훨씬 세부적으로 구상을 짤 수 있고, 또한 나중에 고치고 덧붙이고 빼는 작업도 훨씬 쉽게 할 수 있다. 글을 쓰는 과정 내내 해결해야 하는 복잡한 일들을 스토리보드는 쉽고 간단하게 정리해 준다.

스토리보드를 짜는 자세한 방법은 부록을 참고하기 바란다.

step 4

본격적인 글쓰기
드래프팅

Drafting

남들이 복잡하지도 않은 것을 난해하게 써서 나를 괴롭히지 않기를 바란다면 나 역시 그렇게 쓰지 말아야 한다. 자신의 생각을 지나치게 단순화해서 표현해도 안 되겠지만 불필요하게 어렵게 써도 안 된다. 남들이 나를 위해 글을 써주기 바라는 대로 글을 쓰라.

언제
쓰기 시작할 것인가?

많은 사람들이 아직 글의 설계가 완벽하지 않다는 이유로 계속 자료조사만 하며 드래프팅작업을 자꾸 미룬다. 하지만 이것은 핑계일 뿐이다. 실제로는 글을 쓰는 것이 겁나기 때문에 계속 회피하는 것이다. 이런 덫에 빠지지 말라.

글에서 다루고자 하는 논증을 완벽하게 짠 다음에야 펜을 들 수 있다고 대부분 생각하지만, 실제로는 그렇지 않다. 아무리 아웃라인을 꼼꼼하게 잡는다고 해도 드래프팅을 하다 보면 미처 깨닫지 못한 논증의 허점이 눈에 띄기도 하고 전혀 새로운 해법이 떠오르기도 한다.

물론 드래프팅하기 전에 어느 정도 아웃라인은 잡아야 한다. 일단, 해법이 될 만한 것들을 몇 가지 추린다. (이러한 잠정적 해법을 '가설hypotheses'이라고 한다.) 논증을 완벽하게 세우지 못해도 상관없다. 드래프팅은 최선의 가설을 찾아내는 '오디션'과도 같은 역할을 수행한다. (또는 관심이 있는 이성들을 만나서 배우자로 적합한 사람인지 알아보는 가벼운 '데이트'와도 비슷한 역할을 한다.) 가설을 제시하고 이를 뒷받침하는 이유를 나열해본다. 이러한 주장과 이유를 비판적인 독자들도 심각하게 고려해봐야겠다고 생각할지 상상해보라. 단순한 목록이라도 드래프팅 과정에서 독자들이 쉽게 수긍할 있도록 배치하다 보면 좀더 온전한 아웃라인이 완성된다.

드래프팅은 어떤 방식으로 할 것인가?

사람마다 드래프팅 방식은 다를 수 있다. 천천히 신중하게 써내려 가는 사람도 있고, 무작정 빠르게 써내려 가는 사람도 있다. 어떤 방식이라도 상관없다. 자신에게 맞는 방식을 찾으면 된다. 하지만 글을 많이 써본 사람들은 대개 신중하게 쓰기보다는 빠르게 쓰는 것을 선호한다. 각각 좋은 점과 나쁜 점을 비교해보자.

시간을 많이 들이는 신중한 드래프팅

한 문장 한 문장 꼼꼼히 완성하고 다음 문장으로 넘어간다. 한 문단씩 꼼꼼히 완성하고 다음 문단으로 넘어간다. 이렇게 천천히 신중하게 초고를 쓰기 위해서는 글을 쓰기 전에 매우 세심하게 구상과 계획을 세워야 한다. 계획에서 조금이라도 어긋나기 시작하면 다른 부분도 연달아 고쳐야 하고, 결국 원래 계획했던 틀 자체를 다 뜯어고쳐야 하는 난처한 상황에 처할 수 있기 때문이다. 드래프팅을 천천히 신중하게 하려면, 먼저 촘촘하고 완벽하게 계획을 세워야 한다.

빠르게 써내려가는 드래프팅

리바이징을 할 생각으로 초고를 쓸 때는 속도가 생명이다. 완벽한 표현이 떠오르지 않더라도 멈춰선 안 된다. 빠르게 쓰는 것이 중요하기 때문에 글을 쓰다가 막히는 부분이 있으면 그냥 뛰어 넘는다. 정확한 인용구나 데이터는 나중에 채워 넣는다. 구체적인 내용이 떠오르지 않는 문단은 통째로 비워놓는다. 어차피 나중에 모두 채워 넣을 것이기 때문이다. 또한 글을 쓰다가, 생략하고 지나온 부분에 채워 넣을 내용이 갑자기 떠오르면 되돌아가서 채울 수도 있다. 문법이나 맞춤법을 고치거나 적절한 어휘를 고르는 작업은 모두 뒤로 미뤄둔다. 이렇게 드래프팅을 하면 두서없이 글이 흘러갈 수 있기 때문에 리바이징 과정이 상당히 길어진다. 단순히 문장을 수정하는 것을 넘어서 전체적으로 논증의 구조까지 수정해야 할 수도 있다. 따라서 리바이징 시간을 충분히 확보해야 하기 때문에 계획이 완벽하지 않더라도 최대한 빨리 드래프팅 작업을 시작하고, 또 최대한 빨리 끝내야 한다.

원고를 마감해야 하는 날로부터 거꾸로 계산하여 드래프팅을 시작할 날을 잡아라. 드래프팅에 시간이 얼마나 걸릴지 계산하라. 드래프팅을 빨리 끝내는 편이라면, 드래프팅에 20퍼센트 여유시간을 더하고 리바이징에도 20퍼센트 시간을 더하라. 천천히 신중하게 드래프팅을 하는 편이라면 훨씬 많은 시간이 필요할 수 있다. 어쨌든 마감하기 전에 최종적으로 에디팅할 시간은 남겨두어야 한다.

간단한 아웃라인

완벽하게 아웃라인을 잡지 못했다고 하더라도, 드래프팅에 들어가기 전에 최소한 다음과 같은 구상은 완료되어있어야 한다.

- 논증을 야기한 문제가 무엇인지 정확하게 이해한다.
- 해법이 될 만한 가정을 만든다.
- 가장 가능성이 있는 가정을 고른다.
- 자신의 해법을 뒷받침한다고 독자들이 동의할 수 있을 만한 이유들을 진술한다.
- 그러한 이유를 뒷받침한다고 여겨지는 근거를 진술한다.
- 독자들이 쉽게 이해할 수 있는 방식으로 이유를 배열한다.
- 반론을 상상하고 이에 대응한다.

작업서론
작성하기

○ Ch 3

본론부터 쓰고 나서 서론을 나중에 쓰라는 이야기를 들어본 적 있을 것이다. 물론 좋은 생각이다. 하지만 전체적인 밑그림을 그려 놓지 않고 글을 무작정 쓰기 시작하면 초점을 잃고 헤맬 수 있다. 이를 방지하기 위해서 서론을 대충 작성해놓는 것이 좋은데, 이렇게 대충 작성하는 서론을 '작업서론working introduction'이라고 한다.

작업서론을 쓰는 방법은 다음과 같다.

1. **먼저 독자와 공감할 수 있는 맥락을 한두 문장으로 쓴다.**

   오랜 세월, 술은 대학생활의 일부로 자리잡아왔다. 몇몇 학생들에게 술은 거의 통과의례와도 같은 역할을 한다. 하지만 점차 심각한 문제가 되고 있다.

2. **문제를 명확하게 진술하는 한두 문장을 쓴다.**

   이러한 위험을 억제하기 위해서 대학은 모든 학생모임에서 술을 금지하는 학칙을 통과시키려 한다. 학생들 간의 사교모임에서도 술을 마시지 못하게 금지하려 한다.

3. **이 문제로 인해 독자들이 치르는 대가, 또는 앞으로 치를 대가를 쓴다.**

   학생들은 이런 학칙을 무시할 것이고, 이는 결국 대학의 권위를 우습게 보도록 부추기는 결과를 낳을 것이다. 또한 학칙을 강제로 적용하면 자율적으로 행동하는 학생들의 정당한 권리를 침해할 수 있다.

4. 문제의 해법을 진술하는 문장을 쓴다.

학생회는 이러한 학칙에 반대하는 공청회를 개최하고, 계도프로그램을 통한 문제해결 방안을 요구해야 한다.

이렇게 완성된 작업서론은 전체 논증의 밑그림 역할을 할 것이다.

손실vs혜택

자신이 논증하고자 하는 문제에 독자들이 관심을 갖게 만들기 위해서는 손실을 제시하라고 우리는 이야기했다. 하지만 어떠한 손실이든 혜택으로 바꿔서 제시할 수 있다.

빈지드링킹은 유쾌한 시간을 난장판으로 만들 수 있다. 이러한 상황을 통제하지 못하면, 더 많은 학생들이 죽고 다칠 것이다손실
빈지드링킹은 유쾌한 시간을 난장판으로 만들 수 있다. 이러한 상황을 통제할 수 있다면, 많은 학생들의 목숨을 살릴 수 있다혜택

결과를 손실로 진술하는 것과 혜택으로 진술하는 것 사이에는 어떤 차이가 있는가? 어떤 것이 독자들의 동기를 더 북돋는다고 생각하는가?

생각실험을 해보자. 5만원 지폐가 다리 난간에 끼어있어, 그것을 줍기 위해서는 위험을 감수해야 하는 상황이다. 언제 돈을 더 줍고 싶은가?

- 그것이 길을 가다가 우연히 발견한 돈일 때
- 그것이 내 주머니에서 떨어진 돈일 때

공감대
진술하기

공감대를 진술할 때는 다음과 같은 문장이 자주 사용된다.

> 대다수의/ 많은/ 어떤 사람들은 …라고 생각한다/믿는다.
> 언뜻 보면 …처럼 보인다.
> 대개 …라고 생각한다/말한다/믿는다/보고한다/주장한다.
> 아무개(권위자)가 …라고 주장한다/단언한다/말한다.

이러한 문장이 끝난 다음, '하지만' '그러나' '사실은'과 같은 말로 시작하는 문장이 곧바로 뒤따라 나오면서 앞에서 말한 내용을 제한하거나 뒤집는다.

공감대를 찾는 방법

공감대를 쉽게 찾는 방법은 다음과 같이 묻는 것이다.

> "이 화제에 대해 본격적으로 연구를 시작하기 전에 나는 어떻게 생각했는가?"

자신의 예전 생각을 떠올려보는 것이다. 어떻게 생각이 바뀌었는가? 처음에 잘 알지 못했을 때 가졌던 원래 믿음을 쓰고 '―라고 보통 생각한다'와 같은 말로 덧붙인다. 이로써 공감대는 완성된다. 그리고 나서 바로 다음 문장을 '하지만' '그러나'와 같은 말로 시작하여 앞에서 말한 내용을 흔들면 이것이 곧 훌륭한 불안정조건이 된다.

잡지/신문에 실린 칼럼이나 기사, 또는 학술논문의 첫 머리를 읽어보면, 공감대를 진술하는 다양한 방식을 확인할 수 있다. 그러한 방식을 응용하여 자신만의 레퍼토리를 만들어보라.

칼럼 수집하기

신문에 실린 사설이나 칼럼 세 개를 골라 서론부분을 주의깊게 읽어보자. 문제를 어떻게 짜는지, 독자들에게 해법에 대한 궁금증을 유발하는지 분석해보자.

더 강력한 손실

지금 바로 자신에게 영향을 미칠 수 있는 실용문제를 하나 골라보라. 비좁은 기숙사, 치열한 수강신청, 지나치게 북적이는 수업, 자주 끊기는 인터넷 등 어떤 문제든 좋다. 친구, 룸메이트, 부모, 교사, 교직원 등 이러한 문제를 해결하는 데 도움이 될 만한 사람들을 모두 나열해보라. 이들이 문제를 해결하는 데 적극적으로 나서게 만들려면, 어떤 손실을 제시하면 좋을까? 각각 목록으로 나열해보라. 힌트는, 문제로 인해 내가 겪는 손실이 아니라 그들이 겪는 손실에 초점을 맞춰야 한다는 것이다.

주장문
진술하기

○ Ch 4

요주장이든 하위주장이든 구체적인 어휘를 사용하여 진술할 때 독자
는 주장을 더 쉽게 이해하고 또 앞으로 주장을 어떻게 뒷받침해 나갈
것인지 쉽게 예상할 수 있다. 처음 머릿속에 막연히 떠오른 주장은 다음 네
단계 프로세스를 거쳐 구체적인 주장문으로 바꿀 수 있다.

1. 명사에 대해서는 '이것은 무엇을 말하는가?' 묻고, 동사에 대해서는 '이것은 어떻
   다는 뜻인가?' 묻는다.
2. 이렇게 찾아낸 구체적인 의미를 더 정교하게 표현할 수 있는 어휘가 있는지 찾
   아본다.
3. 이러한 분석을 통해 주장을 가장 잘 표현하는 항목을 정리한다. 정리한 항목들 중
   에서 주장의 핵심개념을 담고 있는 키워드를 표시한다.
4. 이 항목들을 반영하여 주장문을 작성한다. 핵심키워드는 주장 속에 그대로 넣
   는다.

실제 예문을 활용하여 모호한 생각을 구체적인 주장문으로 바꾸는 과정을
살펴보자.

오늘날에도 남북전쟁의 **여파**는 여전히 **느껴진다**

1. 여기서 '**여파**'란 무엇을 말할까?

- 정치적 대립
- 지역적 편견
- 경제적 경쟁
- 이데올로기적 **차이**

여기서 '**차이**'란 무엇을 말할까?

더 적절한 표현은 없을까?

- 반목
- 분열
- 불일치

여기서 '**느껴진다**'란 어떻다는 뜻인가?

- 두 지역이 서로 믿지 못한다.
- 남부지역의 투표행태가 정치적으로 뚜렷하게 블록화되어있다.
- 분리주의 차단을 위한 연방정부의 노력을 남부지역은 북부의 강압이라고 인식한다.
- 남북 정치인들이 서로 다른 통치이념을 내세운다.
- 오랜 반목이 새로운 현상을 받아들이는 태도에 영향을 미친다.

더 적절한 표현은 없을까?

- 반영된다.
- 형성한다.

- 통치이론
- **주정부의 권리**
- 개인의 자유
- 법을 제정할 권리
- 바이블벨트의 근본주의

더 적절한 표현은 없을까?

- 연방주의
- 연방정부의 권력
- 스스로 통치할 수 있는 주정부의 자유

2 | 3. 지금까지 뽑아낸 어휘들 중에서 주장의 핵심아이디어를 가장 잘 표현하는 어휘 서너 개를 뽑는다.

- 이데올로기적 반목
- 정치적 대립
- 통치이론
- 주정부의 권력과 연방정부의 권력
- 개인의 자유

- 해묵은 반목이 새로운 태도를 형성한다.
- 남부지역은 집단적 투표성향이 강하다.
- 남북 정치인들이 서로 다른 통치이념을 내세운다.

4. 최종적으로 뽑은 표현들을 활용하여 주장을 정리한다.

남북전쟁 시대의 **이데올로기적 반목**은 오늘날 여전히 남부와 북부의 **정치적 담론**을 형성하고 있다. **주정부의 권력과 연방정부의 권력**의 범위, **개인에 미치는 정부권력**의 수준에 대한 서로 다른 인식이 남과 북의 **통치이론** 속에 그대로 반영되어 있다.

다른 저작 가져오기

◐ Ch 6

서로 작성된 근거를 보고할 때는, 직접 인용하거나 풀어쓰거나 요약해야 한다. 이것은 단순한 글쓰기방식의 차이가 아니라 접근방식 자체가 다르다는 것을 명심하라.

옮겨쓰기 (직접인용) quoting

원전의 낱말, 문장부호 하나까지 있는 그대로 옮겨쓴다.

풀어쓰기 (간접인용) paraphrasing

풀어쓸 때는 원문의 의미가 더 명확하게 드러나도록, 근거를 제시하는 맥락에 부합할 수 있도록, 저자의 말을 자신의 말로 바꿔 써야 한다. 풀어쓰기는 대개 원작의 난해한 부분을 풀어쓰는 것이기 때문에 어느 부분을 풀어썼는지 독자가 찾아낼 수 있어야 한다.

줄여쓰기 (요약) summarizing

원전을 압축하고 고쳐 써 원래 길이보다 줄여야 한다. 줄여쓰기는 일정 부분 또는 글 전체를 압축하기 때문에 원문의 특정부분과 연관시키기는 어렵다.

데이터를 중시하는 학문: 풀어쓰기 / 줄여쓰기

자연과학이나 통계에 기반한 사회과학에서 다른 연구결과를 끌어다 쓰는 이유는 다음과 같다.

- 공감대를 제시하는 부분에서 이전 연구를 평가하기 위해서
- 다른 이의 주장(반론)을 언급하기 위해서
- 다른 이의 주장이나 데이터를 끌어다 자신의 주장이나 이유를 뒷받침하기 위해서

이런 경우, 독자가 주목하는 것은 근거를 보고하는 표현보다는 결과일 것이다. 따라서 이런 경우에는 원전을 그대로 인용하기보다는 풀어쓰거나 줄여쓴다.

분야마다 독자들이 기대하는 인용방식이 다르기 때문에, 원문을 풀어쓸 때는 자신이 속한 분야에서 통용되는 인용방식을 따라야 한다. 하지만 일반적으로 말할 수 있는 원칙은, 중요한 인용이라고 여겨질 때는 저자이름을 본문 속에 넣어 풀어쓰고, 별로 중요하지 않은 인용이라고 여겨질 때는 이름을 괄호 속에 넣는다.

연상점화효과가 발생하는 원인으로 제시된 몇 가지 프로세스가 있다. 예컨대 메이어Meyer와 슈베이너벨트Schvaneveldt는 장기기억과 위치이동에서 두 가지 자동적인(무의식적인) 확장이 일어난다고 주장한다(1971, p.232). 닐리Neely 역시 기억의 자동확산활성화 과정과 주목메커니즘의 자원을 고갈시키는 과정을 구분한다(1976). 지금도 연상점화과정에 대한 심화된 연구가 지속되고 있다(de Groot, 1984).

이 글을 쓴 사람은 메이어와 슈베이너벨트와 닐리는 본문에 이름을 넣을 만큼 중요한 인용인 반면, 드그룻은 사소한 참조표기만으로 충분한 인용이라고 생각한다.

표현을 중시하는 학문: 옮겨쓰기

인문학에서는 원전을 옮겨쓰기도 하고 풀어쓰기도 한다. 우선, 다른 사람의 작품을 주요근거로 활용하는 경우에는 그 작품을 그대로 옮겨써야 한다. 또 다음과 같은 경우에도 그대로 옮겨쓴다.

- 원전의 구체적인 표현이 논증하는 데 중요한 역할을 하는 경우
- 특별히 눈에 띄는 강렬한 표현일 경우
- 원전에서 어떤 것에 대해 말하는 방식을 보여주고 싶은 경우
- 허수아비 때리기 오류를 범하지 않고 싶은 경우

인문학에서도 다음과 같은 경우는 풀어쓰거나 줄여쓴다.

- 원전의 표현방식보다는 이유와 근거에 담긴 내용에 더 관심이 있는 경우
- 같은 것을 더 분명하게 표현할 수 있는 경우

옮겨쓰는 것이 더 쉽다는 이유만으로, 또는 원전을 제대로 풀어쓸 자신이 없다는 이유만으로 옮겨쓰기를 선택해서는 안 된다.

문장 속에 인용구 끼워 넣기

원문을 그대로 옮기는 직접인용을 근거로 제시하는 방식은 학문분야마다 다르다. 하지만 어느 분야에나 적용되는 기본적인 원칙을 여기 소개한다.

인용을 소개하는 글을 쓰고 곧바로 인용문을 붙인다.

플러머 Plumber는 다이애나 황태자비의 목숨을 앗아간 교통사고를, 정부의 지나치게 소홀한 규제로 인한 결과라는 측면에서 접근한다. "다이애나와 같은 사람들은 자신들에게 일상적인 위험이 닥칠 것이라 생각하지 않기 때문에 안전벨트 같은 것에 신경쓰지 않는다. 하지만 안전벨트를 맨 사람들은 다 살았고, 매지 않은 사람들은 모두 죽었다."(343)

인용을 문장 속에 엮어 넣는다.
문법에 맞도록 원문을 변형해야 할 경우 [사각괄호]를 이용해 표시한다.

플러머는 '[사고가 발생했을 때] 안전벨트를 맨 사람들은 다 살았고, 매지 않은 사람들은 모두 죽었다'고 지적하면서, 정부가 지나치게 규제를 소홀히 한 결과라는 측면에서 다이애나 황태자비의 목숨을 앗아간 교통사고에 접근한다.(343)

세줄 이상 되는 인용구는 문단을 분리하여 들여 쓴다.

풍선기구를 타고 지구를 한 바퀴 돌고자 하는 올덴스버그의 50번째 도전이 바다에 떨어져 실패하자 그의 부인은 남편의 '성공하고자 하는 바람'이 일반적인 수준을 넘은 어떤 강박 아닐까 의심하기 시작했다. 결국 그녀는 진화생물학에서 그 해답을 찾았다고 생각한다.

> 남자의 뇌는 끝없는 위험에 대해 늘 경계해야만 하는 상황에서 진화해
> 왔다. 문명이 발전하면서 위험한 상황이 줄어들자 남자들은 자신의 본성
> 을 느끼며, 스스로 나약하게 떨어야 하는 위험상황에 빠지고 싶은 충동
> 을 계발하기 시작했다. 남자들이 극단적인 위험을 일부러 만들어내는 진
> 정한 이유는 위험 그 자체를 원하기 때문이 아니라 경계심을 발동할 만
> 한 구실을 찾기 때문이다.(Idlewild, 135)

옮겨쓰든, 풀어쓰든, 줄여쓰든 어디서 가져왔는지 정확하게 표기해야 한다.
출처표기를 하나라도 잘못하면 자신의 연구성과 전체가 의심받을 수 있다.
논증이 엉성한 것은 용서받을 수 있지만, 표절은 절대 용서받을 수 없는 행
위라는 것을 명심하라. 부록에서 "표절로 의심받지 않기 위해 알아야 할 것
들"을 참조하기 바란다.

데이터의 신뢰성을 입증하는 방법

초기 과학의 역사를 보면, 어떤 실험을 할 때 다른 과학자들을 불러모아 실험을 직접 지켜
보게 함으로써 데이터의 정확성과 신뢰성을 확보하기도 했다. 지금도 데이터수집과정을 직
접 참관하는 것이 과학적 데이터에 대한 신뢰성을 확보하는 데 유용한 방법이라고 생각하
는가? 그렇지 않다면, 그 이유는 무엇인가? 오늘날 연구결과보고의 신뢰성을 '입증'하는 유
용한 방법으로는 무엇이 있을까?

반론을 수용하고
반박하기

◑ Ch 7

글 속에서 반론이나 이견을 언급하고 이에 대응하지 못하는 이유는 무엇일까?

1. 반론을 알지 못하거나 떠올리지 못해서.
2. 반론을 언급하면 자신의 논증이 약화된다고 생각해서.
3. 반론을 소개할 때 어떤 표현을 써야 자연스러운지 알지 못해서.

이 중에서 세 번째 이유는 손쉽게 해결할 수 있다. 글을 많이 써본 사람들이 반론을 수용하고 반박할 때 어떤 어휘와 어법을 쓰는지 여기서 소개하고자 한다. 물론 처음에는 서툴게 느껴질 수 있지만, 쓰다 보면 익숙해질 것이다.

> 물론 처음에는 서툴게 느껴질 수 있지만,반론수용 쓰다 보면 익숙해질 것이다.반박/주장

방금 앞에서 한 말에서 볼 수 있듯이 반론을 언급할 때는 맨 앞에 '물론'과 같은 말을 붙여 반론을 언급하겠다는 신호로 문장을 시작하고 '가능/용인'의 의미를 담은 종결부(–ㄹ 수 있–)를 써서 문장을 끝낸 다음 곧바로 '–하지만'을 붙여 뒤집는다.

반론 언급하기

예상되는 반론이나 이견이나 질문을 떠올리고 이에 대해 대응할 때는, 독자
들이 그러한 반론을 어느 정도 비중있게 고려하는지 가늠하고 이를 반영해
야 한다. 한 마디 언급하고 부정하고 넘어갈 수 있는 것도 있지만, 상당한 지
면을 할애하여 반박해야 하는 것도 있다. 여기서는 사소한 반론에서 무거운
반론으로 나아가면서 차례대로 설명한다.

반론을 간단하게 진술하고 반박하기

반론이나 이견을 요약하여 진술하고 '─함에도' '─와는 무관하게' '─에도
불구하고'와 같은 말로 매듭짓고 곧바로 반박을 진술한다.

> 의회가 세금을 깎으려 한다고 선언했음에도_{반론수용} 대중들은…_{반박}
> 홍콩의 문제와는 무관하게_{반론수용} 동남아시아는 강렬한…_{반박}
> 범죄율이 떨어짐에도 불구하고_{반론수용} 경찰력은 여전히 강력하게…_{반박}

마찬가지로 '─하지만' '─하는 반면' '─할지라도'와 같은 말을 사용해도 된다.

> 의회가 세금을 깎으려 한다고 선언했지만_{반론수용} 대중들은…_{반박}
> 홍콩에는 문제가 남아있는 반면_{반론수용} 동남아시아는 강렬한…_{반박}
> 범죄율이 떨어질지라도_{반론수용} 경찰력은 여전히 강력하게…_{반박}

타당성을 간접적으로 제한하면서 반론 소개하기

반론이나 이견을 소개하면서 '─하는 듯하다' '─처럼 보인다' '─할 것이다'
'─하는 경우도 있다'와 같은 어미로 끝내거나, '그럴 듯해 보이는' '놀랍게도'
더 나아가 '어리석게도'과 같은 부사를 삽입하여 진실성을 제한한다.

링컨이 편지를 보면 그가 우울증을 앓은 것처럼 보인다.반론수용 하지만 그를 목격한 사람들은…반박

스미스의 자료는 이 주장을 뒷받침하는 듯하다.반론수용 그러나 면밀하게 분석해보면…반박

이 제안도 나름대로 의미가 있을 것이다.반론수용 하지만 우리는…반박

세금으로 인문학을 지원해야 한다는 그럴 듯해 보이는 주장도 있다.반론수용 하지만 이러한 주장은 도덕적으로…반박

출처를 밝히지 않고 반론 언급하기

출처를 구체적으로 밝히지 않고 반론을 소개하는 것은 중요하게 다루지 않겠다는 뜻이다.

> 언뜻 세금을 깎아야 한다고 [생각/말/주장]할 수 있다.
> …하는 [또다른/대안적인/일반적인] [설명/주장/이야기/가능성]이 있다.
> 어떤 근거는 …해야 한다고 [주장/지적/이야기/생각][한다/할 것이다/할 수 있다/할지 모른다].

출처를 구체적으로 밝히면서 반론 언급하기

좀더 비중이 있는 반론이나 이견이나 대안을 소개할 때는 출처를 구체적으로 밝힌다.

> …라고 [말/생각/주장/비판]하는 사람들도 [있다/많다/있을 것이다].
> [대다수의/많은/몇몇] 대학당국이…라고 [말/생각/주장/비판]한다.
> 협력학습을 옹호하는 켄 브루피는 …라고 [생각한다/말한다/주장한다/비판한다].

반론을 어느 정도 수용하기

어느 정도 타당하다고 여겨지는 반론이나 이견을 소개할 때는 '물론' '충분히' 같은 양보의 의미를 드러내는 말로 반론을 수용하면서 한계를 진술한다.

> …라는 주장도 '충분히' [이해할 수 있다/의의가 있다/일리가 있다].
> …하다는 것은 [사실이다/가능하다/옳다/명백하다/신빙성이 있다].
> …라는 사실을 뒷받침하는 근거가 충분치 않다는 것은 [인정한다].
> …[할 수 있다는/할 것이라는/할지 모른다는] [의심/가능성]도 있다.
> …라는 사실을 [간과/무시/거부]해서는 안 된다.
> '물론' 아담스는… 라고 [생각/말/주장] [할 수 있다/할지 모른다]
> X가 [말한/진술한/쓴/주장한/제시한/증명한] 것이 [진실일/정확한 지적일/일리가 있을/타당할] 수도 있다.

반박하기

반론을 마치고 '하지만' '그러나' '반면'과 같은 말을 덧붙이고 나서 반박을 제시한다. 반박을 할 때에도 독자들은 이를 뒷받침하는 이유와 근거를 기대할 수 있다. 반박도 별도의 뒷받침이 필요한 주장이기 때문이다. 반박은 간접적인 표현에서 직접적인 표현까지 다양한 방식으로 제시할 수 있다.

완전하게 이해할 수 없다고 진술함으로써 반박한다.

> 하지만 …은 이해할 수 없다./…은 이해되지 않는다./…라는 것은 분명치 않다.

미심쩍은 사안이 있다고 진술함으로써 반박한다.

하지만 …와 같은 또다른 문제가 있다./…하는 문제는 여전히 남아 있다.

반론이 관련이 없거나 신뢰할 수 없다고 반박한다.

그러한 주장이 통찰력이 있어 보일지 모르지만, 지금 이 문제와는 [별로 상관이 없다/관계가 없다/별개의 문제다/적용되는 상황이 다르다].
하지만 이 근거는 [현실성이 없다/불명확하다/신뢰할 수 없다/깊이가 없다].
하지만 이 논증은 [일관성이 없다/틀렸다/약하다/혼란스럽다/단순하다].
하지만 그러한 관점은 핵심요소를 [간과한다/무시한다/제대로 파악하지 못하고 있다].
하지만 그러한 견해는 [비현실적인/잘못된/약한/혼란스러운] [추론/생각/근거]를 바탕으로 한다.

반론과 이견을 언급하고 이에 대해 반박하는 작업은 논증을 더 탄탄히 만들어준다. 물론 이렇게 제시하는 반박에 대한 또다른 반론이 제기될 수 있다는 것도 명심하라.

칼럼 수집하기

신문의 사설, 칼럼, 의견을 읽고 반론수용과 반박을 모두 찾아보라. 이러한 요소가 가장 잘 갖춰진 글을 뽑아보라. 이러한 의견수용이 논증을 더 설득력 있게 만드는가? TV토론프로그램을 보면서도 반론수용과 반박에 해당하는 말을 찾아보자. 토론참석자들도 자신과 다른 의견을 수용하고 반박하는가? 그렇지 않다면 왜 그럴까?

독자의 논리적인 오류
바로잡아주기

○ Ch 7

자신이 다루고자 하는 사안에 대한 독자들의 고민의 깊이가 전반적으로 떨어질 것이라고 생각될 때는, 기존의 관점을 제쳐두고 자신의 관점에 대해 생각해봐야 한다고 정중하게 알려줘야 한다. 기존의 통념을 진술하고 난 뒤 다음과 같은 몇 가지 짤막한 안내문을 쓰고 자신의 주장을 펼쳐나간다.

> 이러한 근거도 분명히 중요하지만 …하기 위해서는 다른 근거들도 모두 살펴봐야 한다.
> 이 주장이 문제의 한 측면을 설명해주기는 하지만, 이 복잡한 문제를 이것만으로는 완벽하게 설명할 수 없다. 따라서…
> 이 원칙은 대부분 작동하지만, 예외적인 상황에 대해서도 생각해봐야 한다.

이 모든 표현의 핵심을 한 마디로 정리하면 다음과 같다. 먼저 반론이나 이견에 대해 어느 정도 가치가 있다고 인정하고 나서, 좀더 고민해 봐야 할 것이 있다고 유도한다.

단어의 의미
재정의하기

⊙ Ch 10

어를 정의하고 전형을 세우고자 할 때, 자신의 목적에 맞게 공간을 어느 정도 확장할 수 있어야 한다. 예컨대, 국기를 태우는 사람을 '애국자'라고 부르고 싶다면, 국기를 흔드는 것과 같은 애국의 '표준적인' 정의에서 출발하여 약간씩 틈새를 벌린 다음 내가 생각하는 '진짜' 애국과 표준적인 애국을 대조하여 보여준다. 이때 자신의 정의는 '실제' '진짜' '진정한' 같은 말로 수식하고 부정하고자 하는 다른 사람의 정의는 '넓은 맥락에서' '느슨한 범위에서' '기술적인 의미에서' '엄격하게 말하면' 같은 말로 묘사한다.

넓은 의미에서 말하면 국가를 위해 몸을 바치는 사람은 누구나 애국자다. 하지만 진정한 애국자란…

기술적인 의미에서 위험이란 수학적인 확률일 뿐이다. 하지만 실제로 위험이 주는 느낌은…

사전의 정의 소개하기

사전에 나오는 정의를 인용하는 것은 대부분 소용없는 일이다. 논증에서 의미를 가지고 따져야 할 만큼 중요한 용어라면, 사전 역시 정의를 내리기 어려울 것이다. 그럼에도 사전의 도움이 필요하다고 생각될 때가 있을 것이다.

> 웹스터사전에 따르면 애국자란 '자신의 나라를 사랑하고, 자기 나라의 국익을 열정적으로 지지하는 사람'이다.

하지만 이런 식으로 인용하는 것은 매우 조잡한 방식이다. 정의를 풀어서 일반의미로 소개할 줄 알아야 한다.

> 우리는 대개 자신의 나라를 사랑하고 지지하고 방어하는 행동을 열정적으로 하는 사람을 애국자라고 생각한다.

사전의 권위를 빌리고 싶다면 주석을 달아 사전의 정의를 그대로 옮겨써라. 인증의미를 격식을 갖춰 소개해야 할 때는 풀어써야 한다. 본문에서 사전을 언급하거나 그 정의를 인용하지 말라. 그보다는 다음과 같이 권위를 빌려 정의를 언급하는 것이 바람직하다.

> 리스크커뮤니케이션 전문가들은 대부분 '리스크'를 _____라고 정의한다.
> 미국심리학회에 따르면 알코올중독이란 _____
> '포르노그라피'의 법률적인 의미는 대법원이 규정한 다음 세 가지 특성을 따른다. _____

빈 공간 안에 정의를 인용하여 삽입한다.

의미 논증하기

의미를 논증할 때는, 의미기준을 진술하고 지시대상을 묘사한 다음 이 둘이 어떻게 일치하는지 보여준다. 이 과정을 독자가 모두 받아들일 때 논증은 성공한다.

인증의미에 대해 논증할 때

- 논증에서 제시하는 의미기준이 인증된 것이라는 점을 독자들이 분명히 인식할 수 있도록 진술하라. 전문적인 참고서적을 인용하면 인증의미라는 사실을 더 분명하게 부각할 수 있다.
- 지시대상의 특성을 한 번에 하나씩 묘사하라. 각각의 특성이 명기된 의미기준에 어떻게 들어맞는지 독자 스스로 깨닫게 할 수 있다.
- 의미기준과 지시대상의 특성이 일치한다는 사실이 분명하게 드러나지 않으면, 작은 논증으로 이를 뒷받침하라. 이로써 전체 논증은 더욱 탄탄해진다.

일반의미에 대해 논증할 때

- 의미기준을 지시대상의 특성에 맞도록 진술하라. 하지만 독자들의 상식적인 이해수준을 벗어나면 안 된다.
- 지시대상의 특성을 하나씩 묘사하여 각각의 특성이 명기된 의미기준에 어떻게 들어맞는지 독자 스스로 깨닫게 하라.
- 독자들이 의미기준에 대해 의문을 제기할 수 있다면, 또 의미기준과 지시대상의 특성이 일치한다는 진술에 대해 의문을 제기할 수 있다면, 작은 논증으로 이를 뒷받침하라.

전형을 사용하여 일반의미에 대해 논증할 때

- 독자들이 그 용어를 이해하는 가장 보편적인 전형을 묘사하라.
- 독자들이 상식적으로 이해하는 것과 일치하도록, 그러면서도 전형에 가깝게 지시대상을 묘사하라.
- 전형과 지시대상이 정말 일치하는지 독자들이 궁금해 한다면 작은 논증으로 이를 뒷받침하라. 하지만 전형을 독자들이 받아들이지 않는다면, 그것을 받아들여야 하는 이유를 설득하려 해서는 안 된다. 전형은 그런 식으로 작동하지 않는다. 전형은 사회적·문화적 이해 속에 아주 깊이 뿌리내린 눈에 보이는 전제와 같은 것이기 때문이다.

사전을 믿는 사람

독자의 눈으로 볼 때, 아무리 권위있는 사전이라고 해도 사전의 정의를 그대로 인용하는 것은, 글을 쓰는 사람이 내용에 대해 잘 알지 못하고 글을 썼다는 인상을 준다.

이 정도가 중독이야?

인터넷에서 중독addiction에 관한 다양한 글을 찾아보라. '중독'이라고 묘사되는 다양한 조건에 대해 알 수 있을 것이다. 그 중에서 내가 보기에 진짜 중독이 아닌 경우, 또는 '중독'이라고 말하기 애매한 경우를 다섯 가지 정도 나열해보라. 그런 것을 중독이 아니라고, 또는 경계상에 있다고 판단하는 이유는 무엇인가? 그러한 이유는 '중독'이라는 용어를 내가 어떻게 이해하고 있다고 알려주는가? 반면에 온라인에 글을 쓴 사람들은 그것을 왜 '중독'이라고 부르고 싶어할까?

인과관계를
진술하는 언어

○ Ch 11

인과관계를 진술할 때 어느 정도 확신하는지 표시할 수 있다. 하지만 사려깊은 독자들은 모든 효과들이 여러 원인들이 예상할 수 없는 방식으로 상호작용하며, 100퍼센트 확신할 수 있을 만큼 근거를 완전히 확보하는 것은 불가능하다는 사실을 알고 있다. 따라서 주장을 진술할 때는 항상 지나치지 않도록 주의를 기울여야 한다.

인과관계를 진술할 때에는 자신이 어느 정도 확신을 하는지 표시할 줄 알아야 한다.

100퍼센트 확신

- X가 Y를 유발했다.
- X가 Y를 초래했다.
- X가 Y를 야기했다.
- X와 Y 사이에 인과관계가 성립한다.
- X는 Y에 기여했다.
- X는 Y와 관계되어 있다.

낮은 확신

- X와 Y 사이에 상관성이 있다.

이러한 표현들을 다양한 주어와 동사를 활용하여 확실성을 변주할 수 있다. 다음 두 문장을 비교해보자.

- 우리는 X가 Y를 유발했다고 주장한다.
- 근거는 X와 Y 사이에 상관성이 있다는 것을 보여준다.

한정표현을 삽입하여 진술의 확실성을 더 미세하게 조절할 수 있다.

- **몇몇 근거는 X와 Y 사이에 상관성이 있을 가능성을 보여주는 듯하다.**

이렇게 확실성을 조절하는 데에는 역시 골디락스룰Goldilocks Rule이 작동한다. 지나치게 확신해도 안 되고 지나치게 한정해서도 안 된다. 적정선을 찾아야 한다. 보편적인 원칙을 이야기하자면, 약간의 불확실성을 비치는 것이 가장 안전하다.

어떤 것을 칭찬하거나 비난할 경우에는 인지여부, 의도, 책임을 진술할 때 유용하게 사용할 수 있는 표현을 알아야 한다.

- 인지: 알면서도, 인지하다, 깨닫다, 의식하다, 예측하다
- 의도: 고의적으로, 목적을 가지고, —을 위해, —하도록, 의도하다
- 책임: 책임이 있는, 의무가 있는, —했어야 한다, —할 수 있었다

인과관계를 표시할 때 대부분 '—때문에'라는 말을 자주 사용하는데, 이 표현은 의미를 명확하게 드러내지 못한다는 점을 명심하라. 예컨대 외부상황에 초점을 맞추고자 할 때는 '무엇이 X를 초래했다'라고 진술하고 내부요인에 초점을 맞추고자 할 때는 'X에는 어떤 이유가 있다'라고 진술함으로써 의미를 명확하게 만들어 주어야 한다. 질문도 마찬가지다.

- 무엇이 오스왈드가 케네디대통령을 쏘게 했는가?
- 오스왈드가 케네디대통령을 쏜 이유는 무엇이었는가?

이처럼 초점을 맞추고자 하는 인과관계가 명확하게 드러나도록 진술할 줄
알아야 한다.

언제 가치와 감정에 대해 생각해야 할까?

글을 쓸 때는 자신이 선택한 단어와 표현들이 독자들에게 어떤 가치와 감정
을 불러일으키는지 세심하게 신경써야 한다. 하지만 이러한 작업은 언제 하
는 것이 좋을까?

- 드래프팅을 천천히 한다면, 드래프팅을 하면서 자신이 선택하는 단어를 하나하
  나 주의깊게 살펴야 한다. 따라서 드래프팅을 시작하기 전에 독자들이 어떻게 반
  응하기를 바라는지 먼저 결정해야 한다.
- 드래프팅을 빠르게 한다면, 드래프팅을 하는 동안에는 단어를 살피지 않는다. 드
  래프팅을 모두 끝낸 뒤 독자들이 어떻게 반응하기를 바라는지 묻고, 그러한 톤을
  일관성있게 유지할 수 있도록 리바이징 과정에서 수정한다.

원인은 부재중?

학교 앞 횡단보도에 늘 나오던 안전요원이 어느 날 아침 나오지 않았다. 마침 그날 아침 한
아이가 차에 치었다. 안전요원이 나오지 않은 것을 그 아이가 차에 치인 원인 중 하나라고
말할 수 있을까? 그렇다면, 안전요원이 원래부터 없었다고 가정해보자. 그러면 인과관계에
대한 설명은 달라지는가? 왜 그럴까?

step 5

독자의 시선으로 글고치기
리바이징

Revising

독자도 물론 글을 면밀하게 읽어야 할 책임이 있다. 하지만 독자가 이해하는 데 들이는 노력만큼 독자를 이해시키기 위해 저자가 노력하지 않았다고 여겨질 경우, 더 나아가 훨씬 쉽게 쓸 수 있음에도 의도적으로 글을 어렵게 썼다고 여겨질 경우, 이야기는 달라진다. 성의없이 나태하게 쓴 것으로 여겨지는 글, 독자의 욕구에 무관심한 사람이 쓴 글을 읽는 것은 시간낭비에 불과하기 때문이다.

어디를 어떻게 고쳐야 하는지
파악하기 위한 체크리스트

래프팅을 끝내고 나면 서론에서 자신이 다루고자 하는 문제를 제대로 진술했는지, 본문에서 다룰 논증의 핵심개념들을 정확하게 언급했는지 확인해야 한다. 이러한 일관성이 있어야만 독자들이 논증의 흐름을 인지하며 읽어나갈 수 있다.

드래프팅을 끝내고 난 뒤 이 체크리스트를 활용하라. 이 질문 중에서 하나라도 '아니오'라는 대답이 나온다면 이 부분은 리바이징 과정에서 고쳐야 한다는 뜻이다.

1. **서론, 본론, 결론 사이에 선을 그어라.**
    -   본론이 새로운 문단으로 시작하는가?
    -   결론이 새로운 문단으로 시작하는가?

2. **서론에서 문제나 질문을 제기하는 문장에 밑줄을 그어라.**
    -   서론에서 앞으로 논증을 통해 전개해나갈 주제를 제대로 소개하고 있는가?
    -   공감대는 그러한 주제와 긴밀히 연관되어 있는가? 독자들의 일반적인 관념을 반영하고 있는가? 동시에 내가 수정하거나 뒤집을 수 있는 내용인가?
    -   공감대를 제한하거나 뒤집는 불안정조건이 등장하는가?
    -   '그래서 어쩌라고?'라는 질문에 대답하는 손실이나 결과가 등장하는가?

3. **서론에서 마지막 두 문장을 노란 형광펜으로 표시하고 주요개념에 동그라미 쳐라.**

   - 문제나 질문에 대한 답을 직접적으로 진술하는가?
   - 논쟁의 여지가 있는 주장인가?
   - 주장이 서론 끝부분에 있는가? 아니면 결론에 있는가?
   - (주요주장을 서론에서 밝히는 경우) 문제에 대한 해법이나 질문에 대한 답으로 서론이 끝맺는가? 다시 말해, 주요주장이 서론의 결론 역할을 하는가?
   - (주요주장을 서론에서 밝히지 않는 경우) 서론의 마지막 문장들 속에 주요주장에 등장하는 핵심용어들이 나오는가?

4. **결론에서 가장 중요한 문장을 노란 형광펜으로 표시하고 주요개념에 동그라미 쳐라.**

   - 첫머리에서 주요주장을 진술하는가?
   - 주요주장이 서론과 결론에서 모두 나온다면, 이 두 진술은 모순되지 않는가? 서론과 결론의 주장은 똑같이 진술하기보다는, 다소 다른 관점에서 접근하거나 보완해주어야 한다. 결론에 있는 진술이 구체적인 정보를 더 많이 담아야 한다.
   - 주요주장이 중요한 이유를 진술하는가? 서론에서 손실을 진술했다면 결론에서는 혜택을 진술하라.

5. **동그라미 친 단어들을 본문에서 찾아 동그라미 쳐라. 동그라미 친 어휘와 비슷하거나 관련된 개념에는 네모를 쳐라.**

   - 문단마다 동그라미나 네모를 친 단어가 세 개 이상 나오는가?
   - 동그라미나 네모를 친 단어가 많지 않으면, 논증의 흐름에서 벗어났을 가능성이 크다.
   - 동그라미 친 단어는 별로 없고 네모 친 단어가 많으면, 네모 친 단어들 중 몇 개는 동그라미 친 단어로 바꿔라.

- 서론과 결론에서는 나타나지 않지만 본론에서 자주 나타나는 단어가 있으면 서론과 결론에도 그 단어를 집어넣어라.

6. **글의 주요 섹션 사이에 선을 그어라. 섹션마다 주요핵심을 진술하는 문장을 파란 형광펜으로 표시하라.**
   - 이들 진술이 논쟁적인 주장인가?
   - 이들이 주요핵심/주요주장을 뒷받침하는 이유인가?
   - 섹션이 시작하는 부분에 주요핵심들이 대부분 나오는가?
   - 가능하다면, 각각의 문단에 대해서도 이러한 분석작업을 하라.

7. **각각의 섹션들이 어떻게 시작하는지 살펴보라.**
   - '첫 번째' '두 번째' '다른 한편' '하지만' '따라서' '결론적으로' 같이 문단의 배열순서를 알려주는 신호가 처음에 나오는가?

8. **각각의 문단마다 문단의 핵심/주장을 뒷받침하는 근거를 보고하는 문장에 모두 밑줄을 그어라.**
   - 밑줄을 그은 문장이 문단의 절반을 넘는가?

9. **문단을 시작하는 첫 번째 문장의 앞부분 절반을 밑줄 그어라.**
   - 밑줄 그은 부분이 앞에서 언급한 것을 진술하는가?

10. **모든 문장의 앞부분 절반을 밑줄 그어라.**
    - 독자에게 익숙한 정보, 적어도 독자들을 놀라게 하지 않을 정보가 담겨있는가? 앞에서 이미 언급한 이야기인가? 앞에서 언급한 개념이나 독자들이 알 확률이 높은 개념과 분명한 관련성이 있는 이야기인가?
    - 영어로 글을 썼을 경우, 문장을 시작하는 첫 여섯 단어에 밑줄을 그어라.

한마디로 말해서, 서론에서 소개한 몇 가지 핵심개념을 중심으로 논증이 강하게 묶여있다는 인상을 독자들에게 심어줘야 한다. 서론에서 펼쳐놓은 것을 본론에서 전개해 나간 다음, 결론에서 하나로 묶어줘야 한다. 글의 전체적인 일관성을 점검하기 위한 체크리스트는 부록을 참조하라.

순수학문의 가치

순수학문연구자들은 자신들의 연구성과가 없었다면 아직 우리는 중세암흑기에 머물고 있을 것이라고 주장한다. 이러한 연구의 정당성에 대한 주장이 타당하다고 생각하는가? 손에 잡히는 유용한 결과를 내지 않는 순수학문은 과연 연구할 만한 가치가 있는 것일까? 아니면 헛되고 쓸모없는 호기심에 불과할까?

예를 들어 한 연구자는, 전설적인 갱 두목 제시 제임스Jesse James가 등에 총을 맞아 죽었는지 확인하기 위하여 무덤을 파냈다. 그런 사실을 밝혀내기 위해, 무덤을 훼손하는 것은 과연 가치가 있는 일일까? 100년 전 죽은 사람을 무덤에서 끄집어내는 것이 타당할 수 있는 이유로는 어떤 것이 있을까?

투쟁의 선봉에서

등록금인하운동에 앞장서는 전국학생조직의 우두머리가 되었다고 상상하라. 등록금을 삭감하는 정책에 대학총장들의 지지를 이끌어내기 위한 행동계획을 짜보라. 이 계획에서 협상이나 중재는 어떤 역할을 하는가? 광고, 홍보와 같은 선전작업은 어떤 역할을 하는가? 집단시위, 시민불복종, 의회로비와 같은 강압적 행동은 어떤 역할을 하는가? 논증을 짜는 것은 전체 행동계획에서 어떤 역할을 하는가?

주요개념을 이용하는
제목 붙이기

◯ Ch 3

논증의 핵심개념을 미리 보여주는 장치가 바로 제목이다. 서론과 결론에서 동그라미 친 단어를 이용해 제목을 지어라. 제목은 주제목과 부제목, 두 부분으로 나누어 구성하는 것이 좋다. 이러한 제목형식이 딱딱하게 느껴질 수도 있지만, 무엇을 기대해야 하는지 독자에게 알려주는 두 번의 기회를 제공한다. 예컨대 플래너리 오코너에 관한 논증143쪽에 다음과 같은 제목을 단다면 최악의 제목이 될 것이다.

> 인종에 대한 플래너리 오코너의 태도

주요단어를 활용하여 만든 다음과 같은 제목은 독자들에게 훨씬 많은 것을 알려줄 것이다.

> 현대의 영적 혼란에 대한 플래너리 오코너의 비판:
> 인종차별로 인한 고통은 영적인 속죄다.

섹션마다 소제목을 많이 붙이는 분야에서는, 섹션의 핵심내용을 담은 단어를 활용하여 한 줄짜리 제목을 만든다.

지나치게 단정하는 주장 한정하기

주장은 명시적이고 구체적인 언어로 진술해야 한다. 그래야만 이후 논증에서 전개해나갈 중심개념이 무엇인지 독자에게 미리 알려줄 수 있다. 하지만 공격적인 태도로 주저없이 단정하면 안 된다. 그런 주장은 대부분 독자들이 믿지 않는다. 그런 주장을 펼치는 사람은 신뢰할 수 없는 사람, 또는 지식이 부족한 사람이라는 인상을 준다. 독자는 '시민적 망설임'이 담긴 주장을 좋아한다. 비판적 사고를 하는 사람은 다음과 같이 조심스럽게 자신감을 내비친다.

> "내가 아는 모든 방법으로 검증한 주장이다. 물론 새로운 근거가 나온다면 바뀔 수도 있다."

하지만 드래프팅 단계에서는 한정을 완벽하게 적용하여 글을 쓰기 어렵다. 따라서 드래프팅을 모두 끝낸 다음 리바이징 단계에서 완성된 문장들을 하나씩 되짚어보면서 주요주장과 하위주장에 지나친 확신이 들어있지 않은지 꼼꼼히 살펴야 한다.

먼저 주장의 범위를 지나치게 과장하지 않는지 살펴보라. 주장을 진술하는 문장 앞에 '―하지만' '―때문에' '―하지 않는다면' 같은 말로 끝나는 절을 삽입하여 주장의 범위를 한정한다. 한정하는 말로 인해 주장이 너무 길고 복잡해진다면 문장을 쪼개라.

그런 다음 '언제나' '모든' '틀림없이'와 같은 어휘가 들어있는지 살펴보라. 단정적인 어휘들은 다음과 같이 바꿀 수 있다.

가능성

분명히, 절대로, 틀림없이 → 아마도, 대개, 대부분, 일반적으로

—한다 → —할 것이다, —하는 경우가 많다, —하는 경향이 있다.

불가능한, 믿을 수 없는 → 가능할 것 같지 않은, 있음직하지 않은

빈도

항상, 언제나, 매번, 예외없이 → 대개, 보통, 대부분, 거의

절대, 한 번도 → 거의, 드물게

수량

모든 → 많은, 대부분, 거의, 몇몇, 대다수

아무도, 누구도 → 별로, 거의

물론 이러한 어휘들이 주장에 나오지 않는다 해도 단정적인 문장처럼 보일 수 있다는 사실을 명심하라.

"글쓴이의 단정적인 말은 독자들이 믿지 않는다"

독자들은 이러한 진술을 다음과 같은 의미로 받아들인다.

"글쓴이의 단정적인 말은 어떠한 말이든, 세상의 그 어떤 독자라도 절대 믿지 않는다."

그렇다고 해서 지나치게 한정하는 것도 좋지 않다.

"글쓴이의 단정적인 말은 많은 독자들이 잘 믿지 않는 경향이 있다."

이러한 진술은 이도 저도 아니어서 전혀 주장 같아 보이지 않는다. 한정하는 말은 다음과 같이, 한 번 정도만 사용하면 된다.

"글쓴이의 단정적인 말은 독자들이 잘 믿지 않는다"
"글쓴이의 단정적인 말은 독자들이 믿지 않는 경향이 있다"
"글쓴이의 단정적인 말은 많은 독자들이 믿지 않는다"

아무런 한정을 하지 않고 주장을 내세우는 사람보다 독자들이 더 신뢰하지 않는 사람은, 자신의 주장을 지나치게 밀어붙이는 사람이다. 어떤 이유나 근거가 주장을 뒷받침한다고 말할 때에도 지나치게 단정적으로 밀어붙이는 것은 좋지 않다. 논증을 전개해 나가는 과정에서 지나치게 단정할수록 독자들이 의심할 확률은 오히려 높아진다.

증명의 수준

아주 강력하게 뒷받침하는 근거가 아닌 한, 'X는 Y를 증명한다' 'X로써 문제는 해결되었다' 'Y는 의문의 여지가 없다'와 같은 말을 써서는 안 된다. 또한 '결코' '절대'와 같은 말도 될 수 있으면 피하라. 'X는 Y를 입증한다, 증명한다, 설명한다'와 같은 말은 'X는 Y를 제시한다, 가리킨다, 논증한다, 생각하도록 한다, 나타낸다'와 같은 말로 바꾸는 것이 좋다.

이유와 근거가
적절하게 균형을 이루는가?

⦿ Ch 5

데이터 속에 파묻히지 않도록 조심하라. 독자가 원하는 것은 적절한 근거를 신뢰할 수 있도록 보고해달라는 것이지, 데이터를 넘치게 보여달라는 것이 아니다. 이유를 떠받치는 강력한 근거를 찾았다면 관련성이 떨어지는 근거들은 버려야 한다. 오히려 논증을 혼란스럽게만 만들 뿐이다.

물론 수집한 근거들이 이유를 뒷받침하기에 다소 미약하다면 그런 근거를 많이 제시해야 할 것이다. 하지만 데이터와 인용을 아무리 많이 한들, 그것들을 제대로 소화해서 보여주지 못한다면 신중한 독자는 설득할 수 없다.

반대로 근거로 뒷받침하지 않는 이유는, 자기 생각에 불과하다. 근거없는 이유는 독자들이 믿지 않는다. 뒷받침할 믿을 만한 근거를 찾지 못했다면, 그런 이유는 버려라. 근거로 떠받치지 못하는 이유는 주장을 뒷받침할 수 없다. 그런 주장은 결국 논증할 가치도 없는 것이 되고 만다.

자신이 쓴 글에서 제시하는 근거의 양이 적절한지 진단하는 방법은 다음과 같다.

- 인용과 데이터를 진술하는 문장을 모두 찾아 밑줄을 그어라.
- 밑줄 친 부분이 글 전체에서 3분의 2가 넘는다면, 근거가 너무 많은 것이다.
- 밑줄 친 부분이 글 전체에서 3분의 1이 되지 않는다면, 이유를 뒷받침할 만큼 근거가 충분하지 못한 것이다.

문체진단:
어디를 고쳐야 할까?

◐ Ch 12

아무리 시간을 많이 들여 신중하게 글을 쓴다고 해도 처음부터 완벽한 글을 쓸 수 없다. 처음에는 글에 담고 싶은 자신의 생각이나 의미를 명확하게 글로 표현하는 데 집중하라. 또한 글의 체계를 잡는 데 집중하라. 이렇게 쓰고 나면 항상 혼란스러운 글이 나오기 마련이다. 이렇게 완성한 드래프트를 처음부터 다시 문장별로 읽어가면서 고치는 것이다.

길고 추상적이고 복잡한 주어 고치기

우선 각 문장의 시작부분을 집중적으로 훑어보며 밑줄을 긋는다. (배경을 설명하는, 문장 맨 앞에 나오는 짧은 절은 무시한다.) 다음과 같은 경우에는 고치는 것이 좋다.

- 주어가 길거나 추상적이다.
- 주어와 서술어가 너무 멀리 떨어져 있다.
- 이전 문장에 나오지 않는 정보나 독자들이 예상할 수 없는 정보가 문장 처음에 나온다.
- 문장의 주어가 계속 바뀐다. 주어들 속에 일관된 주요행위자나 개념이 드러나지 않는다.

다음 글을 고쳐보자.

> 최근 선거에서 사람들의 낮은 투표참여율에 대해 설명하고자 하는 노력이
> 국회의원후보들 사이에서 있었다. 정부의 정직성에 대한 보편적인 냉소 때
> 문이라는 것이 몇몇 보수적인 정치인들의 공통적인 주장이었다. 하지만 국
> 가적인 일보다 개인적인 일을 중요시하는 대중의 인식 또한 투표율을 떨어
> 뜨리는 잠정적인 이유다.

이 글은 첫 문장 전체주어 속에 나오는 '사람들'을 주어로 내세운다면 글이
훨씬 간결하고 쉬워질 것이다. 이런 것이 바로 고쳐 써야 하는 곳이다.

1. 우선 고치고자 하는 글의 중요한 행위자를 파악한다. 위 예문에서는 '사람들(대
   중)' '국회의원후보들' '보수적인 정치인들'이 있다.
2. 이들 행위자들의 행위를 파악한다.
   - 사람들: (낮은) 투표참여, 냉소, 중요시하다
   - 국회의원후보들: 설명, 노력
   - 보수적인 정치인들: 주장

이렇게 찾아낸 중요행위자를 주어로 삼고, 이들의 행위를 서술어에 담아 고
쳐 쓴다. (모든 문장을 다 고칠 필요는 없다.)

> 최근 선거에서 사람들이 투표하지 않는 이유에 대해서 몇몇 국회의원후보
> 들이 설명하려고 했다. 많은 사람들이 정부의 정직성에 대해 냉소하기 때
> 문이라고 몇몇 보수적인 정치인들은 주장했지만, 아마도 (사람들은) 국가적
> 인 일보다 개인적인 일을 더 중요시하기 때문에 투표하지 않는 것일지도 모
> 른다.

배경을 설명하는 긴 도입부 고치기

학생과 동창들 사이에 동질감을 형성하고 비인기 스포츠를 육성하는 역
할에도, 전반적으로 고려할 때 대학스포츠는 고등교육의 목적을 훼손
한다.

내용이 길어질 때는 명사로 마무리하는 '구'보다 서술부로 마무리하는 '절'이
훨씬 안정감을 준다. 구를 절로 바꾼 다음, 정보의 흐름을 고려하여 어디에
놓는 것이 좋은지 고민해야 한다. 구 속에 담긴 정보가 앞에서 이야기한 것
일 때에는 앞에다 둔 채로 최대한 짧게 고치고, 앞에서 이야기하지 않은 새
로운 정보일 때에는 주절 뒤로 옮긴다.

학생과 동창들 사이에 동질감을 형성하고 비인기 스포츠를 육성하지만, 대
학스포츠는 전반적으로 고려할 때 고등교육의 목적을 훼손한다.

전반적으로 고려할 때 대학스포츠는 고등교육의 목적을 훼손한다. 물론, 학
생과 동창들 사이에 동질감을 형성하고 비인기 스포츠를 육성하는 역할
을 하기도 한다.

긴 주어의 주요행위자를 전체주어의 단순주어로 고치기

훈련과 시합에 시간을 쏟아야 한다는 이유로 학업에서 특별한 배려를 받
는 대학소속 운동선수들이 고등교육에서 요구하는 학업기준에서 반드시
뒤쳐지는 것은 아니다.

전체 주어 속에 살아 움직이는 단순주어가 있는 경우 그것을 전체주어로 삼는 절로 바꾼다.

> 대학소속 운동선수들은 훈련과 시합에 시간을 쏟아야 한다는 이유로 학업에서 특별한 배려를 받기도 하지만, 이들이 고등교육에서 요구하는 학업기준에서 반드시 뒤쳐지는 것은 아니다.

주어와 서술어가 지나치게 먼 문장 고치기

> 대학스포츠는 선수들을 배려하기 위해 고등교육이 요구하는 학업기준을 낮춤으로써 대학의 지적인 통합성을 훼손하기 때문에 폐지해야 한다. 이러한 교육수준저하는 결국…

이런 글은 중간에 끼어있는 내용을 앞이나 뒤로 옮긴다. 더 긴밀하게 연결되는 쪽으로 선택한다.

> 대학스포츠는 폐지해야 한다. 선수들을 배려하기 위해 고등교육이 요구하는 학업기준을 낮춤으로써 대학의 지적인 통합성을 훼손하기 때문이다. 그러한 교육수준저하는 결국…

능동과 피동

대개 좋은 글을 쓰려면 피동형 동사를 쓰지 않는 것이 좋다고 말한다. 다음 글에서 능동형 동사와 피동형 동사를 비교해보라.

블랙홀을 연구하던 과학자들에 의해서 우주의 성질에 관한 몇몇 놀라운 질문이 제기되었다.능동 그토록 작은 공간에 많은 물질들이 뭉쳐짐으로써 주변의 공간구조가 바뀌는 것이다.

블랙홀을 연구하던 과학자들은 우주의 성질에 관한 몇몇 놀라운 질문을 제기했다. 블랙홀은 죽은 별 하나가 겨우 구슬 크기만한 작은 점으로 응축하면서 만들어진다.피동 그토록 작은 공간에 많은 물질들이 뭉치면서 주변의 공간구조를 바꾸는 것이다.

윗글의 피동형 동사들이 아랫글에서 능동형 동사로 바뀌었다(제기되었다→제기했다/바뀌는→바꾼). 문장구성을 바꿔 행위자가 불분명한 피동형 동사를 행위자가 선명한 능동형 동사로 바꾼 것이다.

하지만 두 번째 문장의 '만든다'는 '만들어진다'로 바뀌었다. 윗글은 두 번째 문장이 '죽은 별'이라는 낯선 정보로 시작하기 때문에 쉽게 읽히지 않는다. 이에 반해, 앞에서 언급한 친숙한 정보 '블랙홀'로 문장을 시작하면 훨씬 자연스러운 정보흐름이 만들어지고, 따라서 훨씬 쉽게 읽힌다. 이러한 정보흐름을 만들기 위해서 동사는 '만들어진다'라는 피동형이 선택되어야 한다. 이 경우 피동사가 훨씬 나은 선택이다.

블랙홀을 연구하던 과학자들… 블랙홀은…

피동형이나 사동형 동사는 될 수 있으면 쓰지 않는 것이 좋다. 하지만 동사는 무엇을 주어로 놓을 것인지 결정하고 난 다음에 선택하는 것이다. 피동형이나 사동형 동사가 필요한 이유다.

602

장황한 글 간결하게 고치기

◑ Ch 12

마지막으로 글을 세심하게 고칠 때 언제나 참고할 수 있는 아주 유용하고 중요한 원칙은 다음과 같다.

- 명사 바로 앞에 나오는 형용사들과 문장 속 어디든 나오는 부사들을 하나도 빠짐없이 모조리 찾아서 밑줄을 쳐라.
- 그것들이 정말로 필요한 것인지 하나씩 따져본다. 아마도 몇 개는 그대로 남겨야겠지만, 상당히 많은 것들은 지워야 할 것이 분명하다.

진정으로 생생하고 간결한 글은, 장황하게 묘사하는 형용사와 부사를 더덕더덕 붙여서 만들어지는 것이 아니라 구체적이고 명확하고 힘이 있는 의미를 지닌 명사와 동사로 만들어지는 것이다.

환골탈태

예전에 내가 작성했던 보고서 중에서 지루하고 모호하고 관념적인 문장으로 가득 찬 글을 골라 펼쳐보라. 그것을 최대한 생생하게 고쳐보라. 명확하고, 구체적이고, 감정을 자극하는 말을 최대한 사용하라. 속어에 가까운 단어들을 써도 좋다. 글이 개선되었는가?

주어는 공정하게
선정되었는가?

◐ **Ch 13**

의미가 명확하고 직접적으로 드러날 수 있도록 글을 고쳤다면 이제, 어떤 행위자가 문장의 주어로 왔는지 살펴본다. 서술하는 사건에 대해 가장 책임있는 대상으로 보이게 하고 싶은 행위자인가? 독자들이 초점을 맞추길 바라는 행위자인가? 그런 행위자가 주어 자리에 있지 않다면 주어를 교체하라. 다음 세 가지 지침이 이러한 작업을 좀더 쉽게 할 수 있도록 도와줄 것이다.

1. 문장이 초점을 맞추는 행위자를 표시하라.

- 각각의 절마다 주어에 밑줄을 그어라.
- 주어 앞에 절이나 구가 나온다면, 그 속에 등장하는 중요한 행위자를 찾아 동그라미를 쳐라.

> 오늘날 정치인들의 자질에서, 미국인들은 민주주의의 기본수단이 되는 논증의 미래에 대해 비관적으로 바라볼 수밖에 없다.

행위자를 문장의 주어로 만들면 훨씬 간결하고 명확한 글을 만들 수 있다.

> 오늘날 정치인들은 민주주의의 기본수단이 되는 논증의 미래에 대해 미국인들이 비관적으로 바라볼 수밖에 없게 만든다.

2. **주어자리에 나오는 행위자가 얼마나 많은가?**
   - 주어자리에 나오는 행위자의 수가 적다면: 독자들이 주요행위자로 인식하기를 원하는 행위자인가? 그렇지 않다면, 문장의 다른 부분에 나타나도록 고쳐라.
   - 주어자리에 나오는 행위자가 많다면: 행위자 수를 최대한 줄여 이야기의 일관성을 높여라.

3. **주어자리에 나오는 행위자는 사람인가, 추상적 개념인가?**
   - 주어자리에 추상적 개념이 나온다면: 이야기를 쉽게 전개해 나가는 데 도움이 되는, 독자들에게 친숙한 개념인가? 그렇지 않다면, 사람으로 바꿔라. 여의치 않다면 친숙한 추상적 개념으로 바꿔라.

주어를 바꾸는 방법

독자가 초점을 맞추기 바라는 행위자를 문장의 주어자리에 놓기 위해서는 주어를 바꾸는 효과적인 방법을 알아두면 도움이 된다.

능동형 동사와 피동형 동사를 바꿈으로써 주어를 바꾼다.
그녀가 기록을 새롭게 썼다. ↔ 기록이 새롭게 쓰여졌다.

같은 행동을 다른 관점에서 묘사하는 동사를 사용해 주어를 바꾼다.
내가 그 사람에게서 차를 샀다. ↔ 그 사람이 나에게 차를 팔았다.

느낌이나 감정을 대상의 속성으로 바꿈으로써 주어를 바꾼다.
문제를 푸느라 정말 힘들었다. ↔ 그 문제는 정말 어려웠다.

행동의 수단이나 도구를 주어로 바꾼다.

행복은 돈으로 살 수 없다. ↔ 돈은 행복을 사지 못한다.

추상성을 의인화하여 주어자리에 놓는다.

사랑이 세상을 지배한다.

비유적인 시나리오를 만든다.

인종주의는 사람들의 생각을 오염시킨다.

난해한 글 해독하기

복잡하고 난해한 글을 마주쳤을 때는 가장 먼저 주어를 살펴본다. 주요행위자가 핵심주어로 나오지 않는다면 주요행위자를 찾는다. 행위자는 대개 소유격이나 목적어나 형용사 같은 곳에 숨어있을 것이다.

행위자를 찾으면 그들의 행위가 무엇인지 찾는다. 행위자를 주어로 그들의 행위를 동사로 놓아 문장을 수정한다. 난해한 글은 이런 식으로 수정해가면서 읽으면 훨씬 쉽게 이해할 수 있다.

은유와 객관성

과학은 객관적인 학문으로 여겨지지만, 과학자들은 글을 쓸 때 대부분 비유를 활용한다. 학교에서 교과서로 사용하는 과학책을 들춰보라. 비유가 얼마나 많이 사용되는지 찾아보라. 특히 명시적으로 비유나 은유를 활용하여 진술하는 사례를 골라보라. 그런 비유를 사용하는 것은 객관성을 훼손하는가? 그 이유는 무엇일까?

명확한 글쓰기와 에토스

'중요한 것은 글이 아니라 생각'이라고 말하며 '스타일'을 단순히 겉모습을 꾸미는 화장쯤으로 치부하는 사람들이 있다. 아무리 난해하고 모호한 글로 써도, 독자들이 기꺼이 수고를 들여 자신의 생각을 찾아서 읽어줄 것이라고 생각하는 것이다. 하지만 그런 글을 읽고 이해해줄 만큼 시간이나 인내심을 지닌 사람은 세상에 거의 존재하지 않는다.

더 나아가 사람들은 대부분 '글의 수준'이 '생각의 수준'을 보여준다고 믿는다. 자신의 생각을 불명확하게 표현하는 사람은 생각도 불명확할 것이라고 의심한다. 예컨대, 유인원에게 의사소통을 가르치는 내용을 담은 책에 대한 서평을 보자.

> 이 책은 정말 재미있는 내용을 담고 있음에도, 그러한 흥미는 몇 페이지 못 가 시들어 버리고 만다. 과학자들이 사용하는 용어와 논문에서나 볼 수 있는 딱딱한 어투의 해설이 끊임없이 끼어들기 때문이다. 이제 막 유인원의 마음속에 빠져들라 치면… 이 인지심리학자는 좀더 자세하게 설명해야 한다고 느끼는 듯하다. "유인원에게 언어가 있다면, 그러한 언어의 존재는 동물의 본능적인 구문론적 능력에 의해 드러날 것이다. 이는 여러 상징을 단어 발화 속에 배열하는, 유전적으로 결정된 것으로 추정되는 능력이다."… 저자가 이렇게 깊이 파고들수록 우리는 더 혼란 속에 빠져든다. 어쨌든 유인원들이 언어를 사용하여 의사소통을 할 수 있는 것은 틀림없어 보인다. 다만 과학자들도 그런 능력이 있는지, 의심스러울 뿐이다.

● Douglas Chadwick. *New York Times Book Review*. December 11, 1994.

step 6

여럿이 함께
글쓰기협업

Collaborative Working

글을 대충 쓴다고 해도 별로 손해 볼 것도 없고 또 그렇게 쓴 글도 흔한데, 명확하게 글을 쓰는 법을 왜 힘들게 배워야 할까? 글을 많이 읽어본 사람들은, 명확하고 우아하게 글을 쓰는 사람이 세상에 많지 않다는 사실을 잘 안다. 따라서 그런 글을 만났을 때 우리는 글쓴이를 기억하고 지극히 감사하는 마음을 갖게 된다. 아름다운 글을 쓰는 데 쏟은 노력은 분명히 보상으로 돌아온다.

다양성이
재능을 능가한다

다른 사람의 글에 대한 신선한 관점을 제공하는 것을 넘어서 라이팅 그룹은 앞에서 소개한 체크리스트를 활용하여 구체적인 도움을 줄 수 있다. 여기서 가장 중요한 질문은 끊임없이 '그래서 어쩌라고?' 묻는 것이다.

- 이 문제가 중요한 이유는 무엇인가?
- 이런 해법에 독자들은 왜 관심을 가져야 하는가?
- 왜 이것에 대해 독자들이 알아야 하는가?
- 이 해법에 관심을 갖지 않으면 어떤 손실이 있는가?
- 이 해법을 따르면 무슨 혜택이 있는가?

이런 질문을 던지는 것이 처음에는 다소 무례하게 느껴질 수 있다. 하지만 망설이지 말고 빨리, 자주, 친근하게 묻는 방법을 연구하라. 금방 적응이 될 것이다.

근거를 함께 수집하고 공유하기

글을 쓰는 과정에서 근거를 수집하는 작업은 다른 이들과 함께 할 때 가장 큰 효과를 발휘할 수 있다. 근거를 수집하기 위한 계획을 짜는 것부터, 근거를 수집하는 작업까지 친구들과 함께 해보라. (물론 글쓰기 과제를 수행할 경우에는 먼저 강사에게 공동작업을 하겠다는 허락을 받아야 할 것이다.) 각자 필요한 근거가 다를 것이기 때문에, 나에게 필요없는 근거가 남에게 필요할 수 있고 남에게 필요없는 근거가 나에게 필요할 수 있다.

다른 사람의 드래프트 봐주기

내가 제시하는 근거를 독자들이 받아들일지 알아보기 위해 다른 사람의 도움을 받을 수 있다. 드래프트를 완성하고 나면, 다음과 같은 방법으로 근거에 대해 평가하라.

- 친구 두 명에게 가장 신뢰할 수 있는 근거보고와 신뢰할 수 없는 근거보고를 뽑아달라고 한다. 왜 근거에 문제가 있다고 지적하는지 물어보라.
- 다른 친구들에게 근거보고에 대해 질적인 기준 217쪽 참조 측면에서 얼마나 충실한지 평가해달라고 요청한다.

누군가 풀어쓴 근거보고가 출처원문과 너무 가깝다고 지적한다면, 그러한 지적은 무조건 수용하라. 도움을 주는 사람들이 거칠게 지적하거나 반론을 제기하지는 않을 것이다. 그들이 가볍게 지적한다고 해서 가볍게 넘기면 안 된다. 또한 그들의 지적에 대해 반박하려고 하지 말라. 독자들도 똑같이 느낄 것이다. 문제를 해결하는 선택을 하는 것이 현명하다.

까다로운 질문하기

나의 주장에 반론을 떠올리는 것은 어렵지만 남의 주장에 반론을 제기하는 것은 쉽다. 따라서 반론 수용과 반박은 라이팅그룹에서 상당한 도움을 주고받을 수 있다. 우선 각자 논증을 작성하면서 자신의 논증의 약점을 찾고, 반론과 이견을 찾아서 글에 반영해야 한다. 물론 반론이나 이견을 모두 글에서 언급할 필요는 없다. 가장 강력하고 핵심적인 것만 두세 개 찾아내면 된다. 토론은 다음과 같은 순서로 진행한다. (토론을 기록하는 사람이 있어야 한다.)

- 먼저 논증을 작성한 사람이 자신이 찾아낸 가장 강력한 반론과 이견을 소개한다.
- 구성원들이 돌아가면서 반론과 이견을 하나씩 추가하도록 한다.
- 더 이상 떠올릴 수 있는 것이 없으면 지금까지 수집한 반론과 이견을 나열한다. 가장 강력한 것부터, 가장 그럴듯한 것부터 번호를 매긴다.

이러한 토론을 거쳐 반론목록과 이견/대안목록 두 가지를 만들어낸다. 물론 이것들을 글 속에서 언급할 것인지는 글을 쓴 사람이 최종적으로 판단한다.

당연한 사실이지만, 이 모든 과정이 상대방을 비판하기 위함이 아니라 도움을 주기 위함이라는 사실을 잊어서는 안 된다. 친근한 미소를 잃지 말아야 한다. 이런 토론이 익숙지 않은 경우에는 무엇을 생각해야 하는지 막연하게 느껴질 수 있다. 그럴 때는 다음과 같은 목록을 참고하여 반론과 이견을 떠올려보라.

문제
1. 이것은 문제가 아니다. 누구나 …는 아는 사실이다.
2. 진짜 문제는 이것이 아니라 …라는 사실이다.

해법

1. 이 주장에 세 가지 예외를 떠올릴 수 있다. 첫 번째… 두 번째… 세 번째…

2. 나는 이것보다 더 나은 해법/해답을 떠올릴 수 있다. 첫 번째… 두 번째…

3. 이 해법은 너무나 많은 비용을 요구한다. 그 비용이란…

4. 이 해법은 또다른 문제, 또는 더 심각한 문제를 초래할 수 있다. 첫 번째… 두 번째…

이유

1. 이 주장을 받아들일 수 없는 두 가지 이유가 있다. 첫 번째… 두 번째…

2. 이 이유가 적용되지 않는 세 가지 예외를 떠올릴 수 있다. 첫 번째… 두 번째… 세 번째…

3. 왜 여기에 이러저러한 이유는 포함되지 않았는가?

근거

1. 더 나은 근거가 있는데 그것은 왜 넣지 않았는가?

2. 이 근거는 신뢰할 수 없는 출처에서 나온 것이다. 왜 이것을 근거로 삼았는가?

3. 이 근거는 대표성이 부족하다. 왜 이런 근거를 사용했는가?

4. 이 근거는 모호하다/정밀하지 않다. 이 근거가 충분하다고 생각한 이유는 무엇인가?

5. 근거가 정확하지 않은 것 같다. 이 근거들은 어떻게 수집한 것인가?

전제

1. X가 진실이면 Y라고 말할 수 있다고 가정하고 있는 것 같은데, X가 진실이면 Y가 아니라 Z라고 말해야 하지 않을까?

2. 논증의 이유와 주장이 전제의 이유와 주장에 꼭 맞지 않는 것처럼 보인다.

3. 이 전제가 적용되지 않는 세 가지 예외를 말할 수 있다. 첫 번째… 두 번째… 세 번째…

멤버들의 직관을 믿어라

많은 사람들이 나와 같은 믿음과 가치를 공유할 것이라는 생각에, 전제에 대해서 고민하는 경우는 많지 않다. 글을 많이 써본 사람이라고 해도, 어떤 전제를 독자에게 설명해야 하는지 파악하는 것은 쉽지 않다. 그런 점에서 전제는 외부의 시각이 상당한 도움을 줄 수 있다. 남이 작성한 드래프트를 읽어보면서 논리가 빗나가는 것처럼 보이는 곳을 찾아라.

- 특별히 동의하지 못할 곳은 없음에도 논증이 왠지 모르게 마음에 들지 않는다면, 각각의 논증요소들이 '긴밀하게 연결되어 있지 않을' 가능성이 크다.
- 주장에 동의하지 않지만 왜 동의하지 못하는지 콕 짚어 설명하기 어렵다면, 주장을 뒷받침하는 이유들이 적절하지 않을 가능성이 크다.

이러한 문제가 발생한다면, 전제를 따져야 한다는 신호다. 이처럼 불명확한 지점을 찾아내 파헤치는 데 뛰어난 라이팅그룹에 속해 있다면, 전제를 진술함으로써 논증을 떠받치는 논리를 명시적으로 설명하는 데 익숙해질 것이다.

피드백은 아웃라인, 드래프팅, 리바이징 등 다양한 단계에서 받을 수 있다. 다른 사람의 피드백을 반영하여 원고를 계속 수정(리바이징)해야 한다. 작문과제를 작성할 때 이러한 도움을 받는다면 원칙적으로는 누구에게 피드백을 받았는지, 어떻게 협업했는지 작문교수에게도 알려주어야 한다.

라이팅그룹을
조직하라

쓰기협업을 통해 얻을 수 있는 혜택은 단순히 좋은 결과물을 얻는 것에서 멈추지 않는다.

1. 독자의 시선에서, 자신의 원고를 좀더 객관적으로 읽을 수 있다.

2. 피드백 과정에서 대화를 통한 논증이 발생한다. 이 과정에서 독자가 무엇을 궁금해하고 어떤 반론을 제기하는지 배울 수 있다. 상대방의 관점을 이해하고 그에 대해 어떻게 반응해야 할지 고민하는 계기가 된다.

3. 의견이 다른 사람과 대화하는 법을 배운다. 무작정 화를 내는 것이 아니라, 친근함을 유지하면서 까다로운 질문을 하고 또 상대방의 대답을 들어줄 줄 아는 시민적 소양을 익힐 수 있다.

4. 다른 사람과 소통하면서 에토스를 발산하는 법을 배운다. 에토스란, 한 마디로 신뢰할 수 있는 사람이라는 인상이다. 에토스는 다양한 방식으로 발산될 수 있으나, 자신의 의견을 의심하거나 반박하는 사람과 마주했을 때 대처하는 모습에서 가장 극적으로 드러난다.

5. 다른 사람의 논증을 비판하는 방법을 배운다. 대학수준의 공부를 제대로 한다면 비판적 사고는 발전하기 마련이다. 비판적 사고는 학교에서만 필요한 것이 아니다. 졸업 후 취업을 하면 다양한 사람과 협업해야 한다. 다시 말해, 동료들과 끊임없이 토론하고 의견을 조율해야 한다는 뜻이다. 상대방에게 비판적 의견을 제시할 때는 반드시 '도움'을 주는 방식으로 제시해야 한다. 나이가 들면 부하직원들

을 이끌고 가르쳐야 한다. 비판적이면서도 생산적인 반응을 자연스럽게 표현할 줄 알아야 사람들이 따를 것이다. 아직 먼 일처럼 보일 수 있지만, 지금부터 준비하고 연습해야 한다. 사려깊고 관대하고 도움을 주는 생산적인 비판을 하는 법은 쉽게 익힐 수 있는 것이 아니다.

협업을 체계적으로 하기 위한 가장 좋은 방법은 라이팅그룹을 만드는 것이다. 물론 모임을 조직하기 위해서는 시간을 투자해야겠지만, 글을 개선하는 데에는 가장 효과적인 방법이라 할 수 있다. 시간을 정해서 정기적으로 모일 수 있는, 친근하지만 다른 의견을 제시할 수 있는 서너 사람을 찾아라.

모임을 결성하고 본격적으로 라이팅그룹이 시작되면, 멤버들은 절대 모임에 빈손으로 나와선 안 된다. 아웃라인, 드래프트, 리비전, 하다못해 아이디어 목록이라도 들고 나와야 한다. 또한 이러한 자료들은 모임 전에 미리 공유하고 각자 리뷰를 한 다음에 나오는 것이 좋다. 그래야만 함께 모인 자리에서 곧바로 리뷰를 주고받으며 토론을 할 수 있다. 리뷰는 단순히 말로만 전달하기보다 글로 써서 전달하는 것이 좋다. 원고에 대한 코멘트를 목록으로 작성해서 줘도 좋고, 상대방의 원고를 출력해서 거기에 첨삭을 해서 줘도 좋다.

라이팅그룹을 효율적으로 운영하기 위해서는 퍼실리테이터와 기록자 역할을 맡은 사람이 있어야 한다. (멤버들이 돌아가면서 맡는다.)

- 퍼실리테이터는 모임의 원활한 진행을 책임지는 사람으로, 모임장소, 시간 등을 결정하고 멤버들의 출결사항을 체크하고 과제를 제대로 제출했는지 관리한다. 모임에서는 토론이 과열되었을 때 누그러뜨리는 역할도 한다. 다음 모임에서 다룰 주제도 선정해서 공지한다.
- 기록자는 모임에서 결정된 내용, 다음 모임을 위해 각자 준비해야 할 것을 기록하고 정리하여, 공유게시판이나 이메일을 통해 배포한다.

모임을 운영하는 데 가장 어려운 문제는, 모든 멤버가 생산적으로 참여하도록 유도하는 것이다. 모임을 하다 보면 다음과 같은 문제가 흔히 발생한다.

- 한두 사람이 대화를 지배하고 나머지 사람들은 침묵을 지킨다.
- 한두 사람의 의견에 나머지 사람들이 모두 의존한다.
- 한두 사람이 계속해서 무시당한다.

이러한 문제는 개인의 문제이기도 하지만 그룹의 문제이기도 하다. 이 모든 문제는 그룹 전체가 용인할 때에만 발생하는 것이기 때문이다. 이를 방지하기 위해서는 멤버마다 구체적인 임무를 할당해야 한다. 그래야만 누군가 임무를 다하지 않는 사람이 생기더라도 모임은 계속 유지될 수 있다.

우리의 무수한 협업자들

우리도 이 책을 쓰는 과정에서 많은 도움을 받았다. 맨 처음 작성한 초고는 10여 명의 독자들의 피드백을 받았다. 우리는 또한 컨퍼런스와 워크샵에 참여한 작문교수들에게 우리 아이디어를 들려주고 의견을 들었다. 또 몇몇 교수들은 우리 원고를 직접 자신의 수업에 참여한 학생들에게 나눠주고 반응을 들려주기도 했다.

이런 과정이 늘 편안한 것은 아니었다. 초고를 보고 몇몇 리뷰어들은 '엄청나게 뜯어고치지 않는 이상, 많은 독자들이 상당히 실망할 것 같다'는 의견을 쏟아냈다. 우리는 몇 년에 걸쳐 리바이징 작업을 하였고, 그렇게 만들어낸 리비전에 대해 피드백을 받았는데, 몇몇 리뷰어들은 또 다음과 같이 말했다.

> "아직 초고에 불과한 것 같은데… 글을 제대로 완성하기보다는 일단 끝내는 데 초점을 맞춘 것 같군요. 어쨌든 아직 초고에 불과하니까… 원고를 더 다듬으면 나아지겠죠."

이러한 코멘트를 들을 때마다 기운이 빠졌다. 그럼에도 이런 비판들이 상당한 도움이 되었음은 분명하다.

Appendix

부록

일관성있는 글을 쓰기 위한
10단계 체크리스트

다음 질문 중 하나라도 "아니오"라는 대답이 나온다면, "예"라고 대답할 수 있을 때까지 글을 고쳐 써라.

1. **논증의 구조가 명확하게 드러나는가?**

   서론과 본론의 사이, 본론과 결론 사이에 선을 그어라.

   * **본론이 새로운 문단으로 시작하는가?**
   * **결론이 새로운 문단으로 시작하는가?**

2. **논증이 독자들의 관심을 끌겠는가?**

   서론에서 주요 문제를 제기하는 문장에 밑줄을 쳐라.

   * **독자들에게 왜 이 문제가 중요한지 이야기했는가?**
   * **이야기하지 않았다면, 자신이 생각하는 이유와 똑같은 이유로 독자들이 이 문제를 중요하다고 생각할까?**

3. **독자들이 주장을 분명하게 이해하겠는가?**

   주장의 주요 핵심을 진술하는 문장을 선으로 에워싸라.

   * **문제나 질문에 대해 직접적으로 대답하는 논쟁적인 주장을 담고 있는가?**
   * **주장이 서론의 끝부분이나 결론 부분에 나오는가?**
   * **주요핵심이 서론과 결론에서 모두 나온다면, 결론에 나오는 문장이 더 구체적이**

고 더 많은 정보를 담고 있는가?

4 논증의 일관성이 드러나는가?

서론의 마지막 두 문장과 결론에서 가장 중요한 문장에서 핵심단어를 동그라미 쳐라. 글 전체에서 같은 단어들을 찾아 동그라미 쳐라. 동그라미 친 단어와 비슷한 개념을 지닌 단어나 명백하게 관련된 개념을 지닌 단어를 찾아 네모를 쳐라.

- 문단마다 동그라미 치거나 네모 친 단어들이 두 개 이상 나오는가?

5. 독자들이 핵심개념을 인식할 수 있겠는가?

제목의 핵심단어에 동그라미 쳐라.

- 이 핵심 단어들이 서론과 결론에 동그라미 친 단어와 일치하는가?
- 이 단어들이 과제 제시문에서 가져온 단어가 아니라 스스로 생각해낸 단어들인가?

6. 논증의 구조를 독자들이 파악할 수 있겠는가?

주요 단락 사이에 선을 그어라. 단락마다 주요 핵심을 진술하는 문장을 선으로 에워싸라.

- 이 문장에 논쟁적인 하위주장이 담겨있는가?
- 이 문장이 주요핵심/주장을 뒷받침하는가?
- 이러한 주요핵심이 단락마다 시작부분에 등장하는가?

7. 논증의 구성원칙을 독자들이 이해할 수 있겠는가?

각각의 단락이 어떤 말로 시작하는지 보라.

- 단락/문단이 대부분 여기서 왜 이 이야기를 하는지, 어떤 순서로 진행되고 있는지 알려주는 말로 시작하는가?

- "첫 번째" "두 번째" "다른 한편" "하지만" "따라서" "결론적으로"와 같은 말로 시작하는가?

8. **독자들이 주장을 타당하다고 판단하겠는가?**

   문단에서 핵심/주장을 뒷받침하는 근거를 보고하는 문장에 모두 밑줄을 그어라.

   - 문단의 절반 이상 밑줄을 그었는가?

9. **문단에서 문단으로 자연스럽게 이어지는가?**

   각 문단의 첫 문장의 앞부분 절반에 밑줄을 그어라.

   - 밑줄 친 부분이 앞에서 이미 이야기한 것을 가리키는가?

10. **글이 명확하고 간결하게 읽히는가?**

    모든 문장의 앞부분 절반을 밑줄 그어라.

    - 독자들에게 익숙한 정보가 담겨 있는가? 적어도 독자들을 놀라게하지는 않겠는가?
    - 문장의 주어/주제어들이 대부분 짧고 구체적인가? 이야기의 주요 행위자들이 주어로 나오는가?
    - 주어/주제어들만 늘어놓았을 때, 어느 정도 제한된 개념 범위 안에서 일관성이 보이는가?

논증 구상과 리바이징을 위한
체크리스트

우리는 앞에서 논증을 세울 때 자기 자신에게 또, 독자들에게 질문을 하라고 계속 이야기했다. 하지만 논증에 익숙하지 않은 사람들은 어떤 질문을 어떻게 해야 하는지 아직 정리가 되어있지 않을 것이다. 그래서 이 책에서 소개한 질문들을 모두 모아 이곳에 정리했다.

이렇게 정리한 체크리스트에는 90개가 넘는 질문이 담겨있다. 논증글을 써보지 않은 사람들은 이러한 질문의 수에 겁이 날지도 모른다. 하지만 너무 걱정할 필요는 없다. 이 질문들을 모두 기억하는 것은 물론, 체계적으로 답변하는 것은 글을 많이 써본 사람에게도 매우 어려운 일이기 때문이다. 하지만 경험이 많이 쌓일수록 이 질문들을 모두 기억하지 않아도 된다는 것을 알게 될 것이다. 굳이 묻지 않아도 그 해답을 이미 알고 있을 것이다.

하지만 글을 아무리 많이 써보았다고 해도 자신의 글을 객관적으로 보기 위해선 어느 정도 도움이 필요하다. 여기 우리가 제시하는 체크리스트가 바로 그러한 도움을 줄 것이다.

체크리스트는 총 네 가지로 이루어져 있다. 앞의 세 체크리스트는 빠르게 훑어보아도 되지만, 마지막 체크리스트는 리바이징 단계에서 좀더 신중하게 시간을 들여 검토해야 한다.

논증에서 제기할 적절한 문제인지 평가하기 위한 체크리스트

논증글에서 다룰 수 있는 적절한 문제인지 또는 수업에서 토론할 수 있는 적절한 주제인지 판단하기 위한 간단한 체크리스트다. 다음 다섯 질문에 '아니오'라는 답이 나온다면, 다른 문제를 찾아야 한다.

1. 질문에 스스로 답하고 싶은 마음이 생기는가?
2. 내가 제시하는 답에 다른 사람들이 귀 기울이겠는가?
3. 답을 찾을 수 있다고 생각하는가?
4. 답을 뒷받침하는 근거를 떠올릴 수 있는가?
5. 근거를 찾을 수 있다고 생각하는가?

다음 다섯 질문에 '예'라는 답이 나온다면, 다른 문제를 찾아야 한다.

1. '예-아니오' 대답으로 해결할 수 있는 질문인가?
2. 간단한 몇 마디 말로 답할 수 있는가?
3. 어떤 것을 찾아보거나 사실을 확인함으로써 바로 답할 수 있는 질문인가?
4. 자신이 제시하는 답에 대해서 이유와 근거도 묻지 않고 독자들이 받아들이겠는가?
5. 독자들이 내 대답에 동의하지 않을 때, 그저 또다른 '의견'일 뿐이라고 생각하겠는가?

논증구조를 짜기 위한 체크리스트

논증을 어떻게 펼쳐나갈 것인지 구상할 때 활용할 수 있는 체크리스트다. 물론 리바이징 단계에서도 활용할 수 있다.

1. 이유/하위주장이 모여 주요주장을 강력하게 뒷받침하는가?
2. 주요주장을 뒷받침하는 또다른 이유를 떠올릴 수 있는가? 그렇다면 추가하라.
3. 이유/하위주장을 배열한 순서가 가장 적절한가? 적절하지 않다면 순서를 바꿔라.
4. 이유/하위주장을 배열한 원칙을 독자들이 알 수 있는가? 알기 힘들다면 배열순서를 알려주는 적절한 말을 삽입하라.
5. 이유/하위주장 아래 제각각 이들을 뒷받침하는 근거가 있는가?
6. 이유/하위주장을 뒷받침하는 근거가 충분한가?
7. 이유/하위주장을 뒷받침하는 또다른 근거가 있는가?

이 질문에 대답을 모두 마치고 나면 이것을 다음과 같은 도표로 만들어서 책상 앞에 붙여놓아라. 드래프팅할 때, 리바이징할 때 이 도표를 가이드로 삼아라.

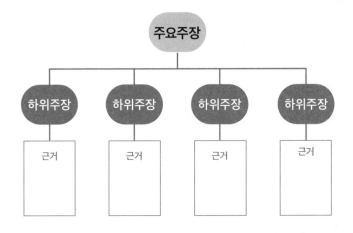

시간이 없을 때
긴급 체크리스트

⊕ Ch 3

글을 제대로 쓰고자 한다면, 리바이징 작업을 할 수 있는 시간을 충분히 남겨두어야 한다. 하지만 글을 쓰다 보면 그렇지 못할 때도 있다. 시간이 촉박할 경우에는, 서론과 결론만이라도 모순되지 않는지 확인하는 작업을 해야 한다. 여기서 구체적인 방법을 소개한다.

1. 서론-본론-결론 사이에 선을 그어라

서론-본론-결론의 경계가 뚜렷하지 않으면 독자들은 혼란스러워 한다. 글을 쓴 사람도 구분하기 어렵다면, 독자들은 전혀 구분할 수 없다. 서론-본론-결론은 예외 없이, 새 문단으로 시작해야 한다.

2. 주요주장에 밑줄을 쳐라

서론 맨 끝에 주요주장을 진술하였다면 밑줄을 쳐라. 결론에 등장하는 주요주장도 밑줄을 쳐라.

- 결론에서만 주요주장을 진술하였다면, 서론의 마지막 한두 문장에 밑줄을 쳐라. 결론에 등장하는 주요주장도 밑줄을 쳐라.
- 주요주장을 다른 곳에 썼다면, 서론 맨 끝과 결론 첫 부분으로 옮겨써라.

3. **서론에서 밑줄 친 문장과 결론에서 밑줄 친 문장을 비교하라**

    서로 의미가 일치하지 않는다면 결론의 문장을 기준으로 서론의 문장을 고쳐 써라. 아무래도 나중에 쓴 문장이 좀더 다듬어진 생각을 반영할 것이기 때문이다. 주요주장을 서론과 결론, 두 곳에서 진술한 경우, 같은 내용을 담고 있더라도 문장이 똑같아서는 안 된다. 밀접하게 연관되어 있으면서도 달라야 한다.

4. **시간이 있다면 섹션마다 이 작업을 반복하라**

    섹션이란 이유(하위주장)를 주장으로 삼는 하위논증을 일컫는다. 섹션 역시 전체논증과 똑같이 서론-본론-결론으로 이루어져있다. 여기서도 서론-본론-결론 사이에 선을 긋고 주장(이유)에 밑줄을 친다.

-   이유는 서론 끝부분에는 나올 수도 있고 안 나올 수도 있지만, 결론에서는 반드시 나와야 한다.
-   서론과 결론에 모두 나온다면, 의미가 일치하면서도 다르게 써야 한다.

꼼꼼하게 글을 완성하기 위한
종합 체크리스트

O 책에서 설명한 내용을 모두 종합하여, 실제 논증에 적용하며 하나씩 짚어볼 수 있도록 질문형태로 만든 완벽한 체크리스트다. 범주에 따라 체계적으로 구분하였으며, 독자에 대한 가장 일반적인 질문에서 시작하여 문장의 세세한 부분까지 살펴야 하는 구체적인 질문으로 끝맺는다.

가장 중요한 질문은 까만 별(★) 표시를 했고 비교적 중요한 질문은 하얀 별(☆) 표시를 했다. 여유가 없는 경우에는 이들 별 표시를 한 것만이라도 검토하기 바란다. 또한 그런 일은 없기를 바라지만, '진짜' 시간에 쫓기는 경우에는 까만 별 표시를 한 것만이라도 검토하기 바란다.

독자/청중

1. ★ 독자들의 보편적인 가치는 무엇인가? 진보적? 보수적? 중도적? 종교적? 세속적? 독자들의 보편적인 가치에 영향을 미치는 요소는 무엇인가? 그들의 인종? 민족? 결혼여부? 경제적 수준? 직업? 전문지식?

2. ☆ 독자들은 어떤 종류의 논증을 좋아하는가? 수많은 개별적인 근거에서 보편적인 원칙을 찾아내는 논증을 좋아하는가? 원칙과 전제를 내세우고 구체적인 사실을 설명해 나가는 논증을 좋아하는가? 독자들의 전문분야에서 통용되는 특별한 종류의 논증이 있는가?

3. ☆ 독자들이 어떤 종류의 근거를 좋아하는가? 객관적인 통계수치인가? 현장관

찰기록인가? 개인적인 경험인가? 권위자의 말인가? 에피소드인가? 근거의 1차 보고인가?

4. 논증을 읽는 데 독자들은 얼마나 시간을 할애할 수 있는가? 논증의 핵심을 먼저 읽고 싶어하는가? 전체내용을 차분히 안내하면서 읽어 나가고 싶어하는가?

문제

5. ★ 어떤 종류의 문제를 다루고자 하는가? 독자들이 단순히 생각하고 이해하면 해결되는 개념문제인가? 아니면 행동을 하거나 적어도 어떤 행동에 대해 지지를 해야 해결되는 실용문제인가?

6. ☆ 논증에서 제기하는 문제가 독자들에게 중요한 것은 손실 때문인가? 혜택 때문인가? 그것을 독자들이 중요하다고 받아들이겠는가?

7. 독자들이 그 동안 해결하기 위해 노력한 문제는 아닌가? 독자들 나름대로 이미 해법을 찾은 문제는 아닌가? 자신들이 찾은 해법이 아닌 또다른 해법을 찾는 데 독자들이 관심을 갖겠는가? 그렇다면, 독자들에게 자신들이 찾은 해법을 포기하고 내가 주장하는 해법을 받아들이도록 하기 위해서는 무엇이 필요한가?

8. 독자들에게 어느 정도 수준의 동의를 얻고 싶은가? 이해? 존중? 찬성? 지지? 진심 어린 동의?

주장/해법

9. ★ 논증으로 설득해야 할 만큼 중요한 주장인가? 논쟁할 여지가 있는 주장인가? 잘못으로 판명될 수 있는 주장인가?

10. ☆ 실용문제일 경우, 문제가 유발하는 손실보다 해법이 유발하는 손실이 더 작은가? 해결하고자 하는 문제보다 오히려 더 큰 문제를 야기하지는 않는가? 실행할 수 있는 해법인가? 다른 해법보다 더 나은 이유는 무엇인가?

11. ☆ 논증의 핵심개념을 예측할 수 있을 만큼 개념적으로 풍부한 주장인가?

12. 적절하게 복잡한가? '—라도' '—라면' '—할 때'와 같은 말이 첫 문장에 나오는가? '—때문에/때문이다'라는 말이 마지막 문장에 나오는가? 더 짧고 단순한 주장이 더 효과적이지 않겠는가? (E. although, if, or when으로 시작하는 종속절로 주장이 시작되는가? 또는 because로 시작하는 부가절이 주장에 따라붙는가?)

13. 적절하게 한정하는가? 제한조건이 있는가? 예외가 있는가?

14. 실행할 수 있는 해결책인가? 윤리적인가? 세심한가?

15. 개념문제에 대한 해법인 경우, 또다른 사실, 개념, 이론 등과 모순되지 않는가?

제목

16. ★ 주요주장의 핵심어휘가 제목에 들어있는가? 글쓰기과제 지문을 제시한 사람이 예상하지 못하는 단어가 들어있지 않은가?

17. ☆ 제목에 소제목을 붙이면 더 도움이 되지 않겠는가?

서론

18. ★ 실용문제인 경우, 불안정조건을 명확하게 진술했는가? 독자의 관점에서 손실이나 혜택을 명확하게 진술했는가?

19. ☆ 개념문제인 경우, 알려지지 않은 것이나 제대로 이해되지 않은 것을 명확하게 진술했는가? 개념문제를 해결하지 못했을 때 오는 결과가 불안정조건보다 더 크다는 점을 독자들이 인식할 수 있도록 진술했는가?

20. ☆ 주요주장/해법이 어디에 나오는가? 서론과 본론에 모두 나온다면, 두 진술이 서로 조화를 이루는가? 결론에만 나온다면, 논증에서 전개하고 마지막으로 주장에서 반복할 핵심개념을 서론 맨 마지막 부분에서 소개하는가?

21. ☆ 서론이 어디에서 끝나는지, 본론이 어디에서 시작하는지 쉽게 구분되는가?

22. 문제의 맥락을 파악할 수 있는 공통바탕을 찾을 수 있는가? 공통바탕이 문제에 대한 핵심개념으로 자연스럽게 이어지는가?

23. 문제의 핵심을 찌르는 인용문, 재미있는 사실, 짧은 에피소드 등을 서론 앞에 넣으면 더 나아질 수 있는가? 이러한 도입부prelude를 삽입하는 것이 적절한 논증인가?

결론

24. ★ 결론에서 주장/해법을 진술했는가?

25. 주장/해법이 왜 중요한지 설명했는가? 아직 풀지 못한 궁금증, 명확하지 않은 부분, 앞으로 실행해야 할 과제를 이야기했는가?

26. 종결부coda를 덧붙여 결론을 좀더 개선할 수 있는가? 종결부를 삽입하는 것이 적절한 논증인가?

이유

27. ★ 논증을 전개해 나가는 순서를 결정한 기준은 무엇인가?

28. ☆ 여러 이유들이 나란히 병렬로 전개된다면 그 순서는 어떻게 결정한 것인가? 그 기준을 독자들이 분명히 인식할 수 있는가? 각 이유들이 이러한 순서를 알려주는 말로 시작하는가?

29. ☆ 여러 이유들이 순차적으로 직렬로 전개된다면, 그 순서는 어떻게 결정한 것인가? 처음에서 끝으로 나아가는가? 끝에서 처음으로 거슬러 오르는가? 그 순서를 독자들이 명확하게 인식할 수 있는가?

30. ☆ 본론에서 제목, 서론, 결론에서 사용한 핵심단어를 짚어낼 수 있는가?

31. 생각이 떠오르는 순서대로, 또는 다른 출처의 내용을 그대로 요약해 놓은 것처럼 논증을 전개하지 않았는가? 토론의 목적에 따라 스스로 계발하고 선택한 개

념이나 특징을 중심으로 논증을 구성하기보다는 화제별로 구성하지 않았는가?

32. 배경을 요약하는 글로 본론을 시작하지 않았는가? 이러한 구성은 피하는 것이 좋다.

섹션과 문단

33. ★ 전체 글을 섹션으로 구성하였는가? 섹션마다 서론으로 시작하는가? 서론의 끝에 섹션의 핵심을 진술하는가?

34. ☆ 섹션마다 서론부분에서 앞으로 전개할 핵심단어를 진술하는가?

35. 섹션의 길이가 몇 쪽을 넘어가는 경우, 섹션 끝에 주장을 다시 한번 진술함으로써 끝을 맺는가?

36. 긴 문단 역시, 섹션처럼 서론-본론-결론으로 구성되어 있는가?

근거

37. ★ 이유가 믿을 만한 근거보고를 토대로 하는가? 근거의 출처는 권위가 있는가? 출처를 정확하게 표기했는가?

38. ★ 근거보고를 독자들이 받아들일 것이라고 확신하는가? 아니면 독자들이 또다른 이유를 떠올리겠는가?

39. ★ 근거는 충분한가? 근거가 정확한가? 구체적인가? 대표적인가? 신뢰할 수 있는가?

40. 표절의혹을 받을 정도로 출처원문을 지나치게 그대로 풀어쓰지는 않았는가?

41. 권위를 근거로 인용했는가? 혹시 인용한 것이 자신의 주장과 이유를 단순히 되풀이해 진술한 것은 아닌가?

42. 복잡한 수치나 도표, 긴 인용문 등을 근거로 내세우기 전에 이를 설명하는 '이유'를 진술했는가?

43. 근거를 기억에 지나치게 의존하고 있지는 않는가? 생생한 에피소드에 지나치게 의존하고 있지는 않는가?

반론 수용과 반박

44. ★ 독자들의 반론이나 독자들이 동의하지 않는 상황을 상상할 수 있는가? 이러한 반론에 대응할 수 있는가? 반론을 하위논증으로 뒷받침할 수 있는가?
45. 독자들이 또다른 반대이유, 반대근거, 반대비유를 떠올릴 수 있는가? 이러한 반론에 대해서는 어떻게 반박할 수 있는가?

전제

46. ★ 특정한 주장과 이유를 고려하기 전에 독자들이 보편적으로 믿어야 할 것이 무엇인지 명확하게 언급했는가? 내가 당연하다고 여기는 정의, 가치, 가정 중에 독자들에게 알려주어야 하는 것은 없는가?
47. ☆ 하위논증을 세워 전제를 뒷받침해야 하지는 않는가?
48. 전제가 이유와 주장에 들어맞는가?
49. 전제가 적용되지 않는 상황을 적절하게 제한하고 한정했는가?
50. 전제가 독자의 집단문화에 어울리는가?

추론

51. ★ 처음 떠올린 가설에 얽매이지는 않았는가? 새롭게 떠오르는 가설을 열린 마음으로 받아들였는가? 자신의 가설을 부정하는 다른 가설을 하나 이상 떠올릴 수 있는가?
52. 전제와 이유를 먼저 내세우고 주장을 연역적으로 이끌어 냈다면, 전제의 진실을

확신할 수 있는가? 그냥 당연하다고 생각하는 것은 아닌가?

53. 구체적인 사실에서 보편적인 주장을 귀납적으로 이끌어 냈다면, 일반화할 수 있을 만큼 충분한 양의 사례를 관찰한 것이 확실한가?

의미와 정의

54. ★ 의미를 놓고 논증을 했다면, 독자들에게 그 개념을 단순히 새로운 방식으로 이해시키는 것이 목적인가? 아니면 이를 이해시킨 다음에 어떤 행동을 하도록 하는 것이 목적인가?

55. ☆ 인증의미의 한계 안에서 논증을 해야 하는가? 아니면 일반의미로 논증할 수 있는가? 독자들은 일반의미를 기대하는 상황에서, 인증의미를 사용하고 있지는 않는가? 또는 그 반대상황은 아닌가?

56. ☆ 일반적인 정의에 의존하는 경우, 자신의 목적에 가장 잘 맞게 의미기준을 진술하고 이러한 의미기준에 지시대상의 특성을 맞춰서 진술할 수 있는가?

57. ☆ 일반적인 정의에 의존하는 경우, 범주의 전형model을 독자들이 받아들일 수 있도록 묘사하고 그러한 전형에 맞게 지시대상을 묘사할 수 있는가?

58. 의미기준과 지시대상의 특성을 다듬어 서로 들어맞도록 할 수 있는가?

59. 개념문제를 두고 벌이는 논쟁의 경우, 실용문제를 대리하는 문제일 가능성은 없는가?

60. 표준용어사전이나 전문서적에서 찾아낸 인증정의에 얽매여있지는 않는가?

인과관계

61. ★ 실용문제의 경우, 자신이 고집하는 원인에 초점을 맞추고 있지는 않는가?

62. ★ 개념문제의 경우, 자신과 독자가 특별히 관심을 갖는 이해관계에만 초점을 맞추고 있지는 않는가?

63. ☆ 모든 것을 '단 하나의 원인'으로 해결하려고 하지는 않는가? 결과 바로 전에 있었던 일에서만 원인을 찾으려 하지 않는가? 일어나지 않은 사건은 제쳐두고 일어난 사건에서만 원인을 찾지 않는가? 일상적인 사건보다 특별한 사건에서 원인을 찾지 않는가? 결과의 중요성에 걸맞은 원인만 찾지 않는가? 자신이 떠올린 가정에 맞는 원인만 찾지 않는가?

64. ☆ 실용문제의 경우, 결과의 원인을 찾는 다섯 가지 질문을 모두 고려했는가? 문제를 제대로 설명했는가? 해법이 어떻게 작동할 것인가? 그 해법이 문제보다 더 많은 손실을 유발하지 않는 이유는 무엇인가? 그 해법이 더 큰 문제를 만들어 내지 않는 이유는 무엇인가? 그 해법은 어떻게 실행할 수 있는가? 다른 해법보다 더 나은 이유는 무엇인가?

65. ANOVA표를 사용하여 인과관계 이론을 분석했는가?

66. 원인이 여러 가지일 가능성을 생각해봤는가? 원인과 결과가 서로 원인인 동시에 결과일 가능성을 고려했는가?

67. 원인-결과의 사슬에서 얼마나 거슬러 올라가 인과관계를 분석하기 시작했는가? 지나치게 거슬러 올라가지는 않았는가?

68. 해결책과 어울리는 수준에서 인과관계를 분석했는가? 지나치게 깊이 들어가지는 않았는가?

표현

69. ★ 문장의 주어가 대부분 이야기의 주요행위자인가? 문장의 서술어가 그 행위자의 구체적인 동작인가?

70. ★ 문장이 모두 독자들에게 익숙한 정보로 시작하는가?

71. ★ 주어들 사이에 비교적 일관성이 있는가? 주어들이 이야기에서 가장 중요한 행위자들인가?

72. ☆ 주어와 서술어가 너무 멀리 떨어져 있지는 않는가? 배경설명요소가 너무 길

지 않는가? 주어가 너무 길지 않는가? 수식어와 피수식어가 너무 멀리 떨어져 있지 않는가? (영어의 경우: 문장이 시작된 다음 주요동사가 빠르게 나오는가? 주어 앞에 나오는 도입부가 너무 길지 않은가? 주어가 너무 길지 않은가? 주어와 동사 사이에 끼어든 요소가 있는가?)

73. ☆ '빈 동사'가 많지 않는가? 같은 의미가 자꾸 반복되지는 않는가? 한 단어로 쓸 수 있는 개념을 여러 단어로 늘이지는 않는가?

74. 독자들 마음속에 시각적 이미지를 떠올릴 수 있을 정도로 구체적인 어휘를 선택하려 노력했는가? 전제와 정의를 서술할 때는 이에 맞는 보편적인 어휘를 선택했는가?

75. 감정과 가치를 불러일으키는 어휘는 타당한 논증의 문맥에서 사용한 것인가? 이러한 어휘를 사용하는 이유가 명확한가? 이러한 어휘사용이 어떤 문제를 해결하고 있다고 생각하는가?

76. 추상적 개념을 구상화하거나 은유를 사용함으로써, 독자들이 인간행위자에 주의를 기울이지 못하도록 방해하지는 않았는가?

스토리보드 작성하기:
긴 글을 쉽게 쓰는 요령

앞에서 글을 구상하는 방법에 대해 조언을 했지만, 이는 대부분 짧은 글을 계획할 때 적합한 조언들이다. 길고 복잡한 글을 쓸 때는 부분별로 계획하고 관리할 수 있어야 한다. 이때, 스토리보드를 사용하면 크게 도움이 된다.

- 글을 부분별로 분리하여 정리하기 때문에, 그 내용이 전체 글에서 어느 부분에 어떻게 맞는지 고민하지 않고 개별적으로 작업할 수 있다.
- 어느 부분에 정보가 넘치는지, 어디에 빈틈이 있는지 한눈에 확인할 수 있다.
- 이렇게 작성한 각각의 종이들을 바닥에 늘어놓거나 벽에 붙여 놓으면, 복잡한 논증의 구성을 전체적으로 한눈에 볼 수 있다.
- 논증의 구조를 계층적인 구조물처럼 시각적으로 한눈에 파악할 수 있다.
- 종이를 이리저리 옮김으로써 논증의 구조를 쉽게 바꿀 수 있다.
- 쉽게 단락을 덧붙이거나 지울 수 있다.

스토리보드를 펼쳐놓고 자리를 이리저리 옮기다 보면, 문득 좋은 아이디어가 떠오르는 경우가 많다. 스토리보드는 논증요소들을 새로운 각도, 새로운 관점에서 바라볼 수 있는 기회를 제공하기 때문이다. 스토리보드는 사실상 논증의 구조를 도표로 그려 놓은 것이라고 할 수 있기에, 말보다 그림에서 영감을 얻는 사람들에게 훨씬 큰 도움을 준다. 물론 복잡한 논증을 훨씬 쉽게 짤 수 있다는 점에서 스토리보드는 누구에게나 큰 도움을 준다.

1. 템플릿 만들기

스토리보드를 만들려면 우선 빈 종이를 여러 장 준비한다. 종이 한 장 맨 위에 '서론'이라고 쓰고 또다른 종이 맨 위에 '결론'이라고 쓴다. 그리고 서론과 결론에 들어갈 만한 요소들을 모두 소제목으로 써 넣어라. 이것이 곧 서론과 결론의 템플릿이다.

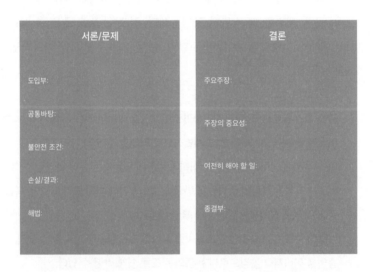

이제, 이유템플릿을 만들 차례다. 이유템플릿에는 두 가지가 있는데, 하나는 근거만으로 뒷받침할 수 있는 이유를 위한 템플릿이고 (이렇게 간단한 이유는 사실, 긴 논증에서 나오면 안 된다.) 다른 하나는 완벽한 논증구조로 뒷받침해야 하는 이유를 위한 템플릿이다. 이유를 간단하게 뒷받침할 수 있다고 생각되면 왼쪽 템플릿을 만들고, 복잡하다고 생각되면 오른쪽 템플릿을 만든다.

<table>
<tr>
<td>

이유#

주요이유:

주요이유를 뒷받침하는 근거보고:

</td>
<td>

이유#

주요이유/하위주장

주요이유/하위주장을 뒷받침하는 이유:

이유를 뒷받침하는 근거보고:

반론수용과 반박:

</td>
</tr>
</table>

이제, 전제템플릿을 만들고 전제를 뒷받침하는 논증요소들을 써넣는다. 또,
반론수용/반박템플릿을 만들고 이를 뒷받침하는 논증요소를 써넣는다.

<table>
<tr>
<td>

이유# _____을 위한 전제

전제/주장:

전제를 뒷받침하는 이유:

이유를 뒷받침하는 근거보고:

반론수용과 반박:

</td>
<td>

이유# _____에 대한 반론수용과 반박

반대/보류/대안

반박/주장:

이유:

근거보고:

</td>
</tr>
</table>

이유, 전제, 반론 수용/반박 템플릿을 논증에 필요한 만큼 만든다. 이러한 템플릿페이지를 컴퓨터에 저장해놓고 필요할 때마다 출력해서 사용하면 더 편리할 것이다.

2. 템플릿 채우기

처음부터 템플릿을 많이 채워 넣을 필요는 없다. 떠오르는 것만으로 채워 넣으면 된다. 확인되지 않은 추측일 뿐이라도 일단 써넣고 나중에 확인한다. 빈칸을 채워 넣기 위해 조사나 연구를 해야 한다면, 빨리하라. 빈칸을 완전히 채우지 못하더라도 다음 단계로 넘어간다.

3. 템플릿 배열하기

이제 어느 정도 내용을 채웠으면, 종이를 다음 그림처럼 벽에 붙이거나 바닥에 늘어놓는다.

순서가 적절하다고 생각될 때까지 종이를 이리저리 옮겨보라. 갑자기 떠오르는 생각이 있으면 덧붙여 넣어라.

글씨가 넘칠 정도로 복잡해질 경우, 컴퓨터로 그 내용을 정리하여 템플릿문서를 출력하면 좀더 써넣을 수 있는 공간이 생길 것이다. 포스트잇을 사용하여 덧붙이는 것도 좋다. 좀더 많은 글씨를 써 넣을 수 있을 뿐만 아니라, 쉽게 덧붙이거나 빼거나 옮길 수 있다.

4. 글쓰기

어느 정도 논증의 구조가 완성되었다고 생각되면 템플릿 순서대로 드래프팅을 시작한다. 드래프팅을 하면서도 스토리보드의 구성을 바꿔볼 수 있다. [서론/문제] - [이유]의 주요이유 – [결론] 템플릿을 쭉 읽어보면서 논증의 뼈대가 자연스럽게 연결되는지 이따금씩 점검해보라. 아직 빈 채로 남아있는 템플릿이 있다면 비어있는 대로 읽으면 된다. 비는 공간에 무엇을 채워 넣어야 할지 머지않아 떠오를 것이다.

글을 많이 써본 사람에게도 복잡한 글을 구상하고 거기에 맞게 글을 써 내려가는 것은 결코 쉬운 일이 아니다. 스토리보드는 전체 글을 부분으로 분해함으로써 복잡한 작업을 쉽게 헤쳐 나갈 수 있도록 도와준다.

표절로 의심받지 않기 위해
알아야 할 것들

인터넷을 이용해 그 어느 때보다 남의 글을 쉽게 퍼올 수 있는 시대가 되면서, 오늘날 표절은 분야를 막론하고 점점 골칫거리가 되어가고 있다. 그래서 지금은 학생들이 제출한 글을 평가할 때 표절인지 아닌지 특히 주의깊게 경계해야 한다.

스스로 정직하게 글을 썼다고 생각하는 학생들은, 표절에 대해 걱정할 필요가 없다고 생각할지도 모르지만 실제로는 그렇지 않다. 선생들이 표절을 의심하고 판단하는 기준이 무엇인지 알지 못하면, 자신도 모르는 사이에 표절했다는 의심을 받을 수 있다. 특히 다른 글의 일부를 인용하거나 다른 자료를 가져오는 방법을 알지 못하면 그러한 위험은 더욱 커진다.

무심코 저지른 표절로 판명이 난다고 하더라도, 쉽게 용인될 수 있는 것이 아니다. 글을 쓰는 사람이 다른 글이나 자료를 인용하는 법을 모른다는 것은 변명이 되지 않기 때문이다. 어떤 경우든 독자들은 당신의 글은 물론 당신을 믿지 않을 것이다. 남의 글과 자료를 제대로 인용하는 방법은 글쓰기의 가장 기초라고 할 수 있기 때문에 이것을 실수한다는 것은 용인되지 않는다.

논문에 다른 자료를 어떤 식으로든 사용한다면, 독자들은 다음 세 가지 원칙을 따르기를 기대한다. 이중 하나라도 벗어난다면 표절의심을 받을 수 있다.

1. 내가 스스로 생각해내지 않은 문구나 단어, 아이디어, 연구방법론은 무조건 출처를 표기해야 한다.
2. 다른 글에서 일부 표현이나 문구를 그대로 가져다 쓴 것은 무조건 따옴표를 치거나 블록으로 구분해서 어디서 어디까지 가져온 것인지 표시해야 한다.
3. 문자 그대로 옮겨쓰지 않고 풀어쓰거나 줄여쓴 경우, 따옴표나 블록으로 표시하지 않는다. 하지만 풀어쓴 경우에는 원래 표현들을 단순히 다른 표현으로 대체하는 것이 아니라, 그 내용을 이해하여 자신의 말로 완전히 바꾸어서 다시 써야 한다.

가끔 인터넷에서 떠도는 자료는 마음대로 인용해도 된다고 생각하는 학생들도 있다. 전혀 그렇지 않다. 인용의 원칙은 종류를 막론하여 적용된다. 인쇄물은 물론 음성기록, 말, 온라인자료, 예외가 없다. 오늘날 선생들은 특히 온라인자료 표절에 주목한다. 웹사이트나 데이터베이스는 물론, 팟캐스트나 유튜브 등 온라인소스에서 가져온 것에 대해 인용표시를 하지 않고 출처를 표기하지 않는다면 표절이라고 의심받을 수 있다.

여기서는 그러한 자료들을 인용하고 표시하는 규칙에 대해 설명한다. 이 책에서 우리가 제시한 무수한 원칙과 달리, 여기서 이야기하는 것은 반드시 지켜야 하는 '규칙'이라는 점을 명심하라. 여기서 설명하는 내용 중 많은 것은 앞에서도 이야기한 것들이다. (페이지를 표시해 놓았으니 참고하기 바란다.)

몇몇 경우에는 조언을 구해야 할지도 모른다. 확고하게 판단할 수 없는 회색지대도 있고, 분야에 따라서 다르게 적용되는 규칙도 있기 때문이다. 하지만 선한 믿음으로 이러한 규칙을 따른다면, 다른 사람의 표현과 생각을 자신의 것으로 훔치려고 한다는 의심은 받지 않을 수 있을 것이다. 자료를 조사하는 과정에서 제대로 메모를 하는 법부터 시작하여 인용과 출처를 표기하는 법까지 하나씩 살펴보자.

메모하기

자료를 조사하는 과정에서 처음부터 메모를 잘해 놓지 않으면, 다른 자료를 인용하는 과정에서 실수를 저지를 수 있다. 491쪽 참조

정확하고 완벽하게 메모하라.
옮겨쓰고자 하는 부분은 원전에 나온 것을 토씨나 구두점 하나 틀리지 않게 그대로 베껴야 한다. 인용할 내용이 길다면 아예 스캔하거나 복사하거나 다운로드하라. 옮겨쓰거나 풀어쓰고자 하는 내용에 대해서는 하나도 빠짐없이 서지정보를 기록해놓는다. 그렇게 해놓지 않으면 나중에 다시 찾아서 일일이 확인해야 한다. 더 나아가 시간에 쫓기는 경우에는, 서지정보가 없어 인용해야 할 부분을 통째로 빼야 하는 상황에 처할 수도 있다.

가져온 글과 자신이 쓴 글을 명확하게 구분하라.
메모한 것을 몇 주 후에 펼치더라도 어느 부분이 다른 글에서 가져온 것인지, 어느 부분이 내 생각인지 분명하게 구분할 수 있어야 한다. 펜으로 쓰든, 컴퓨터로 작성하든 자신이 쓴 것처럼 글에 삽입하는 실수를 범할 수 있다. 이러한 사소한 실수로 인해 표절로 의심받을 수 있다. 풀어쓸 때도 마찬가지다. 몇 주 후에 메모를 펼치더라도 어느 부분이 옮겨쓴 것인지, 어느 부분이 풀어쓴 것인지 분명하게 구분할 수 있어야 한다.

이 모든 일이 자료수집을 하는 과정에서 시간낭비처럼 보일 수도 있지만, 이렇게 하지 않으면 치명적인 실수를 저지를 수 있다. 아무리 뛰어난 학자라고 해도 표절논란으로 인해 명예가 한 순간에 실추되는 사건을 목격한 적이 있을 것이다. 그들은 한결같이 다른 글을 옮겨쓰거나 풀어쓰는 과정에서, 다른 글에서 가져온 것과 자신의 생각을 구분하지 못하는 단순한 실수로 인해 발생한 일이라고 말한다.

옮겨쓰기

문장이나 단락을 다른 글에서 가져올 때는 무조건 인용부호나 인용단락을 활용하여 자신이 쓴 글과 구분해야 한다. 이 규칙에는 어떠한 예외도 없다. 따옴표를 하나라도 빠뜨린다면—단순한 실수라고 하더라도—표절로 의심받을 것이다.

1. 원전에 적혀있는 것을 토씨 하나 바꾸지 말고 정확하게 그대로 옮겨야 한다.
2. 따옴표(인용부호)나 인용단락을 활용하여 인용된 것이 어디부터 어디까지인지 명확하게 표시한다.
3. 어느 부분을 생략할 경우에는 생략부호로 표시하고, 원문과 달라진 곳은 [사각괄호]로 표시한다.
4. 인용부호(따옴표)나 인용단락을 활용하여 인용이 어디부터 어디까지 인지 명확하게 표시한다.

하지만 단어 몇 개만 다른 글에서 가져올 때는 다소 복잡하다.

1. 인용하는 부분이 문장보다 짧은 표현일 때

내가 인용하려는 글에서 다루는 화제와 내가 쓰는 글의 화제가 같을 확률이 높기 때문에, 원전에서 쓰는 단어나 표현이 내 글에서도 많이 나올 수밖에 없다. '이 주제에 대해 이야기하려면 누구라도 쓸 수밖에 없는 단어나 표현'이라고 여겨진다면, 그런 것은 인용표시를 할 필요가 없다. 하지만 오로지 그 책에만 등장하는 독특한 단어나 표현일 경우에는 인용표시를 해야 한다.

- 맨 처음 인용할 때 따옴표로 감싸고 출처를 표시한다.
- 앞에서 인용한 단어나 구를 다시 인용할 때는 따옴표와 출처표시를 생략한다.
- 친숙한 단어나 구는 인용할 필요가 없다.

예를 들어, 다음 지문을 읽어보라.

> 기술은 더 많은 기술을 낳기에, 발명의 확산의 중요성은 잠재적으로 최초 발명의 중요성을 넘어선다. 기술의 역사는 소위 자기촉매과정의 전형적인 사례로, 말하자면 시간이 가면서 발전속도가 점점 빨라진다. 스스로 촉매제가 되어 성장을 재촉하기 때문이다(Diamond 1998, 301).

이 글을 자신의 글에서 소개하고자 할 때, '최초 발명'과 같은 표현에 인용표시를 할 사람은 없을 것이다. 이런 표현은 누구나 할 수 있는 말이기 때문이다. 이 글에서 저자의 독창적인 발상이 드러나는 표현은 무엇일까? 바로 '기술은 더 많은 기술을 낳기에'와 '자기촉매과정'이다. 이 표현들을 자신의 글에 가져다 쓰고자 한다면 인용표시를 반드시 해야 한다.

> 기술의 힘이 개인의 발명을 넘어서는 것은 '기술은 더 많은 기술을 낳기' 때문이다. 다이아몬드는 이것을 '자기촉매과정'이라는 말로 표현한다(301).

이렇게 한 번 인용을 하고 나면, 다시 이 표현을 사용할 때는 인용표시나 출처표기를 하지 않아도 된다.

> 어떤 발명이 또다른 발명을 낳고, 그 발명이 또다른 발명을 낳으면서, 이러한 과정은 국경을 넘어 기하급수적으로 확산되는 자기촉매발전을 한다.

2. 인용하는 부분이 다섯 줄이 되지 않을 때
- 인용한 부분을 텍스트 본문 속에 넣고 따옴표로 감싼다.
- 인용한 출처의 서지정보와 페이지번호를 표시한다.

예를 들면,

> 포스너는 영성 때문이 아니라 사회적 기능 때문에 종교에 초점을 맞추면서 이렇게 주장한다. "미국사회의 두드러진 특징은 종교적 다원성이다. 종교는 사회적 규범의 원천이자 규범을 강화하는 요인으로서 역사적으로 중요한 의미를 지닌다는 점에서, 종교적 다원성이 사회적 규범에 의한 정부의 효능과 어떤 연관성이 있는지 우리는 생각해봐야 한다(Posner, 299)."

- 이 부분을 뒤에서 다시 인용할 때는 따옴표만 표시하고 출처는 표기하지 않는다.

3. 인용하는 부분이 다섯 줄이 넘을 때
- 따옴표를 사용하지 않고 별도의 단락으로 분리한다. (이러한 인용표기방식을 block quotation이라고 한다.)
- 인용한 출처의 서지정보와 페이지번호를 표시한다.

예를 들면,

> 다양한 형태의 문학은 다양한 방식으로 사회와 관계를 맺는다. 예컨대 드라마작품은 사회적 프레임 속에 단단히 뿌리박고 있다.

> 드라마는 문학 중에서 가장 사회적인 형태다. 관객과 맺는 관계가 직접적이기 때문이다. 따라서 드라마는 토양이 될 수 있는 특정한 조건 위에서 번성하며, 그 황금기는 시간과 공간이 교차하는 지점에서 우연히 찾아온다. 고대 아테네, 고전주의 시대의 프랑스, 바로크 시대의 스페인, 선불교의 일본, 셰익스피어 시대의 영국이 바로 그러한 예다. (Levin, 5)

풀어쓰기

풀어쓰는 것은 단어만 바꾸는 것이 아니다. 풀어쓸 때는 원전의 내용을 완전히 나만의 말로 표현해야 한다. 표현만 바꿔 써서 원전과 너무 가까워 보인다면 그것은 표절로 판명날 수 있다. 더 나아가 개념의 흐름만 같아도 표절로 판명날 수 있다. 핵심은, 원전에서 글을 단순히 가져와서는 안 되고, 그것을 적절한 방식으로 가공할 줄 알아야 한다는 것이다.

1a. 풀어쓸 때는 인용부호나 인용단락으로 구분할 필요가 없다. 하지만 풀어쓴 것이 낱말만 바꿔서 쓴 것처럼 원전과 너무 가까워 보여서는 안 된다. 말하자면, 다음 글은 이 문단을 풀어쓴 표절이다.원문

1b. 풀어쓸 경우, 원래 낱말을 다른 낱말로 교체하여 쓴 것처럼 원전과 비슷해 보이지 않도록 조심해야 한다. 예를 들자면 지금 이 문단을 풀어쓴 다음 문단은 표절이다.표절

1b는 1a를 똑같이 베끼지 않았음에도 표절이다. 이처럼 개념의 흐름—단어의 흐름이 아니다!—만 같으면 표절로 판명날 수 있다.

1c. 표절의 늪에 빠지지 않으려면 먼저 원전을 자세히 읽고 그 의미를 곰곰히 생각해본 다음에, 원전을 보지 말고 '나만의 말'로 표현해야 한다. 그런 다음 반드시, 자신이 풀어쓴 문장과 원전을 손가락으로 짚어 비교해가면서 읽어보라. 개념이 똑같이 전개된다면 원문과 매우 가깝다는 뜻이다.표절

1c는 1a와 상당히 거리가 있는 것처럼 보이지만 이 역시 표절이다. 원래 글을 제대로 풀어쓴 다음 글은, 표절이 아니다.

1d. 윌리엄스와 콜럼에 따르면, 표절을 하지 않으려면 원문의 의미를 나름대로 소화한 후, 이를 자신의 말로 요약한 다음 원전과 자신의 글에서 개념이 어떻게 전개되는지 서로 비교하며 읽어보아야 한다(164).제대로 된 풀어쓰기

또다른 풀어쓰기 예를 보자.

2a. 드라마는 문학 중에서 가장 사회적인 형태다. 관객과 맺는 관계가 직접적이기 때문이다.원문

2b. 연극은 매우 사회적인 장르로, 관객과 직접적으로 관계를 맺기 때문이다.잘못된 풀어쓰기: 표절

2c. 레빈의 주장에 따르면, 경험적으로 볼 때 연극은 문학 중에서 가장 사회적인 형태로 여겨진다. 우리 눈앞에서 펼쳐지기 때문이다.제대로 된 풀어쓰기

하지만 지금 설명한 표절의 기준은 인문학 분야에서 적용하는 것일 뿐, 분야마다 실제 적용하는 기준은 약간씩 다를 수 있다. 예컨대 법조계에서는 인용부호도 없이 판사의 판결문을 그대로 가져다 써도 표절이라고 말하지 않는다. 몇몇 사회과학에서는 실험을 통해 밝혀낸 사실을 풀어쓸 때, 원문과 다소 흡사하게 풀어쓰는 것도 허용한다. 자기 분야에서 적용하는 표절기준을 알아보길 바란다.

- 풀어쓴 것은 따옴표로 감싸거나 단락으로 분리하여 표시하지 않는다.
- 풀어쓸 때는 원전의 내용을 완전히 나만의 말로 표현해야 한다. 표현만 바꿔 써서 원전과 너무 가까워 보이면 안 된다.
- 풀어쓴 것이든, 줄여쓴 것이든, 아이디어만 가져온 것이든, 처음에는 독자가 직접 찾아볼 수 있도록 출처의 서지정보와 페이지번호를 (또는 웹사이트 정보 등을) 정확하게 표시한다. 그 다음부터는 출처를 표시하지 않아도 된다.

아이디어나 연구방법을 빌려오기

자신이 떠올린 아이디어라고 하더라도 그것과 비슷한 발상을 한 사람이 있다면 그 출처와 페이지번호를 표시해야 한다. 그 사람의 아이디어를 빌리지 않았더라도 밝혀야 한다. 그럴 때는 '—도 비슷한 논의를 한다' '—에 대해서는 —를 참조하라' 같은 표현으로 그 사람의 연구에 빚을 지고 있지 않다고 표시할 수 있다. (영어에서는 see also…; also discussed in…; for a similar/related/ different treatment, see… 같은 표현을 사용한다.)

일반적인 아이디어나 연구방법론일 경우 인용표기를 할 필요가 없다. 무엇이 일반적인 것이고 특별한 것인지 판단하는 기준은 분야마다 다르기 때문에, 초심자가 이것을 판단하기는 어렵다. 지도교수나 선배연구자에게 조언을 구하라. 조언을 얻을 수 없다면, 자신이 생각하는 것보다 인용표기를 많이 하는 것이 안전하다. (물론 문장마다 인용표기를 할 필요는 없다.)

전반적인 원칙을 정리하면 다음과 같다.

> 내 말이나 내 아이디어가 아닌 것을 말할 때는 무조건
> 출처표기를 하라. 그것은 숨긴다고 해도 숨길 수 없는 것이다.
> 훨씬 많은 정보를 갖추고 있는 독자들이 모두 찾아낼 것이다.
> 출처를 표시하기가 모호한 부분이 있다면 지도교수를 찾아가
> 직접 물어보라.

인용출처 표시하기

옮겨쓰든, 풀어쓰든, 줄여쓰든, 더 나아가 아이디어만 빌려왔든, 출처를 정확하게 표기해야한다. 독자가 직접 찾아볼 수 있도록 서지정보를 정확하게 기

록하고 페이지번호도 표시해야 한다. 사소한 일이라고 생각할 수도 있지만, 이러한 사소한 일조차 제대로 처리하지 못하면 중요한 문제를 제대로 풀 수 있을지, 사람들은 의심할 수밖에 없다. 이러한 세심하고 꼼꼼한 마무리작업은 지루하게 느껴질 수 있지만 노력할만한 가치가 있다.

학술적인 글에서는 출처를 표기하는 방식을 매우 까다롭게 통일한다. 물론 처음에는 왜 이런 것이 필요한지 이해하기 어려울 수 있지만, 출처를 효율적으로 표시하기 위해 독자들과 맺은 약속이라고 생각하면 된다. 가장 많이 사용하는 출처표기방식에는 MLA와 APA 두 가지가 있다.

우선 독자들이 MLA와 APA 중에 어떤 표기방식을 원하는지 먼저 알아야 한다. 일반적으로 많이 사용하는 출처를 표기하는 방법은 크레셴도 웹사이트에서 PDF로 다운로드 받을 수 있다.

비판적 사고를 위협하는
인지적 편향

O| 책 전반에 걸쳐 우리는 비판적 사고가 논증을 개선하는 데 얼마나 영향을 미치는지, 또 이에 못지않게 논증이 비판적 사고를 개선하는 데 얼마나 영향을 미치는지 이야기했다. 또한 추론하는 과정에서 우리가 저지를 수 있는 실수를 소개하고, 이러한 실수를 범하지 않기 위해 논증의 다양한 요소들을 활용하는 방법을 설명했다.

우리 생각의 흐름을 엉뚱한 곳으로 이끄는 일반적인 실수는 인지적 편향과 논리적 오류라는 두 가지 원인에서 비롯된다.

합리적인 비판적 사고를 위협하는 가장 심각한 문제는 우리 마음속에 깊이 뿌리박혀있는 일련의 인지적 편향이다. 인지적 편향은 우리의 추론이 왜 그토록 신뢰할 수 없는지 이해하기 위해 집요하게 파고든 인지과학자들의 노력 덕분에 비교적 최근 모습을 드러냈다. 지금까지 밝혀낸 우리의 인지적 편향을 한번 살펴보고, 그러한 인지적 편향에 빠지지 않으려면 어떻게 해야 하는지 살펴보자.

추론과정에서 일반적으로 발생하는 인지적 편향

312쪽 참조

1. 어떤 것이 사실이라고 믿는 경우, 근거를 왜곡한다. 근거가 부족하다는 사실에 눈을 감기도 하고, 자신의 믿음을 뒷받침하는 근거에는 상당한 비중을 두는 반면 자신의 믿음과 어긋나는 근거는 무시한다.
2. 자신의 판단을 지나치게 확신할 경우, 자신의 판단이 반드시 맞아야 한다고 믿는다.
3. 어떤 것이 사실이기를 바라는 경우, 그것이 사실이라고 믿는다.
4. 제일 먼저 머릿속에 떠오른 해답에 얽매일 경우, 모든 사고가 그 해답을 중심으로 펼쳐진다.
5. 객관적인 근거보다 이데올로기적 전제에 기반하여 추론한다.
6. 이슈를 지나치게 단순화하여, 문제를 단번에 해결할 수 있는 '단 하나의 해법'이 존재한다고 생각한다.

언어적 측면에서 일반적으로 발생하는 편향

7. 단어의 의미는 그 단어가 가리키는 지시대상과 뗄 수 없기 때문에, 의미만 알면 지시대상에 대해 모든 것을 알 수 있다고 생각한다. 325쪽 참조
8. 일반의미/정의와 인증의미/정의 사이에 차이가 있다는 것을 인식하지 못한다. 342쪽 참조
9. 단어의 의미/정의를 놓고 개념논쟁을 벌일 때, 그것이 실용문제에 대한 대리논쟁이라는 것을 인식하지 못한다. 333쪽 참조
10. 자신의 생각이나 독자의 생각을 왜곡하는, 감정적이고 극단적인 표현을 사용한다. 447쪽 참조

11. 개인이나 단체가 저지른 행동을, 도구나 추상적인 개념이 저지른 행동처럼 보이게끔 문장의 주어를 조작한다. 452쪽 참조
12. 잘못된 인상을 심어줄 수 있는 은유적 시나리오를 만들어낸다. 460쪽 참조

인과문제를 따질 때 일반적으로 발생하는 편향

13. 쉽게 눈에 띄는 원인에만 초점을 맞추고 다소 명확하지 않은 원인에 대해선 신경 쓰지 않는다. 368쪽 참조
   - 다소 거리가 있고 추상적이고 모호한 것보다는 즉각적이고 눈앞에 보이고 생생한 것을 원인으로 인지한다.
   - 예측할 수 있는 일상적인 것보다는 눈에 띄는 놀라운 것을 원인으로 인지한다.
14. 원인이 여러 가지 존재할 수 있다고 생각하지 않고, 오로지 한 가지 원인에만 초점을 맞춘다. 383쪽 참조
15. 결과와 비슷한 것, 결과만큼 중요한 것을 적절한 원인으로 인지한다. 368쪽 참조
16. 인과성과 상관성을 혼동한다. 377쪽 참조
17. 긴밀하게 연관되어 있는 두 개의 사건이 원인과 결과가 아니라 둘 다 어떤 제3의 원인의 결과일 수 있다는 것을 의심하지 않는다. 377쪽 참조
18. 인간의 어떤 행동의 원인을 분석할 때, 개인의 동기/의도와 환경 사이에서 어느 한쪽을 과대평가하고 다른 한쪽을 과소평가한다. 392쪽 참조

잘못된 결론으로 이끄는
논리적 오류

지적 편향 말고도, 비판적 사고를 방해하는 또다른 요인으로 논리적 오류가 있다. 오류fallacy는 2,500년 전부터 논리학자들에 의해 면밀히 연구되어왔다. 오류는 '지구가 평평하다'고 믿는 것처럼 잘못된 믿음이나 가치관을 의미하는 것이 아니라, 타당한 결론에 다다르기 위한 추론과정에서 저지를 수 있는 논리적 실수를 의미한다. 따라서 타당한 추론을 통하여 지구가 평평하다는 결론에 다다를 수도 있고, 논리적 오류에 기반하여 지구가 둥글다는 결론에 다다를 수도 있다.

수세기 동안 논리학자들은 무수한 오류들을 찾아냈고 비슷한 것들을 묶어 그럴듯한 라틴어이름을 붙였다. 이들 오류 중에는 언제나 오류인 것도 있고, 특별한 경우에만 오류인 것도 있다. 따라서 여기서는 쉽게 이해할 수 있도록, 추론과정에서 절대 나타나서는 안 되는 '명백한 오류'와 상황에 따라 오류가 아닐 수도 있는 '상황적 오류'로 구분하여 설명한다.

명백한 오류 Errors in Reasoning

이유에서 주장으로 나아가는 과정에서 발생할 수 있는 무조건적인 오류들이다. 오류의 특징을 쉽게 인지할 수 있도록 오류를 지적하는 표현으로 오류의 유형을 소개한 다음, 기술적으로 설명한다.

1. "그런데 그게 무슨 상관이지?"—전제 후려치기

사이버스페이스의 발달로 어떠한 정보든 즉각 접속할 수 있게 됨으로써이 유1 정부는 무의미해질 것이다.주요주장 누구와도 즉각 접촉할 수 있게 되면 이유2 인위적인 국경은 의미를 잃을 것이다.주장/이유3 이로써 정부는 아무 할 일도 없어진다.주장/이유4

이 논증에서 제시하는 주장이나 이유들은 모두 맞을 수 있다. 하지만 추론의 사슬을 그대로 따라가기에는 무언가 석연치 않다.

1. 정보를 더 빠르게 얻을 수 있다고 해서이유1 정부가 무의미해지는가?
2. 모든 사람들이 접촉할 수 있다고 해서이유2 국경이 사라지는가?
3. 국경이 없어진다고 해서이유3 정부가 할 일이 없어지는가?
4. 정부가 할 일이 없어지면이유4 정부가 무의미해지는가? 물론 이것은 어느 정도 연관성이 있어 보이기는 하지만, 그 사이에 많은 단계가 있어야 할 것 같다.

이유와 주장을 적절하게 연결해주는 전제를 알 수 없는 경우, 이유에서 난데없이 주장으로 치닫는 것처럼 보인다. 이러한 논리오류를 논세뀌뚜르non sequitur(제대로 이어지지 않는다.)라고 한다. 논세뀌뚜르가 의심될 때는 논증을 전개해 나가는 전제가 무엇인지 살펴야 한다. 독자들도 그러한 가정을 공유하는가? 진술해야 하는 전제를 진술하지 않고 넘어간 것은 아닌가? 전제에 관해서는 524쪽을 참조하라

2. "그 말이 그 말이잖아!"—제자리를 맴도는 순환논증

안전을 확보하기 위해서는 총을 자유롭게 지니고 다닐 수 있어야 한다.주

주장1 우리는 자신을 보호하기 위해 무기를 가지고 다닐 권리가 있기 때문이다.이유1 누구나 총을 가지고 있으며, 또 언제든 사용할 수 있다는 것을 안다면이유2 누구나 방어하고 반격할 준비가 되어있다는 것을 인식할 것이다. 주장2 범죄자들이 자신의 안전을 걱정해야 한다면이유3 우리는 더 이상 불안에 떨지 않고 살 수 있을 것이다.주장3

이 추론은 제자리를 맴돌며 같은 말을 계속 반복한다. '어떤 행동을 할 권리가 있기 때문에이유1 그 행동을 자유롭게 할 수 있어야 한다'고 말하는 것은 같은 말을 두 번 반복하는 것에 불과하다. 또, 범죄를 저지르고자 하는 이들이 어떤 것을 알면, 그 어떤 것을 알 것이라고 말한다. 어차피 같은 말을 반복하기 때문에 틀릴 수도 없는 이야기다. 하지만 이유가 주장을 뒷받침하는 역할을 하지 못한다.

주장과 이유가 같은 말을 반복함으로써 논증이 계속 제자리를 맴도는 순환논증이 의심될 때는 주장과 이유를 바꿔본다. 주장과 이유를 바꿔도 문장의 의미가 달라지지 않는다면 순환논증이다.

1a. 안전을 확보하기 위해서는 총을 자유롭게 지니고 다닐 수 있어야 한다.주장 우리는 자신을 보호하기 위해 무기를 가지고 다닐 권리가 있기 때문이다.이유

1b. 우리는 자신을 보호하기 위해 무기를 가지고 다닐 권리가 있다.주장 안전을 확보하기 위해서는 총을 자유롭게 지니고 다닐 수 있어야 하기 때문이다.이유

하지만 주장과 이유를 바꿨을 때 말이 되지 않는다면, 순환하지 않는 것이다. 예컨대 주장3과 이유3은 순환하지 않는다.

2a. 범죄자들이 자신의 안전을 걱정해야 한다면이유 우리는 더 이상 불안에
  떨지 않고 살 수 있을 것이다.주장

2b. 우리가 더 이상 불안에 떨지 않고 살 수 있다면이유 범죄자들은 자신의
  안전을 걱정해야 할 것이다.주장

주장과 이유가 같은 말을 반복하는 것처럼 느껴진다면 순환논증이 아닌지
의심하라. 주장을 뒷받침하는 더 나은 이유를 찾아야 한다.

3. "이건 내가 동의하는 사실이었던가?"—정보조작하기

스미스 같은 새빨간 거짓말쟁이의이유 하찮은 말에 누가 귀 기울이기나 해?
암시주장

스미스가 '새빨간 거짓말쟁이'라고 누가 그러는가? 그의 말을 '하찮다'고 누
가 그러는가?

이 오류는 이유와 근거를 대고 입증해야 하는 판단이나 사실관계를 독
자도 이미 동의하는 전제로 삼아 자신의 주장을 뒷받침하는 데 사용한다. 예
컨대 "마누라 패는 일은 언제 그만두었소?"라고 묻는다면 이것은 '원래 아
내를 때렸다'는 것을 상대방도 동의하는 기정사실(전제)로 삼아 질문을 던지
는 것이다(이런 질문을 loaded question이라고 한다.)

4. "틀렸다는 걸 입증할 수 없으면 무조건 믿어!"—반론할 수 없는 주장

UFO에 납치되었다 풀려났다고 주장하는 이들의 말을 흘려들어서는
안 된다.주장 누구도 이들의 주장을 거짓이라고 밝혀내지 못했기 때문이
다.이유

우리집에 금송아지가 있지 않다는 것을 아무도 증명하지 못하면, 우리집에 금송아지는 정말 있는 것일까? 진실이 아니라고 증명하지 못한다고 해서 그것을 진실이라고 받아들일 수는 없는 법이다.

이러한 오류는 아드이뇨란띠암ad ignorantiam(알 수 없는 사실에 호소)이라고 한다. 논증한다는 것은 자신의 주장을 뒷받침하는 '적극적인 이유'를 제시한다는 뜻이고 또한 자신의 주장에 반론을 제기하는 것은 순전히 다른 사람의 몫으로 미루지 않는다는 뜻이다. 아드이뇨란띠암은 이 두 가지 조건을 생략함으로써 '내 주장에 대해 아무도 이의를 제기하지 않는다면 내 주장은 옳다'고 주장하는 것이다.

사실, 아드이뇨란띠암은 무엇이든 진실로 둔갑시킬 수 있다. 예컨대 상대방에게 어떤 행동을 했다고 무작정 혐의를 씌운 다음에 '그런 행동을 하지 않았다는 것을 스스로 입증하지 못하면' 그 행동을 한 것이 맞다고 우기는 것이 대표적인 사례다.

물론 외계인에게 납치되었다는 주장이 진실일 수 있고, 집에 금송아지가 진짜 있을지도 모른다. 세상의 어떤 주장이든 진실일 수 있다. 하지만 그것에 대해 아무도 반론을 제기하지 않는다고 해서 그 주장이 진실이 되는 것은 아니다.

따라서 비판적인 사고를 하는 사람이라면 어떤 주장이든 그것을 '적극적으로' 뒷받침하는 근거가 나올 때까지, 마음 한구석에 밀쳐둔다. 어떤 주장이든 확신하기보다 '그것이 진실일 수도 있다'라는 태도를 견지한다.

5. "다치고 싶지 않으면 동의하지 그래?"—협박하기

헌법은 사생활에 대한 권리를 보호한다.주장 그렇지 않으면, 국가가 성생활을 비롯하여 우리의 사사로운 행동까지 모두 통제할 수 있다는 뜻이기 때문이다.이유 국가가 그렇게 간섭한다면 참을 수 있겠는가?이유 어떤 관념이 사실일 경우 그것이 우리에게 피해를 준다면, 그것과 반대되는 관념을 믿어야 한다는 잘못된 전제에 의존하는 오류다. 국가가 우리 사생활에 간섭한다면 참기 힘들 것이다. 하지만 헌법은 실제로 개인의 사생활에 대해서 어떠한 말도 하지 않는다. 다만 헌법은 위기상황에서 우리의 침실을 수색할 수 있는 권한을 국가에 부여하고 있을 뿐이다.

잘못된 관념을 토대로 겁을 주고 자신의 의견에 동의하도록 협박하는 이 오류는 아드바쿨룸ad baculum(힘에 호소)이라고 한다.

상황적 오류 Inappropriate Rhetorical Appeals

앞에서 살펴본 명백한 오류와 달리 여기서 살펴볼 오류들은 논증상황에 따라서 오류일 수도 있고 아닐 수도 있다. 상황적 오류는 일부분에만 적용되는 전제를 전체에 적용함으로써 오류를 만들어낸다. 여기서 핵심은, 독자들이 이러한 오류를 언제 수용하고 언제 거부하는지 이해하는 것이다.

지적인 일관성에 호소하는 오류

6. **"내가 하면 로맨스, 남이 하면 불륜"—한 입으로 두 말한다고?**

> 매 학기마다 학생들은 교수를 평가해야 한다. 그래야만 강의가 학업목표를 달성하는 데 도움이 되는지 학생들이 알 수 있다.

그런데 이런 주장을 하는 학생이, 지난달에는 시험이 학생들의 학업성과를 공정하게 반영하지 못한다는 이유로 교수들이 학생을 평가해서는 안 된다고 주장했다. 자신이 평가받는 것은 거부하면서 남은 평가하겠다고 말하는 것은 과연 일리가 있을까?

이러한 오류는 뚜꿰꿰tu quoque(당신도)라고 한다. 예전에 했던 말과 다르다는 지적은 매우 효과가 크다. 주장의 설득력도 떨어뜨릴 뿐만 아니라 그런 주장을 한 사람에게 '부정직한 사람'이라는 오명을 뒤집어씌울 수 있다. 하지만 이러한 지적이 언제나 적절한 것은 아니다. 지금 주장과 예전 주장은 사실, 아무 관련도 없을 수 있기 때문이다. 문제의 성격이나 상황이 달라졌다면 주장도 달라질 수 있다.

하지만 사람들은 한입으로 두 말하는 사람을 싫어하기 때문에, 그런 사람이 아무리 타당한 논증을 내놓는다고 해도 '위선자'라고 생각하고 귀 기울이지 않을 확률이 높다. 많은 정치인들이 상대방을 공격할 때 '내로남불'이라는 프레임을 애용하는 것은 바로 이 때문이다.

그렇다면 예전에 했던 말과 지금 하는 말이 왜 달라졌느냐고 지적을 받았을 때 어떻게 대응해야 할까? 현재 상황은 예전 상황과 전혀 다르다는 것을 일깨워주어야 한다. 그리고 지금 눈앞에 있는 문제만을 놓고 판단해야 한다고 설득한다.

글에서도 마찬가지다. 자신의 주장이 한 입으로 두 말하는 것처럼 보일 위험이 있다면, 독자들이 가질 수 있는 반감이나 반론을 먼저 솔직하게 언급하고 이에 대해 명시적으로 반박하는 전략을 펼쳐야 한다. 이것은 예전 문제와 전혀 다른 문제이며, 따라서 논리적 비일관성은 발생하지 않는다는 것을 분명히 설명한다.

7. "이러다 세상이 망하겠어!"—둑이 한 번 터지면 멈출 수 없다?

대마초를 의료목적으로 사용하는 것은 절대 합법화해선 안 된다.주장 죽어가는 환자에게만 처방할 수 있도록 허락한다 하더라도, 얼마 못가 의사들은 고통을 겪는 일반환자들에게도 처방하기 시작할 것이며, 마침내는 통증

이 있다고 주장하는 모든 사람에게 처방하는 상황이 올 것이다.이유

이 논증은 의사의 지적인 판단력을 모욕한다. 죽어가는 환자에게 처방하는 것과 모든 사람에게 처방하는 것의 차이를 의사들이 구분하지 못할 것이라고 가정하고 있기 때문이다. 이는 1킬로미터 구간을 과속했다고 해서 100킬로미터 구간을 줄곧 그 속도로 달렸을 것이라고 가정하는 것과 비슷하다.

레두띠오아드압수르둠redutio ad absurdum(미끄러운 비탈)이라고 하는 이 오류는 한 단계를 인정하면 반드시 다음 단계로, 또 그 다음 단계로 이어질 수밖에 없다고 주장한다. 하지만 이러한 가정이 적절하지 않을 때도 많다. 예컨대 다음 부모와 아이의 대화처럼, 한 단계가 반드시 그 다음 단계로 이어지지 않는 경우도 많다.

아이: 쿠키 하나만 먹을게요.
아빠: 그래, 하지만 이번 한 번만 주는 거다!

이에 반해, 레두띠오아드압수르둠은 한 번 비탈을 타기 시작하면 계속 미끄러져 바닥을 칠 수밖에 없다고 단정한다.

학생이 교수를 평가한다고? 그러면 미친 사람이 정신과의사를 평가하고, 범죄자가 판사를 평가하고, 아이가 부모를 평가해야겠네?

이처럼 상대방의 주장을 극단으로 몰고 간 다음에 그 극단을 공격하는 것은 미끄러운 비탈의 극단적인 활용사례다. 여기서 공격하는 대상은 상대방이 실제로 내세운 주장이 아니라 자신이 만들어낸 '허수아비'다. 그래서 이런 논리오류를 '허수아비공격'이라고도 부른다.

부적절한 프레임에 호소하는 오류

8. "그러니까 넌 친미야 친중이야?"—양자택일

단어를 전체적으로 가르치는 '홀워드' 접근방식과, 음소단위로 가르치는 '파닉스' 접근방식 사이의 논쟁은 이제 끝났다. 홀워드 교육방식은 실패했다.이유 따라서 오랜 기간 검증된 파닉스 교육방식으로 되돌아가야 한다.주장

하지만 실제로는 이 두 가지 방법을 모두 사용하거나, 제3의 교육방법을 함께 사용하는 방법도 존재한다.

이처럼 다양한 해법이 존재하는 문제를, 둘 중 하나만 선택해야 하는 문제로 만들어 잘못된 판단을 하도록 이끄는 것이다. 논증을 구상하는 과정에서 둘 중 하나만 선택해야 하는 주장이 나온다면, 잠시 멈춰 생각하라. 두 가지 다 선택할 수는 없는가? 절충할 수는 없는가? 제3의 길은 없는가?

물론 둘 중 하나만 골라야 하는 경우도 있을 수 있다. 예컨대 사형제를 존속할 것인가 폐지할 것인가 하는 논쟁은 양자택일의 문제가 될 수 있다.

9. "이게 단순한 비유로 보여?"—비유를 문자 그대로 적용하기

동성결혼과 같은 불순한 사상은 이를 거부하지 못하는 나약한 사람들을 전염시킬 것이다.이유 따라서 이들을 사회에서 격리하여 불순한 사상이 다른 이들에게 퍼져 나가지 못하도록 막아야 한다.주장

사상이 퍼져 나간다는 말은 맞을 수도 있다. 하지만 사상은 전염병이 아니다. 결핵이 퍼져나가지 못하도록 막는 방법으로 사상의 전파를 막을 수는 없다.

비유는 비유일 뿐이다! 비유나 은유를 진실과 혼동하여 엉뚱한 결론을 도출해서는 안 된다. 물론, 은유를 사용하지 않고 우리는 의사소통할 수 없다. 문제는, 은유적인 언어를 사용하느냐 사용하지 않느냐 하는 것이 아니라, 그것을 어떻게 사용하느냐 하는 것이다. 자신이 은유나 비유를 지나치게 밀고 나가지는 않는지 신중하게 돌아보라. 비유에 대해서는 460쪽 참조

공동체적 가치에 호소하는 오류

10. "국민들은 다 이렇게 생각하거든!"―대중에 호소

아이들의 교육비는 부모들이 내기 때문에, 아이들에게 무엇을 가르칠 것인지 결정할 권리도 부모들에게 있다.전제 많은 사람들이 학교에서 진화론과 함께 창조론도 가르쳐야 한다고 생각한다.이유 따라서 창조론을 정식교과목으로 가르쳐야 한다.주장

대중의 무지에 영합하는 오류로 아드뽀뿌룸ad populum(대중을 좇아)이라고 한다. 과학적 진실은 투표로 결정하는 것이 아니다. '무엇이 진실인가' 하는 문제만이 유일한 판단기준이다. 학부모들이 지구가 평평하다고 믿는다고 해서, 학교에서 그렇게 가르쳐야 하겠는가?

아드뽀뿌룸은 진실이 무엇인지 따지지 않고 다수의 믿음을 그대로 좇는다. 종족의 집단적 사고에 순응하고자 하는 인간의 본래적인 편견에서 유래한 오류라고 말할 수 있다. 물론, 대중에 호소하는 것이 오류가 아닌 경우도 있다.

시의회는 새 야구장 건설계획을 반대해야 한다.주장 사람들이 그런 일에 돈을 내고 싶어하지 않기 때문이다.이유 이것이 바로 민주주의다.전제

물론 독자들 중에는 이러한 문제라고 해도 대중의 의견에 호소하는 것이 적절하지 않다고 판단하는 사람도 있을 것이다. 그럴 때는, 그러한 이견을 먼저 언급하고 이에 대해 반박하라.

> 시의회는 새 야구장 건설계획을 반대해야 한다.주장 사람들이 그런 일에 돈을 내고 싶어하지 않기 때문이다.이유 공적인 비용을 어디에 지출할 것인지는 상공인회의가 아니라 주민들이 결정할 문제다.반론에 대한 대응 이것이 바로 민주주의다.전제

그렇다면 대중의 의견에 호소하는 논증이 타당한 때는 언제일까? 다음과 같은 전제가 작동할 때다.

> 사람들이 대부분 X라고 생각한다면/판단한다면, 우리는 X를 받아들여야 한다.

11. "공자님 말씀에 따르면"—권위에 호소

> 똘똘이의원에 따르면, 앞으로 대기 중 이산화탄소의 비중이 높아지기 때문에 식물은 더욱 활발하게 성장한다.이유 식물은 이산화탄소를 빨아들이고 산소를 내뿜기 때문이다.근거보고 똘똘이의원은 농촌에서 태어나 자랐기 때문에이유 식물에 대해 누구보다 잘 안다.권위를 내세움 따라서 우리는 온실가스를 두려워할 필요가 없다.주장

똘똘이의원이 존경할 만한 사람일 수도 있겠지만, 농촌에서 태어나 자랐다는 사실만으로 대기화학의 전문가가 될 수는 없다.

베레꾼디얌verecundiam(권위 앞에서 보여야 하는 겸양)이라고 하는 이러한 오류는 권력과 위신 앞에서 주눅드는 대중의 심리를 파고든다. 하지만 신뢰할 만한 이유가 없는 권위에 호소할 때 문제가 발생한다. 똘똘이가 농촌에서 태어났다는 사실과 온실가스의 효과를 예측하는 능력과는 아무 관계가 없다.

하지만 존경하지 않을 수 없는 전문지식을 갖춘 진정한 권위자들의 말에 호소하는 것은 문제가 되지 않는다. 따라서 권위를 이용하여 논증하고자 할 때는 다음 세 가지 질문에 대답해야 한다.

1. 전문지식이 꼭 필요한 논증인가?
2. 자신이 인용하고자 하는 권위가 진정으로 이 분야의 전문가인가?
3. 독자들이 이러한 권위에 대해 기꺼이 '겸양'을 표할까?

독자들이 권위를 의심할 수 있다고 생각된다면, 그들이 어떤 질문을 할지 예상해보라. 위의 질문 중에서 처음 두 질문에 대답함으로써 논증에서 권위를 받아들여야 하는 이유를 설명하고, 세 번째 질문에 대답함으로써 권위가 무엇을 주장하는지 또, 그런 주장을 하는 이유가 무엇인지 설명한다.

꼼꼼이박사에 따르면, 코로나가 유행할 것에 대비하여 지금부터 의약품을 비축해야 한다.주장 꼼꼼이박사는 국립보건원 역학연구책임자로서 2017년 유행병 대비업무를 총괄 지휘했던 질병예방전문가다.권위의 근거 20여 가지 유행병을 연구한권위의 근거 그는 처음 발병이 있고 난 다음에 유행병이 전국에 퍼지는 데 약 두 달이 걸린다는 사실을 발견했다.이유 지금 첫 번째 발병이 나타났으므로 이제 준비할 수 있는 시간은 두 달 정도밖에 남지 않았다.이유

12. "그런 사기꾼의 말을 어떻게 믿어!"—인신공격

털털이의원은 베트남전쟁 때 징병을 회피한 사람이다.이유 따라서 그는 군사력의 사용에 대해 판단할 자격이 없다.주장 자신의 병역의무를 회피한 사람은 그 누구도 자신이 그토록 경멸하는 군대에 대해 이야기해서는 안 된다.전제

개인을 공격하는 것은 논증하고자 하는 문제와 전혀 상관이 없을 수 있다. 20살 때 그의 행동은 지금 문제에 대한 판단과 아무 상관이 없다.

이러한 오류는 아드호미넴ad hominem(사람에 대한)이라고 하는데, 베레꾼디암과 정반대 오류라고 할 수 있다. 베레꾼디암은 그 사람이 탁월하기 때문에 그의 주장을 무조건 수긍해야 한다는 것이고, 아드호미넴은 그 사람이 나쁘기 때문에 무조건 거부해야 한다는 것이다.

물론 주장하는 사람을 중요한 논증요소로 고려해야 하는 경우도 있다. 특히 지속적으로 정직하지 않거나 부주의하게 행동하여 신뢰를 잃은 사람이 어떤 주장을 내세운다면 의심해야 할 것이다.

또한 어떤 사람이 아무리 타당한 논증을 펼친다고 해도 그의 주변사람들이 의심스러울 경우, 그 논증의 타당성은 의심받는다. 이것을 '관련자에 의한 부정guilt by association'라고 하는데, 타당한 경우도 있고 타당하지 않은 경우도 있다.

땡땡이교수는 시민들이 무기를 몸에 지니고 다니면 범죄율이 떨어질 것이라고 주장한다. 하지만 그는 총기제조회사에서 보조금을 받아 연구를 진행했다.이유1 뿐만 아니라 미국총기협회에서 위원회활동을 하기도 했다.이유2 그의 주장을 전적으로 믿어서는 안 된다.주장

물론 독자들 중에는 이것을 개인에 대한 부당한 인신공격이라고 판단하는 사람이 있을지 모른다. 그럴 경우, 반론을 먼저 언급하고 이에 대해 반박한다.

> …그의 주장을 전적으로 믿어서는 안 된다.주장 물론 그의 연구가 완전히 신뢰할 수 없다는 의미는 아니다.반론수용 하지만 자금의 출처는 연구의 공정성을 판단할 때 신중하게 고려해야 하는 중요한 요인이다.반박 아무리 공정한 연구자라고 해도 자신을 지원하는 사람의 이익은 무시할 수 없기 때문이다.전제

13. "불쌍하잖아!"—연민에 호소

> 학과를 없앤다는 소문에 스테이트대학 교수들의 분위기가 뒤숭숭한데이유 새로운 교수평가방식까지 도입하면 교수들은 불안에 두려움까지 느끼게 될 것이다.주장

교수평가는 교수능력을 높이기 위해 도입한 것이다. 이로써 교수들이 더 불안을 느낀다면 정말 불행한 일이겠지만, 이는 학부교육을 개선하는 일과는 전혀 상관없는 일이다.

아드미세리꼬르디암ad misericordiam이라고 하는 이 오류는 이유와 근거보다 연민을 앞세운다. 이러한 오류는 다른 사람의 고통에 공감하고 이를 누그러뜨리기 위해 행동해야 한다는 타당한 직관에 최대한 의존한다. 물론 이유를 따지기보다 연민을 앞세우는 것이 바람직한 경우도 있다.

> 정신적으로 문제가 있는 사람들을 기관에서 일제히 내보내는 바람에 그들은 아무런 대책도 없이 거리에 나앉게 되었다. 자기 한 몸도 스스로 돌보

지 못하는 사람들을 이처럼 고통스런 삶으로 몰아넣는 것은 이유 비인간적인 처사다.주장

연민에 기반한 논증을 독자들이 받아들이지 않을 수 있다고 여겨지는 경우에는, 이를 받아들여야 하는 이유를 제시해야 한다.

…비인간적인 처사다.주장 아무리 정치경제가 중요하다고 해도 이를 기본적인 인간의 존엄성보다 우선해서는 안 된다.전제 그것이 몸속에 피가 흐르는 사람이 할 짓인가?반론수용 무기력한 사람들을 눈앞에 두고도 돕지 않는다면이유 불의에 대해 아무 감정도 느끼지 못하는 천하의 잡놈이 될 뿐이다.주장

이외에도 다양한 유형의 오류들이 있다. 여기서는 우리가 일상에서 가장 자주 접할 수 있으며, 또 우리가 범할 수 있는 오류들만 살펴보았다. 글 속에도 이러한 오류들이 곳곳에 숨어있으니 조심해야 한다. 하지만 이러한 오류에 대해 알아야 하는 진정한 이유는, 무엇보다도 자신 생각에 혹시라도 잘못이 없는지 스스로 되돌아볼 수 있는 기준을 제공한다는 것이다.

수사학의 전통에서 본
이 책의 의미

O│ 책은 오늘날 논증에 대해 설명하는 다른 책들과 많은 부분에서 다르
다. 하지만 2,500년을 이어 내려오는 수사학과 논증학의 전통에 굳건
히 뿌리박고 있다. 학생은 물론 직장인, 전문분야에 종사하는 이들에 이르
기까지 다양한 환경에서 논증을 하고 글을 써야 하는 모든 이들에게 도움
이 될 수 있는 기본적인 글쓰기, 대중적인 글쓰기를 가르쳐주는 것이 이 책
의 목적이다.

이 책의 기본적인 전제는 다음과 같다.

- 사려깊은 독자는 이유와 근거가 타당할 때에만, 주장·이유·근거가 논리적으로 연
  결될 때에만, 논증을 하는 과정에서 궁금하거나 의심스러운 부분을 글에서 언급
  하고 이에 대해 대답할 때에만 주장에 동의한다.
- 논증은 기본적으로 강압적인 장치가 아니다(물론 강압적인 장치로 작동할 때도 있
  다). 논증은 이성의 산물이라기보다는 이성을 만들어내고 공유할 수 있는 기초
  적인 역량의 산물이다.

아리스토텔레스의 전통

우리는 처음부터 이 책이 아리스토텔레스의 《수사학》전통을 충실하게 쫓

고 있다고 이야기했다. (물론 처음부터 아리스토텔레스를 따르고자 의도한 것은 아니다.)

아리스토텔레스와 마찬가지로 우리는, 문제가 다르면 논증의 유형도 달라진다는 사실을 가장 먼저 이야기한다. 아리스토텔레스는 재판, 장례, 정치적 토론과 같이 다양한 시민활동 속에서 벌어지는 '말로 하는 논증'에 초점을 맞추었다. 이러한 형식적 전통은 오늘날까지 이어져 내려온다.

- 재판trials → 변론forensic → 사실fact
- 장례funerals → 칭송/첨언epideictic → 가치value
- 정치적 토론political decision-making → 심의deliberation → 정책policy

하지만 이러한 형식적 구분에 얽매이다 보면 논증의 가장 기초가 되는 두 가지 유형을 놓칠 수 있다. 가장 기본적인 논증은 변론과 토론이다.

- 변론 → 사실 → 상대방에게 어떤 것을 '이해하거나 믿도록' 설득하는 주장 → 개념논증
- 토론 → 정책 → 상대방에게 어떤 것을 '행동하거나 지지하도록' 설득하는 주장 → 실용논증

'가치'가 기본적인 논증유형에서 빠진 것은 우리가 가치를 무시하기 때문이 아니다. 오히려 행동을 목적으로 하는 논증이든 이해를 목적으로 하는 논증이든, 모든 논증은 글쓴이의 가치와 독자의 가치가 끊임없이 상호작용하면서 상당한 영향을 미친다는 점을 우리는 강조한다.

아리스토텔레스와 마찬가지로 우리는, 논증을 만들어내고 정렬하는 기술(변론)뿐만 아니라 독자와 글쓴이 사이에 오가는 심리적인 교류와 문체(수사)에 대해서도 이야기한다. 이처럼 변론과 수사를 체계적으로 통합하여 한 번에 설명하는 책은, 앞에서도 말했지만 이 책이 유일할 것이다.

아리스토텔레스와 마찬가지로 우리는 또한, 삼단논법에 초점을 맞추는

형식논리학보다는 전제에 초점을 맞춰 논증을 풀어 나가는 비형식논리학의 방법론을 채택한다. 또한 설득에 관한 다음 두 가지 실질적인 질문에 대한 답을 찾아내는 데 초점을 맞춘다.

- 논증에서 청자·독자들이 기대하는 것은 무엇인가?
- 이러한 기대를 충족시키기 위해서 어떻게 말을 하고 글을 써야 하는가?

이러한 질문에 대한 답변은 곧 훌륭한 '논증의 기술'이 된다. 아리스토텔레스가 강조했듯이 우리는, 이성이 주도하는 논증과정에서 미묘한 느낌과 감정을 결코 소홀히 하지 않는다. 논리적인 주장을 펼치려면 감정을 배제해야 한다고 흔히들 이야기하지만, 논증에서 다루고자 하는 문제를 어떻게 틀을 짤 것인지 결정할 때, 또 논증에서 사용하는 언어를 선택할 때 감정은 매우 중요한 영향을 미친다.

툴민의 전통

아리스토텔레스 이후 논증에 가장 큰 영향을 미친 사람은 바로 스티븐 툴민이다. 오늘날 논증에 대한 거의 모든 책이 툴민에서 영향을 받았다고 해도 과언이 아니다. 이 책 역시 예외가 아니다. 특히 툴민의 다음 세 가지 통찰은 이 책에서 매우 중요한 역할을 한다.

- 논증의 형식은 분야마다 다르지만, 모든 논증에는 공통구조가 있다.
- 논증의 공통구조는 기본적으로 질문하고 대답하는 논리에서 나온다.
- 논증의 공통구조는 연역적인 형식논리보다 형식이 없는 일상적인 논리에서 쉽게 찾을 수 있다.

이 세 가지 통찰에 우리는 전적으로 동의하지만, 이러한 통찰을 기반으로 툴민이 만들어낸 논증의 모형은 상당한 한계가 있다. 툴민은 논증이 주장, 자료, 전제라는 기본 3요소와 논박, 한정, 보증이라는 주변 3요소로 이루어져 있으며, 이들 6가지 요소는 다음과 같은 형태로 작동한다고 설명한다.

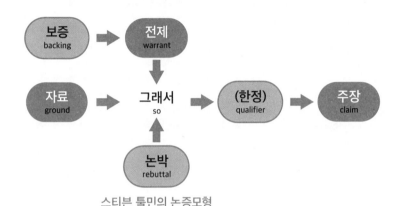

스티븐 툴민의 논증모형

이 모형은 논증을 사후분석하여 발견해낸 논리적 구조를 정리한 것이다. 하지만 이 툴민의 논증모형을 적용하여 논증을 가르치거나 배우다 보면, 또 논증을 직접 작성하거나 다른 사람의 논증을 분석하다 보면, 어딘가 잘 맞지 않는다는 느낌을 받을 것이다. 우리는 툴민의 통찰을 유용하게 적용할 수 있도록 그의 논증모형을 수정하여 새로운 논증모형을 만들어냈다. 새로운 논증모형은 크게, 다음 다섯 가지 측면에서 다르다.

1. 화살표를 없앴다

툴민은 논증의 진행방향을 화살표로 표시하려고 했지만, 그것은 어떠한 믿음체계에서 다른 믿음체계로 나아가는 마음의 흐름, 즉 '추론'이라는 과정을 묘사하는 데 훨씬 적합한 것처럼 보인다. 추론과 논증은 다르다. 논증은 마음속에서 일어나는 흐름이 아니라 말이나 글로 발화된 객관적인 사건이다. 실제 논증에서 자료를 먼저 진술하는 일은 거의 없다. 문제를 가장 먼저 진술하고, 그 다음에 해법을 주장하고, 그 다음에 자료·전제·논박이 뒤섞여 나온다.

하지만 툴민의 모형이 우리 마음속에서 벌어지는 추론을 제대로 묘사한다고 보기에도 한계가 있다. 어떤 문제에 대해 '추론'할 때 우리도 자료부터 떠올리기보다는 그 문제에 대한 해법(주장)에 도달하는 과정을 먼저 떠올린다. 어떤 문제를 보고 해법을 찾아야겠다는 동기가 발생하면, 그 다음에 현재 자신이 알고 있는 사실을 바탕으로 잠정적인 가설을 세운다. (피어스C. S. Peirce는 이것을 '작업가설hypothesis on probation'이라고 이름 붙였다.) 그런 다음 우리는 작업가설이 옳은지 그른지 판단하는 데 도움이 된다고 여겨지는 자료를 찾아 나선다. 이러한 추론방식을 '가설-추론(가추)'이라고 하는데, 툴민의 논증모형으로는 묘사할 수 없는 추론방식이다.

이러한 문제를 해결하기 위해 우리가 제시하는 논증모형에서는 추론, 글쓰기, 읽기, 논증분석 등 어떠한 작업의 '실시간' 프로세스를 재현하지 않는다. 완벽한 논증을 만들기 위해 반드시 갖춰야 하는 다섯 가지 요소와 이들 사이의 상관관계만 표시한다. 우리의 논증모형은 글을 쓸 때 무엇을 어디에 써야 하는지 알려주는 템플릿 역할도 하지 않는다.

우리 모형이 보여주고자 하는 것은, 추론하고 글을 쓰는 과정에서 이정표 역할을 하는 다섯 가지 질문이다. 이 다섯 가지 질문은 논증을 전개할 수 있도록 이끌어주는 궁극적인 힘의 원천이라 할 수 있다. 우리가 제시하는 논증모형은 논증을 이해하고 분석하기 위한 템플릿, 정보수집/계획/구상 등 논증글을 작성하기 위한 준비작업을 도와주는 체크리스트, 자신이 작성한 논증글을 검토하고 리바이징할 때 참고할 수 있는 가이드 역할을 한다.

2. '보증'을 없앴다

툴민은 분야마다 논증이 달라지는 이유를 설명하기 위해 논증모형에 보증을 넣었다. 하지만 우리는 분야마다 논증이 어떻게 다른지 설명하는 것은 논증모형에서 표시할 필요가 없다고 생각한다. 또한 툴민이 말하는 '보증'이란 '전제'를 뒷받침하는 '자료'에 지나지 않는다. 우리는 전제를 또다른 주장이라고 간주하며, 따라서 전제를 뒷받침하는 보증은 주장을 뒷받침하는 이유라고 간주한다. 큰 논증 속에 작은 논증이 포개어 들어가는 계층구조로 논증을 분석함으로써 보증을 생략하고, 훨씬 생산적인 논증모형을 만들어냈다. 똑같은 형태의 논증모형이 계층적으로 반복되는 것이기 때문에 그것을 논증모형 속에 굳이 표시할 필요는 없다.

3. '한정'을 별도로 구분하지 않았다

'아마도' '대부분' '—할 수 있다'와 같이 진술의 범위를 제한하는 의미를 지니는 문장요소들은 논증의 정확성(변론)을 높여주는 요소가 아니라, 작가의 에토스(수사)를 형성하는 요소다. 한정은 또한 주장이나 이유와 동등한 개별적인 요소가 아니라, 주장·이유·근거·전제·논박 등 어떠한 요소에도 적용할 수 있는 요소다. 한정은 따로 분리할 수 있는 요소가 아니라, 논증 전반에 스며들어 논증과 분리할 수 없는 요소다. 한정은 사려깊은 에토스를 투사하는 데 매우 중요한 역할을 한다.

4. 우리는 자료를 이유와 근거로 나누었다

툴민의 모형에서 주장을 뒷받침하는 요소는 '자료'인데, 우리는 이것을 이유와 근거로 세분화했다. 신중한 독자는 주장을 뒷받침하는 단순한 확신(이유)뿐만 아니라, 이를 뒷받침하는 '부정할 수 없는' 어떤 것(근거)이 있을 때에만 주장에 대해 좀더 깊이 고려한다. 이유는 주장을 뒷받침하는 논리적인 구조라면, '근거'는 그 구조물을 받치는 튼튼한 토대다. 이유만으로는 주장을 뒷받침할 수 없다. 논증 '밖'에서 가져온 근거가 있어야 한다.

자료를 이유와 근거로 분리한 것은 독자의 심리적/사회적인 규범 때문이다. 주장을 이유만으로 뒷받침하는 논증은 허황되고 부실해 보이는 반면, 주장을 수치나 인용구 같은 근거만으로 뒷받침하는 논증은 명료하지 못하다. 이유가 있어야 독자들은 논증의 논리와 구성을 제대로 이해할 수 있고, 근거가 있어야 이유의 토대가 되는 '논증 밖 현실'이라고 여겨지는 어떤 것을 이해할 수 있다.

5. 논박을 '반론수용과 반박'으로 바꿨다

툴민의 논증모형에서 문제점으로 가장 많이 지적받는 요소가 바로 논박이다. 툴민은 논박을 주장의 범위를 한정 짓는 요소라고 정의한다.

> 해리는 버뮤다에서 태어났으므로 영국국민이다.주장 스스로 시민권을 포기하지 않는 한, 부모 중 한 명이 외교관이 아닌 한… 논박 그는 영국국민이다.주장

하지만 우리가 보통 '논박'이라고 하면 어떤 반대의견에 대해 논리적으로 반박하는 것을 의미한다. 또한 주장을 뒷받침하는 이유나 근거의 정당성, 논리의 타당성, 문제를 정의하는 방식, 다른 해법에 대해서 반박하는 것도 논박한다고 한다. 논박은 사려깊은 논증에서 없어서 안 되는 근본요소다. 자신과 다른 생각과 이해관계를 예상하여 이를 먼저 언급하고 반박해야 하기 때문이다. 따라서 우리는 툴민의 논박을 예상할 수 있는 대안·반론·비판에 대해 대응하는 모든 행위를 일컫는 말로 확장했다.

하지만 우리는 논박이라는 용어가 지나치게 공격적인 논증을 유발할 수 있다고 생각하여 좀더 정확하면서도 온화한 말을 찾았다. 우리는 이것을 '반론수용과 반박'이라는 말로 바꿨다. 용어에서 보이는 그대로, 논박에는 두 가지 행동이 포함된다. 글을 쓰는 사람을 독자의 반론을 공정하게 언급한 다음 그에 대해 대답해야 하는데, 여기서 대답은 반론을 어느 정도 수

용할 수도 있고 그에 대해 반박할 수도 있다. 성숙한 논객이라면 그럴듯한 대안이나 반론의 힘을 무조건 논박하기보다는 자신의 한계를 어느 정도 수용할 줄 안다.

우리는 지금까지 살펴본 다섯 가지 요소뿐만 아니라 툴민의 논증모형이 풀지 못한 두 가지 틈을 메웠다. 하나는 '근거'의 모호한 특성이다. 근거는 논증 밖에 존재하기 때문에 논증 안으로 가져올 수 없다. 우리는 다만 근거를 논증 안에서 '보고'할 뿐이다. 하지만 근거에 대한 원형적인 이미지가 너무 강해 독자들은 '근거에 대한 보고'를 보며 구체적이고 명백한 '외부 근거'를 떠올린다. 비판적 사고를 하는 사람은, 글쓴이가 글 속에서 제시하는 '근거'가 '근거자체'가 아니라 '근거보고'라는 사실을 절대 놓치지 않는다. 우리가 논증에서 보는 것은 '연기 나는 굴뚝'이나 '지문'이 아니라 그것을 '묘사한 이미지'에 불과하다.

'근거자체'와 '근거보고'를 구별할 줄 아는 안목이 생기면, 이제 다른 사람의 글 속에 등장하는 근거에 대해 비판적으로 접근할 수 있다. 또 자신이 글을 쓸 때도, 근거를 어떻게 보고해야 하는지 스스로 터득할 수 있을 것이다. 근거를 어디서 어떻게 확보했는지 출처를 표기하는 일이 왜 중요한지, 출처를 표기하는 방법이 왜 그렇게 까다로운지도 이해할 수 있을 것이다. 이유는 '어디서 찾은 것인지' 묻지 않지만, 근거는 '어디서 어떻게 찾은 것인지' 반드시 물어야 한다.

우리가 메운 또 하나의 틈은 바로 '전제'에 대한 설명이다. 전제는 진실이라 해도, 그것이 논증 안에서 제대로 작동하지 않을 수 있다. 우리가 아는 바로는, 지금까지 이 문제를 제대로 다룬 책은 존재하지 않았다.

생선은 콜레스테롤을 높이지 않기 때문에^{이유} 반드시 먹어야 한다.^{주장} 누구나 알고 있듯이, 섬유질이 풍부한 음식은 몸에 좋다.^{전제}

위의 세 진술은 각각—이론의 여지가 있을 수 있지만—진실이다. 전제는 이유가 왜 주장을 뒷받침하는지 알려주는 역할을 해야 하는데, 여기서는 그렇지 않다. 주장과 이유, 이유와 근거가 어떻게 연결되는지 알려주는 전제의 작동방식에 대해 우리는 직관적으로 이해할 수 있도록 쉽게 설명한다.

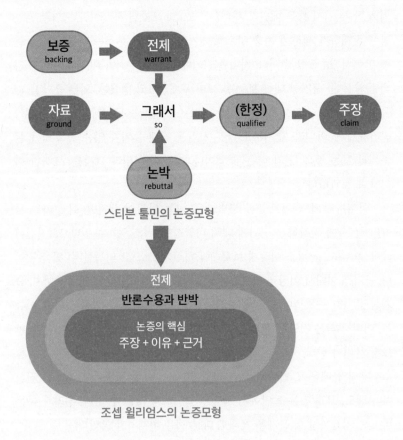

스티븐 툴민의 논증모형

조셉 윌리엄스의 논증모형

끊임없이 갈고 닦는
노동으로서 글쓰기 | 감수자 해설

人│카고대학의 영문학과 교수 조셉 윌리엄스는 1983년 리틀레드스쿨하
우스Little Red Schoolhouse에서 학생들을 대상으로 글쓰기교육을 시작
했다. 그의 글쓰기강좌는 곧 상당한 인기를 끌어, 매년 1,200명이 넘는 학부
생들과 대학원생들이 그의 작문수업을 들었고, 시카고대학의 교수들과 교직
원들을 대상으로 하는 작문수업과 세미나도 상당한 명성을 얻었다. 이후 주
변 대학의 교직원들은 물론 정부관료들과 기업의 중간관리자들을 대상으로
실시한 글쓰기재교육프로그램도 큰 성공을 거두었고, 마침내 NEHNational
Endowments for the Humanities 미국 인문학 장학기금의 공식후원을 받아 매년 여름마
다 전국대학의 라이팅센터 운영방식과 이상적인 커리큘럼을 소개하는 섬머
캠프summer camp를 운영하며 미국에서 가장 큰 성공을 거둔 대학 라이팅센
터로 확고한 명성을 구축했다.

글쓰기교육에서 이처럼 큰 성공을 거두었음에도 그는 평생 글을 쓰고,
이미 쓴 글을 고치는 데 시간과 노력을 쏟았다. 하다못해 교수협의회 소집공
문에 대한 5문장짜리 간단한 회신조차 3-4번을 고친 다음에야 전달할 정도
로 글을 고치는 데 집착했다. 가족이나 동료교수들의 증언에 따르면 윌리엄
스는 틈만 나면 글을 쓰고 고쳤다. 오늘날 글쓰기를 연구하는 많은 이들이
직접 글을 쓰고 고치기보다는 글쓰기에 관한 책을 탐독하고 그것을 머리로
만 이해하려고 하고, 글쓰기를 가르치는 사람들 또한 교재를 분석하고 커리
큘럼을 짜는 데에만 신경쓰는 것과는 전혀 달랐다.

월리엄스는 평소에 미스터리소설을 즐겨 읽었다. 하지만 이것은 단순한 독서가 아니었다. 눈에 띄는 문장들을 소리 내 읽어보면서 비좁은 여백에 알 아보기 힘든 필체로 문장을 고쳐 써보는 지극히 사적이면서도 은밀한 글고치 기 실험이었다. 이처럼 문장을 직접 고쳐보는 사소한 실험은 글쓰기에 대한 자의식을 강화시켜주는 유용한 훈련방법으로 '모방교수법'이라고 한다.

'따라쓰기'라고도 하는 모방교수법imitative writing은 60년대 말 문법교육 의 비중을 줄이고 대신 작문교육의 비중을 높이기 시작한 미국대학들이 처 음 도입한 글쓰기방법론으로, 바로 그리스 고전수사학의 전통에서 되살려낸 것이었다. 고전에서 발췌한 문장이나 단락을 그대로 베껴 쓰거나 이를 의도 적으로 고쳐 쓰는 훈련을 통해 개성적이며 풍부한 문장을 만들어내는 경험 을 습득하도록 유도하는 교육방법이다.

월리엄스는 1965년 마이애미대학에서 석사학위를 받았다. 그 당시 마 이애미대학 영문학과는 영어문장을 시적, 기능적으로 접근하고 연구하는 데 집중하고 있었다. 마이애미대학의 탁월한 문장연구자들은 개별적인 단문들 을 논리적 연결관계를 따져 복문으로 전환하는 문장공학의 개척자들이었다. 1960년 초 노엄 촘스키의 변형생성문법에 기반하여 문장을 연구한 이들은, 20세기의 위대한 산문작가들—특히 헤밍웨이—의 유려한 문장을 실증적으로 분석하는 문체연구의 초석을 마련했다는 점에서 의미를 갖는다. (이들은 오늘 날 마이애미그룹이라고 불린다.) 월리엄스가 글쓰기에 본격적으로 관심을 갖고 파 고들기 시작한 것은 이때부터라 할 수 있다.

하지만 70년 중반이 될 때쯤 조셉 월리엄스는 마이애미그룹의 접근방식 이 한계에 다다랐다는 사실을 깨닫고 있었다. 70년대 초부터 출현한 격문법, 텍스트언어학, 대조수사학, 장르연구 등이 쏟아내는 연구결과에 비해 문장중 심의 작문연구는 글쓰기에 관한 생산적인 해법을 내놓지 못했다.

그는 또한 글을 쓸 수 없는 심리상태를 일컫는 '라이터스블록'에 대해 관 심을 가졌다. 그 당시 라이터스블록writer's block은 엄격한 언어규칙을 적용해야 한다는 압박감 때문에 초래되는 것이라고 여겨졌다. 1960년대 초까지 미국의 작문교육은 언어사용의 정확성linguistic precision을 매우 강조하였고 이로써 문법교육을 지나치게 강조했다. 문법에 대한 과도한 집착이 생각을 글로 옮기는 과정을 어렵게 만들 수 있는 것은 사실이지만, 그것만으로는 라이터스블록을 완전히 설명할 수 없다고 윌리엄스는 생각했다.

실제로 문법의 압박을 완화하기 위한 다양한 글쓰기처방은 이미 존재했다. 예컨대 머릿속에 떠오르는 아이디어를 거침없이 쏟아내는 브레인스토밍brainstorming 같은 기법들은 이미 널리 활용되고 있었다. 그럼에도 여전히 라이터스블록이 완전해 해소되지 않는 데에는 무언가 알지 못하는 글쓰기의 복잡성이 존재한다는 것을 의미했다. 그 당시까지만 해도 우리가 머릿속으로 사고하는 메커니즘과 표현하는 메커니즘이 서로 다른 방식으로 작동한다는 사실은 밝혀지지 않았다. 사고와 표현 사이에 삐걱거리는 소음은 해명되지 않은 채로 남아 있다가 오랜 시간 사색과 연구를 통해 고민의 실마리기 풀리면서 거대한 하나의 결실을 형성한다.

50년대 말 '짧고 간결하게short & simple'라는 매력적인 구호를 내건 루돌프 플레쉬R. Flesch의 가독성연구는 17단어 이내로 끝맺는 단문이 가장 읽기 쉽다는 신화를 대중 사이에 퍼트리기 시작했다. 60년대 마이애미그룹의 문장공학은 사실, 이러한 신화를 깨기 위한 작업에서 나온 것이었다. 마이애미그룹은 어린아이에서 어른으로 자라는 과정에서 단문에서 중문으로, 다시 복문으로 자신의 생각을 표현한다는 것을 실험을 통해 밝혀냈고, 이를 '문장 성숙도sentence maturity'라는 개념으로 정립했다.

실제로 문장공학sentence engineering은 연구자들 사이에 열광적인 반향을 이끌어냈다. 문장공학은 진술 사이의 논리적 관계를 표시하기 위해서는 복문을 사용해야 한다는 것을 입증해내었고, 또한 유명한 작가들의 유려하고 풍성한 문장과 문체를 설명하는 틀을 제공했다. 하지만 문장공학 역시 플레쉬의 가독성연구와 똑같은 한계를 공유하고 있었는데 그것은 바로, 의미 분석단위를 '문장'으로 한정했다는 점이다. 문장이 명확하거나 세련되었다고 해서 글 전체의 일관성이나 완결성을 담보하지 않는다.

윌리엄스는 마아애미그룹과 결별하고—물론 그들의 영향력은 그의 생애를 걸쳐 지속되었다—위스콘신대학에서 박사과정을 시작하면서 담화분석 discourse analysis이라는 새롭게 떠오르는 분야에 투신했다. 물론 의미분석 단위를 문장을 넘어 단락, 구성, 장르까지 확장시켰음에도 여전히 실증연구방법론positivist approach은 포기할 수 없었다. 그에게 작문연구란 전통과 연속성을 유지할 수 있을 때에만 스스로 존재를 증명할 수 있는 학문체계였다.

70년대 말 미국은 바야흐로 수사학의 르네상스였다고 해도 과언이 아니었다. 매년 수십 종의 그리스로마 수사학 저술들이 번역출간되면서 아리스토텔레스로부터 출발한 고전수사학이 본격적으로 부활했다. 마치 자신들에게 부재하는 글쓰기전통을 빠르게 채워 넣고자 하는 듯, 미국대학들은 고전수사학의 내용과 형식을 대대적으로 차용하기 시작했다.

결국 미국의 글쓰기연구는 고대그리스 이소크라테스 학파의 문체술까지 거슬러 올라가 전통을 확보하는 데 성공한다. 이러한 시대적 상황은 윌리엄스의 작문연구에도 상당한 영향을 미쳤는데, 바로 마이애미그룹의 문장공학 역시 바로크 시대의 문체연구의 성과물을 이어받은 것이었다.

고전수사학은 한 마디로 언어를 활용하는 설득의 기술이라고 정의할 수 있다. 여기서 '언어'란 구술언어oral discourse를 의미한다. 그래서 고전수사학을 글쓰기에 적용하는 것은 우리가 생각하듯이 손쉬운 코드전환으로 해결되는 문제가 아니다. 말을 할 때에는 사고과정과 표현과정 사이에 균열이 발생하더라도 긴밀하게 협력하면서 극복해 나갈 수 있지만, 글을 쓸 때에는 사고과정과 표현과정 사이에 발생하는 균열은 넘을 수 없는 간극으로 다가오며 오히려 소외와 분열을 두텁게 만들 뿐이다.

사고과정에서 작동하는 언어의 속성은 본질적으로 문자언어가 아닌 구술언어라는 것을 윌리엄스는 직관적으로 알고 있었다. 또한 1976년 출간된 월터 옹Walter Ong의 《구술문화와 문자문화》가 학계에서 상당한 주목을 받았는데, 우리 생각은 구술언어적 속성을 반영하며, 이것은 문자언어 전통과 크게 대립된다는 주장을 담고 있었다. 실제로 우리의 사고를 매개하는 마음속 언어에는 '소리'라는 물리적 특성이 작동한다는 사실이 이후 문화연구와 실험심리학를 통해 입증되었다. 어쨌든 이러한 통찰은 "사고와 글쓰기 사이에 놓여있는 비연속성"을 설명하는 데 획기적인 깨달음을 안겨준다.

우리는 오랫동안 '명료한 사고에서 명료한 글이 나온다'고 생각해왔다. 하지만 명료하게 사고한다고 해서 무조건 명료한 글이 나오지는 않는다는 사실을 우리는 무수한 경험을 통해 잘 알고 있다. 이것은 우리가 생각하는 것이 글로 곧바로 전환되지 않는다는 것을 알려준다. 사고과정에 동반하는 구술적 속성을 문자적 속성으로 전환하는 작업을 해야 한다. 글을 읽는 행위 역시, 문자적 속성을 구술적 속성으로 전환하여 사고과정 속에 입력하는 것이다. 결국 우리의 사고과정을 진행하는 데 긴밀히 개입하는 구술언어를 문자언어로 번역하는, 또는 문자언어를 구술언어로 번역하는 고된 노동이 개입한다는 뜻이다.

이러한 통찰은 오랫동안 사람들을 사로잡았던 글쓰기에 대한 허구적인 환상을 비판적으로 검토할 수 있는 논리를 제공했다. 예컨대 "글쓰기는 타고나는 천재적인 재능이나 열정의 산물"이라고 주장하는 '열정의 수사학(또는 의지의 수사학)'과, 이와 상반된 것처럼 보이는 "몇 가지 규칙, 문법, 기술만 익히면 누구나 글을 쓸 수 있다"는 '기계적 작문론'이 1970년대 문예창작수업을 강력하게 지배하고 있었다. 의지, 낭만, 재능을 글쓰기의 최고의 선善이라고 평가하는 '열정의 수사학'은, 평범한 언어에 집착하는 보통사람들의 글쓰기를 '잃어버린 말들의 풍경'으로 전락시킨다. 그리고 이러한 관념은 열정이나 재능을 갖지 못한 이들은 결국 몇 가지 기술과 요령을 습득하여 평범한 글을 쓰면 된다는 '기계적 작문론'으로 귀결된다.

하지만 이러한 기계적 글쓰기는 팽창과 수축을 반복하는 우리의 의식을 제대로 담아내지 못하고, 글쓰기는 결국 존재의 결핍을 입증하고 극대화하는 역할만 하고 만다. 아무리 고차원적인 이해와 의식을 가지고 있다고 해도 기계적 작문론은 그것을 담아낼 수단을 제공하지 못한다.

이제 이 책의 주제인 논증에 대해 이야기해보자. 그리스 고전수사학의 일부였던 논증은 로마시대를 거치면서 수사학에서 분리되어 나온 뒤 이후 변증법, 논리학, 철학과 같은 학문의 일부로 발전해나갔지만, 고전수사학에서 발휘하던 역동성은 이미 사라진 상태였다. 하지만 미국에서 고전수사학이 부활하면서 논증에 대한 관심도 다시 살아났고, 70년대 중반부터 학부생들의 글쓰기를 평가하는 중요한 기준으로 고려되기 시작했다.

사실 논증은 이미 반세기 전 주요한 설득의 방법론으로 주목을 받은 적이 있었다. 1914년 몇몇 영문학과 교수들이 대중연설public speaking을 연구하는 학회를 설립하였는데, 이때 처음으로 논증의 실용적 가치에 대한 관심이 일어났다. 고전수사학에서처럼, 구술언어로 이뤄진 대중연설에서 설득의 기술을 확보하기 위한 필수적인 자원으로서 논증을 주목한 것이다. 하지만 1960년대 고전수사학이 부활했을 때 관심은 단순히 말뿐만 아니라 글까지 포괄하는 다양한 의사소통행위로 확장된 상태였다. 구술언어는 물론 문자언어로 전개되는 사회적 소통행위에서 가장 광범위하게 활용할 수 있는 설득의 기술은 어쨌든 논증이라는 사실을 누구도 부인할 수 없었다.

하지만 윌리엄스는 논증을 단순히 글쓰기에 적용할 수 있는 단순한 기술을 넘어서 사고과정에서 작동하는 어떤 메커니즘이 아닐까 의심했다. 이 의문을 풀기 위해 그는 두 가지 가설을 세웠다. 우선 "대중연설과 같은 구술언어에 적용되는 논증의 형식이 글쓰기에도 그대로 적용된다"는 가설과, "사고과정과 표현과정 사이에 발생하는 삐걱거림을 논증이 매끄럽게 연결해주는 매개체 역할을 할 수 있다"는 가설을 입증하는 것이다.

우선 대중연설과 같은 구술담화가 채택하는 논증은 초기 그리스수사학의 원시적인 형태를 여전히 유지하고 있었다. 연설을 비롯한 일상적인 대화에서는 논증뿐만 아니라 청중의 감정이입pathos과 말하는 사람의 개성이나 인격ethos 같은 비언어적 요소가 매우 중요한 설득의 힘을 발휘하기 때문에, 대화행위speech act에서 논증이 결정적인 역할을 하지 못한다. 오히려 비언어적 요소들을 최대한 활용하는 기법이 갈수록 발전하면서 논증이 차지하는 비중은 계속 줄어들었다.

반면 글에서는 이러한 비언어적인 요소를 제대로 전달하기 어렵다는 측면에서 논증을 정교하게 짜고 펼쳐나가는 전략이 설득력을 크게 좌우한다. 특히 글쓰기는 한 번도 보지 못한, 또 앞으로 거의 볼 일이 없는 독자라는 가상의 상대방을 앞에 놓고 설득하는 작업이기 때문에, 상대방이 어떻게 반응할지 전혀 예측할 수 없다. 결국 이러한 치명적인 한계를 극복할 수 있는 유일한 방법은 논증을 극대화하고 정교화하는 것이다.

따라서 문제는, 대화나 연설에 적용하기 위해 만들어진 고전수사학의 논증이라는 개념은 글에 적용하기에 너무나 허술하다는 것이었다. 결국 일상에서 자연어를 통해 전개되는 논증을 글쓰기와 동기화synchronization하는 작업이 필요한데, 이에 대한 중요한 실마리는 바로 비형식논리학의 창시자라 할 수 있는 스티븐 툴민Stephen Toulmin이 제공했다.

이제 남은 문제는 사고과정과 표현과정 또는 의도와 언어 사이의 삐걱거림을 해소하는 데 논증이 얼마나 기여하느냐 하는 것이다. 툴민이 제시한 논증구조는 말과 글에 모두 적용할 수 있다. 예컨대 문제를 정의할 때 "그래서 어쩌라고?So what?"라고 묻는 것은 확산적이고 첨가적인 구술언어의 특성을 분석적이고 위계적인 문자언어의 특성에 그대로 접목한 것이다.

툴민의 논증모형은 언어적으로 표현되는 진술의 위계를 논리적 절차에 따라 재구성한다. 주장claim을 뒷받침하는 진술로 이유reason와 근거evidence를 놓고, 진술의 가치를 결정하는 전제warrant를 최상위 개념으로 상정한다.

문제는 이유나 전제 모두 또다시 논증의 대상이 될 수 있고, 그러면 또다른 하위논증이 발생할 수 있다는 것이다. 이러한 순환구조가 너무 복잡해질 경우 글쓰기 역시 복잡해진다. 어쨌든 툴민의 논증모형은 구술언어적 속성을 가진 사고과정과 문자언어적 속성을 가진 표현과정 사이의 괴리를 이어주고 둘 사이의 전환을 촉매하는 역할을 하는 가장 합리적인 도구가 바로 논증이라는 것을 보여준다.

그러한 이유로 툴민의 논증모형은 글쓰기교육에 상당한 영향을 미쳤다. 1981년 예일대학에서 학부생 대상으로 개설한 비판적 문해Critical Literacy라는 글쓰기강좌에서 툴민의 논증모형을 글쓰기교육에 처음 도입한 이래, 미국 동부의 명문대학들은 툴민의 논증모형을 글쓰기교육에 적용했다.

1995년 조셉 윌리엄스는 성공적인 라이팅프로그램을 운영하면서 얻은 글쓰기에 관한 다양한 경험을 정리하여 《학술논문쓰기The Craft of Research》라는 책을 출간하였다. (이 책을 확장하고 개정한 책이 바로 이 책 《논증의 탄생》이다.) 이 책이 상당히 좋은 반응을 얻자 시카고대학신문은 그에 대한 특집 인터뷰를 진행했다. 하지만 이 기사는 단순히 인터뷰에만 의존한 것이 아니라 조셉 윌리엄스라는 인물에 대한 탐구와 더불어 주변사람들의 증언과 목격담을 깊이있게 취재했다. 학생기자들과 인터뷰하면서 윌리엄스는 이렇게 말했다.

"힘겹게 글을 쓰고, 그보다 더 힘겹게 글을 고치며, 생의 절반을 허비했죠."

그는 또한 글쓰기에 관한 한 재능이나 열정이나 기술을 신뢰하지 않는다고 말한다. 그의 인터뷰가 실린 기사의 제목은 '글을 쓰는 열정Writing Passion'이었으나 그것은 독자의 관심을 끌기 위한 선정적인 제목에 불과하다는 것을 미리 선언하고 있었던 것이다. '열정'이라는 것은 사실, 철저히 외부인의 시선에서 나오는 말에 불과하다. 글쓰기는 열정이 아니라 노동이다. '열정'이라는 표현은 실제로 자신은 노동에 참여하지 않으면서, 그러한 노동에 참여하는 사람을 곁에서 지켜보는 제3자들이 자신의 한계를 숨기고 안위하기 위해 붙여주는 표현에 불과하다. (물론 passion의 그리스어 어원이 '고통'과 '수난'을 뜻한다는 것을 떠올려보면 Writing Passion이라는 제목은 절묘하게 읽히기도 한다.)

인터뷰의 말미에 윌리엄스는 글쓰기를 '크래프트 craft'라고 정의한다. 끊임없이 갈고 닦아 획득하는 장인의 솜씨라는 뜻이다. 자본주의가 도래하기 이전 수공업의 시대의 '장인craftman'은 오직 노동을 통해 고단한 현실로부터 자신의 삶을 건져내는, 자신의 노동으로부터 소외되지 않은 온전한 인간들이었다.

하지만 노동으로부터 개인의 흔적을 끊임없이 제거하는 자본주의 사회는 글쓰기마저도 그냥 내버려두지 않는다. 온갖 기술, 비법, 전략, 노하우 등으로 해체해버린 오늘날 글쓰기를 다시 온전한 노동으로 복원해내는 일이야말로 글을 쓰는 이들 앞에 놓인 가장 절실한 과제일 것이다.

글쓰기란 쓰고 고치는 낡은 습관을 자기 삶의 일부로 편입시키는 지난한 과정이다. 글쓰기는 오로지 '직접 쓰는 실천적인 행위the very act of writing'를 통해서만 온전히 성취할 수 있는 것이다. 글을 쓰는 것은 일상에서 소진되는 경험이 아니라 일상에서 상승하는 경험이라고 윌리엄스는 말한다. 글쓰기는 내가 살아 숨쉬고 있다는 것을 확인하는 실존적인 노동이다.

결론적으로 말하자면, 우리는 혼신을 쏟아 글을 씀으로써만이, 완벽한 텍스트를 만들어내기 위해 녹초가 될 때까지 글쓰기에 매달림으로써만이 글쓰기를 구원할 수 있다. 이러한 작업의 종착점에 다다랐을 때 나온 글은 더 이상 어떤 글과도 닮지 않으리라. ─ 롤랑 바르트 Roland Barthes

감수자 라성일

감사의 글

○├에서도 말했듯이, 독자의 도움이 없다면 어느 누구도 글을 쓸 수 없
ㅛ 다. 글을 쓰는 사람은 '자신의 독자가 어떤 사람일지' 절대 알 수 없
기 때문이다. 우리 두 사람은 이 책을 쓰는 동안 무수한 독자들에게 상당한
도움을 받았다. 우리 원고를 꼼꼼하게 감수해주며 우리로서는 절대 알아내
지 못했을 것, 때로는 우리로서는 듣고 싶지 않았던 것까지 지적해주었다. 글
을 분석하는 방법을 가르치는 우리보다도 그들은 훨씬 우리 글을 잘 읽었
다. 그들의 조언은 물론, 뼈아픈 지적도 우리에겐 큰 힘이 되었다. 정말 고마
움을 느낀다.

특히 우리 원고를 검토해준 분들에게 미국 전역의 작문학 교수들에게
깊은 감사를 표한다.

Jonathan Ayres, University of Texas

R. Michael Barrett, University of Wisconsin, River Falls

David Blakesley, Southern Illinois University, Carbondale

Stuart C. Brown, New Mexico State University

Karin Burns, Pierce College

Jami L. Carlacio, University of Wisconsin, Milwaukee

William J. Carpenter, University of Kansas

Peter Dorman, Central Virginia Community College

Tracy Duckart, Humboldt State University

Ellen Burton Harrington, Tulane University

Gina Hochhalter, Clovis Community College

Eleanor Latham, Central Oregon Community College

Carol A. Lowe, McLennan Community College

Margaret P. Morgan, University of North Carolina, Charlotte

B. Keith Murphy, Fort Valley Stat University

Twila Yates Papay, Rollins College

Velvet Pearson, Long Beach City College

Carol Ann H. Posey, Virginia Wesleyan College

Barbara Presnell, University of North Carolina

Deborah F. Rossen-Knoll, Philadelphia College of Textiles and Science

Mary Suer, Indiana University Purdue University Indianapolis

Gary Thompson, Saginaw Valley State University

Laura Wendorff, University of Wisconsin, Platteville

Mary Wright, Christopher Newport University

이 책은 수많은 개정을 거쳐 나왔다. 이전에 나왔던 책으로 수업을 진행했던 작문선생님들에게 깊이 감사한다. 또한 그들이 진행한 수업에 참여했던 많은 학생들에게 깊이 감사한다. 그들의 소중한 피드백은 더 좋은 책을 만드는 데 큰 힘이 되었다.

우리가 책을 쓰는 동안, 내내 원고를 읽고 검수해준 Brandon Hight와 Virginia Blandford에게 감사한다. 또한 꼼꼼하게 출처를 찾고 색인을 만드는 일을 도와준 Alec MacDonald에게 감사한다.

마지막으로 우리 곁에서 끝까지 도움을 준 모든 이들에게 감사한다.

https://xcendo.net/argument/

QR코드를 스캔하면 이 책에 수록하지 못한 콘텐츠를 PDF로 다운로드할 수 있습니다.

- Inquiry
- Reading and Analysis
- Writing Project
- English Source
- Citation Guide

이외에도 책에 관한 다양한 정보를 제공합니다.